Vocabulário Contemporâneo de Psicanálise

Z71v   Zimerman, David
           Vocabulário contemporâneo de psicanálise / David
       Zimerman – Porto Alegre: Artmed, 2001.

        ISBN 978-85-7307-801-5

        1. Psicanálise – Vocabulário. I. Título

                               CDU 159.964.2(03)

Catalogação na publicação: Mônica Ballejo Canto – CRB 10/1023

Vocabulário Contemporâneo de Psicanálise

DAVID E. ZIMERMAN

Médico psiquiatra
Membro efetivo e psicanalista didata
da Sociedade Psicanalítica de Porto Alegre (SPPA)
Psicoterapeuta de Grupo
Ex-presidente da Sociedade de Psiquiatria
do Rio Grande do Sul

Reimpressão 2009

2001

© ARTMED Editora S.A., 2001

Capa:
Joaquim da Fonseca

Preparação do original:
Henry Saatkamp

Ilustrações:
Kundry Lyra Klippel – desenhos modificados de fotos

Leitura final:
Solange Canto Loguercio

Supervisão editorial:
Mônica Ballejo Canto

Editoração eletrônica
Art & Layout – Assessoria e Produção Gráfica

Reservados todos os direitos de publicação, em língua portuguesa, à
ARTMED® EDITORA S.A.
Av. Jerônimo de Ornelas, 670 - Santana
90040-340 Porto Alegre RS
Fone (51) 3027-7000 Fax (51) 3027-7070

É proibida a duplicação ou reprodução deste volume, no todo ou em parte,
sob quaisquer formas ou por quaisquer meios (eletrônico, mecânico, gravação,
fotocópia, distribuição na Web e outros), sem permissão expressa da Editora.

SÃO PAULO
Av. Angélica, 1091 - Higienópolis
01227-100 São Paulo SP
Fone (11) 3665-1100 Fax (11) 3667-1333

SAC 0800 703-3444

IMPRESSO NO BRASIL
PRINTED IN BRAZIL

Impresso sob demanda na Meta Brasil a pedido de Grupo A Educação.

Agradecimentos

À querida Guite, pelo apoio total e incondicional; aos meus amados filhos, nora, genro e netos pela constante provisão de alegria e orgulho; ao Bernardo, meu carinhoso prefaciador; aos meus amigos, colegas alunos e editores pelo estímulo e permanente incentivo; às inúmeras instituições que têm me prestigiado com honrosos convites que me obrigam a manter atualizado e diversificado; e aos meus pacientes de todos os tempos, minha profunda e eterna gratidão.

Prefácio

David e eu somos amigos de longa data. Nosso conhecimento profissional passa pela formação psiquiátrica e psicanalítica. Conhecendo a sua pessoa, vemos o profissional sério, estudioso, amigo da verdade, afetuosamente infatigável na busca de soluções para quem necessita de sua ajuda.

Ao fazer uma apreciação do *Vocabulário Contemporâneo de Psicanálise* não posso dissociar a pessoa do autor. Neste livro, David procura traduzir em linguagem simples e acessível a complexidade do significado dos termos e conceitos psicanalíticos evitando a linguagem hermética, incompreensível para grande parte dos leitores da língua portuguesa. Numa visão contemporânea, ele nos mostra a capacidade de articular os conceitos de vários autores, partindo de Freud, indo a M. Klein, Hartmann, Winnicott, Bion, Kohut, Lacan e outros. Entre estes últimos constam autores seguidores de Freud, como Abraham, Ferenczi, Anna Freud; ou seguidores de M. Klein, como Rosenfeld, H. Segall, Meltzer; alguns dissidentes e desviacionistas da psicanálise clássica, como Adler, Jung, Reich; alguns outros que sem serem psicanalistas fizeram indiretamente importantes contribuições, como o epistemólogo Piaget, além de autores representativos da psicanálise contemporânea de formação mais eclética e autônoma, como Tustin, Green, Kernberg, Bollas, A. Ferro, etc. Ademais, o livro fica enriquecido com a inclusão de inúmeras biografias relativas aos mais notáveis psicanalistas de todos tempos; de verbetes alusivos a resenhas de alguns artigos e livros considerados como clássicos da psicanálise; de alguns aspectos polêmicos que cercam o meio psicanalítico, como o das "Controvérsias" acontecidas na Sociedade Psicanalítica Britânica, e assim por diante. Também cabe registrar que muitos verbetes são acompanhados com ilustrações. O autor consegue captar o pensamento desses autores no que eles têm de particular e o que lhes é comum, acrescido de alguns dados biográficos e históricos, o que não é uma tarefa fácil.

O trabalho de David Zimerman está alicerçado no mérito da divulgação da psicanálise, através dos seus livros, artigos publicados, conferências, participação ativa em congressos, atividade didática e da prática clínica. Sempre procurou transmitir os conhecimentos psicanalíticos de forma a desmistificar a psicanálise, apresentando-a como uma ciência que trata da alma humana e não como um conjunto de seitas, em busca de adeptos. Assim, vejo em sua obra atual a clareza de quem não prioriza esta ou aquela corrente psicanalítica, o que não o impede de comprometer-se em seu trabalho com idéias originais, incluindo verbetes, conceitos e comentários pessoais. Particularmente, entre outros mais, creio que cabe destacar como úteis para a teoria e a prática da psicanálise a originalidade das concepções de "Posição Narcisista", "Vínculo do Reconhecimento", "Estado Psíquico de Desistência", "Prazer sem Nome", "Objeto Tantalizador", "Contra-ego", etc.

Quando falamos de psicanálise, não estamos nos referindo a um sistema fechado, acabado. Cada nova descoberta exige novos termos e conceitos. Correções sempre serão necessárias para que possamos acompanhar a expansão dos conhecimentos psicanalíticos. Também a complexidade dos fenômenos psíquicos exige leituras repetidas para a compreensão e assimilação dos termos e conceitos, sempre em um continuado processo de renovação.

Nesta nova obra de David podemos facilmente perceber que ele segue a mesma linha dos seus quatro livros anteriores, isto é, existe uma clara tendência para priorizar uma abordagem didática, sistemática e de integração, de sorte a contemplar tanto os analistas veteranos e experientes que necessitam uma rápida consulta para relembrar ou esclarecer algum determinado tema, quanto para os leitores que estão iniciando a sua formação e poderão dispor de uma nova fonte de estudos e aquisição de conhecimentos, não-isolados, mas, sim, integrados.

Desta forma, os 900 verbetes que compõem este vocabulário estão sinalizados de uma maneira que possibilita ao leitor rastrear determinado assunto, porquanto, seguidamente, um verbete remete a outros que lhe complementam, ao mesmo tempo que sugere fontes bibliográficas onde o tema que interessa possa ser estudado com mais profundidade nos trabalhos originais dos distintos autores mencionados. Ao mesmo tempo, cada título de verbete vem acompanhado, num parêntesis, por uma referência que esclarece e situa o leitor relativamente a qual corrente psicanalítica, ou nível conceitual está fundamentado o vocábulo que está sendo consultado. David também demonstra uma preocupação em manter imparcialidade e a maior fidelidade possível ao pensamento do autor que embasa o respectivo verbete, de modo que quando quer emitir algum acréscimo ou opinião pessoal, ele os antecede com a palavra "comentário". Igualmente quando o verbete alude a alguma terminologia ou concepção original sua, ele alerta o leitor com a colocação de um asterisco no final do título. O respeito pelo leitor tem continuidade com a inclusão de um índice remissivo que além de facilitar a consulta também propicia uma visão sinóptica do vocabulário, e de uma bibliografia a mais completa possível que visa a uma desejável complementação da leitura dos verbetes, nas fontes originais. É possível, no entanto, que alguns verbetes estejam faltando, outros podem estar sendo breves ou longos demais ou que eventualmente possam ser revistos.

Mas, sem dúvida, em seu conjunto, o *Vocabulário Contemporâneo de Psicanálise*, além de um guia estimulante e facilitador, é uma fonte de estudo e de pesquisas que remete os interessados diretamente às fontes de origem para uma leitura crítica, um estudo e uma pesquisa mais aprofundados. Até onde sei, não existe nenhum vocabulário da natureza deste na literatura psicanalítica e, conhecendo a disposição do David, os psicanalistas e todos interessados nesta área podem esperar que no futuro esta obra terá continuidade.

Bernardo Brunstein
Psicanalista da SPPA

Introdução

Existem muitos e excelentes dicionários e vocabulários de psicanálise; então, por que mais este? A essa pergunta que me faço de forma algo obsessiva, respondo que os melhores desses dicionários estão mais diretamente especializados em um determinado autor e na respectiva corrente psicanalítica. Assim, ninguém pode contestar o valor inestimável desse verdadeiro clássico que é o *Vocabulário da Psicanálise*, de Laplanche e Pontalis, cuja primeira edição é de 1982 e é de consulta obrigatória para dirimir qualquer dúvida e fazer definitivos esclarecimentos sobre os conceitos plantados por Freud ao longo de toda sua imensa obra. Esse magnífico vocabulário reúne em torno de 420 verbetes, alguns são curtos e outros ocupam uma extensão de 15 páginas, longos como artigos completos. No entanto, ficou virtualmente restrito às contribuições freudianas, entremeadas de alguns, poucos, conceitos de outros autores.

O mesmo se pode dizer do *Dicionário Freudiano*, surgido em 1995, de autoria do psicanalista argentino José Luis Valls.

Outro clássico, imprescindível na biblioteca de todo psicanalista, é o *Dicionário do Pensamento Kleiniano*, surgido no início da década 90, de autoria de Robert Hinshelwood. Faz uma cobertura completa dos conceitos kleinianos e pós-kleinianos, porém permanece restrito exclusivamente a eles.

Outra obra excelente, essa mais recente, surgida em 1994, é o *Dicionário de Psicanálise*, de Elisabeth Roudinesco, que ocupa mais de 800 páginas, apresenta uma maior variação de abordagens, traz uma inestimável contribuição para o leitor interessado na história da psicanálise, porém virtualmente desconhece importantes idéias da psicanálise contemporânea, como são as contidas nas concepções teóricas e técnicas de autores como Bion, Kohut, Winnicott...

Igualmente, cabe destacar a publicação de dicionários de termos dirigidos quase que exclusivamente às contribuições originais de Lacan e de seus seguidores. Para ficar num único exemplo, pode ser mencionado o *Dicionário de Psicanálise (Artmed),* cujos verbetes específicos, elaborados por inúmeros autores, foram organizados pelo francês Roland Chemama. A primeira edição é de 1993.

Também cabe mencionar um livro-dicionário surgido em 1996, de autoria da psicanalista inglesa Jan Abram, cujo título, na edição brasileira, é *A Linguagem de Winnicott*. Seu subtítulo esclarece seu conteúdo: *Dicionário das Palavras e Expressões Utilizadas por Donald W. Winnicott*.

Destarte, após fazer uma ampla consulta em todos dicionários análogos existentes na literatura psicanalítica, entendi que estava faltando um compêndio que fizesse uma integração das escolas psicanalíticas mais importantes, de sorte a oferecer uma visão sinóptica dos conceitos da psicanálise, desde a época pioneira, atravessando sucessivas gerações de autores seguidores de Freud, mas também dissidentes e ampliadores de seus conceitos, até chegar às contribuições da psicanálise contemporânea.

Além disso, é inegável que, diante da vasta e cada vez mais volumosa e diversificada literatura, acontece um certo clima de confusão conceitual na psicanálise, devido ao fato de que, muitas vezes um mesmo termo, empregado por autores distintos (às vezes pelo mesmo autor), pode adquirir significados diferentes. Também ocorre o contrário, isto é, o mesmo significado psicanalítico recebe múltiplos rótulos e denominações bastante diferenciadas entre si. Tudo isso pode concorrer para o risco de uma certa "babelização" da psicanálise, embora existam inegáveis vantagens na proliferação de idéias e conceitos provindos de diversas fontes.

Após trocar idéias com meus editores, aceitei o desafio ancorado em duas razões muito fortes. A primeira é que percebia a grande freqüência com que alunos, participantes de meus distintos grupos de estudo, me dirigiam perguntas como "Esse conceito ainda vale?", "Isso já não tinha sido dito por Freud? É a mesma coisa?" e assim por diante, o que me fez sentir uma real necessidade de tentar fazer esclarecimentos e situar muitos interessados. A segunda razão é que, após ter publicado quatro livros, ter um continuado exercício de magistério, orientar grupos de estudos privados, supervisionar atividades na área da psicanálise, atuar como conferencista em distintos eventos em uma variada geografia, manter constantemente atualizada a leitura e, sobretudo, ter a experiência de mais de 40 anos de prática psicanalítica fundamentada numa formação pluralista, me davam condições de enfrentá-lo. Na verdade, acreditei que a tarefa de redigir este vocabulário poderia ficar facilitada (o que, de fato, em boa parte, sucedeu) porque o último livro que publiquei sobre psicanálise – *Fundamentos Psicanalíticos. Teoria, Técnica e Clínica*, em 1999 – tinha me obrigado a proceder a uma exaustiva consulta e revisão de uma imensidade de textos publicados em revistas e livros, antigos e recentes, provindos de autores de todas as órbitas.

Ao me atirar à estafante e demorada, embora altamente gratificante, tarefa de tentar cumprir o projeto, escolhi o caminho mais difícil e, quem sabe, o menos eficiente: decidi realizá-lo sozinho, mesmo sabendo que poderia contar com a irrestrita colaboração de brilhantes amigos e colegas, locais e internacionais, que dominam profundamente determinadas áreas específicas da psicanálise. Minha opção por essa linha de trabalho mais árduo é justificada pela crença de que o projeto de intenção integradora do presente vocabulário impõe a necessidade de conservar o mesmo estilo, certa coerência na visão global de todas as múltiplas faces da psicanálise. A autoria única também enseja inserir eventuais comentários pessoais e, sobretudo, manter a liberdade de fazer conexões e remissões entre os distintos verbetes, além de mencionar as manifestações de diferentes autores sobre determinado conceito.

Até aqui, estou discorrendo sobre as pretensões mais otimistas daquilo que esse livro visa a alcançar. No entanto, impõe-se a tarefa de definir esse vocabulário por alguns aspectos do que ele não é, nem nunca pretendeu ser!. A seguir, enumero alguns deles.

Esse vocabulário, sequer remotamente, pretende funcionar como uma espécie de enciclopédia que abarque tudo que diga respeito à psicanálise (embora, durante sua feitura, diversas vezes me ocorreu que a IPA poderia assumir a gigantesca tarefa de nomear uma comissão de ilustres psicanalistas para produzir uma verdadeira e, tão quanto possível, completa, enciclopédia de psicanálise, em diversos tomos, é claro).

Assim, o leitor vai se deparar com muitas omissões, algumas intencionais e outras não. Perceberá que algumas obras importantes estão nominadas e resenhadas, enquanto outras não; alguns termos estão explicitados mais longamente, enquanto outros não vão além de breves citações, e assim por diante.

Também é óbvio que, de forma alguma, o vocabulário pode dispensar a leitura dos textos originais dos autores cujos conceitos são referidos. Pelo contrário, a intenção é a de estimular essa leitura na fonte original, razão porque, seguidamente, o verbete vem acompanhado de referências bibliográficas. Intencionalmente, para não tornar a leitura por demais enfadonha, não me senti obrigado a proceder minuciosas e sistemáticas citações das fontes e de autores que descreveram determinadas concepções, mesmo que eventualmente alguns trechos curtos delas possam ter sido transcritas literalmente.

É possível que, no afã de fazer a maior integração possível, este vocabulário tenha ficado por demais diluído e mesclado, pois os verbetes atingem concepções oriundas das mais distintas fontes, com conceitualizações tanto metapsicológicas quanto teóricas, técnicas e oriundas da prática clínica, além de referências biográficas e históricas.

Ademais, me permiti incluir alguns verbetes contendo conceitos pessoais que venho propondo. Também inseri, em certos verbetes, comentários de minha lavra. É evidente que esses conceitos e comentários são de minha inteira responsabilidade. Em ambos os casos, essa condição está devidamente ressaltada graficamente, conforme itens 4 e 5 das *Instruções de Uso*. Assim advertido, o leitor pode discordar deles ou até mesmo saltar sua leitura.

Estão incluídas informações sobre a etimologia de determinados termos, porque creio que a descoberta da origem de certas palavras vai muito além de um dilentatismo ou do exercício de simples curiosidade. É certo que a etimologia pode dar uma idéia da gênese e da evolução de uma idéia, às vezes de origem arcaica, outras provinda de pensadores e até mesmo da sabedoria popular.

Por acreditar que uma imagem pode trazer mais autenticidade a determinado conhecimento, alguns verbetes, especialmente os que se referem a autores, poderão vir acompanhados de ilustrações.

Ao final da obra, há um índice que visa a facilitar as consultas.

Antes desse índice, vão listadas as obras referenciadas neste vocabulário.

Instruções de Uso

A fim de facilitar as consultas, além de permitir ao leitor atentar para as necessárias discriminações entre os termos e estabelecer complementações e correlações entre os verbetes que remetem a outros, foi dado um tratamento tipográfico especial a determinados termos e expressões.

As diferentes formas de grafia estão enumeradas adiante.

1. Os verbetes estão ordenados alfabeticamente. O título de cada verbete aparece em **negrito.**

2. Sempre que for indicado, após o título do verbete consta, entre colchetes, o nome do autor do conceito ou alguma outra referência explicativa para situar o leitor. Por exemplo: **Transformações** [Bion]

3. Quando indicar o de um livro, o título do verbete é grafado em negrito itálico, seguido do nome do autor e a data do surgimento do texto. Por exemplo: ***Além do Princípio do Prazer*** [Freud, 1920].

4. O asterisco colocado junto ao verbete, como, por exemplo, **reconhecimento, vínculo do***, indica que se trata da proposição de um conceito de caráter pessoal.

5. A palavra ***Comentário***, grafada em negrito itálico, precede uma nota de minha inteira responsabilidade.

6. As palavras ou expressões sublinhadas indicam remissão para verbete com esse título. (por exemplo: "Nesses casos de *impasses*, a resistência é do tipo..."), indica remissão para o verbete **resistência**, de modo a permitir uma leitura complementar do conceito em causa e estabelecer correlações.

7. As demais palavras ou expressões em itálico marcam: a) a relevância do conceito no contexto do verbete, como, no exemplo anterior, *impasse*; b) os títulos de livros (*A Interpretação dos Sonhos*); c) palavras em línguas estrangeiras em geral (*nachträglich*).

8. Quando a hipótese da alínea a supra ocorrer em palavra ou expressão que for título de verbete, será empregado itálico sublinhado. Por exemplo: "(...) o *sujeito* passa a formar parte de uma *cadeia de significantes*, na qual deverá estruturar-se (...)"

9. A palavra ***frase*** em negrito itálico indica que se lhe seguirá a citação de texto especialmente elegante ou profundo de determinado autor.

10. Os títulos dos verbetes relativos à resenha de livros e artigos especialmente importantes aparecem em negrito itálico, seguido do nome do autor e da data da primeira edição entre colchetes. Por exemplo: ***Chistes e sua relação com o inconsciente*** [Freud, 1905]

A (abreviatura do Vínculo do Amor; primeira fileira da Grade) [BION]

Em muitas traduções latino-americanas da obra de BION, a letra A designa a inicial de *Amor (vínculo do)*. Em muitos outros escritos, a inicial utilizada para designar esse tipo de vínculo é a letra L, inicial do original inglês *Love*.
Por outro lado, BION emprega a letra A como constituindo a primeira fileira da sua Grade, mais exatamente a que designa o estádio da função de *pensar*, que ainda está no nível dos *protopensamentos*, ou seja, dos *elementos* β. (Ver figura 1, que acompanha o verbete "Grade").

A, a (abreviatura de *Autre* e *autre*) [LACAN].

Em LACAN, a letra A maiúscula é a inicial do vocábulo francês *Autre*, que LACAN chama de "grande outro", termo com o qual ele refere mais propriamente a figura do pai interditor, como representante exterior da *lei*, opondo-se à díade imaginária com a mãe. Como letra minúscula, é inicial de *autre* ou "pequeno outro" e refere mais geralmente (mas não unicamente) a mãe, tal como está situada no plano do imaginário. Ver os verbetes *Outro, outro*.

A posteriori (ou *après coup*) [FREUD]

É a tradução preferida para o termo *Nachträglich*, que FREUD empregou no original alemão. Esse conceito também é bastante mencionado com a versão francesa – *après coup*. No Brasil, por vezes aparece traduzida como *só depois*.
A expressão *a posteriori* designa a concepção original de FREUD, introduzida em 1896, de que determinada impressão psíquica primitiva na mente da criança pode vir a ser organizada e reinscrita posteriormente no psiquismo do sujeito com um significado diferente do primitivo inicial, de modo que, por exemplo, algum acontecimento banal pode, posteriormente, sofrer algum tipo de elaboração secundária e adquirir configuração traumática.
Assim, no seu historial clínico *O homem dos lobos*, Freud descreveu que este paciente, quando tinha um ano e meio, testemunhou um coito a tergo entre os pais, porém só veio a compreendê-lo aos 4 anos e, a partir disso, já imiscuído com fantasias posteriores, veio a elaborar sua vivência de *cena primária*. Outro exemplo está contido na conceituação de *lembrança encobridora*.

Abraham, Karl

Foi um dos primeiros e mais importantes seguidores e ampliadores da obra de Freud. Nasceu em 1877 em Bremen, Alemanha, originário de uma família de comerciantes judeus, e faleceu em 1925, em Berlim. Sua morte precoce, com 48 anos, foi devido a uma infecção pulmonar advinda do engasgo com uma espinha de peixe que penetrou pela laringe, no lugar da faringe.

Médico psiquiatra e psicanalista, poliglota que se comunicava em oito idiomas, ABRAHAM trabalhava no hospital Burghölzli, em Zurique, onde conheceu JUNG, que despertou seu interesse pelas idéias de Freud. Porém, posteriormente tornaram-se rivais e tiveram sérias divergências e desentendimentos. ABRAHAM fundou, em 1910, a Associação Psicanalítica de Berlim; em 1924 foi eleito como presidente da Associação Psicanalítica Internacional (IPA – International Psychiatric Association)).

Na sua obra, caracterizada por um estilo literário simples e acessível, além de seus escritos preliminares sobre *mitos, esquizofrenia, auto-erotismo e luto*, os seguintes aspectos merecem ser destacados: 1. Seus estudos aprofundados e sistematizados sobre as etapas pré-genitais da *libido*. 2. A conceituação original a respeito de *objetos parciais*. 3. A definição dos processos de *introjeção* (absorção oral) e *projeção* (expulsos por pulsões canibalísticas, agressivas e sádico-destrutivas, orais e anais. 5. Seu estudo clínico a respeito dos pacientes *pseudocolaboradores*, como acontece naqueles que são portadores de uma caracterologia marcadamente narcisista, tal como está magistralmente descrito no ainda atual artigo de 1919 "Uma forma particular de resistência neurótica contra o método psicanalítico", onde aparece claramente a importância que ABRAHAM já conferia às pulsões sádicas ocultas em certos pacientes. É fácil perceber a nítida influência que ABRAHAM exerceu na obra de M.KLEIN, que foi paciente dele. A análise foi, por um curto período e precocemente, interrompida pela doença e morte de ABRAHAM. Além de sua obra e da sua influência na pessoa e na obra de M.KLEIN, ABRAHAM também deixou o precioso legado de ter sido o analista didata de importantes psicanalistas, como HELEN DEUTSCH, E.GLOVER, KAREN HORNEY, SANDOR RADO, ERNEST SIMMEL.

Os estudos de ABRAHAM sobre *mitos* aparecem no trabalho "Sonho e Mito", de 1909. O artigo acima mencionado sobre resistência narcisística, dentre muitos outros, consta no capítulo 15 do livro que reúne interessantes contribuições de ABRAHAM, *Psicoanálisis clínico*, editado pela Paidós em 1959. O mesmo livro, no capítulo 17, p.418-501, traz um trabalho clássico, de 1924, intitulado "Um breve estudo da libido, visto à luz dos transtornos mentais", que também aparece no livro *Selected papers on psychoanalysis*.

Ab-reação [FREUD, BREUER]

Termo introduzido por FREUD e BREUER ao estudarem, em "Comunicação preliminar" (1893), o mecanismo psíquico agindo no fenômeno histérico, *Ab-reação* designa uma descarga emocional de *afetos* ligados a fantasias, desejos proibidos e lembranças penosas de fatos traumáticos que estão reprimidos no *inconsciente* ou no *pré-consciente*, através de uma irrupção no *consciente*, provocada pela recordação e verbalização desses acontecimentos.

Referido trabalho permite destacar dois aspectos: 1. O agente dos transtornos histéricos é o afeto ligado à reminiscência e não ao acontecimento traumático em si. 2. O termo ab-reação reflete a conexão existente entre a psicanálise incipiente da época com a fisiologia dos mecanismos cerebrais, como então eram entendidos.

O fenômeno da verbalização ab-reativa acontece no processo psicanalítico, porém já era constatado na época da utilização do recurso da hipnose. Um exemplo ilustrativo da *ab-reação* está contido nas *expressões cura pela palavra* e *descarga pela chaminé*, proferidas pela paciente Anna O. As versões em inglês dessas expressões, *talking cure* e *chimney sweeping*, tornaram-se clássicas. Uma sinonímia de *ab-reação* está nos termos *catarse*, ou *método catártico*. Ver esses verbetes.

Abstinência (regra da) [FREUD]

Uma das *regras técnicas* legadas por FREUD, a qual, basicamente, consiste na recomendação de que tanto o analista como o paciente devem fazer algumas abstenções durante o curso da análise. Assim, o analista, como um princípio técnico, deve abster-se de fazer gratificações externas, mais particularmente as que se referem ao *amor de transferência*. Freud sustentava que uma gratificação a algum pedido do paciente, pertinente à *neurose de transferência*, reduziria demasiadamente o surgimento de certo grau de ansiedade, a qual é indispensável para o método analítico.

O paciente, por sua vez, deveria abster-se de efetivar qualquer ação importante em sua vida exterior sem antes analisá-la exaustivamente, com a finalidade de obter o consentimento do psicanalista. Freud utilizou a expressão *abstinência*, pela primeira vez, em seu trabalho "Recomendações sobre o amor de transferência" (1915). Em 1918, por ocasião do V Congresso, em Budapeste, ele reitera que: o "tratamento psicanalítico deve tanto quanto possível efetuar-se num estado de frustração e abstinência".

Comentário. Penso que, embora esta regra esteja implícita em qualquer análise, os analistas contemporâneos não mais a incluem nas combinações prévias que constituem o necessário *contrato analítico*; adotam uma postura igualmente firme, com a colocação dos devidos limites, porém com uma margem de elasticidade bem maior, sem a necessidade de apelar para o recurso de proibições. Como forma de sintetizar a regra da abstinência, ocorre-me a seguinte frase: a melhor forma de o analista atender às demandas do paciente, é a de *entender* (e interpretar) o porquê e o para quê delas.

Abstração [BION]

Consiste numa importante capacidade do ego, adquirida fundamentalmente a partir da capacidade de formação de *símbolos*, a qual o sujeito adquire unicamente se ele atingiu exitosamente a *posição depressiva*. No eixo vertical da *Grade* de BION, o chamado eixo genético da formação da capacidade para *pensar os pensamentos*, essa capacitação corresponde ao nível F.

Caso não tenha adquirido essa capacidade de abstração, o sujeito não terá condições de fazer generalizações e *síntese* de fatos isolados e, no lugar disso, seu pensamento será concreto e *sincrético*, ao mesmo tempo que os símbolos são substituídos por *equações simbólicas*.

Ação [BION]

Refere à função do ego que possibilita ao sujeito agir no plano motor de sua vida, o que pode suceder de forma exitosa ou patológica, conforme o estado evolutivo das condições psíquicas. Na *Grade* de BION, a *ação* aparece no eixo horizontal – o da utilização das funções mentais – ocupando o lugar reservado ao algarismo 6.

Acasalamento (ou apareamento) [BION]

Na parte de sua obra dedicada aos seus estudos sobre *Grupos,* BION define *acasalamento* (o termo original em inglês é *pairing*) como um *suposto (ou pressuposto) básico,* consistente no fato de que, atavicamente, os indivíduos componentes de um grupo qualquer têm a tendência de formar casais ou pares como forma de proteção e, diz BION, como esperança mágica do casal de procriar novo messias que será o redentor do grupo e garantidor de sua preservação.

Acessibilidade (conceito de técnica)

Na psicanálise contemporânea, o critério de *acessibilidade* está sendo mais valorizado do que o clássico de *analisibilidade* em relação aos aspectos que recomendam, ou não, que o analista assuma o compromisso de analisar determinada pessoa que o procura para tanto. Mais do que uma precisão diagnóstica e do que uma previsão prognóstica, o analista levará em conta a reserva de capacidades positivas que estão obstruídas e ocultas, cuja libertação o paciente espera.

Da mesma forma, o analista avaliará a maior ou menor permissividade que o paciente confere ao acesso analítico às regiões desconhecidas do seu inconsciente, seu compromisso em ser verdadeiro consigo mesmo e sua capacidade de contrair um *vínculo* analítico.

Acesso, pacientes de difícil [BETTY JOSEPH]

É de BETTY JOSEPH, psicanalista britânica, a expressão *paciente de difícil acesso* – título de um clássico artigo seu de 1975 -, com que designa um tipo de analisando que usa maciçamente o recurso da *dissociação,* pelo qual a parte realmente *paciente* do paciente, ou seja, a criancinha frágil, dependente e cheia de angústias e necessidades fica esplitada (dissociada) no campo analítico e, por isso mesmo, torna-se de acesso muito difícil às interpretações do analista. No referido artigo, a autora considera que essas partes dissociadas devem ser procuradas nos diferentes esconderijos, apontando os principais modos de ocultamento.

Esses pacientes de difícil acesso ao método psicanalítico, também são conhecidos como *pacientes difíceis.* Seu maior contingente é constituído por pessoas que erigiram uma *couraça caracterológica,* composta por defesas fortemente obsessivas e, em especial, *narcisistas.* Essas defesas, por sua vez, se formaram como proteção contra antigos sentimentos de humilhação, abandono, traição, etc., de sorte que, de forma inconsciente, tais pacientes estão fortemente protegidos defensivamente contra qualquer apego afetivo que desperte o temor de retorno das referidas frustrações.

Achados, idéias, problemas [FREUD, 1941].

Escrito em 1938, com publicação póstuma em 1941, esse texto de FREUD consiste de série de curtos parágrafos sem relação entre si, datados, em ordem cronológica, em dias diferentes, como uma espécie de apontamentos de idéias originais a serem desenvolvidas, sem relação umas com as outras. Dentre elas, pela sua importância na atualidade, cabe destacar a idéia esboçada em 12 de julho, com o cabeçalho *"Ter" e "Ser" nas crianças.* Aí, ele mostra que "as crianças gostam de expressar uma relação de objeto por identificação: "Eu sou o objeto". Segundo FREUD, *ter* é mais tardio; após a perda do objeto, ele recai para *ser*. Exemplo: o seio. "O seio é uma parte de mim, eu *sou* o seio", e, mais tarde: "Eu o *tenho*" – isto é, 'eu não sou ele"...

Esse escrito consta da edição brasileira da *Standard Edition*, no volume XXIII, p. 335.

Acting (ou atuação) [FREUD E LACAN]

O termo original empregado por Freud, em alemão, é *agieren*, que alude ao fato de que no lugar de lembrar e verbalizar determinados sentimentos reprimidos, o paciente os substitui por atos e ações motoras, que funcionam como sintomas. Assim, em "Recordar, repetir e elaborar" (1914) FREUD afirma que "o automatismo da repetição substitui a compulsão à recordação". Como tentativa de solução do problema da atuação na análise, ele preconiza duas possibilidades: uma, a de fazer o paciente prometer não tomar nenhuma decisão séria sem antes comparti-la com o analista; a segunda consiste em transformar a transferência neurótica num estado de *neurose de transferência*.

LACAN estabelece uma diferença entre *ato* (sempre é um *significante)*, *acting* (é uma conduta assumida por um sujeito que tem uma mensagem para ser decifrada por aquele a quem ela é dirigida) e *passagem ao ato* (que representa ser uma demanda de amor por parte de um sujeito que só consegue vivenciar seu desespero através de uma forma evacuativa).

Acting (na prática clínica)

Até há pouco tempo, os autores consideravam qualquer modalidade de *acting* como uma forma de *resistência* inconveniente à evolução da análise. A psicanálise contemporânea contempla três aspectos que conferem uma nova visualização e manejo técnico das atuações dos pacientes: Os *actings*: 1. Processam-se quando o paciente não consegue *recordar, pensar* ou *verbalizar* seus conflitos ocultos, ou quando não foi compreendido pelo seu analista. 2. Podem constituir uma importante forma de *comunicação primitiva não verbal*, à espera de que o analista saiba descodificar e nomear a dramatização oriunda do libreto inconsciente. 3. Podem ser malignos – decorrentes de uma forte predominância da pulsão de morte – ou benignos, em cujo caso prevalece a pulsão de vida. Assim, o surgimento de uma atuação tanto pode resultar como sendo "negativa" para a evolução da análise, ou "positiva", quando propicia uma via de comunicação ao desconhecido, ou quando traduz algum significativo movimento de um paciente no sentido de ele estar experimentando vencer alguma inibição.

Em relação à terminologia que diferencia *acting-out (*atuação fora da situação analítica) de *acting-in(*dentro e durante a sessão), na atualidade, ela pouco está sendo levada em conta, porquanto não representa maior vantagem do ponto de vista da prática clínica.

Adaptação [Psicólogos do Ego]

O conceito de adaptação é original e fundamental da *Escola da Psicologia do Ego,* a qual valoriza substancialmente a importância da realidade como algo objetivo, externo e essencial a qualquer sujeito. HARTMANN, o autor mais importante dessa corrente psicanalítica, considerou o grau de adaptação como sendo o alcance que cada sujeito tem da função sintética e integradora do ego, as quais, podemos acrescentar, implicam em demais funções do ego, tais como a capacidade para associar, confrontar, correlacionar, indagar, discriminar e exercer o juízo crítico.

O ponto de partida teórico para o conceito de 'adaptação' é a biologia, que estuda a constante interação entre o organismo animal e a natureza, sendo que no homem essa relação recíproca entre a natureza (*nature*) e a cultura *(nurture)* adquire uma dimensão bastante complexa e está ocupando um lugar de grande relevância na psicanálise contemporânea.

Para não cometer uma injustiça contra os psicólogos do ego, como é bastante corrente, é necessário esclarecer que HARTMANN e colaboradores não preconizavam uma simples adaptação ao *american way of life,* ou seja, uma submissão passiva à ordem social, mas sim, que a adaptação é um processo ativo, visando a uma harmonia do subjetivo mundo interno com o objetivo mundo externo, incluindo o propósito de transformar metas e objetivos sociais.

Entre os muitos livros publicados, o eixo central do pensamento teórico de HARTMANN está contido em *Ego Psychology and the Problem of Adaptation* (1939).

Adaptação à realidade (ou **realização**)
[WINNICOTT]

WINNICOTT propôs que o desenvolvimento emocional se processa em três etapas sucessivas: a de *integração*, a de *personalização* e a de *adaptação à realidade*. A última, também chamada *realização,* consiste em que a criança, após adquirir uma *integração* daquilo que estava em estado de *não-integração*, seguida da aquisição do sentimento de *personalização*, isto é, de que ela habita o seu próprio corpo, deve dar o passo seguinte, que é de fazer uma relação ótima com o seu mundo exterior, ou seja, deve fazer uma *adaptação à realidade* com a ajuda inicial da mãe.

Assim, quando o bebê tiver fome, poderá alucinar algo que sacie sua necessidade. Nesse momento, a mãe oferece o seio, um objeto real, o que se constitui a primeira contribuição da mãe para aproximar a criança da objetividade, ao que se acresce o contato dos órgãos sensoriais do bebê com a realidade exterior.

Segundo as palavras textuais de WINNICOTT, em "Desenvolvimento emocional primitivo" (1945): "o bebê alucina algo que pode ser atacado, e então a mãe aproxima-o do seio real. A criança percebe que isso é o que acaba de alucinar e (...) suas idéias ficam enriquecidas pelos dados reais da visão, tato, olfato,...Desta maneira, a criança começa a construir a sua capacidade para evocar o que está, realmente, à sua disposição".

Adicção

Os pacientes drogadictos estão incluídos entre os que sofrem da patologia do vazio. Assim, as adicções estão sempre ligadas a uma tentativa de o sujeito preencher vazios existenciais decorrentes da primitiva angústia de desamparo, e, para tanto, lança mão do uso ilusório de drogas tóxicas e euforizantes, ou bebidas alcoólicas, o que, secundariamente, pode acarretar problemas sociopáticos.

No entanto, também existe adicção a alimentos, consumismo de roupas, jóias, etc. A adicção também ocorre sob a forma de busca compulsória de relações pseudogenitais com pessoas do sexo oposto (ou do mesmo sexo), sempre como uma busca de sentir-se vivo, porquanto a abstinência remete o drogadicto ao vazio e gera nele a terrível sensação de desamparo, de não existir.

Um fator complicador para o tratamento consiste no fato de que as adicções incidem numa estruturação psíquica *idealizadora*, isto é, construída com um excesso de idealizações, numa busca da magia ilusória por parte do viciado, como proteção contra o seu receio de uma descompensação psicótica. Deste modo, parece ser válido considerar a adicção como sendo uma forma de perversão (e vice-versa), na qual a droga funciona como um fetiche, de sorte que também cabe referir a existência, nos casos mais extremos, de uma *adicção às perversões*.

Adler, Alfred.

ADLER nasceu num subúrbio de Viena, em 1870, originário de uma família judia (posteriormente renegou sua condição de judeu e converteu-se) e faleceu em 1937. Era uma criança débil, que sofria de um acentuado raquitismo. Esse fato, segundo seus biógrafos, o deixava em estado de inferioridade em relação ao seu irmão mais velho (que, significativamente, chamava-se Sigmund), ao qual ele tentava superar com outros recursos. A inferioridade orgânica veio a tornar-se uma noção básica da doutrina adleriana.

Médico e psicólogo, ADLER incorporou-se ao grupo pioneiro de FREUD em 1902 e foi o primeiro discípulo a abandonar, em 1911, o grupo do incipiente movimento psicanalítico devido a sua radical discordância e rejeição da etiologia sexual da neurose, o que provocou um crescente estado de tensão com os demais do grupo. Nessa ocasião, ADLER afasta-se totalmente do círculo freudiano e funda sua própria escola, a qual ele denominou inicialmente *Psicanálise Livre* e posteriormente deu-lhe o nome definitivo de *Psicologia individual comparada*. Essa escola consiste fundamentalmente nos seguintes elementos: 1. Todo indivíduo é portador de estado de dependência orgânica e psicológica. 2. Esse estado promove na criança um sentimento (complexo) de inferioridade. 3. Esse sentimento é compensado por uma vontade de poder. 4. Essa vontade leva o indivíduo a querer ser e mostrar-se superior aos outros.

Além do destaque dado ao complexo de inferioridade como o eixo central da origem das neuroses, ADLER fez significativas contribuições pioneiras, como: a instituição de consultas psicopedagógicas, num trabalho com grupos de professores dirigido à educação de crianças; uma abordagem da psicologia social e da patologia dos desvios sociais, tendo se interessado bastante pela situação psicossocial da mulher; foi dos primeiros a postular a aplicação da psicanálise à personalidade total e a descrever uma parte do papel do ego na produção de neuroses. Após ter sido bem sucedido numa série de conferências pronunciadas nos Estados Unidos, ADLER abandonou definitivamente a Áustria e foi instalar-se com a família em Nova York. É considerado um *desviacionista* de Freud, porquanto desviou-se da essência teórica e técnica freudiana, assumindo seu trabalho clínico uma orientação de natureza pedagógica. A ruptura entre FREUD e ADLER adquiriu um grau de violência extremada. Decorridos 35 anos, como atestam as publicações dessa época, os dois continuavam a trocar insultos de baixo nível. Seus principais livros são: *Teoria e prática da psicologia individual (1918); Psicologia da criança difícil (1928)* e *O sentido da vida (1933)*. O último pode ser considerado como seu maior testamento em relação ao seu pensamento psicológico, psicoterápico e educacional.

Adolescência (e puberdade)

Os dicionários apontam para uma dupla origem da palavra *adolescência*. Uma indica que procede dos étimos latinos *ad*, para frente + *olesco*, crescer, arder, inflamar-se. A outra alude a *adolescentia*, derivada de *adolescent*, raiz de *adolecens*, particípio de *adolescere* (*adol* + *esc* + *ent*).

Trata-se de um período de transformações, portanto de *crise*, especialmente no que refere à construção de um *sentimento de identidade*.

De modo geral, considera-se que a adolescência abrange três níveis de maturação e desenvolvimento: a puberdade (ou pré-adolescência) no período dos 12 aos 14 anos; a adolescência propriamente dita, dos 15 aos 17; e a adolescência tardia, dos 18 aos 21 anos. Cada uma delas apresenta características próprias e específicas que exigem abordagem psicanalítica com aspectos específicos para cada uma delas.

Em relação à puberdade, a etimologia mostra que o termo deriva de *púbis*, mais especificamente, alude aos *pêlos pubianos* que começam a aparecer no menino ou na menina. Esse fato mostra que a pré-adolescência é uma etapa do desenvolvimento no qual começa a maturação fisiológica do aparelho sexual, simultaneamente acompanhada por inquietações emocionais.

Até há algumas décadas atrás, os psicanalistas consideravam muito difícil o tratamento psicanalítico de púberes e adolescentes, devido ao grande número de abandonos da análise, em sua maior parte atribuídos ao fato de se considerar que levavam os sentimentos transferenciais, não num plano de um "como se", mas sim como se "de fato", estivessem realmente apaixonados pelo analista, o que os levava a fugar. À medida que os terapeutas psicanalíticos foram entendendo melhor a dinâmica do psiquismo adolescente e conseqüentemente posicionando-se com uma postura de maior segurança e com um melhor manejo técnico, a psicanálise de adolescentes ganhou um crescente crédito e relevância.

Afânise [E. JONES]

Até certa época muito em voga na terminologia psicanalítica, esse termo foi introduzido por E.JONES. Significa uma "abolição do *desejo* ou da capacidade de desejar", e deriva de *aphanisis* que, em grego, quer dizer "fazer desaparecer" JONES afirmou que o medo de *castração* no homem corresponde na mulher ao medo de abandono. Como conseqüência desses temores, todo homem, como toda mulher, podem desenvolver, em comum, um estado de afanisia, ou seja, um congelamento dos desejos.

Afasia [FREUD, 1891]

Em 1891, como médico neurologista, FREUD produziu o trabalho "Para uma concepção das afasias: um estudo crítico", no qual já esboçava algumas idéias que depois prosseguiram no "Projeto para uma neurologia científica" (1895). Nesse texto, Freud opõe-se à doutrina neurológica dominante na época, segundo a qual a etiologia dos transtornos da linguagem provindas do sistema nervoso ficava reduzida a regiões anatomicamente determinadas, o que então era conhecido como "teoria das localizações cerebrais". É útil lembrar que o termo *afasia* designa, num sentido mais amplo, um transtorno da memória, e num sentido mais restrito, alude à uma perturbação da linguagem. São descritos dois tipos de afasias: a sensorial (há uma perda da compreensão da linguagem, embora as palavras sejam pronunciadas) e a afasia motora (nesse caso fica mantida a compreensão daquilo que os outros dizem, enquanto desaparece a capacidade de articulação das palavras).

No lugar de explicar as afasias por uma simples relação de causa-efeito, como ocorria na *teoria das localizações cerebrais e neuronais*, FREUD traçou um paralelismo entre três processos: 1. O fisiológico *sensorial* (são as *impressões)*; 2. O sistema nervoso no nível *cortical* (constituem as inscrições); 3. O processo psicológico (por meio das representações).

Assim, segundo FREUD, cada estímulo proveniente do mundo exterior causa uma *impressão sensorial* e produz uma *excitação*, a qual vai provocar uma *inscrição* permanente no córtex cerebral. As inscrições ficam aí armazenadas a confundir-se entre si. O armazenamento estratificado dessas inscrições constitui o que Freud denominou *imagem mnêmica* e quatro grupos de imagens mnêmicas: a acústica, a *cinestésica*, a de *leitura* e a de *escrita*. O conjunto dessas quatro categorias de imagens formam a representação da palavra.

Essas especulações de FREUD sobre afasias, especialmente no que se refere à *escritura psíquica*, vão ressurgir na carta 52, dirigida a FLIESS. Mas notável é o fato de que, há mais de um século, a título de estudar um problema de neurologia, Freud construiu o esboço do primeiro modelo do *aparelho mental*, que virá a ser desenvolvido no famoso capítulo VII de *Interpretação dos sonhos* (1900).

Afeto [FREUD, LACAN]

A etimologia da palavra *afeto* evidencia que ela alude a sentimentos que afetam – tanto no sentido de *afeições* como de *afeccões* – o psiquismo do sujeito. Em sua formulação original, FREUD postulou que a pulsão sexual se manifesta pelo afeto da angústia, a qual pode sofrer três tipos de transformações: 1. Como sintoma histérico (vertigem, dispnéia suspirosa, desmaio, etc.). 2. Deslocamento em outro objeto (temores fóbicos ou obsessivos, como, por exemplo, de surgimento de uma tragédia iminente). 3. Sua conversão em crises de angústia catastrófica, de pânico. Em seu trabalho *O inconsciente* (1915), FREUD afirma que "se a pulsão não aparecesse sob a forma de afeto, nada poderíamos fazer sobre ela". O que de mais relevante destacou em relação à concepção psicanalítica do afeto é que este é um dos registros de qualquer pulsão, sendo o fator quantitativo da energia pulsional que caracterizaria o grau e tipo do afeto manifesto. Na atualidade, mais do que o fator quantitativo, os analistas valorizam o aspecto qualitativo, isto é, na prática analítica, procuram desvendar "quais são os afetos que afetam o paciente". Outro registro fundamental do destino da pulsão é o de sua representação no ego.

Para LACAN, o que determina a qualidade do afeto são "os significantes que estão amarrados às pulsões reprimidas". Por exemplo, um acidente qualquer sofrido por uma criança pode ter sido reprimido com naturalidade, enquanto um mesmo acidente, em outra criança, pode ter sido reprimido no inconsciente com um significante de que ela quase morreu, de modo que em situações semelhantes, embora banais, o afeto desse sujeito será o de angústia de morte iminente.

Agressividade e agressão

Entendi ser útil juntar esses dois termos, porquanto comumente são confundidos entre si, não só na mente dos pacientes como também em muitos psicanalistas. Por isso, é importante, na prática clínica, estabelecer a diferença entre ambos os conceitos. Destarte, *agressão* alude mais diretamente à pulsão sádico-destrutiva, nos termos descritos por M.KLEIN tão profunda e exaustivamente. *Agressividade*, por sua vez, tal como revela sua etimologia (*ad* + *gradior*), representa um movimento (*gradior*) para a frente (*ad*), uma saudável forma de proteger-se contra os predadores externos, além de também indicar uma ambição sadia com metas possíveis de alcançar.

Em resumo: na *agressão* predomina a pulsão de morte, enquanto na *agressividade* prevalece a pulsão de vida. Se o analisando não as discriminar, corre o risco de bloquear seu pleno direito de liberar sua energia agressiva positiva, por temer que seja perigosa e condicionar um revide persecutório igualmente perigoso.

Agressão [FREUD]

Embora FREUD sempre tenha entendido que as tendências agressivas de toda índole representam uma parte considerável das pulsões humanas, a evolução do conceito de agressão sofreu sensíveis transformações ao longo de sua obra. Inicialmente, achava que as manifestações agressivas tinham um caráter *reativo*, isto é, constituíam uma resposta às frustrações e tinham como objetivo a superação das frustrações. Segundo o entendimento de FREUD de então, essas reações estavam intimamente vinculadas a certas pulsões sexuais, especialmente pulsões sexuais predominantes nos níveis pré-genitais da organização da libido.

Ademais, dizia ele, existem outras agressões que parecem surgir num terreno completamente apartado da sexualidade. Além disso, existe o enigma do *masoquismo*, o fato de que, em determinadas circunstâncias, o princípio que habitualmente rege a conduta humana, o princípio do prazer, parece ser posto de lado para deixar aflorar, num primeiro plano, tendências autodestrutivas. Também do ponto de vista clínico, sem que se confundam, o masoquismo e o sadismo se acham intimamente ligados entre si, são concomitantes e, muitas vezes, alternantes. Finalmente, FREUD integrou as diversas formas pulsionais numa teoria que estabelece a existência de duas qualidades no psiquismo: uma – autodestrutiva – é a pulsão de morte (a qual pode voltar-se para o mundo externo e transformar-se em uma pulsão destrutiva); a segunda é Eros (que se volta à busca de objetos, e está empenhada em conseguir a integração em unidades cada vez mais elevadas). À objeção de que na realidade não existe uma conduta puramente auto-destrutiva nem puramente buscadora de objetos, Freud contestava com a hipótese de que os fenômenos psíquicos reais se compõem de diferentes mesclas das duas qualidades pulsionais.

Aichorn, August

Psicanalista austríaco, nascido em 1878 e falecido em 1949, merece figurar como destaque na psicanálise por ter sido pioneiro nos estudos, sob o ponto de vista psicanalítico, da delinqüência infantil e juvenil, estudos esses que aparecem no seu clássico *Juventude Abandonada* (1925). AI-CHORN, que tinha a peculiaridade de ser um homem corpulento e que sempre estava de preto, afirmou que a pedagogia poderia funcionar para a criança como uma figura do pai, mercê de uma transferência positiva.

Além do Princípio do Prazer [FREUD, 1920]

Esse livro consta do volume XVIII, p. 17, e é considerado um dos mais importantes de FREUD. A partir de um aprofundado estudo metapsicológico do fenômeno da compulsão à repetição, que então faz equivaler a uma pulsão, FREUD nele introduz de forma definitiva o conceito de pulsão de morte e classificou as pulsões, como sendo de vida e de morte. A introdução da concepção de pulsão de morte foi retomada por M.KLEIN (com esse mesmo nome, embora com uma concepção algo distinta), de modo que esse escrito de FREUD se constitui o introdutor de um novo paradigma da psicanálise.

Alexander, Franz

ALEXANDER nasceu em Budapeste, em 1891, e morreu em Nova York em 1964. Estudou e formou-se em medicina na Hungria e emigrou para a Alemanha, onde fez sua análise didática e sua formação de psicanalista. Aos 32 anos radicou-se nos Estados Unidos, onde tornou-se professor de Psiquiatria Clínica e, em 1931, fundou o Instituto de Psicanálise de Chicago. Seu grupo ficou sendo reconhecido como Escola de Chicago. ALEXANDER fez alguns desvios em relação aos princípios clássicos da psicanálise vigente e instituiu os fundamentos da *psicoterapia psicanalítica breve*. Esse fato lhe custou sérios atritos com a Associação Psicanalítica Americana e fez com que seu método passasse à história da psicanálise com o nome de *psicanálise alexandrina*. Essa proposição técnica está fundamentada na conhecida expressão de ALEXANDER "experiência emocional corretiva", a qual consiste essencialmente na tarefa de o analista, mercê de uma atitude mais compreensiva e afetiva, ajudar no abrandamento do superego exigente e punitivo de determinado paciente.

Comentário. Embora haja uma parcial e significativa validade nessa postulação de ALEXANDER, o termo "corretiva" sugere uma ação superegóica por parte do analista, de modo que, inspirado nos estudos de BION acerca de transformações, penso que mencionada frase de ALEXANDER ganharia importante validação atual se a formulássemos como uma *experiência emocional transformadora*.

ALEXANDER participou de muitos debates com os psicanalistas de sua época, em acaloradas discussões quanto à aceitação ou não de suas idéias e sua prática como merecedoras de serem consideradas como incluídas na verdadeira psicanálise. A balança pendeu para o lado negativo.

ALEXANDER também se dedicou profundamente a estudos relativos à medicina psicossomática. Descreveu as *sete doenças psicossomáticas* (asma brônquica, úlcera gástrica, artrite reumatóide, retocolite ulcerativa, neurodermatose, tireotoxicose e hipertensão essencial), atribuindo a cada uma delas uma especificidade do conflito psicogênico responsável pela somatização.

Seu livro essencial é o que aparece traduzido como *Psicoterapia analítica: princípios e aplicação* (1946).

Alexitimia [SIFNEOS e NEMIAH]

Concepção estabelecida pelas investigações dos norte-americanos SIFNEOS e NEMIAH, em seus estudos sobre doenças psicossomáticas. Conforme sua etimologia, a palavra *alexitimia* é composta dos étimos *a*, privação + *lex*, leitura + *thimos*, glândula que era considerada responsável pelo humor, alude à dificuldade de os pacientes somatizadores conseguirem "ler" suas emoções e, por isso, se expressam pelo corpo. Para os pesquisadores mencionados, na causa da alexitimia existe um substrato neurofisiológico às dificuldades de simbolização das vivências emocionais, a qual resultaria de uma falha das conexões neuronais entre o sistema límbico do cérebro (responsável pelas emoções) e o córtex cerebral (responsável pela capacidade de síntese das percepções, julgamento e antecipação das ações).

Alfa (α) [BION]

Para evitar que seus leitores praticassem um reducionismo de seus conceitos originais para outros conceitos já conhecidos e consagrados, BION costumava empregar uma terminologia inédita, impregnada de variadas simbologias. Assim, com essa primeira letra do alfabeto grego, ao longo de sua obra, BION designou três fenômenos psíquicos: 1. Elementos α. 2. Função α. 3. Transformação α. Todos estão descritos nos respectivos verbetes específicos deste livro. BION emprestou à função um papel de grande relevância para possibilitar o funcionamento amadurecido do ego, como a capacidade de pensar, fazer síntese, abstrair, simbolizar, sonhar, etc.

Aliança terapêutica [ELISABETH ZETZEL]

Denominação criada por E.ZETZEL, psicanalista norte-americana. Em um trabalho de 1956, concebeu um aspecto importante em relação ao vínculo transferencial, ou seja, o fato de determinado paciente apresentar uma condição mental, tanto de forma consciente como inconsciente, que lhe permite manter-se verdadeiramente aliado à tarefa do psicanalista.
Com significados equivalentes, essa concepção aparece na literatura psicanalítica sob outras denominações, como, por exemplo, *aliança de trabalho*, de R.GREENSON.
Comentário. Cremos que cabe acrescentar que uma aliança terapêutica não deve ser tomada simplesmente como um desejo consciente do paciente em colaborar e melhorar, tampouco como sinônimo de transferência positiva e, muito menos, como antônimo de transferência negativa. Pelo contrário, cremos que o importante surgimento da última, em sua plenitude aparentemente negativa, muitas vezes se torna possível, graças ao respaldo de uma aliança terapêutica. Essa aliança deve provir, pelo menos, de uma parte do paciente comprometida e envolvida em assumir e colaborar verdadeiramente com a profundeza da análise, enfrentando, assim, as inevitáveis dificuldades e dores.

Alienação [LACAN]

Freqüente na obra de LACAN, esse termo designa o fenômeno que consiste em o sujeito sentir-se aprisionado no desejo, no discurso ou no corpo do *outro*. Esse fenômeno radica numa primitiva etapa do espelho, em que a criança tem a imagem de si mesma confundida com a de sua mãe.

Etimologicamente, o vocábulo alienação deriva do étimo latino *alienu*, que significa aquilo que não é nosso, que pertence a alguém. De sorte que, além do significado psicanalítico, tal como foi definido acima, também é empregado no vocabulário popular para referir alguém que está distante, apartado de si mesmo.

Alter ego

Durante longas décadas em desuso na literatura psicanalítica, essa expressão está voltando a ganhar reconhecimento pelo fato de caracterizar o fenômeno do duplo, análogo ao da especularidade. Esses conceitos vêm adquirindo expressiva relevância na teoria e na prática psicanalítica, especialmente para os pacientes com transtornos narcisistas. A conceituação de *alter ego* aparece mais explicitada no verbete específico Ego (alter).

Alucinose [BION].

Concepção de BION, que a descreveu como um estado psíquico presente na parte psicótica da personalidade, e que consiste em um tipo de transformação resultante de excessivas identificações projetivas, que distorcem a percepção da realidade. Não deve ser confundida com o conceito clássico de *alucinação*, tal como ensina a psiquiatria, embora eventualmente, quando num grau excessivo, a alucinose pode atingir a um estado de alucinação. Nesse caso, diferentemente da alucinose, o sujeito não consegue ter um juízo crítico da realidade em confronto com as suas distorções perceptivas psicóticas. Para uma compreensão mais aprofundada do fenômeno da alucinação, do ponto de vista analítico, impõe-se a leitura do artigo "Sobre a alucinação" (*On allucination*), de BION (1967).
Do ponto de vista da etimologia, um equívoco muito comum é julgar que o verbo

alucinar derive de a, privação + *lucinare*, do latim *lux, lucis,* isto é, luz, logo com a significação de uma percepção com falta de luz. Na verdade, a etimologia de alucinose resulta dos étimos gregos *hallos*, outro + *gnosis*, conhecimento.

Na prática clínica, essa concepção adquire importância se o analista estiver atento para as fugazes e pouco perceptíveis alucinoses, como pode ser a impressão que algum paciente tenha durante a sessão, de julgar que ouve ruídos (de gravador, por exemplo), odores (fumaça de incêndio...), etc., e que podem permitir um acesso a importantes regiões do inconsciente.

Ambiente e os Processos de Maturação, O [Winnicott, 1965]

É o título da tradução para o português (edição Artmed, 1983) de um importante livro de Winnicott – na versão original, em inglês, *The Maturacional Processes and the Facilitating Environment. Studies in the Theory of Emotional Development* (Londres, 1965) Trata-se de uma coletânea de principais artigos escritos por esse autor entre 1957 e 1963, entre os quais cabe destacar: "A capacidade para estar só" (1958); "Teoria do relacionamento paterno-infantil" (1960) e "Distorção do ego em termos de falso e verdadeiro *self*" (1960).

Ambiente facilitador [Winnicott]

No início de sua obra, fiel a suas raízes kleinianas, Winnicott dava decisiva importância às fantasias inconscientes do bebê, a ponto de considerá-lo o maior responsável pela criação do seu meio ambiente. Isso pode ser evidenciado pela afirmativa que esse autor fez em 1936, em relação a um menino de dezoito meses: "Observem de que maneira este pequeno cria para si um ambiente anormal". No entanto, aos poucos, Winnicott foi diferenciando-se de M.Klein, atribuindo uma progressiva e crescente importância ao ambiente exterior, sobretudo a mãe real, e as respectivas falhas ambientais. Destarte, Winnicott postula a necessidade de a mãe facilitar o desabrochar das potencialidades inatas do bebê e que, acima de tudo, não cometa sérias e sucessivas falhas no atendimento de suas necessidades básicas.

Para sustentar a ênfase nesse aspecto, Winnicott emprega uma terminologia original, como: *ambiente facilitador*; mãe suficientemente boa e holding, e associa as falhas maternas e ambientais ligadas às pulsões sádico-destrutivas com transtornos no desenvolvimento da personalidade, como a do falso *self*; tendência anti-social, etc.

Ambigüidade [J. Bleger]

Esse termo ganhou maior relevância como conceito psicanalítico a partir dos estudos descritos pelo psicanalista argentino J.Bleger, que destacou o fato de que esse estado mental pertence a uma indiscriminação entre *o eu e o outro*, devido a uma persistência de núcleos fusionais-aglutinados com a mãe primitiva.

Assim, para usar uma linguagem popular, creio que pode-se dizer que o sujeito ambíguo, simultaneamente, "acende uma vela a Deus e outra ao diabo". Para ele, as coisas funcionam na base da máxima de que "no escuro todos os gatos são pardos" e a sua atitude predominante na vida cotidiana segue o mandamento do "nem que sim, nem que não, antes até muito pelo contrário". Dessa forma, passa sua confusão a todos os circunstantes.

Muitos confundem o conceito de ambigüidade com o de ambivalência; no entanto, não significam a mesma coisa. Enquanto a ambivalência resulta de um jogo de dissociações, a ambigüidade tem raízes muito mais primitivas, de fusão narcisística.

Ambivalência [BLEULER, FREUD]

O conceito de ambivalência foi introduzido por E. BLEULER em 1910, nos seus trabalhos sobre as características da esquizofrenia. Consiste numa condição do psiquismo pela qual o sujeito tem, concomitantemente, sentimentos, idéias ou condutas (neste caso, alguns autores preferem o termo *ambitendência*) opostas em relação a uma mesma pessoa ou situação, como é o caso, por exemplo, de uma simultaneidade de amor e ódio, aproximação e afastamento, afirmação e negação.

FREUD destacou como aspecto principal o dualismo das pulsões de vida e de morte, em oposição recíproca. Em M.KLEIN a ambivalência aparece enfaticamente evidenciada nas relações simultâneas do sujeito com um mesmo objeto, dissociado em objeto bom e mau, idealizado e perseguidor.

Na obra de BION, a ambivalência pode ser especialmente depreendida de seus estudos sobre vínculos, de amor, ódio e conhecimento, nos quais destaca a permanente interação das emoções *versus* antiemoções. Para exemplificar: um conflito ambivalente entre K e -K significa que o sujeito pode querer conhecer (K) certas verdades penosas e, ao mesmo tempo, desejar negar e repudiá-las (-K).

American Psychoanalitic Association (APsaA)

Fundada por E.JONES em 1911, sofreu algumas dissidências e foi robustecida por psicanalistas europeus que emigraram para os Estados Unidos, como HARTMANN, KRIS, LOEWENSTEIN, E.ERIKSON, E. JACOBSON, M.MAHLER, entre outros. Na atualidade, a APsaA é composta por cerca de 40 sociedades filiadas, além de inúmeros grupos distribuídos pelas cidades mais importantes. Calcula-se em torno de quase 4.000 o número de psicanalistas filiados a essa Associação, além de aproximadamente outros 9.000 que não são filiados à IPA. Nos últimos anos, a psicanálise vem perdendo prestígio nos Estados Unidos. O número de candidatos para a formação exigida pela IPA tem decaído consideravelmente e ela sofre uma forte concorrência por parte de terapêuticas alternativas, especialmente por parte da psicofarmacologia.

Amor [FREUD, LACAN]

O sentimento de amor, o mais cantado e decantado em todas as épocas, tem sido estudado maciçamente dentro e fora da psicanálise, sob todos os ângulos, dimensões e inúmeros vértices de entendimento possíveis. No campo psicanalítico, a qualidade do amor sempre está ligada a algum tipo de arranjo entre as pulsões de vida e de morte, de que podem resultar as diversas formas de o sujeito amar e ser amado.

Comentário. Cremos que na situação analítica não basta o paciente referir que *ama fulano*; compete ao analista discriminar, junto com o paciente, se é o caso de um amor suficientemente maduro e sadio (tecido com doses de ternura, sexo, respeito recíproco, companheirismo, etc.), ou se o vínculo amoroso é predominantemente de natureza sadomasoquista, ou simbiótico, narcisista, alienado no outro, se é o caso de apoderamento ou paixão. Tratando-se de paixão, também cabe verificar se prevalece o lado bonito da paixão, como prelúdio do amor sadio, ou o lado cego e burro de muitas paixões, e assim por diante. FREUD, em seus primeiros estudos, deu uma relevância quase que exclusiva aos aspectos libidinais inerentes ao amor. A partir de "Além do princípio do prazer", de 1920, onde introduziu a concepção da pulsão de morte, FREUD passou a empregar a palavra grega Eros para designar as pulsões de vida que se opõem às de morte, as quais ele denominou Tânatos. FREUD também abordou vários outros aspectos do amor. Vale referir os seguintes. 1. A partir da afirmação de que "muitos homens não podem desejar a mulher que amam e nem amar aquelas que desejam", lançou as sementes teóricas que diferenciam o conceito de amor do de desejo. 2. No trabalho "Uma introdução ao narcisismo", de 1914, na parte que aborda a escolha de objeto por parte do homossexual, descreve dois tipos de opção: a de tipo anaclítica, na qual essa pessoa busca um necessário apoio (ou ancoragem) materno, ou de tipo narcisístico, caso em que o homossexual procura no outro aquilo que *é ele próprio*, tanto no presente como no que *foi* no passado, como também busca aquilo que ambiciona *vir a ser* no futuro. 3. No artigo "Os instintos e suas vicissitudes", de 1915, FREUD estuda o destino das pulsões sexuais, destacando a freqüente possibilidade de o amor *transformar-se* em ódio, ou mesclar-se a*mbivalentemente* com o ódio.

Em seus estudos técnicos, notadamente o de 1915, "Novas recomendações sobre a técnica da psicanálise", FREUD prioriza a importância do que ele chamou amor de transferência.

BION destacou o aspecto *vincular* do amor, em especial no que tange à emoção *versus* antiemoção do amor, tal como aparece mais explicitado no verbete vínculo.

LACAN, por sua vez, ocupou-se, de forma original, com os três aspectos que seguem. 1. O narcisismo do amor humano, resultante da etapa do espelho, na qual a criança está alienada no corpo e na imagem que a mãe lhe reflete dela. Assim, está sempre no próprio sujeito aquilo que ele está amando no outro. 2. A demanda (alude a um desejo insaciável), oriunda de uma necessidade vital de o sujeito preencher o vazio de um objeto faltante, promove um tipo de amor em que o sujeito ama no outro sobretudo aquilo que lhe falta. 3. A falta resulta da castração. Logo, como o pai é o responsável pela lei da interdição, resulta que o tipo de amor de alguma pessoa pode representar uma constante e às vezes desesperada procura inconsciente de um pai, que, por uma compulsão à repetição, acaba sendo um pai castrador, como é tão freqüente aparecer na clínica psicanalítica.

WINNICOTT dedicou-se mais aprofundadamente às diversas facetas do recíproco amor da mãe com o seu bebê.

KOHUT ressaltou o aspecto de que muitas formas de amar resultam da busca de alguém que preencha as primitivas falhas empáticas.

BION estudou os múltiplos aspectos que estão contidos no vínculo do amor. Ver esse verbete.

Anáclise (ou **apoio,** ou **ancoragem**) [FREUD]

O étimo grego *anaclisis*, origem de *anáclise*, significa deitar-se sobre, apoiar-se. Em FREUD, a noção de anáclise aparece mais claramente em 1915, na terceira edição de "Três ensaios sobre a teoria da sexualidade". Em alemão, a palavra original empregada é *Anlehnung;*, em francês é *etayage*, em espanhol aparece como *apuntalamiento*, e em português costuma ser traduzido como *apoio*.

No referido texto, FREUD afirma que as pulsões sexuais só conseguem atingir a condição de independentes se estiverem *apoiadas* nas pulsões de autoconservação, baseadas nas funções orgânicas. Ele ilustra isso com a situação do lactante mamando no seio materno: num primeiro momento, com fome, ele satisfaz sua necessidade, enquanto num segundo momento da mamada ele se satisfaz com a erogenização do seio (o que se repete com outras zonas erógenas).

Comentário. Entendo que a palavra *apoio*, em termos psicanalíticos, está muito impregnada com a significação contida na expressão psicoterapia de apoio, razão por que me parece mais adequada a palavra ancoragem que define melhor um "apoiar-se, agarrando-se firmemente", como FREUD queria conceituar.

Anaclítica, depressão [R. SPITZ]

Com esse termo, R.SPITZ (1945) descreveu um estado depressivo que surge no primeiro ano de vida da criança devido a um afastamento súbito e prolongado da mãe, depois de ter se estabelecido um bom vínculo com ela. As características dessa depressão anaclítica são uma apatia generalizada. Na maioria das vezes, a situação volta ao normal quando a mãe retorna, ou, em caso contrário, a depressão pode ficar muito agravada. Essa última situação pode ser exemplificada com a depressão anaclítica, de características bem mais graves, que Spitz denominou hospitalismo, porquanto trata-se de criancinhas que ficam por longo tempo internadas em creches e hospitais sem a presença física da mãe. As estatísticas mostram que essas crianças, embora bem tratadas, adoecem e morrem com mais facilidade do que as crianças em condições normais. Isso deve-se ao fato de que a depressão abala o sistema imunológico, o que torna o organismo presa fácil para as doenças infecciosas.

Anaclítica, escolha de objeto [FREUD]

Tomando como base a ilustração dos dois momentos da mamada do bebê no seio da mãe, tal como está referido no verbete análise, pode-se deduzir que, nessas condições, o tipo de escolha do objeto vai recair nas pessoas que prioritariamente propiciam cuidados maternais sob a forma de alimentação, higiene e proteção.
O conceito de *escolha de objeto anaclítico* aparece melhor descrito no verbete amor, na parte em que são referidos os estudos de FREUD em relação à escolha de parceiros homossexuais.

Anagógica, interpretação

Esse termo provém do étimo grego *anágos*, que significa elevar para o alto, de modo que é uma expressão que pertence à linguagem teológica. Aplicada à psicanálise, a palavra *anagógica*, embora pouco utilizada, designa um importante e contemporâneo modo de interpretação que se eleva do sentido literal e sensorial (dos símbolos, sonhos, sentidos, etc.) para o universal sentido espiritual.

Anal, fase [FREUD, ABRAHAM]

Denominação de FREUD para o período evolutivo situado entre os 2 e os 4 anos, isto é, entre a fase oral e a fálica. Embora o termo *anal* se refira especificamente "àquilo que é relativo ou pertencente ao ânus", na psicanálise as manifestações da *fase anal* abrangem as que ocorrem em outras zonas corporais, como, por exemplo, as provenientes da musculatura e da ação motora. Na criança, esse período coincide com: a) a aquisição da linguagem e da capacidade de engatinhar e andar; b) o despertar da curiosidade que a leva a explorar o mundo exterior; c) o progressivo aprendizado do controle esfincteriano e da motricidade; d) os ensaios de individuação e separação; e) a comunicação verbal; f) o uso de brinquedos, as brincadeiras e os jogos; g) a aquisição da condição de dizer não, etc.
ABRAHAM, em "Un breve estudio de la evolución de la libido a la luz de los transtornos mentales" (1924), ampliou significativamente os estudos relativos à analidade, em especial os aspectos das pulsões agressivas. Sintetizando as colaborações de FREUD e de ABRAHAM, podemos destacar os seguintes aspectos principais: 1. A fase anal é caracterizada pela predominância das pulsões, tanto as sádicas como as eróticas, que referem ao ânus, uretra, motricidade, etc. 2. Existe uma oposição entre *atividade* – que

gera uma atitude de dominação – e uma *passividade* resultante do fato de que a zona anal funciona prevalentemente como fonte erógena receptiva. 3. Existe na criança uma equivalência simbólica entre fezes, filho, pênis, presentes e dinheiro. 4. O ato da evacuação pode ser usado como um recurso anal-expulsivo, como forma de a criança presentear, ou agredir, aos pais educadores, ou ser utilizada de forma anal-retentiva, que freqüentemente expressa um estado de auto-erotismo, ou de uma obstinação. 5. Esta última condição constitui-se em importante matéria-prima para a formação da neurose obsessiva. Assim, os traços obsessivos normais, como os aspectos referentes à ordem, à economia e a uma saudável disciplina, se excessivos, transformam-se em compulsões, avareza e tirania.

Analisabilidade (conceito de técnica)

Antes de comprometer-se a assumir o tratamento de determinado paciente, um analista deve ter critérios bem definidos quanto ao fato de que sua indicação de psicanálise é a mais acertada possível, para minimizar o risco de possíveis futuras decepções para ambos.

Alguns dos elementos que compõem os critérios para uma analisibilidade são: 1. Uma motivação suficientemente boa para querer fazer verdadeiras mudanças psíquicas. 2. Uma avaliação do diagnóstico e do prognóstico, relativos não somente ao grau de patologia do paciente, com os respectivos prováveis riscos, além de levar em conta a reserva de capacidades positivas. 3. A potencialidade de contrair uma relação vincular onde se instale uma aliança terapêutica. 4. Os fatores de ordem prática quanto às condições econômicas e equivalentes. 5. A acessibilidade que o paciente demonstra para entrar em contato com as suas regiões inconscientes, o que implica a necessidade de o analista avaliar o grau de amor às verdades que demonstra a pessoa que busca um tratamento psicanalítico.

À medida que os psicanalistas contemporâneos foram melhorando seu equipamento teórico e técnico, os critérios de analisibilidade tornam-se mais flexíveis e, descontando os eventuais indícios óbvios de uma contra-indicação para análise, eles preferem observar as reais possibilidades, ou impossibilidades durante o curso da própria análise.

Análise com crianças

Ver o verbete *crianças*.

Análise de uma fobia em um menino de cinco anos [FREUD, 1909]

Esse trabalho, mais conhecido com o nome do *Caso do Pequeno Hans*, aparece no volume X, p.15 da edição *Standard* brasileira. Ver o verbete *Historiais clínicos*.

Análise do Self [KOHUT, 1971]

Em 1971, KOHUT publicou seu primeiro livro intitulado, no original inglês, *The Analysis of the Self*, *Análise do Self* na edição brasileira. Até então as proposições kohutianas estavam restritas aos conceitos de *empatia*, de *introspecção* (tal como aparece no seu trabalho de 1959, *Introspection, empathy and psychoanalysis*, que marca o começo de sua divergência com a ideologia psicanalítica da Associação Psicanalítica Americana e da IPA), e à patologia concernente aos *transtornos narcisistas*.

Em *Análise do Self*, KOHUT propõe, para esses pacientes, um tratamento especial baseado exatamente na interpretação e elaboração das transferências narcisistas. Com isso, procura-se fortalecer o *self* desses pacientes, dando origem a um desenvolvimento normal da libido narcisista. Ver o verbete *transferências (tipos de)*.

Análise didática

Preocupados com uma expansão do número de pessoas que se denominavam e se consideravam psicanalistas e que nem sempre tinham condições técnicas e tampouco éticas ou morais para o exercício de uma tarefa de tamanha responsabilidade, os analistas pioneiros mais direta e intimamente ligados a FREUD propuseram a adoção de critérios minimamente rígidos para assegurar um bom padrão de qualidade de formação. Ademais, à medida que os analistas responsáveis pela seriedade do movimento psicanalítico no mundo foram percebendo a importância das nuanças contratransferenciais, começaram a surgir as primeiras dúvidas a respeito de uma praxe que era relativamente comum, qual seja a da permissão natural de que muitos desses pioneiros analisassem pessoas íntimas, como amigos, amantes, concubinas, e até mesmo familiares muito próximos.

A expressão *análise didática* foi criada em 1922 e, a partir de 1925, durante a realização do Congresso Internacional, MAX EITINGTON propõe que, juntamente com as supervisões de casos clínicos, a prática da *análise didática* fosse tornada obrigatória para todos os candidatos em formação no mundo todo. Essa proposta foi plenamente aprovada e sua execução adotada pela IPA, com a instauração de regras padronizadas e que, com pequenas variações se mantêm vigentes na atualidade.

Nos primeiros tempos, alcançar a condição de fazer uma análise didática era cercada por uma auréola de idolatria, o que não acontece nos dias atuais. Embora haja um reconhecimento geral da eficiência da formação analítica, as regras impostas pela IPA vêm sofrendo muitas contestações quanto a um possível excesso de rigidez na sua aplicação, tendo em vista algumas profundas transformações pelas quais o mundo está passando. Tal fato vem merecendo, por parte da IPA, sérios estudos quanto a uma possível reavaliação de certos aspectos..

Análise leiga [FREUD]

Essa expressão – ou sua equivalente, *análise profana* – era usada com bastante freqüência para referir a análise clínica praticada por não-médicos, fato que gerou fortes polêmicas entre os psicanalistas, principalmente após uma maciça emigração para a América do Norte de analistas europeus, não-médicos, devido à ameaça da perseguição nazista. FREUD publicou, a respeito, "A questão da análise leiga" (1926), que motivou fortes reações dos psicanalistas norte-americanos, que eram unicamente médicos. Por fim, prevaleceu a posição inicial de FREUD, tal como é na atualidade, com uma sólida e maciça participação de psicólogos clínicos em todas as sociedades psicanalíticas.

Análise Terminável e Interminável
[FREUD, 1937]

O trabalho está publicado no volume XXIII, páginas 247 a 287, da edição *Standard* brasileira, subdividido em oito partes. Trata-se de um verdadeiro clássico que, juntamente com "Construções em Análise", do mesmo ano, foram os últimos escritos estritamente psicanalíticos de FREUD publicados em vida. Nesse livro, após quase 20 anos, FREUD retoma a abordagem centrada nas questões técnicas da psicanálise. O artigo, como um todo, dá impressão de pessimismo quanto à eficácia terapêutica da psicanálise, de modo que dá uma constante ênfase a suas limitações, às dificuldades do processo e aos obstáculos que se erguem no seu caminho. Entre outros aspectos interessantes e instigantes desse trabalho, vale destacar que FREUD assinalou: 1. Que existem três fatores decisivos para o sucesso ou fracasso do tratamento analítico – a influência dos traumas, a força constitucional das pulsões e as alterações do ego. 2. Na psicanálise, os mecanismos de defesa dirigidos contra a angústia da emergência daquilo que está recalcado ressurgem no processo analítico sob a forma de resistências contra a cura, de modo que o resultado de um tratamento analítico depende essencialmente da força e profundidade das resistências que acarretam uma alteração do ego. 3. Fundamentado num artigo que FERENCZI leu em 1927, FREUD afirma que: "entre os fatores que influenciam as perspectivas do tratamento analítico e se somam a suas dificuldades da mesma maneira que as resistências, deve-se levar em conta não apenas a natureza do ego do paciente, mas também a *individualidade do analista*.(...) Não devemos esquecer que o relacionamento analítico se baseia no *amor à verdade* e que isso exclui qualquer tipo de impostura ou engano. 4. Consubstanciando seu pessimismo em relação ao pleno êxito de um tratamento psicanalítico, especialmente com mulheres, volta a enfatizar o seu conceito de inveja do pênis, ao afirmar que "Nas mulheres, também o esforço por ser masculino é egossintônico em determinado período (...) O desejo apaziguado de possuir um pênis destina-se a ser convertido no desejo de um bebê e de um marido, que possui um pênis (...) Freqüentemente temos a impressão de que o desejo de um pênis e o 'protesto masculino' penetraram através de todos os estratos psicológicos e alcançaram uma *base rochosa*, e que, assim, nossas atividades encontram um fim".

Análise transacional [E. BERNE]

ERIC BERNE (1910-1970), nascido no Canadá, radicou-se em San Francisco, Estados Unidos, onde desenvolveu o método terapêutico que denominou *análise transacional* e que o tornou célebre. Afastando-se do freudianismo clássico, BERNE criou e desenvolveu essa modalidade de terapia, que está próxima de uma terapia com a família. Consiste em restabelecer a comunicação, ou seja, uma *transação* entre os membros de uma família ou de um grupo social, sempre partindo das relações do ego do sujeito com o ambiente exterior, levando em conta as transações entre as diferentes partes que habitam o *eu* do indivíduo.

Analítica, psicologia [JUNG]

Ver verbetes *Jung* e *psicologia analítica*.

Angústia, ansiedade [FREUD, M.KLEIN, M. MAHLER, WINNICOTT, LACAN, BION]

Esses dois termos estão juntos pelo fato de, em geral, aparecerem indistintamente na literatura psicanalítica como se fossem sinônimos, embora muitos autores prefiram estabelecer uma diferença entre ambos. Alguns definem *ansiedade* como um afeto profundo que nem sempre se manifesta clinicamente, como que se referindo a alguma ânsia não reconhecida. Essa definição está de acordo com a etimologia de *ansiedade*, a qual provém do latim *anxia*, anseio, ânsia. *Angústia*, por sua vez, indicaria a condição de sempre existir uma sintomatologia de angústia livre (medo de morrer, enlouquecer, taquicardia, dispnéia suspirosa, etc.). Outros autores estabelecem a mesma diferença, porém de forma contrária. Etimologicamente, o termo *angústia* deriva do latim *angor*, estreitamento. Da mesma palavra derivam *angina*, *angustura*, etc.), que refletem bem a sensação de estreitamento, de opressão precordial que acompanha os sintomas da angústia livre. Embora a palavra *ansiedade* preencha melhor uma noção mais ampla e profunda desse sentimento, a expressão *angústia* ficou mais popularizada e corrente, possivelmente porque as descrições pioneiras de FREUD incidiram especialmente nas manifestações clínicas de angústia livre que acompanham as neuroses traumáticas, atuais.

Na situação analítica, a angústia é o afeto por excelência e é aquele que mais interessa aos psicanalistas, tanto pela sua polissemia como também pelos inúmeros vértices de entendimento e de manifestações clínicas. As principais concepções de autores de diferentes escolas, listados junto ao título deste verbete, são apresentadas a seguir:

FREUD descreveu inicialmente a angústia automática, que consiste no represamento de um excesso de estímulos e de excitações pulsionais que o ego do sujeito não conseguiu processar. Isso funciona como uma situação traumática: a ameaça do reprimido irromper na consciência determinaria a angústia. Mais tarde, mais precisamente em "Inibições, Sintomas e Angústia", de 1926, FREUD descreveu a angústia sinal, com a concepção de que, contra eventuais perigos, o sujeito cria um sinal de alarme que faz com que situações banais pareçam altamente ameaçadoras, de forma muito desproporcional ao risco real.

Um exemplo de uma situação desse tipo seria o de um pequeno acidente sofrido por uma criança ir a significar, dentro dela, uma quase morte. Em conseqüência, todas as vezes que, já adulto, sofrer uma situação análoga e o alarme soar, o sujeito a vivenciará como uma terrível angústia de morte iminente. Assim, a pessoa torna-se ao mesmo tempo alarmada e alarmista. Além da *angústia automática* e a *sinal*, Freud também referiu a *angústia realista* para estabelecer uma diferença entre um sinal antecipatório exagerado e uma angústia natural e proporcional diante de um perigo real.

É interessante mencionar a modalidade da *angústia de não ter angústia*, a qual resulta do fato de muitas pessoas, sofrendo embora com os sinais exagerados de seu sistema de alarme, sentem angústia só de imaginar que não têm angústia, como se esta fosse a garantia de uma alerta contra perigos trágicos.

Num outro registro, FREUD também descreveu a angústia de desamparo (*Hilflosigkeit* no original alemão), a angústia da perda de amor, a de separação, a do superego e, sobretudo, a angústia de castração, que tornou-se o eixo principal de seu edifício teórico.

M.KLEIN descreveu a angústia de aniquilamento (em outros momentos aparece em sua obra com o nome de angústia de desintegração), a qual corresponde à ação da pulsão de morte agindo do interior do psiquismo, ameaçando a sobrevivência do sujeito. Em outro registro, a autora consigna as angústias de tipo persecutório (representa uma ameaça de objetos maus e perseguidores que ameaçam os bons objetos internos), angústia de tipo depressivo (os objetos maus ameaçam a sobrevivência do ego), e uma ansiedade confusional (um misto, ou um estado de transição entre as duas anteriores).

A partir dos estudos de M.MAHLER e colaboradores, os psicanalistas seguidores da *Psicologia do Ego Contemporânea* acrescentaram a angústia que acompanha as fases evolutivas de simbiose e de diferenciação, com as subetapas desta última, de individuação e separação, ou seja, descrevem a angústia de engolfamento (quando predomina o receio de o sujeito vir a ser engolfado, ou vir a engolfar o outro, tal como foi durante a díade simbiótica que ele teve com a mãe), e a angústia de separação (no caso em que um afastamento representa o antigo pânico de perder o contato com a mãe).

Em pacientes fóbicos é freqüente observar-se a *distância fóbica*, isto é, não podendo aproximar-se demasiadamente, se afastam, mas não suportam uma distância maior e duradoura e voltam a aproximar-se, num vaivém às vezes eterno.

WINNICOTT estudou a angústia própria de um estado de não-integração (não é a mesma coisa que *desintegração*), a qual corresponde ao retorno a uma etapa evolutiva em que o ego do infante ainda não tinha condições de discriminar seus diversos componentes corporais e seus aspectos psicológicos, ainda não integrados num todo único. A esse tipo de angústia Winnicott denominou *breackdown*, que significa uma sensação de catástrofe. Na clínica, o sintoma mais manifesto que o paciente evidencia é o de uma angustiante sensação de *estar caindo no espaço*. Em outros momentos de sua obra, o autor denomina esse tipo de angústia como de *aniquilamento*, ou *angústias inimagináveis* ou, ainda, de *agonias impensáveis*, ou seja, o paciente não consegue pensá-las.

Na obra de LACAN surge com relativa freqüência o termo despedaçamento (no francês original, *corps morcelé*). Como a palavra diz, alude a uma sensação de *pedaços corporais* próprios de um período da etapa do espelho e que, por razões de imaturidade neurobiológica, ainda não se juntaram. BION, além de conservar as angústias descritas por M.KLEIN, acrescentou sua concepção de angústia catastrófica. No caso, o adjetivo *catastrófica* não deve ser tomado com o significado de tragédia, mas sim como uma turbulência emocional que acompanha o paciente em fase de importantes mudanças psíquicas. Por exemplo, a mudança de um estado psíquico típico da posição esquizoparanóide para um estado próprio da posição depressiva é um excelente indicador da marcha exitosa da análise, porém costuma vir acompanhada de uma intensa dor mental.

Angústia, neurose de [FREUD]

Nos tempos pioneiros, FREUD deu realce especial a esse tipo de neurose e o diferenciava da *neurastenia*. Tanto a neurastenia como a neurose de angústia faziam parte do que ele denominava neuroses atuais, ou seja, as que resultariam de um acúmulo de libido sexual resultante de sua não-gratificação, como aconteceria nos caso de coito interrompido, virgens insatisfeitas e abstenção sexual.

A neurastenia se caracterizaria por uma fraqueza e adinamia generalizada (geralmente atribuída a um excesso de masturbação), enquanto a neurose de angústia se manifestaria por sintomas de angústia livre no plano corporal, como cefaléia, opressão pré-cordial, sensação de dificuldade respiratória.

FREUD também usava a expressão histeria de angústia, que foi sua primeira forma de referir-se aos quadros clínicos de fobias.

Na atualidade, muitas dessas neuroses de angústia são entendidas e tratadas como quadros de *síndrome do pânico*.

Aniquilamento, angústia de

Ver *angústia*.

Anna O. [Historial clínico de FREUD]

Nome que entrou para a história da psicanálise por ser a primeira paciente tratada graças ao acesso a regiões inconscientes. Com 22 anos, Anna O. foi paciente de BREUER (e não de FREUD, como muitos equivocadamente imaginam, porque BREUER fazia relatos pormenorizados a FREUD) que, de 1880 a 1882, tratou-a pelo método hipnótico. Seus sintomas histéricos desapareciam após cada sessão de hipnose catártica, porém reapareciam sob a forma de outros sintomas corporais.

Os biógrafos relatam que Anna O. desenvolveu a fantasia de estar grávida de BREUER (trata-se da conhecida *gravidez fantasma*), deixando-o apavorado (ainda não conheciam o fenômeno da transferência) e influindo decisivamente no seu abandono da psicanálise.

Outro aspecto que celebrou a Anna O. – cujo verdadeiro nome era Bertha Pappenheim – foi o fato de terem partido dela as expressões *cura pela palavra* e *limpeza pela chaminé*, que caracterizam o método *catártico*, ou *ab-reativo*. A versão em inglês dessas expressões, *talking cure* e *chimney sweeping* tornaram-se clássicas.

Além disso, Anna O. veio a ser importante figura do movimento feminista europeu que se insurgia contra a exploração da mulher.

Anorexia nervosa

Transtorno alimentar que incide principalmente em mulheres bastante jovens e com freqüência vem acompanhada de amenorréia persistente. Existem muitos graus de anorexia nervosa, desde as pouco perceptíveis até as que representam extrema gravidade, com perda substancial de peso, num estado caquético que requer internação hospitalar, alimentação por sonda e sérios cuidados quanto a um real risco de vida.

No curso do tratamento psicanalítico dessas pacientes, observa-se virtualmente que junto com um grave transtorno da imagem corporal, sempre existe uma intensa conflitiva com a mãe internalizada, representada como inimiga do desabrochar da sua sexualidade. Como conseqüência, a jovem anorética evita comer como forma de não permitir qualquer proeminência abdominal que sequer remotamente possa lembrar a concretização de alguma fantasia de gravidez.

Anulação [FREUD]

Mecanismo defensivo do ego que consiste em desfazer um pensamento, fantasia, ou ato que é inaceitável, mediante o recurso de contrapor, num segundo momento imediato, um pensamento (neste caso trata-se de situações obsessivas) ou um ato (resulta em compulsão) opostos ao primeiro, de sorte a anulá-lo. Um claro exemplo disso está contido numa passagem do historial clínico de Freud, "O homem dos ratos" (1909). Esse paciente tira uma pedra da estrada por onde deveria passar uma carreta que transportava sua amada, para protegê-la de um possível acidente. Em seguida, recriminando-se pelo absurdo de seu ato, sente-se compelido a recolocar a pedra, volta a retirá-la e volta a recolocá-la num interminável número de vezes. A situação constitui uma clara característica das neuroses obsessivo-compulsivas.

Antianalisando, O [JOYCE MCDOUGALL]

O prefixo *anti* aqui não significa contra, mas, sim, tem o significante equivalente ao de *antimatéria*, isto é, revela-se pela ausência, pelo contrário. Com essa denominação, J.MCDOUGALL, no seu livro *Em Defesa de uma Certa Anormalidade* (1987), descreve os pacientes que têm características peculiares: dão a impressão inicial de serem *casos bons*, aceitam bem o protocolo analítico e não abandonam o analista. Porém, o passar do tempo da análise, no geral linear e fria, revela que não se produziu mudança significativa.

Esses pacientes colaboram com o analista, falam de coisas e pessoas, mas não estabelecem as relações e ligações entre elas, pois lhes falta o senso de curiosidade e indagação. Parece que não fazem regressões maciças, mas, sim, que perderam o contato consigo mesmos. Apesar disso tudo, mantêm uma estabilidade em suas relações objetais e recusam qualquer idéia de separação de seus objetos de rancor. Apegam-se à análise como "um náufrago à uma bóia, sem esperança de alcançar terra firme" e, prossegue MCDOUGALL, "mantêm-se fiéis ao provérbio espanhol 'antes morrer do que mudar'".

Aparelho psíquico [FREUD].

O termo *aparelho* foi utilizado por FREUD porque na época pioneira da psicanálise ele estava impregnado pela visão mecanicista da medicina. A primeira menção de Freud ao aparelho psíquico aparece em 1900, no consagrado *A Interpretação dos Sonhos,* onde ele compara o aparelho psíquico com aparelhos ópticos.
Resumidamente, FREUD conceituou que a função do aparelho psíquico consistiria em: 1. O trabalho de transformar uma determinada energia pulsional. 2. Promover inscrições e traduções das primitivas impressões psíquicas, com as respectivas e distintas significações de cada uma delas, porém todas entrelaçadas entre si numa rede de significantes. 3. Processar sua transmissão de acordo com o modelo de um arco reflexo de caráter neurológico,. 4. Manter no menor nível possível a energia interna do psiquismo, conforme o princípio da constância. 5. Efetuar uma diferenciação em sistemas ou instâncias psíquicas, obedecendo a uma organização estrutural, ou seja, uma disposição de elementos psicológicos que ocupam um lugar definido na mente, com uma certa ordem e com recíprocas influências.
FREUD pretendeu deixar claro que sua concepção de uma coexistência de sistemas ocupando lugares na mente não deve ser entendida no sentido anatômico, de localizações cerebrais, mas sim como uma forma de definir que as excitações pulsionais transitam em lugares (*topos* em grego, daí *teoria topográfica*), como o das vias do inconsciente, do pré-consciente e do consciente. A partir do seu trabalho de 1923, "O ego e o id", Freud deu nova dimensão ao aparelho psíquico, elaborando de forma mais categórica sua teoria estrutural, descrevendo a dinâmica do psiquismo em termos da importância do ego como mediadora entre o id, o superego e a realidade externa.

Aparelho para pensar os pensamentos [BION]

Em suas concepções originais sobre origem, desenvolvimento e utilizações da capacidade para pensar, BION, com essa expressão defende a idéia de que os pensamentos (melhor seria dizer os protopensamentos, os quais equivalem aos elementos b) precedem o pensador. Assim, as primitivas sensações e emoções (proto-pensamentos) necessitam de um mínimo de condições mentais, uma espécie de um aparelho para que o sujeito efetivamente possa pensá-las, com símbolos, imagens e palavras.

Apego [J.BOWLBY, 1969]

J.BOWLBY, psicanalista britânico, estudou durante mais de 40 anos o que descreveu como um *vínculo afetivo primário* do bebê com a mãe, que se processa por meio do fenômeno do apego (*attachment* no original inglês). Esse autor, numa linha análoga à de SPITZ, comprovou que as crianças privadas precocemente das mães passam por três fases que são denominadas protesto, desesperança e retraimento. 1. Na fase de *protesto*, o bebê chora, esperneia e volta-se para qualquer ruído ou som que possa indicar a mãe ausente. 2. A etimologia da palavra *desesperança* (*des*, sem + *esperança*) indica que a criança cansou de esperar, sente tudo como perda (*loss* em inglês). Essa fase é análoga ao sofrimento com apatia do adulto. 3. A fase de *retraimento* indica o desapego emocional e corresponde à indiferença e desvalia da depressão adulta, com o sério risco de entrar num estado de *desistência*.

Apoio (ancoragem) [FREUD]

O conceito de *apoio* com o significado de agarramento a uma âncora, representado num objeto protetor e provedor, está descrito no verbete *anáclise*.

Aprender com a experiência [BION, 1962]

Título de um dos mais importantes livros de BION, em inglês, *Learning from experience*. Entre muitas outras contribuições originais acerca dos processos de conhecimento e do pensamento, ele enfatiza quanto é fundamental para o crescimento individual do sujeito sua capacidade para aprender com as experiências, as boas e, principalmente, as más. Segundo BION, diante de uma situação difícil, algumas pessoas se evadem mediante uma série de recursos defensivos de fuga, enquanto outras enfrentam a dificuldade, sofrendo uma dor mental, porém desenvolvendo uma capacidade para modificar a realidade frustradora.

Nas pessoas que não conseguem aprender com as experiências – e isso depende diretamente de um acesso à posição depressiva – essa capacidade fica substituída pela *omnisciência* (de *omni*, tudo em grego + *ciência*), ou seja, o sujeito racionaliza que não precisa aprender porque "já sabe tudo".

Área (ou zona) livre (ou sem conflito) do ego. [Psicólogos do Ego]

Expressão psicanalítica é própria da escola da Psicologia do Ego e refere o fato de que nem tudo no psiquismo deve necessariamente estar conflituado, desde o início do funcionamento do ego. Por exemplo, no caso de uma tartamudez (gagueira), inicialmente as mucosas labiais e bucais do sujeito, seu aparelho de fonação em geral, estavam unicamente a serviço da dicção. É possível, porém, que, posteriormente, uma libidinização ou agressivização dessa zona corporal tenha conflituado esse aparelho de tal modo que, antes de emitir uma palavra, inconscientemente temeroso de que suas palavras representem carícias verbais ou projéteis destrutivos, o sujeito tropeça nas palavras. Dessa mesma forma, inúmeras outras funções egóicas começam livres de conflitos e nada impede que possam vir a ficar conflituadas. Essas áreas do ego livres de conflitos constituem o que HARTMANN denominou autonomia primária ou secundária. Ver esse verbete.

Arco de tensão bipolar [KOHUT]

Um dos pontos fundamentais da obra de KOHUT é de que o *self* se forma a partir da internalização dos arcaicos *selfobjetos*, que podem ser de dois tipos: um objeto do *self grandioso* – o qual proporciona as ambições e metas e o outro pólo, chamado por KOHUT de *imago parental idealizada* – de cuja internalização surgem os ideais do *self*. Isso tem como resultado um *si-mesmo* com estrutura bipolar. Assim, há a possibilidade, segundo o tipo de relações objetais primitivas, de que um sujeito tenha altamente investida a representação grandiosa de si-mesmo e, contrariamente, o pólo dos ideais seja debilitado, ou vice-versa.

Entre ambos os pólos estabelece-se um *arco de tensão* que determina as atividades básicas de uma pessoa, para as quais se vê impelida por suas ambições e guiada por seus ideais. A esses dois pólos – o grandioso e o idealizado – KOHUT acrescentou uma área intermediária, descrita como o espaço "das aptidões e dos talentos".

Arquétipos [JUNG]

Com esse termo, JUNG afirmava que todo indivíduo carrega uma herança de valores, aspirações e metas, que representam um atavismo de nossos ancestrais, que estão aparentemente ocultos, mas que, de alguma forma, se manifestam no plano da espiritualidade.

Arrogância [Bion]

Bion deu muita ênfase a esse aspecto do psiquismo, que considerava inerente ao que denominou parte psicótica da personalidade. Fazia questão de estabelecer diferença entre orgulho, que é um sentimento natural e sadio, e arrogância, caso em que há predominância de onipotência, omnisciência e prepotência.

Uma leitura mais aprofundada sobre este tema aparece no artigo de bion "Sobre arrogância" (*On arrogance*, 1967)

Associação livre de idéias, regra da [Freud]

Essa regra técnica legada por Freud – componente maior da regra fundamental – consistia no compromisso assumido pelo analisando de associar livremente as idéias que lhe surgissem espontaneamente na mente e verbalizá-las ao analista, independentemente de suas inibições para julgá-las importantes ou não.

De certa forma, Freud aplicou essa regra nos primórdios da psicanálise, desde 1894, quando usou consigo mesmo o método da livre associação em sua auto-análise, especialmente na decifração dos seus sonhos através das descobertas propiciadas pelas cadeias associativas. No entanto, ele somente instituiu categoricamente esse método associativo em 1896, quando sua paciente Emmy von N, cansada de ser pressionada para associar "livremente", pediu a Freud que ele a deixasse falar livremente.

Por ocasião das cinco conferências que pronunciou em 1909, nos Estados Unidos, para onde viajou acompanhado por Ferenczi e Jung, Freud reconheceu publicamente os méritos da Escola de Zurique, e particularmente de Jung, por terem desenvolvido o teste da associação verbal, que em parte lhe serviu como inspiração para sua técnica da "associação livre de idéias", aspecto que ele considerou da mesma importância que a atribuída aos sonhos e aos atos falhos.

Embora seu qualificativo, essa regra técnica, na verdade, nos tempos pioneiros não era propriamente livre. O próprio Freud usava como recurso a tática de exercer uma pressão manual na fronte do paciente deitado no divã para instá-lo a falar. Ferenczi também criticou, em parte, a aplicação obrigatória dessa regra, tendo em conta que muitos analisandos, os obsessivos principalmente, podiam fazer um uso abusivo e estéril de seu "livre" discurso.

Comentário. Cremos que na atualidade os analistas não mais consideram o discurso associativo do paciente uma condição *sine qua non* para uma análise, e isso por três razões: 1. É impossível que o paciente siga rigorosamente à risca essa combinação, o que pode gerar um acréscimo de culpas por não se sentir um bom cumpridor de compromissos assumidos. 2. Muitas livres associações favoreciam uma longa narrativa discursiva, obsessiva ou vazia, na forma ou no conteúdo. 3. Na psicanálise contemporânea, os analistas não só valorizam o silêncio como uma forma de linguagem, como estão treinados para reconhecer as múltiplas formas da comunicação não-verbal.

Esta última razão nos parece a mais importante.

Ataques a α [Bion]

Bion deu importância extraordinária ao que denominou função α (ver esse verbete). Em *Cogitações* (1992. p.145) assim se refere aos ataques a α: "O paciente tem a capacidade de exigir uma experiência emocional do analista e rejeitá-la. Produz-se um estado em que não se consegue *lembrar* do que aconteceu na sessão." Alguns pontos ficam claros: 1. O paciente recusa informações ao analista. 2. O paciente desperta emoções inevitáveis e recusa qualquer material que permita a a operar e que, portanto, permita ao analista tirar proveito da experiência em benefício do paciente. Será que isso não é elaborado demais? Por que não simplesmente recusar informações? Porque isso é essencial para que haja uma *experiência* da qual não se pode extrair nenhum benefício. 3. O paciente tem a experiência vivida ocasional, por exemplo, de ser abominado pela família. 4. O paciente recusa a e assim perde o senso de realidade. Por exemplo, não é capaz de ver a irresponsabilidade de continuar a análise. Ao impedir a formação de imagens visuais, torna a experiência não armazenável ou utilizável, tanto para o pensamento consciente de vigília, quanto para o pensamento inconsciente de vigília ou para o pensamento onírico.

Ataques ao Vínculo [BION, 1959]

Esse trabalho, publicado originalmente em 1959 com o título de *Attacks on Linking*, é considerado por muitos autores um dos mais originais e criativos da literatura psicanalítica. Nele, BION afirma que a parte psicótica da personalidade de um paciente faz ataques destrutivos a qualquer coisa que ele sinta como tendo a função de vincular um objeto (ou uma idéia, um conhecimento) com outro. Considera especialmente os ataques destrutivos ao pensamento verbal propriamente dito. BION criou essa terminologia (que às vezes aparece traduzido como *ataque aos elos de ligação*) para referir a importância desse fenômeno psíquico que comumente aparece no processo psicanalítico e que consiste no fato de o paciente não querer tomar conhecimento (trata-se de um -K) de certas verdades penosas, externas e internas. Essa situação pode mobilizar um ataque inconsciente aos elos de ligação entre, por exemplo, uma idéia e outra, um sentimento e outro, uma idéia e um sentimento, a parte infantil e a adulta, etc.). Igualmente, afirma BION, o paciente que necessita evitar o contato com verdades, pode consegui-lo atacando a capacidade de percepção do seu analista (por exemplo, deixando-o confuso, irritado, entediado, etc.) ou desvitalizando suas interpretações, tal como acontece na reversão da perspectiva.

O artigo "Ataques aos elos de ligação" está publicado no livro *Estudos psicanalíticos revisados* (1967).

Atenção [BION]

Importante função do ego consciente. BION utiliza esse termo na sua *Grade*, onde a *atenção* ocupa um lugar na quarta coluna do eixo horizontal, portanto indica um nível de evolução e de utilização dos pensamentos. Para BION, a *atenção* àquilo que se passa no meio ambiente vai além da mera sensorialidade, ela se institui como uma atividade indispensável à importante função de *discriminação*.

Atenção e Interpretação [BION, 1970]

Importante livro publicado em 1970, no qual, dando um novo desenvolvimento às concepções já estudadas em dois livros anteriores – *Elementos em Psicanálise* (1963) e *Transformações* (1965) – BION tentou mostrar uma analogia e uma conjunção entre alguns conceitos psicanalíticos, os dogmas religiosos e a matemática moderna. Pode-se dizer que, com esse texto, BION inaugura a fase mística de sua obra. Alguns dos mais significativos aspectos abordados nesse livro são: 1. A valorização da intuição do psicanalista para captar as experiências emocionais que estão sendo vividas no vínculo analítico. 2. A valorização de que o psicanalista consiga realizar o que ele chama de *ato de fé*. 3. Volta ao estudo, em maior profundidade, da relação do místico com o establishment. 4. Estudos sobre: a) os problemas relativos à mentira e ao mentiroso; b) a capacidade para suportar a dor e a incerteza; c) a mudança catastrófica; d) a relação continente-conteúdo; e) a *cegueira artificial* do analista para poder ver melhor os estudos acerca dos estados de paciência e de segurança; f) a linguagem de êxito; g) os mitos. O livro conclui com uma pergunta muito instigante e atual: "Que tipo de psicanálise é necessária para o consciente?

Atenção flutuante, regra da [FREUD, BION]

FREUD estabeleceu essa regra em "Recomendações aos médicos que exercem a psicanálise", de 1912, com a seguinte afirmativa: "Não devemos atribuir uma importância particular a nada daquilo que escutamos, sendo conveniente que prestemos a tudo a mesma atenção flutuante".
Com essa frase, ele pretendeu enfatizar a importância de o analista não estar na sessão com pré-julgamentos e com uma escuta selecionada para os assuntos que mais lhe interessam. Somente nessa condição, FREUD completava, é que o analista pode atingir a uma verdadeira comunicação de *inconsciente para inconsciente,* e que o ideal seria que o analista pudesse "cegar-se artificialmente".
BION, embora reconheça que a denominação de *atenção livremente flutuante* de Freud seja a melhor de todas, propõe a expressão sem memória e sem desejo. Muitos analistas levaram essa recomendação de BION ao pé da letra, o que é um equívoco, devido à impossibilidade e à inadequação de abolir totalmente a memória e os eventuais desejos inevitáveis. O que realmente BION enfatizava era que o analista, na situação analítica, não pode deixar que a memória (como, por exemplo, algo que ele ouviu recentemente numa supervisão) ou certo desejo (de que o seu paciente melhore, por exemplo) estejam *saturando* sua mente.
Um dos argumentos de BION a respeito do *sem memória, sem desejo e sem ânsia de compreensão* consiste no fato de que essa condição do analista possibilita que surja em sua mente uma importante capacidade que em geral está latente em todos nós, que é a intuição, (dos étimos latinos *in* + *tuere*,

ou seja, olhar para dentro, uma espécie de terceiro olho), a qual costuma ficar ofuscada quando a percepção do analista é feita unicamente pelos órgãos dos sentidos.

Ato de fé [BION]

Conceito um tanto místico de BION. No entanto, alude a um ato que se realiza no domínio da ciência e que deve ser diferenciado do significado habitual de conotação religiosa. Sobretudo, não deve ser confundido com crendices mágicas. Refere-se à necessidade de o sujeito acreditar que há uma realidade que não sabe o que é e que não está a seu alcance. O *ato de fé* pode ser considerado uma conceituação pertinente à prática analítica, porquanto consiste numa atitude que requer a amálgama de *ver e crer*; ver não com os olhos orgânicos, mas, sim, com os *olhos espirituais*.

Ato falho [FREUD]

Em "Psicopatologia da vida cotidiana", de 1901, FREUD descreveu os atos falhos como ações que saíam diferentemente daquelas que o sujeito pretendia conscientemente, o que evidenciava uma *formação de compromisso* entre a intenção consciente e o que está reprimido no inconsciente.
FREUD estendeu a abrangência da expressão *ato falho* a outros tipos de erros análogos, como lapsos de língua, erros de leitura, de escrita, perda de objetos, etc., e os considerou equivalentes a sintomas, levando em conta o fato comum do compromisso entre a intenção consciente e o desejo inconsciente. Para LACAN, todo ato falho é "um discurso bem sucedido".

At-one-ment [BION]

A expressão inglesa *at-one-ment* – diferente de *atonement,* que se traduz por expiação, sacrifício, reparação – foi utilizada por BION, durante o período místico de sua obra, para designar algumas pessoas que, treinadas segundo certas religiões, crêem que *"duas pessoas se tornam uma"* (é possível que at-one-ment signifique para uma única mente).

Em um outro nível, no campo analítico, esse termo corresponde a uma intuição contemplativa em direção à *verdade incognoscível*, e constitui, ao mesmo tempo, uma união mística e uma admiração silenciosa.

Atuação

Ver o verbete *Acting*.

Aulagnier, Piera

Reconhecida e importante psicanalista nascida em Milão, na Itália, em 1923. Viveu no Egito durante a II Guerra Mundial, estudou medicina em Roma e radicou-se em Paris. Analisou-se com LACAN, de quem veio a ser uma das discípulas prediletas, tendo atingido o cargo de chefe do Departamento de Ensino da Escola Freudiana de Paris, fundada por LACAN em 1964. Entre outras atividades nessa época, AULAGNIER notabilizou-se por realizar trabalhos abertos ao público em geral, especialmente sobre os temas da *feminilidade e* das *perversões*.

Em 1968, surgiu um sério conflito na Escola Freudiana, em razão dos critérios ditados por LACAN quanto à aceitação de candidatos (ver o verbete *passe)*. AULAGNIER posicionou-se contra LACAN, do que resultou sua saída dessa escola e a fundação, no ano seguinte, com outros analistas dissidentes como ela, do chamado Quarto Grupo, na atualidade é denominado OPLF – Organização Psicanalítica da Língua Francesa. Esse grupo não é filiado à IPA nem segue a ortodoxia lacaniana. Seu enfoque prioritário está dirigido para a valorização do plano sociológico e para a tradição culturalista, com ênfase nos movimentos que visam à libertação da mulher e a prevalência do grupal sobre o individual.

Dentre as contribuições originais de AULAGNIER, cabe destacar: 1. Seu conceito de processo originário, que ela considera anterior ao processo primário, e que clinicamente se apresenta sob a forma de pictogramas. 2. A descrição da existência, nos indivíduos, de uma *potencialidade psicótica*, que pode vir ou não a manifestar-se através de sintomas. 3. A proposição de uma Teorização Flutuante, ou seja, a valorização da escuta do analista, assim destacando a priorização do vínculo analista-analisando em lugar da tendência de muitos analistas de preferir o campo da literatura ou da filosofia. 4. A idéia de que a pulsão de morte deve ser entendida mais como um *desejo de não ter desejo*, o que ocasiona desinvestimentos e logo os torna vazios. 5. A formulação da Teoria do Encontro, a qual alude ao encontro que se dá entre três elementos: o corpo do bebê, o corpo da mãe e o inconsciente materno. Essa situação de encontro mãe-criança possibilitará as três produções psíquicas: processo originário, processo primário e processo secundário. 6. Os conceitos de violência primária (que é inevitável, pois alude às frustrações impostas à criança e necessárias para a constituição do ser), e o de violência secundária (que refere os excessos da violência anterior e a permanência do desejo materno de controlar o pensamento, não respeitar a privacidade e a subjetividade da criança).

Dentre os muitos livros que publicou, vale ressaltar: A *Violência da Interpretação*, de 1975; *Os Destinos do Prazer* (1979); *Em busca do sentido* (1980) e o último, *O aprendiz de historiador e o mestre bruxo* (1984). Neste, ao realizar suas construções e investimentos, a autora classifica o *eu* como *eterno aprendiz*, contrapondo-se de forma permanente ao *mestre bruxo* que é o *id*. Até a sua morte dirigiu a revista *Topique*. PIERA AULAGNIER casou com o conhecido ideólogo Cornelius Castoriadis, vindo a falecer em 1991, com 68 anos, deixando uma grande legião de seguidores.

Autismo

Expressão inicialmente utilizada por BLEULER para caracterizar um dos sintomas mais típicos de certos quadros de esquizofrenia. Habitualmente, o termo alude a uma grave atenção do psiquismo de certas crianças, que ficam voltadas unicamente para si mesmas (*auto*), assim desligando-se do mundo exterior, de modo a transmitir a impressão de que elas olham, não para as pessoas, porém através delas.

É importante distinguir os dois tipos de autismo: o que é conhecido como *doença de Leo Kanner* e o chamado *autismo secundário* ou *psicogênico*. O primeiro leva o nome do primeiro psiquiatra que descreveu a doença, e que, hoje sabemos, tem origem orgânica, por um defeito genético, já tendo sido localizado o cromossomo responsável. No segundo tipo de autismo, o secundário ou psicógeno, o ensimesmamento decorre de importantes falhas no desenvolvimento emocional primitivo, como está descrito no verbete *apego*. Nesse caso, o prognóstico é bem mais animador, caso seja providenciado a tempo um tratamento psicoterápico adequado.

Muitos autores preferem usar a denominação de *síndrome da privação emocional* para os casos de autismo psicogênico justamente para não criar confusão que o simples nome autismo pode ocasionar.

Nem sempre é fácil fazer uma distinção diagnóstica entre o autismo orgânico e o psicógeno, sendo que uma característica marcante consiste no fato de que freqüentemente a doença de Leo Kanner vem acompanhada de sintomas neurológicos que se manifestam através de um movimento ondulatório das mãos, que lembram o bater de asa de uma borboleta, daí o nome *flapping*.

Autística, barreira ou cápsula [FRANCIS TUSTIN]

A psicanalista britânica FRANSCIS TUSTIN, em seus estudos com crianças que apresentavam algum grau de autismo psicogênico, descreveu o quanto elas, diante das falhas dos cuidados maternos primários, sentiram-se impelidas a construir uma barreira (ou *concha, manta* ou, ainda, uma cápsula autística), uma espécie de escudo protetor contra os traumas externos.

Segundo TUSTIN, essa cápsula autística, além do provável fator de uma hipersensibilidade constitucional, forma-se como conseqüência de excessivas defesas ou *compensações* (o que é diferente de *defesas* contra) para enfrentar os traumas relacionados à separação corporal da mãe. Se o *nascimento psicológico* tiver sido complicado, especialmente por falha do *útero mental* da mãe, não se formará o sentimento de unidade com ela, daí resultando um bebê desamparado e abandonado, de modo a criar um buraco negro (*black hole*).

São crianças que na prática clínica evidenciam uma profunda necessidade de encontrar uma espécie de incubadora psicológica na pessoa do terapeuta, que deverá propiciar-lhes algum tipo de *experiência de ligação*. Isso muitas vezes é conseguido indo de encontro à criança com sucessivos estímulos, de modo a *sacudir, sacudir e sacudir* as emoções que estão escondidas atrás da barreira que funciona como um escudo protetor.

Além do livro de TUSTIN, *Barreiras Autistas em Pacientes Neuróticos* (Artmed, 1990), cabe sugerir mais duas leituras: o livro *Companhia Viva*, de ANNE ALVAREZ, uma seguidora de TUSTIN, e a transcrição de uma bela supervisão que MELTZER fez em São Paulo a respeito de um menino com características autistas, publicado na *Revista Brasileira de Psicanálise*, volume 24, de abril de 1990.

Auto-análise

FREUD foi o primeiro – e provavelmente o único – psicanalista a realizar uma auto-análise considerada completa, o que ele fez através da análise sistemática de seus sonhos com as respectivas cadeias associativas, especialmente com o fito de elaborar a morte de seu pai. Essa análise se processou mais intensiva e concretamente no período de junho a novembro de 1907. Trata-se, pois, de uma análise atípica, em que a fala foi substituída pela escrita, se levarmos em conta que Freud partilhava seus problemas com Fliess através de abundante troca de cartas.

A seguinte frase de Freud, que consta de seu trabalho de 1910, acerca da contratransferência, permite medir a importância que ele atribuía à auto-análise: "nenhum psicanalista pode ir mais longe do que aquilo que lhe permitem os seus próprios complexos e as suas resistências interiores. Por isso, exigimos que ele comece a sua atividade por uma auto-análise e que continue a aprofundá-la, enquanto aprende pela prática com os seus pacientes. Quanto àquele que não realizar tal auto-análise, será melhor que renuncie, sem hesitar, a tratar doentes analiticamente".

Comentário. Cremos que a questão levantada por Freud, contida no trabalho de 1937, "Análise terminável e (ou) interminável" pode ser respondida se dissermos que uma análise torna-se terminável quando fica in-terminável, ou seja, quando a figura do psicanalista fica introjetada no sujeito (*in*), com a obtenção de uma suficientemente boa função psicanalítica da personalidade. Nesse caso, uma auto-analise acompanha o ex-analisando (de uma psicanálise formal) durante toda a vida.

Além disso, é unicamente através do exercício da auto-análise, durante a sessão analítica, que o analista terá condições de utilizar suas sensações contratransferenciais a serviço de uma empatia com o analisando.

Autoconservação, pulsões de [Freud]

Em "Três ensaios sobre uma teoria da sexualidade" (1905), Freud mostra que no início da vida as pulsões são unicamente de *autoconservação* que, à moda de uma escolha anaclítica de objeto, visa fundamentalmente a assegurar a vida do lactante, impulsionando-o à busca de um objeto (mãe) que lhe proporcione a satisfação de suas *necessidades* essenciais, como são os cuidados com seu corpo, amparo, calor, amor e um leite nutridor.

Como essas pulsões, antes de qualquer outra coisa, atingem exclusiva e diretamente a sobrevivência do ego, Freud também as chamava pulsões do ego, ou interesses do ego. Posteriormente, a partir de "Além do princípio do prazer" (1920), Freud englobou as pulsões sexuais com as de autoconservação sob o nome comum de pulsões de vida (Eros), em oposição a pulsões de morte.

Auto-erotismo [Freud]

Expressão de Freud para estabelecer a oposição do investimento libidinal em objetos exteriores em relação à gratificação erógena que o bebê encontra no próprio corpo. Nada melhor do que passar a palavra ao próprio Freud neste trecho de "Três ensaios sobre a teoria da sexualidade", um clássico de 1905, para definir auto-erotismo: "(...) O instinto não é dirigido para outras pessoas, mas encontra satisfação no corpo do próprio indivíduo (...) Os lábios da criança, a nosso ver, comportam-se como uma zona erógena, e, sem dúvida, o estímulo do morno fluxo do leite é a causa da sensação de prazer (...) De início, a atividade sexual liga-se às funções que atendem à finalidade de autopreservação (nutrição) e não se torna independente dela senão mais tarde".

Embora na atualidade seja muito difícil diferenciar exatamente auto-erotismo de narcisismo, nos primeiros tempos FREUD estabelecia uma distinção entre ambos, atribuindo ao auto-erotismo um surgimento anterior ao do narcisismo. Assim, sempre definiu o auto-erotismo como a atividade dos diversos *componentes parciais* no nível de cada zona erógena tomada isoladamente, em que as pulsões se satisfazem cada uma por conta própria. O modelo disso que ele mais utilizou é o "dos lábios que beijam a si mesmos". Em relação ao narcisismo, Freud considerava que ele ocorria quando já existia uma imagem unificada do corpo, caso em que o ego seria tomado como objeto do investimento libidinal.

Automática, angústia

Ver *angústia*.

Autonomia primária e secundária [Psicólogos do Ego]

Essa expressão é utilizada pelos autores da *Psicologia do Ego* referindo a existência de *áreas livres do ego*, sem conflitos, que podem funcionar com autonomia, tanto de forma primária como secundária.

Considera-se *primária* a autonomia relativa às capacidades inatas do ego que, não conflituadas, somente estão à espera de uma *maturação* neurobiológica e de um adequado *desenvolvimento* emocional. Na autonomia *secundária*, determinada área de funcionamento egóico já esteve conflituada, porém, num segundo tempo, a própria organização defensiva contra o conflito assumiu uma adequada autonomia de função psíquica. Para exemplificar: um sujeito pode erigir defesas obsessivas contra determinadas pulsões libidinais ou agressivas, podendo, num segundo tempo, essa mesma organização de natureza obsessiva solidificar uma sadia caractereologia com seus componentes típicos de ordem, disciplina, seriedade, etc.

B

B [Bion]
Essa letra, na *Grade* de Bion, designa a segunda fileira, correspondente aos *elementos* α, que são a matéria-prima para possibilitar o prosseguimento da formação dos pensamentos propriamente ditos. Vide Figura 1.

Balint, Michael

Foi um importante médico psiquiatra e psicanalista, considerado um dos sucessores das idéias de Ferenczi, com quem ele se analisou. Nasceu na Hungria em 1896 e faleceu em Londres, em 1970. Em 1926, com 30 anos, organizou a Policlínica e o Instituto de Psicanálise de Budapeste. Em 1938, emigrou para a Inglaterra, onde trabalhou mais particularmente na Tavistock Clinic, da qual foi um dos fundadores.

Ao tratar de pacientes com graves problemas emocionais, Balint deduziu que o principal fator etiológico deste tipo de pacientes, bastante regressivos, não seria tanto a clássica conflitiva entre pulsões e defesas, mas muito mais um problema gerado pelo fato de que lhes "faltava algo" desde o início do desenvolvimento emocional.

Para esse *algo* que faltava deu o nome de *falta básica*, destacando a diferença com a conflitiva edípica. Assinalou, ainda, a predominância de relações objetais de natureza diádica. enfatizou o prejuízo da comunicação em vista da linguagem prevalentemente de natureza pré-verbal. Também alertou os psicanalistas para o fato de que esses pacientes têm um baixíssimo limiar de tolerância às frustrações, e que reagem às interpretações, não tanto pela sua adequação, mas, sim, pelo fato de lhes causarem gratificação ou frustração.

Balint também introduziu os conceitos de filobatismo e de ocnofilia. Com o termo *ocnofilia* ele se referia à tendência de o sujeito se ligar e se unir aos objetos primários, num tipo de ligação de engolfamento que posteriormente vai gerar estados fóbicos.

Com *filobatismo* ele conceitua o contrário, isto é, a tendência do ser humano de buscar grandes espaços, de forma solitária. Assim, as pessoas filobáticas serão os futuros alpinistas, pilotos de asa delta, esqui aquático, etc, numa demonstração de que desafiam e vencem os perigos e fazem-no sozinhos. BALINT assinala que o filobatismo constitui uma negação, uma formação reativa à ocnofilia, isto é, ao seu receio de ficar aprisionado numa eterna dependência de alguém.

Uma área que mereceu especial atenção de BALINT é a que se refere aos problemas das relações do *médico com o doente e com a doença*. Como decorrência dessa sua dedicação, BALINT criou os conhecidos *Grupos Balint*, nos quais ele reunia uma média de 10 médicos de clínica geral, e, de forma sistemática, propiciava o intercâmbio de experiências emocionais ligadas ao ato médico. Visava com isso a aprimorar as condições dos clínicos no conhecimento e no manejo dos processos psíquicos inconscientes que cercam a relação com as doenças e com os pacientes.

Dentre muitos livros e inúmeros artigos, vale mencionar as principais obras de BALINT: *Amor Primário e Técnica Psicanalítica* (1952); *O Médico, seu Paciente e a Doença* (1957); em colaboração com ENID BALINT, sua esposa, *Técnicas Psicoterápicas em Medicina* (1961); *A Falta Básica* (1968).

Baluarte [W. BARANGER]

Termo criado por BARANGER para designar que, para o analisando, o *baluarte* representa um refúgio inconsciente de poderosas fantasias de onipotência. Os tipos de baluartes são enormemente diferentes de um sujeito para outro, porém nunca deixam de existir. É justamente o uso de baluartes que o o analisando não quer pôr em jogo, porque o risco de perder o poria num estado de extrema desvalia, vulnerabilidade e desesperança. Em certas pessoas, o baluarte pode ser a sua superioridade intelectual ou moral, sua relação com um objeto de amor idealizado, sua ideologia, sua fantasia de aristocracia social, seus bens materiais, sua profissão, etc. A conduta mais freqüente dos pacientes em defesa de seu baluarte consiste em evitar mencionar sua presença, de modo que o analisando pode ser sincero na apresentação da maior parte de seus problemas e dos aspectos de sua vida, porém se torna esquivo, dissimulado e até mentiroso, quando o analista se aproxima do baluarte.

Um segundo aspecto do baluarte consiste na possibilidade de que no campo analítico se forme um conluio inconsciente, uma cumplicidade que engloba tanto a resistência do analisando como a contra- resistência do analista devido a uma colusão de aspectos inconscientes de um deles que correspondem ao do outro.

Baranger, Willy

Esse notável psicanalista nasceu em 1922, em Bône, Argélia, colônia francesa naqueles tempos e desde cedo viveu em Paris, tendo realizado seus estudos na Universidade de Toulouse, de onde saiu graduado em filosofia, em 1945. Sua formação filosófica e humanista exerceu nele, no futuro, uma maneira particular e criativa de pensar a psicanálise. Muito precocemente, aos 20 anos, publicou em francês *O Pensamento de Nietzsche*. Em 1946, juntamente com a sua esposa Madeleine, emigrou para Buenos Aires, onde começou sua atividade como professor no Instituto Francês de Estudos Superiores. Iniciou sua formação psicanalítica em 1947, em análise, com ENRIQUE PICHON-RIVIÈRE. Posteriormente veio a exercer a função de professor no Instituto de Psicanálise da Associação Psicanalítica Argentina (APA), até o ano de 1955. Nesse ano, a convite de analistas uruguaios, se radicou com a família no Uruguai. Foi um dos fundadores da Associação Psicoanalítica do Uruguai e também da *Revista Uruguaya de Psicoanálisis*. Em 1966, BARANGER retornou com a família a Buenos Aires, onde destacou-se como um dos mais brilhantes analistas didatas e autor de importantes trabalhos e concepções psicanalíticas originais.

Profundo conhecedor de FREUD, M.KLEIN e LACAN, BARANGER deixa um legado de mais de 50 trabalhos e cinco livros publicados que, fora de qualquer dúvida, definiram sua posição de verdadeiro mestre e exerceram uma significativa influência inovadora na psicanálise latino-americana. Os livros, escritos juntamente com colaboradores, são: *Problemas do Campo Analítico* (1969); *Posição e Objeto na Obra de M. Klein* (1977); *O Conceito de Objeto em Psicanálise*; *A Situação Psicoanalítica como Campo Bi-pessoal e Artesanias Psicoanalíticas*, o último, publicado em 1994, ano de sua morte.

Barreira de contato [FREUD E BION]

Expressão empregada pela primeira vez por FREUD, para caracterizar sua concepção de que deveria haver uma espécie de barreira mental, fazendo uma delimitação entre a consciência e os derivados pulsionais provindos das repressões inconscientes. Caso contrário, seríamos todos psicóticos, e os sonhos não se manifestariam com os devidos disfarces, tal como acontece nos sonhos manifestos.

Ademais, a hipótese da existência das barreiras de contacto (*Kontaktschranke* no original alemão) é fundamental para a explicação de uma das funções mais importantes do aparelho neuronal concebido por Freud nos seus primeiros escritos: a memória. Sem a capacidade de armazenar informações, o aparelho neuronal, mental, sequer seria um aparelho, porquanto ficaria reduzido a um mero condutor, semelhante a um fio que conduz energia elétrica, mas que não é capaz de armazená-la.

BION retomou a idéia de FREUD, que nunca mais a desenvolveu, e a descreveu sob uma nova perspectiva. Afirmou que a barreira de contato seria composta de elementos α que se interpõem de forma permeável entre o consciente e o inconsciente, permitindo trânsito entre ambos os planos e favorecendo um trabalho de simbolização. Quando predomina a *parte psicótica da personalidade* do sujeito, diz BION, ao invés da barreira de contato com elementos α, esse lugar (imaginário) seria ocupado por um aglomerado de elementos β, assim constituindo o que ele denominou como pantalha β, a qual não tem condições de estabelecer inter-relações entre si e que, por isso, não conseguem delimitar o consciente do inconsciente.

Bateson, Gregory

Maior figura da Escola de Palo Alto, Califórnia, BATESON foi um antropólogo nascido em 1904, numa família de universitários ingleses. Referida escola é notabilizada especialmente por seus originais e aprofundados estudos sobre as diversas facetas dos problemas da comunicação.

A contribuição mais importante de BATESON à psicanálise consiste na aplicação do seu conceito de duplo vínculo (ou *dupla mensagem*), ao fato de o filho receber concomitantemente mensagens opostas que o deixam confuso. Um prolongamento excessivo disso poderia se constituir, segundo BATESON, num importante fator na etiologia da esquizofrenia.

Um exemplo de duplo vínculo pode ser o de uma mãe que, ao nível manifesto próprio da comunicação verbal, expressa amor pelo filho, enquanto num nível mais profundo, provindo do inconsciente, o rejeita. É fácil imaginar os prejuízos que essa dissociação materna provoca na mente da criança, deixando-a sem saber se tenta a aproximação ou se afasta, se é amada ou repelida, etc.

Bebês

FREUD deu um significativo destaque aos bebês, centralizando suas concepções na equivalência que existe na mente das criancinhas, entre bebês, pênis, fezes e presentes.

M.KLEIN enfatizou sobretudo a fantasia do infante de que o interior da mãe está cheio de tesouros concedidos pelo pai, dos quais os mais valiosos são os bebês. Por essa razão, afirma KLEIN, a criança nutre o desejo inconsciente de penetrar dentro da mãe e se apossar dos referidos tesouros, com todo o cortejo de fantasias inconscientes daí decorrentes.

E.BICK, uma seguidora kleiniana, trabalhando na Clínica Tavistock, desenvolveu e divulgou seu método de observação direta de bebês em suas próprias casas desde o nascimento, o que lhe possibilitou fazer descobertas originais (como o da pele psíquica). Seu método persiste até hoje como um excelente meio de aprimoramento na formação de terapeutas de crianças.

WINNICOT, e também BION, dedicaram grande parte de suas obras aos estudos das primitivas relações, reais e objetivas, da mãe com seu bebê, destacando sobremodo, respectivamente, a função holding e o continente materno com a capacidade de rêverie.

Behaviorismo [FREDERICK SKINNER]

Refere um movimento psicoterapêutico, considerado desviacionista da psicanálise, que teve um lugar importante nos Estados Unidos. Sob inspiração em especial de SKINNER, consiste fundamentalmente numa não-valorização da localização consciente ou inconsciente da problemática psicológica do indivíduo. Bastaria a simples observação da conduta do homem, a exemplo do que se passa no reino animal, para revelar como são aprendidas as condutas como respostas a estímulos, condicionadas, conservadas e, por um caminho inverso, possíveis de serem revertidas sem necessidade de grandes especulações e procedimentos psicanalíticos.

A teoria behaviorista, duramente castigada pelos próprios lingüistas e etólogos, caiu num relativo descrédito. De certa forma ressurge hoje com muitas transformações e com um respaldo mais científico, com a denominação de corrente cognitivo-comportamentalista. Nela é bastante valorizada a necessidade de o paciente fazer bom uso de suas capacidades conscientes, de modo a tomar contato com os transtornos de sua conduta, assumir a responsabilidade por eles e aprender táticas de como manejá-las. Seria o caso, para ficar numa situação única, do tratamento de obesos e a sua conduta em relação à comida.

"Bela indiferença" (dos histéricos)

A atitude do paciente de ignorar seus sintomas foi denominada por Charcot – segundo testemunho de Freud – de *la belle indifférence des histeriques*. Freud explicou que nesses casos, por um lado, o ego tenta prosseguir em seu esforço de reprimir os sintomas como um derivado da sexualidade infantil, tal como antes havia reprimido a sexualidade infantil em si mesma. Ao proceder desse modo, o ego está se esforçando por separar os sintomas do resto da personalidade, por ignorá-los com uma atitude de total indiferença.

Por outro lado, dizia Freud, já que os sintomas são inevitáveis, o ego desses pacientes se esforça para pô-los a serviço de seus próprios fins, de modo a poder extrair todas as vantagens do seu sofrimento. Esse aspecto constitui o benefício secundário.

Benefício (ou ganho) primário e benefício secundário

Proveito que tiram os pacientes, quase sempre com forte caracterologia histérica, de sua doença emocional. Diz-se *ganho primário* quando o transtorno psíquico representa uma forma de compensar sérios conflitos inconscientes, não reconhecidos pelo sujeito, e que geralmente se expressam através de sintomas corporais.

O benefício torna-se *secundário* quando o paciente percebe que a sua doença pode lhe render férias prolongadas do trabalho que detesta, ou alimenta a fantasia de que está se beneficiando sem ter que dar nada, assim ganhando um *encosto*, uma *mamata*, palavras que bastam para esclarecer no que consiste o ilusório *ganho*.

Essas situações constituem uma dor de cabeça para os técnicos da perícia médica, pois quanto mais tempo durar a concessão do benefício da licença, maior torna-se a cronificação da doença, a ponto de ficar irreversível. Esses pacientes mostram-se muito pouco acessíveis ao método psicanalítico.

Beta (β), elementos [Bion]

Bion afirma que quando não conseguem ser transformadas em elementos α, as primitivas impressões sensoriais e experiências emocionais permanecem como elementos β, não passando de protopensamentos que, assim, não alcançam a condição de pensamentos propriamente ditos, de sorte que os elementos β devem ser evacuados para fora, como nos actings, por exemplo, ou evacuados para dentro, como em certas somatizações. Por isso, não se prestam para a função de pensamento e são vivenciadas como coisas concretas.

Comentário. Tendo em vista sua condição de meros elementos a serem evacuados, Bion entende que não cabe utilizar a expressão *função* β. No entanto, é viável pensarmos que, na situação analítica, a maciça expulsão de elementos β que o paciente regredido faz dentro da mente do analista pode causar neste uma dificílima contratransferência perturbadora. Também pode servir como a importante *função* de, através da linguagem dos efeitos contratransferenciais, o paciente fazer uma útil comunicação primitiva pré-verbal que não tem condições de verbalizar.

Bettelheim, Bruno

Nascido em Viena em 1903, Bettelheim era de origem judia, razão porque, na época da II Grande Guerra, foi aprisionado nos campos de concentração nazistas de Dachau e Buchenwald, de onde foi libertado graças aos insistentes apelos da comunidade internacional. Após sua libertação, vai para os Estados Unidos, onde chega a assumir, em Chicago, a condição de professor de psiquiatria.

As reflexões que Bettelheim fez durante seu encarceramento deixaram-lhe a convicção de que um ambiente inteiramente perseguidor e destruidor consegue provocar em qualquer ser humano um efeito psíquico devastador, com uma profunda sensação de desamparo, conduta robotizada e um estado psíquico de desistência da vida. A partir daí, pregou uma operação inversa no seu trabalho com crianças autistas: a necessidade de lhes proporcionar um ambiente favorável, acolhedor e respeitoso, uma recusa de qualquer forma de violência e clausura, juntamente com uma severa restrição medicamentosa, quando esta for abusiva. O método de BETTELHEIM, chamado de *ortogênico* (o étimo grego *orthós* quer dizer direito, reto), lhe assegurou um expressivo sucesso no tratamento de crianças psicóticas. Suicidou-se em meados da década de 90.

O livro mais conhecido e divulgado de BETTELHEIM é *Psicanálise dos Contos de Fadas*, onde aparece mais claramente seu interesse pelos mitos e contos de fadas. Outro livro seu reconhecido como muito útil e importante é *Freud e a alma humana* (1982), onde BETTELHEIM demonstra que as traduções inglesas não só distorcem alguns dos conceitos centrais da psicanálise, como também impossibilitam ao leitor reconhecer que a preocupação principal de FREUD era a alma humana, o que ela é e como se manifesta em tudo que fazemos ou sonhamos.

Bilógica [I.MATTE-BLANCO]

Ao descrever o princípio da simetria, MATTE-BLANCO afirma que no desenvolvimento psíquico da criancinha há uma equivalência entre seu mundo interno e o externo. Postula que a permanência desse estado mental resultaria numa lógica *simétrica*, em que tudo é nivelado e o pensamento funciona concretamente, em vez de uma lógica *assimétrica*. Esta seria própria de quem atingiu um desenvolvimento psíquico normal, no qual há discriminação das diferenças e também capacidade de abstração. Essas duas formas de lógica constituem a *bilógica*.

Para exemplificar, vamos supor a situação de um bebê que está sendo amamentado: pela lógica adulta, *assimétrica*, a mãe está *alimentando* enquanto a criança está *sendo alimentada por ela*. No entanto, pela lógica *simétrica*, o bebê julga que, reciprocamente, ele *também está alimentando sua mãe*. Outro exemplo: João é pai de Pedro. Pela lógica assimétrica, Pedro é filho de João, enquanto pela simétrica Pedro também é pai de João.

De forma equivalente, se estiver agredindo seu terapeuta mediante um desprezo, um paciente psicótico, pela sua forma de pensar com lógica simétrica, terá absoluta crença que o terapeuta também o está desprezando. Os exemplos poderiam se multiplicar, comprovando a importância dessa forma *reversiva* da utilização do pensamento, o que confere uma significativa importância na clínica psicanalítica a essa concepção de *bilógica*.

Bion, Wilfred Ruprecht

Nasceu em 1897, na Índia (pela circunstância de que seu pai lá executava, então, um serviço de engenharia de irrigação a mando do governo inglês), onde viveu até os sete anos. Foi sozinho para Londres, a fim de iniciar sua formação escolar. Completou a sua titulação acadêmica na capital britânica, se formando em medicina aos 33 anos e obtendo uma medalha de ouro em cirurgia. Posteriormente fez sua formação psiquiátrica e psicanalítica, tendo sua análise didática sido feita com M.Klein.

Bion descreveu as dificuldades que encontrou no seu meio familiar, reconhecendo que o fato de ter vivido a infância na Índia deve ter contribuído para a formação de um modo seu de pensar com matizes algo místicas. Teve uma impressionante formação humanística, cabendo mencionar que estudou História Moderna em profundidade, obteve licenciatura em Letras com distinção e fez estudos avançados em Filosofia e Teologia. Tinha conhecimentos de Lingüística e das línguas grega e latina, além de ser leitor apaixonado dos clássicos, Shakespeare em especial. Foi um destacado atleta em esportes universitários, tendo ganho várias medalhas de campeão. Exerceu a psiquiatria na Tavistock Clinic e no exército britânico, onde se alistou voluntariamente, tendo participado ativamente de operações militares no campo de combate e ganho uma importante medalha por atos de bravura. Galgou todos os postos da Sociedade Britânica de Psicanálise.

Em 1968, a convite, radicou-se em Los Angeles, onde viveu e trabalhou o resto da vida, tendo feito visitas científicas a Buenos Aires e, por quatro vezes, ao Brasil, onde plantou sementes que continuam germinando e fecundando com muita vitalidade. Embora na atualidade tenha um reconhecimento quase que generalizado, nos primeiros tempos sua obra despertou uma profunda dissociação entre adoradores e detratores. Em novembro de 1979, em meio a uma viagem de saudosismo à Inglaterra, de onde estava afastado há 11 anos, Bion veio a falecer, após algumas poucas semanas de evolução de uma leucemia mielóide aguda, em Oxford, aos 82 anos de idade.

Como esquema didático, a obra de Bion pode ser dividida em quatro décadas distintas: 40, 50, 60 e 70. Na de 40, dedicou-se a experimentos com grupos. Na de 50, inspirado pelas observações dos mecanismos psicóticos, tal como postulava M.Klein, e que estavam subjacentes na dinâmica grupal, trabalhou intensamente com pacientes em estados psicóticos, interessando-se sobretudo pelos transtornos da linguagem, do pensamento, do conhecimento e da comunicação. Nos anos 60, aprofundou estes últimos estudos, de modo que essa década, reconhecida como sendo a mais rica, original e frutífera, pode ser chamada como a epistemológica. A década de 70, por sua vez, é considerada a de predominância mística.

Nesses 40 anos, Bion produziu em torno de 40 títulos importantes, além de participações em conferências (caracterizadas por um continuado diálogo com o auditório) e a coordenação de seminários clínicos (ou seja, de supervisões coletivas), sendo que todas essas contribuições foram reunidas e publicadas (1973, 1992, 1995). Conquanto uma primeira leitura dos textos de Bion possa transmitir uma impressão de hermetismo por demais abstrato, em grande parte porque deliberadamente empregou uma linguagem psicanalítica incomum, a verdade é que sua obra é coerente e nunca se afasta das vivências emocionais experimentadas na prática clínica.

Suas contribuições são tantas, tão originais, e com uma tal aplicabilidade na prática clínica do dia-a-dia de cada psicanalista, que não cabe hesitar em reconhecê-lo como um verdadeiro inovador das concepções psicanalíticas contemporâneas, constituindo uma escola própria.

Devido à natural limitação de espaço deste *Vocabulário*, seguem mencionadas somente algumas das principais contribuições originais de Bion. A nomeação de cada uma delas remete para um verbete específico. Destarte, cabe referir seus estudos sobre a dinâmica de grupos, os elementos de psicanálise, as psicoses, a formação e função dos pensamentos e da capacidade para pensar os pensamentos, a parte psicótica e *a não-psicótica da personalidade*, a função continente e a relação continente-conteúdo, as condições necessárias mínimas que um psicanalista deve ter (como, por exemplo, a capacidade negativa, a intuição, a continência, a paciência e a empatia), os vínculos de amor, ódio e conhecimento, os problemas relativos ao uso ou não das verdades, a angústia denominada terror sem nome, o fenômeno *das transformações*, principalmente o das alucinoses, os problemas relativos à gênese e utilização dos pensamentos, cujo registro gráfico aparece em sua famosa grade, os problemas relativos aos transtornos da linguagem e da comunicação, a abertura de novos vértices de percepção, recomendando para o analista uma visão binocular, a importância da dor psíquica na consecução de um crescimento mental, as especulações sobre o psiquismo fetal.

Embora não tenha escrito nenhum texto especificamente sobre técnica analítica, transparecem na obra de BION importantes contribuições relativas à reciprocidade entre os fenômenos que surgem no campo analítico e à dialética que se estabelece entre o par analítico.

Bion, W. R. (1985)

Livro póstumo editado por sua esposa Francesca, a partir de apontamentos esparsos do próprio BION, que ela completou com notas, cartas, fotografias, reprodução de pinturas de BION, etc.

O volume I, *The Long Week-End* (traduzido por P.C.Sandler por *Um Fim de Semana Esticado*) tem como subtítulo "Part of Life.1897-1919". Esse tomo tem em torno de 300 páginas e é considerado uma legítima autobiografia de BION do período que se estende de seu nascimento até o fim da I Grande Guerra. Está dividido em três partes muito distintas entre si: a primeira intitulada "A Índia", a segunda, "A Inglaterra", e a terceira, "A guerra".

O volume II, que FRANCESCA BION publicou em 1985, está dividido em duas partes. A primeira é "All my sins remembered" (que Sandler traduziu por "Todos os meus pecados rememorados") título inspirado no personagem Hamlet, de SCHAKESPEARE, relativo ao famoso monólogo referente ao momento que intercala a decisão de Hamlet de partir para a ação justiceira com seu encontro com Ofélia. Pode-se dizer que esse conflito homicida-suicida aludia ao trauma sofrido e nunca bem elaborado das circunstâncias trágicas da morte de sua primeira esposa.

FRANCESCA reconheceu que "este testemunho triste em busca de si mesmo" poderia dar uma falsa imagem do verdadeiro BION e, por isso, ela decidiu mostrar, na segunda parte desse volume, o "O outro lado do gênio" (Cartas à família).

Bissexualidade

Designa dois registros: o biológico e o psicológico. A característica comum é a de que toda pessoa apresenta simultaneamente atributos masculinos e femininos. Biologicamente, a determinação do sexo é baseada na origem embrionária de como os cromossomos X se desenvolveram: a presença de uma única célula X no embrião determina o sexo masculino e a de duas X, o feminino. Do ponto de vista psicológico, devido à forma de resolução, se positiva ou negativa, da conflitiva edípica e ao jogo de identificações, principalmente com as figuras parentais, vão resultar em cada sujeito características consideradas masculinas e, ou predominantemente femininas. Em muitas pessoas, isso se processa independentemente de seu sexo biológico, constituindo aquilo que na atualidade é denominado *identidade de gênero sexual*.

É útil esclarecer um equívoco muito comum, de modo a deixar bem claro que a bissexualidade, tanto a biológica quanto a psicológica, até um determinado grau é uma característica normal e universal. O termo *bissexualidade* também costuma ser empregado para as pessoas que concomitantemente exercem atividades tanto *hetero* como *homossexuais*.

Bleuler, Eugen

BLEULER (1857-1939), importante psiquiatra suíço, foi diretor do famoso Hospital de Burghölzi, onde, sob a influência de seu colaborador JUNG, incentivou um grande número de jovens psiquiatras a interessar-se pelas polêmicas idéias de FREUD e ingressar no campo da psicanálise.

BLEULER também é bastante conhecido pelos seus trabalhos sobre a demência precoce, que era o nome que davam ao que hoje denominamos esquizofrenias.

Bloco mágico, Uma Nota sobre o [FREUD, 1925].

Em um artigo com esse título, FREUD visa a explicar o funcionamento da memória humana através de uma analogia com o *bloco mágico*, uma espécie de brinquedo que surgiu naquela época. Era um retângulo com uma capa de celulóide transparente e uma folha recoberta de cera. Com um estilete escrevia-se sobre a capa, que aparentemente não ficava marcada, ficando a escrita na folha recoberta de cera. Para voltar a usar o bloco era necessário apagar, separando suavemente a capa de celulóide (que examinada cuidadosamente, ainda mostrava as inscrições) da folha de cera, e assim o bloco aparecia outra vez limpo e pronto para recolher novas impressões.

FREUD traçou um paralelo do bloco mágico com o aparelho psíquico, sustentando que a folha transparente de celulóide que não fica marcada se comporta como o nosso aparelho de percepção, que transmite sem reter, recobre e protege as folhas internas, diminuindo, com sua intermediação, a intensidade dos estímulos externos. A folha interna, depois de apagada e limpa, ainda fica marcada, sedimentando-se sobre ela as sucessivas inscrições. Isso é análogo a nossos sistemas mnêmicos inconscientes.

Esse trabalho aparece no volume XIX, p. 285, da Standard Edition brasileira.

Bollas, Christopher

É considerado um dos mais importantes membros da Sociedade Britânica de Psicanálise, mais particularmente de seu Grupo Independente, em razão da originalidade de muitos de seus conceitos, escritos em linguagem de alta qualidade literária, embora muito acessível, autêntica e independente. BOLLAS bacharelou-se em História na Universidade da Califórnia, em Berkeley, e depois conquistou o título de PhD em Literatura na Universidade de Buffalo. Na Califórnia, logo após sua graduação em História, passou dois anos trabalhando com crianças autistas e crianças esquizofrênicas, o que o levou a interessar-se pelos trabalhos de F.Tustin, M.Klein e Winnicott, os quais, juntamente com Bion, cuja obra conheceu posteriormente, foram seus principais inspiradores psicanalíticos.

Em 1973, Bollas foi para Londres, onde fez sua formação de psicanalista, integrando o Grupo Independente; em 1980 voltou aos Estados Unidos.

Alguns dos conceitos psicanalíticos desenvolvidos por Bollas estão contidos nas expressões: objeto transformacional, o conhecido não-pensado, a dialética da diferença, entre muitos outros mais.

Sua bibliografia consta de *A Sombra do Objeto* (1987), seu primeiro e notável livro, seguido de *Forças do Destino* (1989) e, mais recentemente, *Being a Character – Psychoanalysis and Self Experience*.

Borderline [Otto Kernberg]

Psicopatologia clínica, também conhecida com os nomes de *paciente fronteiriço* (*border* quer dizer fronteira em inglês), ou de *casos limites*, entre outros. Até há pouco tempo, essa denominação designava o estado do psiquismo de um paciente que, clinicamente, estivesse na fronteira limítrofe entre a neurose e a psicose. Embora haja evidências clínicas que confirmem essa afirmativa, na atualidade os estudiosos desses casos *borderline*, dentre os quais é justo destacar Otto Kernberg, preferem considerar tal condição psíquica uma estrutura, com características específicas e peculiares. Esse autor, desde 1975, em sucessivos trabalhos, vem estudando essa psicopatologia, com inestimáveis contribuições e reivindicando classificação dos *borderline* como pacientes de uma entidade clínica específica e singular. Kernberg destaca os seguintes aspectos dessa entidade: prejuízo do juízo crítico e do sentimento de realidade; permanente sensação de ansiedade difusa, de sensação de vazio e de manifestações neuróticas polissintomáticas; forte presença daquilo que Bion chamaria de parte psicótica da personalidade; *actings* freqüentes, muitas vezes sob a forma de uma sexualidade perversa, sadomasoquista. O mérito maior desse autor foi a descrição da síndrome da difusão da identidade.

Do ponto de vista do tratamento com o método psicanalítico, os autores mais experimentados nesses casos concordam que "os pacientes *borderline* podem não ser apenas os mais frustrantes, mas também os mais gratificantes de tratar-se".

Bowlby, John

Nascido em 1907 e falecido em 1990, foi um eminente psiquiatra e psicanalista e uma das maiores figuras do movimento psicanalítico britânico. Era especialista em psiquiatria infantil, tendo sido diretor da Tavistock Clinic de Londres. Como psicanalista, pertencia ao Grupo dos Independentes da Sociedade Britânica de Psicanálise. Foi analisado por Joan Rivière e fez a sua primeira análise de crianças com M.Klein.

Em 1940, começou a publicar trabalhos sobre a criança, enfatizando a mãe real e o ambiente, a realidade social e a forma de educação que a criança tivera, assim divergindo e opondo-se à doutrina puramente kleiniana, que colocava a tônica nas fantasias inconscientes.

Três aspectos marcaram a obra de Bowlby: o *apego*, a *perda* e a *separação*. Depois de 1950, foi emprestando crescente importância aos aspectos biológicos, de modo a comparar o comportamento humano ao das espécies animais, bastante fundamentado na etologia e nos conceitos darwinianos da biologia. Isso lhe custou severas acusações de que ignorava o inconsciente.

No fim da década 40, dirigiu pesquisas sobre: crianças abandonadas ou privadas de lar, cujos resultados tiveram repercussão mundial; o tratamento psicanalítico do hospitalismo, da depressão anaclítica, das carências maternas; a prevenção das psicoses. Em 1950 foi nomeado assessor da ONU, onde suas teses tiveram papel considerável na adoção de uma carta dos direitos da infância.

No fim da vida, como uma forma de reconhecimento a seu inspirador, escreveu uma biografia de Charles Darwin.

Os principais livros de BOWLBY são: *Cuidados Maternos e Saúde Mental* (1951) e *Apego, Perda, Separação*, em 3 volumes (1969, 1973, 1980).

Breuer, Josef

Foi um notável clínico austríaco, nascido em 1842 e falecido em 1925. No campo da medicina, é reconhecido por importantes trabalhos relativos à auto-regulação da respiração (ainda hoje, os médicos estudam o conhecido reflexo de Hering-Breuer), além de seus estudos sobre a participação do labirinto no controle do equilíbrio postural.

No entanto, foi no campo da psicanálise que ele passou à história ao usar, com a paciente *Anna O.*, o que denominou método catártico,. e ter sido o autor da observação fundamental relativa à descoberta de uma relação dos sintomas com os acontecimentos traumáticos psíquicos. Esse fato levou FREUD, num certo momento de sua obra, a atribuir a BREUER a condição de paternidade da psicanálise, equívoco que o próprio FREUD posteriormente veio a desfazer.

Foi BREUER quem iniciou FREUD no interesse pelo recurso da hipnose e lhe falava de Anna O. antes da ida deste a Paris para estudar com CHARCOT. Por iniciativa de FREUD, publicaram conjuntamente, em 1895, *Estudos sobre a Histeria*. No mesmo ano, BREUER afasta-se de FREUD e da psicanálise, por duas razões: o susto que tomou com a transferência erótica de Anna O. (que culminou com uma gravidez fantasma dela) e radicais diferenças com FREUD em relação à etiologia sexual das neuroses, na qual não acreditava, preferindo a teoria dos *estados hipnóides* como determinantes dos sintomas histéricos.

Brincar (brinquedos e brincadeiras)
[M. KLEIN e D.WINNICOTT]

KLEIN e WINNICOTT foram os autores que mais se dedicaram ao estudo dos brinquedos, destacando seu papel estruturante no desenvolvimento emocional da criança. M.KLEIN foi a mais importante pioneira a elaborar uma técnica psicanalítica para crianças, utilizando a observação de como brincavam e as respectivas fantasias inconscientes. Apontou uma equivalência entre a forma de brincar e as associações livres na análise dos adultos.

Essa técnica de M.KLEIN foi duramente criticada por ANNA FREUD, que também utilizava os brinquedos, porém de forma precipuamente pedagógica. A polêmica entre as duas eminentes psicanalistas, acompanhadas pelos respectivos seguidores, causaram as célebres controvérsias no seio da Sociedade Britânica de Psicanálise, tal como está descrito no verbete correspondente

Brincar e a Realidade, O. [WINNICOTT, 1971]

Em 1971, Winnicott publicou *Playing and Reality* (*O Brincar e a Realidade*), no qual, dando continuidade a suas idéias relativas ao brincar, aos brinquedos, às brincadeiras e aos jogos das crianças, em diversos capítulos, enfatiza que o brincar: 1."(...) representa um portão de entrada para o inconsciente"; 2. é essencialmente criativo; 3. através do *faz-de-conta*, funciona como um estímulo para elaborar a fase de transição das fantasias do mundo subjetivo para a realidade do mundo objetivo; 4. representa uma forma de desfazer a fase em que ainda está fundida com a mãe, e sente que esta está se afastando; 5. é uma forma de a criança elaborar as suas fantasias inconscientes.

É útil ressaltar que o aspecto sadio de saber brincar acompanha os adultos a vida inteira e pode representar um excelente atributo para o psicanalista.

O livro *O Brincar e a Realidade* consiste numa coletânea de diversos artigos importantes publicados anteriormente. A título de exemplificação, vale destacar "Objetos e fenômenos transicionais" (1951) e o "Papel de espelho da mãe e da família no desenvolvimento infantil"(1967).

Bulimia

Quadro clínico de transtorno alimentar que, somente a partir de 1979, adquiriu a condição de entidade clínica própria e que está ficando cada vez mais freqüente na clínica psicanalítica. Acomete principalmente moças jovens. Pesquisas em universidades americanas apontam um percentual de 5 a 20% de alunas bulímicas. Ao mesmo tempo, cerca de 30% das pessoas que buscam tratamento para a obesidade sofrem de bulimia.

A palavra vem do grego *bou*, prefixo de intensidade derivado de *bous*, boi + *lim*, fome + sufixo *ia*. Bulimia significa, portanto, *fome de boi*, o que bem traduz as principais características dessa psicopatologia que, segundo Zuckerfeld (1992), são as seguintes: 1. Episódios recorrentes de voracidade, com um consumo de grande quantidade de alimentos, geralmente muito calóricos, num curto período de tempo (os próprios pacientes costumam chamar esse impulso irrefreável de *ataque*). 2. O *ataque* costuma vir seguido de uma *purga* através de um *vômito autoprovocado*. 3. O vômito, por sua vez, habitualmente provoca um estado de ânimo depressivo com pensamentos autodestrutivos. 4. Tentativas repetidas de perder peso (em grande parte pela influência da mídia na sua exaltação da beleza) com dietas exageradamente restritivas, provocação de vômitos, uso de diuréticos e laxantes, assim alternando *banquetes e jejuns*, de modo a também apresentar grandes oscilações de peso. Esses ciclos, quando muito freqüentes, podem produzir sérias conseqüências físicas, como desidratação, desequilíbrio hidreletrolítico, arritmias cardíacas, contraturas musculares, perda do esmalte dental, transtornos menstruais, etc. 5. O grupo de risco mais propenso a sofrer dessa psicopatologia é constituído por mulheres jovens, inteligentes, com o espírito de liderança, porém com uma necessidade constante de reasseguramento de sua auto-estima que, no fundo, é muito baixa.. 6. Clinicamente, é comum observarmos, na mesma pessoa, uma alternância entre a bulimia e a anorexia nervosa.

Buracos negros [Francis Tustin]

Expressão de F.Tustin para designar os vazios e uma aparente ausência quase que absoluta de emoções de que sofrem as crianças autistas. Certamente a autora deve ter-se inspirado na terminologia própria da moderna física cósmica, na qual *buraco negro* refere-se a uma espécie de autofagia da luminosidade das estrelas, que ficam escuras e opacas, embora continuem conservando uma energia potencial. Ver o verbete *vazio, patologia do.*

C

C [Bion]

Essa letra, na *Grade* de Bion, ocupa a terceira fileira, a que designa a etapa evolutiva dos pensamentos que estão no registro onírico sob a forma de sonhos, devaneios e mitos. Dessa forma, a função de rêverie do analista, também pode ser enquadrada na fileira C.

A letra C também aparece nas traduções em português da obra de Bion designando a inicial da palavra conhecimento (do original *knowledge* e da correspondente letra K).

Cadeia (rede) de significantes [Lacan]

Uma das mais importantes concepções de Lacan, segundo a qual, desde que nasce, através do discurso dos educadores, o sujeito passa a formar parte de uma cadeia de significantes, na qual deverá estruturar-se, sendo justamente o inconsciente essa cadeia articulada.

Assim, tal qual se passa nas conexões dos fios de uma rede, também os diversos significantes, pelo fenômeno psíquico do deslizamento, se interconectam. Ver os verbetes deslizamento e significante.

Calma do desespero (conceito de prática clínica) [Bion]

Bion atribuiu grande relevância à dor psíquica que o analisando sofre no processo analítico, quando está fazendo mudanças profundas e verdadeiras no seu psiquismo, a ponto de poder atingir um estado de um sofrimento turbulento. A esse sofrimento Bion denominou mudança catastrófica. O contrário seria um estado de excessiva calma, sem o mínimo de angústia na situação analítica, e isso pode estar indicando que pode estar havendo um conluio de acomodação e resignação.

Para comprovar sua afirmação de que o fato de um paciente estar melhor (do ponto de vista psicanalítico) equivale a estar pior (do ponto de vista sintomático e de sofrimento do analisando), Bion contrasta essa situação com a que ele chama de *calma do desespero*, que consiste em que aparentemente tudo está bem na vida; mas na análise do paciente isso não passa de resignação. A perspectiva de que esteja surgindo uma possibilidade de mudança, de um resgate do crescimento, pode produzir muitas perturbações de *sentimentos catastróficos*.

Bion ilustra essa idéia num seminário clínico com a seguinte imagem metafórica:

"Imaginemos sobreviventes de um naufrágio; eles estão flutuando, à deriva, em cima de um escombro. Não estão assustados, apenas desesperançados e famintos. No momento em que outro navio surgir, o medo, a angústia, o terror, tudo vai aparecer. Desaparece a *calma do desespero* e eclode o pavor, o medo e a ansiedade. Em princípio, sua situação melhorou; estão mais perto de serem resgatados e fora de perigo. É de se supor que estariam se sentindo melhor. Mas não é o que acontece: ficam pior"(*Clinical Seminars and Four Papers*, 1987, p. 4)

Campo analítico [BARANGER]

Expressão cunhada pelo casal BARANGER, psicanalistas argentinos, que, no livro *Problemas del Campo Psicoanalítico* (1962), enfatizam os aspectos transferenciais-contratransferenciais que permeiam toda situação da análise, de modo que, de alguma forma, o analista e o paciente estão sempre interagindo e se influenciando reciprocamente.

BARANGER afirma: "Quando estive trabalhando no Hospício com PICHON-RIVIÈRE me dei conta claramente de algo que já sabia desde MERLEU-PONTY: que o objeto não é, objeto e o sujeito não é o sujeito, e que o objeto e o sujeito se dão como *campo* e se definem um pelo outro. (...) Quando falamos do campo analítico, entendemos que está se dando uma estrutura, produto dos integrantes da relação, mas que, por sua vez, estão involucrados num processo dinâmico e eventualmente criativo. (...) O campo é uma estrutura distinta da soma dos seus componentes, assim como uma melodia é distinta da soma das notas musicais."

BION foi o autor que mais consistentemente apontou múltiplas modalidades resistenciais, transferenciais, comunicacionais, espirituais e vinculares em geral, que configuram o campo analítico, e que tornaram o exercício da psicanálise mais complexo, porém bastante mais fascinante.

Capacidades [Psicólogos do Ego; WINNICOTT; BION]

Diversos autores empregam esse termo no sentido psicanalítico com significados específicos, tal como na amostragem que segue. A escola da *Psicologia do Ego* destaca sobremaneira as capacidades do ego, as inatas e as adquiridas, as detidas no desenvolvimento e as que, potencialmente, estão com possibilidade de serem desenvolvidas e as que sofrem influência do inconsciente e as do ego consciente. Dentre outras tantas mais, cabe destacar a capacidade para fazer uma adequada adaptação à realidade e a de síntese, como uma função nobre do ego.

WINNICOTT descreveu seu conceito original de uma *capacidade para ficar só*, a qual consiste na aquisição, por parte da criança, de uma confiabilidade na mãe, de sorte que ela pode, inicialmente estando junto com a mãe, ficar voltada para seus brinquedos, enquanto a mãe está voltada para seus afazeres particulares, sem que uma interfira com o espaço da outra, às vezes sem se comunicarem verbalmente durante um longo tempo, porém uma confia na disponibilidade da outra. Essa situação equivale à progressiva formação dos indispensáveis e estruturantes *núcleos básicos de confiança*.

BION estudou outras muitas capacidades. Cabe destacar algumas, como a *capacidade de rêverie* por parte da mãe, como fator primordial no desenvolvimento da criança. No terreno da prática analítica, ele descreveu a capacidade de o analisando desenvolver a função psicanalítica da personalidade como requisito básico para vir a prosseguir sua auto-análise. Também descreveu a capacidade negativa.

Capacidade negativa (conceito de prática analítica) [BION]

Expressão alusiva à condição necessária mínima que o analista deve conter dentro de si, no curso da situação analítica, a emergência de sentimentos muito difíceis como a de não entender o que está se passando com o paciente e com ele próprio, as dúvidas, incertezas e, principalmente, aos angustiantes sentimentos contratransferenciais nele despertados.
Dessa forma, pode-se dizer que a capacidade *negativa* do analista é altamente *positiva* para o êxito da análise.

Caráter [FREUD]

Do grego *charassein* e *charakter,* que significam aquilo que imprime. Esse termo permite duas observações iniciais: 1. A influência do meio ambiente circundante da criança promovendo impressões psíquicas. 2. O termo denota que os aspectos gravados no indivíduo ficam indeléveis e com um núcleo básico não modificável.
FREUD, o primeiro a estudar psicanaliticamente a formação e a conceituação de caráter, o fez em dois momentos distintos de sua obra. Em 1905, ele atribuiu uma importância especial ao desenvolvimento psicossexual da criança, com as respectivas fixações provenientes das fases oral, anal e fálica.
Em "Caráter e erotismo anal" (1908), FREUD privilegia o id, definindo que "o caráter, em sua configuração geral, se forma a partir dos *instintos* constituintes".
Num segundo momento, mais precisamente a partir de "O Ego e o Id" (1923), FREUD estuda o caráter segundo um modelo estrutural, atribuindo uma participação prioritária ao ego no que tange às representações, às identificações e aos tipos de mecanismos defensivos. Em "A dissecção da personalidade psíquica" (1933), FREUD faz uma bela metáfora utilizando a imagem do cristal que, quando atirado no chão, pode-se partir, "mas não em pedaços ao acaso (...) Ele se desfaz seguindo linhas de clivagem, em fragmentos cujos limites, embora fossem invisíveis, estavam predeterminados pela estrutura do cristal".
Na atualidade, considera-se a formação do caráter um precipitado de múltiplas e distintas influências, tanto as que FREUD assinalou, como também as provindas das ameaças do superego (herdeiro direto da conflitiva edípica), os ideais e expectativas próprios do ego ideal (herdeiro direto do narcisismo), do ideal do ego (ambições e predições do narcisismo dos pais), das *relações objetais* em geral, da formação da auto-imagem, do falso *self,* etc., sempre seguindo o princípio de uma obediência do ego à uma *formação de compromisso.* Como resultante disso tudo, pode-se falar em caráter do tipo obsessivo, histérico, narcisista, fóbico, perverso, etc. Outro ponto a considerar é que, na situação analítica, o caráter revela-se em grande parte pela sua forma de comunicação, o estilo de suas narrativas, de acordo com o que Liberman (1976) chama de *pautas estilísticas.*

Caráter e erotismo anal [FREUD, 1908]

Nesse trabalho, que consta do volume IX, p. 175, da Standard Edition. brasileira, FREUD considera o erotismo anal um dos componentes da pulsão sexual que, no decorrer do desenvolvimento, e de acordo com a educação que a civilização exige, tornou-se inútil para a finalidade sexual, podendo vir a se transformar em formações reativas, ou ser sublimadas. FREUD postula que essas pessoas se caracterizam pelo fato de serem especialmente *ordeiras, parcimoniosas e obstinadas.*

Caractereológica, couraça [W.REICH]

Cabe a REICH, tal como aparece em seu clássico *Análise do Caráter* (1933), o grande mérito de conceber que uma análise não poderia ficar restrita unicamente à resolução de sintomas, um a um, como era habitual até então. Postulou que, como proteção contra os ameaçadores estímulos exteriores e interiores, o ego estrutura-se defensivamente de forma tão organizada, que, na situação analítica, ela pode adquirir a dimensão de uma verdadeira couraça resistencial. Em razão disso, REICH propôs alguns recursos técnicos para penetrar nas repressões inconscientes.

Caractereopatias [O. KERNBERG]

Em *Object Relations Theory and Clinic Psychoanalysis* (1977), KERNBERG propôs uma classificação dos transtornos do caráter, ou caractereopatias, baseada na teoria das relações de objeto. Distinguiu três grupos de perturbações, às quais chamou, respectivamente, de *nível inferior*, *nível intermediário* e *nível superior*.

No nível *superior* – embora exista um superego sádico e punitivo e um uso excessivo de recalcamentos como principal mecanismo de defesa, o que perturba o contato dessas pessoas com seu meio ambiente – ainda assim predomina a presença de relações objetais estáveis, o que permite que os pacientes sintam preocupação e culpa.

No *nível intermediário*, as relações objetais internalizadas são estáveis, embora claramente ambivalentes e conflitivas. O superego está parcialmente integrado e, portanto, a capacidade de sentir culpas está diminuída, em comparação com os transtornos de *nível superior*. Neste grupo, KERNBERG incluiu as personalidades sadomasoquistas, as personalidades infantis, alguns tipos de transtornos narcisistas e certos desvios sexuais estruturados, que permitem vínculos relativamente estáveis.

Nas caractereopatias de *nível inferior*, KERNBERG coloca os pacientes que internalizaram relações objetais pouco integradas, de tal forma que percebem seus objetos como inteiramente bons, ou, ao contrário, completamente maus. Para manter essa clivagem, recorrem aos mais primitivos mecanismos de defesa. Estão incluídos neste grupo as personalidades com sérios transtornos narcisistas; as personalidades *como se* (assim denominados por HELEN DEUTSCH, 1942); os caracteres caóticos e impulsivos; os caracteres psicóticos e os pacientes borderline, nos quais se evidencia uma nítida perda do sentido de realidade e uma difusão dos limites do ego.

Caractereopatias [WINNICOTT]

Ao estudar os transtornos psíquicos resultantes das falhas ambientais, WINNICOTT mostrou que elas têm um importante papel patogênico na determinação do que denominou uma *tendência anti-social*, ou *psicopatia*. As palavras textuais de WINNICOTT explicam melhor a sua concepção: "O delinqüente é um menino ou menina anti-social, que não se curou (...) há lógica na atitude implícita de que 'o meio ambiente deve-me algo', a qual é adotada pelo psicopata, delinqüente e pela criança anti-social (...) Neste sentido, minha principal tese é que, essencialmente, a inadaptação e os demais derivados deste tipo de transtorno consistem em uma inadaptação originária no meio ambiente da criança, no entanto produzida em uma fase não tão precoce que fosse suficiente para dar origem a uma psicose".

Em seu trabalho *Psicoterapia dos Transtornos de Caráter* (1963), WINNICOTT define a *caracteropatia* como "Uma deformação da estrutura do ego, embora a integração não desapareça por isso; (...) esse termo corresponde especificamente a uma descrição da deformação da personalidade, que foi produzida quando a criança necessita dar abrigo a um certo grau de tendência anti-social".

Carretel, jogo, ou brincadeira do [FREUD]

FREUD descreveu uma brincadeira de um neto seu de um ano e meio que tornou-se clássica na literatura psicanalítica. O jogo da criança consistia em um carretel amarrado a um barbante, por meio do qual ele fazia com que o carretel desaparecesse de seu campo visual e que voltasse a aparecer, repetindo a operação infindáveis vezes e sempre saudando o desaparecimento e o aparecimento com as expressões *fort* e *da*. Na verdade, o menino estava elaborando, simbolicamente, a angústia de separação com a mãe.

Comentário. Vale complementar que esse mesmo neto, com a mesma finalidade de elaborar a angústia de separação, fazia outra brincadeira que consta em "Além do princípio do prazer'(1920), que podemos chamar de *jogo do espelho* e que consistia em que ele "(...) havia encontrado um modo de fazer desaparecer a si próprio. Descobrira seu reflexo num espelho de corpo inteiro que não chegava inteiramente ao chão, de maneira que agachando-se, podia fazer a sua imagem no espelho ir embora"(p. 27).

Cartas de Freud a Fliess [FREUD]

FREUD costumava manter uma intensa e continuada correspondência com familiares, amigos e colaboradores. Assim, só para exemplificar, o número de cartas enviadas a JUNG foi em torno de 360; com FERENCZI também foi volumosa. Porém, dentre os seus correspondentes, nenhum foi tão significativo como W.FLIESS, com quem FREUD manteve uma viva troca de cartas, nas quais tanto escrevia confidências pessoais, quanto rascunhos de idéias psicanalíticas, assim como submetia a sua apreciação trabalhos já prontos, mas ainda não publicados. A soma de toda correspondência com FLIESS, entre 1887 e 1902, sobe a uma cifra de mais de 2.000 documentos, muitas delas constantes da auto-análise de FREUD.

É sabido que, após a violenta ruptura entre ambos, FREUD destruiu todas as cartas que recebeu de FLIESS, enquanto as que ele expediu foram vendidas após a morte deste num pacote único para um empresário de Berlim (sob o compromisso de não entregar os documentos a FREUD porque tinha-se certeza que ele as destruiria). Esse empresário berlinense, por sua vez, os revendeu para a princesa MARIE BONAPARTE, que teve a extraordinária coragem de resistir aos intentos de FREUD de destruí-las, porém assumiu o compromisso de não publicar as cartas, mesmo as já conhecidas.

Em 1950, com a ajuda de ANNA FREUD e de ERNST KRIS, MARIE publicou algumas, sob o título de *O Nascimento da Psicanálise*. Somente em 1958 foi enfim publicada uma edição completa, depois de um escândalo nos Arquivos Freud.

Os "Extratos dos documentos dirigidos a Fliess", com os principais "Rascunhos" (ordenados em ordem alfabética) e "Cartas" (numerados com algarismos arábicos) estão publicadas no Volume I da Standard Edition.

Dentre inúmeras preciosidades que transparecem nesses documentos, destaca-se o extenso documento que veio a constituir o "Projeto para uma Psicologia Científica" e a famosa *Carta 52*, onde FREUD estuda os processos de inscrições e de transcrições na composição dos traços mnésicos.

Castigo, necessidade de [FREUD]

Aspecto fundamental da teoria e da prática psicanalítica. Em linhas esquemáticas, pode proceder de quatro fontes:
1. A pulsão de morte, agindo de dentro e para dentro, ocasionado um masoquismo primário.
2. As culpas inconscientes ou conscientes devidas a danos destrutivos que, na reali-

dade, ou na fantasia, o sujeito teria cometido contra outras pessoas significativas.

3. As *culpas indevidas* decorrentes de um discurso permanentemente culpígeno por parte dos educadores, que significam qualquer ato da criança (fazer artes, por exemplo) com sendo sempre deletério, mesmo quando, na sua essência, poderia ter sido significado como positivamente criativo.

4. O discurso dos pais pode ter configurado na criança um determinado papel a ser seguido por toda a vida, e toda vez que o "transgride" (por exemplo, melhora na análise e quer emancipar-se de um vínculo altamente simbiotizado com a mãe) o sujeito sente a necessidade inconsciente de ser castigado, o que, no processo analítico pode acontecer sob a forma de uma reação terapêutica negativa.

Castração, angústia de [FREUD]

FREUD considerava o pênis como "o órgão sexual auto-erótico primordial", tal como descreve em "As teorias sexuais infantis" (1908). Segundo sustenta, o menino não pode conceber qualquer ser humano sem pênis, sendo que a visão da mãe ou da irmã desprovida desse órgão gera imediatamente a fantasia de que, de fato, existe uma castração, a qual imagina ter sido cometida pelo pai.

Essa concepção de FREUD tornou-se, durante longas décadas, o eixo central em torno do qual orbitavam as teorias e técnicas psicanalíticas. Fundamenta essas idéias mais decisivamente historial clínico do Menino Hans (1909). Posteriormente, FREUD fazia questão de assinalar dois aspectos: 1. A angústia de castração é extensiva às meninas. 2. Enquanto muitos autores propunham que a angústia de castração remontava a fases prévias, como seria a da perda do seio ou a das fezes, FREUD afirmava que "só se deveria falar de complexo de castração a partir do momento em que esta representação de uma perda estiver relacionada ao órgão genital masculino".

Castração [LACAN]

Utilizando o termo com uma significação distinta de FREUD, para LACAN trata-se de uma operação simbólica que se refere ao falo enquanto um objeto imaginário e não o real. O temor de castração é normatizante e estruturante para a criança, porquanto proíbe o incesto e faz a necessária cunha interditora na díade fusional que a criança estiver mantendo com a mãe. Além disso, afirma LACAN, a assunção da *castração simbólica*, por parte da criança, promove a "falta que cria o desejo", então não mais necessitando esse *desejo* de estar subordinado aos da mãe, ou submetido aos do pai.

Catarse, método da

Proposto por BREUER nos primórdios da psicanálise, tal como está descrito no verbete ab-reação.

Catástrofe (ou **medo do colapso**) [WINNICOTT]

Estado de *breackdown* (catástrofe) para designar um estado de não-integração ou de uma angústia de desintegração. Seus sintomas mais marcantes consistem numa aterradora sensação de o sujeito estar perdendo seus referenciais, de que vai cair e precipitar-se no espaço.

No trabalho *The Fear of Breakdown*, de 1974, WINNICOTT afirma que o medo de um colapso futuro sempre tem origem num sentimento equivalente, intensamente experimentado no passado, que não consegue ser pensado pelo paciente devido à primitividade das experiências emocionais dolorosas na formação da agonia. Daí, WINNICOTT introduz a expressão agonias impensáveis.

Catastrófica, mudança [BION]

Para BION, que tem um trabalho intitulado *Catastrophic Change* (1966), essa expressão designa o fato de que uma verdadeira mudança psicanalítica no paciente costuma provocar um intenso sofrimento no analisando (portanto, de alguma forma também no analista), sob a forma de um estado confusional, ou de ansiedade depressiva. Essas sensações penosas que o levam a acusar o analista de estar provocando sua "piora", sentindo-se ameaçado pelo medo de que esteja ficando louco ou que só lhe resta o suicídio. Além disso, é comum que essa sensação catastrófica venha acompanhada de *actings* preocupantes e de sensações corporais, como o sintoma de despersonalização e o surgimento de somatizações. É importante que o analista tenha boa capacidade de continente, baseado na convicção de a aparente piora possa estar significando um importante movimento de melhora analítica.

Comentário. Tudo o que foi dito por WINNICOTT e por BION está de acordo com a etimologia da palavra catástrofe, a qual se origina dos étimos gregos *kata*, abaixo de + *strophein*, revolta, subversão, evento, calamidade. Contudo, é interessante registrar que, em inglês antigo, *catastrophy* significava uma evolução, uma mudança de um estado a outro, tal como sugere a palavra estrofe, que o coro do antigo teatro grego cantava como uma forma de anunciar a passagem para um novo cenário.

Catéxis [FREUD]

Em seus estudos sobre as características das pulsões, FREUD enfatizou o fato de que certa quantidade de energia psíquica fica ligada a objetos externos, investindo-os. Para descrever esse *investimento*, ele empregou a expressão original *Bezetzung Energie*, traduzido para o inglês como *cathexis* e para o português como *catéxis* ou *catexia*.

Bezetzen, no original alemão, significa ocupar, guarnecer. FREUD fazia a comparação com uma força militar de ocupação que pode ser deslocada para uma ou outra posição, segundo as necessidades. Na vigência da teoria econômica da psicanálise, FREUD atribuía grande importância à quantidade da catéxis investida nos objetos.

Cena primária [FREUD]

Expressão que também aparece traduzida como cena *originária*, *primitiva* ou *primordial* (a palavra original, em alemão é *Urszene*). Alude à observação, real ou fantasiada, que a criança faz do coito dos pais. Nos primeiros tempos, FREUD deu uma importância extraordinária a esse fato, afirmando que a cena primária "raramente falta no tesouro das fantasias inconscientes que se podem descobrir em todos os neuróticos e, provavelmente, em todos os filhos dos homens".

No seu célebre trabalho *O Homem dos Lobos* (1918), FREUD estuda mais profundamente a importância da cena primária, descrevendo o caso de um menino que teria observado um coito dos pais, com as respectivas fantasias (provavelmente de origem *a posteriori*). Nessa fantasias, imagina que o coito foi anal, que o pai estaria agredindo a mãe numa relação sadomasoquista. Toda essa situação poderia reforçar a angústia de castração do menino..

Freud afirmava que, mesmo nos casos que não tenha havido uma observação direta, indícios indiretos, como ruídos provindos do quarto dos pais, poderiam funcionar como fator determinante da cena primária. Outro aspecto interessante é que, numa polêmica com JUNG a respeito da cena primária, FREUD não descartou a hipótese de uma herança filogenética.

Censura

Aparece freqüentemente na literatura psicanalítica, sempre ligada aos mandamentos e às proibições do superego, tal como está descrito no verbete específico.

Cesura [BION]

Freud usou esse termo em "Inibições, sintomas e angústia" (1926), no qual afirma que "há muito mais continuidade entre a vida intra-uterina e a primeira infância, do que a impressionante cesura que o ato do nascimento nos permite acreditar".
Inspirado nessa afirmativa de FREUD, que alude ao corte do cordão umbilical, BION empregou o termo nos seus estudos sobre a continuidade que existe entre a vida pré-natal e a pós-natal. A palavra *cesura* também designa na obra de BION uma espécie de ponte que, na situação analítica, possibilita a *passagem* de um estado mental para outro, muitas vezes acompanhada de sintomas ruidosos, tal como acontece na mudança catastrófica.
O emprego da palavra *passagem* adquire o mesmo significado que o da Páscoa cristã (ou do *Pessach* judeu, onde houve a passagem pela abertura que Deus fez nas águas revoltas do Mar Vermelho). Em ambas as fés, os termos aludem a uma ressurreição.
O conceito de cesura pode ser considerado como um *conceito-limite*, isto é, como um ponto de decisão, de onde se procura pensar naquilo que nunca tinha sido pensado antes. Assim, BION fez a seguinte metáfora: "Picasso pintou um quadro em um pedaço de vidro de modo a poder ser visto de ambos os lados. Sugiro que o mesmo pode-se dizer da cesura: depende de que lado se mira, para que lado se está indo".

Cesura, A [BION, 1977]

Título de um artigo de BION (no original inglês é *Caesura*) e publicado em "Two papers: The Grid and Caesura" (1977). A tradução em português desse artigo apareceu na *Revista Brasileira de Psicanálise*, número 15, de 1981.
Os temas centrais se referem a: 1. Necessidade de o analista ser livre e verdadeiro. 2. Problemas relativos à interpretação. 3. Especulações de natureza psicoembrionária. 4. Algumas reflexões acerca da conceituação de crescimento mental.
Ao abordar a necessidade referida no item 1, BION tece reflexões sobre "o que é a verdade".

Chistes e sua relação com o inconsciente [Freud, 1905]

Trabalho clássico de FREUD, publicado pela primeira vez em 1905, consta no volume VIII da Standard Edition. Compõe-se de sete partes e um apêndice. Nele aparece este importante trecho: "Os chistes tornam possível a satisfação da pulsão, quer essa seja do desejo sexual ou da hostilidade em face de um obstáculo que se lhe depara no caminho".
O chiste se caracteriza por: ser espirituoso; ser um julgamento jocoso; ter um sentido de *non sense*, emprego do absurdo; uso de trocadilhos e de palavras de duplo sentido; ironia; representação pelo oposto ou pelo exagero, como nas caricaturas, etc. FREUD destaca que os chistes tanto podem ser agradáveis quanto hostis, obscenos, tendenciosos ou sedutores. Refere que "um chiste nos permite explorar algo de ridículo em nossos inimigos, algo que, por causa de certos obstáculos, não poderíamos revelar aberta os conscientemente". FREUD considera que os mecanismos de *condensação*, *deslocamento* e o de modificado, envolvidos nos chistes guardam a mesma natureza do que acontece na elaboração dos *sonhos*.

Cinco Lições de Psicanálise [FREUD, 1910]

Esse artigo está no volume XI, p. 13, da *Standart Edition*. Em 1909, a Clark Univer-

sity, de Massachusetts, por seu presidente, Stanley Hall, convidou Freud para as comemorações do vigésimo ano de sua fundação. Estava acompanhado de Jung e Ferenczi, a quem Freud, na ocasião, bem humorado, disse que os americanos mal sabiam que estavam "trazendo a peste". Pronunciou cinco conferências, ao sabor do improviso, durante quatro dias sucessivos.
A *primeira* versou sobre o significado psicológico dos sintomas histéricos. Afirmou que "os pacientes histéricos sofrem de reminiscências e seus sintomas são resíduos e símbolos mnêmicos de determinadas experiências traumáticas".
A *segunda* enfocou o recalcamento no curso dos eventos psíquicos da histeria como uma forma de resistência, e, por conseguinte, aludiu à formação de sintomas, quando "o recalcamento da idéia à qual se liga o desejo intolerável fracassou."
A *terceira* girou em torno do determinismo psíquico, dos sonhos e dos atos falhos.
Na *quarta* conferência, Freud abordou a sexualidade infantil e a neurose.
A *quinta* foi dedicada à parte técnica, com uma dissertação sobre a transferência e a resistência.

Cisão

Fenômeno psíquico que aparece freqüentemente com outras traduções, como dissociação, *splitting* e clivagem. O termo original alemão é *Spaltung*.

Ciúme

Sentimento intimamente ligado à inveja, porém compreende uma relação de, pelo menos, mais outras duas pessoas envolvidas. O indivíduo com ciúme sente que o amor que lhe é devido foi roubado, ou está em perigo de sê-lo, pelo seu rival, tal como está descrito por Freud em relação ao ciúme edípico.

O ciumento teme perder o que julga pertencer-lhe, enquanto a pessoa invejosa sofre ao ver que o outro tem aquilo que ela quer exclusivamente para si, sendo-lhe penosa a satisfação alheia. No caso em que é resultante de um uso excessivo de identificações projetivas, o ciúme pode adquirir características delirantes.

Claustro [D. Meltzer]

No trabalho "Claustrum. Una investigación sobre los fenómenos calaustrofóbicos" (1992), Meltzer alude às identificações projetivas intrusivas, às vezes violentas. Por meio dessas identificações, a parte infantil do *self* do sujeito passa a habitar um dos compartimentos da mãe interna, correndo o risco de nela ficar aprisionado, assim gerando temores *claustrofóbicos*, além das identificações patogênicas que determinam uma visão particular do mundo.

Clivagem

Refere-se tanto ao ego, como aos objetos. Em relação à *clivagem do ego*, é importante referir que, conforme for sua extensão e modo de utilização, pode; 1. Representar uma dissociação útil do ego na forma de um recurso estruturante no desenvolvimento da criança ou na vida cotidiana do adulto. 2. Assumir matizes de uma forte forma de negação, levando a estados patológicos, como é o caso da perversão fetichista, ou, bastante mais gravemente, a estados de negação psicótica.
M. Klein foi quem melhor estudou o fenômeno da *clivagem de objetos*, demonstrando como um mesmo objeto parcial pode ficar dissociado simultaneamente em quatro formas: como objeto *bom, mau, perseguidor e idealizado*.
Bion prosseguiu nos estudos das dissociações, detendo-se particularmente na clivagem que existe em toda pessoa entre uma

parte psicótica da personalidade e uma parte não- psicótica.

Clivagem do Ego no Processo de Defesa [FREUD, 1940]

Artigo que aparece no volume XXIII, p. 309, da Standard Edition, redigido em 1938 e publicado postumamente em 1940. Tem significativa importância nas concepções contemporâneas da psicanálise. FREUD levanta a hipótese de que uma criança, diante de uma exigência pulsional inaceitável, sentirá o prosseguimento dessa experiência como um trauma psíquico, que lhe representa um perigo real quase intolerável. Nesse caso, o ego precisa decidir entre reconhecer o perigo real, cedendo ante ele e renunciando à satisfação pulsional, ou negar a realidade, convencendo-se que não existe motivo para medo, a fim de conseguir manter a satisfação.

As duas reações contraditórias ante o conflito constituem o ponto central da clivagem do ego. Para ilustrar, relata o caso de um menino que criou um substituto (fetiche) para o pênis que não encontrava nas mulheres. Simplesmente, por meio de uma clivagem do ego, não contradisse suas percepções e alucinou um pênis onde este não existia.

Cogitações [BION, 1990]

Título da edição em português (tradução de Ester H. Sandler e P. C. Sandler) de Cogitations, livro de BION. publicado post mortem Resultou do labor de FRANCESCA BION, sua esposa, que coletou e reuniu anotações esparsas de Bion, algumas datadas e outras não, sob a forma de frases, idéias, reflexões.

O livro contém em torno de 400 páginas, nas quais transparece um BION tratando de estabelecer inter-relações da psicanálise com a evolução das demais ciências e a discussão do método científico. Para tanto, utiliza a citação de literatos, poetas, matemáticos (POINCARÉ), historiadores e filósofos (DESCARTES, RUSSEL, HUME).

As anotações de BION cobrem presumivelmente o período de 1958 a 1979 e se estendem em especulações reflexivas acerca dos mais diversos temas. Algumas reflexões aludem a trabalhos seus, anteriores, e outros fundamentam concepções desenvolvidas posteriormente, além de outras cogitações que nunca foram suficientemente desenvolvidas e publicadas.

Particularmente fascinante neste livro é o fato de os apontamentos de BION permitirem constatar como suas idéias, em conjunção com as de outros pensadores, foram germinando em sua mente até ganharem a forma de concepções originais. É útil esclarecer que, etimologicamente, a palavra cogitação deriva do verbo latino cogitare, pensamento meditativo, que alude ao que tem peso (daí sopesar, ou ponderar, derivado de pondus, peso.

Coisa em si mesmo [BION]

Conceito extraído literalmente por BION de KANT. Consiste no fenômeno de que a realidade psicanalítica não pode ser conhecida pelos órgãos dos sentidos, mas somente pelos fenômenos secundários observáveis, podendo se expressar clinicamente através da evacuação de elementos β.

BION utiliza seguidamente como sinônimos outros nomes, como a letra O e o vocábulo Númeno, cujos verbetes específicos podem ser consultados.

Colapso, medo do [WINNICOTT]

Tradução do título do trabalho de WINNICOTT "The Fear of Breackdown" (1974), no qual o autor diz que "o medo do colapso é uma falha importantíssima para muitos de nossos pacientes, mas não para todos". A tese central desenvolvida nesse artigo é a de que o

temor de uma catástrofe fundamenta-se em um *colapso* acontecido no passado. Refere-se, pois, ao colapso das defesas, originalmente organizadas contra "agonias impensáveis", ou seja, contra angústias que não puderam e não estão podendo ser pensadas.
Ver o verbete *catástrofe*.

Comensal [BION]

Uma das modalidades da relação continente-conteúdo descritas por BION. As outras são a parasitária e a simbiótica. O que caracteriza o modo *comensal* é o fato de que o hospedeiro (*continente*) e o hóspede (*conteúdo*) convivem em uma adaptação harmônica, embora não haja crescimento nem prejuízo em nenhum dos dois.
Isso está de acordo com a etimologia dessa palavra, porquanto ela se forma dos étimos latinos *cum*, com, junto, + *mensa*, mesa, dando a idéia de pessoas reunidas em torno de uma mesa.

Comitê Secreto (círculo de seguidores imediatos de Freud)

Dá-se o nome de Comitê Secreto ou simplesmente Comitê ao círculo formado em 1912, por iniciativa de ERNEST JONES, pelos discípulos mais fiéis de FREUD, especialmente convidados para integrá-lo. Além de JONES, inicialmente participaram desse círculo ABRAHAM, H. SACHS, O. RANK e S. FERENCZI. MAX EITINGON mereceu juntar-se ao grupo em 1919 por ter financiado a editora do movimento psicanalítico de então.
O Comitê foi formado em função das dissidências de ADLER, STECKEL e JUNG, com o objetivo de determinar de que maneira se poderia preservar a doutrina psicanalítica de qualquer forma de desvirtuamento da psicanálise. Para selar a união entre os *guardiões do templo*, FREUD entregou a cada um deles um entalhe grego, que eles mandaram engastar em anéis de ouro.
Ainda assim, o Comitê passou por inúmeros conflitos internos, como: um mal-estar entre os outros analistas e JONES, o único dentre todos eles que não era judeu, bem como entre os analistas alemães e os austríacos. Também houve desentendimentos pessoais entre FERENCZI e JONES, entre FE-

RENCZI e FREUD, entre FREUD e RANK, entre os partidários de uma renovação da técnica psicanalítica e os ortodoxos conservadores, entre os que propugnavam por uma expansão da psicanálise para os Estados Unidos e os que defendiam um fechamento restrito ao mundo europeu, etc.

O Comitê foi dissolvido em 1927, época em que Rank, um dos esteios que mantinha a integração do círculo, abandonou definitivamente, em condições dramáticas, o movimento freudiano.

Ver o Verbete Histórico da psicanálise.

Como a Análise Cura? [KOHUT, 1984]

Livro póstumo de KOHUT, no original. *How Does Analysis Cure?* (1984), editado três anos depois de sua morte. Diferentemente da maioria dos autores, o autor defende nessa obra que a análise cura, não pelo conhecimento do conflito, mas, sim, pelas vivências que se adquirem com um objeto do *self* empático. Segundo KOHUT, essa experiência soluciona as feridas que foram deixadas abertas pelos objetos da infância. No capítulo 2, esse autor acentua a idéia de que a resolução dos conflitos edípicos depende de como se estruturaram primitivamente os objetos do *self*. O autor valoriza sobretudo a influência dos aspectos do narcisismo no desenvolvimento da criança, de que o complexo de Édipo seria simples conseqüência.

Como Tornar Proveitoso um Mau Negócio [BION, 1979]

Título de artigo cujo original é *Making the best of a bad job*. Nele BION afirma que, quando duas personalidades se encontram, cria-se uma tempestade emocional, mas tendo ocorrido o encontro e a conseqüente tempestade emocional, as duas partes devem decidir "como tornar proveitoso um mau negócio". Ilustra a proposição com uma situação clínica, na qual o paciente queria que BION se amoldasse a seu estado mental, procurando despertar no analista sensações como medo, desapontamento e frustração, para impedi-lo de pensar livremente.

A partir daí, e baseado em citações de poetas, artistas e filósofos, BION faz interessantes considerações de natureza existencialista. Mostra como a onipotência e o desamparo estão associados inseparavelmente; faz uma distinção entre a existência e a "qualidade" da existência; diz que prefere entender que a glândula supra-renal não provoca luta, nem fuga, mas, sim, provoca "iniciativa"; afirma que o analista necessita estar apto a ouvir não apenas as palavras, mas também a música; e assinala o contraste entre o processo de realização com o de desidealização.

Na situação analítica, a postulação de Bion de que, diante do surgimento de uma turbulência emocional, ao invés de fugir dela, o analista possa aproveitá-la para promover um crescimento mental do seu paciente, pode ser comparada ao conhecido brocardo "fazer do limão uma limonada".

Esse trabalho consta do livro *Seminários clínicos e quatro artigos (Clinical seminars and four papers)*. Também apareceu na *Revista Brasileira de Psicanálise*, volume 13, 1979. Na versão castelhana o título é *Seminarios clínicos y cuatro textos*, e o artigo em pauta está traduzido como "Hay que pasar el mal trago".

Complacência somática [FREUD]

Expressão empregada por FREUD, no famoso *Caso Dora* (1905), para se referir à escolha do órgão ou do sistema orgânico sobre o qual se dá a conversão histérica. FREUD considerava que o investimento libidinal de uma zona erógena pode *deslocar-se* para outras regiões corporais, o que exige certa *complacência* (uma espécie de conluio) que possibilita aos órgãos que simbolizam o conflito reprimido tentar satisfazer o desejo proibido, de forma disfarçada.

Na atualidade, na medida em que o corpo foi ganhando uma extraordinária importância nas concepções psicanalíticas, esse conceito de *complacência somática* extrapola a localização única em pacientes histéricos e fica extensiva a todas as entidades clínicas, especialmente as mais regressivas.

Ver o verbete *psicossomática*.

Completude narcisista

Expressão muito freqüente na literatura psicanalítica contemporânea. Refere-se a indivíduos ou grupos que usam os mais variados recursos na tentativa de preencher os *vazios* que se formaram na estruturação do psiquismo de modo a negar o reconhecimento da incompletude do ser humano, como é sua condição: ter falhas, faltas, limites, limitações e finitude de vida. Quanto maior o sentimento de incompletude, maior será a *busca do paraíso perdido*, ou seja, a condição nirvânica de *Sua Majestade, o bebê*. Para manter a ilusão de completude são utilizados recursos defensivos primitivos, próprios da *posição narcisista*, como são: a da contração de vínculos exageradamente *simbióticos*; a da construção de uma *cápsula* ou de uma *barreira* autística (conforme TUSTIN); a de uma *parte psicótica da personalidade* (conforme BION). Nesse caso, a onipotência: substitui a capacidade de pensar, ocupa o lugar de um aprendizado com as experiências, substitui a tomada de contato com a fragilidade. A ambigüidade, por sua vez, é utilizada como forma de negar as verdades que desafiam o mundo das ilusões.

Um instrumento fundamental para a obtenção ilusória da completude consiste no emprego de distintos *fetiches*, como: a entronização das aparências típicas das personalidades *falso self*; a fome por poder, prestígio, beleza e riqueza; o emprego de múltiplas formas de estandartes e *grifes* narcisistas que conferem uma sensação de potência e imortalidade. A *cultura narcisista* reinante em grande parte do mundo, fortemente estimulada pela pressão da mídia, provoca uma busca de completude através de produtos mágicos e cirurgias múltiplas em busca da estética, da potência sexual e da juventude eterna

Complexo [JUNG]

Inventado por JUNG, esse termo veio a alcançar um enorme sucesso não só nos meios psicanalíticos, mas também na cultura popular, notadamente após FREUD ter divulgado a sua concepção de complexo de Édipo. A palavra *complexo* designa um conjunto de sentimentos, representações e relações objetais internalizadas, predominantemente inconscientes, que formam uma constelação estruturada, com uma determinada configuração afetiva.

Foi tão grande a aceitação da noção de complexo, que os autores multiplicaram os diferentes nomes de novos complexos (de *superioridade*, de *inferioridade*, de *grandeza*, de *Eletra*, etc.), de tal sorte que a própria linguagem popular corrente adotou expressões como "ter complexos" com significação pejorativa.

Complexo de Édipo [FREUD]

Inspirada pela história grega de Édipo Rei, a expressão designa o conjunto de desejos amorosos e hostis que a criança experimenta com relação a seus pais.

FREUD situou esse complexo por volta dos três anos, postulando que o complexo de Édipo comporta duas formas: uma positiva e outra negativa. A positiva genericamente consiste num desejo sexual pelo genitor do sexo oposto, bem como de um desejo de morte do mesmo sexo. Na forma negativa, há um desejo amoroso pelo genitor do mesmo sexo e um ciúme ou desejo de desaparecimento do outro. Na clínica, é mais freqüente a coexistência nos indivíduos de ambas as formas, embora uma delas predomine nitidamente.

Freud apontou uma distinção quanto ao desdobramento edípico do processo no menino e na menina.

No *menino*, ocorrem três fases:

1. Ao entrar na fase fálica da evolução libidinal, sente-se "apaixonado" pela mãe e, estimulado pelas manipulações maternas, procura seduzi-la e sente orgulho em exibir-lhe seu pênis (muitas vezes ereto).

2. O romance edípico é destruído pelo complexo de castração resultante da interdição por parte da figura paterna.

3. Por isso, o menino precisa abandonar o investimento libidinal no objeto-mãe, que se transformará em uma identificação. A identificação com a figura materna conjuntamente com as ambivalentemente amadas e odiadas do pai, cuja autoridade ele introjeta, constituem os núcleos fundamentais do superego.

Durante muito tempo, Freud considerou que havia uma igualdade total entre o complexo edípico do menino e o da menina. Posteriormente, concebeu a diferença, estabelecendo que na *menina* se processaria da seguinte maneira:

1. A menina também toma a mãe como seu primeiro objeto de investimento amoroso.

2. Para orientar-se libidinalmente para o pai, precisa antes se desapegar da mãe. Passa, portanto, por um processo mais longo e complicado que o do menino.

3. Considera-se *castrada* quando constata sua inferioridade anatômica em relação ao menino.

4. Devido à influência da inveja do pênis, desapega-se da mãe, ressentida com ela por tê-la desfavorecido.

5. Logo substitui a falta do pênis pelo desejo de possuir um filho do pai, tomando-o, então, como objeto de amor.

6. Simultaneamente, *identifica-se* com a mãe, coloca-se em seu lugar e, querendo substituí-la junto ao pai, passa a desenvolver um *ciúme* edípico, com ódio pela mãe. Como fica evidente, para Freud, o complexo de castração põe fim ao complexo de Édipo no menino, enquanto na menina abre o caminho da conflitiva edípica.

No trabalho "A Dissolução do Complexo de Édipo" (1924), FREUD adverte que nem sempre é nítida a fronteira entre o normal e o patológico da resolução edípica. Nos casos em que persistir conflituada, a resolução continuará a exercer, desde o inconsciente, uma ação persistente ao longo de toda vida, constituindo um *complexo central de cada neurose.*

Complexo de Édipo [M.KLEIN]

M.KLEIN descreve o complexo de Édipo de forma distinta da de FREUD, embora conserve a mesma essência. Para ela, a situação edípica surge por volta dos seis ou oito meses de idade. Esse complexo de Édipo precoce está repleto de fantasias inconscientes as mais diversas, como a de devoramento, por exemplo. Essas fantasias levam a criança a criar imagens, às vezes terroríficas, como expressão da fantasia dos pais combinados, etc. Muitos psicanalistas criticam M.KLEIN por conceber o complexo edípico de modo a desfigurar substancialmente a original concepção freudiana, com prejuízos para a análise.

Complexo de Édipo [LACAN]

Segundo LACAN, na terceira fase da etapa do espelho, dos 12 aos 18 meses, em situações normais, a criança assume a castração paterna. Aqui, diferentemente de FREUD, o conceito de castração não significa uma privação ou corte do pênis, mas, sim, refere-se à função do pai como o portador da lei que interdita e normatiza os limites da relação diático-simbiótica da mãe com o filho.

A aceitação, por parte do filho, dessa castração paterna constitui o registro simbólico, o ingresso no triângulo edípico propriamente dito, além de representar o grande desafio às ilusões narcisistas que foram forjadas no registro imaginário das fases anteriores. Para LACAN, também não existe um período pré-edípico absoluto, porquanto o pai do bebê já está presente, no mínimo, no psiquismo da mãe, tal como é a representação que ela tem de seu próprio pai.

Complexo de Édipo [KOHUT]

Vários outros autores, KOHUT entre eles, não dão ao complexo de Édipo a dimensão apregoada por FREUD. Essa posição de KOHUT é de tal forma criticada, que seus acusadores chegam a sustentar que ele não deveria ser considerado um psicanalista de verdade. Esse autor afirma que Édipo não é mais do que uma fase, embora bastante importante, do desenvolvimento do narcisismo, e que, a partir de certo ponto da evolução, ambos, *Narciso e Édipo*, seguem linhas paralelas, com pontos de contato e de influência recíproca.

Complexo de Édipo na atualidade

Durante muito tempo, o complexo edípico foi considerado como o núcleo central na estruturação de toda e qualquer neurose, mas a psicanálise contemporânea enfoca outros aspectos mais.
De forma sintética, os seguintes pontos resumem a importância do complexo de Édipo: 1. As coisas não se passam tão simplesmente como "o amor da criança pelo progenitor do sexo oposto e de ódio pelo do mesmo sexo"; na verdade os sentimentos de amor e hostilidade são alternantes de um genitor para o outro. 2. O complexo de Édipo abre o caminho para a triangulação, permitindo a inclusão do pai, assim estabelecendo a diferença de gerações, potência e outras diferenças indispensáveis para uma evolução exitosa da criança. 3. O complexo de Édipo determina a formação de identificações. 4. A exclusão da criança da cena primária gera fantasias e sentimentos que desembocam na angústia de castração que, não suficientemente bem resolvida, pode acompanhar a pessoa pela vida toda. 5. É unicamente por meio de uma exitosa resolução da conflitiva edípica que se torna possível o ingresso em uma genitalidade adulta. Caso contrário, as fixações parciais nas fases pré-edípicas ou uma má resolução do complexo de Édipo resultarão em distintas formas de pseudogenitalidade.

Complexo de Eletra [JUNG]

Seguindo os passos de FREUD, JUNG tomou emprestado da mitologia grega o nome da personagem Eletra (que matou a mãe porque esta tinha assassinado seu pai, Agamenon, quando retornava da guerra de Tróia), como a contrapartida para o sexo feminino do complexo de Édipo que FREUD descreveu inicialmente para o masculino. JUNG considerou-os sinônimos e simétricos, do que FREUD discordou radicalmente. A partir dessa posição de FREUD, a expressão *complexo de Eletra* praticamente desapareceu do jargão psicanalítico.

Complexo de inferioridade [ADLER]

Baseado em sua experiência pessoal de criança que sentia-se inferior por sofrer de raquitismo, ADLER descreveu um complexo de sentimentos que o ser humano necessita desenvolver para fugir do doloroso sentimento de inferioridade. Quando isso acontece num grau excessivo gera, segundo ele, o *complexo de superioridade*.

Complexo do semelhante [FREUD]

Em seu clássico *Projeto...*(1895), subtítulo 17, primeira parte, "Memória e Juízo",

FREUD descreve o que denominou *complexo do semelhante*: "(...) Daí, que seja em seus semelhantes, donde o ser humano aprende pela primeira vez a reconhecer-se". Essa afirmativa é relevante na psicanálise atual na medida em que atesta que outra pessoa aparece como a que permite ao ego incipiente da criança estabelecer confrontos e, por seus próprios movimentos, ela busca seus pontos de vinculação, suas semelhanças e, sobretudo, a reconhecer as diferenças.

Compromisso, formação de [FREUD]

Condição psíquica pela qual os derivados das pulsões inaceitáveis para o ego consciente fazem uma espécie de "negócio" – um compromisso – com as defesas do ego, de tal sorte que os desejos possam ser satisfeitos desde que não reconhecidos pela consciência. Um bom exemplo é o que acontece nos sonhos, nos quais a censura onírica somente permite a passagem dos desejos reprimidos do inconsciente, que compõem o conteúdo latente do sonho, ao consciente, depois que este estiver suficientemente bem disfarçado no conteúdo manifesto.

Compulsão à repetição [FREUD]

FREUD não se sentia à vontade com sua postulação do princípio do prazer, que não conseguia explicar satisfatoriamente os fenômenos psíquicos repetitivos de natureza não-prazerosa que ele observava com grande freqüência. Esses fenômenos ocorriam nos casos de repetitivos sonhos angustiosos, nos atos que revelam sintomas masoquistas, nas neuroses traumáticas, principalmente nestas últimas, com o volumoso surgimento das *neuroses de guerra* advindas no decurso da I Guerra Mundial.

FREUD constatou que essa compulsão repetitiva procedia de uma força pulsional (o termo alemão original é *Zwang*). A partir do consagrado trabalho "Além do princípio do prazer"(1920), ele definiu essa força inconsciente como pulsão de morte.

De forma análoga, é possível perceber que as crianças repetem compulsivamente jogos, brincadeiras e relatos de estórias, como tentativa de elaborar ativamente o que sofreram passivamente, como pode ser algum forte susto traumático, a perda de alguma pessoa importante, etc. FREUD igualmente descreveu outros fenômenos repetitivos, como a neurose do destino, a neurose traumática e o fenômeno da transferência. Correlacionando todos os aspectos assinalados, é possível afirmar que existem dois tipos de *compulsão à repetição*. Uma provinda das manifestações irrefreáveis das pulsões (não é por nada que existe uma íntima conexão entre a palavra *compulsão* e *com + pulsão*). Outra função da compulsão à repetição seria uma tentativa de o ego dominar e elaborar, através da repetição, os excessos de estímulos traumáticos.

Na atualidade, especialmente em relação ao fenômeno transferencial, cabe uma importante questão: a *transferência* (e outros fenômenos análogos) consiste numa "necessidade de repetição" (pulsional), ou numa "repetição de necessidades" (não satisfeitas no passado)?

Compulsivo, neurose do tipo obsessivo

Os transtornos obsessivo-compulsivos, abreviadamente TOC, consistem na tentativa do ego de anular pensamentos e sentimentos inaceitáveis pelo consciente. Essa inaceitação se manifesta: 1. Pela anulação, por meio de outros pensamentos (recurso obsessivo). 2. Através de ações anulatórias que o sujeito sente-se compelido a proceder intermináveis vezes (compulsão).

É útil distinguir um *ato compulsivo* de um *impulsivo*. O primeiro é acompanhado de sofrimento e resulta de uma falha na luta que o sujeito mantém contra a compulsão.

Etimologicamente, *compulsivo* deriva do verbo latino *compellere*, que significa compelir, aquilo que impele, que constrange. Já o termo *impulso* designa uma ação súbita, de surgimento ocasional, acompanhada de forte estado emocional.

Comunicação

A normalidade e a patologia da comunicação representam um dos aspectos mais relevantes da psicanálise contemporânea. Bion é o autor que mais contribuiu com concepções originais acerca dos processos de pensamento, linguagem e conhecimento que influenciam diretamente a natureza e o estilo da comunicação. Esse autor demonstrou que o discurso verbal nem sempre tem o propósito de realmente comunicar algo a alguém. BION mostra que, pelo contrário, na situação analítica, o psicanalista deve estar muito atento para as diversas formas de distorções, falsificações, mentiras e ambigüidade confusional que o paciente inconscientemente utiliza para, justamente, não comunicar as verdades e para impedir que o analista tenha acesso a elas. O fenômeno da comunicação implica a conjugação de três fatores: a *transmissão* (o conteúdo e a forma de como o sujeito emite suas informações), a *recepção* (os significados que o sujeito atribui àquilo que ouve) e os *canais de comunicação*, tanto verbais como não-verbais por onde as mensagens transitam.

Em relação à comunicação pré-verbal, cabe assinalar as seguintes modalidades: 1. *Paraverbal* (ou seja, os aspectos que estão ao lado (para) do verbo, muito especialmente as nuanças da voz. 2. *Gestual* (certos gestos e atitudes dizem muito). 3. *Corporal* (de diversas formas, desde a condição de bebê, o corpo fala!, como acontece nas somatizações). 4. *Oniróide* (desperta imagens visuais que, às vezes, na situação analítica, podem ser muito mais profundas do que o conteúdo manifesto das palavras. 5. A *conduta* (por exemplo, se bem entendidos pelo analista, os *actings* podem constituir importante fonte de comunicação primitiva). 6. *Efeitos contratransferenciais* despertados na pessoa do analista podem funcionar como excelente via de acesso a aspectos inconscientes que o paciente não consegue pensar e, muito menos, verbalizar.

Cabe acrescentar que o próprio silêncio, por si só, tanto do paciente como do analista, pode representar uma forma de comunicar algo. A propósito, BION traça uma metáfora com a música, ao dizer que toda peça musical é formada por elementos de notas - intervalos – notas. A ausência do som, isto é, a presença do intervalo, pode ter mais vigor e expressividade do que a nota musical em si.

Ainda em relação a BION, quando descreve sua prática analítica com pacientes psicóticos, ele emprega esta **frase** tão bonita quanto profunda: "O que devemos dizer a um paciente que quer um contato físico? ('não entendo todo esse ruído de suas palavras em meu ouvido; deixe-me tocá-lo e minha mão entenderá o que o senhor diz')". Ou, então, algum paciente pode dizer: "Não entendo e não me faço entender, mas se você tivesse um piano aqui, eu poderia tocar e o senhor me compreenderia".

Conceito [BION]

Esse nível de capacidade para pensar, na *Grade*, ocupa a fileira F, onde designa que já existe uma condição de estabelecer correlações entre as concepções, de modo a desenvolver pensamentos abstratos que possibiltam a passagem para os níveis G e H. Esses, que seguem na grade e que designam, respectivamente, *Sistema Dedutivo Científico* e *Cálculo Algébrico*, já representam um alto grau de abstração. Com a finalidade de não atribuir ao vocábulo *conceito* uma idéia ligada unicamente a intelectualização, BION sempre fez questão de aliar a noção psicanalítica de *conceito* à de intuição, de sorte a repisar a seguinte e profunda **frase**: "Intuição sem conceito é *cega;* conceito sem intuição é *vazio".*

Concepção [BION]

Na *Grade* de BION, ocupa a fileira E, designando que houve uma evolução do pensamento, da condição anterior de uma préconcepção. Pode-se dizer que os pensamentos propriamente ditos começam a partir da concepção, a qual resulta de uma fecundação da pré-concepção por uma realização, tanto positiva como negativa. (Ver os verbetes pré-concepção e realização). A conquista da *concepção* permite a passagem para o nível seguinte da formação do pensamento: a de conceito.

Condensação [FREUD]

Processo mental descrito por FREUD originalmente em seus trabalhos sobre os sonhos. Consiste numa operação psíquica pela qual muitas imagens e representações são fundidas numa única, de modo que serve para driblar a censura e, ao mesmo tempo, permite um acesso ao simbolismo expresso no que aparece condensado, seguindo as leis do processo primário. Sabe-se que esse processo caracteriza-se por um fácil deslocamento e descarga da libido. As várias cadeias associativas de representações com os respectivos significados inconscientes produzem o que se denomina *condensação,* ou seja, numa única representação, como pode ser determinado sintoma, podem confluir todos os significados de uma cadeia associativa. Essa cadeia, por sua vez, pode produzir novos *deslocamentos* e assim sucessivamente, tal como é possível observar nitidamente nos sintomas fóbicos.

Conferências Brasileiras [BION, 1990]

Traduzido para o inglês como *Brazilian Lectures,* é uma nova edição englobando dois anteriores, *Conferências Brasileiras I* e *Conferências Brasileiras II,* de 1973 e 1974, respectivamente. É a transcrição, devidamente revista por BION, dos debates que ele estabeleceu com psicanalistas brasileiros, quando de suas vindas ao Brasil.

De modo geral, os capítulos começam com a introdução de determinado tema por parte de BION, à qual seguem-se as perguntas do auditório, prontamente respondidas, às vezes de forma bem curta, outras bem longas. Essas *Conferências,* além de fornecer rico manancial de extensão, com novas aberturas e propósitos, de conceitos conhecidos de suas obras anteriores, ainda possibilitam ao leitor um contato mais íntimo com o *estilo* de pensamento e de comunicação de BION.

Conferência introdutória à psicanálise [FREUD, 1916-1917]

Livro de FREUD que reúne a transcrição de conferências pronunciadas em 1916 e 1917 para um auditório médico, algo desconhecido e descrente das concepção freudianas da época. As *Conferências* podem ser consideradas um inventário simplificado das opiniões de FREUD e um retrato da situação da psicanálise na época da I Guerra Mundial. São 28 conferências no total, que se distribuem no volume XV da Standard Edition, como mostra o Quadro 1. As *Conferências introdutórias* tiveram maior circulação que quaisquer outras obras de FREUD, com exceção da *Psicopatologia da vida cotidiana* (1901).

Confiança básica [ERIK ERIKSON]

Bastante conhecida e utilizada na literatura psicanalítica, a expressão foi concebida por

Quadro 1 – Conferências Introdutórias à Psicanálise

Vol.	Conf.	Título
XV	I	Atos falhos
	II	Atos falhos
	III	Atos falhos
	IV	Atos falhos
	V	Sonhos Dificuldades e abordagens iniciais
	VI	As premissas e a técnica da interpretação
	VII	O conteúdo manifesto e os pensamentos latentes do sonho
	VIII	Sonhos infantis
	IX	A censura dos sonhos
	X	Simbolismo nos sonhos
	XI	A elaboração dos sonhos
	XII	Algumas análises de exemplos de sonhos
	XIII	As características arcaicas e o infantilismo dos sonhos
	XIV	Satisfação dos desejos
	XV	Incertezas e críticas
XVI	XVI	Teoria geral das neuroses
	XVII	Psicanálise e psiquiatria
	XVIII	O sentido dos sintomas Fixação aos traumas. O inconsciente
	XIX	Resistência e recalcamento
	XX	A vida sexual dos seres humanos
	XXI	O desenvolvimento da libido e das organizações genitais
	XXII	Algumas considerações sobre desenvolvimento e regressão
	XXIII	Os caminhos para a formação de sintomas
	XXIV	O estado neurótico comum
	XXV	Angústia
	XXVI	A teoria da libido e o narcisismo
	XXVII	Transferência
	XXVIII	Terapia analítica

ERIKSON, psicanalista alemão que emigrou para os Estados Unidos, filiando-se à escola da *Psicologia do Ego*. Ensinou e praticou a psicanálise com crianças, em Boston. Aproximando-se bastante da corrente dos psicanalistas *culturalistas*, ERIKSON dedicou-se aos problemas da adolescência, tendo publicado, em 1950, *Infância e Sociedade*, que o tornaria célebre. Nessa obra, ERIKSON distinguiu-se do freudismo clássico, mostrando que o ego, longe de ser uma mera instância psíquica, ou um departamento derivado do id, podia ser receptivo a todas as mudanças sociais. Daí sua tese, segundo a qual, a cada etapa de sua evolução, o sujeito podia fazer uma escolha baseada na confiança ou na desconfiança. Apesar de ter o conceito *confiança básica* sido formulado mais conectado com a dimensão dos inter-relacionamentos do sujeito com a sociedade, a expressão costuma ser utilizada pelos analistas em geral com o significado do de-senvolvimento de núcleos internos, logo, no próprio *self*.

Conflito psíquico [FREUD]

Forças e exigências internas opostas existentes na mente que não se harmonizam entre si. Podem, por exemplo, ser de uma oposição entre dois sentimentos conflitantes, ou de dois desejos simultâneos e contraditórios ou, ainda, um desejo (id) que não recebe a aprovação da censura moral (superego), etc. Segundo FREUD, os conflitos psíquicos podem ser latentes ou manifestos. Um conflito latente pode se manifestar por derivados, como o do surgimento de sintomas (psicóticos, somatizações, etc.) ou por algum transtorno de conduta (como *actings* excessivos, psicopatia, atos perversos, etc.).
Num primeiro momento, sua concepção de conflito incidia na oposição do ego e do superego aos desejos libidinais e o conflito se desenrolava entre o sistema consciente-pré-consciente versus inconsciente.

Em resumo, o conflito psíquico pode ter distintas abordagens, como a usada na *teoria topográfica* ou na *teoria estrutural*. São exemplos do primeiro caso: o consciente opondo-se ao inconsciente, o processo primário ao secundário, etc. Do segundo, pode-se mencionar: pulsões do id em conflito ora contra defesas do ego, ora contra as ameaças do superego e outras vezes alguma pulsão do id (como a de vida) está em conflito com outra pulsão (como a de morte); o *princípio do prazer* contra o *princípio de realidade* e vice-versa.

Na atualidade, a noção de conflito psíquico estrutural deve incluir a noção das expectativas provindas do *ideal do ego* e do *ego ideal*, assim como os autoboicotes oriundos de uma *organização patológica* que age de dentro do *self* e contra ele. Da mesma forma, é importante considerar os conflitos intrapsíquicos que se estabelecem entre diferentes partes do *self* que habitam um mesmo *self*, como pode ser: o de uma *parte psicótica da personalidade* contra a *parte não-psicótica* (conforme BION); o da *parte infantil* contra a *parte adulta*; o de uma *parte sadia* em confronto com outra *perversa*, etc.

Além desses conflitos interpessoais, a psicanálise contemporânea está valorizando sobremaneira os conflitos intrapessoais e os transpessoais, levando em conta o fato de que o excesso de exigências, no ritmo acelerado imposto pela cultura do *exitismo* requerido pela sociedade moderna, entra em conflito com os inevitáveis limites do ego de qualquer indivíduo ou grupo.

A partir de "Além do princípio do prazer" (1920), FREUD incluiu a <u>pulsão de morte</u>, ampliando bastante o espectro dos conflitos psíquicos, especialmente quando a pulsão de morte fica *desfundida* da fusão natural que deve ter, em situações normais, com a pulsão de vida.

Confusão de Linguagens entre o Adulto e a Criança [FERENCZI, 1933]

Título de um de seus mais importantes trabalhos, em que FERENCZI estuda o problema dos traumas sofridos pelas crianças nos inícios do desenvolvimento emocional. FERENCZI elaborou a sua teoria do trauma a partir da situação da violência sexual cometida por parte de um adulto.

Ao brincar com um adulto, normalmente a criança o faz dentro de um jogo lúdico em que suas fantasias estão presentes, inclusive as eróticas ligadas à conflitiva edípica. A genitália, porém, está ausente, de sorte que se estabelece uma linguagem da criança com o adulto com o qual ela brinca, que FERENCZI chamou de *linguagem da ternura*. No entanto, pode acontecer que, a essa linguagem de sedução sadia, por parte da criança, algum adulto pode responder com outra linguagem, a da paixão genital. Assim, fazendo uma *confusão de linguagens*, o adulto cria uma desestruturação no psiquismo da criança, porquanto empresta um significado de perversão *genital* àquilo que era uma perversão *pré-genital* da criança.

Uma conseqüência daninha comum de situações como a descrita consiste no fato de que, submetida a violências sexuais recorrentes, não faz com que essa criança se oponha ao agressor. Pelo contrário, costuma identificar-se com ele, revertendo a passividade em atividade, caracterizando uma <u>identificação com o agressor</u>, conforme descrito por ANNA FREUD.

Confusional, estado

Aparece com bastante freqüência, quer na situação analítica quer fora dela. Descontando os casos em que a confusão mental se deve a causas orgânicas ou a uma psicose franca, pode-se apontar quatro situações que determinam um estado confusional prejudicial para o sujeito. Há uma quinta, que, do ponto de vista da situação analítica, pode ser considerada um sinal de progresso. Assim: 1. A confusão do sujeito pode estar expressando uma forte predominância da posição narcisista, com a permanência de uma simbiose nas inter-relações, logo, uma indiscriminação entre o *eu* e o *outro*, de acordo com a formação da palavra *con + fusão*, que atesta a prevalência de uma recíproca fusão, no lugar do que deveria ser uma adequada capacidade do ego, de *discriminação*. 2. O ego do sujeito não consegue processar uma exitosa dissociação entre as pulsões amorosas e as destrutivas, e, ou, entre os objetos "bons" e os "perseguidores". 3. Existe um uso excessivo, por parte do ego, da defesa da identificação projetiva, seguida de reintrojeções, de sorte que fica difícil distinguir quem é quem. 4. Na situação analítica, pode acontecer que o discurso confuso do paciente esteja não só denotando sua confusão interna como pode estar a serviço de uma inconsciente tentativa de deixar seu analista confuso através de um ataque a sua capacidade perceptiva, logo, interpretativa. 5. A situação indicadora de um progresso analítico, embora em meio a um penoso estado confusional do paciente, ocorre quando essa confusão esteja expressando a transição de um estado mental para outro mais desenvolvido. Por exemplo, de uma posição esquizoparanóide para uma depressiva; de uma posição de falso *self* para uma *de verdadeiro self*, e assim por diante.

Cognitivo-comportamental

Corrente psicoterapêutica comportamentalista (behaviorista) de expressiva aceitação em muitos meios. Visa a três objetivos principais: 1. *Re-educação* – em nível consciente – das concepções errôneas do paciente. 2. *Treinamento* de habilidades comportamentais (por exemplo, um obeso desenvolver táticas para evitar o consumo exagerado de alimentos). 3. *Modificação* no estilo de viver.

Confusões geográficas e zonais [MELTZER]

Estado primitivo da mente que MELTZER (1967), num outro registro, denomina *confusão geográfica*, a qual resulta de um excesso de identificações projetivas, que gera uma confusão não só entre o interior e o exterior do objeto, mas também entre realidade externa e realidade psíquica. Em seu primeiro livro, *O Processo Psicanalítico* (1967), MELTZER descreve a evolução gradativa da transferência em uma análise como um *processo* e com uma história própria que transita por quatro etapas.

A primeira seria a *coleta da transferência*. A segunda, a de confusões geográficas, na qual o paciente utiliza o analista para nele depositar, por meio de identificações projetivas, as angústias e emoções intoleráveis. Aí MELTZER introduz o termo seio latrina, como metáfora do processo que, durante esse período, rege a forma de deposição e o destino das fantasias inconscientes do analisando.

A terceira etapa é a de *confusões zonais*, na qual podem ser analisadas as angústias e os conflitos que participam dos processos edípicos e pré-edípicos, em especial os relacionados com as funções, atributos e usos que são conferidos, na fantasia, às zonas erógenas como o seio, boca, ânus, pênis, etc.

Se essa terceira etapa for exitosamente analisada, passa-se para a quarta, que MELTZER denomina umbral da posição depressiva.

Congelamento da situação de fracasso [WINNICOTT]

Segundo WINNICOTT, a repetição das falhas ambientais precoces resulta num *congelamento da situação de fracasso*, no qual tudo ocorre como se nesse momento tivesse ocorrido um acúmulo de idéias, recordações e sentimentos relacionados entre si. Esse acúmulo, segundo o autor, expressaria a esperança de que, no futuro, possa surgir um meio favorável para que todas essas sensações de experiências emocionais mal resolvidas possam ser reexperimentadas e superadas. Nas palavras textuais do próprio WINNICOTT (1954): "Na teoria do desenvolvimento do ser humano, deve incluir-se a idéia do que é normal e sadio que o indivíduo possa defender o *self* contra um fracasso específico do meio ambiente, mediante o congelamento da situação de fracasso. Com isso, irá a suposição inconsciente (suscetível de se converter em uma esperança consciente) de que, mais adiante, terá a oportunidade de uma experiência renovada, na qual a situação de fracasso possa ser descongelada e reexperimentada, com o indivíduo em estado de regressão, em um meio que esteja realizando uma adaptação adequada. Portanto, confirmo a teoria de que a regressão é parte de um processo curativo".

Conhecimento [BION]

Designa, ao mesmo tempo, uma importante função do ego e um tipo de vínculo. BION foi o autor que mais estudou esse aspecto da vida psíquica com o enfoque de vínculo, sempre presente nas relações do sujeito com os outros e consigo mesmo, ao lado dos outros dois vínculos, o do amor e o do ódio. Em algum grau, os três vínculos são indissociados, ora predominando um, ora outro, conforme as circunstâncias. BION designa esse vínculo com a letra K, inicial do termo inglês *knowledge*. Nos textos em português ou espanhol, costuma aparecer com as letras C ou S, respectivamente iniciais de *conhecer* e *saber*. Como fez com os outros dois vínculos, fundamentalmente BION valorizou sobretudo o aspecto -K, ou seja a anti-emoção, a oposição à função de *querer conhecer*. Logo, o sinal negativo de -K indica um estado mental do sujeito em *não querer conhecer* as verdades penosas, tanto as externas como as internas. Essa abordagem de BION introduziu os analistas no importantíssimo problema relativo ao uso que as pessoas fazem da verdade, ou das suas diversas formas de distorções, falsificações e graus de *negação*

Conjectura [BION]

BION utiliza a expressão conjectura imaginativa para designar o exercício de uma imaginação especulativa sem compromisso com o rigor científico, isto é, deixar livre a *imagem-em-ação* (como as que ele fez acerca do psiquismo fetal), enquanto o conceito de conjectura racional exige uma fundamentação em fatos de comprovação científica.

Conjunção constante [BION]

Configuração de fatos que estão sempre presentes no psiquismo e interagindo em toda relação que seja do tipo *continente-conteúdo*. Inspirado no matemático D. HUME, BION utilizou esse termo para conceituar as suas hipóteses acerca do desenvolvimento dos pensamentos.

Conluio inconsciente (conceito de prática clínica)

O estado resistencial-contra-resistencial mais sério e esterilizante de uma análise é o que se manifesta sob a forma de *conluios inconscientes* (aos conscientes é mais apropriado chamar de *pactos corruptos*). Tais conluios podem adquirir muitas modalidades, como é o caso dos que seguem: 1. Uma muda combinação inconsciente entre paciente e analista, no sentido de evitarem a abordagem de certos assuntos difíceis para ambos. 2. Uma recíproca fascinação narcisista que, às vezes, atinge um estado de encantamento mútuo, impossibilitando a análise de aspectos agressivos. 3. Uma relação de poder sob uma forma sadomasoquística disfarçada. 4. Uma aliança simbiótica, quando, buscando novas-velhas ilusões, ambos se empenham em promover recíprocas e inesgotáveis gratificações, reforçando a eterna fantasia de que o impossível um dia se concretizará. 5. BION chama a atenção para outra forma de conluio resistencial-contra-resistencial muito daninha, devido a sua natureza silenciosa e deteriorante: um conformismo com a estagnação da análise, portanto em um estado de *apatia* entre ambos; 6. MELTZER alerta para o risco de um conluio perverso, que consiste num enredamento do analista num jogo de seduções por parte de pacientes com características perversas. 7. Entre as possibilidades de um conluio perverso sobressai a de natureza erotizada (não é a mesma coisa que transferência erótica).

Consciente [FREUD]

Ao formular a teoria topográfica, (palavra derivada do étimo grego *topos*, lugar), FREUD descreveu o aparelho psíquico como composto por três sistemas: o inconsciente (Ics), o pré-consciente (Pcs) e o consciente (Cs). Algumas vezes denomina o último *sistema percepção-consciência*.
O sistema consciente tem a função de receber informações relativas às excitações provindas do exterior e do interior, que ficam registradas qualitativamente de acordo com o prazer e/ou desprazer que causam, cujas representações processam-se no sistema inconsciente. Assim, em sua maior parte, as funções perceptivo-cognitivo-motoras do ego – como as de percepção, pensamento, juízo crítico, evocação, antecipação, conhecimento, atividade motora, etc. –, operam no sistema consciente, embora intimamente conjugadas com o sistema inconsciente, com o qual comumente estão em oposição.
Na prática psicanalítica contemporânea, indo além do paradigma estabelecido por FREUD de "tornar consciente aquilo que for inconsciente", amplia-se essa afirmativa, com a noção introduzida por BION de que mais importante é a maneira de como "o consciente e o inconsciente do paciente comunicam-se entre si".

Consideração [WINNICOTT]

O termo *concern* (traduzido em português tanto por *consideração* quanto por *preocupação*), foi usado por WINNICOTT para destacar os sentimentos positivos do bebê em relação à mãe não necessariamente ligados ao sentimento de culpa. E, muito menos, sem que os possíveis sentimentos culposos ligados a uma consideração e preocupação pela mãe sejam devido às pulsões sádico-destrutivas ligadas a uma inveja primária, tal como foi postulado por M. KLEIN.
Dessa maneira, esse conceito de Winnicott ganha importância na prática clínica, porque estabelece importante diferença entre o conceito kleiniano de reparação e o de uma natural *consideração* pelo outro.

Constância, princípio da [FREUD]

Como decorrência direta da necessidade de livrar-se dos estímulos desprazerosos, quando está dominado pelo princípio do prazer, o psiquismo tende a reproduzir o mesmo recurso que a medicina estuda sob o nome de "princípio da homeostase biológica". Isto é, existe a necessidade da busca de um perfeito equilíbrio das tensões provenientes de distintas partes do próprio organismo humano.
De forma análoga, o princípio da constância visa à obtenção da menor tensão psíquica possível, tanto pelo recurso de evitação e afastamento da fonte de estímulos desprazerosos, como por via de uma *descarga* que possibilite uma nivelamento equilibrador.
O princípio da constância também é conhecido como princípio de Nirvana, mas é útil estabelecer uma diferença entre ambos, tal como aparece no verbete Nirvana.

Constância objetal [M. Mahler]

Expressão bastante utilizada por MARGARETH MAHLER na descrição das sucessivas etapas e subetapas do desenvolvimento de uma criança. A *constância objetal* seria a *quarta etapa*, que surge entre os dois e três anos e se carateriza pelo fato de, durante esse período, a criança aprender a expressar-se verbalmente e a começar a desenvolver a noção de tempo, conferindo-lhe uma crescente capacidade de tolerar a demora da gratificação e de suportar a separação.

Fundamentalmente, a *constância objetal* consiste em obter que o estabelecimento de representações mentais do *self* da criança fiquem distintamente separadas das representações dos objetos, pois estes, por estarem introjetados de forma estável e serem de suficiente confiabilidade constante, permitem que a presença real da mãe não seja mais tão imperativa.

Construções em Análise [Freud, 1937]

Artigo de FREUD constituído de três partes: I – Ajuda do analista para livrar os recalcamentos; II – Formas diretas e indiretas de confirmar a interpretação; III – Diferenciação entre verdade histórica e a subjetiva do paciente.

A parte I parte de historiais clínicos (a do "Homem dos Ratos", a do "Homem dos Lobos" e a história do caso de uma moça homossexual), para destacar a importância da ajuda do analista para livrar o analisando dos recalcamentos.

Nessa parte consta a célebre **frase**: "o trabalho de construção ou reconstrução, do analista, em muito se assemelha à tarefa de escavação de um arqueólogo numa habitação ou edifício antigo que tenha sido destruído e soterrado. Só através da técnica analítica é possível trazer à luz o que está completamente oculto".

Ainda nessa primeira parte, FREUD adverte os analistas para não incorrerem na crítica que então muitos faziam à atividade de o analista interpretar, sempre querendo ter a razão, na base de "se der cara, ganho eu; se der coroa, você perde".

Na parte II, o enfoque é na avaliação das reações do paciente à construção interpretativa do analista. O autor enfatiza especialmente as formas diretas e indiretas de o paciente confirmar, ou não, a validade da interpretação.

A parte III é dedicada a estabelecer uma diferenciação entre a verdade histórica e a que é própria da subjetividade do paciente, como acontece nos delírios.

O trabalho em causa está publicado no volume XXIII da *Standard Edition Brasileira*.

Conteúdo manifesto, conteúdo latente [Freud]

Ver o verbete *sonho*.

Continente [Bion]

Na psicanálise contemporânea, a noção de *continente* adquire uma relevância extraordinária. Cunhada por BION (o nome original inglês é *container*), a palavra designa a capacidade da mãe (ou do terapeuta, na situação analítica) de conter as <u>necessidades</u>, <u>angústias</u> e <u>demandas</u> do seu bebê (ou do paciente, por parte do analista). De acordo com sua etimologia (continente vem do verbo latino *continere*, que significa conter), na situação analítica essa função consiste mais precisamente nos seguintes passos: 1. Acolher seu paciente, venha ele como vier (BION chama a esse estado mental receptivo incondicional como *revêrie*). 2. Aceitar e conter a carga de <u>identificações projetivas</u> que o paciente deposita na mente do analista. 3. Descodificar seu conteúdo. 4. Reconhecer-lhes o significado e o sentido. 5. Dar um nome àquilo que o paciente projeta e que ainda não tem para definir o que ele sente e o que faz. 6. Devolver ao paciente o conteúdo daquilo que ele projetou no continente do analista em doses parceladas, devidamente desintoxicadas e nomeadas, através da <u>atividade interpretativa.</u>

Comentário. Creio útil propor mais quatro aspectos relativos ao conceito de continente do analista. 1. O analista não deve confundir sua função de *continente*, que é um processo ativo, com o papel de *recipiente,* situação em que serviria unicamente como depositário de evacuações mentais do paciente. 2. Um aspecto particularmente importante na prática analítica inerente ao continente é sua função de *custódia*. Isto é, a de o analista guardar, dentro de si, durante um tempo às vezes bastante prolongado, aquilo que o paciente projeta nele, até existirem condições de o paciente receber de volta o que deixou em custódia, agora devidamente elaborado e nomeado. 3. Cabe incluir a noção de *subcontinentes*, ou seja, um analista pode servir como um excelente continente para determinados aspectos do paciente, digamos agressivos, ou eróticos, enquanto é possível que falhe na contenção de outros tipos de afeto nele projetados, como, por exemplo, os de natureza depressiva. 4. Quando se fala em continente, logo se pensa na capacidade de conter o que vem dos outros. No entanto, a condição de *autocontinência* por parte do analista é única forma de possibilitar ao paciente uma exitosa aquisição dessa capacidade.

Continente-conteúdo, relação [BION]

Coerente com sua concepção de que toda análise é sempre um processo *vincular*, BION postulou que o *continente* é o lugar do psiquismo do analista (ou da mãe com o seu filho) onde o paciente vai colocar o *conteúdo* (muitos chamam de *contido*), um conjunto de necessidades, angústias e objetos. Essa relação continente-conteúdo é representada graficamente por BION com signos do masculino ♂ e do feminino ♀, numa maneira de dizer que algo ♂ penetra ativamente em um lugar ♀ que, ou permite e acolhe a penetração, ou não permite, rechaçando-a.

Ao descrever os *vínculos* humanos, BION descreve três modalidades: 1. <u>Parasitária</u>, termo tirado da biologia, que designa a condição em que somente um dos dois vinculados se beneficia, enquanto o outro corre o risco de vir a ser destruído. 2. <u>Comensal</u>, de acordo com a etimologia (partilhar a mesma mesa) alude a uma relação harmônica, porém morna, entre hóspede e hospedeiro. 3. <u>Simbiótica,</u> termo também emprestado da biologia, indica que o vínculo inter-pessoal é harmônico, com recíproca troca de benefícios.

Continuidade existencial ou continuidade do ser [WINNICOTT]

WINNICOTT enfatiza textualmente que "A mãe que desenvolve o estado a que denominei *preocupação materna primária* fornece um *setting* para que a constituição do bebê possa aparecer, as tendências do desenvolvimento se revelem e para que o bebê experimente movimentos espontâneos, dominando as sensações apropriadas a essa fase precoce da vida. (...) De acordo com essa tese, uma provisão ambiental suficientemente boa na fase inicial possibilita ao bebê dar início a uma existência, a experimentar, a constituir um ego pessoal, a dominar as pulsões e enfrentar todas as dificuldades inerentes à vida. Todas essas coisas são sentidas como reais pelo bebê que é capaz de possuir um *self*, que finalmente pode-se dar ao luxo de sacrificar a espontaneidade, e até morrer".

WINNICOTT faz questão de realçar que a preocupação materna primária constitui-se como o primeiro <u>ambiente facilitador</u>, no qual o bebê consegue *ser e crescer*, transitando de forma exitosa de um estado de dependência absoluta para o de uma dependência relativa e daí, o de um rumo à independência.

Contra

Na literatura psicanalítica, esse vocábulo comparece com grande freqüência, como prefixo de inúmeras expressões psicanalíticas, ora com o significado de oposição (como em *contrafobia*, por exemplo), ora significando uma contrapartida (como, por exemplo, em *contratransferência)*. Seguem algumas das expressões mais correntes.

Contra-acting ou contra-atuação

Fenômeno pelo qual os *actings* do paciente, ou seu discurso provocador, conseguem mobilizar o analista a, de forma análoga à do paciente, igualmente cometer atuações.

Contracatéxis ou contra-investimento
[FREUD]

Expressão utilizada por FREUD para definir que o *aparelho psíquico*, a fim de manter as repressões inacessíveis ao *consciente*, mobiliza uma energia contrária e de igual força à que foi gasta para a repressão no inconsciente. O contra-investimento não é exclusivo para a manutenção da repressão, aparecendo em inúmeros outros mecanismos defensivos, como isolamento, anulação, e nos processos de negação em geral.

Contra-ego*

Embora não exista na literatura psicanalítica, entendi ser útil incluir essa expressão porque ela vem obtendo uma boa resposta dos leitores dos textos em que a tenho empregado. Como sua composição sugere, *contra-ego* designa a condição na qual parte do próprio ego sabota e impede o crescimento do restante da personalidade do sujeito. Essa expressão pretende sintetizar muitas das distintas formas que têm sido descritas por diferentes autores relativamente a esse fenômeno de especial importância para a técnica e a prática psicanalítica, e das quais damos a seguir alguns exemplos.

FAIRBAIRN (1941) referia o fenômeno como *ego sabotador*.

ROSENFELD (1971) descreveu a gangue narcisista, um conjunto de objetos que, sob a forma de ameaças e falsas promessas, qual uma máfia, impede que o paciente reconheça e assuma um lado seu, de criança frágil, mas que, movido pela pulsão de vida, pugna por se libertar e crescer.

STEINER (1981) dá o nome muito apropriado de organização patológica, aludindo a um conluio perverso entre partes distintas do *self.*

BOLLAS (1997) refere o estado fachista, uma organização interna que promete o paraíso, se o sujeito comportar-se de determinada maneira, porém o ameaça com o inferno se, de alguma forma, desobedecer aos ditames impostos.

Outras formas de *contra-ego* poderiam ser acrescentadas. Citamos o caso de uma obediência a determinado *papel* conferido ao sujeito pelos pais (por exemplo, o de ser um eterno companheiro da mãe...) em que ocorre um protesto de seu próprio ego quando *ele* quer se emancipar. Isso acontece em algumas reações terapêuticas negativas diante de um êxito analítico.

Contrafobia

É bastante freqüente que o psiquismo de um fóbico, como um recurso extremo de espantar seu medo, ordene que ele não evite a situação fobígena, mas que, pelo contrário, a enfrente com uma aparência de destemor e intrepidez.

Contra-identificação projetiva [GRINBERG]

Cunhada pelo psicanalista argentino L. GRINBERG, a expressão designa o fato de o analista ficar impregnado com as cargas maciças das identificações projetivas do paciente. Fica, assim, sendo dirigido, passivamente, a sentir e a executar determinados papéis. Esse fenômeno constitui-se como o fator fundamental à formação da contratransferência.

Contra-resistência (conceito de técnica)

Caída num certo desuso, com a crescente ênfase na psicanálise vincular, a expressão está voltando a aparecer com maior regularidade nos textos psicanalíticos concernentes à técnica. O aspecto mais importante do movimento resistencial do analista em ressonância com as resistências do paciente diz respeito ao risco da formação de diversos tipos de conluios resistenciais-contra-resistenciais, tal como está descrito no verbete conluio inconsciente.

Contratransferência (conceito de técnica)

FREUD foi o primeiro autor a utilizar essa expressão, em 1911, num congresso de psicanálise realizado em Nürenberg, porém conceituou-a como um fenômeno que atrapalharia a análise e afirmou que estes sentimentos, provindos de um analista, seriam uma prova de que ele estaria necessitado de mais análise.

Talvez por essa razão, salvo raras exceções esporádicas, o fenômeno contratransferencial durante quatro décadas não aparecia manifesto nos trabalhos dos analistas. Uma dessas exceções foi o corajoso texto de WINNICOTT (1947), intitulado "O ódio na contratransferência", onde ele encara com naturalidade a emergência desse sentimento no analista diante de certos pacientes extremamente regressivos.

Alguns poucos anos após, por volta de 1950, trabalhando separadamente, tanto P.HEIMANN, na Inglaterra, como RACKER, na Argentina, trouxeram a valiosíssima contribuição à possibilidade de o sentimento contratransferencial constituir um excelente instrumento de empatia do analista com o que se passa no mundo interno do paciente.

Uma polêmica entre autores psicanalíticos gira em torno da questão da *contratransferência*: deve ficar restrita unicamente à reação do analista frente ao que o paciente mobiliza nos seus núcleos inconscientes, ou toda resposta emocional do analista, durante a situação analítica, deve ser considerada como um processo contratransferencial.

Comentário. Alguns aspectos merecem ser destacados: 1. Existe o risco de se confundir o que é *contratransferência* com o que não é mais do que uma *transferência do próprio analista*. 2. O sentimento contratransferencial pode adquirir uma dimensão patogênica, com o analista perdido e envolvido na situação criada, ou pode ser uma excelente *bússola empática*. 3. É importante que o analista possa conviver com naturalidade com os seus sentimentos contratransferenciais dificílimos (por exemplo, de medo, tédio, paralisia, impotência, erotização, raiva, etc.), sem sentir vergonha e culpas, de modo a poder assumir e refletir sobre o que eles representam no vínculo. 4. Assim, pode-se dizer que a contratransferência apresenta uma perspectiva tríplice: como um possível *obstáculo*, como *instrumento* e como integrante do *campo analítico*.

Contribuições à Psicanálise [M.KLEIN, 1947]

Com o título original *Contributions to Psycho-Analysis* é uma coletânea de artigos escritos no período de 1921 ("O desenvolvimento de uma criança") até 1945 ("O complexo de Édipo à luz das ansiedades primitivas").

No prefácio da edição castelhana -*Contribuciones al Psicoanálisis*, 1964 – a autora esclarece que "este livro complementa meu *Psicanálise de Crianças* (1934). Mostra que minha obra se desenvolveu gradualmente e que as conclusões teóricas foram o resultado de observações clínicas". Nesse mesmo prefácio, M. KLEIN enaltece a introdução que fez em 1920 da "técnica dos jogos e brinquedos" como meio substituto da "livre associação de idéias" preconizada por FREUD e reconhece a decisiva importância e influência de FERENCZI e de ABRAHAM.

Nessa obra aparecem os 18 trabalhos fundamentais da obra de M. KLEIN, entre eles: "O papel da escola no desenvolvimento libidinal da criança" (1923); "Estágios precoces do conflito edípico" (1928); A importância da formação de símbolos no desenvolvimento do ego"(1930); "Uma contribuição à psicogênese dos estados maníaco-depressivos"(1934); "O luto e sua relação com os estados maníaco-depressivos" (1940).

Contribuições à Psicologia do Amor
[Freud, 1910]

Reunindo-os sob essa denominação, FREUD agrupou um conjunto de trabalhos seus tratando do amor, escritos em diferentes épocas. Neles também é possível perceber como o gênio de Viena encarava a sexualidade masculina.

O primeiro desses trabalhos é "Sobre um tipo particular de eleição de objeto no homem" (1910), que estuda a forte preferência por mulheres de caráter duvidoso de certos indivíduos que, tendem mesmo a enamorar-se das assim chamadas "mulheres fáceis", que lhes provocam intensos ciúmes. FREUD destaca que ante o naufrágio da relação amorosa, geralmente inevitável, os indivíduos tendem a envolver-se em outras relações de características muito parecidas. Ademais, ante essas mulheres levianas, o enamorado exalta sua própria auto-exigência de fidelidade, que a rigor, raramente cumpre. Observa-se também a fantasia de resgatar a amada das condições indignas em que vive. Segundo FREUD, os ciúmes reproduzem o padecimento do menino, ignorado e excluído ante a intimidade do casal parental.

Um trabalho posterior do autor, "Sobre a mais generalizada degradação da vida amorosa" (1912), tenta mostrar que a impotência psíquica do homem com algumas mulheres, e não com outras, se deve a uma fixação incestuosa à mãe e à irmã.

A terceira das *Contribuições à psicologia do amor* é "O tabu da virgindade" (1917), onde FREUD estuda a atitude de diferentes culturas primitivas ante o defloramento da mulher. Descobre o surpreendente fato de que, em muitas delas, a tarefa não é do marido, sendo delegada a alguma autoridade, que a realiza através de instrumentos ou simplesmente através do coito. Daí, FREUD conclui que em certos povos primitivos a mulher constitui um tabu e que desperta horror porque ativa o complexo de castração do varão. Na nossa cultura, pelo contrário, o homem costuma pavonear-se quando executa um desvirginamento, o que pode sugerir que nesse ato o sujeito visa a afirmar sua masculinidade e evitar o horror à castração, tentando convencer-se que castrado é algum outro, e não ele.

Ainda em relação à patologia amorosa por parte do homem, FREUD produziu os artigos: "Leonardo da Vinci e uma lembrança de sua infância" (1910), em que estuda o problema da homossexualidade; "O fetichismo" (1927), no qual aborda o quanto o ego do sujeito se cinde numa parte que reconhece a castração e noutra que a repudia, assim mantendo a convicção de que a mulher possui pênis, logo não está castrada. No historial clínico do "Homem dos lobos" (1918), volta a estudar o complexo de castração do menino e o horror ante a falta de pênis na mulher.

Controle, diversos tipos de

Muito freqüente na literatura psicanalítica, o termo *controle* é usado com quatro acepções distintas, como as que seguem enumeradas:
1. *Controle de caso de análise*. O vocábulo era empregado para definir o que hoje é correntemente denominado supervisão, sistemática, de acompanhamento de casos em análise, geralmente por parte dos analistas-candidatos em formação nos institutos de psicanálise. Embora ainda algo utilizado, o termo *controle*, nessa acepção, está praticamente abolido em vista do caráter superegóico que sugere.
2. *Controle onipotente*. Expressão introduzida por M. KLEIN para designar um recurso primitivo do bebê – o qual pode manter-se *fixado* em muitas personalidades adultas. Essa onipotência se sustenta com as fantasias inconscientes do bebê de que ele tem a posse absoluta da mãe; que pode invadir seu interior, se apossando dos seus "tesouros", isto é, do pênis do pai, das fezes e, principalmente, dos outros bebezinhos de que, no seu imaginário, a mãe estaria repleta.
Visto de outros ângulos, pode-se dizer que: a) o *controle onipotente* é uma característica dos sujeitos que funcionam predominantemente numa *posição narcisista,* isto é, adultos que ainda mantêm a crença mágica de que o mundo é que gira em torno deles; b) BION aponta que o *controle onipotente* está sempre presente na parte psicótica da personalidade, e se forma por meio do uso exagerado do que ele chama de identificações projetivas excessivas.
3. *Controle maníaco*. Também é um conceito introduzido por M. KLEIN que, ao estudar as defesas maníacas, descreveu três mecanismos básicos: o controle, o *triunfo* e o desprezo. Essa tríade maníaca se organiza defensivamente como negação maciça contra o sentimento de inveja, o reconhecimento da dependência e, sobretudo, contra a tomada de contato com sua depressão subjacente. Nessa situação de controle maníaco, quando o sujeito pretende controlar tudo e todos, na verdade está se defendendo contra as angústias persecutórias e depressivas.
4. *Controle obsessivo*. Esse aspecto aparece mais nitidamente nas relações vinculares interpessoais, como na de um casal, por exemplo, em que um dos cônjuges exerce um controle tirânico e sufocante sobre o outro. Isso pode dever-se a diversas razões: ciúme patológico, medo, ou inveja do crescimento do outro; forte angústia de separação; uma forma perversa de manter um vínculo de apoderamento, etc.

Controvérsias na Sociedade Psicanalítica Britânica

No período de 1943 a 1944 agudizaram-se as divergências entre as concepções teórico-técnicas de M. KLEIN e A. FREUD acerca da análise com crianças. A primeira postulava que o uso de brinquedos deveria permitir um acesso do analista ao inconsciente das criancinhas e que, tal como na análise de adultos, deveria trabalhar com as ansiedades decorrentes das primitivas fantasias inconscientes.
ANNA FREUD, que também utilizava brinquedos e jogos, criticava acerbamente o modo de M. KLEIN analisar crianças. Advogava que deveria ser dado um enfoque pedagógico à análise com crianças, o que, por sua vez, igualmente mereceu duras críticas de KLEIN. Com o envolvimento dos seguidores e partidários de uma ou da outra delas, a situação chegou a um ponto tal que representou uma séria ameaça de uma cisão definitiva na Sociedade Britânica de Psicanálise. A situação somente foi contornada através do que ficou sendo conhecido como um "acordo de cavalheiros" (embora tivesse sido subscrito por três mulheres, A. FREUD,

M. KLEIN E S. PAYNE, então presidente da Sociedade).

Desse acordo resultou a formação de três grupos: o kleiniano, o ana-freudiano (hoje chamado de Freudianos Contemporâneos) e um grupo intermediário, inicialmente denominado *Middle Group*, que na atualidade é conhecido como Grupo Independente.

Conversando com Bion (Conferências de Bion, 1992)

Livro que reúne conferências (na verdade, debates em torno de questões levantadas pelo auditório) pronunciadas em São Paulo, Brasília, Los Angeles e Nova York.

Para quem quiser se familiarizar mais intimamente com as idéias de BION, é de leitura obrigatória pelas ininterruptas indagações, surpresas e instigantes reflexões que desperta no leitor.

Corpo

Antes de todos, FREUD atribuiu um papel fundamental à representação do corpo no psiquismo desde a condição de criancinha, como pode ser comprovado com o seu clássico aforismo de que "o ego, antes de tudo, é corporal". Autores de todas as correntes analíticas têm se detido nos aspectos do desenvolvimento emocional primitivo diretamente ligado às funções corporais. É justo dar um destaque ao Instituto de Psicossomática de Paris, com os avançados estudos sobre a relação mente-corpo, e também às contribuições de LACAN, que se deteve na imagem que a criança faz de seu corpo durante a etapa do espelho.

A prática clínica com pacientes bastante regredidos atesta, através de sintomas e sinais os mais diversos, o quanto o corpo tem representação no ego primitivo e pode manifestar-se de múltiplas maneiras, como conversões, somatizações, angústia de despedaçamento, alucinoses, ditorção permanente da imagem corporal, etc.

Conversão [FREUD]

FREUD estudou o fenômeno conversivo em suas pacientes marcadamente *histéricas*. Como diz o nome, *conversão* consiste no fato de que afetos reprimidos e proibidos de emergirem no consciente, tal como acontece com a deformação simbólica dos sonhos, aparecem disfarçados, *convertendo-se* em sintomas corporais, sob duas vias: a) através dos órgãos dos sentidos (caso da cegueira histérica, surdez, perda de tacto, etc.); b) por manifestações no sistema nervoso voluntário (contraturas musculares, paralisias motoras, hipo ou hiperestesias, etc.).

Correntes psicanalíticas

Ver o verbete *escolas de psicanálise*.

Couraça caractereológica [W. REICH]

Expressão criada por W.REICH, cujo conceito está descrito no verbete *caracterológica, couraça*.

Crescimento mental [BION]

Por achar necessário estabelecer nítidas diferenças filosóficas e técnicas com o que se passa no campo da medicina, como também porque nunca existe uma resolução completa do que se passa no abstrato mundo do psiquismo, BION evita o uso do clássico termo *cura* para o tratamento psicanalítico. Prefere a expressão *crescimento mental*, que empresta uma noção mais dinâmica e nunca terminável dentro do sujeito.

O modelo clássico de *cura* pode ser representado com a metáfora de um funil aberto, cheio de conflitos quando se inicia a análise, e que, quando termina, chegam à extremidade fina, terminal do funil. Pode-se dizer que BION inverte o funil, de modo que, à medida que progride a análise, o paciente expande mais o funil, qual um *universo em expansão*, porquanto mais

aumentam sua curiosidade e suas indagações acerca do mundo e de si mesmo.
Para melhor esclarecer o seu conceito de *crescimento mental*, BION utiliza o esclarecedor modelo de uma *espiral*, uma *helicoidal*, num continuado movimento *ascendente e expansivo*, de sorte que o paciente pode trazer o mesmo assunto centenas de vezes. Importante é que o analista discrimine se o relato é circular, isto é, repete-se da mesmíssima forma, ou trata-se de um movimento espiralar, no qual os assuntos voltam ao mesmo ponto, porém num plano um pouco acima.

Criança é espancada, Uma [FREUD, 1919]

O título completo desse conhecidíssimo trabalho de FREUD é "Uma criança é espancada: uma contribuição para o estudo das perversões sexuais". Publicado no volume XVII, p.225. da *Standard Edition Brasileira*, sua maior parte consiste de uma investigação clínica muito detalhada a respeito do problema do masoquismo, correlacionando-o com as fantasias inerentes à sexualidade.
O artigo divide-se em seis partes. Além do masoquismo, FREUD faz considerações acerca do sadismo, da masturbação e das perversões em geral.

Crianças sábias [FERENCZI]

Termo que aparece no trabalho "Confusão de Língua entre os Adultos e a Criança" (1933), em que FERENCZI prossegue um estudo anterior acerca do que ele denominou *bebê sábio*, no qual refere que uma criança ainda no berço põe-se subitamente "a falar e até a mostrar sabedoria a toda a família". Afirma que "o medo diante de adultos enfurecidos, de certo modo loucos, transforma, por assim dizer, a criança em psiquiatra; para proteger-se do perigo que representam os adultos sem controle, ela deve, em primeiro lugar, saber identificar-se por completo com eles. É incrível o que podemos realmente aprender com as nossas *crianças sábias*, os neuróticos".
Prossegue FERENCZI: "Existe um terceiro meio de se prender uma criança: é o *terrorismo do sofrimento*. As crianças são obrigadas a resolver toda espécie de conflitos familiares e carregam sobre seus frágeis ombros o fardo de todos os outros membros da família. Uma mãe que se queixa continuamente de seus padecimentos pode transformar seu filho pequeno num auxiliar para cuidar dela, ou seja, fazer dele um *verdadeiro substituto materno*, sem levar em conta os interesses próprios da criança".

Crianças, psicanálise de

Indiretamente, a psicanálise de crianças deslanchou no início do século XX, quando FREUD, evidenciou o papel fundamental da sexualidade infantil no destino humano. Propôs a seu amigo e discípulo MAX GRAF que, sob a sua orientação, analisasse seu filho, Herbert Graf, do que resultou o célebre *Caso clínico do Pequeno Hans*.
Aliás, FREUD sempre foi um grande incentivador da prática da análise com crianças, o que pode ser medido não só pelo incentivo que deu a sua filha ANNA, como pode ser evidenciado nessa frase, que faz parte do seu prefácio para o livro de AUGUST AICHORN, 1925, *Juventude abandonada*: "A criança se tornou o objeto principal da pesquisa psicanalítica. Tomou assim o lugar do neurótico, primeiro objeto dessa pesquisa".
Na história da psicanálise, o papel de analistas de crianças coube inicialmente às mulheres, que se constituíram como as principais pesquisadoras, criadoras e praticantes da psicanálise infantil. Não obstante, depois de A. AICHORN, outros homens dedicaram-se a esse ramo da psicanálise, como E.ERIKSON, R.SPITZ, WINNICOTT, J. BOWLBY e MELTZER. Na atualidade, grande número de

analistas homens que praticam a psicanálise de crianças.

A idéia de estender à criança o tratamento psicanalítico, partindo da noção de que a pobreza lingüística da criança poderia ser compensada pelo emprego de brinquedos e jogos, foi da DRA. HERMINE VON HUG-HELLMUTH (que acabou sendo vítima de assassinato cometido por um sobrinho).

No entanto, a psicanálise de crianças ganhou notável aprofundamento e reconhecimento psicanalítico a partir dos trabalhos sistemáticos de ANNA FREUD e M. KLEIN. Trabalhando separadamente e usando métodos distintos, centralizaram sobre si o movimento da psicanálise infantil. Suas divergências geraram debates acirrados entre ambas e seus seguidores, situação que veio a provocar as célebres *Controvérsias* no seio da Sociedade Britânica de Psicanálise.

Assim, a escola vienense, liderada por A. FREUD, radicalizou a posição de que a análise de uma criança não deveria começar antes dos quatro anos de idade, nem ser conduzida diretamente com ela, mas sim por intermédio da autoridade dos pais responsáveis. O próprio S.FREUD sustentava essa opinião, como aparece na sua correspondência com JOAN RIVIÈRE, de 1927: "Postulamos como consideração prévia que a criança é um ser pulsional, com um ego frágil e um superego justamente em vias de formação. No adulto trabalhamos com a ajuda de um ego já firmado. Portanto, não é ser infiel à análise levar em conta, em nossa técnica, a especificidade da criança, na qual, durante a análise, o ego deve ser apoiado contra um id pulsional onipotente".

M.KLEIN, ao contrário, postulava convictamente que era preciso abolir todas as barreiras que impediam o analista de ter acesso diretamente às fantasias inconscientes que povoam o inconsciente da criança, partindo da sua prática de análise com crianças de 2 a 3 anos, através da técnica dos brinquedos e jogos, que lhe permitia afirmar que o infante (palavra derivada do latim *in*, não + *fans*, particípio presente de *fari*, falar) ainda não fala mas já não é um bebê, uma vez que reprimiu o bebê dentro de si.

HANNA SEGAL assim resumiu a técnica de M.KLEIN com crianças: "Ela fornece à criança um enquadre analítico apropriado, ou seja, os horários das sessões são rigorosamente fixados – 55 minutos -, cinco vezes por semana. O aposento é especialmente adaptado para receber crianças. Contém apenas móveis simples e robustos, uma mesinha e uma cadeira para a criança, uma cadeira para o analista e um pequeno divã. As paredes são laváveis. Cada criança deve ter a sua caixa de brinquedos, reservada unicamente para o tratamento. Os brinquedos são cuidadosamente escolhidos. Há casinhas, pequenos bonecos, homens e mulheres, de preferência de tamanhos diferentes, animais de fazenda e animais selvagens, cubos, bolas, bolas de gude e material: tesoura, barbante, lápis, papel e massa de modelar. Além disso, o cômodo deve ser provido de uma pia, posto que a água desempenha um importante papel em certa fase da análise".

No desafio entre a técnica de orientação nitidamente *pedagógica* de A.FREUD e a de natureza rigorosamente psicanalítica de M. KLEIN, a passagem do tempo veio dar razão à segunda, pois a técnica por ela preconizada, embora sofrendo naturais modificações, veio a vingar, na sua essência, em todo o mundo psicanalítico. Não obstante, o método pedagógico postulado pela escola vienense foi acolhido e adotado pelos analistas defensores das experiências sociais e educativas. Além disso, cabe destacar que atualmente os analistas de crianças trabalham muito mais próximos dos pais da criança.

São muitos os psicanalistas infantis das últimas gerações que pesquisaram, trabalharam e publicaram trabalhos concernentes ao entendimento de crianças autistas. Entre muitos outros nomes importantes, merecem citação FRANCIS TUSTIN, ANNE ALVAREZ E MELTZER, além de S.LEBOVICI, FRANÇOISE DOLTO e MAUD MANNONI.

Criatividade primária [WINNICOTT]

No texto "Desenvolvimento emocional primitivo" (1945), WINNICOTT assim conceitua essa expressão:"(...) É importante que a mãe e a criança vivam uma experiência juntos (...) O bebê vem ao seio e, quando com fome, alucinando um seio. Neste momento o mamilo real aparece, e ele é capaz de sentir e acreditar que se trata do mamilo que ele alucinou e que criou. Assim, suas idéias são enriquecidas por experiências *reais* de visão, sensações táteis, de cheiro e, da próxima vez, essas impressões serão usadas na alucinação que antecipa o ato de mamar. Deste modo, o bebê começa a *criar* uma capacidade de antecipar, de evocar aquilo que é realmente disponível para ele".
Posteriormente, esse autor enfatizou que a mãe, durante algum tempo, deve continuar proporcionando ao filho esse tipo de experiência, fomentando a onipotência do recém-nascido de que é ele quem criou o seio. A isso, WINNICOTT (1971) chama de *criatividade primária*.

Crise

Essa palavra aparece com bastante freqüência no jargão psicanalítico, tanto para indicar momentos culminantes na vida, como na situação analítica de um determinado paciente. Em termos institucionais, existe uma questão que nos últimos anos vem rondando e preocupando os analistas e a IPA: a atual crise é da psicanálise, dos psicanalistas ou de ambos? Ela é inevitável e sadia ou representa uma ameaça à essência da ciência psicanalítica? Tudo leva a crer que, assim como já enfrentou outras crises similares, também na atual a psicanálise sairá fortalecida, porém com sensíveis transformações, acompanhando as mudanças socioeconomicoculturais do mundo contemporâneo.
De acordo com sua raiz, o vocábulo *crise* deriva do grego *krinen*, separar, decidir. Significa que em determinado processo (um casamento, busca da identidade pessoal, movimento social, política institucional, situação analítica) foi atingido um ponto culminante. A partir desse ponto, o processo terá um destes dois destinos possíveis: a) pode deteriorar progressivamente até a extinção; b) a prazo curto ou longo, haverá uma modificação importante, a qual pode representar ser um crescimento de natureza muito saudável e progressista, embora quase sempre bastante dolorosa.

Crueldade primitiva da criança [WINNICOTT]

Refere-se a uma concepção de WINNICOTT que assevera o fato de que, no desenvolvimento emocional primitivo, a criança apresenta uma agressividade contra a mãe, que exige desta boa capacidade de sobrevivência. O autor frisa que essa crueldade não tem o mesmo significado que a agressão sádico-destrutiva ligada à inveja primária, tal como foi descrita por M. KLEIN.
Por outro lado, o conceito de *crueldade primitiva* também alude ao fato de que a criança pequena tem uma cota inata de agressividade, que se exprime em determinadas condutas autodestrutivas (como o chupar o polegar até causar-lhe algum dano, etc.). O bebê volta sua agressividade sobre si mesmo para preservar o objeto externo. Porém, como essa manobra não é suficiente, porque o bebê fantasia que danificou a mãe, WINNICOTT enfatiza a importância de ter esta (e o analista na situação psicanalítica) a capacidade de sobrevivência aos ataques.

Culpa, sentimento de [FREUD, M. KLEIN]

É inerente ao ser humano. Basta o estudo dos *mitos* ou a leitura da Bíblia para uma fácil comprovação do quanto a conduta dos homens está impregnada de culpas, as mais distintas. Em termos psicanalíticos, FREUD descreveu mais claramente a importante presença do sentimento de culpa a partir de seus estudos sobre a neurose obsessiva, ligando-a sempre a uma manifestação de reação do ego contra uma recriminação e ameaça punitiva do superego. Como para FREUD o superego constitui o herdeiro direto do complexo de Édipo, uma das tarefas mais importantes do analista seria trabalhar com as culpas edípicas inconscientes, de modo a torná-las conscientes.

Posteriormente, ao estudar os problemas do masoquismo, FREUD deu nova dimensão à concepção do sentimento de culpa, ligando-o também à pulsão de morte. Coube igualmente a FREUD destacar o quanto os sentimentos de culpa podem obstruir uma boa evolução da análise, tal como ele descreveu no fenômeno da reação terapêutica negativa.

M.KLEIN descreveu a formação do sentimento de culpa como conseqüência direta das pulsões sádico-destrutivas, acompanhadas das fantasias inconscientes de ter atacado e danificado objetos necessitados. Um dos requisitos da cura analítica consiste no desenvolvimento, no paciente, de uma capacidade de fazer reparações, o que caracteriza a entrada exitosa na posição depressiva. GRINBERG, sintetizou admiravelmente as idéias de M.KLEIN a respeito dos sentimentos de culpa, propondo uma terminologia diferenciadora: culpa persecutória e culpa depressiva.

Culturalismo, corrente do

Muitos psicanalistas começaram a discordar das idéias fundamentais de FREUD e abriram dissidências. Vários se uniram e organizaram outra linha teórica e de prática clínica. Assim, na década de 30, H.S.SULLIVAN, K. HORNEY e E.FROMM, alegando que Freud dedicava muito mais interesse às biológicas pulsões instintivas (*nature*) do que aos fatores socioculturais (*nurture*), desligaram-se da vertente vienense e fundaram a corrente do *culturalismo* a qual atingiu enorme aceitação nos Estados Unidos.

Cura

O conceito psicanalítico de *cura* vai muito além do significado latente que o vocábulo sugere – como é o de uma prestação de cuidados, tal como aparece em *cura* de uma paróquia, curador (de menores), procurador, curativo, descurar, etc.

Da mesma forma, vai além do seu habitual significado manifesto, como é habitualmente empregado na medicina, designando a resolução completa de alguma doença.

Em psicanálise, o conceito de cura deve aludir mais diretamente ao terceiro significado que o termo adquire, qual seja o de um *amadurecimento* – tal como é empregado para caracterizar um queijo que está maturado, sazonado, o que equivale ao trabalho de uma lenta elaboração psíquica que permita a obtenção de mudanças caracterológicas estáveis e definitivas.

Alguns autores, ao mesmo tempo que apontam uma série de aspectos que sofreram sensíveis transformações durante o processo analítico que justificariam um critério de *cura*, também alertam para as análises que, aparentando estar tudo evoluindo muito bem, possam não ser mais do que a construção de um falso *self*, como enfatiza WINNICOTT, ou *curas cosméticas*, como as denomina BION. Este último autor evita o termo *cura*, preferindo a expressão *crescimento mental* pelas razões expostas no verbete respectivo.

Os principais critérios que indicam a obtenção de uma – sempre relativa – cura analítica estão descritos no verbete *término da análise*.

Curiosidade [FREUD, M. KLEIN, BION]

Fenômeno mental que aparece nos textos psicanalíticos sob distintos registros.

Freud abordou a curiosidade de duas formas. Num primeiro momento, aventou a hipótese de que o ser humano seria dotado de uma pulsão inata dirigida a querer conhecer as verdades, tanto que a criancinha já especula curiosamente quanto a querer saber como e de onde se formou e veio ao mundo. Num segundo momento, Freud enfocou a curiosidade mais do ponto de vista da ânsia da criança em querer conhecer o que se passa na cena primária, com as respectivas fantasias, o que exercerá uma forte influência na forma de evolução da conflitiva edípica.

M.Klein, como Freud, inicialmente também propôs a existência de uma *pulsão epistemofílica*, tendo ambos abandonado essa teoria ao longo das respectivas obras. O enfoque de M.Klein incidiu principalmente na curiosidade da criancinha a respeito do interior do corpo da mãe, acompanhada com a fantasia inconsciente de nela penetrar para conhecer, controlar e se apossar dos tesouros escondidos em seu ventre, como o pênis do pai e muitos bebês.

Bion retomou a importância da curiosidade, sob o vértice do vínculo K, isto é, se o sujeito tem vontade de querer conhecer as verdades, por mais penosas que sejam, ou se as evita a todo custo, assim assassinando a sua curiosidade. Quando descreve a parte psicótica da personalidade, entre outros elementos mais, Bion inclui o tripé composto pela arrogância, a estupidez e a curiosidade. É necessário deixar claro que, nesse contexto, ele alude à curiosidade intrusiva, agressiva.

Bion esclarece melhor esse aspecto, quando aborda três mitos: o do *Éden,* o de *Babel* e o de *Édipo*. Segundo o primeiro, Deus puniu Adão e Eva porque transgrediram suas ordens ao comer do fruto da *árvore da ciência,* que lhes abriria a porta para saber das coisas do mundo. De acordo com o segundo mito, Deus puniu os homens criando uma confusão de línguas, porque eles ousaram construir uma torre para chegar até Ele. No clássico mito de *Édipo*, este foi castigado com a cegueira porque mostrou a arrogante curiosidade de querer conhecer a verdade a qualquer preço.

Embora a maioria dos autores tenham abordado a curiosidade predominantemente do viés da patogenia, deve ficar claro que uma curiosidade sadia é uma excelente função do ego e deve ser permitida e desenvolvida na análise.

D

D [Bion]

Letra da *Grade* de Bion, onde ocupa a quarta fileira, que corresponde ao estágio evolutivo da capacidade de pensar das pré-concepções. Vide o verbete *Grade* e a Figura 1.

Defesas, mecanismos de [Freud, M. Klein, Lacan, Bion]

Designação dos distintos tipos de operações mentais que têm por finalidade reduzir as tensões psíquicas internas, ou seja, das angústias. Os mecanismos de defesa processam-se pelo ego e praticamente sempre são inconscientes. Admitindo a hipótese de que a angústia está presente desde o nascimento, como muitos autores postulam, impõe-se a convicção de que o ego do recém-nascido está pugnando para livrar-se dessas ansiedades penosas e obscuras. É óbvio que quanto mais imaturo e menos desenvolvido estiver o ego, mais primitivas e carregadas de magia serão as defesas.

Freud, no início de sua obra, assinalou as defesas mais evidentes no tipo de pacientes que então atendia. Assim, nas histéricas, ele descobriu o mecanismo defensivo da repressão (também nomeado recalcamento) que, durante um longo tempo, tornou-se eixo central de toda e qualquer neurose.

À medida que foi conhecendo a intimidade das neuroses obsessivo-compulsivas (caso do *Homem dos ratos)*, das fóbicas (caso do *menino Hans)* e os casos de paranóia *(caso Schreber)*, Freud foi, respectivamente, descrevendo as defesas de deslocamento, anulação, isolamento, condensação, racionalização, transformação ao contrário, formação reativa, projeção, sublimação...). Posteriormente, estudou defesas mais primitivas utilizadas por psicóticos, sujeitos perversos e outros, nos quais postulou a existência de mecanismos de clivagem do ego, assim como destacou sobremaneira o uso defensivo de diversas formas de negação (no original alemão, *Verneinung*), que na atualidade são estudadas com os nomes de desmentida, *Verleugnung*, forclusão, *Verwerfung*, etc.

Ana Freud, em seu clássico *O ego e os mecanismos de defesa* (1936), ampliou consideravelmente a compreensão e descrição de distintos tipos de defesa que, até essa época, ainda estavam pouco sistematizadas por Freud.

M. Klein, coerente com suas concepções da existência de um, inato, ego rudimentar – com a finalidade de fazer face às incipientes angústias decorrentes da ação da pulsão de morte – propôs a noção de *defesas primitivas* e de natureza mágica, como a negação onipotente, dissociação, identificação projetiva e introjetiva, idealização e denegrimento.

LACAN e BION aprofundaram os estudos das defesas referentes à negação. LACAN cunhou o termo forclusão (grau máximo de negação); BION sinaliza com -K uma defesa contra o reconhecimento de verdades intoleráveis. É útil deixar bem claro que todos os mecanismos defensivos são estruturantes para a época de seu surgimento. No entanto, qualquer deles, utilizado pelo ego de forma indevida ou excessiva, pode vir a funcionar de modo desestruturante. Serve como exemplo a utilização da identificação projetiva: ela tanto pode servir como um sadio meio de o bebê libertar-se de angústias intoleráveis, ou de o adulto colocar-se no lugar do outro (empatia), como também essa defesa pode ser responsável pelas distorções psicóticas das percepções. Por outro lado, a importância dos mecanismos de defesa pode ser medida pelo fato de que a modalidade e o grau do seu emprego diante das angústias é que vai determinar a natureza da formação – a normalidade ou a patologia – das distintas estruturações psíquicas. Todas as defesas acima mencionadas estão explicitadas nos respectivos verbetes.

Demanda [LACAN]

LACAN estabeleceu uma distinção entre necessidade (o mínimo necessário para a sobrevivência física e psíquica, como é o alimento para saciar a fome), desejo (uma necessidade que foi satisfeita com um *plus* de prazer e gozo, que o sujeito quer voltar a experimentar) e demanda.
Esta é caracterizada pelo fato de a necessidade da satisfação dos desejos ser insaciável, porquanto o verdadeiro significado da demanda é um pedido desesperado por reconhecimento e por amor, como forma de preencher um antigo e profundo vazio, de origem narcisista. Isso pode ser facilmente evidenciável na criança, cujas intermináveis demandas não têm por finalidade a obtenção dos objetos que está manifestamente reclamando; em seu registro imaginário, seu pronto atendimento é prova de que é amada.

Na demanda, há o desejo de ser o único objeto do outro. No entanto, afirma LACAN, esse objeto ideal é eternamente faltante, não podendo o desejo do sujeito jamais ser nomeado e circulará (sob a forma de metonímias) de um significante para outro. Esse fato tem grande importância na prática analítica e explica os freqüentes casos de consumismo compulsivo por jóias ou roupas novas, a ânsia por ganhar presentes, a demanda por juras de amor, etc., que podem estar conectados com a busca desesperada de preencher um outro significante, aquele que alude aos antigos vazios existenciais.

(De)negação ou renegação, recusa, desmentida [FREUD]

A grafia deste termo com o prefixo *de* entre parênteses foi proposta por LAPLANCHE e PONTALIS, porque nem sempre é fácil traduzir determinada palavra, especialmente quando ela permite mais de um significado. Assim, dizem esses autores, que no importante trabalho de FREUD *Die Verneinung* (1925) torna-se impossível optar, em cada passagem, se a melhor tradução de *Verneinung* seria negação ou denegação, sendo esta última tradução mais direta do termo *Verleugnen*, que significa: renegar, denegar, retratar, desmentir. Por isso, propuseram resolver a dificuldade com a forma especial *de escrita de-negação.*

Trata-se de um mecanismo defensivo do ego que consiste no fato de o sujeito recusar a percepção de uma evidência que se impõe no mundo exterior, da mesma forma que, na situação psicanalítica, nega as evidências do que está reprimido. Por exemplo, quando uma pessoa recusa, dizendo *não* (*nunca desejei tal coisa*) é muito possível que esteja querendo confirmar (*sim, meu inconsciente deseja tal coisa*).

No citado artigo, FREUD afirma: "Não há prova mais forte do que conseguirmos descobrir o inconsciente do que vermos reagir o analisando com estas palavras: 'não pensei isso', ou 'não, nunca pensei nisso'". No entanto, o próprio FREUD alerta, em 1937, quanto ao risco de o analista, diante de qualquer contestação ou discordância do paciente a sua fala, interpretar sistematicamente esse fato como sendo uma *denegação* do paciente. Nesse caso, diz Freud jocosamente, o jogo do analista é: "se der cara ganho eu, se der coroa, perde você".

No artigo "O fetichismo" (1927), FREUD elabora de uma forma mais definida a essência desse fenômeno de *recusa*, mostrando como o fetichista perpetua uma atitude infantil ao fazer coexistirem duas posições que, pela lógica, seriam inconciliáveis: ao mesmo tempo o sujeito nega e reconhece a existência da castração feminina.

Nas traduções para o idioma português, o termo *denegação* também aparece como renegação, supressão, recusa e desmentida.

Denegrimento [M. KLEIN]

Notadamente nos seus trabalhos sobre a inveja, M. KLEIN descreveu esse recurso defensivo do ego como uma forma de o sujeito, pelo recurso da identificação projetiva excessiva, lançar merda no outro por ele invejado, de sorte a, ilusoriamente, livrar-se de um sentimento tão penoso, já que não tem porque invejar aquilo que está denegrido (lembra a fábula da *Raposa e as uvas*).

Dependência

Estado mental, inerente ao ser humano, que se desenvolve num estado de neotenia. Variável quanto à forma e à intensidade, podendo ser *boa* ou *má*, a dependência acompanha qualquer pessoa pela vida toda. Todos os autores psicanalíticos importantes, com distintas abordagens, enfocaram o problema e sua importância. Seguem alguns exemplos.

FREUD assinalou o grau extremo de dependência nos seus estudos sobre o estado de desamparo (em alemão, *Hilflosigkeit*).

M. KLEIN faz referências mais explícitas à dependência ao estudar a inveja.

ROSENFELD baseia as suas concepções de narcisismo (1965; 1971) como uma forma defensiva de o sujeito fugir de uma dependência de outra pessoa, que para ele significa vir a, mais cedo ou mais tarde, sofrer dor e humilhação.

WINNICOTT destacou que toda pessoa apresenta algum grau e tipo de dependência, cabendo ao analista ajudar o paciente a transitar pelas três fases que caracterizam o processo de dependência, as quais denomina absoluta, relativa, e em rumo à independência.

BION, em seus estudos sobre grupos, descreveu o suposto básico da dependência.

Comentário. No cotidiano da prática psicanalítica, sempre aparece o temor do paciente de vir a contrair uma dependência em relação ao analista. Creio ser importante que o terapeuta ajude o paciente a discriminar a diferença que existe entre seu sentimento, que proponho denominar *dependência má* (porquanto lhe representa o risco de, como no passado, vir a sofrer novas humilhações, traições, etc.) e a *dependência boa*, inerente à natureza humana, onde as pessoas sempre estão numa interdependência que pode ser prazerosa e propiciadora de um autêntico crescimento.

Dependência, suposto básico de [BION]

Suposto (ou *pressuposto*) *básico de dependência* é a denominação de BION para o fato de que, como uma herança atávica, o funcionamento do nível mais primitivo do todo *grupal* necessita e elege um líder de características carismáticas em razão da busca de proteção, segurança e de alimentação material e espiritual.

Os vínculos com o líder tendem a adquirir natureza parasitária ou exageradamente simbiotizada, mais voltados para um mundo ilusório, tal como transparece nos *grupos fanatizados*.

Depressão

O tema relativo às depressões tem merecido, por parte dos psicanalistas, desde os pioneiros até os autores modernos, uma aprofundada e crescente valorização e investigação, a partir de múltiplos vértices de abordagem, desde as inúmeras e variadas causas emocionais às de origem orgânica. Segue uma breve síntese dos principais aspectos relativos às depressões.

Em "Luto e melancolia"(1917, p.281), FREUD, numa **frase** famosa, diz que, na *melancolia,* "a sombra do objeto cai sobre o ego", com isso caracterizando o quadro depressivo resultante de uma identificação do ego com o objeto perdido. Quando o luto não é suficientemente elaborado, resulta que o objeto e o ego, num processo que lembra o fenômeno da osmose, confundem-se entre si de tal sorte que o destino de um passa a ser o destino do outro.

As depressões psicógenas podem ser resultantes de: 1. Perdas (perdas de objetos necessitados e, ambivalentemente, amados e odiados; ou perdas de capacidades do ego). 2. Culpas (devidas a: um superego demasiadamente rígido e punitivo; obtenção de êxitos que mobilizam uma necessidade de castigo; culpas imputadas pelos outros...). 3. De um fracasso narcisista. 4. Ruptura de determinados papéis impostos à criança e que o adulto repete estereotipadamente.

Comentário. É importante discriminar depressão de causa emocional de causa endógena, uma vez que esta última costuma responder muito bem aos medicamentos antidepressivos da moderna psicofarmacologia. Os analistas contemporâneos, pelo menos em sua maioria, não consideram inconveniente para a evolução exitosa da análise um eventual uso concomitante de medicação por parte do paciente.

Depressão anaclítica [SPITZ]

Veja verbete *anaclítica*.

Depressão pós-parto

Embora esse quadro de psicopatologia pertença mais à área da psiquiatria, a sua inclusão aqui justifica-se pela alta incidência e pelas repercussões nos filhos recém-natos. Estudos epidemiológicos feitos em todo mundo apontam que a doença atinge de 10 a 15% das mulheres;

PHILIPE MAZET, professor de psiquiatria infantil e diretor-geral do hospital Saint Salpetrière, em Paris, assim define depressão pós-parto: "A depressão pós-parto é uma doença psíquica que afeta a mãe nas primeiras semanas após o nascimento e coloca em risco o desenvolvimento psicológico do bebê, deixando seqüelas que podem ser acompanhadas até a vida adulta. As principais características da enfermidade são a tristeza, a falta de motivação e, principalmente, a falta de prazer da mãe em relação a tudo que se refere ao bebê. A mãe deprimida não quer se ocupar do filho. Ela não interage com a criança e se reporta a ela de forma mecânica, sem externar prazer ou alegria pelo nascimento do filho. Algumas mães chegam a negligenciar seus bebês. A depressão potencializa dentro da mulher um sentimento de agressividade em relação à criança, gerando inclusive situações de maus-tratos. As mães que sofrem dessa depressão geralmente são mulheres que já durante a gravidez apresentaram dificuldades psicológicas".

As causas são muitas, desde as exteriores reais (dificuldades econômicas, casamento em crise, total falta de apoio de familiares, gravidez indesejada por um dos cônjuges, etc.), até as eminentemente psicológicas. Entre estas, os psicanalistas destacam o fato de que o nascimento do bebê pode reativar na mãe, através de um jogo de identificações projetivas, o receio inconsciente de que vá se reproduzir o mesmo tipo de relação conflituada que ela teve com sua mãe, ou seja, há uma dupla identificação: a mãe *adulta* fica identificada introjetivamente com sua sofrida mãe do passado e, ao mesmo tempo, sua parte *criança*, que imagina ser ávida e cruel, se identifica projetivamente no seu bebê.

Há uma diferença entre a *depressão pós-parto* e o estado de *tristeza pós-parto*. Esta última é normal e geralmente acontece no terceiro ou quarto dia de vida da criança, quando a mãe está cansada e até um pouco irritada com essa nova situação de vida. Passa em dois ou três dias, enquanto a depressão pós-parto instala-se progressivamente com um estado mental de apatia e de falta de prazer em se ocupar do bebê, podendo culminar em negligência e agressões várias.

MAZET, acima mencionado, respaldado na sua longa experiência clínica, afirma que "o filho de uma mãe deprimida acusa essa experiência emocional traumatizante. Ela deixa de experimentar as atividades cotidianas com a mãe, o que é muito prejudicial para o seu desenvolvimento, pois um bebê precisa partilhar sentimentos. Se isso não acontece, ele sente-se só e essa sensação prejudica o desenvolvimento normal. Triste e sem estímulo materno, o bebê fica sem vontade de descobrir o mundo e as pessoas.(...) Um estudo que fizemos na cidade de Bobigny, na França, na qual analisamos um grupo de filhos de mães deprimidas, em comparação com um grupo de crianças estáveis do ponto de vista psicológico, ambos em idade escolar, mostrou que os filhos das mães deprimidas após o parto tinham mais tendência a desenvolver déficit de atenção-hiperatividade e mais dificuldades cognitivas e de aprendizado do que os filhos das mães que não tiveram esse problema. Outro dado interessante: essas dificuldades foram mais percebidas em meninos do que em meninas. É possível evitar essa situação realizando um trabalho de acompanhamento psicológico desde o início da gravidez".

Comentário. Tal como foi descrito, esse quadro de psicopatologia da relação mãe-bebê, lembra bastante aquilo que A.GREEN descreve com a denominação de mãe morta (ver esse verbete), embora esteja viva.

Depressiva, posição [M.KLEIN]

Importantíssima concepção de M.KLEIN que a formulou mais precisamente a partir do trabalho "Uma contribuição à psicogênese dos estados maníaco-depressivos", de 1934. Diferentemente do que ela postulou em relação à posição esquizo-paranóide, a qual caracteriza-se pela dissociação do todo em partes, a posição depressiva, bem pelo contrário, consiste na unificação e na integração das partes do sujeito que estão esplitadas e dispersas devido às projeções.

A obtenção dessa posição depressiva, por parte da criancinha, deve dar-se por volta do sexto mês, sendo fundamental para seu crescimento psíquico. Isso implica uma série de condições, notadamente, como afirma M. KLEIN, a capacidade para integrar, numa só mãe total, os dissociados aspectos de *seio bom* e de *seio mau* dela.

Na situação analítica, especialmente para os pacientes bastante regredidos, os seguintes aspectos atestam a obtenção da posição depressiva: 1. Aceitar perdas (matéria-prima fundamental para a formação de símbolos). 2. Reconhecer e assumir o seu quinhão de responsabilidades e de eventuais culpas pelos ataques que fez ou que imagina ter feito. 3. Conceder autonomia aos seus objetos necessitados e suportar uma separação parcial deles. 4. Fazer reparações verdadeiras. 5. Ser capaz de reconhecer uma possível gratidão por quem o ajudou e desenvolver uma sadia preocupação pelo outro. 6. Ser capaz de integrar aspectos dissociados e ambivalentes. 7. Desenvolver apego ao conhecimento das verdades. 8. Formar símbolos e adquirir a capacidade de pensar, possível mediante a obtenção da condição anterior.

Desamparo, estado de [FREUD]

No clássico "Inibições, Sintomas e Angústia" (1926), FREUD faz essa importante assertiva: "O ego se sente desamparado, atordoado e abandonado a sua sorte diante de um aluvião de excitações demasiado poderosas para que os processos mentais do ego possam-nas manejar". Esse estado mental de desamparo – que gera uma das angústias mais terríveis – ele chamava no original alemão de *Hilflosigkeit* (hilflos significa desamparado).

Esta situação que está intimamente ligada ao conceito de trauma e acompanha o ser humano desde o nascimento devido à condição de neotenia (também denominada *prematuração*). Essa condição decorre do fato de o bebê nascer "prematuramente" em relação a qualquer espécie do reino animal, apresentando uma prolongada deficiência de maturação neurológica e motora que o deixa em estado de absoluta dependência e desamparo.

Esse estado de desamparo aparece, sob outros vértices e com outras denominações, em praticamente todos os autores e, cada vez mais, ganha uma relevância na psicanálise contemporânea.

Desejo [FREUD, LACAN]

A palavra desejo forma-se a partir dos étimos latino *de*, privação + *sidus*, estrela, o que alude à impossibilidade de alcançar e possuir uma estrela do firmamento, ou seja, a vontade do sujeito de obter algo que lhe está faltando, mas que está muito longe.

Em toda a sua obra, FREUD exalta a importância do desejo, que sempre ligava às pulsões libidinais, e que ficam reprimidas no inconsciente à espera de algum tipo de gratificação, tal como acontece com os sonhos, os quais concebeu como uma forma disfarçada da realização de desejos. FREUD ligava a formação do desejo com uma impressão mnêmica de alguma necessidade primitiva que foi gratificada de forma prazerosa. Assim, a memória da gratificação prazerosa está intimamente ligada à etapa vigente do princípio do prazer. O melhor exemplo disso pode ser dado pelo fenômeno que FREUD descreveu como *gratificação alucinatória dos desejos*, pela qual o bebê substitui o seio faltante pela sucção do seu próprio polegar.

LACAN, partindo das idéias de FREUD, ampliou e valorizou a noção de desejo conceituando-a como conseqüência direta das faltas e falhas. Igualmente, LACAN desenvolve uma importante distinção entre necessidade, desejo e demanda (ver estes verbetes). Outra importante contribuição de LACAN diz respeito à etapa em que a criança "deseja ser (aquilo que preencha) o desejo da mãe".

BION valoriza o aspecto do desejo precipuamente a partir do aspecto da situação analítica, isto é, ele alerta para o risco de a mente do analista estar saturada de memórias e desejos.

Desenvolvimento do Pensamento Esquizofrênico, O [BION, 1956]

Neste trabalho, cujo título original é *Development of Schizophrenic Thought*", BION se propõe a discutir até que ponto a personalidade psicótica difere da não-psicótica e a natureza da divergência entre ambas. Para tanto, se fundamenta em KLEIN, dando destaque aos seguintes aspectos presentes nas psicoses:
1. Predomínio das pulsões destrutivas: o ódio à realidade externa e interna; o medo a uma aniquilação iminente; relações de objetos frágeis.
2. A transferência desses pacientes se caracteriza pelo fato de serem as relações com o analista prematuras, precipitadas e de muita dependência. Há um excesso de identificações projetivas e é freqüente a presença de uma sensação de mutilação e a de um estado confusional).
3. A presença ativa de ataques contra a percepção consciente da realidade, provocando um estado mental no qual este paciente não se sente nem vivo, nem morto.
4. As crescentes e múltiplas clivagens seguidas de identificações projetivas se constituem como objetos bizarros.
5. Forma-se uma confusão entre o que é símbolo e o que deve ser simbolizado (equivale ao conceito de equação simbólica, de H. SEGAL).
6. Devido a esse estado de confusão e de onipotência, o paciente esquizofrênico fica perplexo quando os objetos reais obedecem às leis da ciência natural e não as de seu funcionamento mental.
7. O uso excessivo de identificações projetivas impede a capacidade de integração dos objetos e, por isso mesmo, esses pacientes somente podem aglomerar e comprimi-los, podem fundir, mas não articular.
8. Da mesma forma, experimentam as reintrojeções como se fossem uma intrusão violenta e invasiva, vindas de fora.
9. Diferentemente da personalidade neurótica, na qual há prevalência dos recalcamentos, na personalidade psicótica predominam intensas dissociações seguidas de identificações projetivas dos pedaços esplitados.
10. O pensamento verbal depende da resolução da posição depressiva.
11. Como também as impressões sensoriais são projetadas, acontece que, devido às projeções e reintrojeções agudas, o paciente fica dominado por alucinações táteis, auditivas e visuais intensamente dolorosas.
12. BION conclui o artigo considerando que também o paciente neurótico tem uma parte psicótica e vice-versa, e que um tratamento psicanalítico visa à elaboração de todos os aspectos mencionados.
Este trabalho está publicado no livro *Estudos Psicanalíticos Revisados* (1967).

Desenvolvimentos em Psicanálise [KLEIN, HEIMANN, ISAACS, RIVIÈRE, 1936]

Publicado em 1936 sob o título original de *Developments in Psycho-Analysis*, este livro reúne as contribuições mais importantes de M.KLEIN e de sua escola até aquela data.
A obra contém artigos dela ("Algumas conclusões teóricas sobre a vida emocional do lactante", "Observando a conduta dos bebês", " Sobre a teoria da ansiedade e a culpa") e trabalhos de PAULA HEIMANN, que posteriormente veio a separar-se do grupo kleiniano ("Algumas funções de introjeção e projeção na infância precoce", "Notas sobre a teoria dos instintos de vida e de morte"), de SUSAN ISAACS ("Natureza e função da fantasia", "A regressão", escrito juntamente com P.HEIMANN) e de JOAN RIVIÈRE ("Introdução geral", "Sobre a gênese do conflito psíquico na primeira infância").

Desenvolvimento emocional primitivo

Todos os autores psicanalíticos importantes de uma forma ou outra especulam sobre os múltiplos fatores que determinam o desenvolvimento da personalidade. De modo geral existe um consenso de que sempre estão em jogo fatores heredoconstitucionais e as primitivas experiências emocionais, de acordo com a equação etiológica (ou série complementar), tal como formulada por FREUD. ABRAHAM, complementando e sistematizando os estudos de FREUD, ajudou a descrever as fases oral, anal, fálica, de latência e genital adulta.

M.KLEIN enfocou os aspectos muito mais primitivos do bebê, notadamente as fantasias inconscientes, como derivados diretos, em especial, da pulsão de morte. Pode-se dizer que, se Freud foi *falocêntrico*, M. KLEIN privilegiou o enfoque *seiocêntrico*.

SPITZ, nos Estados Unidos, e BOWLBY, na Inglaterra, em épocas diferentes estudaram a reação de criancinhas com privação emocional prolongada, física e/ou, emocional, com uma descrição particularizada de cada uma, que podemos resumir em três etapas: a) fase do protesto; b) desesperança; c) retraimento libidinal com um progressivo desligamento do mundo exterior.

BION, diferenciando-se de M.KLEIN, emprestou significativa importância à figura real da mãe, à capacidade ou incapacidade desta de funcionar como um adequado continente para as necessidades básicas de seu filhinho. Além disso, fez conjecturas imaginativas (o termo é dele) acerca do psiquismo fetal como um fator importante.

LACAN, em *Etapa do Espelho como Formadora do Ego* (1949), descreveu alguns aspectos importantes do desenvolvimento emocional primitivo, concernentes à formação da imagem corporal. Também destacou sobremodo o papel do discurso dos pais e da cultura, a ponto de cunhar a conhecida **frase**: "o inconsciente é o discurso dos outros". WINNICOTT deu, entre outras, uma extraordinária contribuição para o melhor entendimento da díade mãe-filho através de sua original concepção dos fenômenos transicionais, do papel de espelho que a mãe representa para o filho, da função materna de holding e de fazer uma progressiva *desilusão das ilusões*.

"Desenvolvimento emocional primitivo" é um importante trabalho de WINNICOTT, publicado no livro *Textos Selecionados. Da pediatria à Psicanálise* (1945).

M.MAHLER, representante da *Psicologia do Ego Contemporânea*, contribuiu com os seus estudos provenientes da observação direta de criancinhas, que lhe possibilitaram descrever as etapas evolutivas de simbiose, diferenciação (com as subetapas de separação-individuação), treinamento até a aquisição da constância objetal.

KOHUT valorizou sobretudo o que denominou falha empática da mãe como fator determinante de patologias regressivas.

TUSTIN, mais recentemente, descreveu a formação de buracos negros no psiquismo do bebê, que se defende das frustrações do mundo exterior, construindo uma barreira autística.

Desidentificação

De grande importância na prática psicanalítica atual, o termo designa o fato de o crescimento de um analisando, implica livrar-se de determinadas identificações patógenas com as figuras parentais, embora conserve muitas outras facetas saudáveis de seus pais, com as quais ele quer continuar identificado, de forma harmônica. Uma vez *desidentificado* de certos aspectos que lhe eram desarmônicos e opressores, o paciente abre um espaço psíquico para processar neo-identificações.

Desinvestimento [FREUD]

Retirada do investimento afetivo que estava ligado a uma representação, objeto, instância psíquica, etc. A noção de *desinvestimento* está diretamente ligada à teoria eco-

nômica da distribuição quantitativa da libido postulada por FREUD.
Esse autor descreveu a retirada do investimento especialmente nos processos defensivos de recalcamento. O desinvestimento libera uma energia que se torna disponível para ser usada no investimento de outra formação defensiva. Por exemplo, um desinvestimento pode possibilitar um contra-investimento, tal como acontece nas formações reativas. Da mesma forma, nos estados narcísicos, o investimento do ego aumenta na proporção direta do desinvestimento dos objetos.

Desistência, estado de*

Proponho este termo porquanto, na prática clínica, deparamos freqüentemente com pacientes que, mais do que estarem em estado de resistência (enquanto houver *resistência* há sinal de vida!), estão numa atitude de *desistência*. Seu único desejo é nada desejar, havendo um preocupante namoro com a morte. Pacientes nessas condições de desistência podem até dar continuidade à análise, porém o fazem de forma robotizada, automática e apática (do grego *a*, privação + *pathos*, paixão). O analista não deve deixar-se contagiar *contratransferencialmente* com essa apatia.

Deslizamento [LACAN]

Processo mental que resulta da conjunção de mecanismos de deslocamento, condensação e simbolização que, de forma análoga à dos sonhos, estão integrados em uma *cadeia (ou rede) de significantes*, mediante os quais funciona o inconsciente. Esses mecanismos remetem um significante a outro, de uma maneira que pode comparar-se à decifração de uma carta enigmática ou à busca, no dicionário, de um termo, que remete a outro e este a um terceiro, até ser conceitualizado com algum significado.

Esse fenômeno está explicitado no verbete significante-significado.

Deslocamento [FREUD, LACAN]

Mecanismo pelo qual a energia psíquica pode *deslizar* de uma representação inconsciente para outra, à qual esteja ligada por algum vínculo associativo. No inconsciente, reina o processo primário, onde não há a noção de lógica, espaço, tempo e causalidade, mas, sim, predomina um livre deslocamento.
FREUD estudou o fenômeno do deslocamento nos seguintes registros: 1. Nos sonhos (a passagem do *conteúdo latente* do sonho para o *conteúdo manifesto* é decisivamente possibilitado pelos deslocamentos). 2. Como mecanismo defensivo do ego nas conversões histéricas (por exemplo, o deslocamento de um desejo ou prazer genital para outra zona corporal). 3. Nas neuroses obsessivas e fóbicas (onde determinada pulsão proibida fica deslocada numa outra representação, respectivamente em certos pensamentos obsessivos ou num determinado objeto fobígeno).
Ao valorizar os fenômenos de metonímia (ver *esse verbete*) LACAN emprestou grande importância ao processo de deslocamento.

Despersonalização

Fenômeno bastante freqüente em que o sujeito estranha seu sentimento de *si mesmo*, ou seja, o seu *self*. No caso em que a pessoa estranha o meio ambiente exterior, o sintoma é descrito na psiquiatria clássica como *estranheza*. Comumente os sintomas de despersonalização se manifestam por meio de sensações de o indivíduo estar se fragmentando, de algum espírito estar saindo de dentro dele, o corpo se transformando, se confundindo com outras pessoas, etc. Esse quadro clínico tanto pode evidenciar um grave transtorno de natureza psicótica, quanto pode ser a expressão de uma situação normal, transitória, no decorrer do desenvolvimento pessoal. Também pode estar presente no trânsito das transformações que caracterizam a adolescência, ou as transformações que o analisando passa no decurso do processo analítico.

Essa última situação foi assinalada por BION nas descrições pertinentes à mudança catastrófica (ver o verbete catastrófica, mudança). M.KLEIN e seguidores explicaram o surgimento da despersonalização como decorrente de um uso excessivo de identificações projetivas. Nestas, em fantasia, o self foi extremamente localizado em outros objetos, enquanto, pelas identificações introjetivas, aspectos de outras pessoas ficaram colocados dentro do seu self. M.KLEIN melhor ilustra esse fenômeno psíquico no trabalho "Sobre a identificação"(1955), baseado no romance de Julian Green Se eu fosse você, no qual o personagem principal adquire múltiplas identidades distintas.

Desprezo [H. SEGAL]

Sentimento que se processa através do que KLEIN definiu como denegrimento do objeto, com o qual o sujeito visa especificamente defender-se do sentimento de inveja. Ao descrever as defesas maníacas, HANNA SEGAL, fundamentada na obra de M.KLEIN, postulou a existência de uma tríade que compõe as referidas defesas: o controle, o triunfo e o desprezo. Com o desprezo, o sujeito também se defende de sentir gratidão a um objeto, porquanto, se a sentisse, teria que reconhecer seus sentimentos de dependência. Isso o angustia, pois determinaria um desmantelamento de sua onipotência e o faria entrar em contato com a sua fragilidade e depressão subjacente.

Dessignificação*

Proponho os termos dessignificação e neossignificação para designar novas significações de significados patogênicos, de modo a abrir espaço psíquico para permitir ao paciente processar novos significados psíquicos para as significações de que sofre. Segundo muitos autores, além de conflitos pulsionais e de fantasias inconscientes, esse sofrimento seria conseqüência de certos fatos que lhe foram significados na infância de determinada maneira, que tanto pode ter sido adequada à realidade, como pode ter sido impregnada (através da identificação projetiva dos pais) de maneira terrorífica, desqualificadora, culpígena, etc.

Comentário. Dessa forma, adquire importância na prática analítica o trabalho com os significados que o analisando atribui a determinadas palavras, pensamentos ou afetos que ele expressa na situação analítica, que podem estar carregados de distorções indevidas e que influenciam sua conduta de forma estereotipada, como acontece, por exemplo, em muitos temores fóbicos.

Dessimbiotização*

Nos pacientes em cujo relacionamento interpessoal predomina um estado mental centrado numa busca de vinculação exageradamente simbiotizada, as frustrações – especialmente as que decorrem de separações – costumam ser de escassa tolerância e freqüentemente desencadeiam uma angústia muito intensa.

A simbiose – se usarmos o referencial de M. MAHLER – é uma fase evolutiva indispensável e estruturante do psiquismo do bebê durante um certo tempo. Porém, na situação analítica pode ocorrer que perdure o sentimento do paciente de restaurar e instaurar com o seu analista a díade fusional primitiva com a mãe. Nesse caso, torna-se fundamental que o analista trabalhe com a finalidade de o paciente solucionar o aspecto patogênico da simbiose exagerada, tal como ela vai transparecer na transferência, isto é, ajudá-lo a dessimbiotizar, da mesma forma como o pai deve interferir na díade simbiótica do filho com a mãe, a fim de possibilitar o ingresso da criança no triângulo edípico..

Dessexualização [FREUD]

Estudando conjuntamente os fenômenos da *dessexualização* com o da sublimação, FREUD concebeu que as sublimações se distinguem das gratificações substitutivas de caráter neurótico por meio de sua dessexualização, isto é, a gratificação do ego já não é abertamente de caráter pulsional. Para FREUD, as pulsões pré-genitais constituem o objeto da sublimação; porém, se foram recalcadas e se mantêm no inconsciente numa disputa com a primazia genital, não podem ser sublimadas. Assim, a capacidade de orgasmo genital torna possível a sublimação (dessexualização) das pulsões pré-genitais. FREUD exemplifica o fenômeno, comparando a condição de um artista legítimo com o pseudo-artista. O primeiro já sublimou suficientemente seu impulso de sujar mediante uma espécie de identificação com a atividade, própria da fase anal, de brincar com as fezes, ou sejam com as tintas. Já o pseudo-artista está novamente buscando um prazer sexual direto na ação de fazer sujeiras, prejudicando sua capacidade artística. Ver o verbete *neutralização*.

Desviacionistas, teorias

Teorias que negam expressamente ou que minimizam os princípios fundamentais da psicanálise postulados por FREUD. Formuladas de diversas maneiras, sempre conservam os invariantes de: 1. A existência de processos mentais inconscientes, como é o caso da repressão, da sexualidade infantil, complexo de Édipo. 2. Na técnica psicanalítica, a obrigatoriedade do tripé constituído pela resistência, transferência e interpretação.

Na história da psicanálise, como exemplos de teorias desviacionistas destacam-se as formulações de ADLER, JUNG e RANK. FERENCZI, durante certo tempo, permaneceu no limbo. Existe o risco de cometer-se injustiças: mais recentemente e ainda hoje por muitos, também KOHUT foi rotulado *desviacionista*, o mesmo ocorrendo, durante algum tempo e em alguns lugares, com BION e LACAN.

Os partidários das *teorias desviacionistas* costumam chamar os *freudianos* de reacionários e dogmáticos, enquanto estes denunciam os *desviacionistas* como psicanalistas que se desviaram da essência da psicanálise na ânsia narcisista de quererem ser originais a todo custo. Os freudianos também os acusam de que, muitas vezes, não passam de tautólogos, isto é, dizem a mesma coisa com outras formulações. É possível, como pensam alguns autores, que exista algo de verdade nas acusações mútuas.

Determinismo, princípio do [FREUD]

Princípio segundo o qual na mente nada acontece ao acaso ou de modo fortuito, sendo cada acontecimento psíquico determinado por outros que o precederam, de tal sorte que não há descontinuidade na vida mental.

Fica melhor compreendido e complementado com o modelo da *multicausalidade*, com o qual FREUD, indo além das causas lineares responsáveis pela determinação de um dado sintoma, postula a idéia de que "várias causas produzem um mesmo efeito".

Posteriormente, a partir da *Interpretação dos Sonhos* (1900), Freud considerou que, além de muitas causas produzirem o efeito do fenômeno do sonho, há um sistema diferenciado (processo primário, inconsciente) que irá gerar efeitos conscientes, de modo a, por meio de cada elemento do conteúdo latente, ser possível reconstruir uma rede de conexões que determinam o sonho manifesto.

Diferenciação [MAHLER]

Etapa evolutiva que segue a da simbiose, e que consiste no fato de que a criancinha começa a fazer uma discriminação entre as diferenças que ela tem com a mãe. Essa fase evolutiva consta de duas subfases: a de separação e a de individuação. Termo cunhado por M. MAHLER (1986).

Deus e Deidade [BION]

Fundamentado na concepção filosófica do Mestre ECKART, BION postula em seus escritos, mais propriamente os publicados em seu período considerado místico (década 70), que "a Deidade" é a essência, ou seja, o que ele conceitua como O; enquanto "Deus" é sua criação, sua manifestação através da Santíssima Trindade: Pai, Filho e Espírito Santo.

Diferenciação entre as personalidades psicóticas e as não-psicóticas [BION, 1957]

Trabalho de 1957 de BION – dos mais conhecidos e citados de toda sua obra – é praticamente uma repetição, embora de forma mais elaborada, de um de 1956, "O desenvolvimento do pensamento esquizofrênico", onde ele enfatiza as mesmas características essenciais do pensamento psicótico.
BION fundamentou este artigo nas concepções originais de M.KLEIN e de FREUD, de cujos trabalhos extrai longas citações. Dentre elas, são dignas de nota as que se referem: a) às funções conscientes da mente; b) a conexão dos pensamentos com o registro mnêmico das palavras; c) a relação da imagem verbal com o pré-consciente.
O trabalho é ilustrado com um esclarecedor caso clínico, no qual é possível constatar como BION entende e maneja a linguagem pré-verbal da personalidade psicótica.

Esse artigo está publicado em *Estudos Psicalíticos Revisados* (1988).

Difusão da identidade, síndrome da [O. KERNBERG]

Sério transtorno do sentimento de identidade descrito por KERNBERG nos seus aprofundados estudos sobre os pacientes *borderline* e por ele denominado *síndrome da difusão da identidade*. Consiste na dificuldade do paciente de transmitir uma imagem integrada, coerente e consistente de si próprio, assim deixando os outros confusos em relação a ele.

Dinâmica da transferência, A [FREUD, 1912]

Artigo técnico de FREUD, abordando o fato de que, se sua necessidade de amor não for suficientemente satisfeita pela realidade, a pessoa tenderá a se aproximar de cada novo indivíduo que conheça (o psicanalista) com idéias de expectativa libidinosa.
Nesse trabalho, FREUD estabelece a inter-relação entre transferência e resistência e conclui dizendo que, "no tratamento psicanalítico, a transferência invariavelmente aparece, em primeira instância, como a arma mais forte da resistência, e podemos concluir que a intensidade e a persistência da transferência são efeito e expressão da resistência". Esse artigo está publicado no volume XII, p. 133, da Standard Edition brasileira.

Dinâmico, ponto de vista [FREUD]

FREUD percebeu que, unicamente do ponto de vista topográfico, podia parecer que o sistema consciente e o inconsciente constituíam uma simples continuidade linear, quando, na verdade, estavam em jogo forças dinâmicas como as que despendiam energia psíquica para reprimir desejos proibidos e para manter essa repressão. Daí, a psicanálise ganhou uma nova dimensão, enfocando os fatores dinâmicos que operam no fenômeno da resistência à emergência no consciente do que está recalcado no inconsciente. Ver os verbetes *estrutural, teoria, ego, id e superego*.

Discurso dos pais [LACAN, BATESON, BION]

No mínimo, três aspectos decorrentes do discurso dos pais em relação ao filho são singularmente importantes: 1. O das significações que eles emprestam a atos ou fantasias das crianças. 2. A construção de um exigente ideal do ego, por meio de predições ("quando tu cresceres vais ser...") e expectativas a serem cumpridas pelo sujeito pelo resto da vida. 3. O duplo vínculo, composto por duplas mensagens que a criança recebe. Este último aspecto foi introduzido por G.BATESON.

A extraordinária importância que LACAN deu ao discurso dos pais aparece sintetizada em sua frase "o inconsciente é o discurso dos outros". Também ficou demarcada por seu aprofundamento nos conceitos relativos aos significantes e significados

BION valorizou o discurso dos pais e da cultura a respeito do que e como o sujeito deve vir a ser: igualzinho a eles. Ademais, esse autor também enfatizou que o discurso de determinados pacientes pode ter a finalidade de não comunicar, o que representa um aspecto fundamental na situação analítica.

Discurso de Roma [LACAN]

Segundo LACAN, a psicanálise distingue funcionamentos do sujeito, em número restrito. Além das singularidades próprias de cada indivíduo, esses funcionamentos dependem das estruturas nas quais cada um se acha preso e essas, por sua vez, dependem fundamentalmente da linguagem.

Assim, por ocasião do primeiro congresso da SFP, que se realizou em 1953, em Roma, LACAN fez uma marcante apresentação, "Função e campo da fala e da linguagem na psicanálise" (conhecido como "Discurso de Roma"), na qual expôs os principais elementos de seu sistema de pensamento, provenientes da lingüística estrutural e de influências diversas oriundas da filosofia e das ciências. Elaborou, então, vários conceitos, como o de sujeito, imaginário, simbólico, real, significante, aos quais, com o evoluir de sua obra, acresceu com novas formulações clínicas e lógico-matemáticas, como: foraclusão, Nome-do-Pai, Outro e outro, matema, nó borromeano e sexuação.

Além disso, no seminário do ano 1969-1970 ("O avesso da psicanálise") ele construiu a "Teoria dos quatro discursos", onde ele discrimina, separadamente, o que denominou *discurso do mestre, discurso universitário, discurso histérico e discurso psicanalítico*". Esses quatro discursos, cada um com particularidades específicas, são considerados pelos seguidores de LACAN um dos instrumentos mais ativos para a psicanálise, pelo fato de que essa, a psicanálise, se interessa pelo que *produz* o sujeito, ao mesmo tempo que também ele produz a ordem social na qual se inscreve.

Dissociação (ou **clivagem, divisão, cisão,** *splitting*)

O termo *dissociação* aparece na literatura psicanalítica, em vários registros, com significados distintos.

FREUD relatou inicialmente a dissociação observada na mente dos pacientes que se processava durante o transe hipnótico, daí formulando sua concepção de histeria de tipo dissociativa (cegueira histérica, estados de sonambulismo, personalidade múltipla, etc.). A partir do trabalho "Fetichismo" (1927) e, de forma mais consistente, em "Clivagem do ego no processo de defesa" (1940), Freud estudou a cisão ativa, que ocorre no seio do próprio ego e não unicamente entre as instâncias psíquicas.

FAIRBAIRN tem o mérito de ter sido um dos pioneiros na descrição de uma dissociação do ego em diversas áreas, que se especializam em determinadas tarefas (*ego central, ego sabotador*, etc.).

M.KLEIN foi a autora que mais enfaticamente escreveu sobre os processos de dissociação, seguidos de identificações projetivas, tanto das pulsões quanto dos objetos e partes do ego.

BION referiu a importante dissociação da mente na parte psicótica e na parte não-psicótica da personalidade. Uma leitura mais atenta de sua obra permite verificar que BION concebe uma múltipla dissociação da mente em zonas que, creio, pode-se denominar mapa-múndi do psiquismo (ver esse verbete).

Outro registro alude à dissociação útil do ego, que diz respeito tanto ao analisando como ao analista. No analisando, por exemplo, quando, na situação analítica, regride e deixa aparecer a parte psicótica da sua personalidade. O analista, de sua parte, deve ter condições de dissociar sua mente na sua função e papel de psicanalista da do ser humano que, ocasionalmente, possa estar sendo fustigada com problemas particulares.

Nos textos psicanalíticos, aparece superposição dos termos *dissociação, clivagem, divisão, cisão* e splitting (eml alemão, *Spaltung*).

Doença ou síndrome do pânico

Quadro clínico até há poucas décadas confundido com as crises manifestas nas neuroses fóbicas, surgidas quando o paciente defronta-se com a situação fobígena, a qual, a um grau máximo, ele permanentemente evita enfrentar. Tais crises fóbicas, da mesma forma como acontece na doença do pânico, também são caracterizadas pelos sintomas típicos da neurose de angústia, como o medo de morrer, enlouquecer, pressão pré-cordial, dispnéia, etc.

É importante estabelecer o diagnóstico diferencial entre as fobias propriamente ditas, que vêm acompanhadas por intensa *angústia-pânico*, e os quadros clínicos similares que se manifestam na *doença do pânico*. Nem sempre é fácil a distinção entre ambas. No entanto, um critério útil consiste no fato de que na fobia há a presença de uma circunstância (objeto, local, pessoas, alguma cena...) bem determinada, bastando evitá-la para que a angústia cesse, enquanto no transtorno do pânico é mais difícil correlacionar a origem desencadeante da angústia com alguma clara causa definida.

Há uma razão importante para que seja estabelecido um diagnóstico diferencial entre esses dois quadros clínicos. A doença do pânico costuma dar uma resposta positiva (às vezes dramática) ao uso da moderna psicofarmacologia, nada impedindo o prosseguimento normal da análise com o eventual uso concomitante de psicofármacos.

Don-juanismo

Um bom exemplo de uma configuração narcisística que aparece camuflada com uma aparência edípica é a situação de uma pseudogenitalidade, tal como ela aparece manifestamente nos casos de *don-juanismo*. Em tais casos, esses sujeitos unicamente "amam" aqueles que o fazem sentir-se amados, ou seja, a intensa atividade genital, que exige uma contínua e ininterrupta troca de parceiros, obedece a uma irrefreável e vital necessidade primitiva de obter o reconhecimento (ver o verbete) do quanto são capazes de serem amados e desejados.

Dor mental [BION]

Um dos seis elementos de psicanálise, segundo BION. Sua importância no transcurso de uma análise foi especialmente exaltada por esse autor, que enfocou dois pontos relativos a esse aspecto: 1. A sensível diferença entre *sentir* uma dor (*pain* em inglês) e *sofrer* (*suffering*) a dor no sentido de elaborá-la. 2. O fato de que alguns pacientes não enfrentam a dor e usam as mais distintas técnicas defensivas para se evadirem dela, enquanto outras pessoas a enfrentam. Esta última é a única maneira de ingressar na posição depressiva, que pode possibilitar as transformações das fontes geradoras do sofrimento psíquico e promover um crescimento mental.

Dora [FREUD]

Pseudônimo de uma jovem paciente histérica de 18 anos, cujo caso FREUD descreveu no historial clínico (ver esse verbete) "Fragmento da Análise de um Caso de Histeria" (1905), no qual narra como a neurose de Dora organizou-se em torno do problema da função traumática da sexualidade edípica.

A paciente abandonou a análise após três semanas de tratamento, o que levou FREUD a fazer uma autocrítica e chegar à conclusão de que ele falhou por não ter reconhecido a existência de uma transferência alusiva à homossexualidade feminina de Dora.

Duplo [RANK, FREUD, LACAN, KOHUT, BION]

Termo empregado pela primeira vez em psicanálise por O.RANK, em "O duplo", de 1914, donde pode-se depreender que ele estuda o que hoje conceituaríamos como o fenômeno de que o duplo se organiza como uma forma de negação contra o *sepultamento do self* diante da existência da pulsão de morte, tanto que ele usou essa bonita **frase**: "a alma imortal foi o primeiro duplo do corpo".

A esse trabalho de RANK seguiu-se o artigo de FREUD de 1919, "O sobrenatural" (também traduzido por "O sinistro"), onde são abordados aspectos do sujeito que está colocado em outras pessoas.

O fenômeno do *duplo*, especialmente a partir de LACAN, que, na etapa do espelho, descreveu a própria imagem da criança vista por ela mesma no espelho, confundida com a da mãe, está recebendo uma significativa atenção nos textos de muitos autores contemporâneos.

Essa temática está intimamente ligada ao fenômeno da especularidade, de modo que, nas situações em que não está solucionada a fase de diferenciação, o sujeito sente-se espelhado no outro. Essa situação analítica é descrita por KOHUT como transferência narcisística, de tipo gemelar, como se o analista devesse ser uma *alma gêmea* do paciente.

A noção de *duplo* corresponde à de *alter ego*, em grande voga em certa época da psicanálise, e designa que uma outra pessoa é portadora de aspectos que o indivíduo não diferencia, ou não quer reconhecer e os projeta, daqueles outros aspectos que são exclusivamente seus próprios.

BION, em seu trabalho "O gêmeo imaginário" (1967), estuda o paciente muito regressivo que, mercê de um uso excessivo de mecanismos de dissociações e identificações projetivas e introjetivas, torna o *gêmeo imaginário* uma espécie de duplo seu, visando a dois objetivos inconscientes: 1. Manter sob controle, no exterior, os objetos do seu mundo interior. 2. Manter a negação de que existe uma realidade diferente do seu próprio eu.

Duplo vínculo [GREGORY BATESON]

BATESON e colaboradores (1950), trabalhando em Palo Alto, Califórnia, no tratamento e na observação de famílias de esquizofrênicos, do ponto de vista antropológico e da comunicação, utilizam a expressão *duplo vínculo* (em inglês, *double bind*) para referirem-se a situações pelas quais mensagens contraditórias e paradoxais emitidas pelos pais invariavelmente deixam a criança no papel de perdedora e num estado de confusão e de desqualificação.

Pode servir como exemplo, banal, a sentença da mãe que diz ao filho: "Eu te ordeno que não aceites ordens de ninguém", ou que grita a altos brados para que a criança nunca grite, etc. Dessa forma, a criança fica presa nas malhas de um duplo vínculo: receia ser castigada, se ela interpretar as mensagens da mãe, tanto acertada como equivocadamente. Aliás, o termo *bind*, originalmente alude a uma condição de *prisioneiro*, tal como é o cabresto de animais.

E

E [Bion]

Letra que na *Grade* de Bion ocupa a fileira que designa o nível concepção na gênese da função de pensar. A *concepção* segue, na grade, à letra D que designa as pré-concepções e permite a passagem para a letra E, que refere a formação de conceitos.

Econômico, ponto de vista [Freud]

Freud definiu a metapsicologia pela síntese de três pontos de vista: o tópico, o dinâmico e o econômico. Este último, seguindo as tendências das ciências da época, deveria levar em conta a quantidade de energia psíquica. Também deveria considerar, nas oposições a ela, a possibilidade de avaliar seu destino através de variações de intensidade, como acontece nos contra-investimentos, ou nas suas transformações, como sucede com a *energia livre*, própria do processo primário, quando é transformada em *energia ligada*, mais característica do *processo secundário*.

Igualmente, Freud descreveu as perturbações da descarga libidinal que promovem as neuroses atuais. Também referiu que, levando em conta a tolerância de cada sujeito em particular, um afluxo excessivo de estímulos pode promover o surgimento de neuroses traumáticas, tal como a *neurose de guerra*. Da mesma forma, o alívio produzido pelo método da descarga ab-reativa seria uma prova de que a energia psíquica poderia ser quantificada.

O ponto de vista econômico é um dos aspectos mais questionáveis na obra de Freud, embora tenha voltado à pauta como uma das melhores teorias para explicar o freqüente surgimento das neuroses atuais (ver este verbete).

Édipo, mito de [Freud, Fairbairn, Bion]

Na mitologia grega, um oráculo profetizara ao rei Laio que seu filho que ia nascer mataria o pai e casaria com a mãe, Jocasta. Para fugir desse destino, o rei confia a um servo a missão de matar o recém-nato, porém o servo decidiu abandonar a criança ao invés de matá-la. O desdobramento da história confirma a profecia, de modo que Édipo mata Laio numa encruzilhada, casa com Jocasta e, mais tarde, com a revelação da terrível verdade do incesto involuntariamente cometido, como autopunição fura seus olhos, assim ficando cego.

Freud inspirou-se nesse mito que trata da relação do triunfo do filho sobre o pai, para postular seu famosíssimo complexo de Édipo (ver este verbete), que, com as necessárias ampliações de entendimento, tornou-se um conceito medular da psicanálise.

FAIRBAIRN preferiu ver no mito de Édipo o aspecto mais primitivo do abandono, tal como aparece nessa passagem: "É notável que o interesse psicanalítico sobre a clássica história de Édipo tenha se concentrado sobre os atos finais do drama. No entanto, como uma unidade, é importante reconhecer que o Édipo que mata seu pai e desposa sua mãe começou sua vida exposto em uma montanha e assim esteve privado de cuidados maternais em todos os seus aspectos, durante uma etapa na qual sua mãe deveria constituir-se no seu objeto essencial e exclusivo".

BION reestudou o mito edípico através de um outro vértice de abordagem, privilegiando as diversas formas de cada um dos personagens envolvidos na trama edípica relacionar-se ou não com as verdades. Particularmente quanto a Édipo, considerou que o castigo divino foi contra sua curiosidade arrogante de querer conhecer a verdade a qualquer preço.

Ego ou **Eu** ou ***Ich*** [FREUD]

O significado do termo *ego* aparece na literatura psicanalítica de uma forma algo ambígua e pouco uniforme entre os distintos autores, podendo, por isso, causar alguma confusão conceitual. Esse clima algo confusional pode ser exemplificado com três situações:

1. Alguns autores utilizam inicial minúscula – *ego* – para designar essa fundamental instância psíquica e reservam a grafia com inicial maiúscula – *Ego* – para indicar o que atualmente se entende por *self*.

2. Os psicanalistas da Escola Francesa de Psicanálise, que têm uma larga produção e divulgação no mundo psicanalítico, com uma notória fidelidade a FREUD, costumam empregar dois termos em relação ao *ego*: um é *je* (traduzido por *eu*), que designa mais especificamente o ego como uma instância psíquica encarregada de funções; o outro é *moi*, que se refere mais precisamente a uma representação da imagem que o sujeito tem de *si mesmo*, logo, do seu sentimento de identidade.

3. O próprio FREUD, ao longo de sua obra, empregava no original alemão tanto a expressão *das Ich* (geralmente com o acima mencionado conceito de *je*) como também *selbst* (com o significado de *si mesmo*). O fato de usar essas expressões indistintamente veio a aumentar a imprecisão conceitual. É útil estabelecer uma diferença conceitual e semântica entre *ego* e *self* (ver este último verbete).

Ego, tipos de formação do [FREUD]

Do ponto de vista evolutivo, cabe discriminar as seguintes transformações que o ego sofre, segundo FREUD: 1. *Não haveria ego no recém-nascido*, porquanto para ele "no início tudo era id". 2. A existência de um *Ego arcaico*, ou *incipiente*, também denominado por FREUD *ego do prazer puro* ou *ego do prazer purificado*. Esse nome está justificado pelo fato de que, nessa fase, o ego do bebê *purifica-se* ao expelir (projetar) tudo o que for desagradável. Igualmente, FREUD descreveu a existência, nessa fase, de um estado mental que chamava às vezes de *sentimento oceânico* e *estado de Nirvana* em outras. 3. *Ego da realidade primitiva*. 4. *Ego da realidade definitiva*, no qual começa a haver a transição do princípio do prazer para o princípio da realidade e do processo primário para o processo secundário.

Resumindo: FREUD definiu o ego como um conjunto de funções e de representações. Embora ele não tenha usado especificamente essas denominações, os autores atuais costumam sintetizar tudo que ele conceituou descrevendo dois tipos: o *ego-função* e o *ego-representação*.

O ego-função alude tanto às funções mais ligadas ao consciente (percepção, pensamento, juízo crítico, capacidade de síntese, conhecimento, linguagem, comunicação, ação...), como também refere a funções que se processam no inconsciente (formação das angústias, dos mecanismos de defesa, dos símbolos, das identificações) com o conseqüente sentimento de identidade.

Ego, alter

Termo que já esteve muito em voga no jargão psicanalítico, depois praticamente desapareceu. Volta a aparecer com alguma regularidade na literatura especializada com o significado de duplo do sujeito. Ou seja, por meio de identificações projetivas maciças dos seus superegóicos objetos internos em alguém, o sujeito constrói uma duplicação dele, uma espécie de gêmeo imaginário.

Vale acrescentar que o fenômeno do *duplo*, especialmente a partir de LACAN, que descreveu a imagem da criança vista por ela mesma no espelho, está merecendo significativo destaque nos textos de muitos autores contemporâneos. O tema foi inicialmente estudado por O.RANK, em *O duplo* (1914) e por FREUD, em *O sobrenatural* (também traduzido por *O sinistro*, 1919).

Ego auxiliar

Expressão não muito utilizada, porém muito útil na medida em que ajuda a esclarecer que nem sempre os objetos superegóicos são introjetados de forma tirânica e ameaçadora. Pelo contrário, quando os objetos internalizados se organizam como aliados do ego, no sentido de auxiliar a estabelecer os necessários limites e a imposição de valores morais e éticos, cabe considerar a denominação de *ego auxiliar* como equivalente ao que seria um superego amistoso, benevolente e útil.

Ego, contra-*

Ver *contra-ego**.

Ego ideal

FREUD utilizou *ego ideal*, *ideal do ego* e *superego* de forma superposta e algo indistinta. Na atualidade, os autores costumam fazer distinção entre os respectivos significados.

Assim, *ego ideal* – uma subestrutura do aparelho psíquico, aparentada com o superego – é considerado herdeiro direto do narcisismo original. Em outras palavras, os mandamentos internos obrigam o sujeito a corresponder, na vida real, às demandas provindas de seus próprios ideais, geralmente impregnados de ilusões narcisistas inalcançáveis. Essas ilusões, por isso mesmo, determinam no indivíduo um estado mental que se caracteriza por uma facilidade para sentir depressão e *humilhação* diante dos inevitáveis fracassos delas.

Ego, ideal do

Subestrutura diretamente conectada com o conceito da estrutura do superego. Resulta dos ideais do próprio ego ideal da criança projetados e altamente idealizados nos pais e que se somam aos originais mandamentos provindos do ego ideal de cada um deles.

Dessa forma, o sujeito fica submetido às aspirações dos outros sobre o que deve *ser* e *ter* e daí decorre que seu estado mental prevalente é de permanente sobressalto, sendo facilmente acometido de sentimento de *vergonha*, quando ele não consegue corresponder às expectativas dos outros, que passam a ser também suas.

Ego prazer – ego realidade [FREUD]

Termos indicadores de etapas evolutivas do ego incipiente descritos no verbete Ego, tipos de formação do.

Ego, supra-*

Proponho o termo supra-ego (o prefixo *supra* significa acima de tudo) para designar a conceituação de Bion relativa à existência do que ele denomina como um super-superego. Alude a uma subestrutura constante da parte psicótica da personalidade, pela qual o sujeito cria leis e uma moral própria e, onipotentemente, quer impô-las à natureza e aos demais.

Ego e o Id, O [Freud, 1923]

Considerado o último dos grandes trabalhos teóricos de Freud, aparece no volume XIX, p.23 da *Standard Edition* brasileira. Composto de cinco partes e dois apêndices, suas duas idéias principais referem-se a: 1. Tríplice divisão da mente, com ênfase na importância do ego. 2. Gênese do superego.
A parte I, *Consciente e Inconsciente*, aborda a força dos recalcamentos do consciente para o inconsciente, o que gera as resistências durante a análise.
Na parte II, *O ego e o id*, Freud afirma que "o ego é a parte do id que foi modificada pela influência direta do mundo exterior através do sistema perceptivo-consciente". Também aí faz a célebre afirmativa de que "o ego é em primeiro lugar e acima de tudo um ego corporal".
Na parte III, *O ego e o superego (Ideal do ego)* Freud assevera que "o superego não é um mero resíduo das primeiras escolhas objetais do id; representa também uma enérgica formação de reação contra tais escolhas. O ideal do ego é o herdeiro direto do complexo de Édipo".
A parte IV, *As duas classes de pulsões* trata do problema da *ambivalência* e a possibilidade de *sublimação* através da *dessexualização,* ou seja, da renúncia da libido erótica que então fica transformada em libido do ego.
A parte V, *As relações dependentes do ego*, aborda o fato de que "o ego é formado a partir de identificações que substituem investimentos abandonados pelo id. A primeira dessas identificações é o superego". Nessa parte há um destaque para o papel representado pelo sentimento de culpa.
O apêndice A trata de *O inconsciente descritivo e o inconsciente dinâmico* e o B enfoca *O grande reservatório de libido.*

Egossintonia e egodistonia

Estado mental que o analisando tem a respeito de sua própria neurose. Freqüentemente os analistas encontram uma forte forma de resistência do paciente a uma boa evolução da análise. Embora sejam evidentes seus conflitos, inibições e estereotipias, o sujeito está harmonizado com a sua deficitária qualidade de vida e sempre consegue encontrar racionalizações que lhe justificam a tese de que não tem o que mudar.
Nesses casos, antes de tudo, é necessário que o analista consiga transformar em *egodistônico* o que está *egossintônico* no analisando.

Eitingon, Max

Eitingon passou à história da psicanálise, não em razão de alguma importante obra psicanalítica, mas sim por ter sido um dos mais íntimos colaboradores fiéis a FREUD e por ter prestado uma importante contribuição à história da organização do movimento psicanalítico internacional.

Nascido na Bielo-Rússia em 1893, MAX EITINGON era o segundo filho de uma abastada família judia ortodoxa. Aos 12 anos, acompanhando a família, emigrou para a Alemanha, onde, como ouvinte, fez estudos superiores sobre história da arte e filosofia e, posteriormente, graduou-se em medicina. Partiu para a Suíça onde se ligou à Clínica Burghölzi, fazendo aproximação com BLEULER e JUNG e conhecendo ABRAHAM. Desses contatos surgiu a motivação para visitar FREUD em Viena, em 1907, começando a participar das reuniões da Sociedade Psicológica das Quartas-Feiras. Por volta de 1908, fez uma curta *análise didática* com FREUD, a qual se desenrolou no cenário de passeios vespertinos.

Homem tímido, apresentando problemas de gagueira, cativou a FREUD, que indicou seu nome para pertencer ao *Comitê Secreto*. Gradualmente, e sempre mostrando uma total e irrestrita solidariedade a FREUD, EITINGON foi galgando posições, a ponto de tornar-se responsável pela organização de muitos congressos. Presidiu a IPA de 1927 a 1932, criou e financiou a Policlínica de Berlim, assim emprestando um caráter social à psicanálise, um velho sonho de FREUD. EITINGON não só contribuiu financeiramente nos momentos difíceis que a psicanálise atravessava, foi também um dos maiores incentivadores do tripé da formação psicanalítica: *análise pessoal, seminários teóricos* e, igualmente, a obrigatoriedade de *supervisão* dos casos clínicos.

No final de 1933, EITINGON deixou a Alemanha para sempre e partiu para a Palestina, instalando-se em Jerusalém, onde fundou o Instituto de Psicanálise de Jerusalém. MAX EITINGON morreu em 1943 e foi sepultado no cemitério do Monte das Oliveiras, em Jerusalém.

Elaboração ou perlaboração

Na terminologia original alemã, FREUD, empregou tanto *Verarbeitung* como *Durcharbeiten*. Ambos derivados de *Arbeit*, trabalho, literalmente significam trabalho esmerado (substantivo) e trabalhar continuadamente (verbo). Esses termos costumam ser traduzidos para o português como *elaboração e perlaboração*. Na língua inglesa, *durcharbeiten* foi traduzido por *working-through* que quer dizer *trabalhar através de*. Essas expressões indicam que o aparelho psíquico, através de um trabalho, consegue transformar o volume da energia pulsional, derivando-a para outro lugar do psiquismo ou ligando-a a alguma representação. Nos casos em que houver incapacidade de elaborar um excesso de estímulos, pode resultar uma neurose atual ou uma histeria, na qual a tensão sexual não trabalhada fica derivada em sintomas somáticos. Para FREUD, de um modo geral, a ausência ou a deficiência da elaboração das pulsões, nas suas diversas formas, estaria na base de todas neuroses e psicoses.

Elaboração secundária [FREUD]

Trabalho efetuado pelo psiquismo em relação ao sonho, que, num segundo tempo, procura dar uma certa coerência lógica ao enredo do sonho, caso contrário, ele apareceria caótico e totalmente incoerente.

Elasticidade na Técnica Analítica [FERENCZI, 1928]

Título do livro de FERENCZI, um psicanalista de extraordinário talento clínico, onde ele proclama que não mais recomenda, e até contra-indica, a prática da técnica ativa (ver esse verbete). Em seu lugar, propõe novos métodos, como o da *neocatarse,* o qual, através de regressões propiciaria ao paciente a revivescência dos traumas sofridos no passado, dentro da situação analítica presente. Tal como aconteceu com a *técnica ativa*, também o método da *neocatarse*, embora de inspiração interessante, não vingou por falta de uma consistente fundamentação teórico-conceitual.

No entanto, essa obra de FERENCZI pode ser considerada precursora da psicanálise contemporânea, porque nela transparece a intuição do clínico que não se contentou em ficar restrito ao papel de descodificar e interpretar os conflitos inconscientes contidos na narrativa do analisando. Pelo contrário, FERENCZI se preocupava, sobretudo, com a qualidade da relação recíproca entre o par analítico, dando ênfase à necessidade de o analista *sentir com* (o que hoje chamamos de empatia).

Assim, ele enfoca aspectos como: a) o de o analista se abster de frustrar *desnecessariamente*; b) o de possuir o que Ferenczi chamava de *tato psicológico*, especialmente quanto ao momento e à forma de interpretar; c) as condições de paciência, indulgência, compreensão e, especialmente, a de uma certa flexibilidade, *elasticidade,* que todo terapeuta necessariamente deveria ter para eventualmente poder ceder às necessidades do paciente.

Além disso, lançou as primeiras sementes da utilização dos sentimentos contratransferenciais como um importante instrumento de técnica analítica.

Elementos em Psicanálise [BION, 1963]

Obra em que BION tenta simplificar as teorias psicanalíticas – demasiadas na opinião desse autor –, introduzindo a noção da existência de alguns *elementos* fundamentais que, a exemplo do que se passa com os poucos algarismos aritméticos, letras do alfabeto e notas musicais, permitem infinitas combinações. A palavra *elemento* vem do étimo latino *elementum,* o qual designa as letras do alfabeto que, em distintos arranjos, formarão palavras, as quais formarão frases, discursos, etc.

BION propôs os seguintes seis elementos de psicanálise, que ele considerou essenciais: 1. A relação continente-conteúdo. 2. A contínua e recíproca interação entre a posição esquizo-paranóide e a posição depressiva. 3. A presença constante nas experiências emocionais dos vínculos L, H e K. 4. A relação entre a razão (R) e a idéia (I). 5. As emoções, particularmente a da dor psíquica. 6. O fenômeno das transformações nos acontecimentos psíquicos.

Elementos em Psicanálise (1963) é um dos mais importantes livros de BION, não somente pelo conteúdo de suas concepções originais, como pelo fato de que pode, por sua clareza, ser recomendado aos que iniciam uma familiarização mais íntima com as idéias desse autor. Além dos aspectos acima enumerados, nesse livro BION também enfoca: a origem e a natureza dos *pensamentos* e da capacidade para *pensar*; a teoria das *funções*; os *mitos*; o conceito de *intuição* e de *premonição*; a utilização de *modelos*; a introdução do conceito do fenômeno da *reversão da perspectiva*. Alude também ao *crescimento mental* como sendo um processo diferente do conceito clássico de cura médica.

Elementos α [BION]

Primitivas impressões sensoriais e experiências emocionais (elementos β) que foram adequadamente transformadas pela função α da mãe. Dessa maneira, se constituem elementos que predominantemente adquirem a forma de imagens visuais, que são utilizadas pela mente para a formação de sonhos, recordações, formação de símbolos e para a capacidade para pensar.

Elementos β [BION]

As arcaicas impressões sensoriais e experiências emocionais que não conseguem ser transformadas em alfa devem ser expulsas e evacuadas, como acontece, por exemplo, nos actings e em muitas somatizações.

Elisabeth von R. [Caso clínico de FREUD]

O nome dessa paciente passou à história da psicanálise por ter sido ela quem se opôs ao método coercitivo. Na época, desiludido com a hipnose, FREUD usava o recurso de pressionar a fronte das pacientes deitadas a fim de forçá-las a associar livremente e garantiu à paciente que ela associaria espontaneamente de forma mais livre e melhor, o que, de fato, aconteceu.

Esse fato constituiu-se uma marcante ruptura epistemológica, porquanto FREUD começou a cogitar que as resistências correspondiam a repressões daquilo que estava proibido de ser lembrado, não só dos traumas sexuais realmente acontecidos, mas também dos frutos de fantasias reprimidas.

Enquadre

Tradução portuguesa do termo psicanalítico setting, em cujo verbete específico está descrita sua importância na técnica e na prática analítica.

Entrevista inicial (técnica)

É útil estabelecer uma diferença conceitual entre *entrevista inicial* e a *primeira sessão de análise*. A(s) entrevista(s) inicial(ais) antecede(m) *o contrato analítico*, enquanto *primeira sessão* indica que a análise já começou formalmente.

A entrevista inicial pode se desenvolver numa única ou mais entrevistas. Visa fundamentalmente a: a) recíproca tomada de contato para avaliação da empatia estabelecida; b) a indicação ou contra-indicação para o método analítico; c) o grau de motivação; d) a *teoria de cura* que o pretendente tem em relação à análise; e) o grau de patologia; f) mais importante ainda, a reserva de capacidades positivas, as mútuas disponibilidades de órdem prática, etc.

Uma explanação mais ampla sobre esse verbete pode ser encontrada no capítulo "Entrevista inicial: indicações e contra-indicações – O contrato" do livro *Fundamentos psicanalíticos. Teoria, Técnica e Clínica* (Zimerman, 1999).

Elos de ligação [BION]

Uma das traduções de *link*, termo originalmente usado e conceituado por BION e que mais comumente aparece traduzido como vínculo (ver esse verbete).

Emoção

A palavra emoção deriva de *emovere*, ou seja, forma-se, a partir de uma certa ação pulsional, um *movimento* na mente.

Para M. KLEIN, o representante mental da pulsão ligada ao objeto é a fantasia inconsciente e o impacto da pulsão sobre o objeto gera a experiência emocional no inconsciente.

A partir daí, BION propõe que a *emoção* busca uma forma de expressão e uma representação simbólica para ser pensada. BION também descreve os vínculos como uma ligação das *emoções* com as correspondentes *antiemoções*", ou da *vivência emocional* versus *alheamento emocional*, e discrimina os distintos tipos e graus das emoções como a de um estado de paixão, por exemplo.

Empatia [FREUD, KOHUT]

Empatia designa a capacidade de o analista *sentir em si*. Parece ser essa a tradução mais apropriada de *Einfühlung*, termo empregado por FREUD no capítulo VII de *Psicologia das massas e análise do ego* (1921) para referir o poder de sentir-se *dentro do outro* por meio de adequadas identificações, projetivas e introjetivas.

A palavra *empatia* deriva do grego e forma-se de *em* (ou *en*), dentro de + *pathos*, sofrimento, dor. O prefixo *sym* (ou *sin*), por sua vez, indica estar ao lado de". Fica clara, assim, a importante distinção entre empatia e simpatia. Também é útil distinguir empatia de intuição: a primeira é mais própria da área afetiva, enquanto a segunda refere-se mais ao terreno ideativo e pré-cognitivo.

Embora não tenha sido o primeiro autor a enfatizar o conceito de *empatia*, KOHUT certamente foi quem lhe deu maior importância na técnica e prática analítica. KOHUT (1971) preconiza que a relação analítica deve ser a de uma *ressonância empática* entre o self do analisando e a função de self-objeto do analista. Isso acontece quando o paciente sente-se compreendido pelo analista e demonstra que o compreende.

Comentário. Embora reconheçamos a extraordinária importância da empatia na prática clínica, é necessário concordar com os autores que advertem contra o risco de sua supervalorização. Quando for resultante de excessivas identificações projetivas e introjetivas, a empatia pode borrar os necessários limites e a ocupação de lugares e papéis de ambos, bem como pode gerar a formação de conluios inconscientes, indo até a possibilidade extrema de degenerar numa folie a deux.

Energia de catéxis ou de investimento [FREUD]

Dimensão quantitativa dos investimentos pulsionais, determinando o ponto de vista econômico (ver este último verbete) do psiquismo.

Energia livre e energia ligada [FREUD]

Segundo FREUD, a energia pulsional *livre* (ou *móvel*) é própria do processo primário, isto é, ela é descarregada de forma rápida, total e direta, de uma representação para outra, de um objeto para outro.

A energia *ligada*, por sua vez, é característica do processo secundário, ou seja, se forma posteriormente a uma forma *livre*; seu movimento para a descarga é controlado e retardado pelo ego, caracterizando um nível mais estruturado do aparelho psíquico.

Enunciado identificatório [PIERA AULAGNIER]

De acordo com definição de P.AULAGNIER (1975), importante psicanalista da Escola Francesa de Psicanálise, *enunciado identificatório* é a imagem acústica significada e ressignificada pelo discurso dos pais e da cultura. As predições veiculadas pelo discurso dos educadores (tipo: "essa criança é terrível e vai se dar mal na vida...") vão converter-se em *imagens identificatórias,* ou seja: a criança identifica-se com a representação e o afeto com que o adulto *celebra* ou *desqualifica* algum traço, valor ou atividade do filho.

Epistemofilia

Epistemologia deriva do grego *epistéme*, ciência + *logos*, estudo, e refere-se ao estudo da teoria do conhecimento. Em termos psicanalíticos, *epistemofilia* alude mais especificamente a uma tendência inata da criança em querer conhecer (*filos*, amigo de) as verdades dos fatos que a cercam e para os quais não encontra explicações.

FREUD (1917) considerou a epistemofilia como pulsão componente da libido e descreveu casos de psicopatologia ligados à má resolução da indagação epistemológica da criança, como acontece nos casos de escopofilia (voyeurismo) / exibicionismo.

M. KLEIN (1930) estabeleceu uma estreita ligação entre as pulsões sádicas e o desejo de conhecer, demonstrando os distúrbios de aprendizagem, da simbolização e do desenvolvimento intelectual em geral que podem ocorrer com as inibições da epistemofilia, quando essa se torna excessivamente inundada pelo sadismo.

Bion retomou o estudo da tendência epistemofílica do ser humano, e o ligou à normalidade e patologia da função de conhecimento (K ou -K).

Um aspecto interessante ligado à epistemofilia é que Freud nunca acreditou que a meninazinha já tivesse um precoce conhecimento da existência da vagina (a qual, na percepção da criança, não passaria de um pênis castrado), enquanto, nos dias atuais, a grande maioria dos autores se inclinam pela convicção de que esse conhecimento da vagina já existe muito precocemente.

Equação etiológica [Freud]

Expressão de Freud com o mesmo significado de outra empregada por ele, séries complementares. Ambas referem o fato de que são três os fatores que formam a personalidade da criança: 1. Os *heredoconstitucionais* (*Anlage* em alemão). 2. As antigas *experiências emocionais* com os pais. 3. As experiências traumáticas da *realidade da vida adulta*.

Na atualidade, os autores costumam reduzir essa equação a um simples assinalamento de que existe uma permanente interação entre *nature* (fatores biológicos) e *nurture* (fatores ambientais).

Equação 8 C*

Como uma tentativa de sintetizar os fatores essenciais que, em algum grau e tipo de arranjo combinatório, estão presentes, com configurações distintas, em qualquer situação psicopatológica, proponho um esquema mnemônico constituído de oito fatores, cujos termos têm C como inicial e que estão em permanente interação: **c**ompletude, **c**arência, **c**ulpa, **c**astigo, **c**ompulsão à repetição, **c**ódigo de valores introjetado, **c**apacidade de atingir a posição depressiva.

1. **Completude.** Todo indivíduo nasce num estado subjetivo de total completude por estar fundido com a mãe num estado de nirvana. Enquanto dura a fase de indiferenciação entre o *eu* e o *outro*, o bebê (ou o futuro adulto) anela a eternização desse estado paradisíaco.

2. **Carência.** Como esse desejo de total completude é impossível de ser alcançado, diante das inevitáveis – e necessárias – *frustrações* por parte dos objetos provedores, *sua majestade, o bebê* entra num estado de carência afetiva;

3. **Cólera (crime)**. Conforme o grau e a qualidade dessas frustrações, a criança desenvolve um estado raivoso de cólera que pode atingir o nível de fantasias de crueldade e de crime homicida contra os objetos frustradores e privadores.

4. **Culpa**: Como decorrência direta dos ataques, reais ou fantasiados, instala-se na criança um estado de culpa pelos eventuais danos que tenha infligido, tanto a seus objetos quanto a seu próprio ego.

5. **Castigo.** A conseqüência direta desse estado culposo é a necessidade de castigo, que se reveste das mais diversas formas de masoquismo, desde as inaparentes até as de mais alta gravidade.

6. **Compulsão à repetição.** É fácil observar que, após serem castigados pelos pais pelo cometimento de uma *arte delituosa*, as crianças sintam-se liberadas para uma nova transgressão. São movidas por uma forma de compulsão à repetição até conseguirem provocar um novo castigo, e assim por diante.

7. **Código de valores introjetados.** Uma mesma *arte* praticada por duas crianças, em diferentes ambientes familiares (ou em uma mesma família que funcione muito dissociada) pode resultar em significados totalmente opostos. Assim, uma dessas crianças pode

ter sido entendida e valorizada na sua *arte*, o que faria crescer seu núcleo de confiança básica, enquanto a outra pode ter sido rotulada de criança má, desobediente e causadora de sérios estragos. Nesse último caso, é a culpa (imputada) que precede o sentimento de culpa.

8. **Capacidade para atingir a posição depressiva.** Segundo a concepção da escola kleiniana, o círculo vicioso dessa compulsividade à repetição somente será desfeito se a criança adquirir a capacidade de atingir a posição depressiva. Desse modo, assumirá sua parcela de responsabilidades e poderá vir a fazer reparações verdadeiras, abrindo o penoso caminho para fazer transformações no sentido de um crescimento mental.

Cada uma dessas oito etapas tem uma constelação particular e, apesar de todas estarem em permanente interação, a ênfase da fixação em uma ou outra pode servir como uma espécie de roteiro dos aspectos que prioritariamente devam ser analisados

Equação simbólica [HANNA SEGAL]

Conceito original de H.SEGAL (1954) relativo ao fato de pacientes psicóticos não conseguirem desenvolver boa capacidade para formar símbolos, substituindo-os por *equações simbólicas*. Nesses casos resulta uma confusão entre o que é o objeto real e o que está sendo simbolizado por meio de fantasias.

SEGAL esclarece com um exemplo: um paciente psicótico, convidado para tocar violino numa festinha do hospital, recriminou-a severamente porquanto ele dera um significado concreto ao violino (como se fora, de fato, um pênis) e imaginou que estava sendo convidado para masturbar-se publicamente.

Erikson, Erik

Nascido na Alemanha, originário de uma família judaica de classe média e posteriormente convertido ao protestantismo, ERIKSON (1902-1994) fez sua formação psicanalítica em Viena, com A.FREUD. Nos anos que precederam a II. Guerra Mundial, radicou-se nos Estados Unidos, onde, em Boston, dedicou-se à análise com crianças e adolescentes. ERIKSON é considerado como sendo o primeiro discípulo de A.FREUD e o primeiro homem a se especializar nessa atividade, até então exercida unicamente por mulheres.

Filiado à Escola da *Psicologia do Ego,* aos poucos, ERIKSON foi se aproximando das concepções do culturalismo, o que o incentivou a escrever o clássico *Infância e Sociedade* (1950). Nessa obra, enfatiza a importância que as influências das mudanças sociais, com as respectivas crises existenciais, exercem na formação do sentimento de identidade, notadamente dos adolescentes. ERIKSON também descreveu a formação dos núcleos básicos de *confiança* ou de *desconfiança* que determinam o tipo de escolha de objetos.

Eros

Inicialmente FREUD descrevia as zonas erógenas no corpo da criança e diferenciava o que era de Eros (num sentido mais platônico) daquilo que era sexualidade, embora, diferentemente do que muitos pensam, também diferenciava *sexualidade* de *genitalidade*. A partir de "Além do princípio do prazer"(1920), FREUD introduziu o termo *Eros* significando o conjunto de pulsões de vida, em oposição a Tanatos, ligado à pulsão de morte. Nessa oportunidade, Freud definiu que "a toda energia de Eros passaremos a chamar libido".

Na psicanálise contemporânea, predomina a expressão *as múltiplas faces de Eros,* o que está de acordo com a mitologia grega que enfoca esse personagem. Eros despertou o amor da bela Psique, mas, desde o início, o romance entre ambos foi marcado pelo desígnio do ódio. Sua mãe, Afrodite (Vênus), mordida pela inveja da beleza de Psique, tentou servir-se do filho para executar seu terrível plano de vingança contra quem ousava ser mais linda do que ela.

Esse mito permite reconhecer o entrecruzamento de múltiplas faces do ser humano, como o amor, a inveja, os castigos vingativos, as tramas sórdidas, enfim, a fusão das múltiplas faces de Eros, fundidas e interagindo com outras tantas faces de Tânatos.

Erótica e erotizada, transferência

O analista deve estabelecer a diferença entre o surgimento de uma transferência erótica e uma transferência erotizada na situação analítica.

A primeira é de surgimento freqüente e representa um movimento sadio do paciente, porquanto ele está possibilitando a análise de um aspecto evolutivo de importância essencial.

Já a transferência erotizada, quando exagerada, pode impossibilitar o andamento da análise, porquanto o analisando – mais comumente uma paciente de características marcadamente histéricas ou perversas – sente uma intensa atração sexual pelo(a) analista. Essa atração se converte em um desejo sexual obcecado, de natureza delirante, que permanece inarredável, consciente, egossintônico e, freqüentemente, resistente a qualquer tentativa de análise, além de representar um risco, nada desprezível, de um enredamento do analista.

Esboço (*ou* ***Esquema***) ***de Psicanálise***
[FREUD, 1940]

Sendo o "Esboço" um trabalho inacabado, é intrigante especular quais seriam os caminhos que FREUD tomaria se o completasse definitivamente. Consta de nove capítulos, distribuídos em três partes.

Na parte I, denominada "A mente e seu funcionamento", o capítulo I aborda O aparelho psíquico. O capítulo II estuda A teoria das pulsões. O III enfoca O desenvolvimento da função sexual. No IV, FREUD aborda As qualidades psíquicas. O capítulo V é intitulado A interpretação de sonhos como ilustração.

A parte II, intitulada "O trabalho prático" consta do capítulo VI, que aborda A técnica da psicanálise, e do capítulo VII: Um exemplo de trabalho psicanalítico.

Na parte III, intitulada "Rendimento teórico", o capítulo VIII aborda O aparelho psíquico e o mundo interno, e o IX estuda O mundo interno.

Este trabalho de FREUD, considerado muito importante porque é uma espécie de inventário da sua obra, com as suas posições finais, aparece na Standard Edition, no volume XXIII.

Escolas (de psicanálise)

A ciência psicanalítica, criada por FREUD há mais de um século, é na atualidade uma frondosa árvore, de raízes profundas e bem nutridas, com um tronco espesso e sólido, dando bons frutos, germinando novas sementes e produzindo muitas ramificações. Nessa metáfora, pode-se dizer que muitos dos ramos fertilizaram e produziram novos arbustos, conservando a essência da árvore-mãe, enquanto outras não tiveram o mesmo fim. Assim, entre algumas dissidências e muitos desviacionismos, predominou um maior número de seguidores fiéis, tanto ampliadores como refutadores. Alguns desses psicanalistas, mercê de contribuições originais que conseguiram atravessar sucessivas gerações de praticantes da psicanálise e ganharam novas ramificações, aliadas a uma liderança carismática, fundaram novas escolas de psicanálise.

O conceito de *escola*, como aqui entendido, deve atender às seguintes cinco condições básicas: 1. O autor que a criou, ou seus seguidores, devem ter aportado conceitos originais. 2. Que esses conceitos não se afastem dos princípios que constituem a essência do legado metapsicológico-teórico-técnico de FREUD. 3. Que essas concepções originais tenham aplicabilidade na prática psicanalítica clínica. 4. Que sejam conceitos que atravessem gerações de psicanalistas. 5. Que sucessivamente inspirem e dêem novos frutos e ramos.

Dentre as correntes psicanalíticas que preenchem as condições arroladas acima, há sete escolas – especificadas adiante – que merecem ser destacadas. Cumpre ressaltar que, até há pouco, os psicanalistas costumavam se filiar a uma escola sem querer saber muito das outras, enquanto a crescente tendência atual é a de uma *formação pluralista*, isto é, prevalece o consenso de que a verdade analítica não está nos autores, mas, sim, nos nexos entre eles.

As sete escolas referidas são:

1. Escola Freudiana. Iniciada por FREUD e os pioneiros, seus seguidores imediatos, após ficou centralizada em A.FREUD e seus seguidores da Sociedade Britânica de Psicanálise.

2. Teóricos das Relações Objetais. Os principais representantes são FAIRBAIRN e principalmente M.KLEIN, com uma plêiade de importantes seguidores.

3. Escola da Psicologia do Ego. Fundada nos Estados Unidos por HARTMANN, seguida por outros psicanalistas inovadores. Na atualidade, em especial após os trabalhos de M.MAHLER e colaboradores, essa corrente é conhecida como *Psicologia do Ego Contemporânea*.

4. Psicologia do Self. Foi fundada por H. KOHUT, também nos Estados Unidos.

5. Escola Francesa de Psicanálise, ou, como muitos preferem denominá-la, Escola Lacaniana, levando em conta que o grande inspirador foi a figura controvertida de J. LACAN.

6. Escola dos seguidores de WINNICOTT.
7. Escola dos seguidores de BION.

Essas sete escolas aparecem descritas nos verbetes específicos.

Escola Freudiana de Psicanálise (ou Escola Estruturalista) [LACAN]

Em junho de 1964, J.LACAN fundou a Escola Freudiana de Psicanálise (EFP). O termo *Escola* foi adotado em lugar de *Sociedade* ou *Associação*, como é praxe, justamente com o propósito de propor uma modificação nos padrões clássicos da IPA, que seguem uma hierarquia com um escalonamento gradual de postos e posições. LACAN pretendia seguir a transmissão do saber conforme a tradição das escolas gregas. Dessa forma, cercado de brilhantes psicanalistas, como S. LECLAIRE, P.AULAGNIER, J.LAPLANCHE, B. PONTALIS, entre outros, LACAN, entre 1964 e 1967, propôs quatro modificações essencialmente diferentes daquelas tradicionalmente adotadas pela IPA: 1. Abolição da distinção entre análise didática e análise terapêutica. 2. Desobrigação dos candidatos à formação analítica de serem compelidos a escolher seu analista dentro de uma lista de didatas ungidos pela instituição, de modo que podiam fazer a análise com qualquer analista da EFP ou de uma outra Sociedade. 3. Abolição da obrigatoriedade de manter um tempo fixo de duração da sessão de análise (podia ser mais ou bastante menos do que os clássicos 50 minutos). 4. Aceitação de pessoas não-psicanalistas como pertencentes à Escola.

Essa última concessão atraiu um enorme número de jovens, tanto terapeutas que não aceitavam a psicanálise clássica, como também pertencentes da juventude altamente intelectualizada, especialmente os provindos da *École Normale Superieure*.

Em 1967, LACAN propôs o sistema de admissão de candidatos para a formação, conhecido como passe (ver o verbete), o qual sofreu a desaprovação de muitos importantes analistas da EFP, entre os quais P.Aulagnier. Esses analistas alertaram Lacan quanto aos riscos de uma excessiva permissividade, mas perderam na votação para a grande maioria dos jovens analistas, que ficaram exultantes com a facilitação propiciada pelo passe. Os dissidentes abandonaram a Escola e fundaram a *Organisation Pychanalytique de Langue Française* (OPLF), também conhecida como o Quarto Grupo.

Em 1978, Lacan reconheceu que o sistema de passe entrou num *impasse* e que sua utopia de evitar um sistema burocrático esclerosado fracassou. Daí em diante, acometido por distúrbios cerebrais que gradativamente foram complicando um processo de afasia e uma incapacidade para escrever, Lacan foi se desligando e delegando a total liderança da EFP para o seu genro, J.Allain Miller.

Em 1980, Lacan anunciou a dissolução da Escola, que, então, num processo de gigantismo difícil de controlar, contava com mais de 600 membros e passou a sofrer sucessivas dissidências com a formação de inúmeras outras *escolas lacanianas*.

Escopofilia (voyeurismo) [Freud]

A escopofilia, desde há muito tempo, foi considerada uma forma de perversão pela qual o sujeito só consegue encontrar satisfação sexual quando consegue flagrar uma nudez, total ou parcial, de um ou de vários outros. Freud estudou esse desvio sexual juntamente com o exibicionismo, caso no qual o sujeito deseja mostrar-se nu, mais precisamente, a exibir as suas partes genitais.

Na atualidade, considera-se que as crianças, e muitos adultos que não são perversas, podem ser tentadas pelo desejo de olhar pessoas nuas e de serem olhadas em estado de nudez e, mais especificamente, mostrando sua genitália.

Escritos [Lacan, 1966]

O título original desse importante livro é *Écrits*. Consiste no conjunto dos principais trabalhos de Lacan escritos no período de 1949 a 1960, que foram reunidos e publicados em 1966, constituindo a coluna mestra de toda sua longa obra.

Em 1988, foi lançada sua tradução para o português.

Escuta analítica (conceito de técnica)

Antes de tudo, é necessário estabelecer uma distinção entre *ouvir* (função fisiológica de audição) e *escutar* (implica envolvimento emocional). A conceituação de *escuta* no campo analítico abarca, no mínimo, dois planos: o da comunicação primitiva e o da escuta das narrativas do paciente, e das interpretações do analista.

Comunicação primitiva. Cada vez mais os psicanalistas estão valorizando a escuta daquilo que o analisando está transmitindo, inconscientemente, através de uma comunicação primitiva, não verbal, expressa pela via de canais como:

1. A linguagem *corporal* (de distintas maneiras, o corpo fala!, e, tal como uma mãe que descodifica as necessidades que o bebê manifesta através do corpo, sob a forma de rictos de dor ou sorrisos de prazer, diarréia, vômitos, etc., também o analista deve compreender e escutar a linguagem dos gestos, atitudes, formas de o paciente se vestir e tratar seu corpo, as somatizações, etc). 2. A escuta da linguagem *oniróide* (imagens visuais, devaneios, narrativas místicas, alucinoses, sonhos, etc.). 3. A escuta da *conduta* do paciente (muito especialmente a dos actings). 4. A escuta dos efeitos contratransferenciais (aspecto de relevante importância na prática clínica, porquanto o analista que souber *escutar* os sentimentos contratransferenciais que o paciente despertou nele estará apto a transformá-los em empatia).

Escuta das interpretações do analista.

Na situação analítica, não basta o analista interpretar corretamente; o importante é que, mais do que exata, a interpretação seja *eficaz* e, para tanto, é fundamental o destino que a interpretação tomou na mente do paciente, isto é, como é sua *escuta* daquilo que lhe é dito. Igualmente importante é que o analista esteja atento para a *escuta da escuta*, isto é, de como o analisando escutou a escuta do terapeuta, e vice-versa.

Também é relevante, no campo analítico, a escuta dos *silêncios*, os quais representam uma linguagem própria, muitas vezes necessária e bastante significativa. A esse respeito, vale mencionar uma metáfora empregada por BION, segundo a qual a música está formada por elementos de *notas-intervalos-notas*, podendo a ausência de som, isto é, a presença do *intervalo*, representar mais vigor e expressividade que a nota musical, por si só.

Igualmente importantes são mais dois aspectos. Um consiste naquilo que T.REICK chamou de *terceiro ouvido*, que corresponde a uma escuta baseada na intuição (ver esse verbete), tal como BION descreveu. Um segundo aspecto é o que se refere à necessidade de, na situação analítica, o terapeuta ter a capacidade para fazer uma escuta *simultânea* dos diferentes níveis sígnicos e simbólicos contidos e transmitidos, num mesmo momento, pela narrativa do paciente.

Espaço mental [FREUD; MELTZER; BION]

É desnecessário frisar que os *espaços* que as diversas facetas do psiquismo ocupam na mente humana não são concretos, mas, sim, virtuais.

Já FREUD, quando formulou sua *Teoria Topográfica* (*topos* em grego significa lugar), transmitia a noção de que o consciente, o pré-consciente e o inconsciente estariam separados, ocupando *instâncias* (o mesmo que *foros*) na mente.

Da mesma forma, na sua segunda tópica – a teoria estrutural, FREUD concedeu espaços, ocupados respectivamente pelo *Id*, pelo *Ego* e pelo *Superego*, chegando a ilustrar todas essas noções com um modelo gráfico.

Em registros distintos, todos os principais autores também aludiram à divisão do espaço mental, porém cabe destacar as concepções de MELTZER e de BION.

MELTZER, em seu livro *Exploración del autismo* (1975), ao tratar do problema da adesividade, descreve quatro tipos de espaço mental, que ele denomina *dimensionalidade da mente* e que são:

1. *Espaço unidimensional*, aquele no qual o espaço e o tempo se fundem numa dimensão linear, não se distinguem entre si e não permitem a formação da memória e muito menos do pensamento. Esse tipo de espaço primitivo – característico dos estados autísticos – é comparado por MELTZER a uma ameba, que se comunica com o mundo somente através da emissão de pseudópodos, ou seja, no caso dos autistas vale dizer *pseudópodos mentais*.

2. O *espaço bidimensional*, característico da identificação adesiva, não vai além de um contato – de superfície – do ego do sujeito com outras *superfícies* de pessoas necessitadas, que são valorizadas somente pelo que elas gratificam ou frustram.

3. O *espaço tridimensional* é aquele no qual predominam as *identificações projetivas*, as quais, diz MELTZER, quando usadas exageradamente, impedem a emancipação da pessoa e determinam os quadros de pseudomaturidade.

4. O *espaço tetradimensional* é concebido por MELTZER como aquele no qual, saindo do narcisismo e passando satisfatoriamente pela posição depressiva, o sujeito adquire uma discriminação do espaço e do tempo, reconhece a existência e a autonomia do outro, de modo que a mente encontra

um espaço que lhe permite perceber, conhecer e pensar.

BION empresta especial importância, principalmente para a prática analítica, ao reconhecimento de diferentes espaços virtuais na mente de qualquer pessoa, o que está bem traduzido na sua concepção de parte psicótica e parte não psicótica da personalidade. BION vai mais longe e, numa breve passagem de sua obra, chega a comparar o psiquismo a um mapa múndi, com distintas regiões do psiquismo bem delimitadas e diferençadas entre si.

Comentário. Inspirado nessa metáfora de BION, penso que, da mesma forma como acontece com o mapa que representa o mundo, também a geografia do psiquismo de cada sujeito vai sofrendo transformações com o correr do tempo. Igualmente, penso que existem: pontos cardeais psíquicos que apontam para uma direção ou outra; zonas pacíficas com outras turbulentas; superfícies amenas e montanhas íngremes; regiões polares, onde tudo é frio, branco, desértico, numa alternância com zonas equatoriais, tórridas, temperamentais; vulcões inativos, com a possibilidade de voltar à atividade, emitindo lavas destrutivas. Além desses, na mente há fenômenos climáticos iguais aos do *El niño*, no duplo sentido da expressão, tanto com a *parte criança* de qualquer pessoa, como no sentido de uma forte turbulência do clima emocional.

Completo a imagem metafórica, propondo o termo *Bússola Empática*, como um instrumento imprescindível para melhor poder navegar (primeiro o analista e, conseqüentemente, aos poucos, o analisando) nessa geografia mental tão cheia de acidentes, mistérios e imprevistos, ao mesmo tempo em que se constitui numa viagem fascinante, cheia de descobertas.

Espaço transicional [WINNICOTT]

Com esse trabalho, WINNICOTT (1951) começa seus estudos relativos aos fenômenos e objetos transicionais. Essa concepção original alude ao fato de que a passagem do subjetivo mundo interno e imaginário do bebê para o mundo real e objetivo processa-se, inicialmente, por meio de uma espécie de ponte de transição entre ambos. Assim, cria-se um espaço virtual, que WINNICOTT denomina às vezes *espaço transicional*, outras vezes *espaço potencial, área da ilusão*, ou *área da criatividade*, porquanto o trânsito entre a fantasia e a realidade possibilita alto potencial e riqueza de criatividade, inclusive artística.

WINNICOTT assinala que uma característica essencial relativa a esse espaço potencial é a existência de um *paradoxo* e a *aceitação do paradoxo*, pois "o bebê cria o objeto, mas o objeto estava lá esperando para ser criado; no entanto, pelas regras do jogo da educação, o bebê nunca será desafiado a obter uma resposta para a pergunta: você criou isso ou você o encontrou?".

O espaço transicional, ou seja, *a área da ilusão de onipotência* do bebê consiste no fato de ele vivenciar o seio da mãe como fazendo parte do seu próprio corpo. No início, a mãe (ou o analista na situação analítica) deve aceitar essa ilusão, porém, aos poucos, deve processar uma progressiva *desilusão das ilusões* até que a criança perceba que tem a *possessão* do objeto seio, mas que ela não é o seio.

Espátula, jogo da [WINNICOTT]

WINNICOTT, descreveu esse jogo que, na década de 30, ele praticava com as crianças que atendia. A espátula consistia em objetos metálicos reluzentes, prateados e brilhantes, que eram dispostos em sua mesa de trabalho em ângulo reto, facilmente acessíveis, de sorte que ele observava como as crianças entre cinco e treze meses se relacionavam com essa espátula.

Ele aponta para três tipos de reações: 1. A criança vê e busca a espátula, só se desinteressando dela quando observa que está sendo observado por um adulto. 2. Pega a espátula e a leva à boca. 3. Deixa a espátula cair.

WINNICOTT considerava que essas etapas sempre surgiam e, na hipótese de não ocorrerem, ele acreditava que algo não ia bem com a criança, de sorte que ele empregava este jogo como um instrumento diagnóstico.

Espelho [FREUD, LACAN, WINNICOTT, KOHUT]

Pesquisadores que se dedicam à observação direta de crianças mostram a importância do espelho físico e da função especular desde as mais precoces etapas evolutivas. Isso encontra respaldo nas distintas concepções, teóricas e técnicas, de importantes autores.

FREUD mencionou, sem se aprofundar, o *jogo do espelho*, tal como está descrito no verbete carretel (jogo do).

LACAN, em 1936, em *Écrits (1970)*, descreveu o estágio (ou etapa) do espelho, afirmando que a partir dos seis meses a criança começa a conquistar a imagem da totalidade de seu corpo, que até então está toda *despedaçada* (*corps morcelê* no original francês). Essa *etapa do espelho*, segundo LACAN, prolonga-se dos 6 aos 18 meses e processa-se em três fases fundamentais.

Em um *primeiro* momento, a criancinha percebe o seu reflexo no espelho, como se fosse de um outro ser real, do qual procura aproximar-se ou apoderar-se. Em uma *segunda* fase, a criança percebe que o outro do espelho não é um ser real, que não passa de uma imagem e, por isso, ela não vai mais procurá-lo atrás do espelho. A *terceira* fase consiste em que a criança já sabe que o refletido é apenas uma imagem dela própria. Nessa ocasião, ela manifesta um intenso júbilo e gosta de brincar com os movimentos do seu próprio corpo no espelho.

LACAN também entende o espelho como uma metáfora do vínculo entre a mãe e o filho, que progride desde a dimensão visual e imaginária, a qual permite a ilusão de uma completude onipotente (da primeira fase) até o da dimensão simbólica, coincidente com a aquisição da linguagem verbal.

WINNICOTT, em seu trabalho de 1967 "O papel de espelho da mãe e da família no desenvolvimento da criança"(1975), concebeu uma de suas mais originais e frutíferas contribuições, numa concepção diversa a de LACAN, embora admitindo que se baseou na *etapa do espelho* deste último. Assim, textualmente, no trabalho acima aludido, WINNICOTT afirma que: "O precursor do espelho é o rosto da mãe. O trabalho de JACQUES LACAN, *Le Stade du Miroir* (1949), por certo me influenciou (...) Entretanto, LACAN não pensa no espelho em termos do rosto da mãe da maneira como desejo fazer aqui: o que o bebê vê, quando olha para o rosto da mãe? Sugiro que, normalmente, o bebê vê é ele mesmo".

Numa **frase** poética, WINNICOTT afirma que: "o primeiro espelho da criatura humana é o rosto da mãe, sobretudo o seu olhar. Ao olhar-se no espelho do rosto materno, o bebê vê-se a si mesmo. (...) Quando olho, sou visto, logo existo. Posso agora me permitir olhar e ver".

Nesse contexto, cresce muito a responsabilidade da mãe real, pois, sendo um espelho do seu filho, ela tanto pode refletir o que ele realmente é, ou, qual um espelho que distorce imagens, típico dos parques de diversão, a mãe pode refletir o que ela própria é, ou imagina ser.

KOHUT utiliza a expressão objetos do self (1971) para referir-se a dois tipos de objetos primordiais, especulares: 1. Os que funcionam como um espelho da criança e que, mediante incessantes elogios e admiração a este, outorgam-lhe uma imagem de *self* grandioso. 2. O objeto parental que reflete

para o filho uma imagem grandiosa que os pais têm de si próprios, constituindo a imago parental idealizada.
Além disso, KOHUT contribuiu para a técnica analítica ao trazer a sua noção de transferência narcisista, nas suas três modalidades: a fusional, a gemelar e a especular, conforme aparecem no verbete transferência.

Esquizofrenia

Termo cunhado pelo psiquiatra suíço BLEULER. Até então a esquizofrenia era conhecida como *demência precoce*. FREUD não gostava de nenhum desses dois nomes – utilizava a terminologia de neurose narcisista – e chegou a propor a denominação de *parafrenia* para caracterizar essa forma de psicose.
Mais precisamente a partir do *Caso Schreber*(1911), FREUD considerava que a característica principal dessa psicopatologia psicótica, consistia num desapego da libido do mundo exterior e sua regressão para o ego, diferentemente das neuroses, nas quais a libido é investida em objetos substitutos.
FREUD também dedicou-se a estabelecer diferenças entre a esquizofrenia e a paranóia, sempre dentro de uma perspectiva da conflitiva edípica, porém, na verdade, ele nunca se aprofundou no estudo dos transtornos esquizofrênicos.
Ademais, manifestava abertamente sua descrença quanto à indicação do tratamento psicanalítico para esses pacientes, sob a alegação principal de que, se eles retiram a libido do exterior, não se formaria a transferência, e como essa é a condição *sine qua non* para a análise, essa ficaria impossibilitada.
M. KLEIN, com os seus estudos relativos ao desenvolvimento emocional primitivo do bebê, trouxe uma inestimável contribuição para uma melhor compreensão dos psicóticos, de sorte que alguns importantes psicanalistas, pacientes e seguidores dela, como H.SEGAL, ROSENFELD, BION e, posteriormente MELTZER, praticaram tratamento psicanalítico com pacientes esquizofrênicos, com brilhantes resultados acadêmicos, ainda que com duvidosos resultados terapêuticos.
Comentário. É útil lembrar que a palavra *esquizofrenia* resulta dos étimos gregos *schizos*, corte, cisão + *phrenes*, mente. O último também quer dizer *diafragma*. A relação entre *diafragma* e *mente* decorre do fato de que o poeta Homero observara que "quando uma pessoa pensa e se expressa, o seu diafragma sobe e desce".

Esquizóide, personalidade [FAIRBAIRN]

Trabalhando na Escócia, o renomado psicanalista R.FAIRBAIRN descreveu uma *posição esquizóide*, pela qual o ego fica cindido (*esquizos*, em grego quer dizer cisão) em diferentes aspectos, como são o ego *central*, os distintos egos *sabotadores*, etc.
Do ponto de vista clínico, os pacientes esquizóides apresentam uma cisão na personalidade, de sorte que, por exemplo, podem manter uma vida profissional bem sucedida, com talentos e capacidades autênticas, ao mesmo tempo em que mostram uma frieza afetiva e uma incapacidade para amar e deixar-se ser amado.
A causa mais comum reside na primitiva falha da função *continente* da mãe, que não pôde acolher, conter e processar as demandas e angústias do bebê, de modo que este se tornou temeroso de que suas exigências amorosas tenham ficado cruéis e destrutivas e que seu amor seja desprezível ou maligno. O risco disto acontecer aumenta nos casos em que a falha do continente materno provém de uma mãe deprimida.
Nestes casos, as pessoas esquizóides têm dificuldade de odiar e de amar, e vivenciam o enamoramento como um extravasa-

mento da libido represada, o que pode ocasionar uma sensação de *fusão* com a pessoa amada. Para fugir do receio de uma regressão com extrema dependência, aprisionamento e perda de identidade, o sujeito esquizóide lança mão de mecanismos defensivos, como os de *isolamento* afetivo, um rígido controle obsessivo e, especialmente, de defesas esquizóides, ou seja, uma *clivagem* de aspectos do ego, pulsões e de objetos, os quais, de acordo com M.KLEIN, são colocados *dentro* de outras pessoas através de *identificações projetivas*.

Esquizo-paranóide, posição [M. KLEIN]

Como a etimologia desse termo designa, os mecanismos defensivos predominantes nessa posição são os de *dissociação* (o étimo grego *esquizo* significa cisão, corte, divisão, tal como aparece em *esquizofrenia*, ou seja, *divisão da mente*), e os de projeção (implícitos no termo *paranóide*, o qual indica que se trata de uma *paragnose*, ou seja, de um distúrbio da percepção e do conhecimento do sujeito).

A necessidade de preservar a experiência prazerosa e de rechaçar a dolorosa leva à primeira dissociação (ou *clivagem* ou *splitting*), de modo que, segundo M.KLEIN, toda a qualidade da formação do psiquismo gira em torno do – estruturante – seio bom, ou do – desestruturante – seio mau. A ênfase de M.KLEIN nos processos dissociativos determinou uma profunda modificação na teoria e técnica da psicanálise, tendo em vista que o interesse maior de FREUD era para os processos de repressão.

Referidas clivagens não dizem respeito unicamente aos objetos, mas também às pulsões, ansiedades e aspectos do ego. Os pedaços resultantes das sucessivas dissociações necessitam ser expelidas, o que é realizado por meio do mecanismo de projeções, mais exatamente, para M.KLEIN, por meio de identificações projetivas.

Na clínica psicanalítica de adultos, a manutenção predominante da posição esquizo-paranóide – quer por detenção do processo evolutivo, quer por regressão aos primitivos pontos de fixação – transparece, na maioria das vezes, nas manifestações sintomáticas ou caracterológicas, nas quais o sujeito, mercê do uso abusivo de clivagens e identificações projetivas excessivas (expressão de BION), desenvolve sintomas como alucinações, ideação persecutória, etc.

Estilos de narrativa e de interpretação
[D. LIBERMAN, A.FERRO]

Uma frase do pensador BUFFON – "O estilo é o homem" – define bem a importância que, mais restritamente na situação analítica, o estilo de comunicação, tanto de parte das narrativas do paciente, como da atividade interpretativa do analista, representam para a evolução do processo de *transformações* analíticas.

Em relação ao estilo do analisando, impõe-se mencionar o psicanalista argentino D. LIBERMAN (1971), que estabeleceu uma interessante ligação entre a caractereologia pre-dominante num determinado paciente e seu estilo narrativo. O autor descreveu seis modalidades de estilos, que ele denominou: *reflexivo, lírico, épico, narrativo, suspense e estético.*

Num outro registro, ANTONINO FERRO (1996) faz uma enriquecedora contribuição à psicanálise contemporânea com sua descrição dos *gêneros* (ou *derivados*) narrativos que se processam em diferentes dimensões do psiquismo, como são os que ele enumera: 1. *Lúdico* (o brincar da criança). 2. *Gráfico* (o desenho feito na sessão). 3. *Sensorial* (alude ao corpo, sob a forma de borborigmos intestinais, espirros, tosse, etc.). 4. *Motor* (remete aos actings); 5) *Onírico*, o qual Ferro considera como sendo o fundamental porque "remete à possibilidade de se utilizar o sonho como narração do aqui-agora, isto é, como relato que exprime a qualidade do elemento a ativado naquele momento".

Comentário. Relativamente ao estilo de o analista interpretar, é interessante registrar que a palavra *estilo* deriva de *stilus* que, em latim, designa um estilete com duas pontas, uma aguda que serve para cortar, e a outra, romba, que serve para aparar e dar forma. É importante considerar que devem ser preservados e respeitados, ao máximo, os modos genuínos e autênticos do estilo de cada um em particular. No entanto, é necessário alertar que determinados *estilos interpretativos* podem exercer um efeito nocivo ao êxito da análise e se constituírem erros técnicos, patogênicos.

Dentre esses, cabe registrar os estilos de natureza: 1. *Superegóica* – as interpretações, disfarçadamente, estão veiculando acusações, cobranças e expectativas a serem cumpridas. 2. *Pedagógica* – às vezes, elas constituem-se verdadeiras 'aulinhas'. 3. *Doutrinária* – pelo uso de uma retórica (a arte de convencer os outros) e com um possível vício de o analista querer "confirmar" ou "demonstrar" que sua interpretação é a correta. 4. *Deslumbradora* – de ocorrência freqüente nas formulações por parte de analistas excessivamente narcisistas, com um provável risco de o analista deslumbrar (etimologicamente: do castelhano *des*, tirar + *lumbre*, luz,) seu analisando. 5. *Pingue-pongue* – o analista mantém com seu paciente um *bate-rebate*, de tal sorte que não se formam espaços para silêncios, os quais muitas vezes são muito necessários. 6. *Intelectualizador* – as interpretações podem ser brilhantes e até corretas, porém resultam ineficazes, porque não vêm acompanhadas de um contato emocional, e corre o risco de fortificar as defesas obsessivas de certos pacientes.

Estranho, O [FREUD]

O termo *estranho* é uma das traduções para idioma português (as outras duas, mais costumeiras, são: *o sinistro* e *o sobrenatural*) da expressão original de FREUD *Unheimlich* (na versão da *Standard Edition* inglesa, *The uncanny*). Nesse artigo de 1919, que na Standard Edition brasileira aparece com o nome de "O sobrenatural", Freud define o *estranho* como tudo que já foi familiar para a vida psíquica, mas que foi recalcado. É tudo que deveria ter permanecido oculto e secreto mas que veio à luz, de modo que as en-tranhas psíquicas se tornam es-tranhas.

É comum, no curso das análise, que o contato com o estranho produza uma sensação de confusão, loucura e morte, tanto no paciente, por se defrontar com o que sempre o aterrorizou, quanto é possível esse sentimento ser despertado no analista. Isso ocorre porque as projeções transferenciais, que hoje chamaríamos de *identificações projetivas* do paciente, provocando *contra-identificações projetivas* no analista, podem transitoriamente fazer com que ele funcione como uma espécie de *duplo* do analisando.

Estrutural, teoria [FREUD]

Estrutura é um conjunto de elementos que, separadamente, têm funções específicas, porém que são indissociadas entre si, interagem permanentemente e influenciam-se reciprocamente. Ou seja, diferentemente da primeira tópica de FREUD (teoria topográfica), a segunda tópica – *teoria estrutural* – é eminentemente ativa, dinâmica (ver o verbete *dinâmico*).

Essa concepção estruturalista de Freud ficou cristalizada a partir de "O Ego e o Id" (1923), e consiste em uma divisão tripartite da mente em três instâncias : O *id*, o *ego* e o *superego*.

Estudo autobiográfico, Um [FREUD, 1925]

Trabalho composto de seis partes. A parte I é intitulada "O período pré-analítico"; a II aborda a "Hipnose, histeria, neuroses atuais"; a III trata das "Teorias básicas da psicanálise"; a IV enfoca a "Técnica da psicanálise"; a parte V é intitulada "Colaboradores, desertores e nova teoria das pulsões" e a parte VI é "História da análise aplicada".
Ao final, há um "Pós-escrito" o qual refere que a obra aborda dois temas: a história da vida de FREUD (embora não seja uma autobiografia) e a história da psicanálise. Ambos estão intimamente ligados. Nesse *estudo autobiográfico* transparece seu otimismo em relação à psicanálise como ciência e o pós-escrito destaca que, nos últimos tempos de sua vida, FREUD voltou a pesquisar interesses que prenderam sua atenção na juventude: a cultura.
Esse trabalho está publicado no volume XX, na página 17 da Standard Edition brasileira.

Estudos Psicanalíticos Revisados [BION, 1967]

O título original desse livro é *Second Thouhts* (na edição castelhana, *Volviendo a Pensar*). É considerado um dos mais conhecidos e vendidos da obra de BION. Consiste numa coletânea de trabalhos escritos no período de 1950 a 1962, logo, no apogeu de seus estudos sobre as psicoses e os psicóticos.
São oito os artigos que compõem o livro: "O gêmeo imaginário" (1950); "Notas sobre a teoria da esquizofrenia" (1954);" O desenvolvimento do pensamento esquizofrênico" (1956); "Diferenciação entre as personalidades psicóticas e as não psicóticas" (1957); "Sobre a alucinação" (1958); "Sobre a arrogância" (1958); "Ataques ao vínculo" (1959); e "Uma teoria do pensamento" (1962).
A obra completa-se com "Comentários", uma interessante abordagem que BION faz acerca desses seus trabalhos, revistos a partir de uma perspectiva de muitos anos após tê-los escrito.

Estudos sobre a Histeria [FREUD, BREUER, 1895]

Verdadeiro marco na história da psicanálise, esse livro foi escrito conjuntamente por FREUD e BREUER, e, com aproximadamente 300 páginas, consta de quatro capítulos e mais dois apêndices. A publicação das "Comunicações preliminares" foi feita através do estudo do caso de Frau Cecile M.
No capítulo 2, denominado "Relatos de casos", são relatados os de Fräulein *Anna O.* (BREUER), e também os clínicos de FREUD, como o de Emmy von N.(o primeiro a ser tratado pelo método catártico), Miss Lucy R., Katharina, Fräulein Elisabeth von R., Rosália H, Cecile, todas elas apresentando sintomas conversivos.
O capítulo 3, intitulado "Seção teórica", conta com seis abordagens diferentes feitas por BREUER, quais sejam: "Serão os fenômenos histéricos todos eles ideogênicos?", "Excitações tônicas intracerebrais – Afetos", "Conversão histérica", "Estados hipnóides", "Idéias inconscientes e idéias inadmissíveis à consciência – Divisão da mente", "Disposição inata – Desenvolvimento da histeria".
O capítulo 4 é ocupado pelo trabalho de FREUD "A psicoterapia da histeria".
O apêndice A aborda "A cronologia do caso de Frau Emmy von N., e o B consta da "Relação dos trabalhos de Freud que tratam principalmente da histeria de conversão.
Os *Estudos sobre a Histeria* estão no volume II da *Standard Edition* brasileira.

Etchegoyen, Horacio

Eminente psicanalista argentino que deu uma riquíssima contribuição à psicanálise, através de inúmeras publicações, de participações em congressos internacionais e de atividades administrativas associativas. Merece ser especialmente destacado por dois aspectos: um, por ser o autor do consagrado livro *Fundamentos da Técnica Psicanalítica* (1987); outro, por ter sido o primeiro psicanalista sul-americano eleito Presidente da IPA, fato que se deu em 1991, em Buenos Aires, quando, pela primeira vez, essa entidade realizou seu congresso internacional num país da América do Sul. ETCHEGOYEN foi analisado por H.RACKER e tem uma formação de raízes predominantemente kleinianas. Porém demonstra familiaridade com as concepções de todas as correntes psicanalíticas. É filiado à APdeBA (Associação Psicanalítica de Buenos Aires).

Etologia

O termo *etologia* designa o "estudo dos hábitos dos animais e da acomodação dos seres vivos às condições do ambiente". A aproximação da psicanálise à etologia pode ser medida por alguns estudos, como os dois seguintes.

1. Os etólogos descrevem o fenômeno denominado *imprinting*, o qual consiste na observação experimental de que, em algumas espécies animais, as influências ambientais, durante um certo tempo, geralmente curto, da vida evolutiva, ficam impressas de forma definitiva e indelével, assim determinando todo o futuro comportamento dos filhotes. A especulação da possibilidade de que o mesmo fenômeno se processe na espécie humana, no período que corresponde ao da identificação primária, talvez possa abrir um enorme horizonte de possibilidades para a compreensão de aspectos primitivos da estruturação do psiquismo.

2. LACAN, para embasar os seus estudos sobre a especularidade, utilizou as pesquisas dos etólogos que comprovam o fato de que uma pomba não ovula enquanto está só, mas, sim, que a ovulação se dará em determinado momento de seu ciclo, se ela for colocada junto a outra pomba, ou frente à sua própria imagem refletida por um espelho.

3. A etologia demonstra que existe o que cabe chamar-se de *instinto da territorialidade*, ou seja, os animais procuram demarcar seu espaço territorial e o defendem com unhas e dentes. Da mesma forma, inspirados nessa observação da etologia, é possível afirmar que também o ser humano considera o território que ele ocupa como sendo uma expansão do seu próprio corpo.

Assim, se levarmos em conta a equação assinalada por FREUD, de que *Ser* se confunde com *Ter*, e vice-versa, pode-se entender que, no plano social, a construção do sentimento de identidade se estende ao plano econômico, porquanto a expansão das posses se superpõe com o de um aumento da territorialidade.

O importante disso é que o *desejo de se apossar da posse dos outros* é que leva à violência, de sorte que, a exemplo do que se passa no reino animal, o maior caminho para a violência é o desejo do poder!

Evacuação [FREUD, ABRAHAM, BION]

Termo utilizado na psicanálise em dois registros distintos. FREUD descreveu as características do período anal, destacando não somente as fantasias ligadas às fezes, mas também em relação ao próprio ato da evacuação. ABRAHAM aprofundou esses estudos descrevendo as duas etapas do ato evacuatório: a *anal retentiva* e a *expulsiva*. Todos esses aspectos manifestam-se cinicamente nas neuroses, especialmente as obsessivas. BION, por sua vez, emprega a palavra *evacuação* para designar o fenômeno psíquico que consiste numa expulsão que a mente faz dos elementos β (que são impressões sensoriais e experiências emocionais que não foram transformadas em elementos α). Essa evacuação se processa através do uso excessivo de identificações projetivas para dentro (por exemplo, em algumas somatizações), ou para fora (como pode ser em actings, ou na mente do analista, provocando efeitos contratransferenciais).

Evidência [BION-1976]

Artigo que consta do livro *Seminários clínicos e quatro artigos* (1987) e que também foi publicado na *Revista Brasileira de Psicanálise* (19.1.1985), com tradução e notas de P. C. Sandler. É a versão final, editada por FRANCESCA BION, de uma palestra proferida na Sociedade Psicanalítica Britânica, em 1976. Nesse trabalho, baseado na afirmação de FREUD de que os indivíduos sofrem de amnésias e, por isso, inventam as paramnésias para preencher os vazios, BION aventa a hipótese de que a própria teoria psicanalítica poderia estar funcionando nos moldes de uma enorme paramnésia para ocupar o vazio da ignorância dos psicanalistas. Completa BION com a **frase**:

"...seria tão bom se apenas os pacientes o fizessem. E tão afortunado seria se nós não o fizéssemos, e o fazemos para preencher o vazio de nossa aterradora ignorância".

Também é neste trabalho que BION faz considerações acerca dos problemas da prática da psicanálise, especialmente dos que se referem à comunicação, à linguagem utilizada pelo psicanalista, à importância do estado de turbulência, à citação da **frase** de KANT de que "intuições sem conceitos são cegos, e conceitos sem intuições são vazios".

BION conclui o artigo fazendo algumas especulações sobre a existência do psiquismo no embrião fetal.

Evolução [BION]

Quando postula a necessidade de o analista estar na sessão num estado de sem memória,. deve ficar claro que BION se refere à memória que possa estar *saturando* a mente do terapeuta ou a do paciente. Transparece na sua obra que BION é favorável ao surgimento da memória, no analista ou no analisando, desde que ela brote espontaneamente, às vezes surgindo de uma intuição, ou da captação do fato selecionado, assim significando que houve uma *evolução* no psiquismo.

Exibicionismo [FREUD]

FREUD caracterizou o exibicionismo como a contraparte da escopofilia (voyeurismo). Assinalou que o fato de ambas costumeiramente aparecerem juntas pode ser devido a terem um precursor comum: a finalidade sexual de mirar-se a si mesmo. Devido a essa origem, considera que o exibicionismo conserva um caráter mais narcisista do que qualquer outra pulsão parcial. Seu prazer erógeno se vincula sempre a um incremento na auto-estima, imaginado ou efetivamente conseguido pelo fato de que é mirado pelos outros.

Na perversão do exibicionismo, esse êxito é utilizado como um reasseguramento contra os temores de castração. Por exemplo, quando exibe seu pênis, o perverso procura influir os que o olham (geralmente mocinhas colegiais) para assustá-las, com a ilusão de é forte e poderoso, enquanto seu lado frágil e castrado fica projetado nas mocinhas que fogem atemorizadas.

Devido a sua relação estreita com o complexo de Édipo, o exibicionismo evolui de forma distinta num sexo e no outro. Como o homem consegue acalmar sua angústia de castração exibindo seus genitais, o exibicionismo masculino permanece fixado nos genitais, em que desempenha um papel nas preliminares do prazer sexual. Já na mulher, pela razão de que sua idéia de estar de fato castrada, inibe o exibicionismo genital, há um deslocamento do exibicionismo à totalidade do corpo. Não existe uma perversão feminina de exibicionismo genital, porém o extragenital desempenha um importante papel tanto dentro quanto fora da esfera sexual.

Exibicionista, pólo [KOHUT]

Ao descrever a sua concepção de *self grandioso*, KOHUT enfatizou a importância de que as pessoas que acompanham os passos iniciais da evolução da criança respondam positivamente a sua conduta exibicionista – que para a criança tem a finalidade de ser aprovada e admirada – de modo que os adultos educadores confirmem para a criança seu sentimento inato de grandeza, vigor e perfeição.

É neste pólo exibicionista do *self*, onde a criança é olhada empiricamente pela mãe, que KOHUT situa aquilo que está relacionado com as *ambições*. Assim, as respostas adequadas do ambiente ao exibicionismo da criança são muito diferentes das vinculadas a outras necessidades de sobrevivência física, como por exemplo as de alimento e calor. No entanto, KOHUT afirma que a necessidade de aprovação do exibicionismo inicial é tão vital quanto as anteriores. Destaca especialmente, nessa resposta da mãe, o brilho do olhar, o sorriso, a voz, a expressão jubilosa delas, de modo que o ambiente tanto pode facilitar (formar), quanto interferir ou deformar (de-formar) o desenvolvimento do *self*.

Existência [BION, WINNICOTT]

O verbo *existir* deriva dos étimos latinos *ex*, para fora + *sistere*, direito a ser), o que está de acordo com a conceituação de *impulso para existir*, seguidamente empregada por BION.

Para alertar o psicanalista quanto à importância de captar os sinais de vida do paciente, por mais regressivo que ele seja, e entrar em comunhão com esse lado que quer *existir*, BION, em "Seminários Clínicos" (1987), formula a seguinte bela **frase**: "Em algum lugar da situação analítica, sepultada sob massas de neuroses, psicoses e demais, existe uma pessoa que *pugna por nascer*. O analista está comprometido com a tentativa de ajudar a criança a encontrar a pessoa adulta que palpita nele e, por sua vez, também mostrar que a pessoa adulta ainda é uma criança".

WINNICOTT enfatizou bastante a necessidade de a pessoa sentir que está *existindo*, vivendo, e não, unicamente, *sobrevivendo*.

Experiência emocional [BION]

Expressão-chave na obra de BION, que destaca enfaticamente a diferença que há, na situação analítica, entre o aprender *acerca* das coisas e o aprender emocionalmente *com* a experiência das coisas. De forma análoga, na abertura do livro *Aprendendo com a experiência* (1962), esse autor afirma que: "este livro terá fracassado se a própria leitura não for uma *experiência emocional.* Minha esperança é que seja uma experiência que conduza a uma ampliação da capacidade do analista para mobilizar os próprios recursos de conhecimento, observação clínica, construção teórica (...)".

Experiência emocional corretiva
[ALEXANDER, F.]

Cunhada por FRANZ ALEXANDER, essa expressão tornou-se clássica na literatura psicanalítica. Tem o propósito de enfatizar a importância que representa a figura do analista como um novo modelo de superego. Assim, contrariamente às figuras parentais superegóicas que estejam internalizadas no analisando como rígidas e punitivas, a atitude analítica do terapeuta deve possibilitar um abrandamento desse superego ameaçador e castrador, mercê de seu modelo de acolhimento, tolerância, flexibilidade e liberdade.

Comentário. Reitero a minha opinião que, na atualidade, a expressão mais adequada seria a de *experiência emocional transformadora*, tendo em vista que o vocábulo *corretiva* está muito ligado a uma concepção superegóica, moralística.

Experiências em Grupos [BION-1948; 1961]

Os primeiros escritos de BION sobre grupos datam de 1943 ("Tensões intragrupo nas terapias") e passam por 1946 ("Projeto de um grupo sem líder"). Esses artigos e outros mais foram reunidos em 1948 no livro *Experiências em Grupos*.

Em 1952, BION publicou "Dinâmica de grupo: uma revisão", e em 1961, sob a motivação de que "estes artigos despertaram um interesse maior do que eu esperava", tornou a reunir todos esses textos e os publicou em um livro também intitulado *Experiências em grupos*.

Extratransferência (conceito de técnica)

É incontestável a importância de que o analista formule as suas interpretações ao rubro da situação transferencial, todas as vezes em que isso for adequado e possível. No entanto, existe uma tendência na psicanálise contemporânea de evitar o nada incomum uso abusivo, sistemático e unicamente formulado em termos, de reduzir tudo o que o analisando disser à clássica fórmula: "isso é aqui-agora-comigo-como lá e então".

Para muitos pacientes, essas interpretações não funcionam, porquanto há a possibilidade de que ainda não tenha se formado uma transferência (embora haja transferência em tudo, nem tudo é transferência a ser interpretada) e essa precisa ser construída, aos poucos, no curso da análise. Nesses casos, a interpretação dos sentimentos que o paciente traz embutidos nas narrativas de fatos exteriores – e é isso que constitui a *extratransferência* – podem ser perfeitamente úteis.

F

F [BION]

Essa letra, na *Grade* de BION, designa a sexta fileira, alusiva ao nível da capacidade de formação de conceitos.

Facho de escuridão (conceito de técnica) [BION]

Para BION, o cerne da psicanálise se constitui na busca de O (inicial de *origem*), ou seja, da *verdade absoluta*, da *realidade última*, e essa busca fica prejudicada caso a sensorialidade prevaleça sobre a sensibilidade *intuitiva*. Assim, ele afirma que o "desejo é uma intrusão no estado mental do analista, que esconde, disfarça e obscurece aquele aspecto do O que se mantém desconhecido e desconhecível. Este é o ponto escuro, que precisa ser iluminado pela cegueira". BION (1970, p. 76) completa essa concepção com a seguinte **frase:** "Memória e desejo são iluminações que destroem o valor da capacidade do analista para observação, como a penetração da luz numa câmara destrói o valor do filme exposto".
Aliás, essa *iluminação pela cegueira*, que veio a ser denominada por BION como um penetrante *facho de escuridão;* uma réplica do holofote", ele a concebeu baseado em FREUD que, numa correspondência com LOU ANDREAS-SALOMÉ escreveu que "é preciso cegar-se artificialmente para se ver melhor". Essa analogia fica ainda mais clara com a metáfora de que "as estrelas somente são visíveis no escuro".

Fairbairn, Ronald

Eminente psicanalista da Sociedade Britânica de Psicanálise, FAIRBAIRN morava e trabalhava em Edimburgo, Escócia, onde estudou e graduou-se em Filosofia Mental. Empreendeu a seguir estudos extensivos de grego de temas religiosos, filosóficos e psicológicos, tanto na Grã-Bretanha como na Alemanha. Fez o curso de medicina voltado para o objetivo específico de especializar-se em medicina psicológica. Sua formação humanística facilitou-lhe a percepção das proposições de M.KLEIN acerca da priorização do enfoque das relações objetais, indo além do paradigma freudiano vigente que sobremodo enfatizava as pulsões do indivíduo.
De início fortemente inspirado pelos trabalhos de M.KLEIN, FAIRBAIRN formou suas próprias concepções a partir de 1940, com seu trabalho sobre *fenômenos esquizóides*. De uma forma bastante esquemática, pode-se

enumerar as seguintes contribuições importantes de FAIRBAIRN:

1. A libido é uma energia que busca objetos e não o prazer, como postulava Freud.
2. Descartou o conceito de pulsão de morte.
3. Conserva a noção de energia instintiva libidinal (libido), e a considera como proveniente do *ego*.
4. Atualizou e enfatizou a valorização do objeto real exterior.
5. As zonas erógenas não são, por si mesmas, determinantes primárias dos fins libidinais, mas, sim, *canais* que veiculam os fins primários do ego em busca de objetos que os satisfaçam.
6. O desenvolvimento do ego se forma através de relações objetais que se processam desde o início da vida e seguem, sob a pressão das privações e frustrações.
7. As chamadas fases oral, anal e fálica são na verdade *técnicas* empregadas pelo ego para regular as relações objetais, sobretudo com os objetos internalizados (em parte, FAIRBAIRN excetua a fase oral).
8. O desenvolvimento do ego está intimamente ligado ao da dependência infantil, a qual deve ir sendo gradualmente substituída por uma dependência adulta, ou madura, baseada na diferenciação entre o objeto e o *self*.
9. Entre a época da dependência infantil e a da dependência adulta, existe uma estágio transacional, no qual o ego utiliza *técnicas transicionais* que, conforme a configuração, determinará os quadros obsessivos, fóbicos, paranóides ou histéricos.
10. A repressão não está dirigida contra pulsões, mas, sim, contra objetos maus internalizados.
11. O superego representa nada mais do que uma defesa adicional ao que ele chama de *defesa moral*.
12. Os objetos maus funcionam como *perseguidores internos* e se apresentam como o que FAIRBAIRN denominou *objetos excitantes* ou *objetos frustrantes*.
13. FAIRBAIRN enfatizou o fenômeno da múltipla dissociação do ego, postulando um *ego central e egos subsidiários*.

Num esquema comparativo, pode-se dizer que o que FREUD conceitua como *ego, id, superego*, FAIRBAIRN denomina *ego central*; *ego libidinal* ligado com os objetos excitantes e *sabotador interno*, ou seja, a parte do ego que está ligada aos objetos rechaçantes, frustrantes e ameaçadores, respectivamente.

A obra de Fairbairn foi interrompida algo prematuramente por ter sido acometido pela doença de Parkinson, com intermitência de um episódio de trombose cerebral.

Falhas ambientais [WINNICOTT]

Com essa expressão, que permeia quase toda sua obra, WINNICOTT fazia questão de enfatizar a importância do meio ambiente que circunda o recém-nascido e a criança em diversas fases de sua infância. Referindo-se muito especialmente aos cuidados maternos, WINNICOTT destaca que qualquer falha na provisão materna daquilo que é essencial ao bebê é sentida como um ataque ao núcleo do *self*.

No caso de *falhas ambientais* continuadas, podem originar-se diversos quadros patogênicos como uma *falta de continuidade existencial*, a construção de um falso self e a formação de uma tendência anti-social, etc.

Fálica, fase [FREUD]

Embora a palavra *falo* pouco apareça na obra de FREUD, a adjetivação de *fase fálica*, sim, ocupa um espaço considerável. O termo alude a uma fase evolutiva da sexualidade situada entre os 3 e os 6 anos, na qual, tanto no menino como na menina, as pulsões se organizam em torno do falo ou mais precisamente, em FREUD, do pênis, intimamente conectadas com as fantasias inerentes à angústia de castração.

FREUD considerou que o falo é concebido pela criança como sendo descartável do corpo e transformável (através do que hoje chamaríamos de equações simbólicas), de modo que o que fica inscrito no ego é uma equivalência de pênis = filho = fezes = presentes. Ademais, o indivíduo como pessoa total pode ser identificado ao falo.

Fálica, mulher (ou mãe)

Essa expressão adquire dois significados: um, mais rigorosamente psicanalítico e outro, mais popular. O primeiro refere-se à fantasia inconsciente de que a mulher teria um pênis, crença que deriva da negação da criança da possibilidade de que possa, de fato, ter havido uma castração. O segundo significado de *mulher fálica*, mais difundido e popularizado, alude a uma mulher que tenha características consideradas masculinas, especialmente as de *mandonismo*.

Na verdade, também pode-se depreender que FREUD, no seu trabalho sobre "Leonardo da Vinci e uma lembrança de sua infância" (1910), lançou as primeiras sementes do seu conceito de mãe fálica ao mostrar que Leonardo havia sido privado muito precocemente de seu pai, tendo sido, até os cinco anos, criado exclusivamente por mulheres, com a mãe exercendo funções fálicas. Ou seja, a mãe fálica não é necessariamente uma mulher enérgica ou masculina; é, sobretudo, uma mulher sem um homem a seu lado, uma mulher cujas aspirações libidinais se centram na figura de seu filho, de modo a poder absorvê-lo e a reforçar a fantasia de que todas mulheres podem dispensar os homens, porque também elas seriam possuidoras de um pênis.

Falo [LACAN]

É importante estabelecer distinção entre *falo* e *pênis*. Este último designa concretamente o órgão anatômico masculino, enquanto o termo *falo* tem um significado de natureza simbólica, isto é, de poder. *Falo e pênis* muitas vezes se superpõem, tal como acontecia com regularidade na Antigüidade. Ainda hoje pode-se ver uma grande quantidade de desenhos, esculturas e pinturas nos quais aparece um pênis túrgido representando significados alusivos ao poder, à sabedoria e à fecundidade.

LACAN emprega exaustivamente na sua obra a noção de *falo*, que, com ele, adquiriu a condição de um conceito fundamental da teoria psicanalítica, em quatro aspectos:

1. O falo é o *significante do desejo*, ou seja, representa o objeto do desejo da mãe, proibido ao filho.

2. A *função fálica* do pai estabelece o que LACAN chama de o nome (ou lei) do pai, com o que ele estabelece uma delimitação e hierarquia entre as gerações.

3. O conceito de *falo*, para LACAN, só adquire significação psicanalítica importante se for concebido simultaneamente nas três dimensões que ele denomina do real, do imaginário e do simbólico.

4. Na teoria lacaniana, o falo é o representante da falta.

O vocábulo *falo* deriva de *phal*, que em sânscrito significa *abrir-se* (como vida, semente, luz). *Phala*, derivado de *phal*, significa *fruto* e, em sentido figurado, recompensa, triunfo.

Falsidade [BION]

BION, nos seus estudos sobre o vínculo do conhecimento, destacou que o sujeito tanto pode estar voltado para o conhecimento das verdades (caso em que é K), como pode usar predominantemente o -K, ou seja, alguma forma de negação das verdades através de distorções e de *falsificações* as mais variadas, podendo atingir o nível de *mentiras* quando houver uma intencionalidade consciente na falsificação.

Na representação gráfica de sua *Grade,* a falsidade aparece na coluna 2, com o signo da letra grega Y (psi).

Falso *self* [Winnicott]

Denominação de WINNICOTT que, a partir do trabalho "Distorção do ego em termos de falso e verdadeiro *self*" (1960), descreveu as pessoas que desde crianças desenvolvem o recurso inconsciente de adivinhar o que ela deseja, como uma forma imperiosa de adaptação e preenchimento das expectativas dela, para, assim, garantir o reconhecimento do amor da mãe. O sujeito portador de um *falso self* utiliza esse mesmo recurso ao longo de sua vida, também para obter o reconhecimento do seu meio familiar e social.

O importante a registrar é que o conceito de *falso self* não deve ser confundido com algum preconceito de ordem moral, do tipo *pessoa falsa* ou *mau caráter.* Muitas vezes trata-se de pessoas que podem ser talentosas e bem sucedidas pelos seus reais méritos, mas que, assim mesmo, carregam permanentemente uma desconfortável sensação de futilidade e falsidade, porquanto a construção precoce de um *falso self* faz com que o sujeito não consiga discriminar aquilo que é seu rosto e o que é uma máscara.

Na situação analítica, nesses casos, o analista está comprometido com a tarefa de propiciar ao analisando que ele possa reconhecer e ter acesso a seu oculto, verdadeiro *self*.

Comentário. Creio ser útil lembrar, tal como ensina a prática analítica, que nem sempre o *falso self* é construído unicamente como forma de aparentar aspectos positivos para os outros. Muitas vezes, no afã de ser reconhecido pelo grupo social – extensão do seu grupo familiar interiorizado – e temeroso da inveja dos outros, o sujeito pode funcionar com um *falso self negativo,* isto é, apresenta mazelas, autodesqualificação e desvalia, encobridoras de reais valores positivos.

Falta [LACAN]

LACAN estabelece uma distinção entre *falta* e *perda. Falta* constituiria a fundadora do desejo subjetivo, porquanto só se pode desejar aquilo que falta. O conceito de *perda* estaria mais ligado à noção de que ela faz vacilar o desejo, pois dá ao sujeito o sentimento de que o objeto perdido é justamente o que verdadeiramente desejava, isto é, ele dá um caráter de presença ao objeto perdido. Dessa forma, tal como ocorre nos estados melancólicos, o sujeito preenche seu vazio com o objeto faltante e, assim, obtura sua função de desejar. Nesses casos, o sujeito deixa de pugnar por um desejo de *vir a ser* e entra num estado psíquico que LACAN chama de *des-ser.*

Falta básica [MICHAEL BALINT]

Expressão cunhada por BALINT, que, em *A Falta Básica*(1979), afirma que "este conceito deve ser entendido unicamente como uma falta, e não como uma situação, ou posição, ou conflito, ou complexo". Mais adiante, textualmente (p.29), BALINT assim descreve as características clínicas da *falta básica*:
"1. Todos os fatos que ocorrem nessa situação pertencem exclusivamente a uma relação de duas pessoas; aqui não está presente uma terceira pessoa.
2. Esta relação de duas pessoas é de uma natureza particular, totalmente diferente das bem conhecidas relações humanas do nível edípico.
3. A natureza da força dinâmica que age neste nível não é a de um conflito.
4. A linguagem adulta (como a utilizada pelo analista) freqüentemente é inútil ou equivocada para descrever os fatos deste nível, porque as palavras nem sempre têm uma significação convencional reconhecida.
5. O tipo de apego nessa situação pode ser considerado como uma instância de 'relação objetal primária, ou amor primário'.

6. Qualquer terceiro elemento que interfira com esta relação é experimentado pelo sujeito como uma pesada carga ou uma tensão intolerável.
7. Outra qualidade importante desta relação é a imensa diferença entre os fenômenos de satisfação e frustração.
8. Os pacientes têm a sensação de que a causa desta *falta* está em que alguém cometeu *falhas*, ou se descuidou deles.
Completa BALINT: "o termo equivalente – *falha* – se emprega em algumas ciências exatas, por exemplo, em geologia e cristalografia, onde essa palavra designa uma súbita irregularidade que em circunstâncias normais poderia passar inadvertida, porém que, mediante certas tensões ou pressões, pode determinar uma ruptura que afete profundamente a estrutura geral".
Esses dois termos derivam do verbo latino *fallere*, falir, falecer, falhar.

Família, terapia da

Nos últimos anos tem havido um imenso crescimento e aceitação da aplicação de terapias de família. A terapia do grupo familiar comporta muitas variações teórico-técnicas provindas, principalmente, da teoria geral dos sistemas e das correntes da Psicanálise. A complexidade aumenta em virtude de que há diferentes linhas de pensamento dentro de cada uma delas.
Do ponto de vista da teoria sistêmica, a dinâmica da família consiste essencialmente em uma compreensão abrangente entre as várias partes (subsistemas) componentes de uma totalidade maior e interdependente. Dentro do próprio corpo da terapia de família de orientação sistêmica há múltiplas tendências divergentes, mas todas destacam a importância da distribuição de papéis entre os familiares, especialmente o do *paciente identificado* (o depositário), assim como todos concordam com o fato de que o sistema familiar se comporta como um conjunto integrado, uma estrutura, ou seja, qualquer modificação de um elemento do sistema vai afetar necessariamente o sistema como um todo.
É comum que haja nas famílias uma compulsão à repetição, de geração a geração, de um mesmo código de valores estratificados e que constituem mitos familiares difíceis de serem desfeitos. Os terapeutas da linha sistêmica também enfatizam o fato de que, no atendimento conjunto de um paciente com a família, deve-se procurar o desmascaramento da farsa de que há um único paciente e do outro lado uma família vítima e desesperançada. Pelo contrário, o que deve ser enfocado é a interação entre o *depositário* e os *depositantes*.
Do ponto de vista psicanalítico, os terapeutas de família devem valorizar, sobretudo, a importância do jogo de identificações projetivas, assim como a necessidade de estar atento para perceber se essas identificações projetivas estão servindo como um meio de comunicação empática ou para uma finalidade de controle e intrusão. Ademais, o terapeuta deve encarar a família como sendo, ao mesmo tempo, uma produção coletiva e um aspecto do mundo interno de cada membro em separado.
A tendência atual na terapia de família é a de uma *corrente integradora* entre as concepções psicanalíticas, sistêmicas, da teoria comunicacional e cognitivo-comportamental, assim como a eventual utilização de técnicas psicodramáticas.

Fantasia [FREUD]

O termo *fantasia*, de modo genérico, significa *imaginação*. Psicanaliticamente, conceitua um elemento fundamental na estruturação do psiquismo de qualquer ser humano e constitui um fator primacial na etiologia das neuroses. Em psicanálise, tem um emprego muito extenso e diversificado, englobando tanto as fantasias conscientes (*de-

vaneios, ou *sonhos noturnos*), como as fantasias inconscientes, e também as que Freud chamou de fantasias originárias.

Nos primeiros tempos, FREUD admitia como realmente acontecidas as cenas de sedução que suas pacientes histéricas contavam. Aos poucos, foi abandonando essa crença e, reconhecendo seu equívoco, passou a sustentar que a realidade aparentemente concreta dessas cenas não passava de uma realidade psíquica. A partir daí, FREUD centrou seu interesse nas encenações fantasiosas, como, por exemplo, as que descreve no romance familiar.

Partindo da convicção de que há uma íntima relação entre a fantasia e o desejo, FREUD descreveu as fantasias conscientes dos perversos, as que são inconscientes, como os delírios paranóicos, as fantasias libidinais dos histéricos, e também enfatizou que o psicanalista deve aprender as fantasias subjacentes às produções do inconsciente, como os sonhos, sintomas, actings, compulsão à repetição, lapsos, etc.

Fantasia inconsciente [M. KLEIN]

M.KLEIN, respaldada pelo mundo de fantasias que apareciam nos jogos e brinquedos no curso da análise com crianças, deu uma valorização extraordinária às fantasias na estruturação do psiquismo da criança e na determinação dos distintos quadros da psicopatologia. Os seguintes enfoques dela, e dos seus seguidores, especialmente SUSAN ISAACS (1948) merecem ser enumerados:

1. As fantasias representam ser a expressão mental das pulsões e também dos mecanismos de defesa contra essas demandas pulsionais. 2. As fantasias são inatas, pulsionalmente derivadas e primariamente inconscientes. 3. Já no nascimento, as fantasias do bebê incluem o conhecimento do mamilo e da boca, às quais se seguem as demais fantasias pré-genitais, como M. KLEIN constatava na produção fantástica das crianças que analisava, em relação à oralidade e à analidade colorindo imaginariamente a relação sexual. 4. Daí podem resultar as mais incríveis configurações fantásticas, como, por exemplo, a dos *pais combinados*, que pode atingir uma forma de casais se entredevorando, monstros, etc. 5. Uma fantasia inconsciente é uma crença na atividade de objetos internos, sentidos como se fossem concretos, como, por exemplo, uma sensação desagradável podendo ser mentalmente representada como um relacionamento com um objeto mau.

A escola kleiniana propôs a terminologia de fantasia (com f) para designar os devaneios conscientes, enquanto phantasia(com ph) designaria a fantasia inconsciente propriamente dita. Nem todos os autores aceitam essa distinção terminológica. Os da escola francesa preferem usar o termo que, na tradução para o idioma português, é *fantasma*.

Fantasias originárias [FREUD]

FREUD, em 1915, em artigo dedicado a um caso de paranóia, emprega pela primeira vez o termo alemão *Urphantasien*, que significa *fantasia primitiva*, ou *originária*. Nesse trabalho, afirma que "(...) A essas formações fantásticas, à da observação da relação sexual dos pais (conhecida como cena primária), à da sedução, à da castração e a outras eu dou o nome de *fantasias originárias*".

Na verdade, FREUD voltava a procurar uma origem para a história individual do sujeito, tal como tentara nos primórdios da psicanálise com a teoria da sedução ou do trauma. Assim, a cena primária remonta a uma busca de resposta da criança a sua indagação de onde se originou; nas fantasias relativas à sedução, a busca é a das origens da sexualidade, enquanto as fantasias inerentes à castração resultam da busca da origem da diferença dos sexos.

Nos trabalhos *Totem e Tabu* (1912) e *Moisés e o Monoteísmo* (1939), FREUD retoma sua especulação sobre uma origem da história global da espécie humana, o que o leva a formular a hipótese de uma herança *filogenética* das fantasias, que são universais, mesmo quando e onde nunca tenham tido conexão com *cenas* realmente acontecidas. Assim, FREUD afirma que "É possível que todas as fantasias que hoje nos contam na análise (...) tenham sido uma realidade outrora, nos tempos primitivos da família humana, e que, ao criar fantasias, a criança apenas preencha, valendo-se da verdade pré-histórica, as lacunas da verdade individual, ou seja, (...) o que na pré-história foi realidade de fato ter-se-ia tornado realidade psíquica".

Para exemplificar: a fantasia de castração do indivíduo resultaria, atavicamente, de uma castração efetivamente praticada pelo pai no passado arcaico da humanidade.

Fases

O termo *fase* costuma aparecer em textos de distintos autores com outras denominações, como *etapa, estádio, estágio, período*, etc. Durante muitas décadas da evolução da psicanálise, essa concepção de *fases* foi a única vigente e o seu emprego extrapolou o campo restrito da psicanálise, absorvida que foi pelos diversos setores culturais, onde ainda permanece com a conceituação original provinda da psicanálise.

De há muito é consensual que as etapas evolutivas na formação da personalidade da criança não são estanques e nem de progressão absolutamente linear; antes, elas se transformam, superpõem, interagem permanentemente e, de alguma forma, permanecem durante toda a vida. Essas últimas condições definem a condição de posição, sendo útil, portanto, diferenciar os conceitos de *fase* e de *posição*.

FREUD, na terceira edição de *Três ensaios sobre a teoria da sexualidade*, em 1915, apresentou a noção de fases de forma mais sistematizada. Com as complementações de ABRAHAM, as diferentes *fases* foram definidas como graus de organização pulsional do desenvolvimento do ser humano, as quais possuem um caráter *topográfico* (referente à zona erógena) e um caráter *objetal* (referente ao tipo de escolha do objeto). O que de importante FREUD destacou em relação às fases evolutivas, principalmente para a prática clínica, é que os diferentes momentos evolutivos deixam impressos no psiquismo aquilo que ele denominou pontos de fixação, em direção aos quais eventualmente qualquer sujeito pode fazer um movimento de regressão.

Termos como *fase libidinal, fase pré-genital, fase genital, fase oral, fase anal, fase sádico-anal, fase fálica, fase de latência, fase perverso-polimorfa, fase do espelho,* constituem verbetes específicos.

Fato selecionado [BION]

Expressão de BION, que a conceitua como a busca de um fato que dê coerência, significado e nomeação a fatos já conhecidos isoladamente, mas cuja inter-relação ainda não foi percebida e estão em um estado algo caótico. Num trecho do livro *Cogitações* (1991, p. 241), BION compara *fato selecionado* com o conceito de conteúdo manifesto do sonho, de sorte que ambos são análogos, uma vez que "a função do fato selecionado é exibir a conjunção constante de elementos característicos da posição esquizo-paranóide, possuindo a propriedade de mostrar que alguns desses elementos estão relacionados."

Na prática analítica, creio que essa importante conceituação de BION refere-se à necessidade de o analista conseguir traçar uma espécie de *mínimo denominador comum* de todos os aparentemente diferentes assuntos relatados pelo paciente, que às vezes podem transmitir uma sensação de caos, de molde a que o analista possa eleger o *tema emocional dominante* daquele momento da sessão.

Fatores [BION]

Inspirado na conceituação da matemática, BION introduziu na psicanálise o termo *fator*, definindo-o como um *elemento de psicanálise* isolado, que, combinado com outros, concorre para a construção de uma função. Por exemplo, os elementos α possibilitam a função α, a qual, por sua vez, será um *fator* da função de sonhar, pensar, etc.

Fé, ato de [BION]

Com esse termo, BION designa sua concepção original que, embora algo mística, alude a um ato que se realiza no domínio da ciência e que deve ser diferenciado do significado de conotação religiosa e, muito menos, não deve ser confundido com crendices. Antes, refere-se a uma necessidade de o sujeito acreditar que existe uma realidade incognoscível no fundo daquilo que não sabemos, que não é perceptível pelos nossos órgãos sensoriais e que não está ao nosso alcance.

Feminilidade [FREUD]

Os estudos de FREUD sobre a sexualidade feminina e o feminismo, desde os tempos pioneiros até os últimos escritos de sua imensa obra, embora tenham sofrido transformações dele mesmo ao longo do tempo, sempre foram muito polêmicos. De modo consensual, é considerada como a parte mais frágil e equivocada de suas concepções psicanalíticas.

Aliás, ainda nos fins do século XIX, os escritos e discursos de virtualmente todos os autores ligados à psicologia convergiam no denegrimento das mulheres, que eram então rotuladas de histéricas, loucas, inferiores, hipnotizadas, quaisquer que fossem suas origens sociais. Nesse clima da história da humanidade, FREUD, a partir de "Três ensaios sobre a teoria da sexualidade"(1905), inspirado no modelo da biologia de Darwin, propôs a tese da existência de um *monismo sexual*, defendendo a essência masculina da libido humana. Entendia que, nas etapas infantis, a menina desconhece a existência da vagina e o clitóris desempenha o papel de um homólogo do pênis. Isso geraria, tanto uma permanente inveja do pênis, como a convicção das crianças de que as mulheres são portadoras de um órgão masculino castrado. Na verdade, em sua essência, FREUD manteve imutável esse seu ponto de vista acerca da sexualidade feminina, no que foi seguido inclusive pelas analistas mulheres da época, pelo menos até 1920.

Fundamentado nessas teses e centrado na idéia da existência de uma libido única, e num *falicismo*, segundo o qual toda menina queria ser um menino, FREUD descreveu o complexo de Edipo com a respectiva angústia de castração, como tendo um tipo de desenvolvimento bastante distinto nos meninos e nas meninas. O destino da sexualidade de cada um deles estaria ligado não somente às diferenças anatômicas e fisiológicas, mas também às representações no ego da anatomia dos órgãos genitais.

FREUD deixou claro que a concepção de um monismo sexual, de uma libido única, não exclui a existência de uma bissexualidade. A partir de 1920, acompanhando as profundas transformações advindas do pós-guerra, as mulheres começaram a emancipar-se e a libertar-se da alienação religiosa, política (direito ao voto), jurídica, social e sexual que lhes tinha sido imposta pela cultura até então vigente.

Da mesma forma, muitos psicanalistas como M.KLEIN, KAREN HORNEY e E.JONES ousaram contestar as idéias de FREUD. JONES, em 1927, durante um congresso internacional da IPA realizado em Innsbruck, apresentou o trabalho "A fase precoce do desenvolvimento da sexualidade feminina", onde discordou abertamente de FREUD quanto à extravagância da tese de que a menina não teria o sentimento de possuir uma vagina.

Reconhecendo que a figura da mãe exercia uma influência muito maior na determinação da sexualidade das crianças do que inicialmente supusera, FREUD voltou a abordar essa temática no artigo "A sexualidade feminina" (1931) e num artigo sobre "A feminilidade" que aparece em *Novas conferências introdutórias à psicanálise* (1933), nos quais ele admitiu que era impossível compreender a mulher "se não levarmos em consideração a fase do apego pré-edipiano à mãe e que, de fato, tudo o que há na relação com o pai, provém por transferência desse apego primário".

A psicanálise contemporânea tem uma visão consensualmente aceita de que a menina tem um conhecimento inato da existência de uma vagina como um órgão autenticamente próprio e de que, em condições normais, o desenvolvimento da sexualidade feminina não está subordinado à idéia de ser uma castrada fálica.

A favor de FREUD, resta a hipótese que a sua postulação de uma igualdade entre homens e mulheres, nas origens da sexualidade, estaria revelando a sua genialidade de antecipar o fato de que o campo do feminino deveria ser pensado como parte integrante do universal humano, ou seja, dentro das modernas concepções de um *universalismo* que tende a integrar tudo.

Fenichel, Otto

Nasceu em 1897, em Viena, originário de uma família judaica e faleceu em 1946, nos Estados Unidos. Embora muito pouco conhecido fora do círculo psicanalítico, é um personagem importante no movimento da psicanálise, muito especialmente pela enorme divulgação e aceitação do seu livro *A teoria psicanalítica das neuroses* (1945) que se tornou uma verdadeira Bíblia para sucessivas gerações de psicanalistas em formação, sendo adotado como leitura oficial do pensamento freudiano pela imensa maioria dos institutos de psicanálise em todo mundo, notadamente para os norte-americanos.

Por ocasião dos movimentos que prenunciavam a II Grande Guerra, emigrou para os Estados Unidos, radicando-se definitivamente em Los Angeles. Embora fosse médico e advogasse a causa da análise leiga, FENICHEL teve que sujeitar-se às leis americanas, submetendo-se, aos 47 anos, a um ano obrigatório de residência médica, inclusive os plantões noturnos. Além disso, foi obrigado a renunciar oficialmente a seus pronunciamentos marxistas. Sempre demonstrou ser um freudiano ortodoxo. Bastante desgastado com o que ele considerava como sendo uma banalização e degradação da psicanálise, especialmente por parte da psiquiatria, FENICHEL veio a falecer prematuramente, com apenas 49 anos.

Fenômenos transicionais [Winnicott]

Dentre as inúmeras contribuições importantes de WINNICOTT, a dos *fenômenos transicionais*" (incluindo as noções de objeto transicional e de espaço transicional) certamente é das mais originais e férteis da psicanálise contemporânea.

WINNICOTT não concordava com a ênfase excessiva que M.KLEIN emprestava às fantasias inconscientes e ao mundo interior do bebê, em detrimento, segundo ele, da importância da influência dos fatos do mundo exterior. A partir do seu trabalho "Objetos transicionais e fenômenos transicionais" (1951), WINNICOTT percebeu que deveria existir um espaço de transição que o bebê faz do mundo imaginário para o mundo da realidade, ou, no referencial de Freud, entre os princípios do prazer e o da realidade.

Para essa concepção da existência de uma terceira área, WINNICOTT inspirou-se nas suas observações, como ex-pediatra, com bebês recém-nascidos que faziam uso do polegar, dedos e punho, enquanto as crianças maiorezinhas, a partir dos 3 aos 12 meses, faziam uso, como posse sua, de brinquedos macios, ursinho, boneca, etc. e, muitas vezes, o próprio polegar, além de certas atividades bucais, como o balbuceio, por exemplo, tudo isso assinalando, também, uma transição entre uma dependência absoluta para uma dependência relativa.

Os fenômenos transicionais estão intimamente conectados com a noção de espaço transicional e a de objeto transicional, tal como aparecem nos respectivos verbetes.

FEPAL – Federação Psicanalítica da América Latina

A primeira federação psicanalítica da América Latina foi criada em 1960, com o nome de Conselho Coordenador das Organizações Psicanalíticas da América Latina (COPAL), tendo por objetivo a defesa dos interesses de todas sociedades psicanalíticas latino-americanas filiadas à IPA, além de promover a integração e o intercâmbio de experiências psicanalíticas entre elas.

Em 1979, a COPAL foi dissolvida, sendo substituída, em novembro de 1980, pela atual FEPAL, que foi reconhecida pela IPA, e passou a constituir, juntamente com a Associação Psicanalítica Americana (APSAA) e a Federação Européia de Psicanálise (FEP), a terceira potência psicanalítica do mundo. A FEPAL é composta por diversas sociedades-membros, e de sociedades provisórias, além de grupos de estudos distribuídos em vários países, como Argentina, Brasil, Chile, Colômbia, México, Peru, Uruguai e Venezuela, abrangendo um total em torno de 3.500 psicanalistas, ou seja, um terço da cifra total da IPA, sendo que, a Argentina e o Brasil são os centros onde, relativamente, se concentra a maior densidade de psicanalistas.

No ano de 1999, durante o Congresso Internacional realizado no Chile, a FEPAL aprovou significativas mudanças na sua estrutura, sendo que os novos estatutos consistem em: criação de um conselho de presidentes; o fim da rotatividade das diretorias; a proibição de os presidentes em exercício das sociedades componentes da FEPAL poderem fazer parte da diretoria dessa entidade. Ademais, ficou decidida: a aquisição de uma nova sede administrativa; uma modernização da Revista Latino-Americana de Psicanálise; o prosseguimento de intercâmbios científicos entre as sociedades ou grupos de estudos; a abertura de crescentes espaços para encontros oficiais de didatas de crianças e adolescentes; a continuidade de congressos bianuais que congreguem os psicanalistas latino-americanos.

Ferenczi, Sándor

Nascido na Hungria em 1873, originário de uma família de judeus poloneses, formado em medicina, praticante da psiquiatria e considerado o mais brilhante psicanalista clínico de seu tempo, FERENCZI foi um dos primeiros e mais importantes colaboradores diretos de FREUD, com quem trocou mais de 1.200 cartas. Não obstante, nos últimos anos o convívio entre os dois ficou algo estremecido devido a suas críticas contra o dogmatismo psicanalítico e às posições psicanalíticas diferentes que FERENCZI adotava, conquanto não tenha havido uma dissidência formal, por parte dele.

Na atualidade. está ressurgindo um vigoroso interesse por sua obra, mercê de um reconhecimento de que ele postulara, de forma original, alguns princípios que estão encontrando plena ressonância na contemporânea psicanálise vincular.

Em 1908, FERENCZI tornou-se analista de sua amante, Gisele, e posteriormente apaixonou-se pela filha dela, Elma, com quem queria casar, mas acabou acedendo às ponderações de FREUD para que desistisse desse intento. Aliás, durante o período de 1914 a 1916, FERENCZI foi analisado por FREUD em três ocasiões. Muito tempo após, ele veio a acusar FREUD de ter falhado com ele na análise da transferência negativa.

FERENCZI sempre mostrou-se corajoso e original. Em 1906, na Associação Médica de Budapeste, apresentou um texto em que, contrariando os valores da época, fazia uma vigorosa defesa dos homossexuais. FERENCZI teve desentendimentos com muitos analistas seus contemporâneos, como JONES, por se mostrar muito mais aberto que seus opositores a experiências julgadas como desviacionistas ou extravagantes, como, por exemplo, o grande interesse que ele demonstrou pelo fenômeno da telepatia.

De forma muito abreviada, cabe acentuar as seguintes contribuições de Ferenczi:

1. Lançou as primeiras sementes para a *teoria das relações objetais* e do conceito de *introjeção* (convém lembrar que foi o primeiro analista de M.KLEIN).

2. Antecipou-se 15 anos aos estudos DE R. SPITZ, afirmando que "as crianças que são recebidas com aspereza e falta de amor morrem fácil e voluntariamente".

3. Em seu trabalho "Confusão de línguas entre o adulto e a criança" (1933) ele retoma a teoria do trauma da sedução real, afirmando que isso acontece "quando os adultos confundem os jogos da criança com os desejos das pessoas sexualmente adultas".

4. Foi o primeiro analista a dar uma significativa importância à *pessoa real* do analista, quer quanto a uma possível hipocrisia e inadequações deste, quer como uma rara oportunidade propiciada ao paciente de poder reelaborar os primitivos problemas por meio de uma nova figura parental representada pelo analista, o qual o respeita, estima, é coerente e tem outras formas de enfrentar e solucionar os problemas. Em resumo, FERENCZI considerou a personalidade do analista como um instrumento de cura analítica.

5. Não acreditava em nenhum critério definitivo de analisabilidade; pelo contrário, advogava a idéia de que todo paciente que solicitasse uma ajuda psicanalítica deveria recebê-la.

6. Foi um precursor da postulação de muitos autores (WINNICOTT, KOHUT, BALINT) de que o estado de regressão do paciente propicia que o analista complemente as primitivas falhas parentais.

7. Embora seja muito discutível a adequação analítica de sua técnica inovadora, que ele chamava de *técnica ativa*, a verdade é que FERENCZI foi o primeiro discípulo de FREUD a mostrar que a técnica concebida pelo mestre não era a única que podia beneficiar o paciente em análise.

8. FERENCZI sempre demonstrou um interesse muito maior pelas questões técnicas da psicanálise do que pelos aspectos metapsicológicos, sendo considerado o clínico mais talentoso da história da psicanálise pioneira.

9. Publicou, em 1924, *Thalassa. Ensaio sobre a teoria da genitalidade*, onde afirmava que a vida intra-uterina reproduzia a exis-

tência dos organismos primitivos que viviam nos oceanos. Ao mesmo tempo, em detrimento à tese vigente da prioridade do pai, FERENCZI se interessou pela pesquisa sobre as origens do vínculo arcaico da criança com a mãe, tema que começava a ser trabalhado por M.KLEIN.

10. Em 1908, lançou as primeiras sementes sobre a descoberta e a importância do fenômeno da contratransferência, que FREUD veio a desenvolver dois anos após. Da mesma forma, em "Elasticidade da técnica analítica" (1928), descreveu o *tato psicológico* necessário ao analista, como a *faculdade de sentir com*, o que corresponde ao que FREUD chamou de *Einfühlung*, que hoje conhecemos como *empatia*.

11. Seus inúmeros trabalhos estão reunidos em quatro volumes, com o título de *Obras Completas* (1992).

No livro *Vida e Obra de Sigmund Freud* (1959), o autor, E.JONES, descreve que no final da vida, FERENCZI mostrou-se psicótico e que, inclusive, apresentou delírios paranóides contra FREUD. Pesquisas posteriores comprovaram que JONES estava equivocado: os sintomas de FERENCZI eram devidos ao surgimento de uma anemia perniciosa, doença que o levou à morte em 1933. Em seu necrológio, FREUD fez um vibrante discurso de homenagem ao amigo

Resta dizer que FERENCZI foi eleito presidente da IPA em 1918, no Quinto Congresso, realizado em Budapeste, mas renunciou após alguns meses, e o seu retrato é o único que não figura na galeria dos presidentes, tampouco constando no *roster* da IPA, sua condição de ex-presidente.

Ferro, Antonino

Considerado um dos mais importantes autores da psicanálise contemporânea, ANTONINO FERRO fez sua formação na Societá Psicoanalitica Italiana, instituto de Milão onde é analista didata. É membro da IPA, participante assíduo de eventos psicanalíticos internacionais e autor de diversos artigos sobre clínica, teoria e técnica de psicanálise, publicados em revistas de psicanálise na Itália e em todo mundo.

FERRO define sua orientação como sendo basicamente kleiniana, com fortes influências do casal BARANGER (com os trabalhos referentes ao campo analítico). Muito especialmente é influenciado pela obra de BION, notadamente no que se refere à função rêverie e à valorização da linguagem expressa em ideogramas (ou *pictogramas*) que, no seu dizer, correspondem a *imagens poéticas*.

Dentre seus livros publicados, e que já mereceram traduções em diversas línguas, vale destacar *A técnica na psicanálise infantil* (1992); *Antonino Ferro em São Paulo* (1996) e *Na sala de análise* (1998), todos muito instigantes, com propostas de novos modelos de entender e praticar a psicanálise.

Fetal, psiquismo [BION]

BION foi o primeiro psicanalista a conjeturar mais profundamente quanto à existência de uma vida emocional não só no feto, como também no embrião. Inicialmente, inspirou-se em FREUD, que, na epígrafe de uma edição de *Inibições, Sintomas e Angústia* (1926) afirma: "A vida extra-uterina e a primeira infância apresentam uma continuidade bem maior do que a impressionante cesura do ato do nascimento permite supor". Lamentando que FREUD não tenha investigado mais exaustivamente o que está contido nessa sua frase, BION partiu da perspectiva de que o *impressionante* seria o fato de que deveria haver alguma coisa espiritual, ou uma vida psíquica intra-uterina.

BION sustentava essa especulação a partir dos estudos científicos dos embriologistas que encontraram no corpo adulto vestígios daquilo que primordialmente eram os órgãos sensoriais e fisiológicos do feto, como as cavidades auditivas e ópticas.

Assim, muito antes dos atuais avanços tecnológicos, BION afirmava não ter a menor dúvida de que o feto pode ouvir e responder a sons musicais, tanto os de dentro (como os borborigmos intestinais da mãe), como os de fora ("será que o feto quase a termo registra uma discussão irada dos pais?"), sendo certo que o feto move-se no útero em resposta a determinados ritmos e responde à pressão dos dedos no ventre da mãe.

Na situação da clínica psicanalítica, BION apontava que situações nas quais um paciente mostra grande sinais de medo inexplicável, embora possa ter aprendido a não demonstrá-lo e a tentar ignorá-lo, de sorte que ele acha conveniente que o analista pense na possibilidade de um medo de origem *subtalâmica*. Ademais, na prática clínica, em alguns pacientes ocorrem, às vezes, certas manifestações somatoformes que despertam sentimentos intensos e aparentemente sem explicação lógica, e que a intuição clínica do psicanalista percebe que têm origem muito rudimentar, prévia ao nascimento.

Aliás, D.MELTZER (1986) afirma que os estudos de BION acerca do psiquismo fetal abrem uma importante porta para uma compreensão dos fenômenos psicossomáticos.

Comentário. Impõe-se que os psicanalistas reconheçam que muitas das especulações imaginativas de BION estão encontrando convincente confirmação nas modernas investigações levadas a cabo por importantes psicanalistas e pesquisadores – notadamente ALESSANDRA PIONTELLI, na Itália – que pesquisam e tratam de crianças.

PIONTELLI relata o estudo que fez através de ultra-sonografia durante a gestação de uma dupla de gêmeos, na qual, ao longo de toda a gravidez, Marco hostilizou a irmã Delia, recusando as tentativas de aproximação, empurrando-a vigorosamente e refugiando-se no fundo de uma zona de quietude do útero materno. O interessante desse relato é que, decorridos alguns anos, os irmãos repetiram na vida real esse mesmo padrão de relacionamento.

Isso dá mais razão à instigante pergunta que, à moda de um puxão de orelhas e de um desafio à nossa escuta psicanalítica, BION lançou na sua terceira conferência em Los Angeles, quando abordava a hipótese de que o feto seja capaz de ver, ouvir e sentir: "Eu queria saber quando os psiquiatras e os psicanalistas vão alcançar o feto. Quando é que eles vão ser capazes de ouvir e ver essas coisas?"

Fetiche, *Fetichismo* [FREUD, 1927]

O termo *fetiche*, que em português tem ligação com a crença de *feitiço*, é empregado de longa data em diversos campos do saber humano. A psicanálise o tomou emprestado da antropologia, onde significa um objeto material venerado como sendo um ídolo. Muito antes de FREUD, a palavra *fetichismo* vinha sendo utilizada pelos sexologistas da época para designar uma aberração patológica da sexualidade.

FREUD, em "Três teorias sobre a sexualidade" (1905), atualizou o termo e concebeu-o do ponto de vista psicanalítico, inicialmente para designar uma perversão sexual, caracterizada pelo fato de uma parte do corpo (pé, boca, seio, cabelo, sentido da visão ou de cheiro, etc.) ou um objeto exterior (sapatos, chapéus, gravatas, calcinhas, tecidos, etc.) serem tomados como objetos exclusivos de uma excitação ou prática perversa de atos sexuais. Posteriormente, mais precisamente a partir do trabalho "Fetichismo" (1927), FREUD começou a compreender o fetichismo como uma organização patológica resultante de uma denegação (ou recusa, renegação, desmentida) da percepção de que falta um pênis na mulher, cujo reconhecimento remeteria o menino para a temível angústia de castração. O termo original de FREUD, em alemão é *verleugnen*. O fetiche, portanto, para FREUD, é um substituto mágico do falo faltante à mulher e se constitui "um sinal de triunfo sobre a ameaça de castração e, ao mesmo tempo, como uma proteção contra essa ameaça".

Assim, o fetichismo, segundo FREUD, se caracteriza por dois aspectos: 1. Seria exclusivo dos homens (porquanto ele acreditava que na mulher, normalmente, é a totalidade do seu corpo, e não um objeto parcial, como nos homens, que está fetichizado). 2. Representaria uma espécie de paradigma para as perversões em geral.

O trabalho "Fetichismo" está no volume XXI, p.179, da Standard Edition brasileira, e é considerado embrião dos importantes trabalhos publicados após sua morte e que ocupam lugar nuclear: "A clivagem do Ego no processo de defesa" e "Esboço de psicanálise".

A psicanálise contemporânea, fundamentada nos estudos de M.KLEIN acerca das arcaicas relações do bebê com a sua mãe, juntamente com a descrição da sexualidade primitiva, e os escritos de R.STOLLER a respeito do gênero sexual, modificaram as concepções mais restritas de FREUD, de modo que hoje ninguém contesta a existência do fetichismo também nas mulheres.

Filobatismo [M.BALINT]

BALINT criou esse termo para designar, de forma oposta ao seu conceito de ocnofilia, a tendência que a pessoa apresenta para a solidão e para a busca dos grandes espaços abertos. Assim, os filobáticos têm uma propensão para dirigir aviões, praticar alpinismo, etc., de modo que gostam da solidão e de enfrentar desafios, como uma reafirmação de que não dependem de ninguém. Na verdade, é uma espécie de fuga dos riscos de ficar enclausurado no outro, tal como acontece nas ocnofilias.

Ver o verbete *Balint*.

Fixação [FREUD]

Fixação, de modo geral, tem duas significações:

1. Uma concepção *evolutiva* que se refere à ligação primitiva da libido nas diversas fases da evolução, assim determinando, pelo fenômeno da regressão, os traços predominantes da caracterologia, ou o quadro sintomatológico de alguma psicopatologia. Por exemplo, uma forte fixação na fase anal pode vir a determinar uma caractereologia obsessiva, ou uma neurose obsessivo-compulsiva.

2. Alusão ao modo de inscrição de certos conteúdos, como podem ser certas experiências emocionais, fantasias inconscientes e relações objetais, com as respectivas representações, que persistem de forma inalterada e intimamente ligadas às pulsões.

FREUD inicialmente descreveu a *fixação* ligada aos traumas e, a partir de "Três ensaios..." (1905), conceituou esse fenômeno psíquico como o ligado à teoria da libido, de modo que as perversões eram explicadas por uma permanente persistência das pulsões pré-genitais em busca de uma desrepressão. Assim, a fixação está na origem das repressões (ou recalques), e se manifestam mais claramente durante as regressões.

Na atualidade, predomina a noção de que todos os afetos primitivos sofrem sucessivas transformações psíquicas, que ficam *presentes* ou *representados* no inconsciente, constituindo *pontos de fixação*, os quais funcionam como um pólo imantado e, tal como um eletroímã, atraem a representação de novas repressões de fantasias e de experiências emocionais.

Os pontos de fixação se formariam com mais facilidade a partir de uma exagerada gratificação ou frustração de uma determinada necessidade ou de uma zona erógena e, conforme o predomínio de uma das duas formas, a manifestação clínica terá características específicas.

Fliess, Wilhelm

FLIESS entrou para a história da psicanálise pelos seus laços íntimos de amizade com FREUD desde 1885 e especialmente porque ambos mantiveram uma abundante correspondência de 1887 a 1902. Algumas das cartas enviadas por FREUD a FLIESS contêm verdadeiras preciosidades do pensamento psicanalítico.

FLIESS (1858-1928), originário de uma família de judeus sefardins, vivia em Berlim, onde exercia as funções de biólogo e médico otorrinolaringologista, tendo sido apresentado a FREUD por BREUER por ocasião de uma estadia em Viena. Formou-se logo uma forte empatia recíproca, com uma tônica transferencial-idealizadora – a ponto de FREUD não perceber que FLIESS não tinha um pensamento organizado e adequado à realidade, com fundamentação científica, mas, sim, que, pelo contrário, ele propunha teses místicas e organicistas da sexualidade, misturando suas teorias de forma extravagante.

Assim, FLIESS acreditava que poderia suprimir toda uma série de sintomas através de uma *cocainização* da mucosa nasal, porque, segundo ele, existiria uma analogia entre o nariz e os órgãos sexuais. Da mesma forma, pensava que a vida estava condicionada por fenômenos periódicos que dependiam da natureza da bissexualidade do ser humano. Aliás, em 1896, FLIESS mandou imprimir, e enviou a FREUD, um texto intitulado "Relações entre o Nariz e os Órgãos Genitais Femininos do Ponto de Vista Biológico".

FLIESS foi importante para FREUD não só porque lhe serviu de esteio na época em que, no seu *esplêndido isolamento*, trabalhando sózinho, combatido até mesmo pelos seus mestres, se empenhava na difícil tarefa de interpretação dos sonhos, os de seus pacientes e os seus próprios. Também o interesse de FLIESS pela sexualidade certamente encorajou FREUD a prosseguir e aprofundar seus estudos.

A ruptura entre ambos deu-se em 1902, de forma algo violenta, com FLIESS sentindo-se perseguido e acusando FREUD de plagiar suas idéias. Esse desenlace fez com que FREUD destruísse todas as cartas recebidas de FLIESS, enquanto que este guardou as remetidas por FREUD, as quais posteriormente foram compradas por MARIA BONAPARTE que as conservou mesmo contra a oposição cerrada de FREUD. Em 1950, com a autorização de ANNA FREUD, foram publicadas algumas das cartas, as não comprometedoras. Em 1985 foi publicada uma edição completa, em meio a um clima de escândalo nos Arquivos Freud.

Fobias

O termo *fobia* deriva do étimo grego *phobos*, pavor. Na verdade, na antiga Grécia, para afastar o medo nos combates, os gregos divinizaram a figura de Fobos e os guerreiros o honravam antes partir para a guerra.

Conceitualmente, uma fobia alude ao pavor irracional que um sujeito demonstra perante um objeto, um ser vivo ou alguma situação, os quais, por si mesmos, não apresentam nenhum perigo real. Assim, acompanhando dezenas de tipos de medos, existe uma grande diversidade terminológica, com os nomes de *agorafobia* (do grego *agora*, espaço aberto, praça, medo de espaços abertos), *claustrofobia* (medo de espaços fechados, ou seja, de *claustros*), *hidrofobia* (medo da água), *acrofobia* (medo de alturas, ou seja, de *acros*, em grego extremidade, ponta), etc.

A estrutura fóbica costuma ser multideterminada e varia intensamente de um indivíduo para outro, tanto em intensidade como em qualidade. Configura-se clinicamente com uma ampla gama de possibilidades, desde as mais simples e facilmente contornáveis até as mais mais completas, a ponto de serem incapacitantes e paralisantes. Assim, desde uma situação em que estão presentes alguns *traços* fóbicos na personalidade (sob a forma de inibições, por exemplo), passando pela possibilidade de *uma caracterologia* fóbica, por uma modalidade de conduta defensiva e evitativa, pode-se atingir uma configuração clínica de uma típica *neurose* fóbica, sendo, em alguns casos, tal o grau de comprometimento do sujeito que não é exagero designá-la como *psicose fóbica*.

FREUD inicialmente utilizava a expressão *histeria de angústia* para designar as fobias, assim estabelecendo uma conexão central com sua tese de fazer incidir a responsabilidade pela etiologia da fobia aos distúrbios da sexualidade, tal como ele descreveu na fobia que o menino *Hans* (1909) manifestava por cavalos. Muitos sucessores de FREUD dedicaram-se ao estudo das *zoofobias infantis*, ou seja, aos terrores que freqüentemente certos animais despertam nas crianças. Alguns autores atribuíam esses medos a um atavismo ligado ao evolucionismo darwiniano.

Na atualidade, além dos conflitos ligados à conflitiva edípica, como FREUD enfatizava, também são bastante valorizadas as contribuições da escola de M.KLEIN acerca *da fixação* da fobia na etapa evolutiva do sadismo oral canibalístico (com a respectiva angústia de aniquilamento), assim como também as concepções de M.MAHLER a respeito do estágio evolutivo que corresponde aos processos de separação e individuação (geram a angústia de engolfamento e a de separação) e as de LACAN no que se refere aos significantes que as situações fobígenas adquiriram, através, principalmente, do discurso fobigênico dos pais.

Clinicamente, os analistas invariavelmente observam que os pacientes marcadamente fóbicos sempre apresentam: uma má elaboração das pulsões agressivas; técnicas de *evitação* e de *dissimulação;* manifestações simultâneas de algum grau de obsessão e de paranóia e, freqüentemente, de somatizações. Muitas vezes o paciente tenta resolver seus pavores por meio de atitudes contrafóbicas. Há uma regulação da *distância afetiva* com as pessoas em geral e com o analista em particular, de tal sorte que o paciente fóbico não permite uma aproximação mais profunda devido a seu pavor de ficar *engolfado* e tampouco tolera um afastamento excessivo, pelo receio de perder o vínculo com a pessoa necessitada. Uma forma de fobia bastante comum, que seguidamente passa desapercebida, é a *fobia social*, pela qual, em meio a um sistema bem estruturado de racionalizações, o sujeito evita ao máximo fazer aproximações sociais.

É importante que o analista leve em conta o diagnóstico diferencial entre as fobias propriamente ditas, que vêm acompanhadas por uma intensa angústia-pânico, e os quadros clínicos similares que se manifestam na *doença do pânico*.

A Associação Americana de Psiquiatria, no seu *Manual Diagnóstico e Estatístico de Transtornos Mentais*, quarta edição (DSM IV), situa as fobias dentre os *Transtornos de Ansiedade*.

For(a)clusão [LACAN]

A grafia *for(a)clusão* se justifica pelo fato de que, no idioma português de textos psicanalíticos, esse fenômeno psíquico ora aparece traduzido como *forclusão*, ora como *foraclusão*, além de outras formas, como *desestima, repúdio e rejeição*.

O termo *for(a)clusão* foi cunhado por LACAN, em 1956, durante um seminário que fazia sobre o caso Schreber, como tradução do original alemão *Verwerfung*, empregado por FREUD. LACAN inspirou-se tomando emprestado ao discurso jurídico o adjetivo francês *forclusif* que significa *a exclusão do uso de um direito que não foi exercido no momento oportuno*.

De fato, na análise do *Homem dos Lobos*, redigido em 1914 e publicado em 1918, FREUD assinalou que esse paciente só imaginava a relação sexual dos seus pais pela via anal, assim excluindo, rejeitando (*Ver-werfung*) a possibilidade de reconhecer a existência de uma castração fálica da mãe, ou seja, rejeita uma realidade que é apresentada como sendo inexistente.

LACAN empregava essa terminologia para definir um mecanismo específico das psicoses, mais precisamente dos estados paranóides. Tanto FREUD como LACAN estabeleceram uma distinção entre *forclusão* e repressão, baseados na noção de que neste último caso, diferentemente da forclusão, aquilo que está excluído jaz no inconsciente e pode voltar à consciência de uma forma simbólica.

De forma equivalente, BION utiliza - K para designar as formas de como a parte psicótica da personalidade rejeita fazer um reconhecimento das verdades penosas, as externas e as internas.

Formação de compromisso [FREUD]

Espécie de *compromisso* – egossintônico – que as instâncias psíquicas assumem entre si, de sorte a autorizar o surgimento no consciente do que está reprimido no inconsciente, desde que venha suficientemente disfarçado para não ser reconhecido, tal como acontece nos sonhos e na formação dos sintomas, quase que em geral. Nos primeiros tempos, FREUD emprestava uma especificidade desse fenômeno às neuroses obsessivas.

Formação reativa

Mecanismo de defesa pelo qual o ego mobiliza uma estrutura caractereológica, a mais oposta possível, quanto ao risco do surgimento das pulsões libidinais ou agressivas reprimidas no inconsciente. Esse processo a diferencia da formação de compromisso porque neste último caso não há propriamente uma oposição frontal, mas, sim, um *acordo de paz* que satisfaz as partes conflitantes. Em termos da teoria econômica pode-se dizer que a formação reativa consiste num *contra-investimento de energia psíquica* de força igual e de direção oposta ao investimento pulsional inaceitável, que está agindo desde o inconsciente.

FREUD, desde as primeiras descrições acerca das neuroses obsessivas e do caráter anal, deixou claro o quanto, premido pelas ameaças de um superego rígido, o ego desenvolve defesas, mantendo-se permanentemente em estado de alerta contra um suposto perigo, como se esse estivesse sempre presente. Assim, para exemplificar, um pudor exagerado pode estar opondo-se a tendências exibicionistas; uma bondade exagerada e desproposital pode decorrer de ímpetos invejosos e agressivos; uma obsessão por limpeza e ordem pode estar camuflando uma sensação de sujeira interna, e assim por diante.

Formação de símbolos

Ver o verbete *símbolo*.

Formulações sobre os dois princípios do funcionamento mental [Freud, 1911]

Artigo que tem como tema principal a distinção entre o princípio do prazer e o princípio da realidade, que dominam, respectivamente, os processos mentais primário e secundário.

Freud assinala que a substituição do princípio do prazer pelo princípio da realidade não se realiza de repente e, assim como o ego-prazer nada mais pode fazer a não ser desejar, lutar por um prazer e evitar o desprazer, ao ego-realidade basta lutar pelo que é útil e resguardar-se contra danos. A educação é descrita como um incentivo ao controle do princípio do prazer. Já a arte produz uma reconciliação entre os dois princípios. A sexualidade sofre mudanças que consistem numa gradual passagem das pulsões sexuais por fases intermediárias, do auto-erotismo ao amor objetal, que serve à procriação.

Esse trabalho está no volume XII, p.277 da edição brasileira da Standard Edition.

Fort-da [Freud]

Expressão incorporada à terminologia psicanalítica a partir de *Além do princípio do prazer* (1920), onde Freud relata a experiência de um seu neto de um ano e meio que, através da brincadeira do carretel, pronunciava alternadamente os gritos de *fort* e de *da*. Freud relata que o seu netinho mantinha um carretel preso a um barbante e quando o jogava para longe, fora do alcance de sua visão, ele emitia um prolongado som de *o-o-o-o*, que, supôs Freud, constituía um esboço da palavra *fort* que, em alemão, significa longe, e quando puxava o carretel para perto de si, o menino emitia um sonoro *da*, que, em alemão, quer dizer aqui.

Freud emprestou importância psicanalítica a esse fato, porque logo compreendeu que o menino estava elaborando a ausência de sua mãe, ao mesmo tempo em que expressava sua confiança de que ela logo voltaria. Igualmente, Freud deduziu que as crianças agem ativamente em relação àquilo que sofrem passivamente.

Lacan, complementando os estudos de Freud, asseverou que esse jogo do carretel serve de protótipo para o entendimento da raiz da formação de símbolos, tendo em vista que, na elaboração de uma perda, de uma separação, através de atos repetitivos, "a ausência é evocada na presença e a presença na ausência".

Fragmentação, angústia de [M. Klein]

M. Klein descreveu esse tipo de angústia de origem primitiva (também chamada, por ela, em outros momentos, como angústia de *desintegração* ou de *aniquilamento*) como resultante de uma profunda e severa dissociação (*cisão*) do *ego*, que acompanha a predominância da posição esquizo-paranóide e que provoca uma ansiedade com o sentimento de estar havendo uma fragmentação, um despedaçamento psíquico e corporal.

Conquanto, em grau moderado, seja uma experiência normal quando se está num estado de exaustão ou de estresse, essa forma de angústia é extremamente grave e central na patologia dos quadros esquizofrênicos.

Fragmento da análise de um caso de histeria [Freud, 1905]

Título do historial clínico que é muito mais conhecido pela denominação de *O Caso Dora*. Está publicado no volume VII, p.5 da Standard Edition brasileira.

Ver os verbetes *Dora* e *historiais clínicos*.

Freud, Anna

Nascida em Viena em 1895, ANNA foi a sexta e última filha de SIGMUND e MARTHA FREUD. Nunca casou e permaneceu intimamente ligada ao pai até seus últimos dias. Foi presidente do Instituto de Formação Psicanalítica de Viena de 1925 a 1938, ano em que, acompanhando seu pai, refugiou-se em Londres. Na capital inglesa, fundou em 1951 a Clínica Hampstead, um prestigioso centro de tratamento, pesquisa e formação em psicoterapia infantil.

Muitos discutem se a notória importância que A.FREUD representa para o crescimento e difusão da psicanálise deve-se aos seus próprios méritos ou a sua condição de filha de S.FREUD. É indiscutível que seu livro *O ego e os mecanismos de defesa* (1936) representa um enorme avanço, porquanto nele, indo além das pulsões do Id, ela enaltece as funções defensivas do ego, que FREUD esboçou mas não aprofundou. Dessa forma, ANNA FREUD pode ser considerada como uma importante formadora de discípulos psicanalistas que mais tarde viriam a fundar a escola norte-americana da *Psicologia do Ego*, assim como também foi em torno de sua pessoa que a corrente freudiana da Sociedade Psicanalítica Britânica se moldou, estruturou e ganhou respeitabilidade.

Outro mérito seu foi o de ter sido uma das pioneiras da psicanálise com crianças. Não obstante ter-lhe imprimido uma orientação de natureza pedagógica, criticava M. KLEIN, a qual, na mesma época, por volta de 1927, preconizava e praticava a psicanálise infantil dentro do mais puro rigor psicanalítico, abstendo-se de qualquer medida reeducativa ou de apoio. Ambas travaram sérias polêmicas entre si, o mesmo ocorrendo entre seus respectivos seguidores, o que gerou as célebres Controvérsias na Sociedade Britânica de Psicanálise, nos idos da década de 40, por pouco não sofrendo essa entidade uma grave cisão oficial.

Freud, Sigmund

Criador da psicanálise, autor que mais contribuiu com profundas e originais concepções que ainda na atualidade continuam servindo como fonte de inesgotáveis estudos e pesquisas, e o maior divulgador da ciência psicanalítica. Na entrada do ano 2000, na maioria dos órgãos da mídia internacional, FREUD foi escolhido como a personalidade mais importante do mundo científico do milênio que passou. Centenas de obras foram escritas sobre FREUD no mundo inteiro. Seus livros foram traduzidos em cerca de 30 idiomas, tendo sido publicados, no mínimo, 10 biografias sobre a sua vida e obra. Deixou um legado de mais de 300 títulos, sendo 24 livros, 123 artigos e uma correspondência avaliada em 15.000 cartas. Formou, por meio da análise didática da época, mais de 60 praticantes..

Nasceu em Freiberg, hoje Pribor, na República Tcheca, em 6 de maio de 1856 e recebeu o nome de Schlomo Sigismund. Pressionada por uma ruína econômica, devida ao desenvolvimento da industrialização, sua família mudou-se para Viena quando ele tinha quatro anos, onde FREUD viveu quase toda a sua vida. Seu pai, comerciante de lã e têxteis, contava 41 anos e já tinha dois filhos de um primeiro casamento quando se casou com Amália, então com 21 anos. Dessa união nasceram mais sete filhos, sendo Sigismund (nome mais tarde trocado para Sigmund) o mais velho deles. Era, de longe, o filho preferido da mãe, que o chamava *Mein goldene Sig* (Meu Sig de ouro). Em Viena, ao completar os seus estudos secundários, Sigmund já sabia latim, grego, hebraico, alemão, francês, inglês e tinha noções de italiano e espanhol. FREUD renunciou aos estudos jurídicos, porquanto decidira estudar medicina e, a partir de sua condição de médico, criou a psicanálise. Só abandonou Viena perseguido pelo nazismo, migrando para Londres, onde viveu seus últimos anos..

Seu pai, Jacob, sem ser um religioso praticante, era um profundo estudioso do Talmude (livro da sabedoria judaica) e, por ocasião do ritual da circuncisão (ritual judaico que sucede ao nascimento) registrou esse fato na Bíblia da família, a mesma que presenteou a FREUD quando este completou 35 anos de idade, com uma dedicatória que preconizava que o filho atingiria a condição de futuro gênio.

O nome Schlomo (Salomão) foi-lhe dado em homenagem a seu avô paterno, rabino, que falecera dois meses antes do seu nascimento. O próprio FREUD, em muitos depoimentos públicos, admitiu que sua condição de judeu forjou seu caráter com a coragem própria de uma minoria perseguida, contribuindo bastante para caber justamente a ele a sublime função de verdadeiro criador da psicanálise. Da mesma forma, ele reconheceu sua gratidão à Bnei Brith (secular instituição judaica voltada para a defesa dos direitos humanos) que o recebeu no período do "esplêndido isolamento", durante o qual sentia-se sozinho, desamparado, cercado da descrença geral relativamente a seus estudos sobre a sexualidade infantil.

Durante mais de 30 anos, FREUD participou ativamente desse grupo judaico, porém nunca escondeu que sua identidade de judeu passava por três planos: 1. O religioso, que ele não aceitava, da mesma forma que não aceitava como saudável qualquer fé religiosa. 2. Uma clara ambigüidade quanto à sua condição de sionista voltado para a causa da criação de um estado nacional judeu (o atual Estado de Israel). 3. Uma consistente aceitação de que ele possuía um espírito judeu. Cabe transcrever o seguinte trecho de uma entrevista concedida por FREUD a um jornal americano em 1926, que aparece na revista *Ide* (1988, p.56), sob o título de "Entrevista rara": "Minha língua é o alemão. Minha cultura, minha realização é alemã. Eu me considerava um intelectual alemão, até perceber o crescimento do preconceito anti-semita na Alemanha e na Áustria. Desde então, prefiro me considerar judeu".

Vale ainda consignar na vida de FREUD que casou-se com Martha (também judia, tendo alguns seus familiares sido importantes autoridades religiosas) e com ela teve seis filhos. A caçula, ANA, foi a única que se tornou psicanalista e a sua mais importante seguidora e sucessora. Em setembro de 1891, FREUD mudou-se para um aparta-mento situado na rua *Berggasse* (onde hoje está localizado o Museu Freud) e aí morou até seu exílio em 1938, cercado por Martha, a cunhada Minna e seus seis filhos: Mathilde, Martin, Oliver, Ernst, Sophie e Anna.

FREUD concluiu com brilhantismo seu curso médico, aos 25 anos, na Universidade de Viena, tendo feito um longo aprendizado em neurologia, dedicando-se a pesquisas (passava horas dissecando nervos de peixes raros, fez importantes investigações sobre a cocaína). Publicou inúmeros trabalhos nessa área que obtiveram expressivo reconhecimento científico. Por razões financeiras, renunciou à carreira de pesquisador e tornou-se clínico.

Embora tenha enfrentado uma forte corrente anti-semita, então vigente na Universidade de Viena, FREUD logrou a distinção de ser nomeado professor de Neuropatologia e vir a obter o Prêmio Goethe de Literatura. Muito cedo, demonstrou méritos que lhe possibilitaram ganhar uma bolsa de estudos para acompanhar, em Paris, os trabalhos de mestre Charcot que já pontificava com a aplicação de técnicas hipnóticas.

Posteriormente, FREUD voltou à França, desta vez para Nancy, também para aprofundar-se nos mistérios do hipnotismo, através das demonstrações de Bernheim. De volta a Viena, além dos recursos médicos habituais da época para o tratamento dos distúrbios neuropsicológicos, como era o emprego de banhos mornos, massagens, clinoterapia (repouso no leito), pequenos estímulos elétricos e medicamentos barbitúricos, passou a empregar a técnica da hipnose na sua clínica privada.

Muito cedo, FREUD deu-se conta de que era um mau hipnotizador e substituiu esse recurso por técnicas que promovessem uma livre associação de idéias que possibilitassem um acesso às repressões inconscientes das suas pacientes histéricas.

O edifício psicanalítico construído por FREUD pode ser esquematicamente desdobrado em 5 áreas: 1. *Historiais clínicos.* 2. *Metapsicologia.* 3. *Teoria.* 4. *Técnica.* 5. *Psicanálise Aplicada.*

Casos clínicos. Em relação aos casos, que descrevia de forma magistral, vale registrar os que apresentou em *Estudos sobre a histeria* (1893), livro escrito juntamente com BREUER, onde ele relata uma série de atendimentos de curto prazo com pacientes portadoras de sintomas histéricos, como foram Emmy von N., Lucy R., Katherina. Entre outras mais, cabe destacar Elisabeth von R. pelo fato de não se ter deixado hipnotizar e também por recusar-se a ceder às pressões exercidas por FREUD para que ela associasse "livremente". Essa situação obrigou-o a investigar e descobrir o fenômeno das resistências inconscientes.

No entanto, os casos clínicos mais famosos de FREUD, com os quais ele sempre demonstrava alguma tese centrada no papel da sexualidade na determinação das neuroses são: o caso *Dora* (1905); *O pequeno Hans* (1909); *O Homem dos ratos* (1909); *O caso Schreber* (1911); *O Homem dos lobos* (1918).

Esses casos aparecem melhor detalhados no verbete *Historiais clínicos.*

Teoria e metapsicologia. Como uma pálida idéia da imensa obra de FREUD, cabe destacar os seguintes trabalhos, listados em ordem cronológica.

Em 1895, FREUD redigiu o seu importantíssimo e vigente trabalho *Projeto de uma psicologia científica para neurólogos*, somente descoberto muitos anos mais tarde entre os seus escritos abandonados e que veio a ser publicado em 1950.

Em 1900, surgiu o seu livro mais conhecido, especialmente entre o público leigo, *A interpretação dos sonhos*, onde, no sétimo capítulo, FREUD apresenta um esboço bastante desenvolvido do psiquismo – a hipótese topográfica, constante de três sistemas: o *consciente, o pré-consciente e o inconsciente*. Nesse mesmo capítulo, entre tantos outros aspectos importantes, postulou a existência de um processo primário, uma primitiva forma de funcionamento da mente.

No ano de 1905, aparece o clássico *Três ensaios sobre a teoria da sexualidade*, no qual estuda a normalidade e a patologia que acompanham a sexualidade na infância, como é o caso das diversas formas de *aberrações sexuais*. Nesse mesmo artigo, FREUD também alude aos inatos componentes pulsionais sexuais, às zonas erógenas, ao auto-erotismo, à organização oral e à anal-sádica, aos instintos de escopofilia, de exibicionismo e de crueldade, ao impulso de conhecimento e à pesquisa da criança ao processo de sublimação, entre outras concepções mais. É interessante registrar que esse trabalho e o da *Interpretação dos sonhos* foram os únicos, dentre a imensidão dos trabalhos de Freud, que mereceram constantes acréscimos conceituais em suas reedições.

Em 1911, surge a publicação de *Formulações sobre os dois princípios do funcionamento mental*. Nessa obra, FREUD postula a existência dos princípios do *prazer* e da *realidade*. A partir das inter-relações, especialmente quanto à descarga das excitações libidinais, ele lança as primeiras formulações psicanalíticas sobre a gênese e a função dos pensamentos. Foi baseado nesse trabalho que BION construiu suas fundamentais concepções sobre os pensamentos e a capacidade para pensar.

Em torno do ano 1915, Freud gestou quatro dos seus mais importantes trabalhos metapsicológicos: *Sobre o narcisismo: uma introdução, As pulsões e suas vicissitudes, Repressão, O inconsciente*. Neste mesmo conjunto de trabalhos de 1915, também aparece publicado o importante *Luto e Melancolia*, no qual FREUD estabelece a descoberta e a descrição do mundo dos objetos internalizados pela introjeção, tal como está contido na sua famosa frase: "a sombra do objeto recai sobre o ego".

Em 1920, FREUD lança um trabalho revolucionário. Trata-se de *Além do princípio do prazer*, no qual postula a existência da *pulsão de morte*, tese que acarretou profundas transformações na psicanálise.

Em 1923, vem à luz outro notável trabalho, *O ego e o id*, que trouxe marcantes repercussões na teoria e na prática da psicanálise, promovendo uma fundamental mudança epistemológica, ou seja, a teoria topográfica cede o lugar de importância para a nova concepção de uma teoria estrutural da mente, com as forças dinâmicas oriundas das três instâncias psíquicas: id, ego e superego.

O trabalho *A negação*, publicado em 1925, é de uma importância essencial para a compreensão das múltiplas e protéicas formas de como o ego usa os distintos mecanismos negatórios para evadir as angústias dos conflitos neuróticos.

O ano de 1926 também é marcante na história da psicanálise porque o trabalho *Inibições, sintomas e angústia* representa uma significativa mudança na concepção do essencial fenômeno da formação da angústia, tal como aparece descrito neste verbete específico. Nesse mesmo trabalho, FREUD faz sua mais completa abordagem sobre o fenômeno das resistências, descrevendo suas distintas fontes e formas de funcionamento. Em 1927, aparece um trabalho que veio a ser um importantíssimo filão de inspiração para a psicanálise atual: trata-se de *Fetichismo*, onde FREUD, complementando um artigo de 1924 – *Neurose e psicose* – evidencia a importante concepção relativa à dissociação do ego.

Em 1940, é publicado *Clivagem do ego no processo de defesa*, que dá continuidade

aos aludidos trabalhos anteriores e que se constituem, na psicanálise contemporânea, subsídios indispensáveis para a compreensão do psiquismo de qualquer ser humano.
Trabalhos de técnica. FREUD nunca deixou de fazer uma integração entre a teoria e a técnica. Pelo contrário, sempre procurou respaldar uma na outra, de modo a que se fertilizassem reciprocamente. Dessa forma, ele escreveu inúmeros artigos específicos sobre técnica psicanalítica, além dos que aludem indiretamente à técnica e à prática, como são os historiais clínicos. Em muitos trabalhos teóricos aparecem comentários sobre aspectos técnicos.

Já em 1905, no trabalho *Sobre a psicoterapia*, que resultou de uma conferência pronunciada numa escola de medicina, FREUD apontava alguns aspectos técnicos da nova ciência que privilegiava a dinâmica do inconsciente, absoluta novidade para os médicos da época. Nesse artigo aparece a bela metáfora que ele tomou emprestada de Leonardo da Vinci, referente aos métodos analíticos da *via di porre* e da *via di levare* (ver esses verbetes).

O período que vai dos anos de 1912 a 1915 coincidente com algumas dissidências no então incipiente movimento psicanalítico, justamente quando aparecem os principais textos de FREUD relativos às recomendações básicas para todos que pretendessem empregar o método psicanalítico.

Assim, é necessário destacar trabalhos como *A dinâmica da transferência*, no qual ele discrimina formas diferentes de transferência e explica algumas relações entre a transferência e a resistência. Nesse mesmo ano, aparece *Recomendações aos médicos que exercem a psicanálise*, onde postula a regra da neutralidade, com a famosa metáfora de que o analista deveria comportar-se como um espelho que...(ver os verbetes *espelho* e *neutralidade*).

Em 1913-1914, sob o título geral de *Novas recomendações sobre a técnica da psicaná-* *lise*, FREUD brinda-nos com dois textos importantes: um é *Sobre o início do tratamento* (no qual ele traz a metáfora de que, tal como no jogo de xadrez, as aberturas são conhecidas e previsíveis, enquanto o desenrolar e o término do jogo analítico é imprevisível e cheio de surpresas); o outro artigo é *Recordar, repetir e elaborar,* que adquiriu importância por representar um primeiro esclarecimento profundo acerca do fenômeno do acting, como substituto da resistência a lembrar aquilo que foi reprimido.

Em 1915, FREUD publica *Observações sobre o amor transferencial*, que representa um sério alerta quanto aos riscos de envolvimento, mais especificamente o de o analista ficar enredado nas malhas de uma contratransferência erotizada. FREUD volta a elaborar suas idéias a respeito dos principais fenômenos que cercam a técnica e a prática da psicanálise em conferências realmente pronunciadas, como em *Conferências introdutórias* (1916), ou em textos que simulam conferências com um auditório imaginário, como em *Novas conferências introdutórias à psicanálise* (1933), além de textos posteriores, como os magníficos trabalhos de 1937: *Análise terminável e interminável* e *Construções em análise*.

Trabalhos de psicanálise aplicada Virtualmente, FREUD cobriu todas as áreas do conhecimento humano, procurando explicações de causas inconscientes para o comportamento humano na religião, na arte, na ciência, na telepatia, nos rituais mágicos, nos clássicos da literatura, nas figuras históricas, na mitologia, na demonologia, nos relatos bíblicos, na lingüística, na antropologia, na psicologia e nos aspectos culturais dos grupos, massas e sociedades. Dentre os últimos, é útil mencionar os seguintes seis artigos: *As perspectivas futuras da terapia psicanalítica* (1910), *Totem e tabu* (1913), *Psicologia das massas e análise do ego* (1921), *O futuro de uma ilusão* (1927), *Mal-estar na civilização* (1930).

Entre os colaboradores imediatos de FREUD aconteceram dissidências: as mais importantes foram a de ADLER, em 1910, a de STECKEL e, especialmente, a de JUNG, que abandonou o grupo analítico freudiano em 1913. OTTO RANK, juntamente com FERENCZI e mais tarde W.REICH, foram os líderes em busca de novas técnicas diferentes, até certo ponto divergentes das recomendadas por FREUD como essenciais.

Após longos anos de sofrimento atroz provocado por um câncer do maxilar superior, quando percebeu que não tinha mais condições de manter a continuidade da vida, FREUD pediu a seu médico assistente, SCHUR, que induzisse sua morte, no que foi atendido em respeito a um acordo que previamente haviam acertado. Assim, após dois dias de um tranqüilo estado de coma, FREUD veio a falecer em 23 de setembro de 1939, em Londres, onde as suas cinzas repousam no crematório de Golders Green.

Fromm, Erich

E. FROMM nasceu em Frankfurt, Alemanha, em 1900, originário de uma família de judeus ortodoxos. Antes de dedicar-se às ciências sociais, direito, filosofia, psiquiatria e psicanálise, estudou a Bíblia e o Talmude. Já aos 15 anos, militava num movimento da juventude judaica sionista e, posteriormente, integrou-se a um grupo de filósofos da Escola de Frankfurt, de que participava Marcuse. Esse grupo era conhecido como a *esquerda freudiana*, que deu origem ao *freudo-marxismo*.

Assim, Fromm tentava conciliar as doutrinas de K.MARX e de FREUD, buscando uma integração dos fatores socioeconômicos com a explicação das neuroses. No referido grupo de esquerda, FROMM conheceu FRIEDA REICHMANN que veio a ser sua quarta analista antes de tornar-se sua esposa, sob o nome, bastante conhecido, de FRIEDA FROMM REICHMANN.

Em 1934, após a ascensão de Hitler ao poder, FROMM emigrou para os Estados Unidos, onde, juntamente com KAREN HORNEY (de cuja filha foi analista) e H.S.SULLIVAN, deu um grande vigor à corrente psicanalítica americana conhecida como culturalista, tendo sido nomeado professor de psiquiatria em Nova York, cidade onde praticou a psicanálise clínica, porém renunciando à maioria das regras técnicas ditadas pela IPA, como o uso do divã, por exemplo.

FROMM dedicou-se com afinco ao estudo das diferentes tradições religiosas, como judaísmo, cristianismo, e zen-budismo, buscando um sincretismo messiânico entre todas elas.

Sempre demonstrando um vigoroso protesto contra as mais diferentes formas de totalitarismo e de alienação social, publicou muitos livros, sendo os mais conhecidos *O medo da liberdade* (1941), *Psicanálise e religião* (1950), *Sociedade alienada; Sociedade sadia*(1955), *A arte de amar* (1956), *Ensaios sobre Freud, Marx e a psicologia* (1971) e *Paixão de destruir*(1975).

ERICH FROMM faleceu em 1980.

Frustração

O termo *frustração* adquire na psicanálise duas significações opostas, porém complementares: 1. A frustração sob a forma de privação e de momentos de ausência é não só inevitável, como também necessária para exercer uma importantíssima função estruturante no desenvolvimento emocional da criança, quando efetivada adequadamente. 2. A frustração repetitivamente inadequada funciona como fator fortemente desestruturante.

Virtualmente, todas correntes psicanalíticas, com uma abordagem ou outra, enfatizam a importância das frustrações no psiquismo da criança, de sorte que, esquematicamente, pode-se falar na normalidade e na patogenia das frustrações.

FREUD empregou o termo *frustração* – *Versagung* no original alemão – para designar um desequilíbrio entre um desejo que busca satisfação e seu grau insuficiente de realização. No entanto, esse desequilíbrio não provém necessariamente de frustrações externas; pode acontecer que uma tendência interna do próprio sujeito (por exemplo, o superego, mecanismos de defesa, etc.) oponha-se ao seu desejo. Uma prova disso, dizia FREUD, é a situação freqüente e paradoxal em que o sujeito fica doente nas situações em que atinge o sucesso.

Em *O futuro de uma ilusão* (1927), FREUD estabelece uma distinção entre *frustração* (a insatisfação de uma pulsão libidinal), a *proibição* (o meio pelo qual a frustração acontece) e a *privação* (o estado emocional resultante da frustração). Assim, assinala que a frustração também é produzida pelas leis da cultura, de modo que é inerente à condição humana.

LACAN, por sua vez, estuda as diferenças entre frustração, privação e castração, enfatizando a natureza da falta constituída (por exemplo, o pênis, objeto de frustração da menina, constituindo o modelo de um "objeto impossível" de ser alcançado), para distinguir esses três processos. Isso está bem sintetizado nessa **frase** de A. Green: "Em virtude da *frustração* existe algo que não se realiza, em virtude da *privação* há algo que falta, em virtude da *castração* existe algo que poderia chegar a faltar".

Comentário. A capacidade de tolerância às frustrações depende das condições heredoconstitucionais do bebê e da forma como se processou determinada frustração por parte do ambiente que provê as necessidades físicas e psíquicas da criança. Assim, resultam quatro tipos:

1. A frustração *adequada,* que promove o crescimento, porquanto leva a criança a achar soluções para o problema das *falhas* e das *faltas* criadas pela frustração e vai, portanto, propiciar uma gradativa capacidade para pensar, simbolizar e criar.

2. As frustrações por *demais escassas e tímidas,* o que dá um resultado inverso ao anterior, além de estimular o prolongamento da dependência e o incremento de uma onipotência.

3. As que continuadamente são *incoerentes* e/ou *injustas* e levam a criança a um estado de confusão e ambigüidade.

4. As demasiadamente *excessivas,* na quantidade e na qualidade, e que, como forma de reação, promovem a exacerbação dos sentimentos agressivo-destrutivos.

BION foi o autor que mais trabalhou com essa última hipótese, de modo a mostrar que uma frustração excessiva, comumente resultante de uma prolongada ausência ou privação do seio materno nutridor, desperta no bebê sensações altamente desprazerosas devido ao incremento do ódio. Essas sensações intoleráveis – que BION denomina elementos β – precisam ser descarregadas para o exterior em busca de um adequado continente que possa contê-las, sendo que, no adulto, essa descarga faz-se comumente por meio de *actings*, enquanto no bebê transparece sob a forma de uma agitação corporal, como esperneios, etc.

Fuga, luta e [BION]

Expressão utilizada por BION para designar um dos (pre)supostos básicos que sempre existem na dinâmica do campo grupal. Esse tipo de suposto básico alude a uma condição em que o inconsciente grupal está dominado por ansiedades paranóides.

Por essa razão, ou a totalidade grupal mostra-se altamente defensiva e, por isso, entra em estado de *luta* contra o suposto inimigo, com uma franca rejeição contra qualquer situação nova de dificuldade psicológica, ou os integrantes do grupo *fogem* dessa situação desconhecida e temida Neste caso, criando um inimigo externo, ao qual atribuem todos os males e, por isso, ficam unidos contra ele, sendo muito freqüente a criação de bodes expiatórios. O líder requerido para esse tipo de suposto básico grupal deverá, preferencialmente, ter características paranóides e tirânicas.

Função [BION]

Inspirado na matemática, embora sem o mesmo sentido que o termo tem nela, BION (1962), conceitua psicanaliticamente a *função* como uma atividade mental própria de certos fatores que atuam conjugados com outros. Tal como no campo da matemática, também no do psiquismo a relação das *variáveis psíquicas* cria uma lei, obedecendo a uma estrutura na qual a mudança de qualquer elemento influi decisivamente no conjunto.

Um exemplo banal é a função sexual, que resulta de um conjunto de fatores: um estado psíquico de motivação para o ato sexual, a excitação provinda de órgãos sensoriais, como visão, cheiro, tato e um possível estado de higidez física, ou de estresse, cansaço, doença, etc. Por sua vez, essa mesma função sexual, além da função de obter um prazer erógeno, poderá servir como fator de outra função, por exemplo, a de reprodução da espécie, e assim por diante.

Função e fatores estão de tal maneira intimamente conjugados, que BION por vezes emprega o temo *functores*, como aparece em *O aprender com a experiência* (1991, p.124).

Função α [BION]

Essa expressão designa um dos aspectos mais originais e importantes da obra de BION. Refere-se diretamente à capacidade da criança de desenvolver a capacidade – e a função – de pensar os elementos β, ou seja, os protopensamentos que resultam das primitivas sensações e experiências emocionais, já inscritas mas que ainda não puderam ser pensadas.

BION deu grande ênfase ao fato de que é a função a que possibilita o armazenamento mental das experiências emocionais transformadas, e, por conseguinte, a transformação das impressões sensoriais e emocionais em *imagens visuais*. Daí a importância da comunicação do paciente sob a forma de ideogramas, tipo *hieróglifos*.

A possibilidade de os elementos β (essa categoria ocupa a fileira A, na *Grade)* virem a ser transformados em elementos α (ocupa a fileira B), depende diretamente da função α da mãe, isto é das condições dessa de ser um continente adequado, de modo a acolher, conter, descodificar e devolver para o filho aquilo que ele projetou nela, agora devidamente desintoxicado, significado e nomeado.

Função analítica eficaz (conceito de técnica) [BION]

Com essa expressão, BION quis precisar que um psicanalista, na situação analítica, deve aliar três estados da mente. Ser: 1. Um *cientista,* líder em busca da verdade. 2. Um *místico* em permanente estado de fusão com a verdade incognoscível. 3. Um *artista* para captar o sentido estético das comunicações e saber comunicá-las eficazmente.

Além disso, BION destaca ser indispensável o analista possuir o que ele chama de condições necessárias mínimas para o exercício eficaz da difícil, porém fascinante tarefa de analisar.

Função psicanalítica da personalidade [Bion]

Um dos conceitos mais significativos de BION, refere-se ao fato de a busca epistemológica ser inata em qualquer indivíduo, e que essa pulsão de conhecer as verdades deve ser desenvolvida no analisando através da análise e da introjeção da função de analisar do seu analista. Em suma, a FPP designa uma atitude mental profunda em face da verdade e do conhecimento de si mesmo, e é a única que permite uma continuidade da função auto-analítica.

Functores [BION]

Seguidamente BION emprega esse vocábulo que é uma contração dos conceitos de função e de fator. O termo pertence à sintaxe das categorias matemáticas e BION o utiliza quando pretende designar conceitos psicanalíticos que operam segundo uma lógica matemática.

Fúria (ou injúria) narcisista [KOHUT]

Expressão usada freqüentemente por KOHUT para designar o fato de as pessoas portadoras de algum transtorno narcisista, por mais amáveis e tranqüilas que aparentam ser em condições normais, reagirem de maneira furiosa diante de algum tipo de frustração que lhes represente uma afronta a sua ilusão de grandiosidade, um questionamento hostil à sua onipotência e uma injúria a sua auto-estima.

Fusão

Termo bastante freqüente nos textos psicanalíticos de vários autores que abordam o desenvolvimento emocional primitivo. Costuma designar a etapa evolutiva em que o bebê ainda não tem condições neurobiológicas de estabelecer distinção entre o *eu* e o *outro*.

Em outras palavras, usando a terminologia de M.MAHLER, o bebê não ingressou na etapa de diferenciação (que possibilitaria evoluir para as subetapas de separação e individuação) e não discrimina a mãe como pessoa separada dele, de tal sorte que mantém a crença onipotente que está fundido com a mãe, que é uma mera extensão dele.

Fusão-desfusão das pulsões [FREUD]

Designação de FREUD para a maneira quantitativa e qualitativa de como estão combinadas entre si as pulsões de vida e as de morte. A partir de "Além do princípio do prazer" (1920), FREUD passou a conferir às pulsões destrutivas o mesmo grau de importância que sempre atribuiu às libidinais, ressaltando que ambas enfrentam-se de forma antagônica nos mesmos campos do psiquismo. Assim, a libido constitui um fator de ligação, de fusão (*Bindung* em alemão) enquanto a agressividade tende a "dissolver as relações".

FREUD descreve a *desfusão* para conceituar o fato de que as pulsões agressivas romperam todos os laços que, em alguma proporção, os mantinham fundidos com a sexualidade e as pulsões de vida em geral. O melhor exemplo encontrado por FREUD para demonstrar a conceituação de *desfusão* consiste no fenômeno da ambivalência, tal como se manifesta claramente nas neuroses obsessivas.

Fusional, transferência narcisística do tipo [KOHUT]

KOHUT estudou as transferências narcisísticas e as classificou em três tipos: idealiza-

doras, gemelares e *especulares.* Dessas últimas, descreveu dois tipos: as *fusionais* e as *especulares propriamente ditas*.

A transferência fusional corresponde ao conceito de Freud de ego do prazer purificado, e manifesta-se pelo fato de o paciente crer que o analista não é mais do que um prolongamento seu, pois ambos estariam numa fusão arcaica. Assim, na prática analítica, esperam que o analista adivinhe seus pensamentos e necessidades e, quando isso não acontece, significam-no como frieza e desinteresse do terapeuta, o que pode levá-los a um estado de decepção ou, não raramente, a um estado de *fúria narcisista*.

Futuro de uma ilusão [Freud, 1927]

Título de importante livro de Freud publicado em 1927, no qual estuda particularmente como a psicanálise entende a religião, assim complementando as idéias que já tinha esboçado no artigo "Atos obsessivos e práticas religiosas"(1907), onde equiparou a religião a uma neurose obsessiva. Esse trabalho de 1927 está escrito na forma de diálogo fictício de Freud com um interlocutor, que, na verdade, era o seu amigo pastor Oskar Pfister.

O enfoque principal do livro consiste nas influências recíprocas que existem entre as forças opostas provindas da *natureza* e as da *cultura*, estas tendendo a sufocar a gratificação pulsional. Como, asseverou Freud, é impossível uma plena e permanente harmonia entre as forças referidas, o fato de se desejar o contrário não passa de uma ilusão – ilusão de que se possa atingir o *sentimento oceânico*, forma primária da necessidade do religioso em todos seres humanos – daí o título escolhido para o livro.

Esse trabalho aparece na Standard Edition brasileira, no volume XXI, p.15.

G

G [BION] Na *Grade* de BION, G ocupa a sétima fileira, onde designa o <u>sistema dedutivo científico</u>, o qual se forma de uma combinação lógica de conceitos, de hipóteses e de teorias, que já foram alcançadas e que estão representadas na fileira anterior, a F. Essa fileira G está preenchida unicamente na casela G2, porquanto a *Grade* visa a fazer uma representação gráfica unicamente daquilo que se passa na experiência emocional da situação do par analítico, pois um sistema dedutivo científico tem pouco a ver com a finalidade de uma análise.

Um exemplo do enunciado de G2 (a coluna 2, representada pela letra grega Y, designa as falsificações e mentiras) consiste no entendimento segundo um modelo que mostra quanto uma alta abstração científica – por exemplo, a teoria geocêntrica de Ptolomeu que durou vários séculos – pode estar a serviço de uma mentira para cuja manutenção foi necessária uma cruel perseguição a Galileu e a Giordano Bruno, que ousaram desafiar a falsidade.

Gangue narcisista [ROSENFELD]

Com essa denominação, ROSENFELD (1971) alude a uma espécie de organização intrapsíquica, composta por objetos internos que – movidos pela necessidade de negar a fragilidade e dependência que esse indivíduo tem em relação aos outros – idealizam a sua onipotência e prepotência próprias do narcisismo. Dessa maneira, sabotam seu próprio lado infantil que está fazendo força para crescer. Essa gangue narcisista, da mesma forma como se passa nas gangues deliquenciais, amedronta, corrompe e seduz com falsas promessas a seu lado que quer *fraquejar,* de tal sorte que pode se constituir uma forte barreira resistencial às mudanças no processo analítico.

Ganho primário e secundário [FREUD]

Expressão que designa o mesmo exposto nos verbetes *benefício primário e benefício secundário.*

Garma, Angel

Importante psiquiatra e psicanalista radicado na Argentina, nasceu em Bilbao, Espanha, em 1904 e faleceu em 1993, cercado pelo carinho e reconhecimento por suas contribuições psicanalíticas. Quando tinha quatro anos, seus pais migraram para a Argentina. Seu pai foi assassinado com dois tiros em circunstâncias misteriosas, e sua mãe veio a casar com um irmão do marido morto. Aos 17 anos, GARMA voltou à Espanha onde graduou-se como psiquiatra, indo a seguir para a Alemanha, onde analisou-se com THEODOR REIK e completou a sua formação psicanalítica.

Voltou a Berlim, onde ficou cinco anos, exercendo atividades como psicanalista clínico e como didata, sendo considerado o primeiro psicanalista espanhol. Devido à guerra civil espanhola, em 1936 GARMA volta à Argentina onde, alguns anos após, com outros psicanalistas, funda a Associação Psicanalítica Argentina (APA).

As maiores contribuições de GARMA referem-se à clínica das psicoses, ao estudo e divulgação em livros da medicina psicossomática, de concepções próprias a respeito da formação dos sonhos e do masoquismo.

Gêmeo imaginário, O [BION, 1950]

Título do primeiro trabalho rigorosamente psicanalítico que BION apresentou à Sociedade Britânica de Psicanálise, assim obtendo a condição de Membro Aderente. A tese central recai sobre o uso maciço de identificações projetivas que um paciente pode fazer na mente de outra pessoa, de modo a tornar esta última idêntica a ele, como se fosse um verdadeiro gêmeo.

BION aborda as dificuldades de se lidar com pacientes esquizóides e esquizofrênicos. Para tanto, parte do estudo de três pacientes (em um caso tratava-se de um gêmeo real e nos outros dois eram gêmeos imaginários) e, baseado na teoria de M.KLEIN, aventa a hipótese de que um gêmeo representaria uma espécie de duplo. Seria, pois, uma *personificação* cuja finalidade visaria a negar a incapacidade de um controle absoluto sobre outro indivíduo e, ao mesmo tempo, a negar que esse outro é uma pessoa autônoma e diferente dele.

Esse artigo constitui o primeiro capítulo de *Estudos psicanalíticos revisados* (1967).

Gemelar, transferência [KOHUT]

KOHUT propôs uma visualização especial da transferência na situação analítica, principalmente com os pacientes bastante regressivos. Nesses casos, asseverava KOHUT, a transferência não deveria ficar tão centrada na repetição dos conflitos que a criança tivera com os seus pais, mas, sim, nas falhas evolutivas, nos primórdios narcisísticos da relação que a criancinha tivera com as figuras parentais, notadamente com a mãe. Assim, a transferência gemelar consiste no fato de o paciente perceber o analista como um prolongamento seu, parcial. Caso essa distorção da percepção transferencial for total, KOHUT denomina-a transferência narcisística fusional.

Na prática clínica, esses pacientes demonstram necessidade de encontrar nas outras pessoas um gêmeo, um *alter ego*, ou seja, alguém suficientemente parecido com ele que comungue dos mesmos valores, de modo a confirmar a existência e a aceitação do seu próprio *self*.

Gênero sexual [R. STOLLER]

Na atualidade, graças principalmente aos trabalhos de R.STOLLER (1968), psicanalista americano (1924-1991), atribui-se expressiva importância não somente ao sexo biológico com que a criança nasce, mas também à formação do seu gênero sexual, o qual vai depender fundamentalmente dos desejos inconscientes que os pais alimentam quanto a suas expectativas e demandas em relação à conduta e ao comportamento do filho ou da filha.

Assim, enquanto o termo *sexo* define a organização anatômica que estabelece a diferença entre o homem e a mulher, *gênero sexual* designa o sentimento psicológico e social da identidade sexual.

A indução, por parte dos pais, na determinação do gênero sexual dos filhos, costuma ser feita através de aspectos como: atribuição de nomes próprios ambíguos (nomes que tanto servem para meninos como para meninas); o uso de roupas que provocam confusões e indefinições no contexto social em que a criança está inserida, o tipo de brinquedos e brincadeiras que os pais estimulam; o tipo de esporte que incentivam; a idealização ou denegrimento de certos atributos masculinos ou femininos, etc.

Na construção de uma homossexualidade do filho, costuma ser comum a formação de um conluio inconsciente na base de um *faz-de-conta* que ninguém está vendo nada, assim negando uma evidente cumplicidade entre duas ou mais pessoas da mesma família. Muitas vezes os pais não só determinam decisivamente o gênero sexual dos filhos, como também pode acontecer que eles atuem sua possível homossexualidade latente por meio do filho ou da filha. Aliás, não é nada raro que certas famílias cultivem um *conluio múltiplo* que se manifesta indiretamente em um determinado *segredo familiar*.

Comentário. Relativamente à ligação da homossexualidade com o gênero sexual, entendo que a estruturação de um gênero sexual diferente do sexo biológico está longe de necessariamente significar uma homossexualidade atuante, porém pode ser um fator propiciador. Por outro lado, creio que se pode dizer que, em alguns casos, um casal com sexos biológicos diferentes, porém com certa combinação entre os respectivos gêneros sexuais, pode estar configurando uma disfarçada relação de natureza homossexual.

Gênio [BION]

BION usa indistintamente os termos *gênio*, *místico*, *messias* ou *herói* para designar o *indivíduo excepcional* (por exemplo, Jesus, no campo da religião, ou Newton, no da física, etc.) que, por ser possuidor e transmissor de idéias novas, constitui uma ameaça ao *establishment* no qual está inserido e, por isso, sofre uma série de distintas atitudes hostis.

Comentário. A palavra *gênio* não deve ser entendida como referente a uma pessoa portadora de um altíssimo quociente de inteligência (QI), mas sim, como designando o sujeito que foi capaz de transformar profundamente determinado paradigma vigente em determinada época, até então consensualmente aceito. Assim, para exemplificar em diferentes áreas da cultura humana: FREUD rompeu com o paradigma de que a criança seria totalmente inocente, sem fantasias sexuais; BEETHOVEN introduziu a música romântica, desafiando uma rígida obediência dos seus contemporâneos ao paradigma da música clássica; EINSTEIN revolucionou a física mecanicista ao provar cientificamente a sua *lei da relatividade*.

No campo psicanalítico, FREUD, M.KLEIN e BION são considerados gênios justamente porque propuseram novos paradigmas, que foram ganhando crescente aceitação, atravessando sucessivas gerações e conquistando novos seguidores. LACAN divide as opiniões: muitos consideram que merece ser considerado o quarto gênio da psicanálise, enquanto muitos outros reconhecem nele alguns lampejos geniais que teriam ficado desmerecidos em vista de exagerados desmandos psicanalíticos.

Gênio-establishment, relação [BION]

Segundo BION (1965), a relação do *establishment* com o indivíduo *místico*, ou seja, com o sujeito sentido como ameaça – por ser portador de idéias novas – adquire uma dessas formas, como é possível encontrar freqüentemente nas mais distintas instituições:
1. Simplesmente vetam sua entrada.
2 Expulsam-no, geralmente em função do papel que lhe é imputado de *bode expiatório* das mazelas da instituição.

3. Ignoram sua presença.
4. Desqualificam as suas idéias e atividades.
5. Há uma manifesta aceitação desse indivíduo, porém, no fundo, se processa um latente esvaziamento de suas idéias, de sorte que ele é cooptado, por meio de uma atribuição de funções administrativas, muitas vezes de aparência honrosa.
6. Outras vezes, decorrido algum tempo, alguém do *establishment* adota suas idéias, porém divulgam-nas como se tivessem partido dos pró-homens da cúpula diretiva.
Essas idéias de BION aparecem bastante desenvolvidas no seu livro *Atenção e Interpretação* (1967).

Genital, amor [FREUD]

Expressão empregada para designar a forma de amor que o sujeito alcançaria num exitoso desenvolvimento psicossexual, ou seja, quando supera o complexo de Édipo de forma bem sucedida e tem acesso à fase genital, de modo que, como afirmou FREUD, «a pulsão sexual põe-se agora a serviço da função de reprodução».
Embora não tenha usado diretamente a expressão *amor genital"*, FREUD consignou que "uma atitude completamente normal de amor consiste numa união das correntes da 'sensualidade' e da 'ternura'". Na puberdade, afirma FREUD, "todas as zonas erógenas e as pulsões parciais se subordinam ao primado da zona genital".
Na atualidade, o termo *amor genital* ganhou certa relevância pelo fato de distinguir as, cada vez mais descritas, formas de amor pré-genital.

Genital, fase [FREUD]

A fase genital do desenvolvimento psicossexual, caracterizada pela organização das pulsões parciais e das diversas zonas erógenas sob o primado das zonas genitais, processa-se em dois tempos: 1. A fase fálica (alude à organização genital infantil, na qual ainda não há a síntese das pulsões parciais e tampouco o primado total da zona genital). 2. A organização genital propriamente dita, que se institui na puberdade.
Esses dois momentos evolutivos são separados pelo período de latência. A organização genital que se forma na puberdade se diferencia das modalidades libidinais do auto-erotismo e da sexualidade polimorfo-perversa que são características de fases pré-genitais da sexualidade infantil.

Gestalt-terapia [FREDERICO PERLS]

Comumente denominada apenas por *Gestalt*, designa uma forma de psicoterapia criada pelo psicanalista alemão FREDERICO PERLS. Propõe-se a, mais do que uma terapia, ser uma filosofia e uma forma de vida. A partir do início da década de 60, encontrou forte aceitação nos Estados Unidos, principalmente na Califórnia.
A *gestalt* (ou *teoria da forma*) considera o indivíduo um organismo vivendo num meio simultaneamente físico e social, no qual deve satisfazer todas as suas necessidades. A cada momento o organismo tem consciência global de suas necessidades e a percepção mais ou menos exata da situação e das possibilidades de satisfação que ela lhe oferece. O conjunto dessa percepção constitui uma *gestalt*. No entanto, na maioria das vezes, essa auto e heteropercepção é incompleta e distorcida devido ao imaginário das crianças e aos mecanismos de defesa.
A técnica gestáltica, originalmente empregada por PERLS, consistia num cenário de terapia de grupo, onde, à semelhança do coro e do protagonista do antigo teatro grego, ele só trabalhava com uma pessoa de cada vez, sentada ao seu lado e em frente ao grupo. Nessas condições, PERLS trabalhava com três aspectos fundamentais:
1. A reprodução de experiências emocionais do indivíduo, as mais diversas, no aqui-agora da sessão grupal.

2. A tomada de consciência dos conflitos inconscientes e da maneira de *ser* do sujeito; 3. A tomada de uma responsabilidade do sujeito pelos seus atos, e que sua modificação depende essencialmente dele mesmo.

Gozo [Lacan]

Lacan conferiu importante significação psicanalítica ao termo *gozo*, diferenciando-o de *prazer* (opõe-se a este, porque o prazer abaixaria as tensões psíquicas ao mais baixo nível possível) e de *demanda*, estando mais próximo deste.
Embora Freud muito raramente tenha usado o termo *gozo*, é nele que Lacan se inspira, mais precisamente naquela constatação de Freud de que o bebê que é amamentado, mesmo depois de saciar sua necessidade orgânica, demora-se no seio da mãe, fazendo atos de sucção, agora movido por uma sensação de gratificação erógena.
Lacan conclui que é o outro, a mãe ou seu substituto, quem confere um sentido à necessidade orgânica do bebê, de modo a ficar preso numa relação de comunicação, onde é remetido ao discurso do Outro.

Grade [Bion]

Bion se propôs a criar um sistema de notação científica a partir dos elementos de psicanálise, os quais englobam vários níveis evolutivos e usos dos pensamentos, além das emoções correlatas. A escolha do termo *elemento* não foi casual; deve ter raízes na matemática (como são os *elementos* do matemático grego Euclides) e na química (como é a postulação de que os *elementos* simples, como os átomos, se combinam para formar as moléculas).
E foi justamente inspirado na matemática – através do uso do sistema cartesiano de coordenadas – e na química – por meio da aplicação da tabela periódica dos elementos químicos de Mendelaiev – que Bion criou o modelo da *Grade*.
A *Grade* é composta por uma coordenada vertical e outra horizontal, as fileiras e colunas formando casealas que são ocupadas pelos distintos enunciados. No modelo gráfico da *Grade*, como aparece na figura que ilustra este verbete, o eixo vertical é composto por oito fileiras, da letra A à letra H. Tendo em vista que cada fileira enuncia um estágio do desenvolvimento da capacidade para pensar, é denominado eixo genético
O eixo horizontal é formado por seis colunas, embora Bion, para não vir a ser acusado de dogmático, tenha acrescentado, após, a sexta coluna (a da ação), a designação .... n, para assim caracterizar a *Grade* como um sistema aberto, e permitir que cada analista fizesse os seus próprios acréscimos e modificações. Esse eixo horizontal costuma ser denominado como eixo da utilização, porque cada uma das seis colunas designa uma forma de como o estágio (indicado pelas 8 letras das fileiras), atingido pelo pensamento, está sendo utilizado pelo ego.
Como veremos a seguir, a *Grade* resultante do cruzamento das oito fileiras com as seis colunas forma 48 casealas, quase todas preenchidas com enunciados categóricos. Porém, algumas casealas ficam em aberto (como na tabela periódica de Mendelaiev) à espera de um possível futuro preenchimento. Da mesma forma, existe uma fileira em branco, correspondente à letra H, a fim de manter o espírito de um sistema aberto, não saturado.
Para dar um único exemplo: a designação A6 sugere que o pensamento propriamente dito ainda não se formou, pois trata-se de protopensamentos, ou seja, elementos β (pertencem à fileira A) que somente servem para ter uma ação (coluna 6) de evacuação, como a que ocorre, por exemplo, em muitas formas de <u>*actings*</u>. No entanto, se a leitura da *Grade* designar F6, permite que o analista entenda que um pensamen-

	Hipóteses definidoras 1	Ψ 2	Notação 3	Atenção 4	Investigação 5	Ação 6	... n
A elementos β	A1	A2				A6	
B elementos α	B1	B2	B3	B4	B5	B6	... Bn
C Pensamentos oníricos, sonhos, mitos	C1	C2	C3	C4	C5	C6	... Cn
D Pré-concepção	D1	D2	D3	D4	D5	D6	... Dn
E Concepção	E1	E2	E3	E4	E5	E6	... En
F Conceito	F1	F2	F3	F4	F5	F6	... Fn
G Sistema dedutivo científico		G2					
H Cálculo algébrico							

Figura 1 – Grade de BION

to atingiu a condição de um conceito (fileira F), que está possibilitando uma ação (coluna 6) exitosa, e não mais evacuatória, como é a dos elementos β da fileira A.
É útil esclarecer que BION criou a *Grade* para o uso exclusivo do psicanalista, com a condição de ser usada unicamente fora da sessão, com os seguintes propósitos:
1. Ter um método de anotação gráfica codificada que, seguindo o modelo de anotação dos músicos, pudesse ser lida por qualquer psicanalista de qualquer época e quadrante do mundo.
2. Dispor de um método científico de notação dos fenômenos que se passaram na sessão, substituindo as trabalhosas anotações escritas, que logo perdem sentido, por um pensamento criativo.
3. Possibilitar uma comunicação semântica mais precisa dos psicanalistas entre si, ou de um autor com os seus leitores, como BION empregou com freqüência.
4. Propiciar ao analista ser *supervisor* de si mesmo, estimulando o exercício da reflexão psicanalítica, no sentido de ter uma avaliação mais clara sobre se está havendo crescimento, estagnação ou involução do seu paciente.
5. Visualizar o nível e a qualidade de utilização dos pensamentos, tanto da parte do paciente como do próprio analista, e, principalmente, da comunicação entre ambos.
6. A *Grade* permite situar qualquer tipo de manifestação clínica, desde o mais simples ao mais complexo, tanto os que se expressam em linguagem verbal ou a não-verbal.

7. Facilitar o entendimento epistemológico de certos modelos psicanalíticos, como o das narrativas dos mitos. BION utilizou bastante a *Grade* para reestudar aprofundadamente o mito de Édipo a partir de vértices diferentes dos que conhecemos em FREUD, ou seja, BION privilegiou o enfoque de como cada personagem da trama edípica se posiciona diante dos problemas relativos ao Conhecimento (K), ou à atitude de não querer conhecer as verdades penosas (-K).

Gradiva [FREUD]

Em 1907 FREUD publicou "Delírios e sonhos na *Gradiva* de Jensen", texto fundamentalmente baseado na novela *Gradiva* escrita em 1903 por Jensen. É considerada a primeira análise completa de uma obra literária feita por FREUD. Foi JUNG quem lhe despertou a atenção para esse livro, que particularmente o encantou pelo cenário onde se desenrola, pois era antigo seu interesse por Pompéia e suas ruínas arqueológicas.
FREUD assim resume a história. Um jovem arqueólogo, Norbert Hanold, descobre num museu de Roma uma escultura que representa uma jovem caminhando, cujo vestido esvoaçante um pouco puxado para cima revela pés calçados com sandálias. Essa figura ganha tanta vida na sua imaginação, principalmente seu *passo*, que Norbert decide cognominá-la *Gradiva*, que etimologicamente significa *a que avança*. A seguir, Norbert sonha que se encontrava na antiga Pompéia no dia da erupção do Vesúvio, testemunha a destruição da cidade e aflitivamente procura Gradiva, que desaparecera. Quando desperta, se dirige à janela, olha para a rua e crê ter visto uma figura feminina que parecia a própria Gradiva. Em função disso, o protagonista resolve empreender uma viagem à Itália, de modo que a fantasia adquire um caráter concreto. No desfecho dessa fantasia romanceada, Norbert descobre que a pessoa que reconheceu como sendo Gradiva era sua vizinha Zoé Bertrang que, nos idos tempos da infância, o amara.
FREUD entende que o delírio de Norbert resulta de uma antigo recalcamento; atribui o surgimento do sonho ao estímulo de um *resto diurno* e evidencia a ligação da sua incipiente teoria com a arte, o que também possibilita que um artista, como Jensen, possa realizar uma leitura intrapsíquica de seus personagens.

Figura 2 – Gradiva

Gratidão [M. KLEIN]

O sentimento de gratidão foi particularmente estudado por M.KLEIN, que destacou sua importância como condição essencial para o sujeito atingir exitosamente a posição depressiva, a qual, por sua vez, é a que possibilita a capacidade de formação de símbolos e da capacidade para pensar. Aliás, essa estreita relação entre a gratidão e o pensar está expressa por Heidegger, que faz uma aproximação entre os termos, no idioma alemão, *danken*, agradecer, e *denken*, pensar. Isso está intimamente conectado com a capacidade de o sujeito, após ter atacado, na realidade ou na fantasia, um objeto efetivamente importante, encontrar condições de fazer uma reparação, começando por uma integração das partes que estão dissociadas, o que permite fazer o reconhecimento de que a pessoa que ele tanto atacou também o ajudou e, portanto, é merecedora de sua gratidão.

KLEIN (1957) estudou o sentimento de gratidão como o oposto do sentimento de inveja, ou seja, como uma permanente relação interacional e dialética entre as pulsões de amor e de ódio.

Gratificação (ou satisfação) alucinatória do seio [FREUD]

Expressão criada por FREUD para designar o estado psíquico do bebê que, diante da ausência temporária do leite materno que vai saciar sua fome, apela para o recurso de utilizar uma defesa de natureza mágico-onipotente (equivale ao mecanismo defensivo de uma extrema negação da realidade exterior, substituindo-a pela criação de outra realidade ficcional, como fazem os psicóticos).

Mecanismo semelhante a este – tal como está descrito no verbete *for(a)clusão*) – é utilizado pelo bebê normal que, ao sugar o polegar como se fosse um seio nutridor, está realizando, sob os auspícios do princípio do prazer purificado, uma *gratificação alucinatória do seio*, a qual, é claro, é de curta duração porque sucumbe ao princípio da realidade.

Green, André

Figura exponencial da psicanálise contemporânea, A.GREEN, nasceu no Cairo, em março de 1927, no seio de uma comunidade judaica, com pai de ascendência espanhola e a mãe portuguesa. A recordação mais marcante de GREEN relativa à infância foi o fato de ter sua mãe perdido uma irmã mais nova, queimada viva, o que a deixou com uma depressão importante. Segundo GREEN, para ele próprio (conforme aparece no livro *Um psicanalista engajado: conversas com Manuel Macias*, 1999), essa recordação está na raiz do seu conhecido texto "A mãe morta".

Aos 19 anos deixou o Egito e radicou-se na França, onde dedicou-se aos estudos de ciências biológicas e de filosofia, que lhe serviram de inspiração para formar-se em medicina e seguir a carreira psiquiátrica. Posteriormente, fez sua formação psicanalítica e ficou filiado à Sociedade Psicanalítica de Paris.

GREEN considera que os autores fundamentalmente importantes na sua forma de conceber, divulgar e praticar a psicanálise são:
1. FREUD, que mais profundamente o influenciou, especialmente no que se refere à descoberta das pulsões.
2. K.KLEIN, no que se refere a suas concepções relativas aos afetos, fantasias, símbolos.
3. LACAN, de quem GREEN destaca algumas contribuições originais, como a do significante da linguagem, o Nome do Pai, etc.. Em relação a LACAN, GREEN deixa transparecer certa ambigüidade, porquanto, ao mesmo tempo que demonstra grande admiração pelo talento e interesse pela obra, tece duras críticas e uma total desaprovação à prática psicanalítica de LACAN, e chega a um ponto de afirmar que: "Lacan certamente conseguiu introduzir na psicanálise um fermento destruidor e autodestruidor".
4. WINNICOTT, de quem GREEN valoriza o jogo do rabisco, a lógica do paradoxo, na qual era mestre., além de muitas outras concepções originais que GREEN emprega na teoria e na prática. Também frisa o quanto sempre ficou impressionado com a concomitância de simplicidade e profundidade dos escritos de WINNICOTT.
5. BION, cujo pensamento original, inteiramente diferente do modelo francês, fascinou GREEN, facilitando o estabelecimento de forte empatia entre ambos. Quanto à influência da obra de BION sobre ele, GREEN sobretudo destaca as concepções referentes à função α.

É extensa a obra de GREEN: inúmeros livros, incontáveis artigos, participações especiais em congressos internacionais e visitas a todas as sociedades do mundo psicanalítico. Vale destacar que um aspecto essencial dos seus trabalhos consiste na dialética que mantém entre a representação e o afeto; o trabalho do negativo; o narcisismo de vida/narcisismo de morte; entre tantos outros.

Dentre os principais trabalhos de GREEN publicados em português, cabe destacar os seguintes: "Concepções sobre o afeto"; *O discurso vivo e a concepção psicanalítica do afeto* (onde ele resgata a importância do afeto do aparelho psíquico no que diz respeito às *representações* e também ao interior da *linguagem* que, na prática analítica, se comporta como um *discurso vivo* para o analista); "O trabalho do negativo"; *Narcisismo de vida e narcisismo de morte* (onde consta o importante artigo "A mãe morta"); *Sobre a loucura pessoal* (aqui GREEN desenvolve as conseqüências técnicas de sua concepção do *negativo*, particularmente com os pacientes *borderline*); *Conferências brasileiras de André Green: metapsicologia dos limites; O complexo de castração;* "Sexualidade tem algo a ver com a psicanálise?"; *Um psicanalista engajado: conversa com Manuel Macias.*

Grinberg, Leon

Notável psicanalista argentino, GRINBERG merece ser destacado por algumas significativas contribuições que prestou à psicanálise:
1. A descrição da culpa persecutória (própria do predomínio da posição esquizoparanóide), para distingui-la da culpa depressiva.
2. O conceito de contra-identificação projetiva (1962), que facilitou uma melhor compreensão do fenômeno da contratransferência.
3. Sua conceituação de sonho evacuativo (eliminação de elementos β) para diferenciá-lo do sonho elaborativo.
4. Estudos sobre *actings* e somatizações, baseados nas idéias de BION sobre a função evacuativa dos elementos β, respectivamente na conduta exterior ou no próprio corpo.
5. Conceito de que o *acting* é um sonho dramatizado e atuado durante a vigília, um

sonho que conseguiu ser sonhado elaborativamente.

6. Descrição (1971) do sentimento de identidade que leva em conta a integração dos vínculos não somente os espaciais e temporais, mas também os sociais.

7. Estudo e divulgação psicoterapia analítica de grupo.

8. Um dos primeiros a estudar a obra original de Bion e, juntamente com alguns colaboradores, autor do livro *Introdução às idéias de Bion* (1973), roteiro para centros psicanalíticos do mundo todo, tendo sido traduzido para inúmeros idiomas.

Sentindo-se acuado pelo movimento político, reacionário e ditatorial que reinava na Argentina na década de 70, Grinberg, juntamente com toda sua família, emigrou para a Espanha, onde continua radicado.

Grupo

A inauguração do recurso grupoterápico começou com J. Pratt, tisiologista americano, que, a partir de 1905, em uma enfermaria com mais de 50 pacientes tuberculosos, criou, intuitivamente, o sistema de *classes coletivas*, no qual os pacientes recebiam aulas e debatiam seus problemas relativos à doença, comprometendo-se a seguir um programa de medidas higiênico-dietéticas-medicamentosas de recuperação. Pratt conseguia bons resultados mercê de seu carisma pessoal, que gratificava o lado dependente dos pacientes, e através de um sistema de estimular a solidariedade entre os pacientes, instituindo uma premiação simbólica para os que cumprissem as tarefas combinadas.

Embora realizado em bases empíricas, esse método serviu como modelo para organizações similares, como, por exemplo, a prestigiosa Alcoolistas Anônimos, iniciada em 1935 e que ainda hoje se mantém com popularidade crescente.

Muitos autores importantes contribuíram decisivamente para a construção do edifício teórico-técnico-prático das grupoterapias, do qual apresentamos uma resumidíssima resenha.

Embora nunca tenha trabalhado diretamente com grupoterapias, Freud trouxe valiosas contribuições específicas à psicologia dos grupos humanos, tanto através de manifestações de incentivo e de elogios a uma visão unificada e indissociada entre indivíduo e grupo, como também, de forma explícita, pelos seus cinco conhecidos trabalhos: "As perspectivas futuras da terapêutica psicanalítica"(1910), "Totem e Tabu" (1913), "Psicologia das massas e análise do ego" (1921), "O futuro de uma ilusão" (1927) e "Mal-estar na civilização" (1930), sendo o de 1921 o mais importante deles como contribuição ao entendimento da dinâmica grupal e às psicoterapias de grupo.

J. Moreno, médico romeno, em 1930 introduziu as *técnicas psicodramáticas*.

K.Lewin desde 1936 utilizou as vertentes da sociologia e introduziu a noção de *campo grupal*, tendo se dedicado ao estudo das minorias raciais.

S.H.Foulkes, psicanalista britânico, desde 1948 introduziu conceitos eminentemente psicanalíticos à dinâmica de grupo, os quais serviram como principal referencial de aprendizagem a sucessivas gerações de grupoterapeutas, sendo considerado líder mundial da psicoterapia analítica de grupo.

Pichon Rivière, psicanalista argentino altamente conceituado, aprofundou o entendimento do campo grupal com algumas concepções originais, além de ser criador da teoria e prática dos *grupos operativos*.

Psicanalistas franceses, como D.Anzieu e R.Käes, abriram novos vértices de compreensão do *aparelho psíquico grupal,* ao mesmo tempo que estão procurando definir uma identidade própria à dinâmica de grupo.

Importantes contribuições de BION, conforme verbete seguinte.

Grupo (contribuições de BION)

Durante a década de 40, fortemente influenciado pelas idéias de M.KLEIN, com quem se analisava na época, especialmente as relativas ao desenvolvimento emocional primitivo e ao fenômeno das identificações projetivas, BION, partindo de suas experiências com grupos realizadas em um hospital militar durante a II Guerra Mundial, criou e difundiu conceitos totalmente originais acerca da dinâmica grupal. Entre essas contribuições vale destacar as suas concepções de que:
1. Qualquer grupo movimenta-se em dois planos, o primeiro, que ele denominou grupo de trabalho, opera no plano do consciente. Subjacente a esse, existe o grupo de pressupostos básicos, inconscientes, que são de três tipos: o de dependência, o de luta e fuga, e o de acasalamento (ou apareamento). (Ver os respectivos verbetes).
2. Existe um conflito entre um indivíduo, portador de idéias novas – que BION chama de *gênio* – e o *establishment* no qual está inserido. Esta última concepção tem se revelado de imprescindível importância para a compreensão dos problemas que cercam as instituições.
3. O grupo precede o indivíduo, isto é, as origens da formação espontânea de grupos têm suas raízes no grupo primordial, tipo horda selvagem, tal como FREUD a estudou.
4. Os supostos básicos, antes aludidos, representam um atavismo dos grupos primitivos, incluídos os do reino animal (dependência durante certo tempo; luta e fuga contra os predadores; acasalamento para a sobrevivência da espécie) que, no curso de séculos, acabam inscritos na mentalidade e na cultura grupal.
5. A cultura grupal consiste em uma permanente interação entre o indivíduo e o seu grupo, ou seja, entre o *narcisismo* e o *socialismo*.
6. No plano transubjetivo, esse atavismo grupal aparece sob a forma de mitos grupais, como são, por exemplo, os mitos de Eden, Babel e Édipo.
7. A cultura exige uma organização processada por meio da instituição de normas, leis, dogmas, convenções e um código de valores morais, religiosos, éticos e estéticos.
8. O modelo proposto para a relação que o indivíduo tem com o grupo é o da relação *continente-conteúdo*, a qual comporta três tipos: parasitário, comensal e simbiótico.
9. A estruturação de qualquer indivíduo necessariamente requer sua participação em diferentes grupos, onde sempre sofre a influência dos outros, ao mesmo tempo em que também é agente ativo de transformações.

Grupos, classificação dos

A dinâmica do *campo grupal* potencialmente é a mesma para qualquer tipo de grupo. Na prática, o critério que fundamentalmente os diferencia são as respostas do terapeuta às seguintes questões: que espécie de objetivos ele tem com um determinado grupo; que mudanças pretende atingir; com que tipo de técnicas; aplicadas para qual tipo de paciente, por qual tipo e por qual formação e sob quais condições de trabalho. Assim, um dos critérios classificatórios (ZIMERMAN, 2000) consiste em uma divisão em dois grandes ramos genéricos: *grupos operativos* e grupos *terapêuticos*.

Os *grupos operativos* – que, como o nome designa, são os que *operam* numa determinada tarefa, de interesse direto de todos – se subdividem em grupos operativos de ensino-aprendizagem (principalmente através da técnica dos *grupos de reflexão*), grupos institucionais (empresas, escolas, igreja, exército, instituições diversas), grupos comunitários (particularmente os voltados para programas de saúde mental).

Os *grupos terapêuticos* se subdividem em:
1. Grupos de auto-ajuda, de crescente apli-

cação na área médica em geral (com diabéticos, reumáticos, idosos, colostomizados, etc.) e na área psiquiátrica (alcoolistas anônimos, pacientes *borderline*, etc.).

2. Grupos psicoterápicos, os quais podem seguir os fundamentos de base psicanalítica, do psicodrama, da teoria sistêmica, da cognitivo-comportamental e uma abordagem múltipla.

Cada um dos respectivos tipos de grupos específicos guardam características próprias de funcionamento e manejo técnico.

Grupo, psicoterapia analítica de

Existe uma longa polêmica entre os analistas: a grupoterapia inspirada e processada em fundamentos psicanalíticos pode ser considerada uma *psicanálise verdadeira*? Pode ser chamada de *grupo-análise*?

Os autores se dividem nas respostas: muitos – a maioria – são francamente contra, enquanto alguns importantes autores têm manifestado sua posição de que não se justifica a existência de uma concepção psicanalítica que faça uma separação entre os problemas que se passam nos indivíduos e nos grupos. Vale citar a posição de J. McDougall que, em entrevista concedida à revista *Gradiva* (n.41, p.16, 1988), fez esta surpreendente declaração: "E tive o prazer de descobrir que as terapias de grupo tocavam em aspectos da personalidade que não eram notados na psicanálise individual".

Existem muitas variações na forma, no nível e no objetivo grupoterápico, os quais dependem fundamentalmente dos referenciais teórico-técnicos adotados pelos respectivos grupoterapeutas. Na América Latina e em círculos psicanalíticos de alguns outros países que sofreram uma nítida influência kleiniana, estes últimos referenciais fundamentaram toda a prática grupo-analítica de sucessivas gerações de grupoterapeutas, e isso prevalece até a atualidade, embora venha se observando uma tendência à adoção de novos modelos de teoria e técnica.

De forma muito esquemática, cabe consignar as particularidades mais específicas que uma grupoterapia analítica possibilita observar:

1. Visualização mais clara da inter-relação íntima, indissociada e continuada que existe entre os indivíduos e os grupos.

2. Todo indivíduo é portador de um *grupo interno* composto pelas representações e internalizações de aspectos das figuras de mãe, do pai, dos irmãos, etc., em permanente interação entre si no interior do seu psiquismo e o quanto esse grupo interno extrapola para o mundo exterior, modelando e determinando suas escolhas objetais e seu padrão de inter-relacionamentos.

3. O grupo comporta-se como uma *galeria de espelhos*, onde cada sujeito se reflete e é refletido pelos demais, possibilitando perceber com mais acuidade e nitidez os fenômenos dessa especularidade resultantes dos fundamentais processos de identificações projetivas e introjetivas que ocorrem permanentemente nos grupos.

4. A distribuição de lugares, posições, funções e papéis que cada um assume em relação aos demais, o que possibilita o importante trabalho analítico de ressignificar e transformar a estereotipia de certos papéis que um indivíduo pode estar programado para desempenhar durante a sua vida inteira.

5. O grupo, mais do que qualquer outra modalidade psicanalítica, favorece a observação da normalidade e da patologia da comunicação, verbal ou não verbal, lógica ou primitiva, que permeia a vida de todos nós, a ponto de ser legítima a afirmativa de que "o grande mal da humanidade é o problema do mal-entendido da comunicação".

6. O grupo, por si próprio, comporta-se como função continente, sendo que esse fato viabiliza um atendimento mais adequado para pacientes muito regressivos, como são os psicóticos egressos de hospitalizações

psiquiátricas, *borderline*, somatizadores crônicos, depressivos graves e os portadores de distintas modalidades do que atualmente os autores chamam de *patologias do vazio*, os quais, muitas vezes, não suportam as angústias de uma psicanálise individual.

7. A terapia grupal favorece o assinalamento de como os indivíduos e a totalidade do grupo estão executando suas capacidades, potencialidades e funções, nas quais o Ego consciente tem grande participação ativa, como são as que se referem à percepção, juízo crítico, pensamento, conhecimento, criatividade, comunicação, discriminação, responsabilidade, cuidados corporais, ação motora, etc.

8. Outro ponto de especial relevância que surge muito claramente no campo grupal é o que diz respeito aos quatro aspectos do *vínculo do reconhecimento* (ver este verbete).

9. Mais do que na terapia individual, a grupoterapia possibilita evidenciar três aspectos singulares: a) o fenômeno que FREUD descreveu como *identificação coletiva*, que exemplificou com a possibilidade de uma propagação em cadeia de uma manifestação histérica; b) a ocorrência do *complexo fraterno* que sabidamente representa um aspecto de relevante importância relativamente à conflitiva de raízes primitivas entre irmãos; c) a existência de fantasias compartilhadas entre as pessoas, um aspecto que está merecendo especial atenção da psicanálise contemporânea.

10. Em muitos aspectos, a terapia analítica grupal apresenta características singulares; em outros, a análise individual atinge abordagens e um nível de profundidade que a grupal não alcança; e, em muitos outros aspectos, ambas as terapias se sobrepõem. Sugestão de leitura: *Fundamentos básicos das grupoterapias* (ZIMERMAN, 2000).

H

H [BION]

A letra H aparece com freqüência nos textos de BION com dois significados distintos:
1. Na *Grade*, ocupa a oitava fileira, designando a etapa evolutiva da capacidade para pensar que atingiu um alto grau de abstração, ou seja, a condição de realização de *cálculos algébricos*.
2. Um segundo significado refere-se ao uso que BION faz para designar o *vínculo do ódio* (a letra H é a inicial da palavra inglesa *hate*, ódio).

Handling [WINNICOTT]

Expressão de WINNICOTT para destacar a importância da maneira com que a mãe dispensa ao bebê os cuidados que executa com as suas mãos (*handling*), ou seja, como ela manipula e maneja os movimentos pertinentes à higiene corporal da criança, além dos demais contatos físicos. WINNICOTT dá grande realce ao aspecto da identificação da mãe com o recém-nascido e também confere especial importância ao fato de o *handling*, juntamente com o holding, constituírem fatores básicos na construção do processo de personalização, outro conceito original de WINNICOTT.

Hans, O menino ou O pequeno [FREUD]

Ver o verbete *Historiais clínicos*.

Hartmann, Heinz

Nascido em Viena, originário de uma refinada elite burguesa, H.HARTMANN (1894-1970), é um nome importante na história da psicanálise por ser o fundador da *Escola da Psicologia do Ego* e um expoente entre os psicanalistas norte-americanos. HARTMANN era médico psiquiatra e fez a sua segunda análise com FREUD, que o considerava um de seus melhores discípulos, dentre aqueles que se convencionou chamar de *psicanalistas da segunda geração*.
De Viena foi a Paris, onde viu-se involuntariamente envolvido em querelas políticas da Sociedade Psicanalítica de Paris, tendo como centro a figura de LACAN, o que os tornou inconciliáveis desafetos, com troca de recíprocos insultos públicos. Em 1939, acompanhado de LOEWENSTEIN (analista de LACAN, com o qual teve um sério desentendimento), HARTMANN foi forçado a se evadir da França. Com uma passagem pela Suíça, emigrou para os Estados Unidos, em 1941, radicando-se em Nova York, onde tornou-se o principal continuador da orto-

doxia freudiana, ao lado de ANNA FREUD. Chegou à condição de presidente da IPA, cargo que exerceu de 1953 a 1959.
HARTMANN legou uma obra considerável, sendo seu livro mais destacado *A psicologia do ego e o problema da adaptação*.

Heimann, Paula

Nascida na Polônia, de pais russos, P.HEIMANN (1889-1982) mudou-se para a Alemanha, onde fez a sua análise com THEODOR REIK e tornou-se membro da Sociedade Psicanalítica Alemã. Em 1932 foi obrigada a emigrar e, a convite de E.JONES radicou-se em Londres, integrando-se à Sociedade Britânica de Psicanálise. Contraiu grande e íntima amizade com M.KLEIN, de quem foi confidente e discípula, e com quem fez uma segunda análise. Mostrou-se totalmente leal a M.KLEIN por ocasião das *Controvérsias* entre os grupos kleiniano e anafreudiano e tornou-se uma das analistas didatas mais importantes da sua Sociedade. No entanto, em 1949, entrou num sério conflito com M.KLEIN, que se opunha à apresentação e publicação de seu trabalho sobre contratransferência, hoje consagrado. Houve uma ruptura definitiva entre ambas. HEIMANN fazia queixas de que se sentia tratada por KLEIN "como escrava", custando-lhe a rebeldia e forte rejeição do grupo kleiniano, o que a levou a integrar-se no *Grupo Independente* da Sociedade Britânica.

Dentre os inúmeros trabalhos publicados, cabe destacar "On counter-transference" (1950), que, juntamente com um trabalho similar de H.RACKER na mesma época, abriu as portas para a utilização da contratransferência como um importante instrumento da técnica psicanalítica.

Heredo-constitucionais, fatores [FREUD]

FREUD sempre deu um destaque especial ao que ele chamava de equação etiológica, que, de forma similar, também denominava série complementar, designando ambas as expressões a série de três fatores essenciais na formação do psiquismo normal, ou na etiologia das psicopatologias:

1. Os *heredoconstitucionais* (*Anlage* é a denominação alemã)).
2. As antigas *experiências emocionais* vividas com os pais.
3. As *experiências traumáticas* da realidade da vida adulta.

O padrão de atividade dos recém-nascidos revela acentuadas diferenças individuais, o que pode ser observado, é evidente, quando se trata de irmãos. Assim, um mesmo estímulo exterior, que dificilmente possa tirar um bebê de sua fleuma, é capaz de provocar noutro bebê uma forte reação de agitação. Igualmente são significativamente muito variáveis as formas e a duração das mamadas, o funcionamento do aparelho digestivo, o ritmo do sono ou despertar, a maneira de chorar, etc. A fome e a dor são as sensações corporais que mais freqüentemente provocam o pranto do bebê, que é um sinal – de linguagem primitiva – para que a mãe se ocupe dele.

Talvez a demonstração mais evidente no campo da psicopatologia da existência e influência dos fatores heredoconstitucionais, consiste nas indiscutíveis pesquisas no campo da psiquiatria que comprovam uma nítida transmissão hereditária de síndromes, como a da depressão, entre outras mais.

Não obstante, os modernos estudos genéticos rejeitam como não-científicas as hipóteses de que haja uma transmissão hereditária de características adquiridas de gerações anteriores, como LAMARK postulava e FREUD tendia a acreditar, assim como também descartam a noção de que para determinado gene corresponderia uma característica comportamental especificamente definida.

Por outro lado, o mesmo rigor científico dessas investigações tem demonstrado que existe, de fato, uma *predisposição constitucional inata*, porém passível de mudanças pelas influências ambientais. Dizendo com outras palavras: a dimensão da potencialidade da criança não é totalmente preestabelecida geneticamente; antes, trata-se de uma dimensão potencial, ou seja, os potenciais da criança a serem desenvolvidos dependerão, em grande parte, da responsividade da mãe e do ambiente.

Hermafroditismo

A conceituação psicanalítica desse termo está diretamente ligada a sua formação etimológica, a qual alude ao personagem da mitologia grega Hermafrodito, que recebeu esse nome por ser filho dos deuses Hermes e Afrodite. Segundo o mito, ele foi amado por uma ninfa que rogou aos deuses que o unissem num só corpo, de forma que o rapaz ficou assim dotado de um pênis e dois seios.

Assim, *hermafroditismo* designa o estado físico ou mental pelo qual o sujeito seria portador dos dois sexos simultaneamente. A bissexualidade real é muito rara na escala zoológica, limitada a poucos animais das espécies menores, como os caracóis e as minhocas. Na espécie humana, embora embriologicamente haja uma origem comum, a ocorrência real de alguém nascer com uma dupla genitália é de extrema raridade, sendo os casos descritos explicados pela aberração anatômica conhecida na medicina como *hipospadia*.

No entanto, a protofantasia do ser humano de possuir os dois sexos aparece em muitas narrativas mitológicas e contos fantásticos. É possível que o próprio FREUD, ao postular que o clitóris da menina seria um pênis castrado, também estaria inconscientemente expressando a fantasia universal de unificar os dois sexos. Levando em conta o desejo contido nessa fantasia, os textos psicanalíticos comumente empregavam os termos *hermafroditismo* e *bissexualidade* praticamente como sinônimos.

No entanto, a psicanálise contemporânea se inclina por estabelecer uma distinção entre hermafroditismo (ou *intersexualidade*), bissexualidade, defeito genético, transexualidade, travestismo, homossexualismo e um transtorno de identidade de gênero sexual. De forma genérica, a fantasia predominante é que a posse do sexo duplo garantiria ao sujeito o eterno desejo, tanto do pai como da mãe, sem ter que renunciar a nada e a ninguém.

O transexualismo caracteriza-se principalmente pela firme convicção do sujeito de que pertence ao sexo oposto ao que lhe é realmente o biológico. Isso cria um grave problema, inclusive de natureza ética, pela demanda dessas pessoas de apelar para a cirurgia de emasculação ou de implante de genitália masculina.

Hermenêutica

Expressão bastante freqüente na literatura psicanalítica, onde alude à interpretação do sentido das palavras e dos textos. A hermenêutica sempre esteve relacionada com a interpretação das Escrituras. O termo *hermenêutica* também está ligado ao filósofo HEIDEGGER, que o concebeu sob a perspectiva dos múltiplos sentidos do *ser* das coisas intramundanas e da diferença entre estas e o sentido do *ser* da criatura humana, tal como é enfatizado por alguns autores, como WINNICOTT e BION.

O vocábulo *hermenêutica* deriva de Hermes, o deus grego representado com asas no chapéu ou nas sandálias, encarregado da mobilidade e de levar mensagens. Como mensageiro dos deuses, Hermes procurou transmitir aquilo que estava além da compreensão humana.

A definição de hermenêutica é regida por alguns princípios básicos, como:

1. Os conhecimentos novos derivam dos anteriores.

2. Mesmo que o intérprete de determinado texto tenha pontos de vista particulares, deve deixá-los de lado para entender o que realmente os outros pensam e querem transmitir.
3. Todo conhecimento permite diferentes perspectivas.
4. É essencial a harmonia das partes com o todo.
5. O conhecimento está aberto em ambas as pontas, de forma que, por mais completo que seja, sempre permite transformações e melhorias.
6. Através do intérprete, pode-se saber mais de um texto do que o próprio autor sabia.
7. Recusar-se a ir além do que explicitamente um texto diz, é, na verdade, uma forma de idolatria.
8. Os textos devem ser interpretados e compreendidos no contexto de uma dimensão histórica.
9. As diferenças culturais entre o texto e aquele que o interpreta exigem uma rigorosa aplicação do método hermenêutico.

A psicanálise, do ponto de vista da hermenêutica, está situada entre as ciências humanas, embora alguns autores, partindo de pontos de vista diferentes, discordem dessa última afirmativa.

Hesitação [Winnicott]

Ao descrever o jogo da espátula que, quando pediatra, praticava com as crianças que atendia, Winnicott observou que havia um *período de hesitação,* isto é, o bebê inicialmente mantinha o corpo imóvel (mas não rígido) e, aos poucos ia tomando coragem até se descontrair e brincar com o objeto reluzente.

Partindo daí, formulou o conceito de que, na situação analítica, também deve existir um *período de hesitação* por parte do analisando diante da situação nova e desconhecida. Essa conceituação de Winnicott ganha importância na técnica e na prática analítica, porquanto acrescenta algo de novo ao clássico conceito de resistência.

Hipérbole, movimento de [Bion]

Bion emprega este termo (que nos dicionários significa figura que engrandece ou diminui exageradamente) para designar um tipo de transformação na qual há uma intensa deformação dos fatos originais.

Na situação clínica, a hipérbole pode se manifestar como tentativa desesperada de o paciente se fazer entender pelo seu analista através do exagero dos sintomas, do uso superlativo da linguagem e por meio de identificações projetivas excessivas. Isso costuma acontecer mais freqüentemente com pacientes que não estão se sentindo *escutados,* tampouco compreendidos, pelo seu terapeuta.

Bion destaca que, nesses casos, o raciocínio do sujeito é algo como: "se não consigo a *qualidade,* posso tentar a *quantidade;* se não consigo ser claro, ou não me fazer compreender verbalmente, ainda me resta o recurso de me apoiar sobre as *ações,* que falam mais alto do que as palavras".

Hipnose, hipnotismo

Essas palavras derivam do termo grego *hipnos* que significa sono, de sorte que *hipnose* designa um estado alterado de consciência provocado pela sugestão de uma pessoa em outra, enquanto *sonambulismo* alude mais diretamente a um conjunto de técnicas que permitam provocar um estado de hipnose com finalidades terapêuticas.

Aproximadamente um século antes do advento da prática do hipnotismo, estava em grande prestígio o *mesmerismo,* do nome de seu introdutor, o médico austríaco Anton Mesmer. Esse método consistia em – através de uma ritualística de clima de magia – "aproveitar os fluidos do magnetismo animal" que naturalmente emanaria das pessoas. Ao mesmo tempo em que as sociedades médicas da França passaram a condenar esse método, começou a florescer o emprego da indução hipnótica, inicialmente para fins de proporcionar espetáculos públicos e, num segundo momento, como um método científico de pesquisa e tratamento.

Assim, em Paris pontificava o mestre Charcot, que na Escola de Salpetrière chamava a atenção do mundo científico para seus experimentos hipnóticos, enquanto em Nancy brilhavam Liébault e Bernheim, que formaram a Escola de Nancy. Estabeleceu-se uma intensa rivalidade e polêmica entre os dois grupos. Freud, em dois momentos distintos, visitou ambos os serviços e observou detidamente a prática e a fundamentação teórica de cada um.

Na verdade, Freud estava mais interessado em obter subsídios sobre os mistérios do psiquismo inconsciente que os experimentos hipnóticos lhe propiciavam, do que propriamente na aplicação desse recurso em sua prática clínica, até mesmo porque ele se reconheceu como sendo um mau hipnotizador. Por isso, muito cedo abandonou o método do hipnotismo e o substituiu pela catarse, ou ab-reação, por meio da técnica da livre associação de idéias, o que lhe abriu as portas para a busca da decifração dos sonhos.

Em *Estudos sobre a histeria* (1895), escrito juntamente com Freud, Breuer relata a experiência do uso terapêutico do hipnotismo com sua paciente Anna O., a qual, como os fatos posteriores vieram a confirmar, não foi bem sucedida, porquanto os resultados são temporários. Além disso, o uso continuado da sugestão ativa apresenta o inconveniente de hipertrofiar no paciente um estado de passividade e de uma crescente dependência do outro.

Hipocondria

Essa palavra provém dos étimos gregos *hipo*, abaixo de + *condros*, costela, numa clara alusão à localização do fígado, órgão ao qual os antigos (e ainda hoje, por parte de muitos) costumavam imputar a responsabilidade pela maioria dos males orgânicos.

Hipocondria refere uma condição imaginária, na qual o sujeito, cronicamente, sofre dores ou outros desconfortos atribuídos a determinados órgãos, geralmente de localização vaga e errática. Comumente as sensações corporais vêm acompanhadas por um subjacente temor de uma ameaça de doença mortal.

Pelos referenciais kleinianos, a etiologia da hipocondria reside no fato de os objetos persecutórios ficarem instalados nos órgãos, de onde emanam as aludidas ameaças de morte contra o sujeito. Do ponto de vista dos postulados freudianos, a explicação fundamenta-se na forma de como certos órgãos estão representados no ego do sujeito.

Hipótese definitória [Bion]

Essa expressão ocupa a coluna 1 da *Grade*, de Bion, e consiste em indicar que o sujeito usa o pensamento formulando hipóteses que constituem uma definição da sua verdade, naquele momento da sessão analítica. Por exemplo, o analisando, sem motivo aparente, começa a sessão dizendo: "tenho certeza que o senhor não gosta de mim..."

O verbo *definir* provém de *de* + *finis*, ou seja, refere que *foi dado um fim*, de sorte que, nos casos mais regressivos, em que o indivíduo funciona com protopensamentos -ou seja, com elementos β – (na *Grade*, a intersecção das respectivas fileira e coluna, seria A1), suas afirmativas adquirem a natureza de uma verdade dogmática, saturada, que não permite contestação.

Isso representa um desafio para o analista no sentido de conseguir, com sua atividade interpretativa, que o paciente entre em estado de dúvida sobre a sua saturada hipótese definitória ("no que o senhor se baseia para afirmar com tanta convicção que eu não gosto de si?...).

Histerias

A grafia desse termo no plural se justifica pelo fato de que *histeria* costuma aparecer nos textos psicanalíticos com formas e significados bastante distintos. Sua conceituação abrange muitas modalidades e graus, tanto de traços caracterológicos como de quadros clínicos.

De fato, a histeria é o campo mais amplo da psicanálise, como também o mais próximo do que convencionalmente se considera normalidade. Desde épocas primitivas, esteve sempre cercada de mistérios e tabus. O próprio nome *histeria* etimologicamente derivado de *hysteros*, útero em grego, já dá uma idéia clara de que os antigos atribuíam unicamente às mulheres a condição de portadoras desse transtorno psicológico. Mais ainda, havia a crença de que estariam sendo presas de *maus espíritos* e, por isso, deveriam ser banidas da comunidade ou submetidas a rituais de exorcismo por meio de torturas.

Para exemplificar a influência que o grau quantitativo exerce na determinação do tipo da histeria clínica, cabe mencionar a conhecida subdivisão de E.ZETZEL (1968), que propõe quatro subtipos de pacientes histéricas, as quais assim denominou:

1. As *verdadeiras* ou *boas* histéricas, que atingem a condição de casar, ter filhos, bom desempenho profissional e que se beneficiam com a psicanálise.

2. Outras pacientes, também *verdadeiras histéricas*, porém já num nível mais regressivo, com casamentos complicados, geralmente de natureza sadomasoquista, que não conseguem manter por muito tempo um satisfatório compromisso com o tratamento psicanalítico.

3. Pacientes que manifestam sintomas histéricos que lhes conferem uma fachada de pessoa histérica, que na verdade encobre uma subjacente condição bastante depressiva, sendo que essas pessoas não se completam em nenhuma área da vida.

4. As *pseudo-histerias*, presentes em personalidades muito mais regressivas, cuja extrema instabilidade emocional justifica a antiga denominação de *psicose histérica*. Segundo ZETZEL, a indicação de psicanálise para as duas últimas formas de personalidade histérica, especialmente a última, seria muito discutível.

Cabe acrescentar que a compreensão dinâmica dos autores quanto à etiologia da histeria também varia bastante. Há os que priorizam pólo fálico, edípico, ou até lhe conferem caráter de exclusividade, enquanto outros valorizam mais enfaticamente o pólo oral, narcisístico.

Juntamente com BREUER, FREUD publicou *Estudos sobre Histeria* (1895), numa época em que recém estava esboçando suas idéias psicológicas ligadas ao dinamismo da sexualidade reprimida no inconsciente, idéias essas que chocaram a comunidade médica de então, que considerava a histeria uma doença degenerativa, que seria causada principalmente pela sífilis.

No referido livro, além do caso de *Anna O.*, de BREUER, FREUD descreve quatro pacientes histéricas, Emmy von N., Lucy R., Katherina e Elisabeth, oportunidade em que começa verdadeiramente a encontrar o berço da psicanálise, e assim abrir as portas para novos descobrimentos em sucessivos trabalhos. Seu estudo mais notável acerca da histeria, publicado em 1905, é conhecido como *caso Dora* (ver o verbete *Historiais clínicos*). A partir desse caso, assim como de outros tantos trabalhos, FREUD traz novos aportes teóricos e técnicos sobre a histeria. Sobremodo valorizou a sexualidade reprimida, gravitando em torno da conflitiva edípica, além de sempre destacar a existência de uma inveja do pênis, de onde se originaria um *complexo de masculinidade*.

Nos primeiros tempos, FREUD também estabeleceu uma diferença entre a etiologia da histeria e a da neurose obsessiva: na histeria, o trauma sexual ocorre por volta dos quatro anos e é experimentado passivamente pela criança, enquanto na neurose obsessiva a participação da criança no abuso sexual seria ativa e, por isso, ela vem a sofrer de futuras auto-recriminações.

ABRAHAM, seguindo os passos de FREUD, trouxe uma significativa contribuição ao subdividir as histerias em *passivas e ativas*. Considerou de tipo *passivo* as das mulheres manifestamente dependentes e de tipo *ativo*, as que manifestam características fálicas, e que são extremamente competitivas com os homens.

REICH (1933), descreveu a *personalidade fálico-narcisista*, que considerava como constituindo uma categoria psicopatológica própria, situada em algum lugar intermediário entre a personalidade obsessivo-compulsiva e a histeria. Na atualidade, essa denominação de *fálico-narcisista*, que caracterizava, sobretudo, uma forte agressividade viril, caiu em desuso, tendo sido suas características clínicas absorvidas dentro da categoria mais ampla de *caráter histérico*.

M.KLEIN esvaziou a importância da genitalidade na histeria ao sustentar, enfaticamente, a arcaica etiologia oral dos conflitos a ela inerentes, assim valorizando as angústias paranóides e depressivas da criança em relação à mãe. Para a escola kleiniana, em grande parte a histeria seria uma organização defensiva contra uma psicose subjacente.

FAIRBAIRN foi um dos autores que enfatizou a importância decisiva do desenvolvimento emocional primitivo na etiologia das histerias. Correlacionou a oralidade com a genitalidade que existe nesses casos, como sintetiza nessa bonita **frase**: "nas histerias, a genitalidade se expressa pela oralidade, enquanto a oralidade procura satisfação pela via da genitalidade".

GREEN (1974) também destaca o aspecto defensivo da histeria. Considera, porém, que o escudo protetor representado pelo caráter exibicionista e histriônico, típicos do histérico, visam, sobretudo, a protegê-lo contra seus núcleos depressivos, com vistas a equilibrar sua auto-estima, sempre ameaçada, porquanto, no fundo, a pessoa histérica é extremamente frágil e instável.

LACAN, ao estudar as histerias, retorna a FREUD, mas o faz postulando que não é o pênis (como órgão anatômico) que a histérica busca de forma afanosa, mas sim o falo (símbolo do poder que, comumente, mas não exclusivamente, a criança atribui ao pênis do pai). No imaginário da criança, o falo designa justamente o que falta à mãe, e que vem a ficar representado no seu ego como uma ausência, uma falha, uma falta, e, por essa razão, ela pode passar a vida inteira acossada por desejos e demandas para preencher esse vazio imaginário.

Em resumo, na atualidade, à medida que escasseiam cada vez mais as histerias com os sintomas dramáticos dos primeiros tempos de FREUD, em proporção inversa, abundam os escritos sobre os transtornos da *personaliade histérica*. No entanto, os autores não rejeitam as descobertas anteriores e tampouco deixam de lado o desejo edípico com toda sua constelação de conseqüências, embora esteja havendo uma crescente ênfase na organização narcisista da estrutura histérica.

Histerias, tipos de

A histeria é tão plástica que, a rigor, pode-se dizer que, de alguma forma, ela está presente em todas as psicopatologias. No entanto, o termo *histeria* deve ficar restrito aos quadros sintomatológicos e caracterológicos que obedecem a uma estruturação própria e conservam uma série de pontos em comum. Dentre estes, cabe destacar os se-

guintes aspectos que virtualmente estão sempre presentes:
1. Um limiar de tolerância às frustrações bastante baixo.
2. O mecanismo defensivo por excelência consiste no uso de repressões.
3. O uso consistente, de forma manifesta ou dissimulada, de alguma forma de sedução.
4. Uma supervalorização do corpo, tanto nos exagerados cuidados estéticos, como na possibilidade de surgimento de somatizações.
5. Discurso em geral entremeado de queixas, demandas insaciáveis. e o estilo da comunicação caracterizado por uma forma *superlativa*, algo dramática na forma de expor os fatos. Na situação analítica, nos casos mais marcantes de histerias, em todas as sessões surge o que se pode chamar de *o drama do dia*.
6. A ânsia para obter alguma forma de reconhecimento dos outros domina a maior parte do psiquismo.
7. Grande habilidade no uso de uma *técnica de provocação*, a qual consiste em induzir as pessoas com quem convivem a maltratá-las de alguma forma, assim confirmando a sua arraigada tese de que são eternas vítimas de injustiças e abandonos.

A própria classificação nosológica das doenças mentais (DSM) não fica restrita a um único eixo: assim, partindo do eixo I (indica os sintomas, a psicopatologia), as histerias mantêm a velha divisão nos dois tipos denominados como *conversivas* e *dissociativas*, enquanto que, visto do eixo II (designa a caracterologia, transtornos de personalidade) o conceito é mais abrangente e inclui as denominações de transtornos de personalidade histérica; personalidade infantil-dependente; personalidade fálico-narcisista; traços histéricos em outras personalidades; transtornos de personalidade histriônica.

Os termos acima mencionados aparecem mais explicitados nos verbetes específicos.

Histeria de angústia [Freud]

Termo bastante empregado nos primeiros tempos da psicanálise e na atualidade em desuso, foi introduzido por Freud para definir uma neurose cujo sintoma principal é o de fobia, porquanto ele queria acentuar a semelhança estrutural que essa neurose guarda com o da histeria conversiva.

Histerias conversivas

Expressão referente ao fato de que os conflitos psíquicos sofrem uma conversão nos órgãos dos sentidos (sob a forma de sintomas de cegueira, surdez, perda de tato, alucinoses, etc.), e no sistema nervoso voluntário (sintomas de contraturas musculares, paralisias motoras, etc.).

A conversão segue a mesma deformação simbólica dos sonhos, muitas vezes os sintomas conversivos deixando transparecer com relativa facilidade o conflito subjacente.

Um determinado sintoma conversivo pode conter muitos significados, como acontecia com a tosse que acometia a célebre paciente *Dora*, a qual representava três aspectos: 1. um simbolismo de sentimentos sexuais, agressivos, narcisistas e melancólicos; 2. uma identificação com a tosse da senhora K, sua rival sexual; 3. a aquisição de um ganho secundário.

Por outro lado, cabe consignar mais três aspectos da conversão: 1. Não é específica, exclusivamente das histerias. 2. O diagnóstico diferencial com doenças orgânicas, hipocondria ou manifestações psicossomáticas nem sempre é fácil. 3. A psiquiatria moderna inclina-se acentuadamente para a postulação de que não há uma relação clínica ou dinâmica direta entre os sintomas histéricos conversivos e os transtornos de personalidade histérica.

Histerias dissociativas

Os sintomas clínicos mais comuns que caracterizam esses quadros dissociativos con-

sistem numa espécie de *dissociação* da mente consciente sob a forma de desmaios, desligamentos tipo *ausências*, ataques que representam um simulacro de crises epilépticas, estados de *belle indiference*, sensações de despersonalização e de estranheza, estados crepusculares e, mais tipicamente, os conhecidos casos de personalidade múltipla (como aparece nas "Três faces de Eva"), escrita automática, etc.
Esses últimos casos devem-se ao fato de que diversas representações distintas coexistem dentro do ego, dissociadas entre si, e que emergem separadamente na consciência, de acordo com determinadas necessidades e circunstâncias.
O termo *dissociação* aqui empregado não deve ser confundido com o mecanismo de defesa, primitivo e inconsciente – dissociação – tal como definido por M.KLEIN.

Histérica, transtornos de personalidade

Baseados na classificação do DSM, alguns autores consideram útil diferenciar personalidade histérica, de personalidade histriônica, embora, às vezes, elas se superponham. Assim, GABBARD (1992) considera que a forma *histérica* é a mais sadia delas, porquanto seus pontos de fixação estão radicados na fase fálico-edipiana, enquanto a forma *histriônica* está mais fixada nos primórdios orais.
Os transtornos de personalidade histérica constituem o protótipo atual dentro do universo das histerias e manifestam-se por um conjunto de características, como as que estão mencionadas no verbete histeria.
Também é bastante útil estabelecer uma diferença entre os tipos de personalidade histérica denominadas *caráter fálico-narcisista* e a *personalidade infantil*.

Histérica, personalidade infantil

Nos transtornos de personalidade do tipo histérico, do DSM III, os termos *personalidade histérica*, *histriônica* ou *psicoinfantil* aparecem intimamente conectadas, o que permite deduzir que as pessoas portadoras de um caráter infantil-dependente sejam aparentadas com a histeria, embora guardem algumas características específicas, como: 1. A transparência de uma labilidade emocional difusa e generalizada.
2. Contrariamente ao tipo *fálico-narcisista*, essas personalidades infantis, imaturas, costumam ser dependentes e submissas.
3. Apresentam demandas regressivas, infantis, oral-agressivas.
4. Uma conduta social inapropriada, com prejuízo do senso crítico.
5. Os desejos exibicionistas têm um caráter sexual menor do que nas marcadamente histéricas, mas podem descambar para os extremos de uma pseudo-hipersexualidade ou o de uma inibição sexual.
6. A imitação prevalece sobre a verdadeira identificação.

Histérico, caráter fálico-narcisista
[EMIILCE BLEICHMAR]

Embora tenha caído em desuso, alguns autores, como E.BLEICHMAR (1988), fazem questão de conservar esse termo porque designa uma configuração típica de mulheres histéricas caracterizadas sobretudo por ocupar uma posição de poder, de privilégio e de superioridade que lhes garanta serem admiradas, reconhecidas como valiosas e possuidoras de atributos que as elevem a um nível de perfeição.
Uma fixação das meninas nessa etapa fálico-edípica gera uma rivalidade com os homens, freqüentemente com desejos de castração e de morte deles. Essa autora faz o interessante assinalamento de que o caráter fálico-narcisista não deve ser visto unicamente como originário de conflitos edipianos, mas também deve ser levado em conta que essa mulher briga porque reivindica ter os mesmos direitos que a cultura concedeu aos homens.

Comentário. Cabe acrescentar que existe um risco, nada raro, de rotular uma mulher de *fálica* unicamente com base nos critérios antigos, porquanto o papel da mulher na sociedade moderna mudou completamente e seria lamentável classificar uma mulher dinâmica, forte, emancipada e determinada como *fálico-narcisista*.

Histriônica, transtornos da personalidade

Forma mais regressiva da histeria, sendo suas manifestações muito mais floridas que a das *histéricas*, a ponto de alguns autores apontarem para um íntimo parentesco entre o histrionismo e os estados borderline. Destarte, a menina estabelece uma equação de igualdade sincrética entre o seio e o pênis, de tal sorte que, quando crescer, vai envolver-se em comportamentos sexuais promíscuos e insatisfatórios, pois o pênis masculino que ela tanto almeja não passa de um fetiche do materno seio feminino, em uma busca interminável e sempre incompleta.

O termo *histrião* na Roma antiga, designava os atores que representavam *farsas bufonas ou grosseiras*, de modo que, nas histerias, essa palavra alude às pessoas que "representam ser aquilo que de fato não são, fingem, são falsas e teatrais, inclusive são impostoras na sexualidade por meio da aparência de uma *hiperfeminilidade* ou, no caso dos homens, de uma *hipermasculinidade*.

História do movimento psicanalítico, Sobre a [FREUD, 1914]

Este trabalho constante do volume XIV da Standard Edition, foi redigido em 1914 e está composto por três partes. A finalidade precípua do artigo foi estabelecer com clareza os postulados e hipóteses fundamentais da psicanálise, mostrar que as teorias dos dissidentes ADLER e JUNG eram totalmente incompatíveis com eles e daí deduzir que chegaríamos a uma confusão generalizada, se todas estas diferentes concepções recebessem o mesmo nome. A fim de tornar os princípios essenciais da psicanálise perfeitamente simples, FREUD descreveu a história do desenvolvimento desde seu início pré-analítico.

História de uma neurose infantil, da [FREUD, 1918]

Muito mais conhecido como o caso do *Homem dos Lobos*, é considerado o mais minucioso e importante de todos os casos relatados por FREUD. Trata-se de um jovem russo, na ocasião muito rico, que iniciou sua análise com FREUD em 1910 a 1914, por sentir-se completamente incapacitado e inteiramente dependente dos outros, sintomas que surgiram após uma infecção gonocócica, aos 18 anos.

Esse trabalho teve um significado especial para FREUD, porquanto conseguiu comprovar a etiologia fundamental da sexualidade na determinação da psicopatologia do paciente, assim respondendo de forma cabal às duras contestações do dissidente e desafeto JUNG, além de lhe possibilitar lançar luz sobre a organização inicial, oral, da libido. Da *história...* abrange nove partes, que vão especificadas a seguir.

Parte I: "Comentários introdutórios a respeito do Homem dos Lobos". (Nessa parte aparece a famosa posição de FREUD que anunciou a seu paciente que o tratamento precisava terminar numa data prefixada. A pressão do limite estabelecido fez a resistência do paciente e sua fixação à doença ceder, segundo FREUD).

Parte II: "Levantamento geral do meio ambiente do paciente e da história do caso". Aí aparece nitidamente um abandono real por parte tanto de um pai deprimido, quanto de uma mãe negligente.

Parte III: "A sedução e suas conseqüências imediatas". Quando era um menino de três anos e pouco, foi induzido a práticas sexuais pela irmã mais velha.
Parte IV: "O sonho e a cena primitiva". O nome de *Homem dos Lobos* deriva de um sonho no qual lobos empoleirados numa nogueira defronte a sua janela observavam uma cena primária. A interpretação desse sonho, por parte de Freud, durou vários anos da análise.
Parte V: "Algumas questões".
Parte VI: "A neurose obsessiva".
Parte VII: "O erotismo anal e o complexo de castração".
Parte VIII: "Novo material do período da cena primitiva. Solução".
Parte IX: "Recapitulação e problemas".
Esse caso aparece no volume XVII da Standard Edition brasileira, p.19 e ss.
Ver o verbete seguinte, *historiais clínicos*.

Historiais clínicos

Ninguém contesta que a psicanálise representa uma continuada e recíproca troca entre a teoria e a técnica, uma levando a transformações e avanços da outra, intermediadas, tanto quanto possível, pela prática clínica dos seus principais autores. Assim, a história da psicanálise registra alguns historiais clínicos que se tornaram verdadeiros clássicos por permitir uma leitura atualizada, que leve a reflexões as mais variadas, que contestam, concordam ou modificam as concepções teóricas e o manejo técnico contidos nos relatos originais. Dentre os mais importantes, cabe destacar aos historiais que seguem.
BREUER descreveu no livro *Estudos sobre a histeria* (1895) sua experiência com **Anna O.**, uma inteligente paciente, judia, de 21 anos, cujo verdadeiro nome era Bertha Pappenheim. Sofria de sintomas histéricos múltiplos, como transtornos da sensorialidade (distúrbios da visão), da motricidade (contraturas musculares e queixas de paralisias), da linguagem (misturava diversas línguas e durante um tempo "esqueceu" seu original idioma alemão e trocou-o pelo inglês), além de uma tosse persistente.
BREUER, após interná-la num sanatório, utilizou, na maioria das entrevistas, o hipnotismo. Segundo seu relato de então, graças à ab-reação de suas lembranças traumáticas, Anna O. teria se reencontrado consigo mesma, voltou a falar o idioma alemão e curou-se da paralisia. A outra face da verdade só foi revelada muitos anos após por E. JONES, ao publicar que Anna contraiu uma gravidez imaginária cuja paternidade atribuía a Breuer, que então interrompeu o tratamento com ela.

FREUD, no mencionado *Estudos sobre a histeria*, publicou alguns casos de moças histéricas, como os de Emmy von N., Lucy R., Katharina, Elisabeth von R., além de relatos muito breves de Mathilde H., Rosália H. e Cecília M.
Dentre os casos acima, o de **Elisabeth von R.** é o mais conhecido e importante. Trata-se de uma moça de 24 anos que, em 1892, foi consultar com FREUD devido aos sintomas de dor nas pernas e dificuldade para caminhar. Em pouco tempo, FREUD atribuiu esses sintomas a uma etiologia de sexualidade reprimida, o que lhe pareceu comprovado quando, ao pressionar a coxa da paciente, ela experimentou um prazer erótico que estava sonegado no consciente. Percebeu que Elisabeth estava apaixonada pelo cunhado e que rechaçava de sua consciência os desejos de morte que ela sentira em relação à irmã que falecera de uma doença orgânica.
O reconhecimento desse desejo, segundo FREUD, possibilitou a cessação dos sintomas e ele a considerou curada. E.ROUDINESCO (1994) relata que, muito tempo após, Ilona Weiss, esse era o verdadeiro nome dessa paciente, afirmou que "o médico barbudo de Viena a quem a tinham encaminhado havia tentado, contrariando sua vontade, convencê-la de que estava apaixonada pelo cunhado".

O importante desse historial é que FREUD, atendendo ao pedido da paciente, quase nada utilizou do método hipnótico com ela. Considerou esse caso como o primeiro a ser tratado e curado pelo método da psicanálise, através da livre associação de idéias. Outro aspecto importante é que esse caso propiciou que FREUD começasse a investigar o fenômeno da resistência que o inconsciente opõe ao acesso do reprimido ao consciente.

Miss Lucy, uma governanta inglesa contratada por uma família vienense, consultou FREUD em 1892 devido a uma alucinação olfativa, na qual ela sentia-se perseguida pelo cheiro de pudim queimado. Utilizando o método empregado com Elisabeth, FREUD fê-la reconhecer o amor inconsciente que ela sentia pelo patrão, e que mantinha fortemente recalcado no inconsciente.

Rosália H., uma jovem de 23 anos, sentia-se tomada por uma sensação de sufocamento quando quis tornar-se cantora. Esse sintoma ficou resolvido depois que a paciente fez a catarse da lembrança de uma sedução por parte de um tio que tentou abusar sexualmente dela quando era menina.

Mathilde H. era uma moça de 23 anos, deprimida e com queixa de paralisia parcial numa perna. FREUD expôs esse caso em poucas linhas e atribuiu a cura conseguida ao método da ab-reação.

No entanto, FREUD publicou cinco grandes e famosos casos clínicos, até hoje amplamente debatidos e fonte de uma continuidade de estudos os mais diversos: 1. *O caso Dora;* 2. *O pequeno Hans.* 3. *O homem dos ratos;* 4. *O caso Schreber* e 5. *O homem dos lobos.*

Caso Dora. O título original desse historial clínico é "Fragmentos da análise de um caso de histeria". Escrito em 1901, foi publicado somente em 1905. Com ele, FREUD pretendeu estudar as causas etiológicas da histeria, a valorização dos sonhos como via de acesso ao inconsciente e a importância das interpretações para o sucesso ou o fracasso (como foi no caso), para vencer as resistências dos conflitos reprimidos, de qualquer análise.

Dora, cujo nome verdadeiro era Ida Bauer, era uma adolescente judia, virgem de 18 anos, portadora de acessos de tosse nervosa, enxaqueca, períodos de afonia e alguma tendência suicida, que foi encaminhada pelo seu pai para tratar-se psicanaliticamente com FREUD.

A história, com complicados novelos edípicos, lembrando o enredo de alguma telenovela atual, pode ser assim resumida: o pai de Dora, um homem bem sucedido, porém hipócrita, engana sua mulher, uma dona de casa ignorante, com a senhora K., esposa de um de seus amigos. O marido enganado diz-se apaixonado por Dora e tenta seduzi-la à beira de um lago até que essa, ao perceber que ele tenta beijá-la, desfere-lhe uma violenta bofetada no rosto. Dora conta a cena à mãe e lhe pede que questione o marido quanto a ele ser amante da senhora K. O pai de Dora não só nega enfaticamente essas acusações, como passa a acusar Dora de ser uma mentirosa, o que a deixa num desespero maior e justifica a busca de tratamento.

A análise durou exatamente 11 meses e nesse período Dora apresentou dois sonhos: um referente a um incêndio na residência da família (que FREUD interpretou como indicador de que Dora se masturbava e que secretamente estaria apaixonada pelo senhor K) e o outro girava em torno da morte de seu pai, que FREUD ligou à sua sexualidade reprimida.

FREUD reconheceu que a interrupção precoce da análise foi devida a sua incapacidade de analisar os múltiplos aspectos *transferenciais* que estavam subjacentes nos relatos de Dora e que aludiam aos triângulos edípicos com os pais dela e com o casal K, inclusive os desejos homossexuais referentes à senhora K.

O menino (ou o pequeno) Hans. O título original desse trabalho é "Análise de uma fobia em um menino de cinco anos", e o nome verdadeiro do menino era Herbert Graf. Na época, para comprovar as suas teses, FREUD solicitava a seus discípulos que ficassem atentos às situações clínicas que surgissem, para que, se possível, os encaminhassem a ele. Foi justamente o que fez o pai de Hans, quando este começou a apresentar sintomas fóbicos, notadamente uma fobia de cavalos.

No curso do relato clínico, FREUD enfatiza o quanto a mãe de Hans o ameaçava de cortar o seu *pipi* se ele continuasse a se masturbar, e a enorme surpresa que a criança demonstrava diante da constatação de que as mulheres não tinham pênis.

Esse historial, publicado em 1909, apresenta três aspectos interessantes: 1. O fato de tratar-se do primeiro tratamento de fundamentação psicanalítica realizada com uma criança. 2. FREUD funcionou como supervisor, tendo em vista que o menino foi tratado por seu próprio pai, orientado por FREUD. 3. A partir de uma esmiuçada análise da fobia de Hans por cavalos, FREUD conseguiu demonstrar sua postulação da existência de uma angústia de castração e de que ela estava em ligação direta com um conflitivo complexo de Édipo. Igualmente, FREUD comprovou a existência de *teorias* existentes na mente das crianças com as quais elas tentam decifrar o mistério do nascimento. Também conseguiu evidenciar como na criança as fontes de excitação são múltiplas e variadas, o que o levou a afirmar que, normalmente, "a criança é um perverso-polimorfo".

Homem dos Ratos. Nesse mesmo ano de 1909, e também com o propósito de comprovar sua teoria da existência da sexualidade infantil, FREUD publica esse fascinante historial clínico com o título de "Notas sobre um caso de neurose obsessiva".

Trata-se da análise de um advogado de 29 anos que apresentava graves sintomas obsessivos desde a infância. Paul Lorenz, esse era o nome do paciente (segundo alguns autores, o nome verdadeiro seria Ernest Lanzer), procurou análise com FREUD porque vinha sendo atormentado pela idéia obsessiva de que "ratos poderiam ser introduzidos pelo seu ânus", além de uma constante angústia de que poderia provocar tragédias a suas pessoas queridas.

A análise durou nove meses e nela FREUD faz um magistral estudo de como o paciente defendia-se dessas idéias aterradoras por meio de rituais de fazer e desfazer coisas, assim como também fazia um uso ambivalentemente patológico do pensamento e da ação, deixando-os esterilizados pelo uso maciço da anulação e pela utilização de gestos e palavras de conteúdo mágico.

É interessante o fato de que a forte ambivalência do paciente pode estar ligada a uma lembrança reprimida da infância, na qual o pai lhe aplicara uma surra como castigo por ele ter mordido alguém. Diante da reação colérica do menino, o pai exclamou: "ou esse menino vai ser um grande homem, ou será um grande criminoso".

O *homem dos ratos* ficou curado do sintoma, casou-se com sua amada Gisele, porém veio a morrer em 1914, num campo de batalha da I Grande Guerra.

Caso Schreber Em 1911 surgiu a publicação desse célebre historial, cujo título original é "Notas psicanalíticas sobre um relato autobiográfico de um caso de paranóia". FREUD nunca viu Daniel Paul Schreber, na realidade um jurista renomado, presidente da corte de apelação da Saxônia e posteriormente presidente do Supremo Tribunal de Dresden, que começou a dar sinais de delírio paranóide após ter sido derrotado numa eleição que disputava.

O próprio Schreber, que teve muitas internações em sanatórios psiquiátricos e teve seus bens interditados, escreveu a sua biografia com o título de "Memórias de um doente dos nervos".

FREUD fez a compreensão do discurso delirante das idéias megalomaníacas e paranóides, encobridoras do conflito homossexual latente de Schreber, da mesma forma como fazia com a interpretação do simbolismo dos sonhos. A base do delírio de Schreber consistia em transformar-se numa mulher, em obediência a ordens superiores, a fim de engendrar um novo mundo.

Esse trabalho de Freud tornou-se importante para um melhor conhecimento dos dinamismos inconscientes responsáveis pela paranóia. Nesse texto estabelece as diversas transformações psíquicas possíveis, a partir do inaceitável homossexualismo de Schreber, contido no "eu amo você", com as negatórias, transformações em "eu não o amo". Pelo contrário, "eu o odeio" ou, "é ele que me odeia", ou ainda "é ela que o ama", etc.

Homem dos Lobos. FREUD publicou esse famoso caso, cujo título original é "Da história de uma neurose infantil", em 1918, embora tenha tratado esse paciente, cujo nome verdadeiro era Sergei Pankejeff no período de 1910 a 1914.

Tratava-se de um jovem russo de 18 anos, com graves sintomas fóbicos, obsessivos e paranóides, com psicossomatizações (é provável que hoje ele seria diagnosticado como borderline). Sua análise sofreu várias incidências e recaídas, até que finalmente FREUD o encaminhou a uma análise, parece que exitosa, com a sua discípula RUTH M. BRUNSWICK. Através de uma minuciosa e prolongadíssima análise de um único sonho, no qual apareciam sete lobos (daí o apelido desse paciente) empoleirados numa janela, FREUD visa a reconstruir a neurose adulta a partir dos problemas surgidos na infância, com um destaque especial aos conflitos oriundos do do fato de o paciente, quando criança pequena, ter testemunhado uma cena primária dos pais, um coito a tergo.

Todos esses historiais clínicos grandes de FREUD têm em comum o fato de estarem escritos num estilo literário de alta qualidade e beleza e continuarem a constituir, ainda na atualidade, como uma instigativa fonte de estudos.

M.KLEIN também construiu o seu edifício teórico fundamentada na prática clínica, com a análise de crianças, algumas de tenra idade, através da técnica do emprego de brinquedos e jogos. Em grande parte publicou sua experiência sob a forma de relatos clínicos, dos quais segue uma breve síntese dos historiais das crianças que analisou.

Fritz. Em 1921 surgiu o livro de M.KLEIN intitulado "Desenvolvimento de uma criança", no qual ela relata o tratamento com o jovem Fritz, o qual ainda não considerava uma análise propriamente dita, tanto que preferiu chamá-lo como um caso de *educação de caráter analítico*.

Esse relato clínico é particularmente importante porque revela a grande ênfase que M. KLEIN começava a atribuir à existência de fantasias inconscientes nas crianças, com a respectiva tradução que fazia de seus significados simbólicos. Assim, em muitos momentos da análise, em seus brinquedos e em suas histórias, o menino Fritz manifestava uma nítida tonalidade edipiana.

Segundo KLEIN, ainda muito influenciada pelas idéias de FREUD, a hostilidade que Fritz demonstrava em relação ao *diabo*, ao *oficial inimigo*, ao *rei*, deixa transparecer claramente uma forte agressividade ao pai, enquanto seus desejos pela mãe se revelam de forma bastante nítida.

Foi a propósito de um conto de Grimm, evocado por Fritz, que M.KLEIN veio a ter sua primeira intuição do papel primordial representado pela projeção e pelo *splitting* (dissociação ou cisão). Nesse conto de Grimm, aparece uma bruxa que oferece alimento envenenado a um homem e, a partir deste momento, Fritz começa a sentir um grande medo das bruxas, evocando, ao mesmo tempo, *rainhas* muito belas e que, contudo, também eram bruxas.

M.KLEIN relata a clareza com que o menino Fritz manifesta, através de fantasias inconscientes, sua dissociação numa mãe boa (rainhas belas) e mãe má (bruxa que pode envenená-lo).

Erna, uma menina de seis anos, apresentava uma conflitiva em face do aprendizado dos hábitos higiênicos e de limpeza, do que decorria uma forte angústia de perder o amor dos pais. Nos brinquedos, durante a análise, diz M.KLEIN, "Erna queria que eu fosse um bebê que se sujava, enquanto ela era a mãe (...) e seguidamente ela tinha acessos de ira e representava o papel de uma severa governanta que batia na criança".

Esse historial, relatado em "Contribuições à psicanálise", propiciou a KLEIN demonstrar com clareza que os brinquedos, além de uma ab-reação afetiva, também propiciam uma elaboração das fantasias inconscientes.

Félix é um menino cuja análise Klein descreve no trabalho "Uma contribuição à psicogênese dos tiques", onde mostra que as fantasias inconscientes do menino relativas às *posições homossexuais,* ativa e passiva, com relação ao pai, alternado-se com uma *posição heterossexual* em face da mãe, estavam diretamente ligadas à cena primária.

Rita é uma menina de pouco mais de dois anos, cuja análise propiciou a M.KLEIN descobrir a existência de um precoce superego infantil que confirma o fato de que, numa idade muito tenra, as tendências edipianas já estão em ação e influem profundamente no comportamento das crianças.

A fim de ilustrar a forma de como M.KLEIN entendia e trabalhava com as fantasias da criança, vale transcrever o seguinte trecho, na íntegra, que aparece em "Contribuições à psicanálise": "Quando tinha dois anos e três meses, Rita declarava repetidamente, quando brincava com a sua boneca (brinquedo do qual não desfrutava muito), que não era a boneca-bebê da sua mãe. A análise revelou que ela não ousava (ou não se atrevia) brincar de ser a mãe porque a boneca-bebê representava para ela, entre outras coisas, seu irmão, que desejava arrebatar da mãe, inclusive durante a gestação. Porém aqui a proibição do desejo infantil já não provinha da mãe real, mas sim da mãe introjetada, cujo papel representava para mim de diversas formas e que exercia uma influência mais severa e cruel sobre ela, o que sua mãe real nunca havia feito".

Dick, um menino de estrutura psicótica, de quatro anos, que dava provas de considerável inibição do desenvolvimento, especialmente quanto à formação simbólica e à atenção na realidade externa, aparece descrito no trabalho "A importância da formação de símbolos", de 1930. Dick mostrava-se indiferente a tudo e a todos. Somente alguns objetos, como portas, fechaduras e o ato de abrir e fechar portas lhe despertavam alguma atenção e interesse. Isso levou M.KLEIN a fazer o seguinte entendimento psicanalítico, que serve como mais uma ilustração do nível em que ela trabalhava com as fantasias inconscientes: "O interesse de Dick por esses objetos e essas ações tinha uma fonte comum: referia-se na realidade à penetração do pênis no corpo da mãe. As portas e fechaduras representavam as entradas e saídas do corpo materno, enquanto as maçanetas da porta significavam o pênis do pai e o seu (...) A defesa frente às tendências sádicas dirigidas contra o corpo materno e seus conteúdos conduziram à suspensão da atividade de fantasias inconscientes e à interrupção da formação simbólica".

Richard é um menino analisado por M.KLEIN durante a II Grande Guerra, numa época em que os aviões alemães bombardeavam duramente Londres. Trata-se de uma análise exaustiva, minuciosamente relatada, com a reprodução dos desenhos de Richard, no livro "Narrativa de uma análise infantil" (1961).

LACAN também tem um célebre historial clínico: trata-se do conhecido **Caso Aimée,** cuja descrição analítica ele relata detalhadamente em sua tese de doutoramento em medicina "Da psicose paranóide em suas relações com a personalidade", apresentada em 1932.

Aimée, cujo verdadeiro nome era Marguerite Anzieu, sentindo-se perseguida por Hughette Duflos, uma célebre atriz do teatro parisiense dos anos 30, tentou, em 1931, matá-la com uma facada, mas a atriz conseguiu esquivar-se do golpe. Margarite foi internada no Hospital Sainte Anne, onde ficou aos cuidados de JACQUES LACAN que considerou-a um caso de *erotomania* e de *paranóia de autopunição*.

Segundo LACAN, ao atacar a atriz, na realidade Aimée estava atacando a si mesma, uma vez que a atriz representava uma mulher livre e de grande prestígio social, exatamente o que Aimée aspirava ser. Em suas idéias persecutórias, via na atriz famosa a origem do perigo para ela e seu pequeno filho, Didier. Desse modo, essa imagem ideal era ao mesmo tempo objeto de idealização, de aspiração e de seu ódio. Para LACAN, a prisão e a reclusão hospitalar de Aimée representou um ato de autopunição.

A análise desse caso por LACAN revela muitos elementos que mais tarde viriam a ser centrais na sua obra: o narcisismo, a relação entre a imagem e a identidade que se dava na paranóia, o ideal de ego e a alienação da identidade (a identidade de Aimée estava na atriz, fora dela portanto).

No *Dicionário de Psicanálise*, de E.ROUDINESCO (1997), há um verbete que inclui o seguinte relato que vale a pena transcrever: "A continuação da história de Margarite Anzieu é um verdadeiro romance. Em 1949, seu filho Didier, havendo concluído seus estudos de filosofia, resolveu tornar-se analista. Fez sua formação didática no divã de LACAN, enquanto preparava sua tese sobre a auto-análise de FREUD, sob a orientação de Daniel Lagache, sem saber que sua mãe tinha sido o famoso caso Aimée. LACAN não reconheceu nesse homem o filho de sua ex-paciente, e Anzieu soube da verdade pela boca de sua mãe, quando esta, por um acaso extraordinário, empregou-se como governanta na casa de Alfred Lacan, pai de JACQUES LACAN.

Os conflitos entre Didier Anzieu e seu analista foram tão violentos quanto os que opuseram Margarite e seu psiquiatra de então. De fato, ela acusava LACAN de havê-la tratado como um "caso" e não como um ser humano, mas censurava-o sobretudo por nunca lhe ter devolvido os manuscritos que ela lhe confiara no passado, quando da internação no Hospital Sainte Anne.

KOHUT tornou célebre o **Caso do senhor Z**, ao publicar nos Estados Unidos, em 1979, o relato de "As duas análises do Sr.Z", o qual provocou grande turbulência clínica entre os psicanalistas e que apresentava uma nítida semelhança do seu paciente Z, com sua própria história pessoal.

O Sr.Z era um homem de 25 anos, filho único, órfão de pai, morando com a mãe. Foi analisado pela primeira vez para tratar-se de angústias, de fantasias masturbatórias masoquistas e de acessos de raiva e depressão. Durante o primeiro tratamento, KOHUT interpretou nos clássicos termos edipianos a fixação regressiva do paciente Z a uma mãe onipotente e possessiva.

Quatro anos após o fim desse tratamento, o mesmo paciente retornou, num período em que sua mãe estava apresentando delírios alucinatórios. No entanto, nessa época KOHUT já mudara seus referenciais teóricos e técnicos, atribuindo uma relevância aos seus conceitos relativos à formação do Self grandioso, às falhas empáticas, aos distintos aspectos do narcisismo e à transferência especular.

Municiado com esses referenciais, KOHUT favoreceu o surgimento da transferência idealizadora (*imago parental idealizada*) e da grandiosidade narcisista (*self grandioso*) do Sr.Z, o que, segundo KOHUT, produziu resultados muito melhores e mais profundos do que a primeira análise.

Histórico da psicanálise

Os primeiros trabalhos históricos sobre a psicanálise foram escritos pelo próprio FREUD através de dois livros: *A história do movimento psicanalítico* (1915) e *Um estudo autobiográfico* (1925). Na atualidade, muitos o criticam porque consideram que não conseguiu manter-se neutro e fiel aos fatos reais e inclinou-se exageradamente a querer tornar-se pai e diretor de toda psicanálise. Uma história mais completa e reveladora de muitas verdades ocultas começou com a biografia que E.JONES fez da vida e obra de FREUD. Publicada em três volumes, de 1952 a 1957, alcançou enorme êxito, embora seus depoimentos (procedentes de arquivos aos quais lhe permitiram um acesso não mais que parcial) também tenham se revelado comprometidos pelos laços afetivos com FREUD e pela rivalidade com colegas contemporâneos que também privavam de intimidade com FREUD.

Em linhas genéricas, pode-se dizer que FREUD criou a psicanálise praticamente sozinho. Somente a partir de 1906 concluiu seu período de *esplêndido isolamento* e passou a reunir-se em sua sala de espera com um seleto grupo de brilhantes colaboradores – ABRAHAM, FERENCZI, RANK, STECKEL, SACHS, JUNG, ADLER –, e assim começaram as famosas *reuniões das quartas-feiras* às quais chamavam de Sociedade Psicológica das Quartas-Feiras. Delas há pormenorizados registros históricos nas *Minutas* organizadas por O.RANK.

Mais tarde, essas reuniões sistemáticas viriam a instituir a Sociedade Psicanalítica de Viena. Em Salzburg, em 1908, houve a Reunião de Médicos Freudianos, posteriormente rebatizada como o Primeiro Congresso Psicanalítico Internacional. No segundo Congresso, realizado em Nürenberg, foi criada a IPA, cuja presidência, por indicação de FREUD, coube a JUNG.

A seguir, aconteceram as dissidências de ADLER e de STECKEL e, em 1914, a do próprio JUNG. Para proteger FREUD dos detratores da psicanálise e de sua pessoa, por sugestão de JONES – que veio a incorporar-se ao grupo original – foi criado o *Comitê*, concebido pelo modelo de uma sociedade secreta, que lembra a dos paladinos de Carlos Magno. FREUD ofereceu um entalhe grego a cada um dos colaboradores íntimos que lhe permaneceram fiéis, que acoplaram o entalhe a seus anéis, usando-os como insígnia. Assim, FREUD, JONES, FERENCZI, RANK, ABRAHAM, SACHS e, mais tarde, EITINGON compuseram o *Círculo dos Sete Anéis do Comitê*, sob um implícito juramento de total fidelidade e sob um acordo explícito de que não questionariam publicamente nenhum tema fundamental da psicanálise, como o da sexualidade infantil, sem antes o fazerem entre eles, dessa forma garantindo a continuidade do movimento psicanalítico.

Decorridos muitos anos, coube especialmente a sua filha e discípula ANNA FREUD, além da liderança do já consolidado movimento psicanalítico, a continuação da obra do pai, feita por meio de suas importantes publicações a respeito dos múltiplos e variados mecanismos de defesa do ego (1936).

Os ensinamentos freudianos eram, então, compartilhados por um sólido grupo de psicanalistas em Viena, até que, fugindo da perseguição hitlerista, muitos deles emigraram para outros países, onde deram continuidade ao movimento da psicanálise.

Dentre esses últimos, sobressai o nome de H. HARTMANN, que emigrou para os Estados Unidos e onde, com o reforço de outros psicanalistas seguidores e igualmente refugiados, como KRIS e LOEWENSTEIN, fundou a *Escola da Psicologia do Ego*, fortemente fundamentada em SIGMUND e em ANNA FREUD, porém com desdobramentos próprios e concepções originais. Com o passar dos anos, essa Escola passou a sofrer transformações a partir de colaborações originais, em tempos distintos, como foram as de EDITH JACOBSON, M.MAHLER e O. KERNBERG. Entrementes, ao final da década 20, a partir de Londres, começam a surgir as revolucionárias concepções de M.KLEIN, as quais, amparadas na sua prática de análise com crianças de muito pouca idade, convergem essencialmente para uma posição essencialmente *seiocêntrica*, como uma contrapartida inicial à *falocêntrica* vigente entre os freudianos. Da mesma forma como ocorreu com FREUD, também as concepções de M.KLEIN foram seguidas e ampliadas por muitos discípulos contemporâneos e continuadores fiéis, como, por exemplo, JOAN RIVIÈRE e S.ISAACS. Psicanalistas pós-kleinianos, como H.SEGAL, ROSENFELD, MELTZER, BION e outros, não só ampliaram como também produziram muitas transformações à obra original da mestra. Autores *neo-kleinianos*, como B.JOSEPH e J.STEINER, sucessivamente vêm propondo novas modificações na teoria e técnica da psicanálise.

Cabe consignar que as *Controvérsias* que, nos anos de 1943 e 1944 se estabeleceram entre os grupos kleiniano e annafreudiano, representam um importante momento evolutivo da história da psicanálise.

Também oriundo de Viena, seguindo os mesmos passos de HARTMANN, emigrou para os Estados Unidos, onde se radicou, o psicanalista H. KOHUT que lá fundou a escola da "Psicologia do Self" com contribuições bastante originais e polêmicas.

Na mesma época, orquestrada pelo carisma de J.LACAN, floresceu na França a "Escola Estruturalista" que surgiu como uma reação de LACAN ao que ele considerava um excessivo pragmatismo da psicanálise norte-americana. Assim, ele propôs um "retorno a Freud", isto é, um movimento para resgatar os princípios básicos legados pelo fundador da psicanálise e, a partir desses, construir novos desenvolvimentos metapsicológicos.

A "Escola Francesa de Psicanálise" na atualidade, embora diluída em várias correntes de pensamento psicanalítico, é altamente conceituada em todo o universo da psicanálise e conta com autores originais e muito férteis, como A.GREEN, para ficar num único exemplo.

WINNICOTT, de origem kleiniana, nos fins da década 50 admitiu publicamente sua dissidência com M.KLEIN, precipitada pela não-aceitação da postulação do conceito dela relativo à inveja primária, em 1957. Assim, WINNICOTT filiou-se formalmente ao "Grupo Independente" da Sociedade Britânica de Psicanálise e, aos poucos, foi construindo um corpo teórico e prático inteiramente original. Sua principal contribuição é a valorização do precoce vínculo real mãe-bebê no desenvolvimento emocional primitivo.

BION, também da Sociedade Britânica de Psicanálise, discípulo e analisando de M. KLEIN, conquanto sempre declarasse não ser mais do que um simples seguidor dela, trouxe um enorme acervo de contribuições originalíssimas, a ponto de muitos considerarem-no como um verdadeiro inovador da psicanálise atual.

É claro que muitos e muitos outros nomes, passados e atuais, e as respectivas contribuições poderiam ser mencionados, como, por exemplo, os movimentos liderados pelos dissidentes de FREUD, como os de ADLER e JUNG, ou ainda, analistas como H.S.SULLIVAN, K.HORNEY e E.FROMM, desligaram-se de FREUD e fundaram a corrente do *Culturalismo*, a qual atingiu enorme aceitação nos Estados Unidos.

As transformações que se vêm processando continuamente nos paradigmas da psicanálise não estão nitidamente delineadas. Pelo contrário, freqüentemente se sobrepõem entre si, sendo importante a necessidade de que os autores tenham a liberdade de criar novas concepções da psicanálise, discordando de muitas antigas, sem que haja radicalização dogmática e a destruição de tudo aquilo que foi construído nesse pouco mais de um século da história da psicanálise.

Isso pode ser exemplificado com muitas das conceituações postuladas originalmente por FREUD e que hoje estão comprovadamente equivocadas e descartadas, como: as de um *pansexualismo* (todo e qualquer fenômeno psíquico, necessariamente, encontrava algum tipo de explicação na sexualidade); a subestimação da condição da mulher, que para ele seria sempre inferior e invejosa dos privilégios do homem (decorrente de um outro equívoco seu: o de tomar Viena da época como protótipo único dos valores culturais); uma ênfase exagerada na inveja do pênis; sua crença na ignorância da existência da vagina por parte das meninas, até a puberdade; a indiferença desdenhosa às incipientes contribuições de M.KLEIN, e assim por diante.

No entanto, nenhum desses muitos equívocos anula a extraordinária importância das concepções passadas de FREUD, que persistem no presente e continuam servindo de base frutífera por muito tempo futuro.

Na atualidade, a psicanálise e os psicanalistas estão em crise (como tantas outras que já sucederam) porquanto estão no cume de uma série de transformações. As mudanças vão muito além do campo restrito da psicanálise como ciência e confundem-se com as transformações que também acontecem no mundo todo relativamente aos aspectos sociais, culturais e, sobretudo, econômicos. Por conseguinte, também mudou o perfil do paciente que procura tratamento psicanalítico, da mesma forma como também está mudando o perfil do psicanalista, na sua maneira de ser e de analisar, assim como também, inevitavelmente, deverão ocorrer mudanças por parte da IPA, inclusive no que diz respeito aos critérios e normas da análise didática.

Holding [WINNICOTT]

WINNICOTT usou esse termo inglês, que se traduz por sustentar, segurar, com o qual ele significava literalmente a função de como a mãe sustentava fisicamente seu bebê, de como o segurava e como o encaixava no seu corpo. Posteriormente, dando-se conta da enorme importância desse aspecto da relação mãe-bebê, WINNICOTT ampliou a noção de *holding*, incluindo os aspectos de como a mãe sustenta emocionalmente as necessidades e angústias de seu filho, especialmente nos primórdios do desenvolvimento emocional primitivo, o que adquire uma enorme importância na determinação da estruturação do psiquismo da criança.
Comentário. Embora a maioria dos analistas equiparem a função *holding* de WINNICOTT com a de *continente* de BION, cabe estabelecer uma diferença porque em BION essa capacidade materna assume uma dimensão centrada no modelo *continente-conteúdo*, o que amplia as variáveis dos modos dos *vínculos* inter-relacionais mãe-bebê, pressupõe a noção de um estado de *rêverie* da mãe, e implica uma condição de *função* a dela.

Homem dos Lobos [FREUD]

Ver o verbete *historiais clínicos*.

Homem dos Ratos [FREUD]

Ver o verbete *historiais clínicos*.

Homem trágico [KOHUT]

Expressão de KOHUT para opor-se à conceituação vigente na obra de FREUD e de M. KLEIN de *homem culpado*. KOHUT empregava esse termo como forma de enfatizar que o grande drama da criancinha não resulta das conflitivas pulsionais, quer as libidinais ou as destrutivas. Mas, sim, que de fato se constitui uma tragédia para a criança, logo, para o futuro adulto, é não encontrar uma empatia por parte dos primitivos e fundamentalmente importantes personagens parentais. A esses personagens KOHUT denomina self-objetos, ou seja, aqueles que formam (ou de-formam) o self do sujeito.

Homossexualidade

Palavra formada do grego *homo,* igual, semelhante, e do latim *sexus*, aparentado com *secus,* do verbo *secare*, cortar, dividir.

A conceituação de *conduta homossexual* ou, mais simplesmente, a de *homossexualismo* alude tanto aos ímpetos irrefreáveis e não pensáveis pelo sujeito, como também aos "apegos emocionais que implicam atração sexual, em relações sexuais declaradas entre indivíduos de um mesmo sexo biológico".

A psicanálise contemporânea considera que, antes de ser enquadrada em uma única categoria nosológica – como perversão, por exemplo – a homossexualidade deve ser compreendida como síndrome, isto é, diversas causas etiológicas podem expressar-se por meio de uma mesma manifestação sintomática de homossexualidade. Cabe uma analogia com o surgimento de uma *febre,* a qual, por si só, de forma nenhuma pode ser um quadro clínico específico, mas, sim, uma síndrome febril que tanto pode ser devida a um resfriado banal, como pode traduzir uma pneumonia ou outro processo infeccioso, indo até a possibilidade extrema de uma gravíssima septicemia.

Além disso, muitas correntes psiquiátricas consideram a homossexualidade não como uma patologia, mas, antes, como um legítimo direito de o sujeito optar livremente pelo exercício da modalidade sexual que mais lhe convier. Essa posição fica implícito no último DSM norte-americano, o que não afasta a possibilidade de aparecer como parte de psicopatologias graves.

Em termos socioculturais, dados estatísticos deixam claro que a homossexualidade não é um fenômeno inusitado e que, pelo contrário, é bastante freqüente em qualquer sociedade. Os homens manifestamente efeminados, ou as mulheres de aspecto chamativamente viril, constituem somente uma pequena porcentagem da população homossexual. Além disso, nem todo efeminado é homossexual e a recíproca é verdadeira. Cada vez mais, os homossexuais vêm tomando uma atitude corajosa de assumir publicamente a sua condição, organizam-se em fortes movimentos *gay* e estão ganhando um crescente espaço, como, por exemplo, o direito a uma ligação conjugal legal, ou a aceitação em forças militares em muitos países avançados.

Psicanaliticamente, o enfoque etiológico já não incide unicamente sobre a conflitiva edípica. Também está havendo uma crescente valorização das fases evolutivas pré-genitais, mais especificamente, as que remontam às particularidades próprias do narcisismo. O tratamento psicanalítico não visa prioritariamente a resolver a homossexualidade, como a tarefa maior da análise, mas, sim, capacitar o sujeito a ter uma melhor qualidade de vida e a adquirir uma paz e liberdade interior.

Do ponto de vista da técnica psicanalítica, é útil transcrever a seguinte **frase** de BION: "No amor de uma pessoa por outra do mesmo sexo, qualquer sugestão, por parte do analista, de comportamento homossexual, mata a pequena planta que está nascendo, pois ser capaz de amar a alguém que é igual a si mesmo pode ser um passo no caminho para amar alguém distinto" (1992b-p. 153)

Horda primitiva [FREUD]

FREUD, partindo de autores de textos dedicados à antropologia evolucionista, como DARWIN, LAMARK, W.ROBERTSON SMITH e FRAZER (hoje, altamente contestados), escreveu muitos trabalhos, onde aventou uma teoria culturalista. Essa teoria consistia em entender a instauração do totem pelo homem primitivo como a prefiguração da religião e na do tabu, a passagem da condição de *horda selvagem* para a de uma organização em clãs.

Assim, inspirado em J.FRAZER, autor da famosa epopéia *O ramo de ouro*, que conta a história de um rei homicida da antigüidade que foi assassinado pelo seu sucessor, FREUD propôs a teoria de que também na horda primitiva os filhos matavam o pai para ocupar seu lugar. As conseqüências disso foram a instalação da cultura através de certas leis e costumes.

Dessa forma, principalmente na parte IV de *Totem e Tabu* (1912-1913), FREUD descreve o mito da *horda primitiva* ou *selvagem*, afirmando que originalmente havia uma horda, cujo chefe macho reinava sobre seus filhos e tinha o monopólio de todas as fêmeas. Os machos jovens teriam se revoltado e matado o velho e, após, comido seu corpo, baseados no princípio mágico de que os membros do clã adquirem santidade comendo o totem. Foi só depois que o remorso e o temor teriam investido *esse* velho chefe com o nome de pai e, correlativamente, os jovens com o nome de filhos.

A partir desse modelo supostamente acontecido na horda primitiva, FREUD construiu sua teoria, fazendo remontar àquelas as origens de quase todas as instituições culturais e sociais posteriores. A antropologia moderna não confirma a concepção freudiana da horda primitiva.

Hospitalismo [RENÉ SPITZ]

Criado por R. SPITZ, esse termo refere o fato de que crianças até os 18 meses de vida, quando submetidos a uma alguma forma de abandono prolongado ou a uma longa hospitalização, que as privam dos cuidados maternos, entram num estado de profunda alteração física e psíquica. Essas alterações são progressivamente crescentes e se manifestam por sintomas clínicos como atraso do desenvolvimeto corporal, prejuízo da motricidade fina, dificuldade de adaptação ao meio, atraso da linguagem, menor resistência às doenças e, nos casos mais graves, podem entrar num estado de marasmo e de morte.

Alguns autores consideram o hospitalismo como uma das modalidades da depressão anaclítica, também descrita por SPITZ. Outros, porém, preferem manter uma distinção entre ambas. Destacam que, nas depressões anaclíticas, as crianças sofreram uma privação afetiva *parcial* e, por isso, essa depressão pode ser revertida às condições normais anteriores da criança, quando a mãe volta a encontrá-la. O hospitalismo implicaria uma situação mais grave, porque a privação materna é *total*, e as conseqüências se tornariam duradouras e mesmo irreversíveis.

I

I [BION]

A letra I é utilizada por BION como inicial do termo *idéia*, o qual representa o que ele conceitua como *idéias*, isto é, objetos psicanalíticos compostos por elementos α. A essência dessa conceituação reside na noção de que a idéia preenche o hiato entre o impulso e sua satisfação.

Na *Grade*, equivale à coluna 5, isto é, o da Investigação.

Id ou ***das Es*** [FREUD]

FREUD tomou o termo id emprestado de uma concepção de GRODDECK para caracterizar a instância psíquica que sedia as pulsões inconscientes. Fez essa escolha porque *id* – que no original alemão é *das Es* – e que em português ultimamente vem sendo traduzido pelo termo isso – designa um pronome da terceira pessoa do singular (*es*), neutro, sem gênero, nem número, assim caracterizando a maneira impessoal, biológica, de como as desconhecidas pulsões instintivas agem sobre o ego.

FREUD introduziu esse termo a partir do trabalho *O ego e o id* (1923), assim inaugurando sua segunda tópica que já vinha em gestação, ou seja, a teoria estrutural da mente, na qual as três instâncias psíquicas – id, ego e superego – estão em íntima inter-relação, e em relação com a realidade externa..

É nesse clássico trabalho que aparece a sua famosa **frase**: "onde estiver o id, o ego deve ficar", frase essa que permite diversas leituras, de sorte que os freudianos e kleinianos privilegiaram a importância das pulsões, enquanto os psicólogos do ego priorizaram a hegemonia do ego e os lacanianos enfocam sobretudo pela teoria da linguagem.

É útil lembrar que há uma equivalência na literatura psicanalítica entre os termos instintos, impulsos, impulsos instintivos, pulsões instintivas e pulsões. Isto deve-se ao fato de que as primeiras traduções dos textos de Freud – notadamente a da Standard Edition, realizada por STRACHEY – não levaram em conta que FREUD utilizou as palavras *Instinkt* e *Trieb*, no original alemão, com significados bem distintos entre si e não como sinônimos.

De modo geral, hoje é consensual que quando referia *Instinkt*, FREUD aludia aos instintos biológicos que caracterizam o reino animal, enquanto *Trieb* significa uma força oculta mais profunda, abrangente e imanente ao ser humano, e aparece nos textos em português, na atualidade, como pulsão (ver esse verbete).

Ideal, ego [FREUD]

Nos textos de FREUD, as expressões ego ideal (*idealich*), ideal do ego (*ichideal*) e superego aparecem, na maioria das vezes, de forma indistinta e com uma conceituação superposta. Porém, a tendência da psicanálise contemporânea é a de estabelecer algumas diferenças entre elas.

Da mesma forma como FREUD conceitualizou o superego como sendo "o herdeiro direto do complexo de Édipo", a subestrutura *ego ideal* é hoje considerada como sendo uma "herdeira direta do narcisismo original", ou seja, os mandamentos internos obrigam o sujeito a corresponder, na vida real, às demandas provindas de seus próprios ideais. Esses ideais estão impregnados de ilusões narcisistas inalcançáveis e, por isso mesmo, determinam no indivíduo um estado mental que se caracteriza por uma facilidade para sentir depressão e *humilhação* diante dos inevitáveis fracassos daquelas ilusões.

Ideal do ego [FREUD]

Também essa subestrutura (*idealich* no original alemão) está diretamente conectada com o conceito, mais genérico, de superego. Resulta dos ideais do próprio ego ideal da criança, os quais, altamente idealizados, são projetados nos pais, onde se somam aos originais mandamentos provindos do ego ideal de cada um deles, de modo que o *ideal do ego* pode ser considerado "um herdeiro direto do ego ideal". Dessa forma, o sujeito fica submetido às aspirações dos outros, em relação ao que ele *deve ser e ter*. Daí resulta que seu estado mental prevalente é o de um permanente sobressalto e o fácil acometimento do sentimento de *vergonha*, quando não consegue corresponder às expectativas dos outros, que passam a ser também suas.

Isso pode ser exemplificado com uma afirmação que FREUD faz em "Sobre o narcisismo: uma introdução"(1914), onde diz que o fanatismo, a hipnose ou o estado amoroso representam três casos nos quais um objeto exterior, respectivamente: o chefe, o hipnotizador e a pessoa amada vão ocupar o lugar do *ideal do ego* no próprio ponto onde o sujeito projeta seu *ego ideal*.

Idealização [M.KLEIN]

M.KLEIN, ao estudar os mecanismos defensivos primitivos do ego, incluiu o da *idealização* juntamente com os da negação, dissociação, identificação projetiva e introjetiva, e a sua contrapartida, o denegrimento, todos eles, nos primeiros tempos, sempre relacionados a objetos parciais, de sorte que descreveu quatro tipos de objetos: o bom, o mau, o persecutório e o idealizado, os quais, de alguma forma e em certo grau, estão sempre em interação.

Dessa forma, nos primórdios do desenvolvimento emocional primitivo (assim como também nos primórdios de muitas análises), a presença da *idealização* é necessária e estruturante, principalmente para fazer face às pulsões sádico-destrutivas. Porém, sua permanência excessiva torna-se deletéria para a personalidade do sujeito, porque a idealização requer o uso constante de identificações projetivas, na pessoa idealizada, de seus próprios aspectos positivos, o que lhe vai custar o alto preço de um auto-esvaziamento.

Outro custo elevado consiste no fato de que, subjacente a toda idealização excessiva, existe no sujeito uma camada de sentimentos e de objetos persecutórios. A idealização tanto pode se processar no domínio do ego, como no das relações objetais.

Idealizada, imago parental [KOHUT]

KOHUT, em seus estudos relativos à formação do *self*, fez uma original proposição de duas novas estruturas, ambas de natureza arcaica: o <u>self grandioso</u> (ver esse verbete) e a *imago parental idealizada*. Essa última diz respeito à imagem primitiva toda poderosa e perfeita que a criança tem dos pais e que, de alguma maneira, é sentida como fazendo parte do sujeito.

Essa *imago parental idealizada* transforma-se nos *valores ideais* que podem acompanhar o indivíduo pelo resto da vida, tanto no sentido positivo como negativo. O importante, destaca KOHUT, é que, para certas situações analíticas, o psicanalista tenha condições de propiciar ao paciente mais regredido re-experimentar com ele essa primitiva vivência emocional.

Idealizadora, transferência) [KOHUT]

KOHUT introduziu sua concepção de <u>transferências narcisistas</u>, nas quais o analista é sentido pelo paciente portador de algum *transtorno narcisista da personalidade* como fazendo parte dele, paciente. Assim, essa modalidade transferencial é diferente da que se dá na clássica <u>neurose de transferência edipiana</u>. A *transferência narcisista* pode assumir três formas: a <u>fusional</u> (ou <u>idealizadora</u>), a <u>gemelar</u> (ou de <u>alter ego</u>) e a <u>especular propriamente dita</u>.

Na transferência idealizadora, o paciente não discrimina entre seu <u>self</u> e as do seu analista e, como toda a sua felicidade reside no objeto <u>idealizado</u>, o sujeito sente-se vazio e impotente, com enormes dificuldades para as separações.

Identidade, sentimento de

A aquisição de um *sentimento de identidade* coeso e harmônico resulta do reconhecimento e da elaboração das distintas <u>identificações</u> parciais que, desde os primórdios de seu desenvolvimento, foram se incorporando ao sujeito pela <u>introjeção</u> do código de valores dos pais e da sociedade. Esse processo complica-se, na medida em que cada um dos pais modeladores das identificações do filho, por sua vez, também está identificado com os aspectos parciais ou totais dos seus respectivos pais, num importante movimento <u>transgeracional</u> que, muitas vezes, atravessa sucessivas gerações na transmissão dos mesmos valores formadores da identidade, nos seus três níveis inseparáveis: a identidade *individual*, a *grupal* e a *social*.

Assim, por meio de sucessivas experiências suficientemente boas com os pais, se estabelece na criança a crença de que, se é vista como um objeto de <u>amor</u>, então ela existe, é um *ente*, ou seja, está nascendo uma *entidade*. A passagem do estado de entidade para o de *identidade* começa a partir da instalação da <u>confiança básica</u>, a qual permite uma progressiva dessimbiotização, seguida de uma <u>constância</u> objetal e de <u>coesão do self</u>.

A etimologia da palavra *identidade* (*idem* + *entidade*) comprova que ela consiste em uma 'entidade' que se mantém basicamente a mesma (idem), apesar das variações *temporais, espaciais e sociais*. Essas três últimas dimensões, como inerentes à formação e conceito do sentimento de identidade, foram descritas por GRINBERG, em *Identidad y Cambio* (1971).

Nos casos em que os modelos de identificação não foram suficientemente bons (estáveis, coerentes, consistentes e com capacidade de <u>continente</u>), o sujeito terá dificuldade de formar um sentimento de identidade estável, tal como acontece com os pacientes *borderline*, que apresentam aquilo que KERNBERG chama como *síndrome da difusão da identidade*. Essa última consiste na dificuldade que esse tipo de paciente tem de transmitir uma imagem integrada e coerente de si próprio e, assim, deixa os outros confusos em relação a ele.

É inerente ao sentimento de identidade, o constante questionamento do sujeito quanto a *quem* ele realmente é, como se *auto-representa*, quais são os *papéis* e os *lugares* que ele ocupa nos vínculos grupais e sociais, o *que* e *quem* ele *quer vir a ser* e de como se sente *visto pelos demais*.

Identidade sexual [R.Stoller]

Condição de o sujeito se reconhecer e de ser reconhecido como pertencente a um determinado sexo. Os estudos de Stoller (1968) visam a estabelecer uma distinção entre os aspectos *biológicos* que, objetivamente, determinam se um sujeito é homem ou mulher e os aspectos *psicológicos e sociais* que promovem sua convicção e comportamento de homem ou mulher.

Assim, com o emprego da terminologia original de *gender identity*, Stoller pretendeu delimitar uma diferença entre sexo (biológico) e gênero. Conquanto exista em todos seres humanos certa bissexualidade devido à indiferenciação original do embrião, a determinação do *sexo* depende de um certo número de fatores físicos reais, objetivos e mensuráveis, como:

1. O genótipo (XX na mulher e XY no homem).
2. As dosagens hormonais, como a testosterona, progesterona...(embora, em diferentes proporções, sempre exista a presença de hormônios masculinos e femininos, tanto no homem como na mulher).
3. A constituição dos órgãos genitais externos e internos.
4. Os caracteres sexuais secundários. Em certos casos, encontram-se anomalias anatômicas (casos de *hipospadia*, por exemplo), fisiológicas e alterações genéticas que podem levar a situações chamadas de hermafroditismo (ver o verbete).

Em relação ao *gênero* sexual, a melhor exemplificação é a do transexualismo (ver o verbete).

Identificação

Conceito de especial importância na psicanálise, esse termo designa um processo psicológico central, realizado ativamente pela parte inconsciente do ego, pelo qual o sujeito se constitui e se transforma, assimilando ou se apropriando, parcial ou totalmente, dos aspectos, atributos ou traços das pessoas mais íntimas que o cercam. Isso está de acordo com a morfologia da palavra: *identificar* é o mesmo que *tornar idem*, ou seja, *igual*. A personalidade constitui-se e diferencia-se por uma série de identificações, havendo muitas formas de processar-se a identificação.

Freud, no capítulo VII de *A psicologia de grupo e a análise do ego* (1921), estuda três modalidades:

1. A *identificação primária*, postulada como "a forma mais primária (originária) de uma ligação afetiva com uma outra pessoa, logo, a mãe". Segundo Freud, essa identificação primária desempenharia "um papel na pré-história do *complexo de Édipo*" e se forma segundo o modelo de uma incorporação oral-canibalística;

2. A identificação se torna, de modo regressivo, um substituto de uma ligação afetiva abandonada, como acontece no sintoma histérico, tal como Freud exemplifica com a tosse histérica da paciente *Dora*, que imita a tosse do pai, assim incorporando-o. Nesse tipo de identificação, o sujeito pode tomar emprestado "apenas um único traço da pessoa-objeto": trata-se do famoso "traço unário (ou único)" (*einziger Zug*), que serviu para desenvolvimentos teóricos posteriores de Lacan.

3. A terceira modalidade consiste no fato de que a identificação se efetua na ausência de qualquer investimento sexual. O fator que leva um sujeito a identificar-se com outro é o desejo de ter algo em comum com um outro. Freud ilustra isso com a identificação que se processa nas situações de *hip-*

nose, da *paixão* e da *psicologia dos grupos*, em que uma pessoa (respectivamente, o hipnotizador, a pessoa amada ou o líder) ocupa o lugar do ideal do ego.

Identificação, proto- [E.Bick e D. Meltzer]

Na psicanálise contemporânea, é útil fazer distinção entre *proto-identificação e identificação propriamente dita*. As primeiras são de natureza mais arcaica e configuram-se por uma das quatro modalidades seguintes:
1. Adesiva, como foi descrita por E.Bick na sua concepção de *pele psíquica* (1968) e por Meltzer quando alude aos *pseudópodos mentais* (1975), sendo que essa modalidade adesiva consiste no fato de que a criança ainda não se "desgrudou" da mãe e, nesse caso, *ter* a mãe é o mesmo que *ser* a mãe; portanto há uma fusão, mais próxima de uma con-fusão, e não se forma uma real identificação que viria acompanhada por uma necessária individuação.
2. Especular, caso em que a criança comporta-se como se fosse uma mera imagem que somente reflete os desejos da mãe, ou vice-versa, de modo que o sujeito encara os outros como se fossem um simples prolongamento de si próprio.
3. Adictiva, que decorre do modelo anterior, e consiste em que, devido à falta de figuras solidamente introjetadas, o indivíduo fica sem um sentimento de identidade próprio e, por isso, fica *adicto* a certas pessoas que o completam, reasseguram e complementam.
4. Imitativa. Na evolução normal, essa forma é um primeiro passo para a construção de uma identidade sadia. No entanto, muitas vezes pode constituir-se como forma permanente de personalidade, que cabe chamar de *camaleônica,* porquanto esse sujeito não faz mais do que se adaptar (na verdade, submeter-se) aos diferentes ambientes.

Identificações, tipos de

As *identificações propriamente ditas* resultam de um processo de introjeção de figuras parentais, dentro do ego sob a forma de representações objetais e, no superego, quando então assume uma das seguintes formas:
1. Com a figura *amada e admirada* – é a forma que constitui as identificações mais sadias, estáveis e harmônicas.
2. Com a figura *idealizada* – costuma ser frágil, custa ao sujeito o preço de um esvaziamento de suas capacidades e uma pequena tolerância às frustrações.
3. Com a figura *odiada* – configura o que se conhece como identificação com o agressor.
4. Com a figura *perdida* – é a base dos processos depressivos, inclusive nos quadros melancólicos, segundo o mecanismo identificatório que está contido na célebre afirmativa de Freud feita em "Luto e melancolia" (1917) de que "a sombra do objeto recai sobre o ego".
5. Com a figura atacada.
6. Com os valores que lhe foram *impostos pelos pais*

Comentário. Creio ser justificável e útil a proposição de duas denominações: uma, já referida acima, é a de forma camaleônica, nas proto-identificações imitativas, pelo fato de que se trata de pessoas que adquirem a *cor* do ambiente em que estão.
A outra é a de identificação com a vítima (seguindo o modelo da *identificação com o perseguidor*), caso em que o sujeito identifica-se com a figura que, na realidade ou na fantasia, ele julga ter atacado e danificado gravemente. Nesses casos, é comum que persista a presença de um mesmo aspecto que a *vítima* tinha, como pode ser um sintoma, valor, maneirismo, ou mesmo uma forte sensação que ocupa o lugar e o papel de uma pessoa morta, como pode ser, por exemplo, o de um feto que foi abortado.

Identificação adesiva [E. Bick e D. Meltzer]

Ver no verbete *identificação, proto-*

Identificação com o agressor [Anna Freud]

Mecanismo defensivo do ego, primeiramente descrito por Anna Freud (1936), que alude ao fato de que o sujeito, quando confrontado com algum perigo diante de uma figura temida, identifica-se com seu agressor, assim podendo exercer um melhor controle e sentindo-se igual a essa pessoa, que ao mesmo tempo teme e admira.

Em outras palavras, numa inversão de papéis, o sujeito age ativamente com os outros aquilo que sofreu passivamente das figuras que o agridem ou agrediram. Segundo A. Freud, esse mecanismo de a criança internalizar o objeto perseguidor constituiria uma fase preliminar na construção do superego.

Identificação projetiva [M. Klein]

Expressão cunhada por M.Klein, designa um mecanismo psíquico fundamental em todo ser humano. Sua importância para a teoria, técnica e clínica da psicanálise é reconhecida, com algumas variações conceituais, por todas as correntes psicanalíticas da atualidade.

Todos reconhecem que inicialmente foi Freud quem descreveu aprofundadamente o mecanismo defensivo de projeção, como, por exemplo, no caso Schreber ou nos seus trabalhos sobre as paranóias. Embora nunca tenha utilizado a terminologia de *identificação projetiva*, a essencialidade que caracteriza a concepção desse fundamental fenômeno psíquico aparece em alguns importantes textos de sua obra.

Assim, em "A psicologia de grupo e a análise do ego" (1921), Freud deixa entrever claramente a identificação projetiva que os integrantes das massas efetivam com seus líderes, tal como acontece, ele exemplifica, numa tropa de exército, entre os soldados com o seu comandante. No outro exemplo de liderança, nesse seu trabalho, Freud traz o modelo da igreja, na qual todos os súditos religiosos estão unidos porque encarnam um mesmo *ideal de ego* (Jesus Cristo, na igreja cristã), e isso corresponde ao fenômeno da *identificação introjetiva*.

O que, fundamentalmente diferencia a concepção de Freud da de M.Klein, é que Freud pensava a *projeção* em termos de *objetos totais* projetados sobre os objetos, enquanto Klein postulou a identificação projetiva, com *objetos parciais*, projetados dentro de outras figuras objetais.

M.Klein, em "Notas sobre alguns mecanismos esquizóides"(1946), utilizou pela primeira vez a denominação de *identificação projetiva*, cuja conceituação foi ampliando progressivamente em, pelo menos, três dimensões psíquicas distintas:

1. Como uma necessária e *estruturante defesa primitiva* do ego incipiente, através de uma expulsão que, desde sempre, o sujeito faz de seus aspectos intoleráveis, *dentro* da mente de outra pessoa (a mãe, no caso do bebê; o analista, no caso do paciente).

2. Como uma forma de penetrar no *interior do corpo da mãe*, com a fantasia de controlar e apossar-se dos tesouros que em sua imaginação a mãe possui, sob a forma de fezes, pênis e, principalmente, os bebês imaginários.

3. No trabalho "Sobre a identificação" (1955), inspirada na novela *Se eu fosse você*, de Julian Green, M.Klein ensaia as primeiras concepções das identificações projetivas a serviço da empatia.

Notáveis seguidores kleinianos ampliaram a compreensão e utilização do fenômeno da identificação projetiva. Dentre eles, cabe destacar: Rosenfeld, que descreveu os estados confusionais e os de despersonalização dos psicóticos, resultantes de um excessivo uso de identificações projetivas e introjetivas; P.HEIMANN e H.RACKER que, separadamente, descreveram a possibilidade de os analistas utilizarem seus sentimentos contratransferenciais como um importante instrumento técnico; L.GRINBERG, com os seus importantes estudos sobre a contra-identificação projetiva; MELTZER, que assinalou o fato de a identificação projetiva poder constituir-se para o paciente como seu melhor recurso "para proteger-se contra a angústia de separação".

Identificação projetiva [BION]

Sem dúvidas, BION foi o autor que mais consideravelmente ampliou a concepção original de KLEIN e acrescentou outros aspectos com absoluta originalidade, das quais as seguintes podem ser mencionadas:
1. Criou o modelo continente-conteúdo para virtualmente todos os fenômenos da vida psíquica. A transação entre os conteúdos que são projetados e o continente que os acolhe e contém, é processada através de identificações projetivas.
2. Considera dois tipos de identificações projetivas: uma, que denomina *realista* (estruturante e indispensável para enfrentar a realidade) e outra, denominada *excessiva*, que se caracteriza tanto por um excesso quantitativo, como pelo excesso qualitatvo, devido às características da ilusória força mágica da onipotência e de uma fragmentação dos aspectos do *self* que são projetados.
3. Introduziu a importantíssima noção de que a emissão do conteúdo dos proto-pensamentos, elementos β, objetiva encontrar um continente adequado, que descodifique os significados emitidos e veiculados pela evacuação através de identificações projetivas.
4. Assim, essas últimas adquirem a função de uma comunicação primitiva daquilo que o paciente não consegue verbalizar, por-

quanto trata-se de uma angústia inominada, que BION chama terror sem nome.
5. Caso não encontrem um continente adequado, essas projeções podem alojar-se em objetos do espaço externo, constituindo o fenômeno que ele chama de objetos bizarros e configurando a floração de alucinoses.
6. Embora BION não empregue a denominação de empatia, fica transparente o quanto ele valoriza a função estruturante possibilitada pela utilização adequada das identificações projetivas que permitam que o sujeito possa colocar-se no lugar de um outro e sentir o que este sente e não consegue transmitir.

Identificação introjetiva [FREUD, M. KLEIN]

Em "Luto e Melancolia" (1917), FREUD fez a clássica afirmativa de que "a sombra do objeto recai sobre o ego", assim estabelecendo a primeira noção de que, num processo de luto (é normal) ou de melancolia (é psicopatológico), o objeto perdido vai fazer parte integrante de um núcleo do próprio ego. Pode resultar daí que o objeto perdido e o ego, em um processo que lembra o fenômeno da *osmose*, confundam-se entre si de tal sorte que o destino de um passa ser o destino do outro.
Com essa concepção, FREUD está definindo o fenômeno da identificação com o objeto perdido e, ao mesmo tempo, está lançando as primeiras sementes para um processo identificatório, mais amplo – o da *identificação projetiva* – que veio a ser descrito mais profundamente por M.KLEIN.
Essa autora estudou principalmente o inter-jogo permanente entre as identificações projetivas e as introjetivas, isto é, existe uma reintrojeção, modificada, dos aspectos que previamente haviam sido projetados. As identificações projetivas de aspectos dissociados predominam nos processos inerentes à posição esquizoparanóide, enquanto

as identificações introjetivas caracterizam a posição depressiva.

A diferença principal entre as concepções de Freud e M.Klein consiste no fato de que o primeiro formulou o objeto introjetado como sendo *total*, enquanto Klein enfocou enfaticamente a introjeção dos objetos *parciais*.

Identificação patógena

Essa expressão vem aparecendo com bastante regularidade nos textos psicanalíticos. Designa o fato de os objetos internalizados exercerem continuamente uma ação sabotadora e *enlouquecedora* contra o sujeito, que essa ação acaba ficando identificada, de forma patógena, com esses objetos. Na prática clínica, esse aspecto assume relevância, porque implica a necessidade de a análise promover uma gradual desidentificação, seguida de neo-identificações.

Ideograma [Bion, A. Ferro]

Bion emprega essa expressão para se referir aos pensamentos primitivos, de natureza pré-verbal, que estão mais ligados à construção de imagens visuais do que propriamente às palavras e à audição. Assim, as construções ideogramáticas seguem o mesmo princípio que rege a escrita dos chineses, baseada em múltiplas combinações de símbolos visuais.

Bion (1962) ilustra isso com a afirmativa de que "Se a experiência emocional é um sentimento de dor, a psique deve ter uma imagem visual de alguém que massageia o cotovelo, ou de um rosto banhado em lágrimas, ou algo parecido".

Na psicanálise contemporânea, o conceito aparece com outros nomes, como *pictograma, fotograma, holograma* e *imagem onírica*.

Inspirado em Bion, Antonino Ferro, um autor moderno, tem dado expressiva importância à narrativa dos pacientes na situação analítica sob a forma de *ideogramas*. Em "Antonino Ferro em São Paulo. Seminários" (1996), assim definiu esse conceito em relação à prática analítica: "Quando o paciente é capaz de evocar em nós (analistas) imagens visuais, já nos está fornecendo algo rico em elementos α. É como se o paciente fosse o diretor de um filme e a nós coubesse a parte mais simples de fazer a montagem dele".

Reciprocamente, Ferro completa: "se a interpretação provocou um pictograma de elementos α que remete à dor, à violência, à submissão, etc., o derivado narrativo poderá ser assim: 'lembro de uma vez, quando eu era pequeno, e meu pai me aplicou uma injeção muito dolorosa, humilhando-me depois diante de todos porque eu chorei'; ou então 'vi um filme na televisão no qual uma moça, que confiara em dar carona a um mochileiro, foi assaltada e violentada'". Assim por diante, Ferro exemplifica com outras possibilidades de ideogramas (imagens visuais) que foram despertados e que determinam distintas formas de gêneros narrativos (lúdico, gráfico, sensorial, motor, onírico) por parte do paciente.

Ilusão, área de [Winnicott]

A partir de 1951, Winnicott começa a estudar os fenômenos e os objetos transicionais. Essa concepção original refere-se ao fato de a passagem do subjetivo mundo interno e imaginário do bebê para o objetivo e real mundo externo processar-se, inicialmente, por meio de uma espécie de ponte de transição entre ambos os mundos.

Assim, cria-se um espaço virtual, que Winnicott denomina às vezes espaço transicional e outras de *espaço potencial, área de ilusão, experiência cultural* ou *área da criatividade*, porquanto o trânsito entre a fantasia e a realidade possibilita um alto potencial e riqueza de criatividade, inclusive artística.

Ilusão-desilusão [Winnicott]

A *área de ilusão de onipotência* consiste no fato de o bebê vivenciar o seio da mãe como parte do seu próprio corpo; no início, a mãe (ou o analista na situação analítica) deve aceitar essa ilusão, porém, aos poucos, deve processar o que Winnicott denomina uma progressiva desilusão das ilusões até que a criança perceba que ela tem a *possessão* do objeto seio, mas que *não é* o seio.

Imaginário, registro [Lacan]

O adjetivo *imaginário* é formado do substantivo *imagem*, que, por sua vez, deriva do étimo latino *imago*. É empregado na psicanálise para designar aquilo que pode ser representado em pensamento, independentemente da realidade. Esse termo, do ponto de vista psicanalítico, foi popularizado por Lacan a partir do seu trabalho "O estádio do espelho como formador da função do eu", escrito em 1936. Nele conceitua a noção do *imaginário* como correlata da etapa do espelho, que se caracteriza por uma relação dual com a imagem do semelhante, a mãe. Lacan descreve a passagem do especular (o ego da criança, sobretudo em virtude de sua prematuração neurobiológica, constitui-se a partir da imagem do seu semelhante, como um espelho que reflete) para o imaginário.
Lacan utiliza um conjunto de termos e conceitos, no qual ele destaca três planos: o simbólico, o imaginário e o real. Como priorizava a importância do *simbólico*, a sigla utilizada para esse conjunto era SIR, que Lacan representava por três círculos de barbante ligados por um nó borromeu, isto é, de tal maneira que, quando um dos círculos é desfeito, os outros dois também se desfazem. Posteriormente, ao aprofundar os estudos com as psicoses, Lacan passou a centrar a primazia no registro *real*, de modo que a sigla representativa passou a ser RIS.

O registro *simbólico* foi definido por Lacan como o lugar do significante e da função paterna, e permite a capacidade para fazer abstrações e formar símbolos. O registro *imaginário* designa o campo das ilusões, da alienação e da fusão com o corpo da mãe, e deve ser entendido a partir da imagem que sempre é algum grau de distorção do semelhante que o refletiu, superpondo e confundindo a figura e o fundo. Por isso, o imaginário é considerado o registro do engodo. Segundo Lacan, qualquer comportamento, qualquer relação imaginária está essencialmente votada ao malogro.
O registro *real* é considerado um resto impossível de simbolizar. Os registros do imaginário e do simbólico são considerados instrumentos indispensáveis para o analista se orientar no seu trabalho analítico.

Imago [Jung]

Termo introduzido por Jung, em 1912, para designar uma representação inconsciente que o sujeito tem de seus pais e irmãos internalizados, que resultam de fixações das primeiras experiências infantis, e que determinam a posterior conduta do sujeito e a sua forma de percepção em relação às outras pessoas.
O conceito de *imago* deve ser entendido não tanto como uma imagem, mas como um *esquema imaginário*, de sorte que ele não representa ser um reflexo da situação real, mesmo que mais ou menos deformado. Assim, a imagem de um pai terrível pode muito bem corresponder a um pai que, na realidade, foi apagado.

Imago parental idealizada [Kohut]

Kohut concebeu um *arco de tensão* na criança. Um dos pólos, constituído pelas *ambições*, chamou de self grandioso; o outro, pólo, onde residem os *ideais*, ele denominou imago parental idealizada.

Entre esses pólos estão as *capacidades e talentos* do ego.

KOHUT destaca a importância de os pais (ou o analista na situação psicanalítica) permitirem que a criança os idealize, porque isso constitui, nos primórdios do desenvolvimento emocional, um importante fator estruturante da personalidade.

Impasse

A palavra *impasse* deriva do idioma francês e significa *beco sem saída*, embora na psicanálise atual o mais adequado seria dizer *situação que parece não oferecer saída favorável*. Assim, *impasse* pode ser conceituado como toda situação suficientemente duradoura, na qual os objetivos do trabalho psicanalítico pareçam não ser atingíveis, embora se mantenha conservada a situação analítica *standard*.

De modo geral, os impasses manifestam-se por uma dessas três razões que ocorrem no curso do processo analítico:

1. *Estagnação*. Aparentemente a situação está tranqüila, analista e analisando supõem que a análise está se desenvolvendo bem, porém ela está dando voltas em torno do mesmo lugar e nada de mais acontece, nem de mau nem de bom.

2. *Paralisação*. O analisando não sabe mais o que dizer e o analista sente-se manietado em uma desconfortável sensação contratransferencial de impotência e paralisia, enquanto no par analítico vai crescendo um sentimento de esterilidade.

3. *Reação terapêutica negativa* (RTN). Enquanto as duas anteriores costumam ser impasses silenciosos, esse último habitualmente é ruidoso, por vezes dramático.

Todas as análises, especialmente as bem-sucedidas, atravessam alguns transitórios períodos difíceis, que sugerem um impasse, mas que, bem compreendidos e interpretados, são relativamente fáceis de superação, com a aquisição de um importante *insight*. Destarte, os impasses não devem ser confundidos com os inevitáveis momentos de transferência negativa, até porque o surgimento desta no campo analítico, diferentemente do que o termo *negativo* sugere, pode ser altamente *positiva*, desde que seja bem acolhida, compreendida e manejada pelo analista. Caso contrário, a transferência negativa pode vir a se configurar como um impasse.

Os impasses devem ser compreendidos em três dimensões possíveis: os que procedem *unicamente do paciente*; os que se devem *unicamente ao analista*; e os que se formam a partir de *ambos*, resultantes de conluios resistenciais-contra-resistenciais não desfeitos e que, por isso mesmo, cronificam em uma estagnação, que constitui uma das formas de impasse.

Pode-se dizer, resumidamente, que os impasses resultam de diversas causas e fontes, adquirem diversas formas, comportam distintos significados e, além disso, na prática clínica, requerem diferentes manejos técnicos. Assim, os motivos preponderantes podem ser de natureza narcisista (em um ou em ambos do par analítico), uma forma de fuga de sentimentos ligados à depressão, ao medo de um apego de muita dependência, a uma enorme resistência às verdadeiras mudanças, etc.

Em relação às causas que procedem unicamente dos pacientes, as mais freqüentes consistem em: a) os falsos colaboradores; b) a desonestidade; c) os actings excessivos; d) o anti-analisando; e) a psicose de transferência; f) a reação terapêutica negativa.

Cada uma dessas causas podem ser consultadas nos seus respectivos verbetes.

Impingement

Esse termo, que pode ser entendido como *traumas invasivos*, vem sendo usado com relativa freqüência na literatura psicanalítica atual. Diz respeito às falhas grosseiras da função materna, que condicionam uma invasão de estímulos ambientais sob a forma de *impingir* na mente da criança sentimentos, como os de culpa, vergonha, medo, confusão, expectativas exageradas, rótulos desqualificatórios, etc., os quais, de alguma forma, ficam impressos na sua mente. Esses traumas ultrapassam a capacidade do ego incipiente da criança, assim dificultando a absorção e a harmonização das pulsões provindas do id, fato que, ao mesmo tempo que produz uma intensa ansiedade, impotência e desvalia na criança, também provoca uma descontinuidade no sentimento de *ser*.

Imprinting [K.Lorenz]

Alguns estudos etológicos (estudo dos comportamentos espontâneos dos animais, preferentemente em seu habitat natural) servem para mostrar a influência recíproca e complementar entre os fatores genéticos e os ambientais. O fenômeno do *imprinting* é um deles: com esse nome (talvez a melhor tradução para o português dessas marcas que ficam impressas na mente, seja a palavra *moldagem*), em 1935, o etólogo austríaco Konrad Lorenz, por meio de estudos com aves, observou que, na ausência da mãe, as patas nascidas em chocadeiras apegam-se e ficam fixadas, para sempre, no primeiro objeto móvel que encontram, e que isso se dá num período particularmente sensível que dura cerca de 36 horas.

Uma vez instalada, a marca dessa fixação fica irreversível. Esse fenômeno repete-se de forma variável para cada espécie, porém conserva a constância de que, fora do período sensível, o *imprinting* não mais acontece. É bem cabível a especulação de que, desde a condição de feto, o ser humano também esteja registrando uma *moldagem* de certos estímulos que ficam eternamente gravados e representados em algum canto do ego incipiente.

Incerteza, princípio da

A psicanálise contemporânea confere expressiva importância ao *princípio da incerteza*, uma concepção de Heisenberg, que postulou o fato de o observador mudar a realidade observada conforme seu estado mental durante determinada situação, a exemplo do que se passa na física subatômica, na qual uma mesma energia em um dado momento é *onda* e em outro é *partícula*.

Nesse contexto, analista e analisando fazem parte da realidade psíquica que está sendo observada e, portanto, ambos são agentes da modificação da realidade exterior, à medida que se modificam as respectivas realidades interiores.

Comentário. O destaque que esse princípio adquire na análise atual é justificado, na medida em que vem corrigir o velho equívoco de atribuir ao analista, no setting analítico, a posição de um privilegiado observador neutro, atento unicamente para entender, descodificar e *interpretar* o *material* trazido pelo paciente. Pelo contrário, hoje parece ser consensual que a estrutura psíquica do analista, sua ideologia psicanalítica, sua empatia e não só o conteúdo, mas também a *forma* das interpretações, enfim, de como reciprocamente é influenciado pelo analisando e o influencia, contribuem decisivamente nos significados e rumos da análise.

Incesto [Freud, Lacan]

Prática de relações sexuais entre parentes próximos, consangüíneos, cujo casamento é proibido por lei, como, por exemplo, entre pai e filha, mãe e filho, irmão e irmã. Por extensão, o sentimento de proibição moral e cultural pode estender-se às relações sexuais entre tio e sobrinha, tia e sobrinho, padrasto e enteada, madrasta e enteado, sogra e genro, sogro e nora.

Virtualmente, essa proibição é universal, embora possam variar as formas de sua aplicação. Em algumas sociedades primitivas são consideradas incestuosas as relações extensivas a grupos maiores de parentes afins, além da família nuclear; em outras ainda persiste uma prática antiga de submeter os transgressores a severos castigos, inclusive corporais.

A psicopatologia forense atesta o grande número de transgressões incestuosas de pais com filhas, sendo que o incesto totalmente consumado entre mãe e filho é em número muitíssimo menor, sendo quase uma exceção. Embora persista legalmente a proibição de casamentos incestuosos, as leis modernas não intervêm diretamente na vida sexual dos adultos maiores de idade. Punem apenas a *pedofilia* (incestuosa ou não), o estupro e o exibicionismo.

FREUD estudou detidamente o problema do incesto, principalmente em "Totem e Tabu" (1912-13). Segundo ele, a relação incestuosa é sempre desejada inconscientemente. Sua proibição impede ao ser humano a efetivação de duas tendências pulsionais, que constituem a essência do complexo de Édipo: matar o pai e desposar a mãe, tal como FREUD descreve em relação ao mito original da horda primitiva, na qual o assassinato do pai é seguido pela expiação dos filhos. A interiorização desse conflito teria dado origem aos primórdios da moral, da ética e da cultura.

LACAN, seguindo os passos de antropólogos como L.STRAUSS, que contestam essa teoria de FREUD, assevera que a origem do problema do incesto não reside unicamente numa demanda pulsional, o que é certo e está comprovado pela universalidade de sua existência, mas, também, que se funda na cultura, na qual é estruturada pela linguagem. Portanto, a proibição do incesto não se restringe sempre aos graus reais do parentesco, mas também à relação social que atribui a certas pessoas a representação de pai, mãe, irmãos, etc. LACAN enfatiza que uma criança só pode ter acesso ao registro simbólico se funcionou exitosamente a lei do pai, referente à atitude do pai que age como uma cunha interditora para desfazer a díade mãe-filho. Assim, em muitos casos, a análise visa, sobretudo, a transformar *a lei do desejo edípico-incestuoso*, num *desejo da lei*.

Pode-se dizer que um prolongamento exagerado dessa díade fusional funciona como um caldo de cultura para futuras relações incestuosas, de acordo com a provável etimologia da palavra *incesto* que parece derivar de *in*, não + *castus*, corte. No idioma inglês, aparece *un-cut,* isto é, *in-cesto* estaria indicando que ainda não houve uma separação, um necessário corte na referida díade simbiótica.

Inconsciente, O [FREUD, 1915]

Dentre os importantes *Trabalhos sobre metapsicologia*, publicados em 1915, sobressai *O inconsciente*, o qual consta de sete capítulos, intitulados: "Justificação do conceito de inconsciente", "Vários significados de o inconsciente – O ponto de vista topográfico", "Emoções inconscientes", "Topografia e dinâmica do recalcamento", "As características especiais do sistema inconsciente", "Comunicação entre os dois sistemas" e "Avaliação do inconsciente".

Esse artigo está no volume XIV, p.191, da Standard Edition brasileira.

Inconsciente [FREUD]

Antes de FREUD, os cientistas e filósofos já admitiam a existência de um *inconsciente* – no sentido da presença de algo que não pertence ao consciente – mas recusavam-lhe um caráter psíquico, atribuindo tudo que se passava no plano desconhecido da mente aos mistérios do corpo, da alma e do espírito. O inconsciente como região do psiquismo com leis próprias de funcionamento é uma descoberta estritamente freudiana.

Assim, a partir de FREUD, o *inconsciente*, palavra que não criou, passa a ganhar tal relevância, a ponto de ser uma síntese da própria psicanálise, sendo que ele a estudou e a conceituou de forma distinta em dois momentos de sua obra. Na primeira tópica – também chamada como teoria topográfica (do étimo grego *topos*, lugar) – FREUD postulou que o inconsciente seria um lugar onde os afetos, representações e derivados das pulsões em geral se manteriam fortemente *reprimidos*, proibidos de ganhar um acesso ao consciente.

Na segunda tópica – também conhecida como teoria estrutural, ou dinâmica – o inconsciente encontra-se distribuído entre os referidos derivados das pulsões provindos do id, mas também com grandes partes do ego e do superego, os três juntos constituindo o aparelho psíquico e mantendo-se como instâncias separadas, porém numa permanente interação.

De forma esquemática, cabe assinalar os seguintes aspectos que FREUD postulou nos seus escritos sobre o inconsciente:

1. É um reservatório de conteúdos reprimidos.
2. Esses conteúdos são compostos por pulsões e respectivos derivados. FREUD considerou a *pulsão* a fronteira entre o somático e o psíquico.
3. No artigo "O inconsciente" (1915), FREUD conceituou esse conteúdo reprimido como composto por *representantes da pulsão*, já que a pulsão em estado bruto nunca pode se tornar objeto da consciência.
4. Existem duas espécies de repressões: uma – a *repressão secundária* – consiste naquilo que já foi consciente ou pré-consciente e foi recalcado para o inconsciente; a outra forma de material reprimido seria o que é chamado *repressão primária* (ou *originária*), isto é, aspectos pulsionais filogenéticos que nunca chegaram a ser exteriorizados.
5. No aparelho psíquico, o sistema inconsciente é representado pela sigla Ics, o pré-consciente pela sigla Pcs, enquanto Pc-Cs representa o sistema percepção-consciência.
6. O sistema inconsciente, além dos conteúdos, possui mecanismos e, talvez, uma energia específica própria.
7. Os mecanismos específicos que regem os conteúdos do inconsciente consistem no processo primário, principalmente no que diz respeito ao uso dos mecanismos de condensação e deslocamento, assim como também pela ausência no inconsciente das leis da lógica, da noção de espaço, tempo e causalidade, pela mobilidade da energia livre e pela predominância do princípio do prazer-desprazer.
8. Assim, o sonho foi para FREUD "a via régia de acesso ao inconsciente". Ele também destacou os caminhos reveladores do inconsciente que são propiciados pelos sintomas lapsos e atos falhos.
9. Os conteúdos reprimidos no inconsciente estão fortemente investidos (catectizados) pela energia pulsional e procuram retornar à consciência e à ação, o que constitui o que ele denominava como a busca de um "retorno do reprimido". Mas esses conteúdos só podem ter acesso ao sistema Pcs-Cs, depois de passar pelo crivo das deformações e disfarces impostos pela censura, tal como é a *censura onírica* no caso dos sonhos.
10. Na situação analítica, os conteúdos reprimidos do inconsciente só podem ter acesso ao consciente, se forem vencidas as barreiras das resistências.

LACAN desenvolveu uma concepção radicalmente diferente da noção do inconsciente concebida por FREUD. Para LACAN, baseado na sua teoria do significante, o inconsciente é definido como *o discurso do outro*, assim como também enfatizou que "o inconsciente é estruturado como uma linguagem"

Inconsciente coletivo [Jung]

Jung tem uma concepção de inconsciente profundamente distinta da de Freud. Ele não valoriza muito o aspecto conflitual, com a respectiva repressão de desejos pulsionais que constituem fixações de situações passadas. Antes, Jung enfoca prioritariamente os núcleos herdados que guardam germes de potencialidades psíquicas a serem desenvolvidas no futuro.

Os assim denominados *arquétipos jungueanos* referem que, para esse autor, a inconsciência faz parte da herança comum da humanidade, que atingiu gradual e laboriosamente o estágio da consciência numa evolução que ainda não terminou, uma vez que há "vastas regiões do espírito humano ainda envoltas em trevas: a psique está longe de ser totalmente conhecida".

Incorporação [Freud]

Expressão introduzida por Freud ao elaborar a noção de fase oral (1915). Alude a um processo pelo qual o sujeito, de uma forma predominantemente mágico-fantasiosa, faz penetrar – e conservar – um objeto no interior do corpo. Trata-se de uma forma de relação objetal por parte da criança, de caráter nitidamente oral-canibalística, que visa à obtenção de um prazer, fazendo um objeto penetrar dentro de si. Como isso não pode ocorrer sem destruição, a incorporação fica ligada a fantasias sádicas de aniquilamento.

Essa relação também visa à assimilação das qualidades desse objeto incorporado, conservando-o dentro de si. Esse último aspecto constitui o protótipo dos processos da introjeção e da identificação.

Na incorporação, misturam-se intimamente diversas metas pulsionais. Freud as exemplifica com as duas atividades, a alimentar e a sexual, que estão concomitantemente presentes no ato de o bebê mamar, porquanto a criança não se limita a saciar a fome, também tira um prazer libidinal com o ato da sucção do seio materno e, ainda mais, deseja a absorção total do objeto que a gratifica.

Conquanto seja predominante, a incorporação não é uma atividade que se faz puramente pela boca. Outras zonas erógenas e outras funções podem assumir essa finalidade incorporativa, podendo ser pela pele, respiração, visão e audição. Também existe uma incorporação anal, na medida em que a cavidade retal guarda uma analogia com a boca, e uma incorporação genital, manifestada principalmente na fantasia de *pênis cativo*, isto é, na fantasia da retenção do pênis no interior de uma *vagina dentada*.

Abraham e, posteriormente, M.Klein, destacaram dois fatos: a forte presença das pulsões sádicas no processo incorporativo e o fato de que a incorporação também deve ser entendida em termos de objetos parciais.

Indiferenciação [M. Mahler]

No estudo das primeiras fases do desenvolvimento infantil, muitos autores têm acentuado a importância, para o processo analítico contemporâneo, do entendimento da etapa na qual, em condições normais, o bebê, por falta de maturação neurobiológica, ainda não diferencia o *eu* do *não-eu*, ou seja, entre *ele* e o *outro*.

Assim, sob nomes diferentes e com pequenas variações conceituais, distintos autores modernos têm dado ênfase à situação em que o bebê constitui, com a mãe, uma díade fusional e indiscriminada. Dessa forma, M.Mahler (1975) denomina esse estado autismo normal e de simbiose; Lacan situa-o evolutivamente no estágio do espelho; Win-

NICOTT igualmente destaca o estado de ilusão de onipotência (em que o bebê, num estado de real *dependência absoluta*, tem a ilusão de ter *absoluta independência*.
Desse modo, cabe à mãe – com a cooperação do pai – não prolongar demasiadamente esse apego simbiótico, sob o risco de comprometer a evolução para aquilo que MAHLER denomina como uma etapa de diferenciação, a qual é desdobrada em duas subetapas, a da separação e a da individuação, as quais abrem o caminho evolutivo normal até a etapa da construção de uma constância objetal.

Inércia, princípio da [FREUD]

Ver o verbete *Nirvana*.

Infidelidade conjugal (tipo de vínculo)

Situação bastante freqüente e que tem merecido a atenção de muitos autores psicanalíticos. E.JONES descreveu a dependência narcisística da pessoa ciumenta em relação a seu cônjuge, enfatizando o fato de que, em pessoas deste tipo, o intenso desejo de se apossar do outro tropeça na maior parte das vezes com um concomitante temor de que esse desejo se realize e, assim, ele também ficaria engolfado e prisioneiro. Esse temor provoca uma fuga inquieta de um objeto para outro. Diz JONES: "a infidelidade conjugal tem, mais do que se acredita, uma origem neurótica,. Não é sinal de liberdade e potência, senão o contrário".
Alguns autores apontam que certas pessoas buscam estabilidade mantendo uma relação medianamente terna e escassamente sexual com a(o) legítima(o) esposa(o). Porém, dada a impossibilidade estrutural de satisfazer-se plenamente com o cônjuge, desenvolvem a fantasia (que pode ou não concretizar-se) de que uma terceira pessoa lhes traria a completa felicidade espiritual e sexual. Para certos homens existe uma dissociação da figura feminina, entre uma *santa* e uma *puta*, decorrente de uma clivagem que fizeram da figura materna, de sorte que se realizam com a esposa na obtenção de um lar familiar e necessitam de uma amante para completar uma *plena liberdade* sexual.
Muitas vezes se dá o paradoxo de que o vínculo ilegítimo torna possível a extensão no tempo da relação conjugal, a ponto de existirem casos que uma vez dissolvida a relação de amasiamento, se deteriora o matrimônio.
As variações do tipo de infidelidade são infinitas: alguns homens desenvolvem um *don-juanismo* (o equivalente na mulher consiste numa *ninfomania*); outros buscam um desafogo na busca de prostitutas; outros casais estão inconscientemente conluiados na partilha com terceiros, amantes, como uma forma de resgatar uma perdida relação triangular; ainda outros induzem a parceira a práticas sexuais perversas; ou necessitam de um(a) amante para poder praticar atos sexuais perversos que o superego proíbe num casamento formal.
Assim, não é raro certos homens inconscientemente induzirem suas mulheres a estabelecer relações sexuais com algum homem particularmente excitante para um seu possível lado homossexual oculto. Também não se pode descartar a possibilidade de que a infidelidade possa representar um passo para ingressar numa relação amorosa mais completa e sadia.

Inibição [FREUD]

FREUD, em "Inibições, sintomas e angústia" (1926), afirma que se pode dar o nome de *inibição* a uma considerável limitação de uma função, quando causada por fatores psíquicos. FREUD considera que determinada função do ego fica inibida na mesma proporção que adquire uma significação sexual. Ele exemplifica essa situação dizendo que "quando a escrita, que consiste em fazer correr um líquido numa folha de papel em branco, adquiriu a significação simbólica de coito, ou quando a marcha se tornou um substituto de calcar a mãe terra, a escrita e a marcha são ambas abandonadas porque voltariam a executar o ato sexual proibido".

Outras vezes, um determinado sintoma neurótico, a evitação fóbica, por exemplo, pode adquirir um grau tão elevado que provoca outras inibições correlatas, como para o trabalho, convívio social, etc.

Na atualidade, dá-se uma valorização bastante mais expressiva às pulsões agressivas mal elaboradas como responsáveis por inúmeras inibições.

Inibições, sintomas e angústia (FREUD, 1926)

Um dos mais importantes livros de FREUD, compõe-se de dez partes, além de *adendas* e *apêndices*.
As partes têm os seguintes títulos:
1. "As inibições refletem restrições às funções do ego". 2. "Os sintomas refletem conflitos intersistêmicos". 3. "Relação do ego quanto ao id e aos sintomas". 4. "A angústia produz recalque" (aí, FREUD compara as angústias do *Pequeno Hans* e a do *Homem dos lobos)*. 5. "Outras defesas além do recalque"." 6. "Anulação retroativa e isolamento". 7. "A angústia é sinal de perigosa clivagem". 8. "A angústia reproduz sentimentos de desamparo". 9. "Relação entre formação de sintomas e angústia". 10. "A repetição é conseqüência do recalque".
Apêndices: "A modificação de opiniões anteriores"; "Comentários suplementares sobre a angústia"; "Recalque e defesa". Adenda: "Angústia, sofrimento e luto".
Esse trabalho foi publicado em 1926, consta do volume XX da Standard Edition, p.107, e na "Introdução do Editor" afirma-se que "os tópicos que este livro aborda abrangem um vasto campo e há indicações de que FREUD encontrou uma dificuldade incomum para unificar o trabalho. A despeito de importantes assuntos paralelos, tais como as diferentes classes de resistências, a distinção entre recalque e defesa, bem como as relações existentes entre angústia, sofrimento e luto, o tema principal é o problema da angústia. Este inclui os seguintes aspectos: angústia sob a forma de transformação da libido; angústia realista e neurótica; a situação traumática e a situações de perigo; a angústia como um sinal; a angústia e o nascimento". FREUD também faz significativa referência ao livro de O.RANK, *Trauma do nascimento* (1924).

Inscrição de memória, ou traços (vestígios) mnésicos [FREUD]

Expressão de alta relevância na obra de FREUD porque designa as impressões mnésicas (ou mnêmicas), ou seja, os traços de memória que acompanhavam importantes experiências sensoriais e emocionais, e que, de alguma forma ficaram como que *impressas*, gravadas, no ego rudimentar.

Em FREUD, o conceito de *inscrição* (também traduzido por *traço mnésico* ou *vestígio mnésico)*, às vezes aparece como sinônimo de *representação coisa*, termo originalmente grafado por ele como *Objektvorstellung*. No entanto, há uma diferença entre ambos porque, mais do que uma simples *inscrição*, a *representação* reinveste e reaviva o *traço mnésico*. Também é útil observar que o vocábulo *mnésico* (o qual equivale à palavra *memória*) deriva etimologicamente de Mnemósine, uma deusa grega ligada à memória. (Bulfinch, T., 1998, p.15).

O conceito de *traços mnésicos* aparece em muitos textos de FREUD, como no "Projeto de uma psicologia científica" (1895), na "Carta 52", da correspondência com Fliess, no capítulo VII da "Interpretação dos sonhos" (1900) e no "Estudos sobre a Histeria" (1895), onde Freud compara a organização da memória a arquivos complexos, em que as recordações se arranjam de formas distintas.

Segundo a concepção freudiana, se não nos recordamos dos acontecimentos dos primeiros anos não é por uma falta de fixação, mas devido ao recalcamento. De um modo geral, todas os acontecimentos, de certa forma estão inscritos na mente, dependendo da evocação das recordações, da forma como são investidas, desinvestidas e contra-investidas. Para esclarecer o conceito de *inscrições,* FREUD utilizou uma analogia com o funcionamento do bloco mágico (ver esse verbete).

As *inscrições* ficam *representadas* no ego, e estão sujeitas ao fenômeno dos deslocamentos e das condensações (no dizer de LACAN, podem constituir uma rede de significantes, com mútuos deslizamentos). As primitivas inscrições podem vir, posteriormente, a sofrer transcrições que, no processo analítico, devem ser descodificadas.

Insight

A morfologia dessa palavra, composta dos étimos ingleses *in,* dentro de + *sight,* visão, dá uma clara idéia de que a conceituação de *insight* está diretamente ligada a alguma *luz* que o analisando venha a adquirir por meio de uma atividade interpretativa do analista. A lenta e continuada elaboração dos *insights* parciais vão possibilitar a obtenção de mudanças psíquicas, objetivo maior de qualquer análise.

No entanto, o termo *insight* não é unívoco, pois permite várias significações, de acordo com o destino que a interpretação do analista toma na sua mente. Como forma esquemática, é útil discriminar os seguintes tipos:

1. *Insight intelectivo.* Neste caso, talvez não se justifique o uso do termo *insight* tendo em vista que, enquanto intelectivo, ele não só é inócuo como pode ser prejudicial em alguns casos. Como é, por exemplo, a possibilidade de vir unicamente a reforçar o arsenal defensivo de pacientes que são marcadamente intelectualizadores, como, por exemplo, os obsessivos ou narcisistas.

2. *Insight cognitivo.* Cognição não é o mesmo que intelectualização; antes, refere-se a uma clara tomada de conhecimento, por parte do paciente, de atitudes e características suas que até então estavam egossintônicas, podendo o *insight* cognitivo promover uma *egodistonia* e é essa que vai propiciar o passo seguinte.

3. *Insight afetivo.* Pode-se dizer que aí começa o *insight* propriamente dito, tendo em vista que a cognição, muito mais do que uma mera intelectualização, passa a ser acompanhada por vivências afetivas, tanto as atuais como as evocativas de experiências emocionais do passado, assim possibilitando o estabelecimento de correlações e de novas significações, entre ambas.

4. *Insight reflexivo.* Representa um importante e decisivo passo adiante. Esse *insight* institui-se a partir das inquietações que foram promovidas pelos *insights afetivos* que levam o analisando a refletir, pensar, a fazer-se indagações e a estabelecer correlações entre os paradoxos e as contradições de seus sentimentos, pensamentos, atitudes e valores; entre o que diz, o que faz, e o que de fato é! Assim, esse *insight* é de natureza binocular (ver esse verbete), ou *multifocal*.

5. *Insight pragmático.* Vale a afirmativa de que uma bem sucedida elaboração dos *insights* obtidos pelo paciente, ou seja, suas mudanças psíquicas, devem necessariamente ser traduzidas na *praxis* de sua vida real exterior, e que ela esteja sob o controle do seu ego consciente, com a respectiva assunção da responsabilidade pelos seus atos.

Instância (psíquica) [FREUD]

Expressão introduzida por FREUD em *A interpretação dos sonhos* (1900), por comparação com o significado que ele tem nos tribunais ou com as autoridades que julgam as diversas fases de um processo.

Embora os termos *instância* e *sistema* apareçam algumas vezes de forma algo indistinta na obra de FREUD, é evidente que ele estabeleceu uma diferença entre ambos: assim, a palavra *sistema* é mais empregada quando ele se refere às concepções pertinentes à teoria topográfica (por exemplo, sistemas Pc-Cs ; Pcs e Ics), enquanto *"instância"* – termo que ele manteve até o fim de sua obra – é mais utilizado para descrever os aspectos referentes à segunda tópica, essencialmente mais dinâmica, isto é, a teoria estrutural (por exemplo, as instâncias id, ego e superego).

Instintos [FREUD]

É necessário desfazer um equívoco que freqüentemente aparece na literatura psicanalítica, que consiste no emprego indistinto dos termos *instintos* e *pulsões,* como se fossem sinônimos ou equivalentes, mas não o são! Isso se deve ao fato de que as primeiras traduções dos textos de FREUD – notadamente a mais divulgada delas, a da *Standard Edition,* realizada por Strachey – não levaram em conta que FREUD utilizou as palavras *Instinkt* e *Trieb* no original alemão, com significados bem distintos e delimitados.

Assim, de uns tempos para cá, os autores estabeleceram a diferença significativa de que, quando Freud empregava *Instinkt,* estava se referindo aos instintos biológicos que seguem um comportamento *filogenético hereditário,* que quase não varia de um indivíduo para o outro, e que é próprio das espécies do reino animal.

Quando Freud referia-se a *Trieb,* estava aludindo a algo muito mais abrangente e imanente, proveniente das profundezas inatas do ser humano, sob a forma de *impulsões* (aquilo que agrilhoa e propulsiona). Essas impulsões em grande parte são passíveis de modificação, como evidenciam as pesquisas contemporâneas que incluem outras variáveis, como as noções de *padrões de comportamento,* de *mecanismos inatos de desencadeamento,* de *estímulos, sinais específicos,* etc. O termo *Trieb,* na atualidade, está sendo traduzido por *drive* no idioma inglês, e por *pulsão* no português (ver esse verbete).

Impõe-se reiterar que o uso do termo *instinto* como equivalente ao original *Trieb,* mais do que erro de tradução, é um risco de promover uma confusão conceitual e desvirtuar a originalidade da concepção de FREUD.

Integração e não-integração [WINNICOTT]

WINNICOTT introduziu o conceito de que nos primeiros tempos do desenvolvimento emocional, devido à imaturidade neurobiológica, a corporalidade do bebê consiste num estado de não-integração (isso é diferente de dissociação e de angústia de desintegração) entre as diferentes partes do corpo e a mente.

A angústia que, em situações futuras, acompanha os estados de *não-integração,* foi definida por WINNICOTT como breakdown, ou seja, uma angústia catastrófica que, às vezes, ele denomina *agonias impensáveis.* Em 1945, WINNICOTT publica o clássico *Desenvolvimento emocional primitivo,* no qual propõe que a maturação e o desenvolvimento emocional da criança processa-se através das etapas de integração, que leva a criança à obtenção de um esquema corporal integrado, que ele chama *unidade psique-soma,* de personalização, definida como "o sentimento que a pessoa adquire de que habita o seu próprio corpo" e a etapa de adaptação à realidade.

O termo *integração* também aparece freqüentemente na obra de M.KLEIN, com significado distinto do empregado por WINNICOTT. Ela o utiliza para enfatizar uma das características mais importantes da posição depressiva, que justamente consiste na capacidade do sujeito de conseguir integrar os aspectos que estão dissociados e projetados. Um exemplo é a criança conseguir representar e se relacionar com a mãe como um objeto total, a partir da integração dos aspectos parciais da mãe (seio) boa e má.

Intelectualização (mecanismo de defesa) [ANNA FREUD]

Em psicanálise, esse termo costuma ser empregado com o significado de mecanismo de defesa, uma forma de resistência ao tratamento analítico que consiste no fato de o paciente priorizar o uso do pensamento e de elucubrações abstratas, teóricas e filosóficas no lugar de fazer um contato com os afetos e com as suas fantasias inconscientes.

FREUD nunca empregou a expressão *intelectualização*, mas sua filha ANNA descreveu a importância e freqüência de surgimento desse processo defensivo.

A intelectualização é utilizada mais substancialmente por pacientes obsessivos – que assim *controlam, isolam e anulam* os sentimentos – e por pacientes narcisistas – que mais se preocupam com o *bien dire* (dizer bonito) do que pelo *vrai dire* (dizer as verdades).

Três aspectos merecem ser mencionados, relativamente à *intelectualização*:
1. Existe um risco de se confundir um adequado exercício que o paciente faz de pensar as suas experiências emocionais como parte do seu processo de elaboração com o que tem o significado de intelectualização, como foi antes referido.
2. Um exagerado menosprezo à intelectualização pode induzir a uma valorização excessiva e única da *vivência afetiva*.
3. É útil não confundir *intelectualização* com racionalização. A primeira visa a manter os afetos à distância e neutralizá-los, enquanto a *racionalização* não implica a evitação sistemática dos afetos, mas atribui a estes razões mais plausíveis, com convincentes construções racionais (tal como está expressa na conhecida fábula da *Raposa e as Uvas*).

Intensidade (de uma reação psíquica)

Embora não conste da literatura psicanalítica corrente, a inclusão dessa expressão no presente Vocabulário se justifica pela freqüência com que se manifesta nas situações analíticas. *Intensidade* é diferente de *quantidade*.

Assim, um sujeito pode reagir intensamente diante de uma excitação quantitativamente pequena ou sua reação emocional pode ser discreta ante um estímulo que, objetivamente, é de grande quantidade. As respectivas respostas desproporcionais dependem da área do psiquismo, mais ou menos sensível, que foi atingida pelo estímulo, o que está diretamente ligado ao conceito que aparece no verbete *investimento*.

Uma metáfora pode clarear essa conceituação: se pincelarmos uma grande quantidade de tintura de iodo numa pele sadia, o sujeito nada sentirá de dor; no entanto, se passarmos a mesma tintura de iodo, mesmo em quantidade insignificante, numa pele que está tomada por uma cicatriz, ainda aberta, de um ferimento, é provável que ele possa urrar de dor.

Inter e intra-relação

Os *vínculos* de relacionamentos processam-se em três planos:
1. Os *intra-subjetivos* (ou *intrapessoais*) que aludem aos elos de ligação que se processam no interior do psiquismo do sujeito, como podem ser as relações tópicas do consciente, com o pré-consciente e o inconsciente, ou entre as instâncias do id, ego, superego, ideal do ego, etc. ou, ainda, da

parte infantil do indivíduo com a sua *parte adulta,* da parte psicótica da personalidade com a parte não psicótica da personalidade, etc.

2; Os *intersubjetivos* (ou *interpessoais*) que, conforme diz o prefixo *inter* (significa entre), designa as distintas configurações vinculares que caracterizam os relacionamentos entre indivíduos e grupos.

3. Os *transubjetivos* (ou *transpessoais*) que adquirem uma dimensão que extrapola a dos indivíduos e designa mais especificamente os relacionamentos no nível das nações inseridas na *aldeia global,* assim como também o que está contido de forma mais abstrata, na cultura, nas narrativas dos mitos, folclore, Bíblia, etc.

Interesses do ego [FREUD]

As *pulsões do ego* (ou *pulsões de autoconservação*), como FREUD as denominava, numa época em que ainda não tinha concebido a teoria estrutural do psiquismo, representavam para ele o conjunto de necessidades e exigências ligadas às funções orgânicas, indispensáveis à conservação, desenvolvimento, crescimento e aos auto-interesses do ego. Por essa última razão Freud também costumava referir-se a essas *pulsões do ego* com a terminologia *interesses do ego.*

Etimologicamente, a palavra *interesse* forma-se a partir dos étimos latinos *inter*, *entre* + *est*, ser, ou seja, alude à convivência do sujeito com as outras pessoas, de modo a proteger seu direito de ser, existir, portanto a serviço da pulsão de vida.

Internalização (ou **interiorização**)

Ambos os termos aparecem indistintamente nos textos psicanalíticos, muitas vezes confundidos com o conceito de introjeção, tal como pode ser evidenciado principalmente nos escritos kleinianos. De forma mais estrita, cabe definir a *internalização* como um processo pelo qual determinadas relações intersubjetivas são transformadas em relações intra-subjetivas, tal como pode ser a interiorização de um conflito, uma proibição, uma relação objetal, etc.

De modo geral, a introjeção está ligada a um objeto isolado, *bom* ou *mau, parcial* ou *total* que passa a habitar o interior do psiquismo do sujeito, enquanto o vocábulo *interiorização* designa mais especificamente a internalização de relações pessoais, como pode ser exemplificado com a relação de autoridade entre pai e filho que passa a ser interiorizada como uma relação intra-subjetiva entre o superego com o ego.

Internalização transmutadora [KOHUT]

KOHUT cunhou essa expressão, destacando a sua especial importância na prática analítica e conceituando-a como consistindo, por parte do paciente, na introjeção da figura do analista como pessoa e como modelo de função psicanalítica, especialmente para os pacientes cujas falhas empáticas dos pais, no início do seu desenvolvimento, não haviam possibilitado identificações satisfatórias, nem com a mãe, nem com o pai e tampouco com substitutos destes.

Interpretação

A palavra *interpretação* não é a tradução fiel ao termo original alemão empregado por FREUD, que é *Deutung*, cujo significado alude mais diretamente a um *esclarecimento,* a uma *explicação.* FREUD também emprega especialmente o termo *Bedeutung,* que se refere à descoberta de uma significação.

Assim, nos trabalhos de FREUD sobre técnica psicanalítica, *interpretar* aparece como uma forma de o analista explicar o significado de um desejo (pulsão) inconsciente, que surja através de sonhos, lapsos, atos falhos, alguma resistência e na associação de idéias contidas no discurso do analisando. Surgida em *A interpretação dos sonhos*, embora com uma conceituação ainda embrionária, a interpretação adquiriu, e mantém até a atualidade, a condição de estar no centro da doutrina e da técnica psicanalítica.

Visto de um vértice contemporâneo, o termo *interpretação* está bem adequado, levando-se em conta que o prefixo *inter* designa uma relação de vincularidade entre o analisando e o analista, o que é muito diferente daquela idéia clássica de que caberia ao paciente o papel de trazer seu *material*, e ao psicanalista, a tarefa única de descodificar e traduzi-las para o analisando.

Em sua essência, a interpretação é entendida hoje como o resultado final da comunicação entre as mensagens, geralmente transferenciais, emitidas pelo analisando e a repercussão contratransferencial que despertam na mente do psicanalista, em três tempos: o de um *acolhimento*, seguida de um de *transformações* em seu psiquismo e finalmente o de *devolução* sob a forma de formulações verbais.

Em relação à técnica psicanalítica propriamente dita, a interpretação deve ser abordada por muitos vértices, alguns ainda polêmicos, como os que estão contidos no entendimento, aplicação e confronto das seguintes dualidades conceituais da interpretação que, aqui, não cabe esmiuçar: a interpretação deve ser *superficial* e/ou *profunda*?; do *conteúdo* e/ou das *defesas*?; através da via di por, ou da via di levare? (ver esses verbetes); vale a inclusão de parâmetros?; deve ser efetivada pelo analista sistematicamente no *aqui-agora-comigo-como lá e então*, ou pode incluir a extratransferência e outros recursos cognitivos?; vale a utilização de metáforas e imagens visuais? tem relevância a pessoa real do analista?; importa o estilo pessoal de o psicanalista interpretar?; a interpretação é a única via da análise que promove um êxito analítico, ou seja, o crescimento mental do analisando, ou existem outros fatores concomitantes?; cabe distinguir interpretação, em seu modelo clássico, de atividade interpretativa?; como se forma a interpretação dentro da mente do analista?; quais são os elementos que constituem uma interpretação completa?; quais são as modalidades de interpretação?

Comentário. Em relação às duas últimas perguntas formuladas, creio que seja útil propor as seguintes reflexões. Em relação aos *elementos constituintes de uma interpretação*, cabe discriminar sete elementos essenciais na sua composição:

1. O *conteúdo*.
2. A *forma* (muito particularmente o tom de voz do analista).
3. A *oportunidade* (isto é, o *timing*).
4. A *finalidade* (para *o quê* o analista está interpretando).
5. *Para quem* é dirigida a interpretação (isto é, para qual personagem que está dentro do paciente e que, num dado momento, está mais à tona).
6. A *significação* (que determinada lembrança, sentimento ou fantasia representa para o paciente, assim como também a significação que ele empresta às palavras do analista).
7. Finalmente, um aspecto que pouco aparece nos textos de técnica psicanalítica e que tem uma importância fundamental consiste no *destino* que a interpretação vai tomar dentro da mente do paciente.

As *modalidades de interpretação* podem ser discriminadas, conforme sua *finalidade* nos 6 seguintes tipos:

1. *Compreensiva* (acima de tudo, o paciente sentiu-se compreendido pelo analista).
2. *Integradora* (juntar os aspectos do paciente dissociados, dentro e fora dele).
3. *Instigadora* (instigar o analisando a saber *pensar* suas experiências emocionais).
4; *Disruptora* (tornar egodistônico o que está egossintônico no paciente, como pode

ser um sintoma, um falso self, uma ilusão narcisista, etc.).
5. Nomeadora (através de sua função a, o analista dará nomes às experiências emocionais primitivas representadas no sujeito, ainda sem nome, ou seja, como um terror sem nome, conforme diz BION).
6. Reconstrutora (uma espécie de costura, de reconstrução, dos sentimentos e significados contidos nos fatos passados com os presentes).

Interpretação dos sonhos, A [FREUD, 1900]

A *interpretação dos sonhos* era considerada por FREUD seu trabalho mais importante, ao qual ele dedicou um interesse especial, de sorte que as sucessivas reedições sofreram significativas transformações. Essa obra é composta por sete capítulos e dois apêndices, que, na Standard Edition, ocupam os volumes IV e V, da página 1 até a 668, na edição brasileira.
Os capítulos e apêndices, respectivamente, são intitulados e abordam os seguintes temas:
Capítulo I "A literatura científica que trata dos problemas dos sonhos. O material dos sonhos- A memória nos sonhos";."Os estímulos e as fontes dos sonhos";."Por que nos esquecemos dos sonhos após o despertar"; "O sentido moral nos sonhos"; "Teorias do sonhar e sua função"; "As relações entre os sonhos e as doenças mentais".
Capítulo II "O método de interpretar sonhos: a análise de um sonho modelo".
Capítulo III "Um sonho é a realização de um desejo".
Capítulo IV "A deformação nos sonhos".
Capítulo V "O material e as fontes dos sonhos". A) "Material recente e indiferente"; B) "O material infantil como fonte dos sonhos"; C) "As fontes somáticas dos sonhos"; D) "Sonhos típicos": Sonhos embaraçosos de estar despido. Sonhos sobre a morte de pessoas queridas. Outros sonhos típicos. Sonhos de exame.
Capítulo VI "A elaboração dos sonhos". A) "O trabalho de condensação"; B) "O trabalho de deslocamento"; C) "Os meios de representação nos sonhos"; D) "Considerações de representabilidade"; E) "Representação nos sonhos por símbolos. Alguns outros sonhos típicos"; F) "Alguns exemplos. Cálculos e falas nos sonhos"; G) "Sonhos absurdos. Atividade intelectual nos sonhos"; H) "Os afetos nos sonhos"; I) "Elaboração secundária".
Capítulo VII A psicologia dos processos oníricos". A) "O esquecimento de sonhos"; B) "Regressão"; C) "Realização de desejos"; (D) "O despertar pelos sonhos. A função dos sonhos. Sonhos de angústia"; E) "Os processos primário e secundário. Recalque"; (F) "O inconsciente e a consciência. Realidade".
Apêndice A "Um sonho premonitório realizado". Apêndice B "Lista de escritos de FREUD que tratam predominantemente ou em grande parte de sonhos".
Fora de qualquer dúvida, todos autores consideram o Capítulo VII como o mais importante de todos. Constitui-se um verdadeiro clássico, e, além de fundar a Teoria Topográfica da mente, também abre as portas para conceitos fundamentais da encampou essa proposição de FERENCZI, e em metapsicologia, como os fenômenos da regressão, recalcamento, inconsciente, processos primário e secundário, etc., que viriam a ser desenvolvidos mais profundamente em trabalhos posteriores.

Intervenção vincular (conceito de técnica)

Expressão de emprego recente na prática analítica, mas que vem sendo usada na prática clínica de forma crescente. Alude às situações nas quais o analista acredita que seria benéfico estabelecer uma reunião conjunta do seu paciente com algum familiar significativo (ou até mesmo um grupo familiar).

Muitas vezes, um encontro dessa natureza, que consiste naquilo que a psicanálise denomina como a introdução de um parâmetro (ver esse verbete) técnico. Pode proporcionar uma experiência muito rica e proveitosa, para pacientes ainda dependentes e que sofrem um assédio hostil de quem lhes patrocina a análise. Além disso, especialmente favorece bastante o analista a perceber e sentir de forma mais plena o sério problema dos transtornos da comunicação que afetam os vínculos do seu paciente com as pessoas significativas de seu entorno.

Uma eventual intervenção vincular só deve acontecer de forma esporádica, não sistemática e muito prolongada, não devendo ser confundida com uma *terapia de família* ou algo análogo. Também é fundamental que o analista tenha o controle da situação, não saia do seu papel costumeiro e que tenha a segurança de que o *setting* anterior possa ser facilmente restabelecido.

Introjeção [S. FERENCZI; FREUD]

S. FERENCZI foi quem introduziu o termo *introjeção* como uma simetria, em direção contrária, à da *projeção*, a partir de seu trabalho "Introjeção e transferência"(1909), com as seguintes palavras: "Enquanto o paranóico expulsa do seu ego as tendências que se tornaram desagradáveis, o neurótico procura a solução fazendo entrar no seu ego a maior parte possível do mundo exterior, fazendo dele objeto de fantasias inconscientes. Podemos pois dar a este processo, em contraste com a projeção, o nome de introjeção".

FREUD encampou essa proposição de FERENCZI e em seu trabalho "Pulsões e destinos das pulsões"(1915), ao se referir à oposição contida no princípio do prazer-desprazer, afirma que: "o ego do prazer purificado" constitui uma introjeção de tudo que é fonte de prazer e por uma projeção para fora de tudo o que é ocasião de desprazer. FREUD evidenciou e destacou sobremodo o fenômeno da introjeção na determinação da melancolia e posteriormente o reconheceu como um processo mais geral e amplo.

Tanto em FREUD como nos textos de muitos outros autores, seguidamente o conceito de introjeção aparece como sinônimo de incorporação, mas cabe uma distinção entre ambos. Embora a origem oral-canibalística seja a mesma,: a incorporação refere-se estritamente a alguma localização corporal, enquanto introjeção é mais abrangente, de modo que também alude ao interior do aparelho psíquico, como a localização em alguma instância, por exemplo.

O processo de introjeção está intimamente conectado com o da identificação, o que foi destacado por ABRAHAM e, sobretudo por M. KLEIN, que enfatizou o jogo das identificações projetivas e introjetivas, especialmente de objetos parciais, dissociados em *bons e maus*.

Introspecção

Termo recuperado por KOHUT, *introspecção* é por ele empregado para designar um conceito equivalente ao de *insight*, o que está de acordo com a sua etimologia, ou seja, *intro*, dentro de + *spicere*, olhar, o que designa claramente que a introspecção se refere a uma *mirada meditativa*, de dentro e para dentro.

Introversão [JUNG]

Termo introduzido por JUNG em 1910 para designar um "desligamento da libido dos objetos do mundo externo e a sua retirada para o mundo interno do sujeito". Esse conceito foi largamente difundido e deu margem a estudos posteriores referentes às tipologias pós-junguianas, relativas à oposição entre os dois tipos de personalidades: *introvertidos* e *extrovertidos*.

FREUD admitiu seu uso, mas lhe conferiu um significado diferente do de JUNG, concebendo que a introversão consistiria na retirada da libido para objetos ou produções imaginárias e fantásticas, de sorte que a introversão constitui um mecanismo de formação de sintomas neuróticos, conseqüentes a severas frustrações.

Assim, enquanto Jung denominava a psicose como *neurose de introversão*, FREUD, especialmente fundamentado em seu clássico "Sobre o narcisismo: uma introdução" (1914), designava a psicose como *neurose narcisista*.

Introvertido (tipo caractereológico) [JUNG]

JUNG descreveu os *tipos caractereológicos*, dentre os quais particularizou especialmente os tipos *introvertido* (os que usam predominantemente o mecanismo de introversão) e os extrovertidos (o oposto disso).

Intuição [BION]

BION deu significação psicanalítica ao termo *intuição*, concebendo-o como a capacidade necessária ao psicanalista para poder entrar em um profundo estado de sintonia com o analisando. Portanto, a intuição analítica não tem nada de transcendental, como muitas vezes se pensa.

A etimologia da palavra *intuição*, composta dos étimos latinos *in*, dentro de + *tuere*, olhar, denota que essa capacidade do analista de *olhar para dentro* consiste numa espécie de um *terceiro olho* que lhe permite enxergar além daquilo que nossos órgãos dos sentidos captam. Assim, segundo BION, a intuição é um elemento muito relevante na construção da interpretação, surgindo quando a mente do analista não estiver saturada pelo uso exclusivo da percepção sensorial (visão, audição), nem pela sua memória ativa e tampouco pelos seus desejos e ânsia de compreensão imediata.

Aliás, a favor do surgimento da intuição, BION recomendava aos analistas que deixassem livre a imaginação, a fim de promover a sua *imagem-em-ação*. Uma metáfora de BION esclarece melhor: ele recomenda que o analista lance sobre a sua própria visão um facho de escuridão, para que possa ver melhor. Da mesma forma, outra metáfora, mencionada por A.M. REZENDE, também esclarece que a visualização do analista fica aguçada quando ele não fica preso somente a sua visão concreta, de modo que "as estrelas ficam mais visíveis na escuridão da noite".

Invariante [Bion]

Em seus importantes estudos sobre o fenômeno das *Transformações* (1965), BION utiliza a palavra *invariante* para designar o fato de que, por mais profundas e aparentemente irreconhecíveis que tenham sido as transformações, sempre restam vestígios originais, imutáveis.

Uma analogia pode clarear melhor esse relevante conceito: a água líquida, um bloco de gelo e uma nuvem podem aparentar serem totalmente diferentes entre si, mas esses três estados são transformações que conservam um mesmo invariante, no caso, H_2O. Assim, cabe ao analista detectar os invariantes de sentimentos, fantasias e ansiedades que aparecem em meio às narrativas as mais distorcidas e camufladas possíveis.

Inveja

A etimologia da palavra *inveja* (formada pelos étimos latinos *in*, dentro de + *videre*, olhar), indica claramente o quanto este sentimento alude a um olhar mau que entra dentro do outro. Isso encontra confirmação nos conhecidos jargões do tipo *mau olhado*, *olho grande*, ou uma torcida que, com o olhar, *seca* o adversário, etc. Outra significação etimológica possível decorre de quando o prefixo *in* designa uma negativa, uma exclusão, de modo que *in* + *videre* significa que a inveja está a serviço do sujeito que, fortemente fixado na posição narcisista, recusa-se a ver, a reconhecer as diferenças entre ele e o outro, que possui as qualidades de que ele necessita e que inveja. O sentimento de inveja é, seguramente, um dos fenômenos que mais tem merecido da literatura psicanalítica um minucioso e aprofundado estudo quanto às suas causas e conseqüências. Uma revisão dos autores em relação ao estudo da inveja permite verificar o quão importante, múltipla e controvertida é a sua conceituação, tanto do ponto de vista da metapsicologia como da teoria e a prática psicanalítica.

FREUD. Os primeiros estudos com sistematização psicanalítica acerca do sentimento de inveja, procederam dos ensaios de FREUD em relação ao seu clássico conceito de inveja do pênis. (ver o verbete)

M.KLEIN. Seus primeiros conceitos originais sobre o sentimento de inveja foram ditados juntamente com JOAN RIVIÈRE (1937), nos quais ela definiu as linhas-mestras que viriam a consolidar-se em seu importante trabalho "Inveja e gratidão"(1957). Nesse artigo, M.KLEIN postula a sua polêmica concepção de *inveja primária* como um derivado direto da pulsão de morte. Trata-se, portanto, de uma pulsão inata, a serviço da destrutividade, e é a determinante da formação de fantasias inconscientes, com a respectiva formação da primitiva angústia de aniquilamento.

Para KLEIN, o ataque invejoso, por meio das identificações projetivas, ao seio nutridor da mãe e ao corpo materno (na fantasia da criancinha é um abrigo de tesouros, como o pênis e os bebês), e as respectivas reintrojeções configuram um duplo prejuízo, qual seja: o incremento de ansiedades paranóides – com a ameaça de retaliação contra o ego – e as depressivas – ataque aos objetos *bons* internalizados, com o conseqüente sentimento de desvalia. Muitos dos notáveis seguidores kleinianos prosseguiram na abordagem da inveja, com algumas concepções originais, algo distintas das de M. KLEIN.

PSICÓLOGOS DO EGO. Em relação à gênese da inveja, os analistas dessa escola norte-americana de psicanálise constituem a corrente *frustracionista*, isto é, eles consideram a inveja como uma reação secundária, de destrutividade e avidez, como uma decorrência das frustrações impostas pela realidade exterior.

LACAN: deixa transparecer em seus escritos que a inveja é um sentimento inerente à condição humana e que, sem ser inata como preconiza M.KLEIN, forma-se muito precocemente, à medida que vai desfazendo-se o paraíso simbiótico e vai se instalando a necessidade de depender de pessoas do ambiente exterior real.

Essa perspectiva é, portanto, essencialmente baseada no narcisismo original, com as respectivas injúrias e feridas narcísicas. A partir da diferenciação entre o *eu* e o *outro*, o que leva ao reconhecimento da necessidade do outro, surge a inveja, que só pode existir quando existem dois elementos diferentes. Inversamente, a inveja pode originar uma defesa de regressão, em nível fusional, para que o ego ideal do sujeito não sinta a separação e suas diferenças do outro.

Inveja do pênis [FREUD]

FREUD empregou a expressão *inveja do pênis* a primeira vez no trabalho "Sobre as teorias sexuais da criança" (1908), onde começa a esboçar a teoria de que, na menina, a inveja do pênis se origina na sua descoberta da diferença anatômica entre os sexos, de modo a sentir-se lesada em relação ao menino e deseja possuir um pênis como ele.

Partindo da convicção de que a menina não tem conhecimento de que possui uma vagina, FREUD concluiu que a ausência do pênis condiciona nela fantasias que são inerentes ao complexo de castração. No decorrer do Édipo, a evolução psicossexual para a feminilidade implica uma mudança de zona erógena (do clitóris para a vagina) e uma mudança de objeto (da mãe para o pai).

A inveja do pênis, somada ao complexo de castração e à passagem do apego pré-edípico à mãe para o amor edipiano ao pai, promove na menina as seguintes mudanças, em condições normais:

1. Ressentimento com a mãe que não a proveu de um pênis.
2. Depreciação da mãe, a quem imagina ser uma pessoa castrada, logo deficiente.
3. Renúncia à atividade fálica ativa (por meio da masturbação clitórica) que cede lugar à uma predominante passividade.
4. Estabelecimento de uma equivalência simbólica entre *pênis* e *filho-criança*, de sorte que a menina *desloca* seu desejo de possuir um pênis dentro de si, pelo de ter um filho do papai.

FREUD também asseverou que os resquícios da inveja do pênis na mulher adulta podem condicionar certos sintomas neuróticos, ou permanecer no caráter sob a forma do *complexo de masculinidade*, ou seja, da assim chamada mulher fálica. Na verdade, manteve-se fiel à essência de sua teoria acerca da *inveja do pênis* até o final de sua imensa obra, como pode ser evidenciado em "Análise terminável e interminável" (1937), onde reitera sua descrença quanto à remoção, na análise com mulheres, dessa irreversível inveja que "tal qual uma base de rocha, comporta-se como uma *resistência* irreversível ao trabalho analítico".

Essa concepção falocêntrica de FREUD (levada ao extremo, pode-se dizer que sua formulação seria a de que *mulher é um homem castrado*) vem sofrendo pesadas críticas e refutações, sendo que hoje não encontra respaldo científico, de modo que é considerada como um dos pontos mais frágeis de sua obra.

No entanto, essa postulação de FREUD merece uma revalidação a partir de um ponto de vista semântico, em que o pênis seja um designativo do falo, o qual, por sua vez, é um claro símbolo do poder. Assim, o conceito de inveja do pênis, como falo, continua sendo muito importante, desde que também seja extensivo aos próprios homens e que se leve em conta a importante par-ticipação dos valores da cultura vigente.

Inveja e gratidão [M. KLEIN, 1957]

Um dos mais importantes da obra de M. KLEIN, porquanto representa um marco que estabeleceu novo parâmetro teórico-técnico na psicanálise, o qual tanto mereceu uma acolhida entusiástica por parte de muitos analistas, como um rechaço de outros, como foi o de WINNICOTT.

Já no prefácio, M.KLEIN afirma que "Considero que a inveja, sendo expressão oral-sádica e anal-sádica de pulsões destrutivas, opera desde o começo da vida e tem base constitucional". Partindo dessa equivalência da *inveja primária* com a *pulsão de morte*, KLEIN desenvolve as noções correlatas de: surgimento de uma voracidade, tendência tanto ao denegrimento quanto à idealização; ansiedade persecutória; a luta entre as pulsões de vida contra as de morte e, por conseguinte, a ameaça de aniquilamento de si mesmo e do objeto nutridor; o surgimento do sentimento de ciúme, quando a relação fica triangular.

Trata-se de um trabalho extenso que abarca sete capítulos substanciosos, com vinhetas clínicas, além de uma parte final dedi-

cada a "Conclusões". Além de fundamentar sua concepção dos ataques invejosos que o bebê faz contra o seio alimentador da mãe que tem a posse daquilo que a criança necessita e não possui, M.KLEIN valoriza outros aspectos, dos quais, no mínimo cabe citar os quatro seguintes:
1. Valorização dos fatores constitucionais, que são diferentes de uma criança para outra.
2. Valorização do ambiente real exterior, principalmente a conduta da mãe.
3. As culpas e conseqüentes ansiedades que assolam a criança devido aos ataques proferidos contra o objeto ambivalentemente amado e odiado.
4. A possibilidade de o indivíduo poder sentir gratidão pela mesma pessoa que ele tanto pode ter atacado e, mais, poder vir a fazer reparações verdadeiras.
Esse trabalho está publicado no volume III das *Obras completas de Melanie Klein*.

Investigação [BION]

Na *Grade* de BION, a *Investigação* ocupa a coluna 5, designando a utilização da função de pensar no que se refere à capacidade de o sujeito *investigar* (etimologicamente, esse verbo alude a *ir atrás de vestígios*) aquilo que o paciente traz nas suas narrativas, na situação analítica. Para tanto, BION propõe o emprego de indagações, tanto por parte do analista, quanto do paciente.
O protótipo dessa coluna 5 está contido no mito de Édipo, tanto por aludir à insistência com que este levou a cabo a sua investigação, como pelo fato de que foi através da investigação do mito edípico que FREUD extraiu a teoria psicanalítica.

Investimento (catéxis) [FREUD]

A energia psíquica procedente das pulsões necessita estar ligada, *investida*, em algum objeto, tanto externo, como na sua representação interna, ou a um grupo de representações, como também no próprio corpo (como no caso do auto-erotismo) ou a alguma parte do corpo, numa forma de saciar as necessidades básicas, como a fome, numa tentativa de reencontrar as experiências de satisfação.
Para descrever esse *investimento* específico da energia mental, FREUD empregou o termo original *Besetzung Energie*, (que, nos primeiros tempos, foi traduzido para o inglês como *cathexis* e para o português como *catéxis* ou *catexia*). O verbo alemão *besetzen* significa *ocupar, guarnecer*. FREUD fazia a comparação com uma força militar de ocupação que pode ser dirigida para uma ou outra posição, segundo as necessidades. Na verdade, na linguagem militar propriamente dita, a palavra *investimento*, antes de *ocupação*, alude mais a um *assédio* (de uma praça, por exemplo), enquanto na linguagem financeira refere-se à colocação de capital em algum negócio ou empresa.
Essa concepção de FREUD originalmente estava inspirada nos modelos energéticos da física dominante na época, de modo que ela guarda um cunho de nítida natureza econômica onde pesa, sobretudo, o aspecto quantitativo da demanda pulsional. Por exemplo, num estado psíquico como o luto, o empobrecimento manifesto da vida de relações do sujeito tem sua explicação no fato de que está fazendo um *superinvestimento* de suas energias psíquicas no objeto perdido, em detrimento temporário de investimentos em outras áreas de sua pessoa e vida.
Hoje é incontestável que existe um inter-influenciamento entre a quantidade e a qualidade pulsional: tanto a quantidade pode mudar a qualidade (fenômeno que encontra comprovação na Física), como também a qualidade dos estímulos pulsionais, ou do continente receptor deles, pode modificar a intensidade da resposta aos referidos estímulos (ver o verbete *intensidade*).

IPA (International Psychoanalytical Association)

Em 1908, em Salzburgo, houve a primeira grande reunião dos então chamados *psicólogos freudianos* com a participação de quarenta e duas pessoas procedentes de seis países, ou seja, dos Estados Unidos e de cinco da Europa. Dois anos depois, em 1910, em Nürenberg, com a presença de sessenta psicanalistas, sob a liderança de FREUD e FERENCZI, decidiu-se criar uma associação que viesse a congregar os distintos grupos freudianos dispersos. Por sugestão de FREUD, temeroso de que a psicanálise fosse julgada uma *ciência judaica*, a presidência da novel ASSOCIAÇÃO INTERNACIONAL DE PSICANÁLISE foi confiada a JUNG, que pouco tempo após renunciou e afastou-se definitivamente do movimento freudiano.

Entre 1910 e 1925, essa associação não foi mais do que um organismo de coordenação dos diferentes grupos regionalistas que gozavam de grande autonomia quanto aos critérios de formação de novos psicanalistas. Entre 1925 e 1933, essa situação mudou radicalmente ao ser instaurada a obrigatoriedade da *análise didática* e da *supervisão oficial*. Para peneirar os analistas ditos *selvagens*, a associação passou a ser centralizadora das normas e regras das análises de candidatos em formação.

Por volta de 1936, a quase totalidade dos psicanalistas europeus exilou-se na Grã-Bretanha, o que propiciou uma hegemonia ao idioma inglês, de sorte que, a partir desse ano oficializou-se o nome de INTERNATIONAL PSYCHOANALYTICAL ASSOCIATION, com a sigla IPA, e com sede em Londres. Entre 1933 e 1965, a IPA teve de enfrentar duas sérias crises: uma, a do advento do nazismo, e a outra, pelas acirradas batalhas entre os centros europeus e os norte-americanos em torno da questão da *análise leiga*. Como resultado das sucessivas crises, especialmente a partir dos anos sessenta, a IPA deixou de ser a única potência institucional do freudismo no mundo, além de ter que competir com a enorme expansão das escolas de psicoterapia no mundo todo, com orientações teórico-técnicas distintas.

A IPA, nesse início de século XXI, se mantém fiel à essência dos princípios freudianos, porém, dentro dessa última condição, admite em seu seio correntes que manifestem algumas divergências doutrinárias, desde que essas correntes não-ortodoxas se comprometam a não transgredir as regras técnicas de uma análise didática. Esta deve seguir uma padronização universal, como a de que o número de sessões semanais seja de quatro (no momento, algumas sociedades psicanalíticas, como a francesa, a uruguaia e a canadense, já estão admitindo que sejam três), a duração da sessão é fixada em torno de 50 minutos e o número de supervisões não pode ser inferior a duas, com um determinado tempo mínimo de duração.

Desde 1908, a IPA realiza congressos internacionais de dois em dois anos. Até 1975 foram realizadas somente em cidades da Europa e, a partir dessa data, realizam-se alternadamente no continente americano, do norte e do sul, e no continente europeu. A freqüência média, nos últimos congressos, foi de mais de 3.000 participantes, dentre de um total de psicanalistas no mundo estimados em torno de mais de 10.000.

Nesse início de milênio, a IPA conserva basicamente uma organização composta por quatro tipos de grupos, de acordo com uma hierarquia funcional:

1. Os grupos de estudos (*study groups*).
2. As sociedades provisórias (*provisional societies*).
3. As sociedades-membro (*component societies*).

4. As associações regionais (*regional associations*).

Cada um desses grupos conta com uma série de subgrupos encarregados de tarefas específicas. A IPA comporta três tipos de membros: os titulares (*members)*, os associados (*associate members*) e os membros individuais (*direct associate members*). É necessário destacar a importância do movimento de integração das múltiplas sociedades dispersas pelo mundo todo, que está sendo realizado a partir da instalação da Câmara de Delegados, criada na gestão de JOSEPH SANDLER, enriquecida na de HORÁCIO HETCHEGOYEN (foi o primeiro presidente sul-americano da IPA) e consolidada na gestão de OTTO KERNBERG.

Na atualidade, sob a presidência de DANIEL WILDLÖCHER, a IPA continua firmemente voltada para o enfrentamento de uma séria crise representada pelas profundas mudanças socioculturais e principalmente econômicas, que assola o mundo todo, com inegáveis e diretas repercussões no exercício da psicanálise clássica. Além desses fatores, deve-se considerar os efeitos de uma desigual competição com métodos alternativos de tratamento dos transtornos psicológicos, como, dentre outros, o da moderna psicofarmacologia, eficiente para certos casos e não mais do que uma *mercadora de ilusões* para tantos outros casos de psicopatologia.

Assim, ainda na gestão de KERNBERG, foram criados novos comitês, que, sob a égide do Comitê Executivo, estão encarregados de importantes tarefas prioritárias para enfrentar as diversas faces da atual crise, como são os:

1. Comitê de Psicanálise e Sociedade, com o encargo de desenvolver estratégias para reforçar sua posição nos departamentos locais de psiquiatria e psicologia clínica, nas ciências humanísticas, no mundo acadêmico em geral e ajudar as sociedades psicanalíticas a sair do seu isolamento relativo ao seu entorno social e cultural.

2. Comitê de Conferências Inter-Regionais, que visa a proporcionar aos membros da IPA a possibilidade de uma interação com os teóricos e clínicos líderes da comunidade psicanalítica internacional.

3. Comitê Internacional de Grupos Novos, destinado a reforçar o desenvolvimento de sociedades e grupos de estudos e a criar outros, como está acontecendo em regiões como o Oriente Próximo e a China.

4. Comitê sobre Educação Psicanalítica, encarregado de zelar pelo *controle de qualidade* quanto aos critérios e métodos de seleção e formação dos candidatos, levando em conta o risco de que a atual metodologia, embora comprovadamente eficiente, evidencia um sério risco de induzir a uma persistente infantilização dos candidatos. Esse comitê está reavaliando a freqüência mínima de sessões da análise didática e também a das supervisões.

5. Comitê de Ética (o nome diz tudo).

6. Comitê de Psicanálise e Terapias Afins, que visa basicamente a adequar as relações entre a psicanálise e a psicoterapia analítica, especialmente quanto à propriedade de ensinar psicoterapia nos institutos das respectivas sociedades de psicanálise.

7. Comitê de Investigação. KERNBERG enaltece a importância de continuar investindo nessa área, reconhece que muitos renomados analistas estão contra os custos e a metodologia das atuais investigações; ele advoga uma "colaboração autêntica entre teóricos clínicos e investigadores psicanalíticos, hermeneutas, empíricos e aplicados".

8. Comitê de Orçamento e Finanças, que está reavaliando o delicado problema de captação e aplicação de recursos financeiros.

Irmãos, papel dos

A literatura psicanalítica, de modo geral, não costuma valorizar o *complexo fraterno*, isto é, a influência recíproca entre os irmãos e as conseqüentes marcas psíquicas que ficam no psiquismo de ambos. No entanto, essa interação é de significativa importância na estruturação dos indivíduos e do grupo familiar. Pode-se dizer que os irmãos funcionam como objetos de um duplo investimento:

1. O que diz respeito às conhecidas reações ambivalentes de amor e amizade, mescladas com sentimentos de inveja, ciúme, rivalidade, etc.

2. Um, defensivo, deslocamento, nos irmãos, de pulsões libidinosas, ou agressivas, que primariamente seriam dirigidas aos pais.

Assim, é comum observar situações nas quais os irmãos criam camufladas brincadeiras eróticas entre si; ou quando um irmão torna-se um zeloso e enciumado de sua irmã mais velha; ou quando adota uma postura maternal em relação a um irmão (ou irmã) mais moço; ou na situação em que se manifesta uma acentuada regressão a níveis de necessidades que estão sendo gratificadas pela mãe para um irmãozinho caçula, ou doente, e assim por diante.

Por outro lado, não é raro observar que a um irmão é dado, às vezes desde o nascimento, o papel de substituir outro já falecido (ou abortado) de quem deve herdar tudo o que os pais esperavam do filho perdido, como, por exemplo, nome, gênero sexual, expectativas, etc. Da mesma forma, pode-se observar o fato de que um dentre os irmãos desempenha junto a outro o papel de duplo, assim complementando para este irmão, e vice-versa, tudo o que o outro não consegue fazer ou ter, como é o caso da diferença dos sexos, por exemplo.

Outra situação bastante comum é a encontrada nos indivíduos que se sabotam ou se deprimem diante de seus sucessos na vida adulta, nos casos em que tenham tido irmãos precocemente falecidos ou com sérias limitações orgânicas e psíquicas, ou malsucedidos de uma forma geral.

Essa auto-sabotagem deve-se:

1. A culpas inconscientes por terem concretizado o triunfo, numa velha e acirrada competição com os irmãos.

2. Ao fato de que, para não humilhar e fazer sofrer aqueles que não conseguiram acompanhar seu sucesso, o sujeito, através de um movimento inconsciente de *solidariedade*, faça uma identificação com a vítima (ver esse verbete), de forma a boicotar seu próprio crescimento, enquanto não conseguir fazer uma reparação de seus imaginários danos e culpas. Geralmente é impossível esperar que os demais irmãos (e/ou, os pais) acompanhem o seu sucesso, para ele se sentir no direito de prosseguir no seu.

São muitos os mitos bíblicos que referem diretamente aos conflitos entre irmãos – entre outros, os de Caim e Abel; de Esaú e Jacó; de José e seus irmãos. Todos constituem rico manancial para o entendimento da importância da patologia entre irmãos, dentro do contexto do grupo familiar.

Isolamento [Freud]

Mecanismo de defesa descrito por Freud, que consiste fundamentalmente em isolar um pensamento do outro, ou um comportamento de outro, ou isolar o afeto do pensamento e situações afins.

Principalmente em "Inibições, sintomas e angústia" (1926), Freud descreve o isolamento como um mecanismo típico da neurose obsessiva. Ele assinala que o paciente obsessivo, para defender-se contra uma idéia, um sentimento, uma ação, costuma lançar mão de um procedimento de natureza mágica, que consiste em fazer outro movimento, como uma *pausa* durante a qual "nada mais tem direito a produzir-se, nada é percebido, nenhuma ação é realizada."

Para ilustrar como um movimento pretende magicamente anular outro movimento ou pensamento, cabe citar aquela situação bastante comum do sujeito preconceituoso que bate por três vezes num móvel, com a articulação das falanges da mão, ao mesmo tempo que exclama "isola" ante o imaginário risco de um azar ou coisa equivalente. O procedimento de isolamento, segundo FREUD, guarda um efeito comparável ao que a repressão representa para a histeria.

O isolamento freqüentemente remete à *fobia do toque*, constituindo, como escreve FREUD, uma "supressão da possibilidade de contato, um meio de subtrair uma coisa ao contato; do mesmo modo quando o neurótico isola uma impressão ou uma atividade por uma pausa, dá-nos simbolicamente a entender que não permitirá que os pensamentos que lhe dizem respeito entrem em contato associativo com outros".

J

Jacobson, Edith

Renomada médica e psicanalista pertencente à escola da Psicologia do Ego, nasceu em 1897, na Alta Silésia. Em 1933 começou a lutar clandestinamente contra o nazismo, até ser detida pela Gestapo em 1935. Acusada de alta traição, foi condenada a dois anos e meio de prisão. Aproveitando uma permissão para submeter-se a uma cirurgia, fugiu para Praga, de onde foi para os Estados Unidos, integrando-se ao grupo psicanalítico de Nova York.

E. JACOBSON fez importantes contribuições, principalmente para a psicanálise norte-americana, acerca das primitivas relações objetais, tomando como base seus estudos centrados nas depressões e em estados *borderline*. Faleceu em 1978 e as suas contribuições mais originais à psicanálise estão contidas no livro *O self e o mundo objetal* (1954), onde ela enfoca, entre outros, o conceito de *self psicofisiológico*.

Pode-se dizer que as concepções de E.JACOBSON acerca do desenvolvimento emocional primitivo conseguiram aproximar um pouco os Psicólogos do Ego da psicanálise kleiniana, aproximação essa que veio a ser reforçada com as contribuições de O. KERNBERG.

Jogo da espátula

Modalidade de jogo que WINNICOTT utilizava com crianças que aparece descrita no verbete *Espátula*.

Jogo dos rabiscos

WINNICOTT introduziu o *jogo dos rabiscos* – *squiggle game* em inglês – para proceder a uma *consulta terapêutica* com crianças. Geralmente era realizado na entrevista inicial como forma básica de estabelecer uma comunicação mais livre. O jogo começava com um rabisco feito por WINNICOTT sobre um pedaço de papel em branco. A criança era estimulada, a partir desse rabisco inicial, a fazer o seu. Seguia-se novo traço do terapeuta e assim sucessivamente. Era muito comum que daí resultassem desenhos. No curso de uma sessão, a dupla produzia uma média de 30 desenhos.

WINNICOTT ressaltava que o método visava a três finalidades básicas: a de um instrumento diagnóstico, a de facilitar a comunicação interacional e a de funcionar como um recurso terapêutico. Nesse último caso, ele conferia a essa produção de linguagem gráfica o mesmo valor que os sonhos representam como uma via de acesso ao inconsciente.

Na psicanálise contemporânea, o jogo do rabisco adquiriu um significado muito especial, porquanto traduz o modelo de como deve decorrer uma análise vincular, ou seja, a recíproca influência que se processa continuamente entre analista e analisando.

Jones, Ernest

Nascido no País de Gales em 1879, único filho de um engenheiro de minas extremamente autoritário, JONES veio a formar-se em medicina, inicialmente na especialidade de neurologia. Depois, a convite de JUNG, trabalhou no Hospital Burghölzli dirigido por E.BLEULER e, finalmente, conheceu FREUD, no congresso da IPA realizado em Salzburg, em 1908, tornando-se a partir de então devotado à causa freudiana.

JONES é considerado uma pessoa muito contraditória, na sua vida pessoal e na sua participação no mundo da psicanálise, alternando aspectos bastante criticáveis com outros altamente positivos. Entre os criticados negativamente, podem ser apontados: era uma personalidade muito difícil, com muitas complicações na sua vida amorosa, a ponto de sofrer hostilidade por parte das ligas puritanas da época, além de ser considerado pelos seus colegas uma pessoa de comportamento ambíguo.

Assim, embora posteriormente absolvido, chegou a ser acusado de ter colaborado com o inimigo durante a I Guerra Mundial. Também mostrou posição vacilante em relação ao problema da aceitação ou não da análise por leigos e mostrou ser uma pessoa radical na sua hostilidade contra analistas que fossem da esquerda política ou homossexuais.

JONES também sofre pesadas críticas quanto ao fato de que teria sido deliberadamente injusto com O.RANK, W.REICH e FERENCZI, nas apreciações pejorativas que deles fez na sua *A Vida e a obra de Sigmund Freud*. Em relação a FERENCZI, em 1913, a conselho de FREUD, JONES passou dois meses em Budapeste, fazendo uma análise didática com FERENCZI, a qual redundou numa confusão transferencial, que teria sido a causa dos ataques invejosos por parte de JONES.

Aliás, FREUD também mostrava sentimentos ambivalentes em relação a JONES. Tanto sentia gratidão pelo muito que ele fez, particularmente por sua pessoa e pela causa da psicanálise freudiana em geral, quanto não gostava de JONES.

Isso pode ser evidenciado em especial em duas situações que envolviam sua filha ANNA. Uma, refere-se à tentativa de JONES de envolvê-la amorosamente, o que mereceu uma dura intervenção de oposição de FREUD, como atestam cartas dirigidas para ANNA e para JONES. O romance foi interrompido no seu início, não obstante os protestos de JONES, que, numa carta enviada a ANNA, quase 50 anos após ter declarado que "(...) Eu a achei e ainda acho muito atraente (...) e de qualquer forma sempre amei você, e de uma maneira bastante honrosa".

O segundo episódio foi a ajuda que em 1926 JONES deu a M.KLEIN, facilitando a definitiva instalação dela em Londres e a aceitação dos seus métodos teóricos e técnicos em relação à análise com crianças, fato que irritou profundamente ANNA. FREUD saiu em defesa de sua filha, provocando uma áspera troca de correspondência entre os dois.

Dentre os aspectos considerados positivos, todos reconhecem que JONES foi um importante divulgador do movimento psicanalítico, além das suas fronteiras habituais. Assim, ele passou cinco anos em Toronto (também aí ele sofreu acusações relativas à sua *sexualidade*), onde lecionou psiquiatria e divulgou a psicanálise freudiana no Canadá e nos Estados Unidos, tendo criado a American Psychoanalytical Association (APsaA).

Retornou a Londres em 1913, onde criou o "Comitê Secreto", que reuniu alguns pioneiros analistas que se comprometeram a uma total lealdade e defesa de FREUD. Em 1919 fundou a Sociedade Britânica de Psicanálise e, no ano seguinte, criou o International Journal of Psycho-Analysis. Foi presidente da IPA durante dois períodos, de 1920 a 1924, e o de longa duração de 1934-1949, tendo-se revelado um excelente político e negociador durante as "Grandes Controvérsias" ocorridas no seio da Sociedade britânica.

No plano científico, JONES dedicou-se a trabalhos sobre o sonho, as lendas, o simbolismo e a arte, tendo promovido importantes debates sobre antropologia e sobre a sexualidade feminina. No entanto, sua grande contribuição à psicanálise consiste no seu clássico *A vida e a obra de Sigmund Freud*, editado em três volumes. Essa obra foi escrita no período de 1953 a 1958 e exigiu um enorme esforço de seu autor, não só porque teve delicados problemas de saúde nesse ínterim (dois episódios de crise coronariana e uma cirurgia de retirada de um tumor vesical), como também pela necessidade de consultar uma quantidade impressionante de documentos – só das cartas relativas a FREUD ele teve acesso a mais de 5.000. Esse livro, já traduzido para o mundo inteiro, é considerado como o ponto de partida para todos os trabalhos posteriores da história da psicanálise.

JONES faleceu em 1958, e suas cinzas foram depositadas no crematório de Goldens Green, próximas às de FREUD.

Jung, Carl Gustav

Nascido em 1875 em uma cidade próxima a Zurique, descendente de uma longa linhagem de pastores protestantes suíços, JUNG veio a tornar-se médico, exercendo a psiquiatria na Burghölzli – hospital da universidade – como assistente de BLEULER, que lhe apresentou os incipientes trabalhos de FREUD.

JUNG, possuidor de uma notável inteligência e espírito de curiosidade, conheceu FREUD em Viena, em 1907, de quem se tornou importante discípulo. Ambos mantiveram uma forte ligação, (chegaram a trocar quase 400 cartas entre si) até 1913, ano em que romperam definitivamente, de forma beligerante.

FREUD mostrou-se particularmente entusiasmado com o "Teste da associação verbal " que JUNG, juntamente com colegas da Escola de Zurique criaram e desenvolveram a partir de 1906, com a finalidade de detectar os *complexos*. O teste consistia em pronunciar para um sujeito uma série de palavras especialmente escolhidas, pedindo-lhe que respondesse ao estímulo verbal com a primeira palavra que lhe viesse à mente, ao mesmo tempo que mediam o seu tempo de reação.

Já em 1908, JUNG participou do primeiro congresso internacional em Salzburg. No ano seguinte, juntamente com FRERENCZI, acompanhou FREUD em sua viagem de *cinco conferências* aos Estados Unidos (de onde JUNG voltou sozinho, em 1912, obtendo um expressivo sucesso). Em 1910, no congresso de Nürenberg, por desejo de FREUD, foi eleito o primeiro presidente da IPA. Aliás, FREUD dispensava atenções especiais a JUNG, a ponto de considerá-lo como o delfim da psicanálise, principalmente em razão de assim afastar o risco de o movimento psicanalítico correr o risco de ser acusado de ser uma *ciência judaica* e um *gueto* de psicanalistas judeus.

Na verdade, CARL JUNG tinha bases científicas muito diferentes das de Freud e da maioria de seus discípulos, dos quais se distinguia, mercê de sua experiência muito mais ampla com psicóticos e seu vasto conhecimento de mitos, simbolismo, literatura e filosofia de muitas culturas. Ele nunca aceitara por completo a teoria sexual de FREUD, mas, durante muitos anos, não houve controvérsias abertas sobre o assunto. Pelo contrário, as observações de JUNG progrediam paralelamente às de FREUD. Em suas concepções, nunca usou a teoria sexual, mas, ao mesmo tempo, não a contradizia ostensivamente.

Não obstante FREUD pressentisse que JUNG nutria sentimentos anti-semitas (o que veio a confirmar-se no futuro), em nome da causa da psicanálise, determinou-se a apaziguar os judeus e os anti-semitas, tal como transparece nesse trecho de uma carta dirigida a ABRAHAM, em 1908: "(..) Presumo que o anti-semitismo contido dos suíços se refere um pouco a você (...).Nós devemos, como judeus (...), admitir um certo masoquismo, estar dispostos a que nos prejudiquem um pouco".

Decorrido algum tempo, JUNG deu claras mostras de que discordava da concepção freudiana da sexualidade infantil, do complexo de Édipo e da libido, e que a sua aproximação íntima com FREUD foi mais devida à admiração que ele votava pelo carisma pessoal e pela coragem demonstrada por FREUD no seu enfrentamento à ortodoxia dos médicos e da medicina da época. O rompimento entre eles começou a tomar uma forma definida e irreversível a partir da publicação de JUNG *Metamorfoses da alma e seus símbolos*, livro que teve muitas reedições, e onde discordava totalmente da teoria da libido, concebendo-a não mais como unicamente de origem sexual, mas, sim, como a expressão psíquica de uma *energia vital*.

A partir de 1914, JUNG afastou-se totalmente das funções diretivas junto à IPA, e do movimento freudiano, vindo a fundar o movimento "Psicologia Analítica", nome que escolheu para definir que o psiquismo não tinha nenhum substrato biológico pulsional. Em 1958, JUNG, juntamente com demais praticantes de seu método, fundou a Sociedade Internacional de Psicologia Analítica.

Dentre as concepções de JUNG, as seguintes costumam ser destacadas:

1. Trouxe para o primeiro plano o exame da importância da mãe, realçando assim uma influência, na vida da criança, anterior ao complexo de Édipo.

2. Em virtude de sua ênfase no papel da mãe, sublinhou a regressão como um importante anseio neurótico de um retorno à mãe primitiva.

3. Promoveu uma interpretação dos símbolos bem mais extensa do que a de FREUD e, contradizendo-o, afirmou que "em vez de concluirmos que todos os símbolos têm um significado sexual, devemos aceitar que o próprio sexo é algumas vezes usado como símbolo de qualquer outra coisa".

4. Em *A psicologia do inconsciente*, JUNG sugeriu que a libido sexual era apenas uma forma de libido *primordial*, por ele definida como sinônimo de energia indiferenciada e, indo mais além, negou que a sexualidade fosse um fator importante na primeira infância.

5. Em termos do objetivo da análise, pôs em dúvida se a recordação do passado e a explicação da presente situação, com base no passado, seria um método adequado. Acreditava que deveria haver, além disso, algum planejamento construtivo do futuro da vida do paciente.

6. Introduziu, através do modelo dos arquétipos, a noção de *inconsciente coletivo*, a qual foi parcialmente utilizada por FREUD na sua teoria da evolução da sociedade a partir da *horda primitiva*. JUNG considerava que "o inconsciente coletivo contém tendências superiores às do indivíduo e (...) se as associações do indivíduo forem levadas mais além, atingir-se-á finalmente o significado inconsciente coletivo".

7. Gradativamente, o pensamento de JUNG tornava-se mais místico. Ele postulou, na sua teoria dos arquétipos formulada em 1919, que sempre existe um lado feminino recalcado do homem – por ele denominado *anima* – e um lado masculino recalcado da mulher – denominado *animus* – e que o objetivo da terapia analítica seria a de integrar ambos os lados de forma equilibrada.

8. Postulou uma teoria de *tipos caractereológicos*, sendo os dois principais tipos de caráter o *extrovertido* e o *introvertido*.

As maiores críticas a JUNG, de modo genérico, são três:

1. Ele tendia a afastar o paciente da realidade, substituindo-a por uma vida de fantasia, mística e semi-religiosa.

2. O método de *Jung* faria uma verdadeira doutrinação do paciente.

3. Como fundamentou suas hipóteses doutrinárias sobre uma tipologia psicológica, foi inevitável que seu discurso assumisse tons racistas e anti-semitas, de sorte que, embora nunca tenha se engajado como militante racista, sua doutrina foi utilizada pela política de nazificação da psicoterapia alemã. Seus adversários tratavam-no como colaboracionista do nazismo, conforme consta no *Dicionário de Psicanálise* de E. ROUDINESCO (1998, p. 424).

CARL GUSTAV JUNG faleceu em junho de 1961.

K

K (e -K) [BION]

BION utiliza essa letra, inicial da palavra inglesa *knowledge*, ou seja, *conhecimento* na tradução portuguesa, para designar uma forma de vínculo, tanto positiva (que significa a atitude do sujeito de querer conhecer as verdades), ou de uma negativa, em cujo caso a grafia é -K, e sinaliza uma forma de negação e ataque às verdades intoleráveis. Em muitos textos traduzidos para o português ou espanhol, no lugar da letra K, aparecem as letras C (de conhecimento) ou S (de saber). Ver o verbete *vínculo*.

Kernberg, Otto

Nascido em Viena, Áustria, em 1928, KERNBERG estudou medicina na Universidade de Santiago do Chile, onde se especializou em psiquiatria de fundamentação clássica. Trabalhou como residente de 1954 a 1957, chegando a atingir a condição de professor assistente do departamento de psiquiatria daquela Universidade, que era então dirigida pelo notável psicanalista IGNÁCIO MATTE BLANCO, assim vindo aos poucos a se interessar pelo campo das psicoterapias.

O encontro com MATTE BLANCO foi marcante na carreira psicanalítica de KERNBERG, pois o influenciou a ingressar na Sociedade Chilena de Psicanálise, de cujo Instituto MATTE BLANCO foi o criador. Inicialmente a formação psicanalítica de KERNBERG estava fortemente fundamentada na Psicologia do Ego, porém gradativamente ele foi adotando uma linha kleiniana.

Em 1959, com uma bolsa da Fundação Rockfeller, KERNBERG viajou para os Estados Unidos com o propósito de fazer investigações sobre psicoterapias no John Hopkins Hospital, em Baltimore, onde empolgou-se particularmente com a prática da psicoterapia com pacientes esquizofrênicos. KERNBERG permaneceu algum tempo em Washington, onde conheceu muitos psicanalistas importantes da época e recebeu uma expressiva influência das concepções de SULLIVAN centradas nos *inter-relacionamentos pessoais*", até ser convidado pela Fundação Menninger para participar de um grupo de investigações sobre psicoterapias.

KERNBERG é o renomado autor de um sem número de artigos e de diversos livros de psicanálise, nos quais aborda temas poliformes, principalmente referentes aos transtornos narcisistas da personalidade e a assuntos que dizem respeito diretamente à formação de psicanalistas.

Exerceu a presidência da IPA no período de 1999-2000. Sua gestão caracterizou-se por atitudes corajosas e medidas inovadoras para fazer com que a psicanálise acompanhe as profundas modificações que o mundo vem sofrendo, em todos os campos. Dentre sua extensa obra, vale destacar: *A teoria das relações objetais e a psicanálise* (1979); *Desórdenes fronterizos y narcisismo patológico* (1979); *Trastornos graves de la personalidad: Estrategias psicoterapéuticas*" (1987); *Mundo interior e realidade exterior*" (1989).

Klein, Melanie

Considerada um dos três gênios que a psicanálise já produziu, M.KLEIN nasceu em Viena, em 1882, em uma família judia pobre, como quarta filha de um pai que então já tinha mais de 50 anos e de uma mãe com quem ela viria a ter sérios atritos. Seu pai era médico, um judeu polonês ortodoxo que, a exemplo do pai de FREUD, também era um estudioso do Talmude. A mãe de Melanie, chamada Libussa, era uma judia de origem eslovaca, de família culta e erudita e, embora ela fosse uma pessoa difícil e muito intrujona, era uma mulher bonita e corajosa, tendo aberto uma loja para ajudar no provento da família.

M.KLEIN sofreu uma sucessão de severas e traumáticas perdas ao longo da vida. Quando tinha 5 anos, falece sua irmã Sidonie que lhe ensinava aritmética e sempre foi carinhosamente lembrada por MELANIE. Chegou a tomar a decisão de vir a ser médica, talvez influenciada pela vontade de ajudar seu irmão Emmanuel, que sofria de uma grave cardiopatia. Porém ao completar 17 anos, tendo em vista seu projeto de casamento, desistiu do curso pré-médico que começara e estudou Arte e História em Viena.

Quando tinha 20 anos, morre, com 25 anos, seu irmão Emmanuel, que era pianista e dedicava-se às artes. Foi sob a influência desse irmão que MELANIE desenvolveu verdadeira paixão por literatura e música. Com 21 anos, casou-se com Artur Klein, um químico, com quem teve três filhos, e de quem veio a separar-se.

Em 1934, morre o seu filho Hans, vitimado por um acidente de alpinismo. Outra perda importante foi a de uma ruptura pública, que se manteve até o fim da vida, com sua filha Mellita que, estimulada por seu analista, Glover, um assumido inimigo de M.KLEIN, moveu ataques violentos contra a mãe, assim repetindo a história que MELANIE tivera com sua mãe.

Quando residia em Budapeste, M.KLEIN teve um primeiro contato com a psicanálise pela leitura de um texto de S.FREUD, com o qual se sentira identificada e ficara impressionada. Daí por diante nunca abandonou sua devoção por FREUD, com quem jamais conseguiu ter um contato direto porque ele a evitava, devido às querelas entre KLEIN e sua filha ANNA.
Ainda na Hungria, MELANIE passou a fazer análise com FERENCZI, interrompida devido aos incidentes decorrentes da I Grande Guerra Mundial. No entanto, entusiasmada pela obra de FREUD e incentivada por FERENCZI, ela inicia, em 1916, sua carreira de psicanalista de crianças numa policlínica de Budapeste.
Em 1919, ela escreve *O desenvolvimento de uma criança*, que lhe serviu como o trabalho que a titulou como membro da Sociedade Psicanalítica da Hungria.
Em 1920, KLEIN conhece K.ABRAHAM, que, impressionado com seu talento, convida-a para residir em Berlim, onde ela fez análise com ele no período de 1924 a 1925, e que foi interrompida devido ao inesperado falecimento de ABRAHAM. Nesse ano de 1925, ela aceita um convite DE E.JONES (ela veio a ser a analista de um filho e de uma filha dele) para pronunciar algumas conferências em Londres, Causou tal impacto e entusiasmo entre muitos dos psicanalistas britânicos, que acabou aí fixando residência definitiva e onde trabalhou em psicanálise pelo resto da vida, organizando em torno de si uma verdadeira escola de psicanálise. Com a chegada de ANNA FREUD a Londres, são desencadeadas divergências em torno da análise com crianças, estabelecendo-se um clima de intensa rivalidade entre ambas. Essa animosidade estendeu-se aos respectivos grupos de seguidores, annafreudianos e kleinianos e acabou por se constituir nas famosas Grandes Controvérsias no seio da Sociedade Britânica de Psicanálise. Uma resenha de seus principais escritos permite fazer os destaques que seguem. Em seu artigo "Os princípios psicológicos da análise infantil", de 1926, M.KLEIN expôs, pela primeira vez, de forma sistemática, suas concepções sobre os brinquedos como instrumentos de análise, postulando uma analogia entre brinquedo e sonho. Brincando, a criança expressaria, de forma simbólica, suas fantasias inconscientes.
Em 1930, aparece o trabalho "Notas sobre a formação de símbolos", no qual ela inspira-se na análise do paciente Dick, filho de um psicanalista, colega de KLEIN. Era uma criança que tinha sérios transtornos de aprendizagem e de relacionamento decorrentes de suas fantasias de um ataque sádico contra o corpo da mãe.
Em 1932, M.KLEIN reúne seus historiais clínicos com crianças (Erna, Rita...) e, numa síntese dos mesmos, ela publica *Psicanálise das crianças*. No ano de 1934, aparece *Psicogênese dos estados maníaco-depressivos*, onde, pela primeira vez é concebida a noção de posição depressiva. Em 1946, ela publica *Notas sobre alguns mecanismos esquizóides*, onde, também pela primeira vez, aparecem as medulares concepções de posição esquizoparanóide e o fenômeno, hoje universalmente aceito, de identificação projetiva.
Outros três livros importantes são: *Contribuições à psicanálise* (1948), que reúne artigos escritos desde 1921; *Desenvolvimentos em psicanálise* (1952); e *Novos desenvolvimentos em psicanálise* (1955), no qual aparece o importante artigo "Sobre a identificação". Nos dois últimos livros mencionados constam inúmeras colaborações de outros autores seguidores de sua ideologia psicanalítica. Outros trabalhos de especial relevância na obra de M.KLEIN são: *Inveja e gratidão* (1957); *Sobre o sentimento de solidão* (1959); e *Narrativa de uma análise infantil* (1961).
Sem levar em conta a ordem cronológica de aparecimento, pode-se dizer que ela foi pioneira nas seguintes concepções originais:

1, Criou uma técnica própria de psicanálise com crianças e introduziu o entendimento simbólico contido nos brinquedos e jogos.
2. Postulou a existência de um inato ego rudimentar, já no recém-nascido.
3. A pulsão de morte também é inata e presente desde o início da vida sob a forma de ataques invejosos e sádico-destrutivos contra o seio alimentador da mãe.
4. Essas pulsões de morte, agindo dentro da mente, promovem uma terrível *angústia de aniquilamento*.
5. Para contra-arrestar tais angústias terríveis, o incipiente ego do bebê lança mão de mecanismos de defesa primitivos, como são a negação onipotente, dissociação, identificação projetiva, identificação introjetiva; idealização e denegrimento.
6. Concebeu a mente como um universo de objetos internos relacionados entre si através de fantasias inconscientes, constituindo a realidade psíquica.
7. Além dos objetos totais, ela concebeu os objetos parciais (figuras parentais representadas unicamente por um mamilo, seio, pênis, etc.).
8. Postulou uma constante clivagem entre os objetos (*bons* x *maus*; *idealizados* x *persecutórios*) e entre as pulsões (as *construtivas*, de vida, *versus* as *destrutivas*, de morte, etc.).
9. Concebeu a noção de posição – conceitualmente diferente de fase evolutiva – e descreveu as agora clássicas posições esquizo-paranóide e a depressiva.
10. Suas concepções acerca dos mecanismos arcaicos do desenvolvimento emocional primitivo permitiram a análise com crianças, com psicóticos e com pacientes muito regressivos em geral.
11. Para não ficar descompassada com os princípios ditados por Freud, conservou as concepções relativas ao complexo de Édipo e ao superego, porém as situou em etapas bastante mais primitivas do desenvolvimento da criança.
12. Juntamente com os ataques sádico-destrutivos da criança, com as respectivas culpas e conseqüentes medos de retaliadores ataques persecutórios, postulou a necessidade de a criança, ou o paciente adulto na situação analítica, desenvolver uma imprescindível capacidade para fazer reparações.
13. Deu extraordinária ênfase à importância da inveja primária, como expressão direta da pulsão de morte.
14. Como decorrência dessas concepções, promoveu uma significativa mudança na prática analítica no sentido de que as interpretações fossem sistematicamente transferenciais, mais dirigidas aos objetos parciais, aos sentimentos e defesas arcaicas do paciente, e com uma ênfase na prioridade de o analista trabalhar na transferência negativa.

Ao mesmo tempo bastante louvada e bastante criticada, M.KLEIN deixou, além de sua obra, o legado de uma plêiade de importantes analistas que foram seus pacientes e um sem número de discípulos seguidores e continuadores. Vítima de um câncer de cólon, faleceu no dia 22 de setembro de 1960, em Londres.

Kleinismo

As contribuições de M.KLEIN encontraram ressonância em psicanalistas contemporâneos dela, como J.RIVIÈRE, S.ISAACS, P.HEIMANN, a eles seguindo-se os pós-kleinianos, compostos por ex-analisandos e discípulos dela, como H.SEGAL, H.ROSENFELD, D.MELTZER, W.BION e os neo-kleinianos, representados na atualidade por B.JOSEPH e J.STEINER, entre muitos outros conceituados autores psicanalíticos, principalmente na Grã-Bretanha e na América Latina, onde o movimento kleiniano chegou a alcançar extraordinária relevância.

É útil lembrar que, da mesma forma como muitas dissidências caracterizaram o grupo original de FREUD, também importantes analistas kleinianos dissentiram dela. PAULA

HEIMANN, cuja principal contribuição foi a apresentação e publicação do trabalho sobre a contratransferência, contrariando M.KLEIN. Essa divergência provocou o rompimento de relações entre elas e levou HEIMANN a se incorporar ao grupo independente da sociedade britânica. Outros seguidores de KLEIN se afastaram por divergências ideológicas e seguiram uma linha independente, como D. WINNICOTT, enquanto outros mantiveram-se fiéis a ela, porém com modificações bastante profundas, como é o caso de W.BION.

As inestimáveis contribuições teóricas e clínicas dos autores pós e neo-kleinianos, por meio de uma vigorosa e fértil produção de artigos e livros, têm provocado marcantes ampliações e modificações em muitos daqueles aspectos – principalmente os de ordem técnica – que têm sido duramente atacados por analistas de outras correntes, especialmente por parte dos norte-americanos.

Kohut, Heinz

Psiquiatra e psicanalista, criador e grande divulgador da escola psicanalítica da Psicologia do Self, H.KOHUT nasceu em Viena, em 1913, filho único de uma família judia culta e amante da música. Foi uma criança precoce e desde cedo demonstrou possuir talentos especiais, como uma paixão por música, teatro e arte, além de um expressivo conhecimento de latim e grego. No entanto, teve uma infância triste e solitária, por não sentir o apego dos pais, principalmente o da mãe, que mais tarde veio a apresentar transtornos psicóticos delirantes.

Obrigado a fugir do nazismo, KOHUT emigrou para os Estados Unidos, radicando-se em Chicago. Formou-se em medicina em 1938, tornando-se neurologista em 1944 e psiquiatra três anos após. Mais tarde, integrou-se ao prestigioso Instituto de Chicago, fundado por F.ALEXANDER. Posteriormente chegou a atingir a condição de presidente da Associação Psicanalítica Americana, em 1964 e a de vice-presidente da IPA, entre 1965 e 1973, vindo após a renunciar a todas funções administrativas associativas.

No começo de sua atividade, KOHUT foi muito influenciado pela teoria de HARTMANN. Porém, aos poucos afastou-se dos postulados dessa escola, inclusive de muitos princípios básicos de FREUD, e construiu seu próprio corpo teórico-técnico, com uma ênfase quase exclusivamente fundada na normalidade e na patologia dos transtornos narcisistas, compondo o que ele veio a denominar *Psicologia do Self*.

De forma sintética, impõe-se mencionar os seguintes aspectos de sua obra:

1. Ele situa como principal instrumento da psicanálise não o lugar da livre associação de idéias do analisando, mas, sim, o da introspecção (olhar para dentro de si mesmo) e o da empatia (enxergar e sintonizar com o outro).

2. Da mesma forma, retira o lugar hegemônico do complexo edípico de FREUD, e colo-

ca no seu lugar as falhas dos *self-objetos* primitivos. Em outras palavras, ele substitui o homem culpado de FREUD e M.KLEIN pelo que ele considera ser o homem trágico.

3. Outro enfoque enaltecido por KOHUT é a importância na prática clínica de processar-se no paciente uma internalização transmutadora, através da introjeção da figura do analista para os pacientes nos quais as falhas empáticas não possibilitaram identificações satisfatórias.

4. Nesses casos, forma-se um transtorno no sentimento de identidade que sucede a uma anterior dificuldade na estruturação de *self*.

5. Os dois conceitos medulares na obra de KOHUT consistem em seus estudos sobre o <u>self</u> (termo que, em português, vem sendo traduzido por *si mesmo*) e sobre o narcisismo.

6. Em relação ao narcisismo, antes de pensar em desenvolvimento patológico, sua concepção é de que o narcisismo, durante o desenvolvimento do ser humano, segue uma *evolução paralela e independente da libido objetal*, embora depois ambas mantenham conexões íntimas entre si, de forma que esse narcisismo adquire uma função estruturante e pode posteriormente vir a sofrer transformações úteis, como empatia, sabedoria, humor, aceitação da finitude da vida.

7. A maior parte de sua obra é dedicada ao estudo dos desenvolvimentos patológicos que conduzem aos transtornos narcisísticos da personalidade.

8. Em relação ao *self*, ele postulou duas novas estruturas, ambas de formação arcaica: o self grandioso e a imago parental idealizada.

9. Na prática analítica, adquire uma grande utilidade sua conceituação de transferências narcisistas, nas suas três diferentes modalidades: a fusional ou idealizadora, a gemelar ou de *alter ego*, e a especular propriamente dita.

10. KOHUT também alude à necessidade de encontrar uma necessária frustração ótima, tendo em vista o fato de que os pacientes com transtornos narcisistas, quando frustrados, com facilidade entram em um estado mental que ele denomina fúria narcisista.

11. Como forma de ilustrar a distinção entre a análise praticada nos moldes clássicos e a análise segundo suas concepções, KOHUT escreveu "As duas análises do Sr. Z", tal como aparece no verbete relativo aos historiais clínicos.

12. Os mais importantes livros publicados por KOHUT são: *Introspecção, empatia e psicanálise* (1959); *A análise do self* (1971); *A restauração do self* (1977) e a publicação póstuma *Como cura a psicanálise?* (1984). As maiores críticas que costumam ser feitas às postulações dessa escola residem no fato de que KOHUT não se restringiu à compreensão e ao manejo dos transtornos narcisistas, de modo que tentou explicar toda psicanálise sob sua ótica e isso representou uma evidente mutilação conceitual. Destarte, muitos críticos dizem que no seu corpo teórico desaparece a teoria das pulsões, especialmente a da agressão destrutiva, e o complexo de Édipo, sendo que o papel do inconsciente teria ficado excessivamente diminuído.

Outra crítica que seus biógrafos apontam refere-se ao fato de que não teria havido uma coerência entre o que dizia e o que fazia, porquanto teria sido uma pessoa por demais narcisista, de sorte que não suportava as críticas que lhe dirigiam, e construiu em torno de si um grupo de fiéis, apegados a sua imagem, a sua pessoa e a sua obra. KOHUT também sofreu os ataques da ortodoxia freudiana reinante nos Estados Unidos, principalmente os desferidos por ANNA FREUD, que, depois de inicialmente ter aceito suas inovações, passou a considerá-las como *anti-analíticas*.

KOHUT faleceu em 1981, em Chicago, aos 68 anos, vítima de leucemia.

L

L (e -L) [BION]
BION emprega a letra L, inicial da palavra inglesa *love*, como signo que designa o vínculo do amor. Em textos espanhóis e portugueses, por vezes, aparece como A, inicial da palavra *amor*.
Ver o verbete *vínculo*.

Lacan, Jacques

Jacques Marie Emile LACAN nasceu na França em 1901 e faleceu em 1984. Provindo de uma família de classe média, sempre foi um aluno brilhante, tendo-se destacado nas disciplinas de filosofia, teologia e latim. Iniciou seus estudos de medicina em 1920 e, a partir de 1926, especializou-se em psiquiatria, na qual se interessou particularmente pelo estudo das paranóias. Por essa época, Lacan integrou o movimento surrealista, juntamente com outros famosos artistas, escritores e intelectuais, como A.BRETON, S.DALI e PICASSO.
Em 1933, complementando seus estudos sobre as paranóias, com vistas à obtenção de seu título de membro efetivo, LACAN apresentou a tese intitulada *Da psicose paranóica em suas relações com a personalidade*, que serviu como ponto de partida para as suas concepções originalíssimas. Esse trabalho foi fundamentado no seu famoso *caso Aimée*, como está descrito no verbete *historiais clínicos*.
Lacan, esse genial, polêmico e altamente controvertido autor psicanalítico, revoltado com o crescimento da escola norte-americana da *Psicologia do Ego,* alegava que essa escola estaria deturpando o verdadeiro espírito da psicanálise. Muitos acreditam que o verdadeiro motivo de seus duros ataques

seria o prolongamento de uma transferência muito mal resolvida com LOEWENSTEIN que, quando morava na França antes de emigrar para os Estados Unidos, tinha sido seu analista. De qualquer forma, LACAN decidiu dirigir seus estudos psicanalíticos a partir de um *retorno a (ou sobre) FREUD*.

Formou-se em medicina, com especialização em psiquiatria e psicanálise, sempre demonstrando inteligência invulgar e crescente aquisição de sólida cultura e erudição, as quais muitas vezes ele utilizava de forma arrogante. Por essas razões, LACAN tanto foi cercado por uma imensa corte de admiradores, como também formou um grande contingente de desafetos, detratores e críticos severos.

Outra característica de LACAN, além de uma vida afetiva muito complicada, foi sua grande facilidade de promover e ficar envolvido em sérios conflitos com seus pares. Dissentiu da IPA e, em 1963, sozinho, ele criou a sua própria Escola Freudiana de Paris, que, com os desenvolvimentos posteriores, adquiriu reconhecida pujança, porém aos poucos foi sofrendo a dissidência de muitos membros ilustres, alguns dos quais criaram novas escolas. Além disso, em 1980, poucos anos antes de sua morte, LACAN dissolveu sua própria escola, e o número de novas correntes psicanalíticas formadas pelos seus ex-colaboradores foi num enorme crescente, a ponto de que alguns críticos preferem dizer que, mais do que *dissociada*, a escola lacaniana está *pulverizada*. Além de publicar a revista *Scicilet* (palavra que quer dizer: *tu podes saber*), durante dez anos, duas vezes por mês, no anfiteatro do Hospital Saint-Anne, LACAN realizava os seus famosos seminários, com uma freqüência altamente disputada por uma elite intelectual, com a predominância de jovens. Nesses seminários, ele comentava sistematicamente todos os grandes textos da obra freudiana. Esses seminários, coletados, deram origem à publicação, em 1966, dos *Escritos*.

Em relação a sua obra, os seguintes aspectos merecem ser destacados:

1. Quatro foram as vertentes que influenciaram decisivamente o pensamento e a obra psicanalítica de Lacan: a *Lingüística*, inspirada nos trabalhos do famoso lingüista Saussure, de onde ele extraiu sua concepção de *significante* e de um *inconsciente* estruturado como uma *linguagem;* a vertente *antropológica*, apoiada no enfoque estruturalista de Levi-Strauss, que serviu de base para a sua noção do *simbólico;* a *filosófica*, através da forte influência que sofreu de Heidegger e da obra *Fenomenologia do espírito*, de Hegel; a quarta vertente, naturalmente, é psicanalítica, fundamentada unicamente numa releitura da obra de FREUD.

2. Também são quatro as principais áreas que LACAN estudou mais profundamente: a etapa do espelho, com a respectiva formação da imagem do corpo; a linguagem (por ocasião de um congresso realizado em Roma, em 1953, LACAN apresentou o notável trabalho "Função e campo da fala e da linguagem na psicanálise", também conhecido como "Discurso de Roma", no qual expôs os principais elementos de seu sistema de pensamento, provenientes da lingüística estrutural e de influências diversas, oriundas da filosofia e das ciências); o desejo (numa relação direta com as faltas e falhas); e as relações entre Narciso e Édipo. Ver os verbetes específicos.

Em relação à *prática clínica* e à *técnica*, cabe enumerar os seguintes aspectos mais marcantes:

1. A inveja e a agressão em geral não seriam inatas e primárias, mas, sim, surgiriam quando o registro imaginário é frustrado e desafiado (na crença onipotente da criança de que ela tem uma fusão com a mãe e a posse dela).

2. Para LACAN, a análise "não deve ficar reduzida à mesquinharia exclusiva do mundo interno"; pelo contrário, o analista deve

dar uma importância muito especial à *palavra* do paciente – que pode ser *cheia* ou *vazia* de significados, de modo que o analista também deve rastrear a cadeia de significantes que está contida no *conteúdo*, *forma e estrutura* da linguagem.

3. A forclusão (forma extrema de negação) impede a ruptura de fusão narcisista, no registro imaginário com o outro e, portanto, não se produz a capacidade para formar símbolos e nem o ingresso no registro simbólico.

4. A ausência do pai – no psiquismo da criança – comumente devida ao discurso denegridor da mãe, pode propiciar a formação de psicoses e perversões.

5. Em relação à técnica propriamente dita, LACAN propôs algumas modificações que dizem respeito ao *setting*, transferência, contratransferência e interpretação.

Relativamente ao *setting*, foi abolido o clássico tempo cronológico de uma sessão em torno de 50 minutos, substituído pelo *tempo lógico*, sem tempo fixo de duração, sendo que a sessão termina quando o analisando atinge o *corte simbólico*, isto é, sai do registro imaginário e sua palavra *vazia* passa a ser *cheia*.

Em relação à *transferência*, LACAN alerta para o risco de o analista poder reforçar, e até eternizar uma dependência transferencial, quando ele for muito preconceituoso, constituindo aquilo que LACAN designa com a sigla SSS., ou seja, Sujeito Suposto Saber. Como o nome indica, refere que a dupla parte de um pressuposto de que o analista sabe tudo que o paciente ignora.

Ao se referir à *contratransferência*, LACAN evidencia que não aceita a possibilidade de que ela possa constituir-se um importante instrumento técnico.

Relativamente à *interpretação*, LACAN adverte que o uso sistemático da interpretação reducionista ao *aqui-agora* pode contribuir para uma fixação do paciente no registro imaginário narcisista, com o risco de iden-tificar-se com os desejos do analista. Na verdade, LACAN valoriza muito mais as *interrupções* que representam a castração, isto é, o *corte simbólico*, do que propriamente as interpretações clássicas.

Nos últimos tempos, além de uma acentuação de sua conduta com matizes paranóides, era notório que LACAN demonstrava algumas *ausências* em suas apresentações públicas que, muito mais do que uma simples exacerbação de suas costumeiras bizarrices, já estavam indicando um declínio orgânico, com manifestações neurológicas, como de uma afasia parcial, surgidas depois de uma cirurgia de um tumor maligno do cólon. Ele morreu em 1984 nessas condições.

Lapso [FREUD]

No conhecidíssimo trabalho "A psicopatologia da vida cotidiana" (1901) é descrito o fenômeno dos *lapsos*, que, juntamente com demais erros equivalentes e atos sintomáticos, constituem os melhores exemplos de conflitos entre as tendências à descarga e as forças que se lhe opõem. Assim, quando uma pessoa comete um *lapsus linguae*, inconscientemente está resistindo de algum modo ao que conscientemente tinha se proposto a dizer.

Juntamente com os atos falhos e a formação de sintomas, FREUD concedia aos lapsos de fala e aos lapsos de escrita o mesmo valor que ele atribuía aos sonhos, como uma importante via indireta de acesso ao inconsciente. Ele ilustra o fenômeno com a narrativa de que numa peça teatral um personagem gabava-se de suas relações com o milionário barão de Rothschild e terminava sua fala com essas palavras: "O barão tratava-me exatamente de igual para igual, de forma completamente *familionária*". FREUD considerou que esse lapso revelava o desejo inconsciente do personagem.

Latência, período de [FREUD]

FREUD utilizou a expressão *período de latência* e não *fase de latência* para caracterizar que, diferentemente do que ocorre na fase oral e na anal, não há, a rigor, uma nova *organização* da personalidade. Na verdade, esse período permeia entre o declínio da sexualidade infantil, por volta dos seis anos, até a entrada na puberdade, ou seja, em torno dos 12 anos. Nesse período, há, na evolução da sexualidade, uma diminuição (não uma completa abolição) das atividades e de investimento de natureza sexual, que são substituídas pela predominância da ternura sobre os desejos sexuais, o aparecimento de sentimentos como o pudor ou a repugnância e o surgimento de aspirações morais e éticas.

Ao articular o período de latência com o declínio do complexo de Édipo, FREUD emprega a seguinte metáfora elucidativa: "(...) o complexo de Édipo deve desaparecer porque chegou para ele o momento de se dissolver, tal como caem os dentes de leite quando aparece a segunda dentição".

O período de latência apresenta duas características:

1. Vai acontecer uma repressão da sexualidade infantil, com uma amnésia relativa às experiências anteriores.
2. Forma-se um reforço das aquisições afetivas e mentais do *ego*. Em condições normais, a combinação de ambas, segundo FREUD, propicia a sublimação das pulsões, comumente manifestada na escolarização e em atividades esportivas, assim como também na formação de aspirações morais, estéticas e sociais, de modo tal que esse período é considerado como sendo aquele que consolida a formação do caráter.

Latente, conteúdo [FREUD]

FREUD, ao se referir à formação dos sonhos, exalta a importância da diferença entre o conteúdo *manifesto* (como o sonho aparece no consciente do sonhante) e o conteúdo *latente*. Este corresponde ao conjunto de desejos, pensamentos, sentimentos, representações e angústias que estão representados no inconsciente e que somente terão acesso ao pré-consciente e ao consciente após o disfarce realizado pela "elaboração secundária do sonho", que é realizada com a intervenção do censor onírico.

Ver o verbete *sonho*.

Lembrança encobridora [FREUD]

FREUD definiu o conceito de *lembrança encobridora* (também chamada de *recordação encobridora*) como uma lembrança infantil que se caracteriza por um contraste: ao mesmo tempo em que guarda uma especial nitidez, a lembrança aparentemente é insignificante. Assim, Freud considera que, a exemplo do que se passa com o mecanismo de formação de sintomas e de sonhos, também as lembranças encobridoras são resultantes de uma formação de compromisso entre as pulsões sexuais reprimidas e os mecanismos de defesa do ego.

Da mesma forma, FREUD assevera que os mecanismos mais presentes na formação das lembranças encobridoras são o de deslocamento e o de condensação. Neste último caso, há uma expressiva condensação de elementos infantis, tanto os realmente acontecidos como os fantasiados. Por isso, na prática analítica, a análise das lembranças encobridoras se revela como uma significativa via de acesso ao que está recalcado no inconsciente.

Leonardo da Vinci e uma lembrança de sua infância [FREUD, 1910]

A "Nota do editor" da Standard Edition referente a esse trabalho de FREUD nos dá conta que "O interesse que Freud demonstrava por Da Vinci era antigo. A parte principal do estudo de Freud consiste na reconstrução detalhada da vida emocional de Leonardo da Vinci, desde os primeiros anos, na descrição do conflito entre seus impulsos artísticos e científicos e na análise profunda de sua história psicossexual. Além desse tópico principal, o estudo nos apresenta uma quantidade de temas colaterais não menos importantes: uma discussão mais geral da natureza e do trabalho da mente de um artista criador, um esboço da gênese de um tipo especial de homossexualidade e a primeira aparição integral do conceito de narcisismo".

Essa obra é composta de seis partes, assim intituladas: Parte I: "Material biográfico"; Parte II: "A lembrança infantil de Leonardo"; Parte III: "Interpretação sexual da lembrança infantil de Leonardo"; Parte IV: "Os sorrisos beatíficos nas pinturas de Leonardo"; Parte V: "Efeitos da perda do pai em Leonardo"; Parte VI: "Justificativa da abordagem patológica da biografia".

Esse trabalho está inserido no Volume XI, na p.59 da edição brasileira..

Lesbianismo

O termo *lesbianismo*, que define a homossexualidade feminina, origina-se de Lesbos, nome da ilha grega onde residia Safo, poetisa da Grécia Clássica, que se notabilizou por suas relações homoeróticas.

A questão relativa ao lesbianismo em particular, assim como o da homossexualidade em geral, está sendo alvo de grandes polêmicas e vem ganhando uma gradativa reavaliação, tanto do ponto de vista cultural, como científico. Do ponto de vista psicanalítico, indo além da conflitiva unicamente edípica, os mais adiantados conhecimentos relativos ao desenvolvimento emocional primitivo vêm permitindo uma expectativa mais otimista por parte dos psicanalistas contemporâneos.

Letargia [Fídias Cesio]

O psicanalista argentino F. Cesio descreveu um estado de *letargia* que surge em alguns pacientes no curso da situação analítica e que tem uma característica essencial e importante na prática clínica: é a que se refere ao fato de que essa letargia do paciente desperta uma contratransferência que consiste em o analista ser invadido por um sono invencível. Quase todos analistas mais experimentados já devem ter passado por essa difícil experiência, em que as pálpebras pesam como chumbo, o tempo não passa, a capacidade de raciocínio fica algo embotada, etc.

Cesio aventa a hipótese de que esse tipo de paciente, geralmente um depressivo em grau forte, tem o interior do seu psiquismo habitado por *objetos aletargados*, isto é, objetos que são como que *moribundos*, porquanto costumam corresponder à introjeção de pessoas mortas, cujo luto não foi elaborado e, por isso, não foram sepultados e se mantém como se estivessem parcialmente vivos, comandando a vida do sujeito.

É justamente a identificação projetiva dessa depressão subjacente, com os respectivos objetos *mortos-vivos*, que provoca um estado de letargia no analista.

Letergização [A. Ferro-1997]

Em seu livro "Na Sala de Análise" (1997, p. 163) o psicanalista italiano A. Ferro introduz o termo "letargização", com o qual ele designa um estado intermediário entre o sono e a vigília. Afirma que "Outro mecanismo de defesa muito primitivo é o "adormecer" a agressividade e, com ela, zonas inteiras da mente e muitas vezes toda potencialidade criativa"(...) São defesas autistas, por muito tempo necessárias, contra turbulências emocionais muito primitivas".

Libido [FREUD]

Essa expressão aparece de forma maciça na obra de FREUD e, de modo geral, em toda a literatura psicanalítica, do passado e do presente. Ainda assim, na verdade, trata-se de um conceito difícil de definir com exatidão, porquanto seu significado não é unívoco. O próprio FREUD, à medida que ia modificando suas concepções relativas à natureza e tipos das pulsões, igualmente foi conceituando a libido com significações diferentes.

Aliás, a polêmica vem de longa data na história da psicanálise, tanto que foi um dos pontos mais fortes da discordância entre FREUD e JUNG. Enquanto o primeiro conectava a libido com a pulsão sexual, JUNG fixou sua definição de *libido* genericamente como uma energia psíquica e reservou o termo *sexualidade* para o que é exclusivamente sexual no sentido habitual do termo. De fato, FREUD inicialmente empregou o termo *libido* – que em latim quer dizer *desejo, vontade* – para designar uma energia própria da pulsão sexual, manifesta na vida psíquica. Ele partia da sua postulação de que toda pulsão, como a sexual, situa-se no limite entre o soma e o psiquismo. Todo prazer que não era devido à satisfação direta das *pulsões do ego*, com a finalidade de *autoconservação*, tais como a satisfação da fome, sede e necessidades excretórias, FREUD considerou sexuais ou eróticas.

Ele enfatizava, então, que a libido tanto podia ser investida no próprio ego e corpo (caso do auto-erotismo, do narcisismo primário), como nos objetos da realidade exterior.

Com a introdução, em 1920, de sua teoria da pulsão de morte, a libido começou a aparecer como a energia própria de Eros, ou seja, da pulsão de vida em oposição a Tânatos, isto é, contra as tendências destrutivas inerentes à pulsão de morte. Assim, em "A psicologia de grupo e a análise do ego" (1921), FREUD reafirmou essa última concepção referente à libido, ao dizer que a libido, em termos genéricos, refere-se a "todas as pulsões responsáveis por tudo o que compreendemos sob o nome de amor".

Lideranças [FREUD; BION]

Em "A psicologia de grupo e a análise do ego" (1921), FREUD dedicou-se a "estudar o caminho que vai da análise individual para a compreensão da sociedade", partindo da sua convicção de que era impossível separar uma abordagem psicológica de uma abordagem sociológica dos fatos humanos. Para tanto, ele se propôs a responder às perguntas: o que é uma massa (multidão), de onde, e como, ela retira sua capacidade de modificar o comportamento dos indivíduos, e em que consistem essas mudanças? Embora FREUD tenha fundamentado esses estudos relativos à psicologia das multidões em trabalhos de GUSTAVE LE BON e de W. MCDOUGALL, ele se diferenciou deles por ter enfatizado a importância do líder na massa, aspecto que tinha sido negligenciado por aqueles autores.

Assim, retomando as idéias que já tinha exposto em "Sobre o Narcisismo: uma introdução" (1914), FREUD estabeleceu uma analogia entre o que se passa com uma multidão em relação a seu líder e o que se passa num estado de fascinação típico da relação entre o hipnotizado e o hipnotizador ou, num enamoramento, entre os apaixonados. O que existe de comum nessas três situações é a presença, em cada uma delas, de um ideal do ego colocado numa outra pessoa, o que acena com a possibilidade do preenchimento dos desejos e das necessidades mais primitivas.

FREUD completou suas concepções, estudando esse fenômeno a partir das massas artificiais constituídas pela Igreja – caso em que o ideal do ego é representado pela figura de Deus (Cristo, nas religiões cristãs) que está introjetado em cada um dos fiéis – e pelo Exército – onde o ideal do ego, por *projeção*, é colocado na pessoa do comandante. Em caso do desaparecimento do líder, a massa corre o risco de ficar desagregada, com a possibilidade, tanto maior quanto mais regressiva for a multidão, de surgir o fenômeno do pânico no qual se misturam sentimentos de solidão, abandono e debilitação dos vínculos.

BION estudou a função dos líderes com um enfoque diferente do descrito por FREUD. Postulava que não era o líder que constituía e determinava o destino das massas, mas, sim, o contrário, ou seja, que são certas necessidades emergentes de um grupo social que determinam o tipo de liderança que seja adequada para satisfazê-las. Assim, partindo dos seus estudos com grupos, ele descreveu três tipos de líderes básicos:

1. O de características *carismáticas*, que surge nas massas que estão sob o domínio do suposto básico de dependência.
2. O tipo *caudilho* que preenche o suposto básico de luta e fuga.
3. O líder com o perfil de algum *misticismo*, que satisfaça o suposto básico de acasalamento.

Freqüentemente essas três características podem estar fundidas numa única pessoa, como pode ser exemplificado com a liderança de Hitler, para aquele momento sociológico da Alemanha.

Ligação [FREUD]

FREUD empregou esse termo (no original alemão é *Bindung*) para designar, tanto no nível biológico como no psíquico, um processo que visa a três finalidades:

1. Limitar o livre escoamento das excitações pulsionais, ou seja, permitir a passagem do processo primário para o processo secundário.
2. Ligar as representações entre si.
3. Assim, manter uma relativa estabilidade do funcionamento psíquico.

Desta forma, já no "Projeto..."(1895), FREUD utilizou essa expressão para referir o fato de a energia do aparelho neurônico passar do estado de energia *livre* para o estado de *energia ligada*. Ele retoma essa hipótese em "Além do princípio do prazer" (1920), ao estudar as ligações entre as pulsões de vida (de construção) e as de morte (de destruição). No mesmo passo, modifica sua concepção original de que a ligação serviria primordialmente para descarregar a energia livre, porque, acrescentava, essa não consiste unicamente numa descarga maciça de excitação, mas também numa livre circulação ao longo de cadeias de representações, assim cumprindo uma importante função para o estabelecimento de *laços associativos*.

FREUD conjetura que essa última concepção possa estar na base de uma explicação para o fenômeno da compulsão à repetição.

Com a evolução da psicanálise, o termo *ligação* foi sendo empregado com significados distintos. Pode ser a noção de vários termos ou significantes ligados numa cadeia associativa, ou a idéia de um conjunto em que é conservada certa coesão definida por limites entre as partes constituintes. Também pode ser uma forma de definir a possibilidade de que certa quantidade de energia fixada em algum lugar já não pode escoar-se livremente. Ultimamente também vem sendo empregado como sinônimo de *vínculo*.

Ligação, elos de [BION]

Essa expressão aparece freqüentemente nas traduções dos textos de BION, muitas vezes para se referir ao fenômeno do ataque aos vínculos (ou aos elos de ligação).
Ver o verbete *vínculos*.

Linguagem [FREUD, BION, LACAN]

A linguagem, nas suas diversas formas e estilos, é o veículo da comunicação – aspecto fundamental no relacionamento entre as pessoas – estudado por diversos autores.

As investigações que aparecem em FREUD ainda persistem vigentes e como uma viva fonte inspiradora na atualidade. Já em 1895, no seu "Projeto...", ele teve considerações acerca dos aspectos formativos e estruturantes dos sons, imagens, memória, sensorialidade e desenvolvimento verbal-motor.

Uma contribuição igualmente importante de FREUD aparece no seu trabalho "O inconsciente" (1915), no qual ele postula que o ego representa as sensações que estimulam a criança de duas formas: como representação-coisa e como representação-palavra. Como esses termos indicam, é somente na segunda dessas modalidades que a representação tem acesso ao pré-consciente, sob a forma de palavras simbolizadoras.

BION estudou particularmente a patologia da linguagem utilizada pelos esquizofrênicos e, em "Notas sobre a teoria da esquizofrenia" (1954), descreve três maneiras de como esses pacientes a utilizam: 1. Como um modo de atuar. 2. Como método de comunicação primitiva. 3. Como uma forma de pensamento.

BION destaca então o fato de que, às vezes, o atuar substitui o pensar e vice-versa, sendo que esses pacientes podem utilizar as palavras como se fossem coisas, ou como partes cindidas deles mesmos, as quais tratam de colocar dentro do analista.

Igualmente, BION valorizou a importância de o analista distinguir quando seu paciente faz comunicações com uma linguagem simbólica, ou através daquilo que H.SEGAL conceitua como equação simbólica, caso em que se estabelece uma confusão entre o que é o símbolo (abstrato) e o que está sendo simbolizado (concreto).

LACAN deu extraordinária importância à linguagem como fator (des)estruturante do psiquismo de toda criança, o que pode ser medido por essas duas conhecidas afirmações dele: "O inconsciente é o discurso do outro" e a de que "o inconsciente estrutura-se como uma linguagem".

LACAN ainda assinalou outros aspectos singularmente importantes em relação à linguagem: os conceitos de significante e significado, a metáfora e a metonímia e, na prática analítica, a distinção a ser feita entre a comunicação do paciente com palavra vazia e a com palavra cheia (plena) de significados.

Como uma forma de resumir, pode-se dizer que, na situação analítica, além da linguagem simbólica, o analista deve saber descodificar a linguagem sígnica, que se processa por meio de sinais, ainda não propriamente verbais. Cabe exemplificar com a manifestação mais comum do bebê: o choro. Os gritos que o bebê emite são "fonemas", ou seja, sons que servem para descarregar a tensão. Porém ainda não há discriminação entre o grito e o fator que o provocou (somente as palavras designariam discriminadamente o que estaria se passando de doloroso com ele). Nesse exemplo, é necessário que mãe (ou o analista) "interprete" os gritos de seu filho (paciente).

São muitas as formas de comunicação não-verbal as quais exigem um tipo de *escuta* especial por parte do analista. Essas comunicações assumem diferentes formas de linguagem, como: a *paraverbal* (alude às mensagens que estão ao lado, como por exemplo são as nuanças e alternâncias da intensidade, amplitude e timbre da voz, tanto do paciente, como do analista); a *metaverbal*; a linguagem dos *gestos e atitudes*; a linguagem do *corpo*; a *oniróide*; a da *conduta*; e, na situação analítica, a linguagem que se processa através da provocação, no analista, *de sentimentos contratransferenciais*.

Linguagem de êxito [BION]

Expressão de BION, também traduzida como *linguagem de consecução*, baseada na crença de que "as emoções falam mais alto do que as palavras", para designar uma condição que a linguagem do analista deve possuir, para ser mais exitosa em alcançar a realidade incognoscível do paciente (o que ele chama de "O"), e assim conseguir modificações verdadeiras nele. Para tanto, diz BION, essa linguagem deve partir mais da intuição do analista e menos do que ele capta através dos seus órgãos dos sentidos.

Linguagem e esquizofrenia [BION, 1955]

Apoiado na experiência de análise com seis pacientes, BION se propõe a mostrar o uso que o paciente esquizofrênico faz da linguagem. Os aspectos mais destacados são:
1. A utilização dos conceitos de M.KLEIN acerca dos ataques sádico-destrutivos, as dissociações, identificações projetivas, a posição esquizo-paranóide e a depressiva, etc.
2. Os três tipos de linguagem: como um modo de atuar, como método de comunicação primitiva e como forma de pensamento.
3. As falhas das funções egóicas, notadamente o processo de simbolização, o pensamento verbal e os transtornos da capacidade para pensar.
Esse trabalho consta do livro *Estudos psicanalíticos revisados* (1967).

Livre associação de idéias

Ver o verbete *Associação livre de idéias*.

Logoterapia [VICTOR FRANKL]

Na década de 20, na França, na Suíça e na Áustria, tiveram grande desenvolvimento e expansão a chamada *psicoterapia existencial* e a *análise existencial*, esta última chamada *Daseinanalyse* (*Dasein* significa ser, existir). A essas, veio juntar-se a *logoterapia*, ou seja, uma terapia que visa mais ao lado espiritual, ou existencial, do que ao clássico conflito pulsional preconizado por FREUD, de modo que ela se dirige mais ao *consciente*, com a participação ativa do paciente, através de um estímulo à sua vontade de realmente ser.
A logoterapia foi criada por VICTOR FRANKL, psiquiatra suíço. Juntamente com HERBERT MARCUSE e CARL ROGERS criou, no fim da década de 60, na Universidade de San Diego, na Califórnia, uma cadeira e um instituto de logoterapia, que lhe foi confiada. Na Grã-Bretanha, RONALD LAING trabalhava a temática existencial com um modelo equivalente ao da logoterapia de FRANKL.

Luta e fuga [BION]

BION descreveu três tipos do que ele denomina como *supostos básicos:* o de *dependência,* o de *luta e fuga* e o de *acasalamento*. O suposto básico de *luta e fuga* alude a uma condição em que o inconsciente grupal está dominado por ansiedades paranóides e, por essa razão, ou a totalidade mostra-se altamente defensiva e *luta* com franca rejeição a qualquer situação nova de dificuldade psicológica, ou ele *foge* dela, criando um inimigo externo.
Dessa forma, os participantes do grupo ficam unidos contra esse inimigo *comum,* ao qual atribuem todos os males. O tipo de líder requerido para essa modalidade de suposto grupal deverá ter características paranóides e tirânicas.

Luto [FREUD, M. KLEIN]

Estado psíquico resultante da perda de alguém muito querido, que pode provocar dor e angústia, num quadro geral de reação depressiva que, para ser superado, necessita daquilo que FREUD concebeu *como trabalho de luto*.
Em "Luto e Melancolia" (1917), FREUD se aprofundou num estudo comparativo en-

tre os processos que caracterizam o luto e a melancolia, estabelecendo as diferenças entre ambos. Dessa forma, na *melancolia* o objeto perdido fica introjetado e retido crônica e patologicamente no ego do sujeito. No *luto*, é um período de tempo necessário para a elaboração progressiva da perda do ente querido que, então, fica introjetado sem maiores conflitos, e a pessoa enlutada consegue desligar-se normalmente dele.

Isso está de acordo com o fato de que o trabalho de luto consiste no fato de que a libido investida no objeto perdido necessita ser desligada das lembranças, fantasias e esperanças que cercavam a ligação. Só depois disso, num tempo não excessivamente longo, o ego do sujeito volta a ser livre para levar uma vida normal.

M.KLEIN enriqueceu essa temática com o seu importante trabalho "O luto e suas relações com os estados maníaco-depressivos" (1940), onde relaciona os objetos externos com os internos, como também, e principalmente, consolida a sua concepção de posição depressiva.

A última – fundamental para o crescimento psíquico da criança – exige um doloroso trabalho de luto, porque a criança vai integrar os objetos parciais numa totalidade e, assim, vai tomar consciência de que a mesma pessoa (no início é a mãe) que ela tanto atacou, na fantasia ou na realidade, e a mãe que ela ama e de que necessita são a mesma pessoa. A criança passa então por uma fase de luto, com manifestos sinais depressivos e, aos poucos, num trabalho de elaboração dessa ambivalência e luto, ela restaura o objeto bom e estruturante dentro de si.

Embora FREUD e KLEIN coincidam no aspecto básico que consiste numa boa, ou má introjeção do objeto perdido – respectivamente no caso do luto ou da melancolia – existe uma clara diferença entre ambos: enquanto FREUD se referia mais propriamente ao objeto total, M.KLEIN construiu sua teoria de luto e melancolia, em torno de objetos parciais.

Luto e melancolia [FREUD, 1917]

Trabalho redigido em 1914 e publicado em 1917, que pode ser considerado uma extensão do artigo sobre *narcisismo* que FREUD publicou em 1914.

FREUD assinala a identificação como uma fase preliminar da escolha objetal, a primeira maneira pela qual o ego escolhe um objeto. A melancolia assume várias formas clínicas, algumas sugerindo afecções somáticas e não psicogênicas. Um dos traços mais característicos é o da perda da auto-estima. Segundo FREUD, a correlação entre melancolia e luto parece justificada pelo quadro geral de ambas as condições. O *luto* é normalmente a reação à perda de uma pessoa amada. Em algumas pessoas, as mesmas influências produzem *melancolia* em lugar do luto, e conseqüentemente desconfiamos que possuem uma disposição patológica. A melancolia absorve algumas características do luto e outras do processo de regressão da escolha narcísica de objeto até o narcisismo. FREUD enfatiza o quanto a característica mais notável da melancolia é sua tendência para transformar-se em mania, o que ele liga à regressão da libido até o narcisismo.

Esse trabalho está publicado no volume XIV, p. 275, da Sandard Edition brasileira.

M

Mãe, normalidade e patogenia da

De uma forma ou de outra, o papel da mãe aparece em todos os autores da psicanálise, embora com abordagens muitas vezes distintas, e partindo de distintos vértices de observação e de estudo. Mas invariavelmente ocupa um papel central no desenvolvimento emocional da criança e no psiquismo do futuro adulto.

Freud deixa transparecer em muitos momentos de sua obra uma especial valorização do papel da mãe na estruturação do psiquismo da criança – o ensaio psicanalítico que ele faz de Leonardo da Vinci (1910) é um bom exemplo disso – especialmente no que diz respeito à normalidade e à patologia da formação e resolução do universal complexo de Édipo. No entanto, no conjunto de sua obra, nitidamente falocêntrica, Freud deu à mãe um papel significativamente menor do que o atribuído ao pai. M.Klein, em contrapartida, ao longo de toda sua obra deu um papel central e fundamental à mãe em relação ao desenvolvimento emocional primitivo do bebê, num detrimento quase total à figura do pai. Por isso, sua teoria psicanalítica é considerada demasiadamente seiocêntrica. M.Klein destacou, sobretudo, a relação objetal mãe-bebê (desde o recém-nascido), enfatizando que, do ponto de vista da criança, a mãe é vivenciada como um objeto parcial (inicialmente ela é reduzida unicamente a um seio nutridor). Esse seio está dissociado (*esplitado*) num objeto parcial, *seio bom*, idealizado e, concomitantemente, num *seio mau*, frustrador e perseguidor.

Só por volta do sexto mês o bebê começa a completar a integração dos objetos parciais da mãe *seio bom e seio mau* num objeto total: a mãe única.

M.Klein deu tanta ênfase à presença fundamental dos objetos parciais introjetados, com as respectivas fantasias inconscientes de que estão revestidos, que deixou a impressão de não ter valorizado suficientemente a importância eterna, real.

Vários outros autores, como Spitz, Bowlby, Balint, Bion, Winnicott, Kohut, Mahler se encarregaram de restaurar, de formas diferentes, a importância do vínculo mãe real-criança. Assim, de modo genérico, usando a terminologia de Winnicott, uma "mãe suficientemente boa" deve preencher as seguintes funções indispensáveis para a normalidade do desenvolvimento da criança:

1. Ser provedora das necessidades básicas do filho, de sobrevivência física e psíquica.

2. Exercer a função de paraexitação dos estímulos que o ego incipiente da criança não consegue processar devido a sua natural imaturidade neurofisiológica.
3. Possibilitar uma simbiose adequada, de modo a não haver um desapego por demais precoce e, tampouco, por demais excessivo e prolongado.
4. Compreender e descodificar a arcaica linguagem corporal do bebê.
5. Frustrar adequadamente, de sorte a permitir as ilusões da criança para, aos poucos, ir procedendo à *desilusão das ilusões*.
6. Fundamentalmente, conter as angústias e necessidades da criança, o que na terminologia de BION aparece com o nome de continente, ou de *rêverie*, enquanto WINNICOTT a denomina *holding*.
7. Acompanhar as contenções referidas acima por uma capacidade de empatia.
8. Sobreviver aos ataques destrutivos e às demandas vorazes do filho.
9. Permitir o exercício de a criança devanear, imaginar e fantasiar, construindo aquilo que KOHUT chama de self grandioso e de imago parental idealizada. A mãe deve conhecer a importância das significações que estão embutidas no seu discurso dirigido à criança.
10. Funcionar como um espelho, como está expresso nessa bela **frase** de WINNICOTT: "o primeiro espelho da criatura humana é o rosto da mãe, seu olhar, sorriso, expressões faciais...".
11. Ficar atenta para reconhecer, não só as angústias, mas também as capacidades positivas do seu filho.
12. Servir como um importante modelo de identificação para a criança.
13. Ser verdadeira.
A *patogenia* da mãe consiste exatamente na má aplicação de alguns desses requisitos minimamente necessários para um desenvolvimento sadio da criança.

Mãe "morta" [A. GREEN]

Dentre os possíveis aspectos patogênicos da mãe, sobressai a possibilidade de que tenha havido a continuada presença de uma real depressão na mãe ou no pai, o que reforça as fantasias da criança de que tenha sido sua maldade que provocou todas as desgraças.

É útil acrescentar a existência daquilo que GREEN (1976) denomina *complexo da mãe morta*, que consiste, nas palavras dele, em um "assassinato psíquico do objeto mãe, que a criança perpetua sem ódio, e do qual resulta uma depressão branca, que é diferente da depressão negra, na qual há luto e dor pela perda".

Assim, a expressão *mãe morta* não significa que a mãe tenha realmente falecido, mas sim que se formou um vazio de mãe. Portanto, a introjeção é de uma figura materna sem vitalidade, o que resulta em crianças deprimidas, às vezes com a depressão encoberta por uma hiperatividade reativa.

McDougall, Joyce

Importante psicanalista, autora de cinco livros, diversos artigos, traduzida em dez línguas, inclusive japonês e hebraico, convidada para fazer conferências no mundo inteiro, até no Tibete, J.McDOUGALL nasceu na Nova Zelândia, fez formação analítica na Inglaterra e radicou-se na França, onde mora e trabalha até hoje.

Aos dezessete anos, leu com paixão a *Psicopatologia da vida cotidiana*, de FREUD, e decidiu estudar psicologia em vez de medicina, como a família desejava. Em 1950, já com dois filhos, foi a Londres para analisar-se, o que fez com um membro do *Middle Group*, o atual Grupo dos Independentes. Ao concluir sua formação psicanalítica, foi fortemente impressionada com WINNICOTT e ANNA FREUD, que a influenciaram. ANNA conseguiu-lhe uma colocação no Hospital Maudsley como psicóloga de crianças.

Motivada por um convite para assumir um posto interessante na UNESCO, em Paris, JOYCE aí chegou em 1953, apresentando-se ao Instituto de Psicanálise. Antes tinha sido calorosamente recebida por MARIE BONAPARTE graças à recomendação de ANNA FREUD. Os analistas que mais a influenciaram foram LACAN (embora gradativamente tenha discordado dele) e PIERA AULAGNIER, com quem contraiu sólida e forte amizade que perdurou por 30 anos, até a morte de MARIE. Tratou Sammy, um menino psicótico, que lhe foi encaminhado. Ela dominava o inglês. A elaboração desse tratamento frutificou com a publicação, em 160, do livro *Um caso de psicose infantil*, título alterado em 1966 para *Dialogue with Sammy*. Assim, paralelamente a M.KLEIN, elaborou o universo da psicose, o reconhecimento do núcleo psicótico que está no cerne de todo tratamento analítico.

A experiência que tivera no meio teatral propiciou-lhe a criação de metáforas que estão na essência de toda sua obra, mais especificamente em dois livros, *Teatro do Eu* e *Teatro do corpo*. A idéia central de ambos é que o psicanalista deve traduzir o drama que se desenrola no teatro do analisando em verbalizações analisáveis, desde que ele tente observar também seu próprio teatro interior e interpretá-lo antes de interpretar o de seu paciente.

McDOUGALL dedicou-se igualmente ao estudo das psicossomatoses.

As publicações em português mais notáveis são: *Conferências brasileiras*; "Identificações, neo-necessidades e neo-sexualidades"; "Um corpo para dois"; "A homossexualidade feminina"; "Entrevista com Joyce McDougall"; *Teatros do Eu*; *Em defesa de u'a certa anormalidade* (imperdível!); *Teatros do corpo: o psicossoma em psicanálise*; "Corpo elinguagem: da linguagem do soma às palavras da mente"; *As múltiplas faces de Eros* (que em 1966 a fez receber o *Gradiva Award*).

Mahler, Margareth

Maiúscula representante da escola Psicologia do Ego, M.MAHLER nasceu em 1897, na Hungria, em uma família da burguesia judaica intelectual. Formou-se em medicina, primeiramente se dedicando à pediatria em Budapeste, onde encontrou FERENCZI. Talvez estimulada por ele, foi a Viena, analisou-se com H.DEUTSCH e completou sua formação como psicanalista.

Iniciou-se na psicanálise com crianças, acompanhando com dedicação os seminários de ANNA FREUD, até que, fugindo do nazismo, emigrou, primeiro para a Grã-Bretanha e após para os Estados Unidos. Fixou-se em Nova York, onde, após ficar chocada ao saber que a sua mãe tinha sido deportada para o campo de concentração de Auschwitz, fez outra análise, agora com EDITH JACOBSON.

A partir de 1949, MAHLER dedica-se ao estudo da etiologia das psicoses infantis, tendo criado um centro de atendimento para crianças psicóticas em 1957. Nesse centro fez estudos experimentais de observação de crianças, inicialmente psicóticas, na década de 50, e depois com criancinhas normais, na década 60, através de um espelho unidirecional.

As observações colhidas propiciaram-lhe e a seus colaboradores, fundamentar uma teoria dos mecanismos de *espelhamento mútuo* que delimitam a demarcação do *eu* e do *outro*. A teoria foi desenvolvida através da descrição de distintas fases evolutivas de crianças de 4 a 36 meses de vida, constante de etapas e subetapas, cada uma com características específicas que se repetem em todas as crianças normais.

A primeira etapa é a de uma simbiose fusional, com a mãe. A seguir, a criança ingressa na etapa de uma diferenciação com a mãe, num processo de duas subetapas: a de separação e a de individuação, a qual coincide com o início da marcha da criança juntamente com o reconhecimento de suas características individuais. Segue-se uma etapa de treinamento, na qual a criança faz ensaios de explorar o mundo a seu redor; a formação de uma constância objetal, que abre as portas para o caminho de uma futura aquisição de uma sadia autonomia.

M.MAHLER faleceu em Nova York, em 1985. Seus trabalhos continuam merecendo um reconhecimento que ultrapassa as fronteiras norte-americanas e servem como fonte de inspiração para analistas de todas as correntes.

Maiêutica (método de terapia analítica)

Processo dialético, de natureza pedagógica, no melhor estilo socrático, em que se multiplicam as perguntas, a fim de obter, por indução dos casos particulares e concretos, um conceito geral do objeto em questão, como se fosse a gestação de uma idéia levada a termo. Por essa razão, o termo é utilizado de forma análoga na obstetrícia.

Em relação à psicanálise, BION definiu esse processo com essa **frase**: "Sócrates disse que às vezes ele fazia o papel de uma parteira: atendia o nascimento de uma idéia. O mesmo se aplica a nós: podemos ajudar a que um paciente nasça, a que emerja do ventre do pensamento".

Mal-estar da civilização, O [FREUD, 1930]

Título de um muito conhecido trabalho de FREUD (às vezes aparece traduzido como *O mal-estar na cultura*) publicado em 1930. Fundamentalmente, desenvolve a tese de que o *mal-estar* da civilização resulta de um antagonismo irremediável entre as exigências pulsionais (tanto as libidinais quanto as agressivas) e as restrições impostas pela cultura.

A obra abrange as seguintes oito partes:
I. "A necessidade de religião do homem nasce de sentimentos de desamparo". Nela FREUD reitera que as pessoas costumam utilizar falsos padrões de medida de valorização, tanto que buscam poder, sucesso e riqueza e admiram os que "vencem", ao mesmo tempo em que subestimam aquilo que às vezes eles têm de realmente valioso. Muitos levantaram objeções à tese de FREUD de que a religião seria uma ilusão, alegando que ele não apreciou adequadamente a verdadeira origem dos sentimentos religiosos, que estaria numa sensação *oceânica*. FREUD contesta que essa sensação, existente em muitas pessoas, não é a origem da atitude religiosa, cuja fonte pode ser encontrada na sensação de desamparo infantil.

II. "O homem enfrenta a infelicidade por meio de diversão, substituição e intoxicação". Neste texto, FREUD afirma que a busca da felicidade tem duas facetas: a primeira, evitar a dor e o desprazer pelo método químico da *intoxicação* ou por um substitutivo, deslocamento da libido; a segunda consiste em experimentar fortes sensações de prazer, que podem ser obtidas através da procura de ilusões.

III. "O conflito do homem com a civilização: liberdade versus igualdade." Aí é dito que o sofrimento tem três origens: a força superior da natureza, a fragilidade de nossos organismos e a inadequação das normas que regulam as relações mútuas dos seres humanos na família, no estado e na sociedade. É nessa parte que Freud afirma que a experiência psicanalítica testemunha regularmente a conexão existente entre ambição humana, fogo e erotismo uretral.
IV. "Dois pilares da civilização: Eros e Ananke". O texto diz que a tendência da civilização de restringir a vida sexual não é menos evidente que sua tendência para expandir o âmbito cultural.
V. "Segurança à custa da restrição da sexualidade e da agressão". A tese é a de que, devido aos grandes sacrifícios impostos pela civilização à sexualidade e à agressão humanas, o homem civilizado trocou uma parcela de suas possibilidades de felicidade por uma parcela de segurança.
VI. "Argumentos em favor de uma pulsão de agressão e de destruição". Freud assevera que a civilização é um processo a serviço de Eros – no embate permanente entre a pulsão de vida e a de morte – cujo objetivo é combinar entre si primeiro os indivíduos humanos e, em seguida, famílias, lugares, povos e nações, numa grande unidade: a unidade da espécie humana.
VII. "O desenvolvimento do superego e sua severidade". Freud trata da formação dos sentimentos de culpa provindos do medo das autoridades que impõem uma necessidade de renúncia às satisfações pulsionais e, num segundo tempo, à ação de ameaça punitiva por parte do superego diante da continuação dos desejos proibidos.
VIII. "Conclusões sobre os efeitos da civilização sobre a psique". Nesse texto, a tese é de que o impulso que visa à busca da felicidade pessoal é geralmente chamado de *egoísta*, enquanto o impulso da união com os outros da comunidade é geralmente chamado de *altruísta*. Ademais, diz Freud, pode-se afirmar que a comunidade dá origem a um superego sob cuja influência se processa o desenvolvimento cultural.

O mal-estar da civilização aparece no volume XXI, p.81 da Standard Edition brasileira.

Maníacas, defesas

Em muitas estruturas psíquicas, mais particularmente nas de natureza melancólica, em que o ego do sujeito está submetido a uma opressão tirânica por parte de um superego rígido e, por vezes, cruel, o ego inconsciente lança mão de mecanismos defensivos com os quais o sujeito sente-se liberto das tiranias, procurando inverter os papéis de quem submete e quem é submetido.

Assim, as defesas maníacas se estruturam no conhecido tripé: controle, triunfo e desprezo. Pelo *controle*, pretende controlar a tudo e a todos, exercendo, de forma onipotente, um domínio e apoderamento. Pelo *triunfo*, o sujeito nega sua baixa auto-estima e desvalia resultante do seu estado depressivo essencialmente dominante, embora subjacente e nem sempre manifesto. O *desprezo* é uma decorrência e uma condição do *triunfo* e implica que o sujeito emprega maciçamente a defesa do denegrimento de todos aqueles que inveja ou imagina que o oprimem e humilham.

Maníaco-depressiva, psicose

Desde a Antigüidade existem comprovações da existência dessa psicopatologia. Um exemplo é o relato bíblico das bruscas, violentas e profundas oscilações de humor do rei Saul. Coube a um médico inglês, há quase quatro séculos, ser o primeiro a ligar numa mesma doença mental a mania e a melancolia. Posteriormente, E. Kraepelin – o grande sitematizador da nosologia psiquiátrica – denominou essa doença circular *loucura maníaco-depresssiva*. Na nosografia geral das psicoses, passou a ser chamada *psicose maníaco-depressiva*, denominação que perdurou por um longo tempo. Na atualidade, com variações nas manifestações sintomáticas, consta qualificada na categoria das *doenças afetivas*.

Clinicamente, essa psicopatologia dos afetos pode apresentar-se como *unipolar* (através de crises espaçadas, ou só da exaltação maníaca, ou só da depressão melancólica) ou de forma *bipolar* (caso em que as crises de mania e de melancolia podem surgir alternadamente).

Do ponto de vista psicanalítico, até há pouco tempo a mania era compreendida através do enfoque de que seria a contrapartida da melancolia, isto é, para fugir da depressão, o sujeito mobilizaria recursos inconscientes de se rebelar contra um superego tirânico e, assim, conseguir plena liberdade e autonomia em relação a todos. Tratadas psicanaliticamente, de modo geral as doenças afetivas não evoluíam exitosamente. Não eram raras as análises desses casos que pareciam evoluir muito bem até que alguma eventual crise importante desfazia todo entusiasmo do par analítico, fazendo com que freqüentemente o analista creditasse o fracasso a uma possível reação terapêutica negativa.

Na atualidade, são poucos os que contestam uma inegável participação de causas orgânicas, endógenas, de origem heredoconstitucional, na determinação dessa doença. A experiência da prática analítica vem demonstrando que, ao contrário do que era preconizado até há algum tempo, o uso simultâneo de medicamentos da moderna psicofarmacologia com o prosseguimento natural da análise, ou de alguma outra modalidade de terapia analítica, tem se mostrado bastante eficaz.

Mapa da mente humana [BION]

BION estabelece uma analogia entre o mapa-múndi e o mapa da mente humana, afirmando que o último se comporta como uma espécie de rosa-dos-ventos, apontando para diversas direções, como pode ser a de uma progressão ou a de uma regressão ou, ainda, uma progressão em direção oposta (menos progresso), como é o crescimento de células cancerosas ou como o crescimento de um rabo de cavalo.

De forma análoga, compara o funcionamento do psiquismo com uma orquestra, no qual estão presentes concomitantemente diferentes instrumentos executando uma partitura musical, cada um com funções específicas e diferenciadas, porém inseparáveis. No mapa psicótico, convivem a parte bebê de cada um, juntamente com a parte criança, a adolescente, a adulta, a psicótica com a não psicótica e assim por diante. Tendo em vista a prática psicanalítica, BION formula esta importante pergunta: "De que zona do mapa do *self* o paciente não quer saber absolutamente nada?".

Marcondes, Durval

Na impossibilidade de fazer constar nesse *Vocabulário* os nomes de muitos importantes psicanalistas brasileiros, vamos nos restringir ao de DURVAL MARCONDES, porquanto ele pode ser considerado o fundador do movimento psicanalítico brasileiro.

Nascido em São Paulo em 1899, MARCONDES era um talentoso médico psiquiatra, que muito cedo se interessou pela psicanálise. Com 27 anos, publicou um livro sobre o simbolismo que abriu caminho para um enfoque psicanalítico da crítica literária no Brasil. No ano seguinte, juntamente com FRANCISCO FRANCO DA ROCHA, fundou a primeira sociedade freudiana do continente sul-americano. Embora dissolvida, ressurgiu em 1944 como Grupo Psicanalítico de São Paulo, até que, em 1951, durante o congresso da IPA realizado em Amsterdã, foi reconhecida como a Sociedade Brasileira de Psicanálise (SBPSP), nome que persiste até a atualidade, com uma enorme pujança e vitalidade.

Foi D.MARCONDES quem promoveu a vinda da psicanalista alemã ADELHEID KOCH a São Paulo, em 1936, com o propósito de analisar e formar didatas segundo os critérios da IPA, o que de fato aconteceu. Os nomes de VIRGINIA BICUDO, FLAVIO R.DIAS e o do próprio DURVAL MARCONDES são o melhor testemunho do acerto da vinda ao Brasil da primeira psicanalista européia a se instalar no continente latino-americano.

Também foi MARCONDES quem, em 1928, criou a *Revista Brasileira de Psicanálise*, acolhida de forma entusiástica por FREUD, que enviou uma breve mensagem de saudação, transcrita no primeiro número publicado. Além disso, publicou muitos trabalhos de introdução à psicanálise, foi pioneiro da higiene mental nas instituições escolares, inaugurou a primeira cátedra de psicologia na Universidade de São Paulo e se manteve até o final da vida – faleceu em 1981 – um permanente participante ativo e incentivador do movimento psicanalítico, com repercussões por todo o Brasil.

Masoquismo

Termo empregado pela primeira vez pelo sexólogo KRAFT-EBBING com o significado de perversão sexual. Deriva do nome do escritor austríaco LEOPOLD VON SACHER-MASOCH, que descrevia em seus romances uma atitude de submissão e humilhação masculina em relação à mulher amada, numa busca de sofrimento. Assim, durante muito tempo, o significado de masoquismo ficou conectado com a noção de adultos que não podem encontrar uma satisfação sexual, a menos que simultaneamente se lhes inflija alguma forma de dor física e humilhação física e moral.

FREUD reestudou o problema do masoquismo, principalmente em dois trabalhos.

Em "Uma criança é espancada" (1919), a partir de quatro casos de mulheres, Freud investiga três fases com distintas fantasias que acompanham a criança ao ser castigada fisicamente, sendo que, numa delas, o prazer de ser espancado se deve à expiação da culpa edípica.

O segundo trabalho é "O problema econômico do masoquismo" (1924), no qual, já respaldado na noção de pulsão de morte, formulado em 1920, FREUD, dando uma dimensão maior do que a de cinco anos atrás, distinguiu três tipos de masoquismo: o erógeno, o moral e o feminino.

1. O masoquismo *erógeno* refere-se à obtenção do prazer sexual sempre ligada à dor.
2. Pela denominação, o masoquismo *feminino*, pode dar a impressão de que seja exclusivo e específico das mulheres, o que não é o caso. FREUD, levando em conta sua convicção quanto à existência de uma bissexualidade, descreveu esse *masoquismo feminino* em homens que apresentam fantasias de serem castrados, de sofrer passivamente o coito, a dor do parto... Esse tipo de masoquismo sempre foi muito contestado pelos analistas.
3. O masoquismo *moral* alude à situação na qual o sujeito masoquista não necessita de parceiros, porquanto ele se auto-inflige dores (não unicamente sexuais), devido a seus sentimentos de culpa com a respectiva necessidade inconsciente de castigo. Essa modalidade de masoquismo parece que deve ser mais creditada à ação da pulsão de morte.

Em prosseguimento, FREUD completou com suas clássicas concepções de masoquismo primário e masoquismo secundário.

O *masoquismo primário* refere-se à pulsão de morte dirigida ao próprio sujeito, porém ligada pela libido e unida a ela. É denominada primária porque ainda não está investida em objeto exterior e também porque se opõe ao masoquismo secundário.

O *masoquismo secundário* instala-se em um segundo momento e é definido como um retorno do sadismo sobre a própria pessoa, que se acrescenta ao masoquismo primário.

Conquanto o termo *masoquismo* continue pertencendo essencialmente ao campo da sexologia, do ponto de vista psicanalítico o próprio FREUD e seguidores estudaram sua conceituação além da perversão sexual, englobando muitos outros atos e tipos de relacionamento. Deram, assim, origem a um novo e relevante vocábulo, o *sadomasoquismo*, levando em conta que o sadismo e o masoquismo coexistem, tanto intra como intersubjetivamente.

Match [J. KANTROWITZ]

É útil estabelecer uma distinção entre as conceituações de aliança terapêutica, transferência positiva (ver os verbetes) e *match*. Este último – cuja melhor tradução parece ser *encontro* – é um interessante conceito que aparece em trabalhos dos Psicólogos do Ego norte-americanos, de pesquisa da prática psicanalítica (KANTROWITZ, 1986). Fundamentalmente, diz respeito ao fato de que, indo além dos fenômenos transferenciais-contratransferenciais, as características reais de cada um do par analítico, quer de afinidade, de rejeição e, principalmente, da presença de possíveis *pontos cegos* no analista, segundo pesquisas de longa duração, podem determinar uma decisiva influência no curso de qualquer análise.

Assim, segundo esses autores, um mesmo paciente analisado por dois psicanalistas, de uma mesma competência e seguidores de uma mesma corrente psicanalítica, pode evoluir muito mal com um deles e muito exitosamente com o outro, e vice-versa. Também determinados níveis de sua estruturação psíquica (por exemplo, a sexualidade) podem evoluir muito bem com um analista e estagnar com o mesmo analista em outro nível (por exemplo, a área do narcisismo), e o inverso ocorrer em uma análise feita com o outro psicanalista, ou seja, muito depende das peculiaridades do *encontro analítico*.

Matema [LACAN]

LACAN criou esse termo em 1971 para designar um conjunto de escritas de aspecto algébrico que têm por finalidade explicar conceitos-chave da teoria psicanalítica, em termos estruturais, que transcendem ao emprego das palavras comumente usadas, de modo que matema se constitui como a escrita "do que não pode ser dito, mas que pode ser transmitido". LACAN inspirou-se no termo grego *mathema*, que significa conhecimento. Embora haja uma semelhança de escrita, o conceito lacaniano de *matema* não pertence ao campo da matemática.

LACAN inventou ao mesmo tempo os conceitos de matema e de nó *borromeu* (ver esse verbete). O primeiro, matema, ele tomou emprestado da lingüística, que dispõe, numa forma de equação algébrica, as relações entre significantes e significados. LACAN formulou outros matemas referentes à metáfora e à metonímia, ao estádio do espelho, ao desejo, ao Outro, às fórmulas da sexuação, dos quatro discursos, etc .

Material clínico

Expressão que desde os tempos pioneiros até a atualidade é usada rotineiramente pelos analistas para referir o conjunto de relatos verbais trazidos pelo paciente sob a forma de lembranças, fantasias, sonhos, lapsos, fatos do cotidiano..., e de certos comportamentos, à espera de serem compreendidos e interpretados pelo analista. Seguidamente FREUD comparava o trabalho analítico com o do arqueólogo, que, a partir dos fragmentos que paulatinamente vão sendo descobertos pelas escavações, conseguem reconstituir uma edificação desaparecida.

Destarte, pode-se dizer que a expressão *material* apresenta duas facetas, uma positiva e outra negativa. A positiva alude ao fato de que se trata de uma *matéria-prima* que, uma vez escavada e descodificada, permite a interpretação, que leva ao *insight*. A correlação e elaboração de um conjunto de *insights* permitirão uma verdadeira construção ou reconstrução da personalidade do sujeito através do material por ele trazido que, metaforicamente, são as estacas, os tijolos, a argamassa...

O aspecto negativo do termo *material* é o inconveniente de reforçar a falsa idéia de que basta ao paciente ficar no papel de aportar material e, a partir daí, ao analista fazer as construções interpretativas, e não, como é consensual na psicanálise contemporânea, uma construção a dois, levando em conta que o analista também fornece material a ser refletido (logo, construído) pelo paciente.

Comentário. Outro inconveniente é que a palavra *material*, além do significado positivo de matéria-prima para construção, também é bastante empregada com o sentido de *material* (fezes, urina, sangue, pus, etc.) coletado para laboratório de análises da clínica médica, o que dá uma dimensão por demais *materialista* ao processo analítico, quando sabemos que ele também se nutre de aspectos espirituais, intuitivos, ideogramas, angústias sem nome, etc.

Se fosse necessária uma mudança de terminologia, entendo que o termo "narrativa", alusivo à expressão *"gênero narrativo* empregada por A.FERRO (1998) seria bastante mais adequada do que simplesmente *material clínico*.

Maternagem, função de

Nos referenciais psicanalíticos, a pessoa da mãe adquire um significado genérico, isto é, não se refere unicamente à mãe biológica, mas também a alguma figura substituta (pai, avó...) encarregada de prestar os cuidados primários essenciais. Em psicanálise, o termo *maternagem* aparece empregado com duas acepções distintas: como uma *técnica* de tratamento analítico, e como uma *função* básica do analista, no desenvolvimento normal de qualquer análise.

1. *Com a acepção de técnica*. Alguns autores preconizaram uma modalidade técnica de tratamento analítico – quando dirigido a pacientes psicóticos, mais particularmente nos casos de esquizofrenias – em que a relação terapeuta-paciente fosse ao mesmo tempo num nível simbólico, mas também real, de sorte que viesse a ser análoga àquela que deveria ter existido (mas não existiu suficientemente bem) entre a criança e uma mãe *boa*. A maior crítica que pode ser feita a essa terapia consiste na impossibilidade concreta – além dos inconvenientes de poder reforçar uma infantilização do paciente – de o analista vir a funcionar como uma mãe susbtituta, com o compromisso de ter uma ampla disponibilidade e de vir a preencher todas as necessidades, desejos e demandas decorrentes de todas faltas, falhas e vazios que se formaram nos primeiros anos de vida.

2. *Como acepção de função,* o termo adquire uma relevância especial porque, diferentemente de funcionar como uma pessoa substituta da mãe, o terapeuta deve possuir uma autêntica atitude interna que permita propiciar ao sujeito a internalização de um novo modelo de figura materna, diferente da sua, que lhe falhou e/ou faltou. Esse novo modelo para identificação (a expressão que KOHUT usa é *internalização transmutadora*) implica a necessidade de o analista gostar verdadeiramente de seu paciente fortemente regredido, de funcionar como adequado continente e espelho, de reconhecer e valorizar os aspectos positivos ocultos no paciente.

Ademais, o terapeuta deve possuir uma série de atributos afins, de molde a que, mais do que "atender" às demandas concretas, a grande função de maternagem do analista consiste em "entender" as profundas necessidades que se expressam por diferentes meios, particularmente nas situações psicóticas.

Matte Blanco, Ignacio

Eminente psicanalista nascido em Santiago do Chile em 1908, e falecido em 1995. MATTE BLANCO fez sua formação psicanalítica em Londres, mais afinado e próximo dos analistas que futuramente, com o episódio das Grandes Controvérsias, vieram a constituir o Grupo Independente da Sociedade Britânica de Psicanálise. Em 1943, voltou ao Chile, onde ficou morando e trabalhando até 1966, tendo lá fundado um grupo de estudos que veio a ser reconhecido pela IPA. Depois, emigrou para a Itália e radicou-se em Roma, onde continuou suas atividades de ensino e de clínica analítica, interessando-se especialmente pelo tratamento da esquizofrenia, pelos transtornos narcísicos e pelas questões pertinentes ao self. A fim de definir uma lógica da psicose, MATTE BLANCO desenvolveu teorias originais que consistem em estudos sobre a bi-lógica, ou seja, a *lógica simétrica e assimétrica* (se João é pai de Pedro, pela lógica simétrica, Pedro acha que é o pai de João ...) e sobre os *conjuntos infinitos*, os quais estão ganhando uma gradativa relevância por todos aqueles que se interessam pela compreensão da lógica psicótica.

Mecanismos de defesa

Ver o verbete *Defesas*.

Melancolia [FREUD]

A etimologia da palavra *melancolia*, derivada dos étimos gregos *melanos*, negro e *kholé*, bile, expressa com clareza que se trata de uma doença, conhecida desde a Antigüidade, que se caracteriza por um humor sombrio, isto é, uma tristeza e um desânimo profundos, um estado depressivo capaz de conduzir ao suicídio, com ou sem a presença de idéias delirantes de ruína. A analogia com *bile negra* tem origem nos ensinamentos de Hipócrates, que atribuiu a responsabilidade pelos misteriosos fenômenos orgânicos à presença de quatro humores: o sangue (responsável pela alegria e o riso), a bile amarela (imita o furor do fogo); a bile negra (imita a terra) e a fleuma (responsável pela inércia). Esses quatro humores se misturariam, daí resultando a alternância da melancolia com a mania.

Essa teoria perdurou por séculos, durante os quais a melancolia ocupou o interesse de filósofos, literatos, médicos, psiquiatras e, mais a partir de FREUD, dos psicanalistas. Depois de alguns comentários esparsos, foi a partir de "Luto e Melancolia" (1917) que FREUD estudou aprofundadamente essa temática e estabeleceu uma importante diferença entre o luto e a melancolia. Assim, considerou que a melancolia é a forma patológica do luto. No trabalho de luto, o sujeito consegue desligar-se progressivamente do objeto perdido. Na melancolia, pelo contrário, ele se julga culpado pela morte da pessoa perdida *e se identifica de tal modo com ela que sente os mesmos sofrimentos que imagina que o morto tenha sofrido ou esteja sofrendo*, situação essa que pode cronificar indefinidamente.

Embora os quadros clínicos da melancolia variem bastante qualitativa e quantitativamente, existe uma invariante na estrutura melancólica. Consiste no fato, já assinalado por FREUD, de que há uma impossibilidade permanente de o sujeito fazer o luto pelo objeto perdido. Essa falta de elaboração representa uma permanente confusão entre o seu *eu* e o *objeto perdido* (logo, seu *eu* também fica perdido e esvaziado) e tudo isso conduz à constante ameaça de risco de suicídio.

Essa fusão e confusão entre o sujeito enlutado e o objeto perdido promove uma confusão à fase do narcisismo primário, de sorte que melancolia também era conhecida como *psiconeurose narcisista*.

LACAN compara a melancolia com a situação extrema do enamoramento, um estado em que o sujeito não é nada comparado ao tudo que é atribuído ao objeto amado e extremamente idealizado, de forma que ele considera o quadro melancólico uma *doença do desejo*, porque nessa situação a pessoa enlutada renuncia a desejar, a ser (entra num estado de *desser*) e contrai um forte namoro com a morte.

Meltzer, Donald

Eminente psicanalista pertencente à Sociedade Britânica de Psicanálise, americano de nascimento, formou-se em medicina, especializando-se em psiquiatria infantil nos Estados Unidos. Emigrou para Londres em 1954, especificamente para fazer formação psicanalítica, tendo-se analisado com M.KLEIN até a morte dela em 1960. Juntamente com Martha Harris, sua segunda esposa, MELTZER juntou-se a E.BICK na Clínica Tavistock, assim exercendo grande influência no desenvolvimento da psicoterapia infantil lá praticada.

Durante um longo período, motivado por profundas e quase irreconciliáveis divergências quanto ao sistema de ensino-aprendizagem dos candidatos à formação psicanalítica, MELTZER se opôs de forma ostensiva à sociedade britânica e dela foi expulso, tendo havido uma futura reconciliação.

São inúmeras as contribuições originais de Meltzer, descritas em muitos livros, dos quais referimos os que seguem: *Processo analítico* (1967), *Estados sexuais da mente* (1973), *Explorações em autismo* (1975), *Desenvolvimentos kleinianos*, que consta de três volumes, um dedicado a estudar alguns aspectos da obra de FREUD, outro a de M. KLEIN, e o terceiro a de BION (1978), *Dream life* (1984), *Estudos em metapsicologia* (1984), *Sinceridad y otros trabajos*, que consiste numa seleção de trabalhos escritos por BION nos últimos 40 anos (1997). Além desses, também participou da elaboração de livros com colaboradores.

Memória [FREUD, M.KLEIN, BION]

A *memória*, na psicanálise, aparece em várias dimensões, estudadas por distintos psicanalistas.

FREUD ocupou-se do tema tanto do ponto de vista teórico, no que diz respeito a sua importante função do ego, como também da importância que representa para a prática analítica. Esta última condição fica claramente ilustrada com o primeiro critério de cura postulado por FREUD, quando, na vigência da sua teoria traumática das neuroses, asseverava que os "neuróticos (histéricos) sofriam de reminiscências ... e que a cura analítica consistiria em fazê-los se recordarem daquilo que estava esquecido (reprimido)".

Comentário. Preferi usar o verbo *recordar* no lugar de *lembrar* porque etimologicamente ele provém de *re*, uma volta ao passado + *cor, cordis*, em latim, coração, o que dá a dimensão de que, mais do que uma simples lembrança ab-reativa, designa o fato de que antigas experiências emocionais estão sendo revividas, conscientizadas e re-significadas na situação analítica. Essa postulação de FREUD continua a ter significativa importância na prática analítica, tendo em vista que "a melhor maneira de esquecer é recordar".

M.KLEIN fez uma interessante observação, que denominou *memória de sentimentos* (*memory in feelings*, no original). Trata-se de um fenômeno psíquico que ela descreve em seu trabalho "Inveja e gratidão" (1957). Embora pouco conhecida e divulgada, essa obra é muito significativa para elucidar certas manifestações de difícil entendimento, porquanto permite inferir que arcaicos sentimentos e pensamentos que não conseguem ser recordados como fatos acontecidos, possam vir a ser *recordados* através de outras vias, entre elas, as das somatizações.

BION estuda o fenômeno da memória em dois registros:

1. Na *Grade*, ocupando a terceira coluna, chamada notação, BION destaca a importância, para a formação e utilização dos pensamentos, que eles sejam como que arquivados na memória, da mesma forma com que são guardados documentos importantes num *cartório de notas*, daí o termo *notação*.

2. Na prática analítica, BION deu especial importância ao que ele formulou como a necessidade de o analista estar na sessão analítica num estado mental de sem memória, de desejo e ânsia de compreensão. Deve ficar claro que, com essa frase, Bion quer frisar que a mente do analista não pode estar saturada por aqueles aspectos, mas nunca que ele seja contra o exercício da memória. Tanto que a memória que espontaneamente brota no curso da sessão, seja na mente do analista, seja na do paciente, estado mental que BION denomina *evolução*, ele considera bastante útil.

Memória do futuro, uma [BION, 1975; 1977; 1979]

Nos últimos anos de vida, caracterizados por aquilo que costuma ser chamado como "a fase mística da obra de BION", ele escreveu três livros que constituem sua famosa trilogia. O que é inusitado nessa trilogia é que ela não tem finalidade de natureza formal e, estritamente, de natureza científica. Antes, trata-se de uma literatura na qual, pode-se dizer, predomina um estilo de *science-ficcion*, não obstante existam verdadeiras preciosidades que instigam reflexões psicanalíticas no leitor. Ao mesmo tempo, seu estilo narrativo adquire um clima poético, em que se alternam passagens sérias e documentais, com outras comovedoras. Inclusive, não faltam trechos divertidos. Esses relatos guardam um cunho autobiográfico, embora camuflado nos relatos surrealistas entre os personagens. Entretanto, isso só fica mais claro quando a leitura dessa trilogia é completada com a de *A long week-end*, livro publicado após a sua morte, e que, em dois volumes, constituem a sua autobiografia propriamente dita. *Uma memória do futuro* não é de leitura fácil, tanto que em um primeiro momento as editoras se negaram a publicá-lo. BION fez a edição a suas expensas porque tinha uma predileção por essa trilogia, por acreditar que estava lançando as sementes da construção do futuro da psicanálise.

No primeiro volume da trilogia, *O sonho* (*The dream*, 1975), BION adverte o leitor de que "este é um relatório fictício de uma psicanálise que inclui um sonho artificialmente construído". Nesse livro, BION aparece duplicado como A (autor) e Q (questionador). Dntre todos os personagens, é Roland quem o representa em diversas fases da vida.

No segundo volume, *O passado presente* (*The past presented*, 1977), persiste uma mesma linha de exposição dissociada, como é a do livro anterior, isto é, cada capítulo recebe como título apenas o número da página onde cada um começa. Os capítulos são longos, numerosos. Os personagens são muitos e, às vezes com neologismos e à moda de parábolas, tratam de problemas como o da purgação das penas e o da morte (BION já estava com 80 anos) e permitem que o personagem denominado psicanalista doutrine os seus pontos de vista acerca da "verdade última".

O terceiro volume, *A aurora do esquecimento* (*The dawn of oblivion*, 1979), adota uma carpintaria de teatro e, num estilo francamente surrealista, visa a uma espécie de reconstrução do passado se abrindo para o futuro. Pode-se dizer que este volume é um ensaio psicoembrionário (por exemplo, um personagem relata o encontro entre um espermatozóide e um óvulo), como uma tentativa de dar uma forma artística e estética à experiência pré-natal. Essa experiência aparece sob a forma de uma viagem (dele próprio) que se processa desde antes do nascimento até sua morte. Isso nos permite dizer, utilizando os termos do próprio BION: "uma viagem da cesura da vida para a cesura da morte".

Menos K (-K) [BION]

BION foi o autor que mais se dedicou ao estudo, principalmente para a prática analítica, do relevante problema concernente às verdades, falsificações e mentiras que estão contidas no discurso que o paciente emprega na sua comunicação com o analista. Deu especial atenção à atitude do paciente de querer, ou não querer, tomar conhecimento das verdades que, consciente ou inconscientemente, considera penosas, tanto as externas como as internas.

No caso em que predomina um *não-amor às verdades*, em que preponderância do uso da negação, segundo BION sempre presente na parte psicótica da personalidade, ele emprega a sigla - K, ou seja, instala-se um ataque aos vínculos (daí o sinal negativo) que permitiriam um acesso ao conhecimento (*knowledge*, em inglês, daí a inicial K). Os casos em que a negação do conhecimento das verdades atinge um grau extremo equivalem ao estado mental que LACAN chama de for(a)clusão.

Metáfora [LACAN]

Baseado em *Fundamentos da linguagem*, do lingüista ROMAN JAKOBSON, LACAN introduziu uma importante concepção psicanalítica relativamente aos termos *metáfora* e *metonímia*.

Metáfora consiste na substituição – simbólica – de um significante por um outro. Um exemplo pode esclarecer melhor e permite estabelecer a necessária distinção entre os conceitos de signo, metonímia e metáfora: a palavra *fogo* permite três significados, conforme as associações que o sujeito lhe der.

1. Quando o vocábulo *fogo* está diretamente ligado à *fumaça*, estamos diante de uma linguagem sígnica, porque estabelece uma presença imediata, visível e concreta, sem haver discriminação conceitual entre ambos.

2. Quando *fogo* for substituído por *calor*, trata-se de metonímia porque os dois conceitos estão ligados por uma continuidade, sem simbolismo.

3. Se a palavra *fogo* for utilizada para transmitir uma *paixão ardente*, podemos dizer que se trata de uma metáfora porque houve uma relação de semelhança simbólica e, sobretudo, a criação de um novo sentido.

Assim, a metáfora está relacionada com a similaridade, tendo LACAN associado a formação da metáfora com a noção freudiana de condensação.

Metapsicologia [FREUD]

Termo empregado pela primeira vez por FREUD em carta a FLIESS, provavelmente inspirado na expressão *metafísica*, bastante corrente na época, para referir a todos os fenômenos físicos incapazes de serem comprovados cientificamente. Na verdade, FREUD confessava a FLIESS que a sua passagem da medicina para a psicanálise estava lhe possibilitando exercer sua grande paixão de se dedicar aos conhecimentos filosóficos, através de especulações teóricas acerca daquela área do psiquismo "que leve ao outro lado do consciente".

Embora os termos *teoria* e *metapsicologia* sejam empregados quase como sinônimos, é útil estabelecer uma distinção entre eles. Teoria alude a um conjunto de idéias que objetivam explicar determinados fenômenos clínicos que podem ou não ser comprovados pela experiência clínica, metapsicologia – em cuja etimologia o prefixo grego *meta* quer dizer *algo muito elevado* – tem uma natureza mais transcendental, serve como ponto de partida para conjecturas imaginativas, as quais dificilmente poderão ser comprovadas na realidade como, por exemplo, a pulsão de morte.

FREUD formulou explicitamente apenas três pontos de vista característicos da metapsicologia – que ele carinhosamente chamava de *a bruxa* – o topográfico, o dinâmico e o econômico. Autores da Psicologia do Ego acrescentaram o ponto de vista *genético* e o de *adaptação*.

Os trabalhos metapsicológicos de FREUD não são sistemáticos nem completos, tampouco de aparecimento seqüencial, Por vezes contrapõem-se e aparecem espalhados ao longo de sua obra, com sucessivas transformações. Na verdade, sabe-se que FREUD projetara escrever, em 1915, *Elementos para uma metapsicologia* através de doze ensaios que constituiriam uma espécie de testamento dos fundamentos essenciais de sua obra. Concluiu cinco e esboçou outros sete, que nunca vieram a ser publicados e provavelmente destruídos por ele próprio. A metapsicologia consiste na elaboração de modelos teóricos que não estão diretamente ligados à prática analítica ou a experiências clínicas vivenciadas, sempre levando em conta as hipóteses fundamentais acerca da existência do inconsciente, das instâncias psíquicas, das pulsões, das represssões, etc. De forma mais clara nos primeiros tempos, mas de certa forma até o fim de sua obra, os trabalhos metapsicológicos de FREUD visavam a conseguir fazer uma articulação do psiquismo com o substrato biológico, como pode ser evidenciado nos ensaios de metapsicologia que ele produziu, dos quais segue uma síntese.

Em 1895, FREUD redigiu o seu importantíssimo e vigente trabalho "Projeto de uma psicologia científica para neurólogos", onde aparece claramente a tentativa de ligar o psíquico com o orgânico.

Em 1900, no capítulo VII de *A interpretação dos sonhos*, ele descreve seu modelo topográfico da mente, além de postular a existência de um processo primário, uma primitiva forma de funcionamento da mente.

No ano de 1905, aparece o clássico *Três ensaios sobre a teoria da sexualidade*, onde FREUD estuda a normalidade e a patologia que acompanham a sexualidade na infância. Em 1911, surge a publicação de *Formulações sobre os dois princípios do funcionamento mental*, no qual ele propõe a existência dos princípios do prazer e o da realidade.

Em 1915, FREUD lançou quatro dos seus mais importantes trabalhos metapsicológicos: *Sobre o narcisismo: uma introdução, As pulsões e suas vicissitudes, O inconsciente e Luto e melancolia*.

Em 1920, é editado seu mais revolucionário trabalho metapsicológico: *Além do princípio do prazer*, onde ele postula a existência da pulsão de morte.

Em 1923, vem à luz um outro notável trabalho metapsicológico, *O ego e o id*, no qual ele formula seu modelo de teoria estrutural da mente. Seguem-se ainda os trabalhos *A negação* (1925), *Inibições, sintomas e an-*

gústia (1926), *Neurose e psicose* (1924). *Fetichismo* (1927), *Clivagem do ego no processo de defesa*.

Metonímia [LACAN]

Enquanto a metáfora se fundamenta no fenômeno da similaridade, do simbolismo e do mecanismo de condensação, a metonímia se caracteriza pela contigüidade, a falta de criação de um novo significado simbólico e a presença do mecanismo de deslocamento.
Na prática analítica, o conceito de metonímia adquire grande importância pela expressiva freqüência com que muitos pacientes tomam "uma parte do todo (pode ser ele próprio, um outro, um acontecimento) como se fosse a totalidade". Por exemplo: um nariz feio, pela metonímia, adquire para o sujeito o significado de uma pessoa totalmente feia; uma nota baixa de rendimento escolar de um aluno pode significar para o sujeito que o aluno é um "burro" ou um "fracassado".
Igualmente, o fenômeno da demanda fica mais facilmente compreensível utilizando-se o exemplo de uma criança que troca os vários objetos que demanda de forma insaciável (bala, doce, brinquedos ...) porque o desejo essencial (amor, atenção ...) está metonimicamente deslocado em diversos fragmentos contíguos que conservam um mesmo significado, mas que emergem na linguagem de forma aparentemente diferente.

Místico [BION]

Quando quer referir que indivíduos portadores de idéias novas representam uma ameaça para determinado *establishment*, BION os chama ora de místicos, ora de gênios ou, ainda, de heróis. Numa dimensão exagerada, os místicos são pessoas que proclamam conseguir um contato direto com aquilo que os outros não alcançam. Quando esses indivíduos excepcionais fazem parte da ciência, são gênios. Quando participam de ações relevantes para as nações, são heróis.

Mitologia

A mitologia – o estudo dos mitos – sempre representou para a psicanálise uma fonte inesgotável da sabedoria milenar contida nas dobras de seus relatos, justamente porque, a exemplo dos sonhos, os mitos trazem embutidas as fantasias universais subjacentes nos indivíduos e na coletividade. Como comprovação disso, basta mencionar os mitos de Édipo e o de Narciso e o mundo de concepções psicanalíticas que deles foram extraídos. A importância da mitologia cresce ainda mais para a psicanálise à medida que os mitos representam uma intersecção entre o mundo das fantasias e o da realidade.
Na verdade, o mito é a narrativa imaginária e metafórica de uma crença coletiva que procura explicar alguma coisa desconhecida e transcendental, como são as questões fundamentais: como foi criado o universo, de onde viemos, por que e para que vivemos, para onde vamos após a morte, quais são as forças sobrenaturais que comandam as leis deste mundo? Assim, por exemplo, a maioria das religiões tem seus mitos de criação que procuram explicar a origem do mundo e o surgimento de deuses e heróis que salvam a humanidade das hecatombes. Os mitos quase sempre vêm acompanhados de ritos e rituais.
Do ponto de vista etimológico, mito deriva do grego *mythos,* que significa palavra, relato. *Mystes* é o iniciado e *mysterion* é mistério que tem a ver com cerimoniais e rituais de iniciação. Iniciado é aquele que se prepara para participar de um mistério; logo, mito e mistério estão intimamente conectados.

Muitos autores têm estudado mais profundamente a mitologia em geral, ou mais particularmente os mitos regionais. Nesse último caso, impõe-se mencionar, no mínimo, alguns importantes psicanalistas sul-americanos, como o peruano Moisés Lemlij, que presidiu, o Simpósio Internacional Multidisciplinar sobre Mitos, realizado por iniciativa da Sociedade Peruana de Psicanálise na cidade de Cuzco, em abril de 1989. Nesse simpósio, foram apresentados trabalhos riquíssimos que, compilados pelo próprio Lemlij, estão publicados em três volumes, com o título de *Mitos universais, americanos e contemporâneos. Um enfoque multidisciplinar*, uma leitura obrigatória para quem se interessa por essa temática. Também cabe citar o psicanalista peruano *Max Hernandes*, autor de estudos sobre os mitos andinos correlacionados com a perspectiva psicanalítica. Também merece destaque David Azoubel Neto, psicanalista brasileiro radicado na cidade de Ribeirão Preto, que, respaldado em uma experiência pessoal de convívio com a tribo dos índios Carajá (ilha do Bananal, em Goiás), faz uma abordagem psicanalítica e antropológica de diferentes mitos regionais, que estão reunidos no seu excelente livro *Mito e Psicanálise. Estudos psicanalíticos sobre formas primitivas de pensamento* (1993).

Como comprovação da fertilidade e beleza psicanalítica que os mitos inspiram, serve assinalar o crescente espaço que os congressos de psicanálise, além de outros eventos especiais, estão reservando ao campo da mitologia.

Mitos

Do ponto de vista psicanalítico, cada mito pode ser estudado através de vértices distintos. Para exemplificar, vejamos como dois eminentes psicanalistas abordaram o mito de Édipo. Freud o utilizou como eixo central para construir a teoria do complexo de Édipo, com todas as conhecidas implicações psíquicas, como as fantasias sexuais, a angústia de castração, o processo dos recalques, os fenômenos identificatórios, etc. Bion privilegiou enfocar a maneira como os diferentes personagens e situações que compõem a tragédia edípica se comportam diante das verdades, de sorte que Bion tentou enquadrar esses aspectos na sua *Grade*.

Os mitos, na *Grade*, ocupam a fileira C, juntamente com os sonhos e devaneios, assim expressando que os mitos já contam com os elementos α da fileira B e vão servir de suporte para serem transformados na fileira D, que consiste na etapa das pré-concepções, na gênese da capacidade para pensar.

São tantos e tão importantes os mitos que percorrem a existência humana desde a mais remota Antigüidade até os dias atuais, que seria impossível, aqui, relatá-los.

Além do mito de Édipo, já referido, que serviu de base para os fundamentos da doutrina freudiana, um dos primeiros mitos estudados em psicanálise foi o estudado por Otto Rank em seu livro *O mito do nascimento do herói*, publicado em 1909. Nele, Rank apresenta seus estudos sobre as lendas típicas das grandes mitologias ocidentais a respeito do nascimento de reis e dos fundadores das religiões.

Assim, observou que *Rômulo* (cuja amade-leite foi uma loba), *Moisés* (abandonado e adotado pela realeza), *Édipo* (abandonado e adotado por uma família nobre), *Rén* (alimentado por uma ursa e adotado por um pastor que lhe deu o nome de *Paris*, filho de ursa) têm em comum o fato de terem sido abandonados em razão de alguma previsão sombria; após, são achados, adotados e, na idade adulta, recuperam sua identidade original e surgem como heróis. Posteriormente apareceram aplicações psicanalíticas extraídas de mitos, como os de *Narciso, Eros, Tântalo*, etc. Para exemplificar somente com Bion, cabe consignar que, para a fundamentação de seus estudos sobre a normalidade e a patologia do conhecimento, além do mito de Édipo, também se baseou nos elementos contidos nos mitos do *Éden,* de *Babel,* dos *funerais do rei de Ur* e da *morte de Palinuro.* FREUD sintetizou a importância dos mitos com a seguinte **frase**: "o mito é o sonho da humanidade. O sonho é o mito do indivíduo".

Modelos [BION]

BION sempre revelou uma preocupação básica em relação à comunicação dos seus escritos, qual seja, a necessidade de que os termos transcendessem o plano de uma mera sensorialidade e que, ao mesmo tempo, pudessem transmitir uma compreensão emocionalizada. Para tanto, propunha a utilização de distintos tipos de modelos que possibilitassem variados vértices de observação e de entendimento. Da mesma forma, fundamentou as razões porque considerava conveniente o uso de modelos, destacando sua flexibilidade em contraste com a rigidez das teorias. Ao longo de sua obra, pode-se verificar quanto BION utiliza modelos, e os mais distintos, como biológicos, místicos, matemáticos, musicais, estórias, mitos, imagens, metáforas, etc., com a finalidade de situar uma intersecção e uma ponte entre os processos de abstração e os de concretização sensorial. Assim, em *O aprender com a experiência* (1962), BION afirma que "o modelo é a abstração da experiência emocional, ou a concretização de uma abstração". Para exemplificar: BION utiliza o modelo digestivo para explicar a introjeção, a absorção e a expulsão (evacuação) dos elementos psicanalíticos. Da mesma forma, os clássicos rébolos do gênero sexual, feminino e masculino, foram utilizados por ele para designar, respectivamente, as originais concepções de continente e de conteúdo, o que se constitui, provavelmente no seu modelo mais conhecido e mais importante. Outro modelo que cabe mencionar, porquanto se refere à prática analítica, é o que ele denomina *espiral helicoidal,* da qual diz que "nas sessões voltamos constantemente aos mesmos pontos, só que em diferentes níveis da hélice".

Moisés e o monoteísmo: três ensaios
[FREUD, 1939]

Livro considerado como um dos mais polêmicos da obra de FREUD. Os críticos argumentam que, para desenvolver sua tese principal (a de que Moisés, o grande líder dos judeus, seria, de fato, um egípcio, de uma linhagem aristocrática), FREUD partiu de premissas equivocadas não confirmadas pelos antropólogos nem pelos historiadores. O próprio FREUD mostrou-se ambíguo quanto a sua publicação, tanto que, embora esperasse que o livro viria a alcançar enorme importância e repercussão, levou um pouco mais de quatro anos para ser completado e durante esse tempo sofreu constantes revisões.

Moisés e o monoteísmo consiste de três ensaios de extensão muito diferente, os quais resenhamos a seguir.

Ensaio I. "Moisés, um egípcio". Nesse texto, FREUD diz que é difícil afirmar se Moisés foi um personagem histórico ou uma figura lendária. Baseia-se no trabalho "O mito do nascimento do herói" que OTTO RANK publicara em 1909, o qual aborda as origens fantásticas que cercam o nascimento de muitos heróis, como a lenda de Moisés. FREUD também acentua que o nome Moisés era egípcio, derivado da palavra egípcia *mose,* que significa criança.

No Ensaio II, denominado "Se Moisés fosse egípcio", o trabalho é desdobrado em 7 partes, nas quais são abordados os temas referentes a: a) se Moisés fosse egípcio; b) Moisés apresentou uma religião exclusiva; c) comparação das religiões judaica e de Áton (a qual exclui tudo o que tenha relação com mitos, mágica e bruxaria); d) dois deuses e dois Moisés; e) os levitas eram seguidores de Moisés (os levitas são considerados uma das doze tribos de Israel, a de Levi); f) supressão de cem anos de história; g) o assassinato de Moisés.

O Ensaio III. "Moisés, o seu povo e a religião monoteísta" enfoca 14 temas: a) a premissa histórica; b) o período de latência e a tradição; c) analogia (da saga judaica com os traumas causadores das neuroses); d) aplicação (o totemismo é encarado como a primeira forma pela qual a religião se manifestou na história humana); e) dificuldades surgidas na transferência da psicologia individual para a de grupo; f) sumário e recapitulação; g) o povo de Israel; h) o grande homem; i) o avanço em intelectualidade; j) a renúncia à pulsão; k) o que é verdadeiro na religião; l) o retorno do recalcado; m) a verdade histórica; n) o desenvolvimento histórico.

Esse trabalho naturalmente deve ser encarado como continuação dos primeiros estudos de FREUD sobre as origens da organização social humana, em *Totem e Tabu* (1912-1913) e em "A psicologia de grupo e a análise do ego" (1921). Um exame bem elaborado e informativo do livro poderá ser encontrado no capítulo XIII do terceiro volume da biografia escrita por ERNEST JONES (1957).

Moisés e o monoteísmo está publicado no volume XXIII, páginas 13 a 161, da Standard Edition brasileira.

Moreno, Jacobo Levy

J.MORENO, inventor do Psicodrama, nasceu em Bucareste, na Romênia, em 1889. Estudou e graduou-se em medicina em Viena, tendo feito especialização em psiquiatria. Desde criança mostrou grande inclinação por tudo que lhe permitisse "brincar de fazer teatro". Em 1921, ele criou o que chamava de *teatro de improvisação*, no qual, durante três anos, experimentou com atores a idéia da interpretação espontânea sobre os acontecimentos do dia, aquilo que gostava de chamar *de jornal vivo*.

Em 1925 emigrou para os Estados Unidos, morando na Filadélfia, onde fez carreira internacional, popularizando o psicodrama e a sociometria, a última visando o estudo das reações de rejeição em organizações grupais.

No fim da vida, sofrendo de distúrbios cardíacos, Moreno, fiel aos seus princípios, encenou sua própria morte segundo os princípios do psicodrama: parou de comer, só falava alemão e romeno, e recebeu durante três semanas, à sua cabeceira, todos os seus fiéis seguidores, vindos do mundo inteiro.

Ver o verbete *Psicodrama*.

Morte, pulsão de [FREUD e M.KLEIN]

FREUD, a partir de *Além do princípio do prazer* (1920), introduziu a concepção da *pulsão de morte*, a qual concebeu como tendo a finalidade de manter uma redução de toda carga de tensão orgânica e psíquica; logo, "uma volta ao estado inorgânico". Essa pulsão pode permanecer dentro do sujeito (sob uma forma de fortes angústias e uma tendência para a autodestruição) ou para fora (pulsões destrutivas).

A partir da pulsão de morte, FREUD formulou o princípio da compulsão à repetição, o qual designa a tendência dos psiquismo humano em repetir situações penosas e traumatizantes anteriores. Isso tanto pode ser comprovado nos fenômenos da transferência, nas neuroses traumáticas (que percebeu nas neuroses de guerra), em muitos jogos infantis ou em certas formas psicopatológicas, como na melancolia, nos casos de suicídio e no enigma do masoquismo.

FREUD explicou seu conceito de pulsão de morte com a seguinte metáfora: "Assim como amor e ódio por um pessoa habitam nosso peito ao mesmo tempo, assim também toda vida conjuga o desejo de manter-se e o desejo da própria destruição. Do mesmo modo como um pequeno elástico esticado tende a assumir a forma original, assim também toda matéria viva, consciente ou inconscientemente, busca readquirir a completa, a absoluta inércia da existência inorgânica. O impulso de vida e o impulso de morte habitam lado a lado dentro de nós.

M.KLEIN, por sua vez, adotou a designação de *pulsão de morte* cunhada por Freud, porém deu-lhe uma concepção significativamente diferente. Enquanto para FREUD a expressão *pulsão de morte* designava uma origem fundamentada em uma necessidade biológica de retorno à condição inorgânica (na base do preceito bíblico "viestes do pó e ao pó voltarás"), para M.KLEIN essa *pulsão de morte* conceituava uma inata destrutividade sádica dirigida ao seio mau. A manifestação clínica dessa destrutividade ela considerou, a partir de 1957, como inveja primária.

A obra de M.KLEIN está essencialmente fundamentada na ação da pulsão de morte, uma vez que essa, agindo por dentro, acarreta a terrível angústia de aniquilamento. Esta, por sua vez, mobiliza os mais primitivos mecanismos defensivos do ego, enquanto a pulsão de morte, agindo para fora, carregada com fantasias sádico-destrutivas contra objetos necessitados e ambivalentemente amados, produz culpas, com as conseqüentes angústias persecutórias e a necessidade de fazer reparações.

Mudança catastrófica [BION, 1966]

Título de importante artigo, publicado em 1966, onde, utilizando o modelo continente-conteúdo, BION mostra como, em contextos diferentes (na mente, nos grupos, na sociedade, na sessão psicanalítica, etc.), sempre há uma conjunção constante de fatos específicos. Sempre que essa conjunção estável enfrenta uma situação de mudança e de crescimento, a situação se altera e se instala um clima de catástrofe.

Essa mudança catastrófica abriga três características, às quais BION denomina: *violência, invariância e subversão do sistema.* Nessa obra, Bion também descreve três tipos básicos da relação continente-conteeúdo: a *comensal*, a *simbiótica* e a *parasitária*. Partindo desse modelo, faz considerações muito interessantes relativas à interação das palavras com os seus significados. Ainda neste texto, BION estuda a relação entre o *gênio* (ou *místico*) – aquele que é portador de uma idéia nova – e o *establishment*. Também enfoca a relação entre o *pensador* e os *pensamentos* sob o prisma da verdade, da falsidade e da mentira..

Em termos clínicos, BION utiliza essa expressão (muitas vezes o original *catastrophic change* aparece traduzido como *câmbio catastrófico*) para designar que toda evolução implica sucessivos processos de transformações. Numa análise, o analista deve estar atento à possibilidade de que uma mudança significativa de estado mental do paciente (por exemplo: passar da posição esquizo-paranóide para a depressiva ou fazer renúncias às ilusões do mundo narcisista) venha acompanhada de uma dor psíquica muito intensa, que BION denomina *mudança catastrófica*.

Esta última, clinicamente consiste na possibilidade de o analisando mostrar-se confuso, deprimido, desesperançado, dizendo ao analista de que está muito pior do que antes de ter começado a análise, não sendo rara a possibilidade de surgir uma ideação suicida. Apesar da eventual dramaticidade do quadro clínico, é bem provável que ela seja temporária e represente o preço a ser pago por uma significativa melhora e um expressivo crescimento mental.

Mutativa, interpretação [J. STRACHEY]

Em 1934, J.STRACHEY, psicanalista que pertencia à Sociedade Britânica de Psicanálise, publicou "A natureza da ação terapêutica da psicanálise". Esse trabalho veio a tornar-se célebre e é, ainda nos dias atuais, em quase todos institutos de psicanálise, objeto de seminário de técnica psicanalítica. Ele continua promovendo polêmicas e indagações acerca de alguns aspectos e objetivos da interpretação.

De forma sintética, pode-se dizer que a palavra *mutativa* comporta dois significados que correm juntos. Um consiste na mudança, durante a sessão, de um momento atual vivido na transferência com o analista, para um outro momento do passado, vivido com os pais, de modo a promover um encontro entre esses dois planos. O segundo significado alude a que, por meio da ação terapêutica da interpretação transferencial, o paciente vai *mudando* a natureza do seu superego.

Mutismo

Na situação da prática analítica, é útil estabelecer uma diferença entre *silêncio* e *mutismo*. O primeiro pode acontecer sob distintas modalidades, graus e circunstâncias, muitas vezes com uma significação bastante positiva. O termo *mutismo*, por sua vez, alude a uma forma mais prolongada e com uma determinação mais definida do paciente em manter-se silencioso na análise, às vezes de forma absoluta, ou com esporádicos e lacônicos comunicados verbais.

Comentário. O próprio mutismo também deve ser distinguido quanto à possibilidade de decorrer de uma timidez expressiva, de uma proteção ao self ameaçado, portanto a serviço da pulsão de vida, ou se o mutismo adquire uma forma arrogante, constituinte de uma conduta própria de um negativismo mais amplo e arraigado, logo, sob a égide da pulsão de morte.

Em resumo, o paciente silencioso não deve ser sistematicamente encarado como *resistente* à análise, embora muitas vezes o silêncio excessivo possa constituir um obstáculo intransponível a seu livre curso. Pelo contrário, é mais eficaz que o psicanalista compreenda o silêncio como um desconhecido *idioma de comunicação* à espera de uma descodificação e de uma tradução em palavras simples e compreensíveis.

Mutualidade, a experiência de [Winnicott]

Com essa expressão, Winnicott, em "A experiência da mutualidade mãe-filho" (1969) procurou demonstrar que na relação mãe-bebê, no ato da amamentação, mais do que a alimentação em si, o fundamental para a estruturação da criança é como se processa a comunicação pré-verbal entre eles.

Destarte, tanto a comunicação inconsciente quanto os estados afetivos referentes à mãe estão intrinsecamente ligados à habilidade da mãe em identificar-se, de forma fundida, com seu bebê, como pode-se depreender dessa frase textual de Winnicott: "É desta forma que testemunhamos concretamente a mutualidade, que é o início da comunicação entre duas pessoas, isto é, no caso do bebê, uma conquista do desenvolvimento que depende dos processos herdados por ele e que conduzem ao crescimento emocional, dependendo da mesma forma da mãe, de sua atitude e capacidade de tornar real aquilo que o bebê já está prestes a alcançar, descobrir, criar".

N

Não

O termo *não* aparece com bastante regularidade na literatura psicanalítica, com significações distintas, a partir de diversos autores, como pode ser evidenciado nas conceituações que seguem:

1. Não e Sim [Spitz]

Essa terminologia foi empregada por R. Spitz, em seu livro *No y Si* (1957), no qual descreve a função estruturante que resulta de a criança poder dizer *não* numa fase evolutiva correlata à da analidade, porquanto serve de subsídio para ela começar a construir sua noção de direito à propriedade e uma abertura para o caminho da emancipação.

2. Não analisabilidade (conceito de técnica)

Na prática clínica, o critério de admitir pacientes para a análise clássica sempre foi uma fonte de controvérsias, polêmicas e de muitas transformações ocorridas paralelamente com os avanços da teoria e das técnicas psicanalíticas. Assim, durante muito tempo, predominou um critério de *indicações* e de *contra-indicações*, levando em conta principalmente os aspectos relativos ao *diagnóstico* e ao *prognóstico*.

Destarte, nos primeiros tempos a análise era preliminarmente contra-indicada para pacientes de estrutura psicótica, ou que pudessem representar risco de apresentar regressão psicótica. Também deveriam ser recusados crianças, pacientes considerados idosos, pacientes com algum risco mais sério e outros afins.

Na atualidade, os analistas sentem-se muito mais confiantes em atender pacientes borderline, ou mesmo psicóticos e perversos, desde que preencham os critérios de acessibilidade, que não levam tanto em conta o diagnóstico, o prognóstico e o grau de patologia. Valorizam-se muito mais aspectos como o da motivação para fazer mudanças verdadeiras, a maior ou menor resistência do paciente para permitir acesso a seu inconsciente e a sua reserva de capacidades positivas.

Quanto à análise com crianças, ninguém mais contesta sua plena validade e eficácia. Em relação à análise com idosos, hoje ganha reconhecimento a **frase** que já na época pioneira, que Abraham usou no seu livro *Psicanálise clínica* (1919): "a idade da neurose é mais importante do que a idade do paciente". De fato, os idosos que, obviamente preencham algumas condições mínimas, já saíram da lista dos não analisáveis, e a experiência clínica tem atestado resultados analíticos muito bons..

O fato de que aumenta o espectro dos pacientes que eram recusados para análise e hoje são considerados analisáveis, de forma nenhuma exclui que o analista deva ser criterioso, embora com maior elasticidade.

3. Não integração [Winnicott]

Winnicott cunhou essa expressão para designar o fato de que, nos primeiros tempos, devido à imaturidade bioneurológica, a corporalidade do bebê consiste num estado de *não integração* (não é a mesma coisa que *desintegração!*) entre as diferentes partes de seu corpo e entre seu corpo e sua mente. A angústia que, em situações futuras, acompanha uma regressão para um estado de *não integração* foi definida por Winnicott como *breackdown*, ou seja, uma angústia catastrófica, na qual o paciente tem a impressão de que seu corpo não lhe pertence, de que vai despencar no espaço e experimenta sensações afins.

4. Não seio [Bion]

Bion freqüentemente emprega o sinal – (menos) para designar uma antiemoção (por exemplo, – L, – H, – K , como pode ser visto no verbete vínculos*)*. Conforme o grau de negatividade, o *menos* pode atingir o significado de *não*, ou seja, de desaparecimento.

Assim, o signo – K pode designar um afastamento total do conhecimento das verdades – um *não-conhecimento* – ou seja, uma foraclusão se usarmos o referencial de Lacan. Da mesma forma, Bion refere o *não seio* ou *não coisa*. Pior do que introjetar um seio *mau*, que está interiorizado e representado dentro dela como a *presença* de uma *mãe* ausente, é a criança não ter representação nenhuma de seio-mãe: trata-se, segundo Bion, de um *não seio*.

A formação de uma *não coisa* pode ficar mais clara se utilizarmos um exemplo do próprio Bion. Esse autor diz que diante da ausência prolongada de algo ou de alguém, processa-se uma *não* (*no* em inglês) *coisa* (*thing*), ou seja, *no* + *thing*, forma *nothing* (*nada*).

Narcisismo: uma introdução, sobre o (Freud, 1914)

Trabalho considerado como um dos mais importantes de Freud e um significativo marco na evolução de seu pensamento psicanalítico. Um forte motivo para Freud ter concebido e redigido esse artigo foi, sem dúvida, responder às fortes contestações do recém-dissidente Jung para demonstrar que o conceito de narcisismo permite uma alternativa para as noções de *libido não-sexual* de Jung e para o *protesto masculino* de Adler.

Em "Sobre o narcisismo..." Freud resume seus trabalhos anteriores sobre o tema do narcisismo e leva em consideração sua posição no desenvolvimento sexual. Também aborda os problemas mais profundos das relações entre o ego e os objetos externos, estabelece a nova distinção entre a libido do ego e a libido objetal e apresenta os conceitos de ideal do ego e da instância autovigilante com ele relacionada, que é a base do que posteriormente veio a ser definido como superego.

O artigo se compõe de três partes:

A parte I trata do "Estudo do narcisismo em diversas condições", em que Freud estabelece certa correspondência entre a vida mental dos esquizofrênicos, a das crianças e a dos povos primitivos.

Na parte II, "O narcisismo na doença orgânica, na hipocondria e na vida erótica", Freud mostra as diversas maneiras de como a libido pode ser retirada do mundo objetal exterior e ficar reinvestida no próprio ego. A parte III, denominada "Ideal do ego, herdeiro do narcisismo", aborda a noção de idealização e os problemas da auto-estima. Esse trabalho aparece no volume XIV, p. 89, da Standard Edition brasileira.

Narcisismo [FREUD, ROSENFELD, LACAN, KOHUT]

O termo *narcisismo* remete ao mito de Narciso, portanto, designa essencialmente um *amor pela imagem de si mesmo*. Há um verdadeiro leque de acepções de narcisismo, desde as distintas abordagens pioneiras e originais de Freud, até as atuais, provindas de autores de diferentes correntes psicanalíticas, em diferentes épocas e latitudes. De forma simplificada, pode-se dizer que a evolução do conceito de narcisismo tem transitado pelos seguintes enfoques e autores:

1. Como uma forma de *perversão*, conforme o sexologista H.ELLIS, que, em 1899, empregou o termo *narcisismo* pela primeira vez.
2. Um *tipo de escolha* objetal. Assim, a primeira vez que FREUD utilizou *narcisismo* foi em 1910, numa nota acrescentada aos "Três ensaios sobre a teoria da sexualidade", onde refere que os *invertidos* (Freud ainda evitava empregar a palavra *homossexual*) "tomam a si mesmos como objetos sexuais (...) e, partindo do narcisismo, procuram rapazes semelhantes à sua própria pessoa, a quem querem amar tal como sua mãe os amou". Essa concepção de FREUD aparece mais claramente evidenciada em "Leonardo da Vinci", também publicado em 1910.
3. Uma *fase evolutiva*, como FREUD descreveu no trabalho "Notas psicanalíticas sobre um relato autobiográfico de um caso de paranóia" (muitíssimo mais conhecido como o *Caso Schreber*), de 1911. Essa conceituação de narcisismo como uma etapa evolutiva da psicossexualidade tem sido desenvolvida na atualidade por muitas correntes psicanalíticas, as quais enfatizam a etapa primitiva da fusão simbiótica do bebê com a mãe, em um estado de indiscriminação e de especularidade.
4. Um *ponto de fixação* das psicoses, como também transparece em *Schreber*.
5. Um narcisismo do tipo libidinal, ou seja, um processo de investimento da libido sobre o próprio ego (conceito essencial de FREUD, descrito em seu magistral "Sobre o narcisismo: uma introdução", de 1914).
6. Um *tipo de identificação*, no qual, diante da perda de um objeto, o self transforma-se à imagem e semelhança desse objeto perdido, como aparece no trabalho de FREUD "Luto e melancolia", de 1917.
7. Um narcisismo *normal e estruturante* que, ao longo da vida, pode sofrer transformações sublimatórias, sob a forma de sabedoria, criatividade, etc., como postula KOHUT (1971).
8. Um narcisismo *destrutivo*, como o denomina ROSENFELD (1971), que também aparece com outras denominações, como a de narcisismo *negativo* (que consiste no direcionamento para o self, da destrutividade, a qual fica idealizada), ou como a de GREEN, (1976), narcisismo de *morte*.
9. Um narcisismo de origem *pré-natal*, como preconiza GRUMBERGER (1979), o qual se constitui como uma permanente busca de um estado paradisíaco.
10. Uma forma de *identificação primária*, sob o registro do imaginário, quando a criança se identifica especularmente com um duplo de si mesmo, tal como LACAN postula em seus originais estudos sobre a etapa do espelho.
11. Um *estado narcísico*, uma forma defensivo-regressiva de o sujeito enfrentar sua sensação de pequenez e desvalia diante de determinadas situações de desamparo.
12. Uma *personalidade narcisista*, constituída por um conjunto de traços, característi-

cas e atitudes, como, entre outros, uma megalomania, que determina uma forma de *ser* e *de viver*.
13. Uma *forma de transferência* na situação analítica nos termos descritos particularmente por Kohut.
14. Uma *organização narcisista* resultante de possíveis combinações e arranjos peculiares dos elementos próprios do narcisismo original que podem ficar enquistados no ego do sujeito como uma organização patológica, como a gangue narcisista nos termos descritos por Rosenfeld (1971).
Comentário. Creio ser útil propor a conceituação de **posição narcisista**, a qual pode ser concebida como um vértice de visualização do mundo das relações humanas a partir da condição fundamental de que ainda não se tenha processado a diferença entre o *eu* e os outros. As características da *posição narcisista* são:
a) na sua origem, ela precede à posição esquizo-paranóide porque é a fase em que o bebê ainda confunde o mundo como sendo uma extensão dele;
b) existe uma condição de indiferenciação;
c) uma negação das diferenças – a presença no sujeito da assim chamada parte psicótica da personalidade;
d) a persistência de núcleos de simbiose e ambiguidade – uma lógica do tipo binária (o sujeito é o melhor ou o pior...);
e) uma escala de valores centralizada no ego ideal e no ideal do ego; uma afanosa busca por fetiches e objetos reasseguradores;
f) um permanente jogo de *comparações* com os outros;
g) a frequente presença de uma gangue narcisista.
A noção de *narcisismo* ocupa um espaço de crescente importância na psicanálise contemporânea, notadamente em dois aspectos: um é o relativo às interações e a intersecção do narcisismo com a sexualidade edípica; e o segundo, o cada vez maior entendimento do narcisismo primitivo, alargou as portas para a análise de pacientes intensamente fixados, ou regredidos, às primitivas etapas do narcisismo original.

Narcisismo primário e secundário
[Freud]

A partir de "Sobre o narcisismo: uma introdução" (1914), Freud estabeleceu de forma consistente e categórica os fundamentos metapsicológicos dessa então revolucionária concepção psicanalítica de narcisismo.
O interessante é que esse clássico trabalho foi elaborado por Freud como uma réplica a Jung, que acabara de assumir total dissidência do círculo freudiano. Contestava a teoria da sexualidade com o argumento de que ela não poderia explicar as psicoses, tendo em vista que tais pacientes não demonstravam interagir libidinalmente. Para contestar esse desafio do desafeto Jung, Freud teve a genial centelha de conceber que o sujeito tomava seu próprio corpo como sendo ao mesmo tempo *fonte* e *objeto* da libido sexual.
Essa última concepção caracteriza o que Freud veio a conceituar como **narcisismo primário**, que inicialmente postulou como sendo uma etapa evolutiva sucedendo a uma anterior, que denominara de auto-erotismo. Posteriormente, no entanto, as denominações e conceitos ficaram superpostos e igualados entre si.
A maioria dos autores considera que o protótipo mais fiel do *narcisismo primário* é o da vida intra-uterina.
O **narcisismo secundário**, como o nome indica, alude a uma espécie de refluxo da energia pulsional, a qual, depois de ter investido e *ocupado* os objetos externos, sofre um desinvestimento libidinal, quase sempre devido a fortes decepções com os objetos externos provedores das necessidades, e retornam ao seu lugar original, o próprio ego.
A maioria dos autores posteriores a Freud não encontra vantagem alguma em man-

ter-se a divisão entre narcisismo primário e secundário, pois, na prática analítica, ambas são indissociáveis e confundem-se entre si. M.KLEIN, partindo da sua postulação da existência primária, já desde o recém-nato, de relações objetais, foi levada a rejeitar tanto a noção de narcisismo, primário ou secundário, quanto a de um estado narcísico (em toda a sua obra a palavra *narcisismo* não aparece mais do que duas vezes).

Para ela, o fenômeno do narcisismo encontra explicação na sua teoria relativa ao retorno da libido para os objetos internalizados. Do ponto de vista da psicanálise contemporânea, poucos contestam que restringir o conceito de narcisismo unicamente a essa posição de M.KLEIN representaria um empobrecimento da psicanálise.

Narcisismo, transtornos do [KOHUT]

KOHUT é o autor que mais intensamente dedicou-se aos estudos pertinentes ao narcisismo, sobretudo em três aspectos: o narcisismo normal, as transferências narcisísticas e a patologia do narcisismo. No último caso, sustenta que os pacientes que sofrem de algum *transtorno do narcisismo* mostram-se como *personalidades famintas*, em uma dessas quatro possibilidades, as quais, naturalmente, serão repetidas na transferência, na prática analítica:

1. *Famintas por uma fusão* pelo fato de que vivenciam o terapeuta como uma extensão do seu próprio self. Esses pacientes apresentam uma enorme dificuldade com as separações.
2. *Famintas por espelho*, que sentem necessidade de encontrar no analista um *espelho*, inicialmente estruturante, que reconheça e aceite seu exibicionismo, assim refletindo a grandiosidade de seu *self*.
3. *Famintas por ideal*, caracterizadas por uma busca constante de uma imago parental idealizada, ou seja, de pessoas como o analista, a quem possam admirar pelo seu prestígio, poder, beleza, inteligência ou virtudes morais.
4. *Famintas por gemelaridade*, consistente da necessidade de encontrar um *gêmeo*, um *alter ego*, isto é, alguém suficientemente parecido com ele para confirmar a existência e aceitação do seu próprio *self*.

Em resumo, pode-se dizer que, da mesma forma como Copérnico demonstrou que o planeta Terra não passa de um corpo opaco que gira em torno do Sol, do qual recebe luz e calor, também na psicanálise contemporânea o sujeito narcisista deve sofrer a dor de renunciar a sua ilusão de ser o centro, em torno de quem tudo e todos se movem. Na verdade, ele é que gira em torno de suas carências básicas, mascaradas por uma pretensão de autonomia, ilusão de independência e presunção de auto-suficiência.

Narciso, mito de

A clássica e simplista versão de que Narciso mirava-se nas águas da fonte, porque estaria apaixonado por si mesmo pode ser ampliada na atualidade por um entendimento bem mais complexo e rico. A partir da versão de Ovídio, que, na terceira parte de suas *Metamorfoses*, celebrizou o mito e o personagem, acredita-se que o elemento essencial do mito consiste na busca de Narciso por uma fusão especular: no reflexo das águas da fonte (mãe, fonte da vida), ele busca a si mesmo.

No entanto, está condenado a nunca encontrar a sua *real* imagem refletida, pelo fato de que ela corresponde a uma etapa evolutiva em que está indiscriminada e confundida com a da mãe, como está descrito no estágio do espelho, de LACAN.

Numa outra versão desse mito, a de Pausânias, Narciso mirava-se no espelho para acalmar a pena pela perda de sua irmã gêmea, que, como ele, era belíssima. Também aí se pode reconhecer a busca gemelar, a sombra, o duplo, ou seja, a parte que faltava a Narciso para compor a totalidade de sua imagem corporal.

A etimologia de *Narciso* é interessante. Segundo Brandão (1987), provém da flor conhecida como *narciso*, que, como o personagem a quem emprestou o nome, é descrita como sendo bela, inútil, decorativa, estéril, venenosa, dá junto às águas. Ainda mais, é estupefaciante (de acordo com sua raiz grega *narke*, de onde vem *narcótico), é* de vida breve e simboliza a *morte e a ressurreição.*

Tirésias – o personagem articulador entre Narciso e Édipo, pelo fato de ter uma presença relevante em ambos os mitos – profetizara a Líriope que seu filho Narciso viveria enquanto *não conhecesse a si próprio.* Essa profecia pode ser entendida como um atestado de que há uma incompatibilidade entre a indiscriminação e a indiferenciação inerentes a Narciso. O vir a conhecer-se já implica um reconhecimento de uma diferença do outro, caso em que já estamos no terreno de Édipo. A transição do espelho da ilusão para o mundo da realidade exige que, como acontece com a flor e, no mito, Narciso morra e metamorfoseie-se em Édipo.

Nascimento, o trauma do [O.Rank]

Expressão criada por Otto Rank em 1924. Nessa época ele começava a se afastar da doutrina freudiana clássica, publicando seu livro iconoclasta que o tornaria célebre: *O trauma do nascimento.* Nessa obra, Rank defende a idéia de que, no nascimento, todo ser humano sofre um trauma maior, que procurava superar depois, aspirando inconscientemente a voltar ao útero materno.

Em outras palavras, fazia da primeira separação biológica da mãe o protótipo das angústias psíquicas. Essa tese, como se vê, aproxima-se das idéias que nessa época M. Klein começava a esboçar, e que mostram o quanto Rank se distanciava da concepção clássica do complexo edípico e valorizava muito mais a relação precoce, logo, pré-edípica, da criança com a mãe.

Freud, inicialmente, em "Inibições, sintomas e angústia" (1926), se opôs às teses de Rank. Porém posteriormente, nas "Novas conferências introdutórias sobre a psicanálise" (1933), revisou sua posição e enfatizou que Rank tivera o mérito de ressaltar a importância da primeira separação do bebê com a mãe.

Nascimento psicológico da criança
[Margareth Mahler]

Expressão bastante freqüente nos textos psicanalíticos concernentes ao desenvolvimento emocional primitivo. Foi cunhado por M. Mahler, que, no livro *O nascimento psicológico da criança: simbiose e individuação* (1971), descreve as observações diretas de crianças interagindo com a mãe e com outras crianças.

Essa observação era feita através de um espelho que ficava numa sala coletiva, o que lhe permitiu estudar as diversas fases evolutivas, desde a simbiose até a aquisição de uma constância objetal, com uma consolidação do self.

Mahler e colaboradores situam o nascimento psicológico no período em, que a criança começa a fazer uma diferenciação com a mãe e, a seguir, adquire uma *gradativa separação* e individuação, processo que adquire especial importância na prática analítica, particularmente com pacientes bastante regredidos.

Necessidade [Lacan]

Em psicanálise, *necessidade* alude à demanda pulsional que visa a satisfazer o mínimo necessário para manter a sobrevivência física e psíquica, sempre levando em conta que isso implica um indispensável tipo de vínculo com outra pessoa.

LACAN ajudou a estabelecer uma útil diferença entre *necessidade, desejo* e *demanda*. Assim, a *necessidade* é como foi definida acima; o *desejo* alude a uma necessidade satisfeita com um *plus* de prazer e gozo, que o sujeito quer voltar a experimentar, enquanto *demanda* refere que a satisfação dos desejos é insaciável. O verdadeiro significado de *demanda* é um pedido desesperado por reconhecimento e amor, como forma de preencher uma antiga e profunda cratera de origem narcisista.

Necessidade de castigo [FREUD]

FREUD preferia essa expressão à mais comum de *sentimento de culpa inconsciente*, porque percebeu que se tratava de um fenômeno mais abrangente e complexo. Sempre demonstrou um interesse especial pelas situações psíquicas que evidenciam uma autopunição, como observava: nos sonhos punitivos que representavam como que um preço a ser pago à censura onírica para obter a realização do desejo; nas auto-recriminações do obsessivo, que faz dele um carrasco de si mesmo; na melancolia, na qual existe uma compulsão à autopunição que pode chegar até o extremo de suicídio; nos casos de *criminosos por autopunição*, ou seja, nos comportamentos agressivos e delituosos que visam, no fundo, a uma punição do sujeito; nos casos de masoquismo moral, que induz o sujeito a se comprazer na busca de situações penosas e humilhantes; e, finalmente, na prática analítica, no surgimento de uma reação terapêutica negativa.

Do ponto de vista da teoria topográfica, FREUD considerava a necessidade de o sujeito ser castigado pela pressão punitiva que um superego exigente e tirânico exerce sobre o ego. Porém, enfatizou que essa não é a única fonte, já que, segundo ele, deve ser levada bastante em conta a ação da pulsão de morte determinando um masoquismo.

Assim, o sadismo do superego e o masoquismo do ego não devem ser considerados como unicamente a cara e a coroa, simétricas, de uma mesma moeda, porquanto elas também têm sua área específica de ação.

Negação [FREUD, LACAN]

Em sentido genérico, pode-se dizer que *negação* (*Verneunung* foi a palavra utilizada por FREUD no original alemão) refere-se a um processo pelo qual o sujeito, de alguma forma, inconscientemente, *não quer* tomar conhecimento de algum desejo, fantasia, pensamento ou sentimento. O fenômeno da negação pode ser realizado de formas distintas, para finalidades específicas do ego do sujeito. O emprego dos respectivos termos, tanto no original alemão como nas diferentes traduções é algo confuso.

No entanto, fazendo a ressalva acima apontada, pode-se dizer, em linhas gerais, que as seguintes modalidades de *negação* foram descritas por FREUD em diferentes momentos de sua obra:

1. *Repressão ou recalcamento*. O termo original é *Verdrängung*. Mecanismo que mais aparece nas neuroses comuns, muito especialmente nas histerias, casos em que o ego se *nega* a reconhecer como seus e a admitir que o recalcado emerja no consciente.

2. *Renegação* (também denominada freqüentemente como denegação, desmentida, recusa ou desestima), corresponde ao termo *Verleugnung* e refere o fenômeno pelo qual o sujeito *sabe* que os desejos, pensamentos e sentimentos negados são mesmo dele, porém continua a defender-se categoricamente, negando que lhe pertençam. Essa modalidade de negação é típica dos pacientes com perversão. O próprio FREUD diz, em "Fetichismo"(1927), que essa perversão decorre da *negação da castração*, o que leva o sujeito a substituir o

pênis por algum fetiche, como sapatos, por exemplo, para manter a ilusão de um "faz-de-conta que não me sinto castrado".

3. *Foraclusão* (também traduzido por *forclusão*, ou *rejeição*, ou *repúdio*), cujo original é *Verwerfung*, é um termo introduzido por LACAN que designa uma negação extensiva à realidade exterior, e o sujeito a substitui pela criação de outra realidade ficcional. Um bom modelo está contido no que FREUD descreveu como *gratificação alucinatória do seio*, quando, por algum tempo possível, a criança substitui o seio ausente da mãe pelo seu próprio polegar. Esse tipo de negação mais extremada é mais típica de pacientes psicóticos.

No trabalho *A negação* (1925), FREUD faz a importante observação de que, na prática analítica, a negação pode representar uma confirmação, de modo que ele afirma: "Não há prova mais forte de que conseguimos descobrir o inconsciente do que vermos o analisando reagir com estas palavras: *não pensei isso*, ou *não (nunca) pensei nisso*".

Negatividade, princípio da

Dentro do entendimento contemporâneo de que o psiquismo comporta muito mais do que uma dimensão única e de que os fatos psíquicos não seguem uma ordem linear e que, tampouco, obedecem ao determinismo de causa-efeito, é importante consignar que existe no funcionamento mental o fenômeno da *negatividade*. Consiste no fato de que os opostos e contraditórios *não são excludentes* entre si, pelo contrário, *são includentes*. O arranjo dos contrários é que propicia a formação da unidade, de um todo integrado.

Isso seria importante na prática analítica se em nossa atividade interpretativa, no lugar do costumeiro emprego da conjunção alternativa *ou*, os analistas empregassem prioritariamente a conjunção copulativa *e*.

Em outras palavras: no conceito de *negatividade*, uma coisa não pode existir sem que haja ao mesmo tempo uma *não-coisa*, como nos mostra a física moderna, de que a toda matéria corresponde uma *antimatéria*. O bonito só existe porque contrasta com o feio, o branco com o preto, etc. A propósito do *jogo dos contrários*, exemplificado com o *branco* e o *preto*, (simbolicamente, podem ser os *brancos e pretos* do psiquismo humano) vale a singela metáfora de que, tomados isoladamente, o branco ou o preto não nos diriam nada e provocariam uma monotonia entediante. No entanto, podem ser arranjados de forma a compor um tabuleiro de xadrez, que pode ter uma excelente utilização.

Assim, muitos autores contemporâneos destacam o aspecto positivo do uso da negatividade na situação analítica, porque, quando o analisando (ou o analista) nega uma determinada *verdade* definida, acabada, saturada, estará reconhecendo que existe um espaço fora de seus limites, e que está abrindo um espaço para ver o *outro lado* de uma mesma coisa.

Aliás, BION sempre enfatizou que o verdadeiro crescimento se completa na negação (não no sentido de <u>negativismo</u>, mas, sim, no de uma contestação sadia pela qual o sujeito quer ir cada vez mais longe). Partindo de sua concepção de que a *ausência do seio (no-thing)* tanto é capaz de possibilitar a representação presente de um seio ausente, como também é possível não se formar a representação do seio, ficando no seu lugar o vazio do nada (*nothing*), BION descreve uma espécie de *jogo dos contrários*. Nesse caso, à moda de um jogo dialético (teses permitindo antíteses, das quais resultam sínteses que, por sua vez, funcionam como novas teses), ao longo de toda nossa vida os contrários convivem íntima e reciprocamente, como é o caso do presente com o ausente, da afirmação com a negação, o bom com o mau, etc. BION (1992b, p.156) ilustra a noção de negatividade com estas **frases** muito significativas: "Cada demônio tem um santo que o acompanha (o conjunto de santos forma um *panteão*); cada santo tem um demônio (o conjunto dos demônios redunda num *pandemônio*). Do mesmo modo, cada cura tem um mal que a acompanha! (...) É importante que haja um casamento entre o paciente e ele mesmo".

Negativismo (prática analítica)

Forma nada rara de, na prática analítica, o paciente adotar uma atitude niilista, que constitui uma forma resistencial muito difícil. Nesses casos, o paciente descrê de tudo, age como um autômato, só vê defeitos e perspectivas pessimistas e derrotistas. Um grau extremo ocorre quando o paciente apresenta um mutismo permanente.

Comentário. Embora se trate de uma resistência que se pode mostrar irreversivelmente obstrutiva ao andamento da análise, o analista deve atentar para um aspecto importante: enquanto esse paciente estiver comparecendo às sessões é bem provável que esteja transmitindo uma mensagem que pode ser mais ou menos assim: "eu estou em estado de negativismo porque aprendi a não confiar em ninguém, porque nada vai adiantar, já que nunca fui entendido; logo, eu preciso de um tempo muito longo de observação para ter a certeza que vale a pena voltar a ter novas esperanças, sem correr o risco de vir novamente a ser fraudado. Por favor, doutor, tenha muita paciência comigo".

Negativo, trabalho do [ANDRÉ GREEN]

Como essa conceituação original de GREEN adquiriu intensa relevância na psicanálise, nada melhor do que lhe passar a palavra: " Eu procedo a uma espécie de classificação das defesas, em defesas primárias e secundárias. Considero defesas primárias tudo que diz respeito ao *trabalho do negativo*, isto é, as *diferentes maneiras de dizer não*, de recusar: podemos expulsar, podemos cindir, podemos recalcar, podemos dizer não verbalmente, podemos descarregar. E depois há o que chamo de mecanismos de defesa secundária: o isolamento, a anulação, a formação reativa, projeção e mesmo a introjeção. Chamo a estas de secundárias porque, para mim, o trabalho do negativo é a coisa mais importante" (Revista IDE, 1986).

Também na terceira conferência pronunciada em 1986 em São Paulo, que aparece publicada em *Conferências Brasileiras de André Green. Metapsicologia dos limites* (1990), GREEN prossegue, textualmente: "O artigo de FREUD sobre a *Negação* é, de longe, no que me diz respeito, o artigo que mais me faz refletir, em minha prática analítica e em minha elaboração teórica.(...) Freud disse que quando o paciente tem dificuldade de continuar associando, basta perguntar-lhe: o que está mais distante de seu espírito, qual a coisa mais impossível e inacreditável em que você pensaria neste momento? (...) Já que você não pode dizer o seu *sim* mais próximo, diga-me o seu *não* mais distante, e o seu *não* mais distante tornar-se-á o *sim* mais próximo que você não pode dizer".

GREEN completa seus esclarecimentos sobre o *trabalho do negativo* afirmando que: "Quanto à negação em si, ela se estende ao conjunto do campo, da pulsão à linguagem, enquanto que as outras categorias do trabalho do negativo incidem, no caso da forclusão, sobre o próprio representante psíquico ('eu nem ligo'), ou sobre o objeto de percepção, na recusa da diferença dos sexos, ou sobre o afeto, na repressão, ou ainda sobre a linguagem, mais especificamente na negação, mas sendo essa suscetível de abranger todo o conjunto".

Neo ou re-identificações

Expressão que está aparecendo em muitos textos psicanalíticos contemporâneos e designa o importante fato de que, em algum grau, todo paciente porta no interior de seu psiquismo, algumas identificações, parciais ou totais, com figuras patogênicas, como pode ser a de uma mãe enlouquecedora ou a de um pai que representa um modelo de pessoa fracassada, etc.

Na prática analítica é indispensável que gradativamente o paciente consiga fazer desidentificações, ou seja, após ter adquirido a condição de enxergar seus pais como objetos totais, não só os pais reais, como também e principalmente como eles estão introjetados e representados dentro dele. A partir dessa visualização integrada de cada um dos genitores, ou outras figuras importantes que lhe serviram de modelo de identificação, o paciente pode dar-se o direito de discriminar e decidir quais os aspectos parciais de cada um daqueles que ele quer conservar consigo e quais os de que quer se desfazer, ou seja, se desidentificar.

Simultaneamente com as desidentificações, vai se abrindo um espaço psíquico que vai sendo preenchido pelo *novo modelo* (uma *neo-identificação)* que o paciente tem à sua frente: o seu analista, o qual, além da atividade interpretativa, tem uma maneira pessoal de *conter* angústias, de como *pensa, comunica,* encara as *verdades* difíceis, acredita nas capacidades latentes do paciente, etc.

Neo ou re-significações*

De forma análoga à do verbete anterior, também é importante que sejam dessignificadas determinadas significações patógenas que o paciente carrega ao longo da vida. Como exemplos podemos citar os casos de: um paciente que tem fobia por tempestades porque durante toda a infância ele ouviu repetidamente sua mãe, em pânico, pronunciar mensagens terroristas quanto ao risco de um raio vir a incendiar, matar...; de outro que era classificado como *desajeitado* toda vez que não fazia alguma coisa com perfeição; de mais outro, cuja agressividade poderia ter matado o irmãozinho. Enfim, os exemplos poderiam se multiplicar por milhares.

Concomitantemente com as dessignificações, abre-se um espaço mental, não só através da imprescindível atividade interpretativa, mas também pelo modelo da maneira autêntica de o analista *ser*. Esse espaço será substituído por novas (*neo*)-significações menos terríficas, denegridoras, mais tranqüilas e estruturadoras.

Neotenia

O bebê nasce num estado de *neotenia*, isto é, nasce *prematuramente* no sentido de que apresenta, em relação a qualquer espécie do reino animal, uma prolongada deficiência de maturação neurológica, motora, que o deixa num estado de absoluta dependência e desamparo.

Em contraste com a lentidão da maturação motora, o desenvolvimento dos órgãos dos sentidos da criança é relativamente precoce e rápido: ela começa a sentir calor e frio desde o nascimento, a ouvir a partir das primeiras semanas, a olhar por volta do primeiro mês, e assim por diante.

A importância do conceito psicanalítico de *neotenia* consiste no fato de que esse estado mental de desamparo, acompanhado de uma sensação de impotência, pode ficar inscrito e representado no ego da criança, acompanhando-o vida afora, de sorte a forçar o adulto a adotar defesas típicas do narcisismo, tal como aparece descrito nesse verbete.

Neurastenia [FREUD]

A formação etimológica do termo, indica que *neurastenia* alude a uma fraqueza (*astenia*) nervosa, o que se justifica porquanto seus sintomas se manifestam sob a forma de uma grande e permanente sensação de fadiga física, além de cefaléia, transtornos digestivos, empobrecimento da vida sexual e outros afins, sem que os exames clínicos detectem causas orgânicas.

FREUD inicialmente descreveu dois tipos de neurose atual: a neurose de angústia e a neurastenia. Neste último caso, ele atribuía a causa a uma excessiva descarga de substâncias sexuais, como aconteceria no exagero da prática da masturbação. FREUD prossegue afirmando que, como conseqüência dessa "hemorragia de substâncias sexuais" é que surgem os sintomas de astenia e de adinamia.

Embora Freud tenha incluído a neurastenia como uma das formas de neurose atual, posteriormente veio a considerá-la como uma entidade clínica específica.

Neurose

No início de sua obra, FREUD dividiu os transtornos emocionais, que então denominava *psiconeuroses* em três categorias psicopatológicas: a) as neuroses atuais; b) as neuroses de transferência (também conhecidas como psiconeuroses de defesa) que eram as histerias, as fobias e as obsessivas; c) as neuroses narcisistas (que constituem os atuais quadros psicóticos).

De lá para cá, muita coisa mudou substancialmente na ciência da psicanálise e da psiquiatria: as síndromes da psicopatologia foram ganhando uma crescente compreensão genético-dinâmica e, paralelamente, os autores foram ampliando, subdividindo, diversificando, construindo novos modelos e, portanto, aumentando a complexidade nosológica, tal como aparece nas modernas classificações diagnósticas, como o DSM ou CID. As estruturas caractereológicas, os sintomas, as inibições e os estereótipos que configuram as diversas síndromes psicopatológicas resultam de um jogo dialético entre as relações objetais, as ansiedades e, para contra-arrestá-las, os tipos de mecanismos defensivos que são utilizados pelo ego.

Os pacientes portadores de estruturas neuróticas caracterizam-se pelo fato de apresentarem algum grau de sofrimento e de desadaptação em alguma, ou mais de uma, área importante de sua vida: sexual, familiar, profissional ou social, incluído, também, é evidente, seu particular e permanentemente predominante estado mental de bem ou de mal-estar consigo próprio.

No entanto, apesar de que o sofrimento e o prejuízo, em alguns casos, possa alcançar níveis de gravidade, os indivíduos neuróticos sempre conservam uma razoável integração do self, além de uma boa capacidade de juízo crítico e de adaptação à realidade. Outra característica dos estados neuróticos é a de que os mecanismos defensivos utilizados pelo ego não são tão primitivos como, por exemplo, os apresentados nos estados psicóticos, embora sempre esteja subjacente o que BION chama como parte psicótica da personalidade.

Neurose atual [FREUD]

O qualificativo *atual* deve-se ao fato de que essa neurose, segundo FREUD, que a descreveu pela primeira vez em 1898, não seria produzida por conflitos passados, mas, sim, por motivos atuais, de modo que ela não dependeria estritamente de fatores psicológicos. Assim, a neurose de angústia seria resultante de fatores biológicos ligados à sexualidade, que agiriam através de substâncias químicas, O acúmulo dessas *toxinas sexuais* produzidas pelas excitações frustradas manifesta-se diretamente por sintomas de angústia livre, como taquicardia, palpitações, respiração ofegante, etc., que, diz FREUD, "são aquelas mesmas que estão presentes no ato sexual".

Inicialmente, FREUD descreveu dois tipos de neurose atual: a neurose de angústia (resultante da libido estancada, como no caso do *coito interrompido*, da *angústia das virgens*) e a neurastenia (por excesso de eliminação, como no caso da masturbação excessiva). Posteriormente, em 1911, ao estudar o *Caso Schreber*, FREUD descreveu um terceiro tipo de neurose atual: a hipocondria, a qual poderia estar representando um núcleo *atual* de uma psiconeurose ou de uma psicose subjacente.

O conceito de neurose atual foi perdendo seu emprego na psicanálise à medida que foi se evidenciando que, seja qual for o valor precipitante dos fatores atuais, sempre existe a presença de contíguos conflitos mais antigos. Além disso, FREUD valorizou unicamente a não satisfação das pulsões sexuais, e nos dias de hoje é inconcebível não incluir o represamento ou a má distribuição das pulsões agressivas.

No entanto, mais modernamente, o conceito de *neurose atual* volta a ganhar credibilidade a partir dos grandes avanços nas teorias sobre as somatizações, com as noções pertinentes à égide de um conflito unicamente *atual* que, pela quantidade de excesso de estímulos, o ego não consegue processar e que, por isso, se escoarão por outras vias, como são as diversas possibilidades da fisiologia orgânica.

Neurose de angústia [FREUD]

FREUD estudou a angústia em dois momentos diferentes de sua obra. Na primeira formulação, a angústia seria conseqüência da repressão (recalcamento), que provocaria uma libido acumulada que funcionaria de uma maneira *tóxica* no organismo. A partir de *Inibições, sintomas e angústia* (1926), ele conceituou de forma inversa, ou seja, a repressão não é a causa da angústia, mas uma conseqüência, isto é, o recalcamento se processa como forma de defesa contra a ameaça de irrupção da angústia, mais especificamente, a angústia de castração.

A neurose de angústia consiste em um transtorno clínico que se manifesta por meio de uma *angústia livre*, quer de forma permanente, quer pelo surgimento de momentos de crise. Em outras palavras, a ansiedade do paciente expressa-se tanto por equivalentes somáticos (como uma opressão précordial, taquicardia, dispnéia suspirosa, sensação de uma "bola no peito", etc.), como também por uma indefinida e angustiante sensação do medo do sujeito de que possa vir a morrer, enlouquecer, ou da iminência de alguma tragédia.

Na maioria das vezes, esses sintomas indicam que está havendo uma falha do mecanismo de repressão, diante de um traumático excesso de estímulos externos e/ou internos.

A expressão *neurose de angústia* caiu em certo desuso, visto se confundir, ora com a doença do pânico, ora com a neurose atual, ora com a angústia dos fóbicos diante de situações especificamente ansiogênicas. Aliás, nos primeiros tempos, FREUD designava as fobias como *histerias de angústia*, o que evidencia sua percepção de que a neurose de angústia e a fobia são parentes íntimos.

Neurose de caráter

Tipo de neurose em que o conflito psíquico não se expressa pela formação de claros sintomas específicos, mas através de traços de caráter e por comportamentos que acarretam alguma forma de constantes dificuldades na sua vida exterior do sujeito.

Em grande parte, a psicanálise deve a introdução da expressão *neurose de caráter* e de sua aplicação na prática analítica a W.REICH. No livro *Análise do caráter* (1933), ele abordou o que chamou de *couraça charactereológica*, que muitos pacientes apresentam, como uma esclerose das defesas, que, não removida, tornaria a análise inviável.

A caractereologia pode ser abordada por três vértices:
1. Os traços de caráter que correspondem aos sintomas das neuroses, como seriam então, os caracteres obsessivo, fóbico, histérico, paranóide, etc.
2. As diferentes fases da evolução libidinal, como é o caso de um caráter oral, anal, fálico-narcisista, pré-genital, genital, etc.
3. Em termos estruturais, o que mais importa é o modo de como se organizam os desejos com as respectivas defesas, das quais as mais freqüentes são a formação reativa e a sublimação.

Neurose de destino [FREUD]

Essa denominação não tem valor nosográfico, pois não designa propriamente um quadro clínico com características específicas e bem definidas. No entanto, tem valor descritivo, porque enfatiza uma compulsão à repetição, mesmo de aspectos que causem sofrimento.
No fim do capítulo III, de *Além do princípio do prazer* (1920), FREUD descreve as pessoas que "...dão a impressão de que um destino as persegue, de que há uma orientação demoníaca de sua existência", como é o caso de benfeitores pagos com ingratidão, amigos traídos, etc.

Neurose de fracasso

RENÉ LAFORGUE, psiquiatra e psicanalista francês, introduziu essa expressão que, a exemplo da *neurose de destino*, também não determina um quadro específico na nosografia psicanalítica, porém tem um útil valor descritivo, uma vez que designa as pessoas que, inconscientemente, engendram sua própria infelicidade.
A neurose de fracasso é correlata à neurose de destino e, como ela, também obedece ao princípio de uma compulsão à repetição, apresentando as seguintes características:

1. O fator desencadeante não é o de transtorno emocional decorrente de algum fracasso real, mas, sim, é o inverso disso.
2. O fracasso também não é conseqüente a um acréscimo feito numa perturbação prévia, como pode ser, por exemplo, o de um sintoma fóbico muito limitante. Na verdade o que acontece é que o fracasso se constitui como o próprio sintoma e tem etiologia específica.
3. É bastante comum que o fracasso se siga aos êxitos, situação que pode repetir-se com uma freqüência regular ao longo da vida e atesta que existem proibições internas que impedem o sujeito de sentir-se merecedor de sucesso.

Neurose de transferência [FREUD]

Essa expressão comporta dois significados em psicanálise:
1. Como designativa de uma *forma de neurose* que possibilita o surgimento da transferência com o analista. Logo, são neuroses mais acessíveis à análise, como é o caso das neuroses histéricas, obsessivas e fóbicas (às últimas, durante muito tempo, FREUD chamava de *histeria de angústia*). Assim, a neurose de transferência se distingue das outras duas, que Freud classificava, respectivamente, como neurose atual (cujo mecanismo seria essencialmente somático), e como neurose narcisista (nesse caso, a libido estaria investida no próprio ego, portanto impossibilitaria o surgimento do fenômeno da transferência e, como decorrência, a inviabilidade da própria análise.
2. O segundo sentido da expressão *neurose de transferência* – que Freud introduziu em *Recordar, repetir, elaborar* (1914) – refere especificamente a prática analítica, relacionando-a com a postulação de que o paciente *repete* na transferência, com o analista, os passados conflitos infantis. Assim, a técnica psicanalítica passou a ficar centrada em substituir a neurose clínica por

uma neurose de transferência com o analista, a qual, sendo exitosamente analisada, leva à descoberta da neurose infantil. FREUD, que nos primeiros tempos supunha que a neurose de transferência seria uma interferência prejudicial à análise e que depois passou a considerá-la como um fator bastante positivo, também alertava contra alguns inconvenientes de uma neurose de transferência exagerada. Ao mesmo tempo, recomendava que os analistas deveriam estimular ativamente essa transferência e não *poupar* os pacientes de analisar essa situação transferencial, por mais difícil que pudesse aparentar.

Neurose e psicose [FREUD, 1924]

Nesse trabalho, FREUD afirma que a etiologia comum ao início da psiconeurose e da psicose é sempre a mesma. O que as diferencia é que a *neurose* é o resultado de um conflito entre o ego e o id, enquanto a *psicose* é o resultado de um conflito semelhante entre o ego e o mundo exterior. O efeito patogênico depende de o ego manter-se fiel à sua dependência quanto ao mundo exterior e tentar silenciar o id, como nas neuroses de transferência, ou de deixar-se vencer pelo id e ser arrancado da realidade, como nas psicoses.

No mesmo ano de 1924, Freud apresentou o artigo "A perda da realidade na neurose e na psicose", no qual afirma que na neurose, o ego, em sua dependência da realidade, suprime uma parte do id, enquanto na psicose esse mesmo ego, a serviço do id, se afasta de uma parte da realidade.

O fator decisivo para uma neurose seria a predominância da influência da realidade, enquanto para a psicose tal fator seria a predominância do id. A neurose não nega a realidade, simplesmente a ignora; a psicose nega a realidade e tenta substituí-la. Ambos os trabalhos foram de grande importância na época porque introduziram as fundamentais noções de outros tipos de negação, além dos do recalcamento, então bastante conhecidos, como são a denegação e a forclusão.

Os dois textos estão publicados no volume XIX da Standard Edition.

Neurose fóbica

Ver o verbete *Fóbica (neurose)*.

Neurose mista

Expressão proposta por FREUD, sobretudo nos primeiros trabalhos, com a finalidade de esclarecer que os sintomas psiconeuróticos muitas vezes podem estar combinados com os da neurose atual e mais, que as neuroses raramente se apresentam em estado puro, apesar de haver quase sempre preponderância de um ou de outro tipo de manifestação que caracterize uma neurose específica.

Neurose obsessiva

Ver o verbete *Obsessiva (neurose)*.

Neurose narcísica

FREUD empregava esse termo para referir uma doença mental que, em oposição às neuroses de transferência, caracterizava-se pela retirada da libido investida no mundo exterior, seguida pelo investimento no seu próprio ego. Do ponto de vista clínico, o grupo das neuroses narcisistas abrangeria o conjunto de psicoses – às quais também chamava de *parafreniais* – cujos sintomas não tenham sido efeitos de alguma lesão orgânica. Posteriormente, em especial no artigo "Neurose e psicose" (1924), FREUD passou a restringir o termo *neurose de transferência* para as situações de tipo melancólico, diferenciando-a assim, tanto das neuroses de transferência quanto das psicoses.

Com os avançados conhecimentos atuais sobre o narcisismo, a expressão *neurose de narcisismo* está virtualmente abandonada.

Neurose traumática

A conceituação dessa neurose está diretamente ligada à ocorrência *real* de algum acontecimento que tenha provocado forte choque emotivo no sujeito, muito particularmente em situações nas quais ele sentiu, de perto, uma ameaça à vida, ou à de suas pessoas queridas.

O termo *traumatismo* era utilizado para designar lesões orgânicas conseqüentes de fortes impactos produzidos acidentalmente, de maneira instantânea, por agentes mecânicos. Metaforicamente, a psicanálise a adaptou para os impactos psicológicos, os quais determinam uma série de sintomas variáveis, desde um estado de entorpecimento até o de uma agitação psicomotora..

É necessário fazer uma distinção entre dois tipos de neurose traumática:

1. Aquela em que a reação é muito desproporcional ao acontecimento desencadeante, caso em que é indispensável fazer a investigação da neurose subjacente que estava latente e foi "despertada".

2. O traumatismo é, por si só, o desencadeante de uma forte reação emocional que pode perdurar por muito tempo, no mínimo por um estado de permanente sobressalto quanto ao risco do mesmo acontecimento se repetir.

Cabe assinalar dois aspectos relativos à neurose traumática.

Um é o fato de que o sujeito traumatizado necessita fazer uma elaboração do fato traumatizante. Isso é feito através de repetições, seja através de sonhos repetitivos, de contar a mesma história incontáveis vezes, ou de desenhar as cenas, como acontece comumente com as crianças.

O segundo aspecto a ser destacado consiste naquilo que K. ABRAHAM chamou de *trau-matofilia*, que, como a etimologia sugere (em grego, *trauma* quer dizer *ferida* e *philos* designa *amigo de*), refere-se a uma busca inconsciente de um mesmo tipo de traumatismo como, por exemplo, pessoas que se acidentam repetitivamente (nesses casos, é comum o emprego da palavra *acidentofilia*), ou sofrem estupros sucessivos, etc.

Em sua época, FREUD assinalava como acontecimentos traumáticos acidentes, combates, explosões, etc. No entanto, para os dias atuais, cabe acrescentar a violência urbana, nas suas múltiplas faces, como assaltos, seqüestros, etc.

Neutralidade, regra da [FREUD]

A abordagem mais conhecida de FREUD a essa regra, é a que consta em "Recomendações aos médicos que exercem a psicanálise" (1913), onde apresenta a famosa *metáfora do espelho*. Nela afirma que: "O psicanalista deve ser opaco aos seus pacientes e, como um espelho, não lhes mostrar nada, exceto o que lhe for mostrado". Um ano antes, em "O início do tratamento" (1912), FREUD já fazia outra metáfora com o mesmo sentido de enfatizar a necessidade de neutralidade do analista, recomendando que "O analista, à semelhança do cirurgião, deve ter apenas um objetivo: levar a bom termo a sua cirurgia, com o máximo de habilidade possível".

A etimologia mostra que *neutralidade* deriva do étimo latino *neuter* que significa *nem um, nem outro*. Embora designe um conjunto de medidas técnicas propostas por FREUD no curso de vários textos e em diferentes épocas, essa expressão não figura diretamente em nenhum deles. Nas poucas vezes em que esse termo aparece nos escritos de FREUD, a palavra original em alemão é *Indifferenz*, cuja tradução mais próxima é *imparcialidade*.

Classicamente, essa regra refere-se mais estrita e diretamente à necessidade de o analista ser *neutro* quanto aos valores morais, sociais, éticos e religiosos, e que não se envolva afetivamente com os problemas do paciente, conforme a metáfora do espelho antes mencionada. Na atualidade, pensa-se que o analista deve funcionar como um espelho, porém no sentido de ser um espelho que possibilite ao paciente mirar-se de corpo inteiro, por fora e por dentro, como realmente ele é ou que *não é*, ou como ele pode vir a ser.

Comentário. Creio que o analista *deve envolver-se* afetivamente com seu analisando, desde que *não fique envolvido* nas malhas da patologia contratransferencial. Essa última condição de estado mental do analista é fundamental para possibilitar o desenvolvimento do analisando, tal como nos sugere a formação etimológica da palavra: *desenvolvimento* alude à retirada (*des*) de um *envolvimento patogênico*.

A neutralidade, no sentido absoluto do termo, é uma utopia, impossível de ser plenamente alcançada, até mesmo porque o psicanalista é um ser humano como qualquer outro e, portanto, tem sua ideologia e seu próprio sistema de valores, os quais, quer ele queira ou não, são captados pelo paciente.

Além disso, as palavras e atitudes do analista também funcionam com certo poder de sugestionamento (isso é bem diferente de uma sugestão ativa). Como exemplo, pode-se mencionar o simples fato de que a escolha que o analista faz do que julga merecer ser interpretado, em meio a outras possibilidades de enfoque interpretativo propiciadas pelo discurso do analisando, além do seu modo e estilo de interpretar, fazem transparecer a sua personalidade e exercem certa influência no destino do processo analítico.

Cabe acrescentar mais dois fatores que são inerentes à neutralidade do analista: um, é uma indispensável bagagem de conhecimentos teóricos que lhe possibilitem pisar em chão firme; o outro aspecto refere-se à importância de o analista não ficar perdido em suas reações contratransferenciais e, se possível, reconhecer esses sentimentos que o paciente despertou nele, de modo a aproveitá-los a serviço de uma empatia.

Neutralização da energia psíquica
[Psicólogos do Ego]

As catéxias do ego, conforme postulou Freud, podem ser livres ou fixadas. As primeiras são mais características da fase inicial da vida e dos primeiros anos da infância. A partir dessa noção, Hartmann, Kris e Loewenstein (1949) afirmaram que a capacidade de reprimir a energia psíquica aumenta paralelamente ao amadurecimento da criança, atingindo o máximo na vida adulta, e isso apresenta-se intimamente ligada à *neutralização* (ou desinstintualização) da energia psíquica.

Assim, o termo *neutralização* alude ao desvio da energia de seus objetivos originais, pulsionais, orientados para o prazer, e sua utilização para as *funções do ego* que não possuem uma qualidade diretamente pulsional.

Dentre as formas pelas quais a energia provinda das pulsões, por meio da *dessexualização* e de uma *desagressivização*, pode ser *neutralizada* e colocada à disposição das atividades do ego, a sublimação e a identificação ocupam posições de destaque.

Nirvana, princípio de [Freud]

O termo *nirvana* é próprio da religião budista, na qual designa "a extinção do desejo humano, o aniquilamento da individualidade – que se funde na alma coletiva – um estado de quietude e de felicidade perfeita".

Foi a psicanalista inglesa Barbara Low quem introduziu esse termo em psicanálise, definindo-o como "Uma tendência para a redução, para a constância, para a supressão da tensão de excitação interna".

FREUD, em "Além do princípio do prazer" (1920), utiliza essa expressão como forma sinônima do princípio da constância, porém conectando a ressonância filosófica e mística do nirvana hinduísta, que alude a uma redução a zero de qualquer excitação, com a existência da pulsão de morte, tal como ele especulava nesse seu clássico trabalho.

Freqüentemente as expressões *princípio da constância, princípio da inércia e princípio de nirvana* são empregadas como se fossem sinônimos. Embora sejam análogas, convém estabelecer uma diferença.

O princípio da constância designa mais apropriadamente um estado de equilíbrio, uma *homeostase*, sem que necessariamente exija uma redução a um estado de zero.

O princípio de inércia foi formulado por FREUD no seu "Projeto para uma psicologia científica" (1895) para referir sua noção de que "os neurônios tendem a descarregar completamente as quantidades de energia que recebem". O princípio de nirvana equivale ao da inércia quanto à redução da excitação a zero, porém no lugar do enfoque biológico neuronal, FREUD privilegiou a ação da pulsão de morte.

Nó borromeu [LACAN]

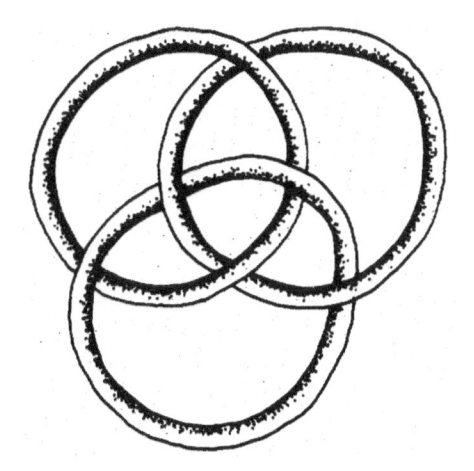

Figura 3 – Nó borromeu

LACAN introduziu esse termo em psicanálise em 1972, com o propósito de designar, através de uma imagem pictórica, o entrelaçamento dos três registros: o do real, o do imaginário e o do simbólico. Para tanto, utilizou o modelo que consiste em três anéis absolutamente livres, no sentido de estarem livres, embora ligados, mas não encadeados. O nó estabelece o vínculo entre essas três dimensões, de forma que o corte de uma libera as duas outras.

Na clínica, com esse modelo do nó borromeu, Lacan ilustra os diferentes modos de enlace desse nó, isto é, a forma singular de como cada sujeito mantém juntas aquelas três dimensões do psiquismo, com o auxílio eventual de um quarto círculo, o do sintoma.

É interessante a origem do termo *borromeu* (ou *borromeneano*). Ela remete à ilustre família Borromeu, residente em Milão, cujas armas compunham-se de três anéis em forma de trevo, simbolizando uma tríplice aliança. Se um dos anéis se retirasse, os outros dois ficariam soltos, e cada um remetia ao poder de um dos três ramos da família.

Nome-do-pai ou lei-do-pai [LACAN]

LACAN introduziu essa expressão em 1953, a fim de designar o *significante* da função paterna. Dizendo com outras palavras: LACAN mostrou que o *Édipo* freudiano podia ser pensado como uma passagem da natureza para a cultura.

De acordo com essa perspectiva, o pai exerce uma função essencialmente simbólica, ou seja, ele nomeia, *dá o seu nome*, e, através desse ato, encarna a *lei* (daí que *Nome-do-Pai* também é conhecida como *Lei-do-Pai*) essencialmente pela linguagem, a qual estabelece uma ponte com a cultura.

Assim, inicialmente LACAN definiu essa função com o nome de *função do pai*, depois, como *função do pai simbólico*, mais tarde, *metáfo-*

ra paterna e, finalmente, a partir do seu estudo do *Caso Schreber*, deu o nome definitivo de *Nome-do-Pai*, grafado com hífens.

Nesse caso, segundo Lacan, como o filho porta o sobrenome do pai, ele o incorpora com o significante de um representante da lei, de modo que o pai se interpõe como figura privadora da díade com a mãe. No caso da psicose, como com *Schreber*, essa estruturação não se dá, e o significante do pai fica foracluído e se manifesta como uma forma de idéias delirantes contra Deus.

Notação [BION]

BION incluiu o conceito de *notação* na sua *Grade*, onde ocupa a coluna 3, e designa as categorias empregadas para registrar determinado fato e que cumpra a função de notação dos elementos psicanalíticos surgidos na sessão.

Trata-se, pois, de uma forma de utilização dos pensamentos que implica uma *memorização*, uma espécie de arquivo, tal como num cartório de notas. Ver o verbete *Memória*.

Notas psicanalíticas sobre um relato autobiográfico de um caso de paranóia
[FREUD, 1911]

O título completo desse artigo é "Notas psicanalíticas sobre um relato autobiográfico de um caso de paranóia (Dementia paranoides)". Foi escrito por FREUD em 1911, tomando como ponto de referência as *Memórias*, de D.SCHREBER, renomado jurista da época, que ele próprio publicou em 1903 e nas quais conta detalhadamente suas produções delirantes.

Esse trabalho de FREUD é importante porque aborda uma variedade de temas que viria a ampliar posteriormente e que persistem como fonte de debates e constantes referências na literatura psicanalítica. Dentre os temas discutidos, estão as observações sobre o narcisismo, que antecedem o trabalho específico de 1914, a descrição do mecanismo do recalcamento; a gênese da formação da paranóia e a sua relação com a homossexualidade.

O artigo consta de três partes:
1. "História clínica de Schreber".
2. "Tentativas de interpretação".
3. "Sobre o mecanismo da paranóia".
Segue-se um pós-escrito.
Está publicado no volume XII, p. 23, da Standard Edition brasileira.
Para maiores detalhes ver *Caso Schreber*, inserido no verbete *Historiais clínicos*.

Notas sobre a memória e o desejo
[BION, 1967]

Com o nome original de *Notes on Memory and Desire*, esse artigo foi publicado na revista *Psycho-Anal. Forum* II, 3 e também na *Revista de Psicoanálisis*, de Buenos Aires, (v. 26, 1969). Nele BION parte da posição de que "o início importante em qualquer sessão é o desconhecido, e nada deve impedir que a psicanálise o intua".

Os aspectos mais destacados são:
1. O uso, por parte do analista, dos seus órgãos sensoriais constitui-se como um obstáculo para a intuição da realidade psíquica. Da mesma forma, o uso da memória (a qual é muito próxima da experiência sensorial) é buscado de forma ativa pelo indivíduo e isso também obstrui a intuição e o acesso à realidade subjetiva do paciente.
2. O analista deve suprimir ao máximo sua memória e seus desejos ativos, e isso pode ser conseguido através de um treinamento e de exercícios voluntários.

Ver o verbete *Sem memória e sem desejo*.

Notas sobre a teoria da esquizofrenia
[BION, 1954]

Nesse trabalho, inserido no livro *Estudos psicanalíticos revisados* (1967), BION escla-

rece que utilizou com seus pacientes esquizofrênicos a mesma técnica analítica que empregava para os neuróticos comuns, destacando os aspectos a seguir:
1. A patologia da linguagem utilizada pelos esquizofrênicos.
2. As três maneiras desses pacientes de empregar a linguagem: como um modo de atuar; como um método de comunicação primitiva e como uma forma de pensamento. Assim, às vezes, o atuar substitui o pensar e vice-versa.
3. A presença do ódio e da voracidade provoca *splittings* que destroem a capacidade para pensar e para unir as palavras e os objetos.
4. Dessa forma, esses pacientes utilizam as palavras como se fossem coisas, ou como partes cindidas deles mesmos e que tratam de colocar dentro do analista.
5. Há uma marcante dificuldade na utilização dos símbolos e, portanto, dos substantivos e verbos.

Notas sobre um caso de neurose obsessiva [FREUD, 1909]

Esse trabalho, publicado em 1909, é mais conhecido como "O caso do Homem dos Ratos", e versa sobre um paciente fortemente obsessivo-compulsivo que FREUD analisou durante um ano e que apresentou um notável restabelecimento dos sintomas.
O artigo consta de duas partes, sendo cada uma delas subdividida por títulos que referem abordagens específicas.
Assim, a parte I, intitulada "Extratos do caso" comporta sete subtítulos: 1. a) O início do tratamento. b) Sexualidade infantil. 2. O grande medo obsessivo. 3. Iniciação na natureza do tratamento. 4. Algumas idéias obsessivas e sua explicação. 5. A causa precipitante da doença. 6. O complexo paterno e a solução da idéia do rato.
A parte II, denominada "Secção teórica", consta de três temas: 1. Algumas características gerais das estruturas obsessivas. 2. Algumas peculiaridades psicológicas dos neuróticos obsessivos: sua atitude perante a realidade, a superstição e a morte. 3. A vida instintiva dos neuróticos obsessivos e as origens da compulsão e da dúvida.
Segue-se um adendo intitulado "Registro original do caso".Contrariamente a seu hábito de destruir os originais dos trabalhos já publicados, esse manuscrito, como notável exceção, foi conservado praticamente na íntegra. Foi encontrado misturado com outros papéis, em Londres, após sua morte. O trabalho está publicado no volume X, das páginas 153 a 317, da Standard Edition brasileira.
Ver *Homem dos Ratos*, que está inserido no verbete *Historiais clínicos*.

Novas conferências introdutórias à psicanálise [FREUD, 1933]

Enquanto as *Conferências Introdutórias (1916-1917)* foram realmente pronunciadas num auditório da Clínica Psiquiátrica de Viena, perante uma platéia que reunia membros de todas as Faculdades da Universidade, as *Novas Conferências Introdutórias* jamais foram pronunciadas. Na verdade, FREUD as redigiu como se estivesse conversando com um auditório imaginário, de modo a dar uma continuação e suplementação às conferências anteriores.
São sete as novas conferências, numeradas de XXIX a XXXV, onde sucessivamente, ele aborda os temas: 1. "Revisão da teoria dos sonhos". 2. "Sonho e ocultismo". 3. "A dissecação da personalidade psíquica". 4. Angústia e vida pulsional". 5. "Feminilidade". 6. "Explicações, aplicações e orientações". 7) "A questão de uma *Weltanschaung*".
Dentre essas conferências, a terceira, a quarta e a quinta abordam os temas da estrutura da mente, a angústia, a teoria das pulsões e o da psicologia feminina, apresentando materiais e teorias inteiramente novas.

Esse trabalho está publicado no volume XXII, p. 17, da Standard Edition brasileira.

Novas recomendações sobre a técnica da psicanálise [FREUD, 1913]

Em seus "Artigos sobre Técnica", seguindo-se às *Recomendações aos médicos que exercem a psicanálise* (1912), FREUD prosseguiu complementando os artigos inseridos nesse trabalho, com três novos artigos publicados em 1913, sob o nome geral de *Novas Recomendações*. Esses artigos são: 1. "Sobre o início do tratamento". 2. "Recordar, repetir e elaborar". 3. "Observações sobre o amor transferencial".

Essa obra está no volume XII da Standard Edition brasileira.

Novela familiar

Ver o verbete *Romance familiar.*

Númeno [BION]

BION emprega a palavra *númeno* – que alude a uma divindade mitológica – a qual tomou emprestada do filósofo KANT, para designar a *coisa em si mesmo*, por oposição à observação dos fenômenos, ou das coisas, tais como aparecem e são conhecidos pela nossa percepção.

Assim, *númeno* (também aparece na obra de BION como *coisa em si, verdade absoluta: O*) refere-se a um fato percebido pela consciência mas não confirmado pela experiência, porquanto a sua existência é abstrata e problemática.

O

O [BION]

Na obra de BION, levando em conta os textos no idioma original e os traduzidos, a letra O aparece de duas maneiras:
1. Designa o ponto de *origem* de uma verdade à qual não se consegue chegar e conhecer, a não ser através do produto de suas transformações. Na terminologia empregada por BION, esse termo guarda uma sinonímia com *coisa em si mesmo, realidade última, verdade absoluta, divindade, númeno*. Para caracterizar a perspectiva mística desse termo, BION gostava de mencionar a frase do poeta Milton: "O infinito, informe, sem nome".
O signo O tanto pode ser lido como letra (inicial de *origem*) ou como *zero* (com o significado de *ponto de partida*). BION mostrou preferir que O fosse lido como letra. Dessa forma, na situação analítica, se fizermos uma metáfora, cabe dizer que BION valorizou, sobretudo, uma linha imaginária, onde num pólo consta a origem desconhecida dos fatos e sentimentos, representada por O, enquanto no outro pólo está K, ou seja, o *conhecimento* dos aludidos sentimentos.
Assim, trata-se de uma via de trânsito de duas mãos, pavimentada por sucessivas transformações (tal como aparecem no modelo da *Grade*), tanto na direção de K para O (do conhecimento manifesto para as origens desconhecidas, as quais, segundo BION, talvez estejam radicadas no psiquismo fetal), e de O para K, ou seja, a partir das sensações *inonimadas*, de protopensamentos que caracterizam O, a dupla analítica poder vir a chegar a K..
2. Em muitas traduções latino-americanas, o vínculo H (inicial de *hate*, ódio), aparece grafado com a letra O, inicial de ódio.

Objetal, relação [KLEIN]

A expressão empregada na atualidade pela maioria das correntes psicanalíticas. Começou a aparecer a partir de M.KLEIN que postulava o fato de que "existem relações objetais desde o nascimento". FREUD descrevia a introjeção de objetos (totais) a partir de uma "identificação com o objeto perdido" (como em "Luto e melancolia", de 1917), ou como uma resolução da conflitiva edípica, sob a forma de um superego. Indo além, M.KLEIN acreditava que a origem das relações objetais interiorizadas derivavam da capacidade inata que o bebê tem de interpretar suas sensações corporais sob a forma de objetos *bons* – os que o gratificam com sensações prazerosas – ou *maus* – os que provocam dor e sofrimento.

KLEIN descreveu o polimorfismo que as relações objetais assumem na mente da criança, baseada na sua análise com crianças que, através dos brinquedos, evidenciavam o quanto a criança pode, num determinado momento, identificar-se com uma das partes do relacionamento (o superego, por exemplo) e, em outro, ser acusada por esse mesmo superego que, então, vai impregnar a relação objetal com culpas e medos. Essa disposição maleável das identificações promove um repertório variado de identidades, atitudes, papéis, etc.

Objeto [M. KLEIN]

Talvez seja o termo mais mencionado nos textos psicanalíticos. Já aparece em FREUD ("a sombra do objeto recai sobre o ego", 1917), porém ganhou grande relevância a partir dos trabalhos de M.KLEIN. Por outro lado, o termo também freqüenta a obra de FREUD com outros significados, como por exemplo, o de representação-objeto, e também na sua teoria das pulsões onde *objeto* significa o alvo das cargas pulsionais.

Muitos analistas se insurjem contra a expressão *objeto* pelo fato de estar muito ligada à idéia de objeto como *coisa material*. Isso lhe emprestaria um valor de muita frieza para um aspecto de tanto calor como é o de uma relação humana com alguém, quer vivo e do mundo exterior, quer do mundo interior; por isso, sugerem que o termo imago seria mais apropriado.

No entanto, o prefixo *ob* é de origem latina e significa *diante dos olhos*, ou seja, designa uma aproximação, uma relação mais íntima e pessoal com alguém que está à nossa frente, diante dos olhos, embora também tenha o significado de estar diante de, numa atitude de *oposição*.

M. KLEIN descreveu uma variedade qualitativa da natureza dos *objetos*, especialmente os introjetados, sendo indispensável discriminar os que seguem:

1. **Objeto bom.** Refere-se àquele que satisfez as sensações do bebê numa fase evolutiva em que ele, sob a égide do princípio do prazer-desprazer, de forma *maniqueísta*, introjeta como bons os que promovem prazer e como maus, os que provocam desprazer.

2. **Objeto externo**. Embora muito criticada pelo fato de que teria negligenciado a importância dos *objetos externos*, reais, e supervalorizado, quase de forma absoluta, os *objetos internos*, a verdade é que, nos primeiros tempos, M.KLEIN atribuiu grande valor à relação da criança com a mãe. Nos seus últimos escritos, talvez por julgar que era óbvia a importância da mãe como objeto externo, ou porque estava fascinada por suas especulações sobre o mundo das relações objetais internas, acompanhadas pelas respectivas fantasias inconscientes, ela pouco se referia aos *objetos externos*. Quando o fazia, dava a impressão que o objeto externo era um prolongamento dos internos, um produto das identificações projetivas.

3. **Objeto idealizado**. Na dissociação (ou *cisão*, ou *splitting*) que a criança faz entre os objetos introjetados como bons e maus como uma maneira de defender-se da imaginária perseguição que seria movida pelo mau, o ego inconsciente lança mão do recurso da idealização. Na prática analítica, é importante que o analista consiga discriminar quando, no curso da transferência positiva e no processo de identificação, ele está sendo visualizado e incorporado pelo analisando, como bom, ou como idealizado.

4. **Objeto interno.** É o que está incorporado em alguma instância psíquica, como o ego, o superego ou o ideal do ego, cuja internalização resulta de um continuado jogo de identificações projetivas, seguidas de identificaçõess introjetivas, com novas reprojeções, e assim por diante.

5. Objeto parcial. Diferentemente de FREUD, que concebia os objetos como sendo introjetados como uma totalidade, as concepções de M.KLEIN priorizaram a relação e a introjeção com *partes* do objeto, como pode ser a parte boa ou má do seio, do pênis, etc.

6. Objeto persecutório. A predominância dos *objetos maus* representa uma constante ameaça para o sujeito de um ataque vindo de fora (caso das paranóias) que ameaça os *objetos bons* que habitam seu mundo interior. O ataque imaginado também pode partir dos *objetos maus* introjetados, que ameaçam o próprio *self* do sujeito.

7. Objeto total. Segundo M. KLEIN, na posição esquizo-paranóide predominam os objetos *parciais* com características persecutórias. Porém, o *objeto total* é uma conquista adquirida numa exitosa passagem para a posição depressiva, onde a criancinha, ou o sujeito adulto na situação analítica, vai conseguir integrar numa única pessoa (mãe, ou analista) os aspectos que estavam ambivalentemente dissociados em duas ou mais mães: boas e más, idealizadas ou persecutórias.

Objeto a (ou pequeno a) [LACAN]

LACAN introduziu esse termo em 1960 para designar o objeto desejado pelo sujeito (virtualmente, sempre a mãe), que se furta a lhe pertencer totalmente, de modo que esse objeto, tal como é desejado no plano imaginário, não existe no mundo da realidade.

Como decorrência, esse objeto não é representável como tal e só pode ser identificado sob a forma de *fragmentos* parciais do corpo, que Lacan reduz a quatro: o *seio* (como objeto de sucção), as *fezes* (como objeto de excreção), a *voz* e o *olhar* (como objetos do próprio desejo).

Ver o verbete *(pequeno) outro*.

Objeto bizarro [BION]

BION, nas décadas 40 e 50, quando se dedicou de modo especial, respectivamente ao estudo das psicoses e dos distúrbios da capacidade para pensar, descreveu o que denominou como *bizarros* os objetos parciais submetidos a tantas clivagens que ficaram reduzidos a partículas (quer dizer: partezinhas) minúsculas, seguidas de maciças identificações projetivas. Essas identificações não encontraram um continente materno adequado que as acolhesse e transformasse, de sorte que os fragmentos dissociados ficam flutuando em torno do sujeito, ameaçando-o, no caso das paranóias, de diversas formas, vindas de lugar incerto e de modo imprevisível.

Segundo BION, os *objetos bizarros* (cujo nome deve ser creditado à imprevisibilidade desses objetos que escapam do controle consciente do sujeito) podem ficar alojados em objetos materiais do mundo exterior, de forma a emprestar-lhes características da natureza humana. BION exemplifica com a situação de um paciente psicótico que imaginou que o gramofone que havia na sala de trabalho fosse um pavilhão auditivo que estaria escutando toda conversa deles.

Objeto psicanalítico (BION)

Esse termo, cunhado por BION, não tem o mesmo significado que conhecemos da teoria das relações objetais. Antes, alude a uma atitude, a um estado mental, que leva em conta uma série de fatores ligados ao crescimento mental. O *objeto psicanalítico* está mais associado ao que, no campo da situação analítica, não é capturado pelos órgãos sensoriais, é de natureza intuitiva e empática, e aponta numa direção de progressão ou regressão, de *ser* e de *vir a ser*.

Pode-se dizer, portanto, que essa concepção também se refere às associações e interpretações, com uma extensão no domínio dos sentidos, do mito e da paixão.

Como o *objeto psicanalítico* traduz uma intersecção de elementos psicanalíticos provindos concomitantemente do analisando e do analista, parece que BION criou sua *Grade* como tentativa de categorizar concretamente a abstração do *objeto psicanalítico*.

Objeto transformacional [C.BOLLAS]

Partindo da concepção de WINNICOTT relativa à *mãe ambiental*, ou seja, a mãe real que, para o infante, representa o ambiente exterior em sua totalidade, BOLLAS cunhou a expressão *objeto transformacional* para designar o fato de que a mãe, somando-se às transformações naturais próprias das capacidades emergentes do ego da criança (principalmente as motoras e a da linguagem), também transforma, constantemente, o meio do infante para satisfazer as necessidades dele.

BOLLAS, em "A sombra do objeto" (1992), descreve que "existe uma busca coletiva e de grande amplidão de um objeto, identificado com a metamorfose do *self*". Segundo ele, isso se manifesta em muitas crenças religiosas, em estruturas míticas, como nas seitas fanáticas, na esperança investida em vários objetos e circunstâncias (um novo trabalho, uma mudança para outro país, umas férias, uma troca de relacionamento). Também se manifesta no mundo da propaganda, que vive desse tipo de objeto, já que o produto anunciado promete, geralmente, alterar o meio externo do sujeito e, conseqüentemente, transformar o seu humor interno.

Objeto transicional [WINNICOTT]

WINNICOTT incluiu sua concepção de *objeto transicional* nos seus originais estudos relativos aos fenômenos transicionais e ao do espaço transicional (ver esses verbetes). Mais especificamente, o objeto que está representando uma *transição* entre o mundo do imaginário e o da realidade comumente consiste num bico, travesseiro, ursinho de pano, algum brinquedo, e ocupa um lugar e uma função no espaço transicional (ou *espaço de ilusão*). Sobretudo, caracteriza-se pelo fato de que deve ser de posse exclusiva da criança, ser amado, conservado por um longo período de tempo e sobreviver aos ataques mutilatórios que a criança lhe inflige.

O objeto transicional representa um momento evolutivo estruturante. Porém, segundo WINNICOTT, esse tipo de objeto é suscetível de uma evolução patológica, que ele exemplifica com os quadros de adições, roubos e fetichismo (quando, no lugar de ser transitório, como é a característica essencial do objeto transicional, ele se torna de uso definitivo e permanente).

Obra completa de Freud [com comentários e notas de J.STRACHEY]

A edição original alemã que coligiu a maioria dos trabalhos de FREUD, publicada durante sua vida, era titulada *Gesammelte Schriften*. Após sua morte, apareceu outra edição – *Gesammelte Werke* – a única edição alemã quase completa, com praticamente todos trabalhos. Em 1966, baseado nessa última publicação alemã, JAMES STRACHEY, com o auxílio de A.FREUD, de sua esposa ALIX e outros colaboradores, deu a lume à edição inglesa *The Complete Psychological Works of Sigmund Freud. Standard Edition*.

No prefácio, STRACHEY esclarece que o maior pecado da edição alemã foi o de não ter feito as correções e acréscimos que FREUD adicionou a muitos dos artigos originais. Igualmente, diz que não incluiu nessa coleção os trabalhos que precederam a abordagem de temas propriamente psicológicos. Também não conseguiu publicar toda a longa correspondência de FREUD, especialmente as importantes cartas a FLIESS. Entre optar por um critério de seguir a ordem de publicação por temas específicos, ou de privilegiar a ordem cronológica, STRACHEY diz que ficou num meio termo.

A Editora Imago traduziu e publicou a primeira edição brasileira em 1977, com o nome de *Edição Standard Brasileira das Obras Completas de Sigmund Freud*. A mesma consta de 24 volumes, sendo cada trabalho, em qualquer volume, precedido por notas introdutórias de J. STRACHEY, meticulosas e sintéticas.

Comentário. Para facilitar uma consulta rápida e sintética dos trabalhos que constam nos 24 volumes da Edição Standard, o leitor pode se valer do livro *Sinopses da Standard Edition da Obra Psicológica Completa de Sigmund Freud* (1979).

As referências dos verbetes deste Vocabulário, quanto à localização no volume e página inicial de alguns dos mais importantes trabalhos de FREUD, sempre são relativas à edição brasileira.

Obras completas de Melanie Klein

Tendo como editor original ROGER MONEY-KYRLE, em colaboração com BETTY JOSEPH, EDNA O'SHAUGHNESSY e HANNA SEGAL, a instituição *The Melanie Klein Trust*, reuniu todos os trabalhos de M.KLEIN e os publicou em 1975. A editora brasileira Imago procedeu à tradução para o português e fez a publicação em quatro volumes.

O volume I reúne os trabalhos que M.KLEIN publicara entre 1921 e 1945, dentre os quais se destaca "Amor, Culpa e Reparação" (1937), cuja leitura permite ao leitor perceber a evolução das idéias e do trabalho dela. Além deste trabalho, constam mais outros 20 artigos, a maioria dos quais já tinham sido publicados originalmente em *Contribuições à Psicanálise, Os progressos da Psicanálise e Novos Rumos da Psicanálise*.

O volume II consta da "Psicanálise de Crianças" (1932), trabalho fundamental na obra completa de M. KLEIN.

O volume III contém todos seus últimos trabalhos, a partir de 1946 – com exceção de "Narrativa da Análise de Uma Criança" – que é publicado separadamente como volume IV até 1963. Este terceiro volume abarca 16 capítulos e dentre eles alguns que se destacam: "Notas sobre alguns mecanismos esquizóides" (1946); "Sobre a teoria da ansiedade e culpa" (1948); "As origens da transferência" (1952); "Sobre a identificação" (1955); "Sobre o sentimento de solidão" (1963) e, sobretudo, o clássico "Inveja e gratidão" (1957).

O volume IV é dedicado exclusivamente ao texto de "Narrativa da Análise de Uma Criança" (1961), no qual M.KLEIN descreve minuciosamente a análise com o menino Richard.

Na edição brasileira, antecedendo cada artigo, há notas explicativas, destinadas a indicar a posição de cada tema principal na evolução do pensamento de M.KLEIN. São úteis para orientar o leitor sobre a finalidade de cada trabalho, indicando inclusive as alterações que a autora introduziu em alguns textos, possibilitando assim uma visão evolutiva das implicações dessas alterações conceituais no sistema de pensamento kleiniano. Também consta uma introdução a dois prefácios escritos por E.JONES para edições anteriores que foram preservados por seu interesse histórico.

Obras completas de Sándor Ferenczi

FERENCZI, considerado um dos pioneiros da psicanálise, talvez seu mais brilhante clínico, é autor de um volumoso número de trabalhos. Sua obra, não obstante ainda pouco conhecida, vem merecendo. nos últimos anos, uma crescente valorização, principalmente pelo fato de que muitos conceitos e posições originais estão encontrando eco na psicanálise contemporânea, que privilegia o campo analítico e os vínculos que unem a dupla analítica.

A Editora Martins Fontes, de São Paulo, baseada na edição francesa, publicou em 1991, traduzidas para o português, as *Obras Completas de Sándor Ferenczi* em quatro volumes.

O volume I consta de 25 trabalhos que foram escritos entre 1908 e 1912, abrangendo alguns clássicos da literatura psicanalítica, como "Transferência e introjeção", "Palavras obscenas", "O papel da homossexualidade na patogenia da paranóia", "Sintomas transitórios".

O volume II abrange os textos de 1913 a 1919. Esse período foi o das controvérsias entre FREUD e JUNG, assim como também o da I Grande Guerra e o da sua curta análise com FREUD. Esse segundo volume é composto por 83 textos, entre os quais estão algumas de suas mais importantes contribuições, como "O desenvolvimento do sentido da realidade e seus estágios", "Um pequeno Homem-Galo", "Sintomas transitórios no decorrer de uma análise" e "A técnica psicanalítica".

O volume III engloba os artigos escritos entre 1919 e 1926, período que corresponde a uma das experiências técnicas mais controvertidas de FERENCZI, qual seja a chamada *técnica ativa*. Este tomo alcança 51 artigos e inclui também o famoso trabalho "Thalasas" (ver esse verbete) que consiste num ensaio sobre a teoria da genitalidade. Essa teoria foi considerada por FREUD como o mais brilhante e o mais profundo pensamento de FERENCZI, e que lhe serviu de inspiração para trabalhos posteriores.

O volume IV reúne cerca de 21 textos e abrange os artigos escritos por volta de 1927 até a morte de FERENCZI, em 1933. Nesse tomo, o primeiro artigo "A adaptação da família à criança", marca uma mudança radical no estilo das publicações de FERENCZI, que passa a abordar temas técnicos, como ocorre também no importante trabalho "Elasticidade da técnica psicanalítica", assim abrindo as perspectivas para a futura evolução da psicanálise. Igualmente nesse quarto volume aparece seu conhecido e muito citado trabalho "Confusão de língua entre os adultos e a criança".

Observação da relação mãe-bebê (ORMB) [ESTHER BICK]

FREUD construiu seu edifício psicanalítico do inconsciente a partir da observação de pacientes adultos, através de uma comunicação verbal, simbólica com eles, partindo daí para as conjecturas acerca do passado deles.

Coincidindo com os trabalhos de M.KLEIN, baseados nas análises com crianças a partir de dois anos e meio, que ela também fazia retroagir para os primeiros meses de vida, alguns analistas decidiram observar bebês desde recém-natos, para ver se as concepções de M.KLEIN acerca das fantasias precoces dos bebês se confirmavam, ou não.

A primeira psicanalista a dedicar-se à observação direta de bebês interagindo com as suas respectivas mães foi ESTHER BICK. Conjeturam alguns autores que talvez ela tenha sido motivada pela circunstância de ter perdido toda sua família e amigos nos campos de concentração nazistas. Mudando-se para Londres para fugir desse horror, estaria buscando uma relação viva de um bebê evoluindo numa família para contrapor às suas terríveis vivências de morte e de famílias dissolvidas.

E.BICK iniciou esse trabalho em 1948, como um exercício de formação para estudantes de psicoterapia e psicanálise de crianças, fazendo observações sistemáticas dos bebês com suas mães na casa delas, numa visita semanal, durante um ano inteiro. As observações de BICK confirmaram as idéias de M. KLEIN, porém ela acrescentou o fenômeno de certas crianças buscarem o que denominou como *segunda pele,* ou seja, um contato epidérmico com a mãe como forma de continente, tal como acontece manifestamente nos casos de identificação adesiva.

Esse método de observação direta e de ensino psicanalítico provocou fortes polêmicas na Sociedade Britânica de Psicanálise. Os opositores argumentavam que o bebê não consegue simbolizar verbalmente e a simbolização por brinquedos seria muito discutível porque já atinge uma idade superior à de bebê, que só sente as coisas relacionadas ao seu corpo, de prazer ou desprazer.

A partir de um melhor entendimento do fenômeno da identificação projetiva normal funcionando como uma primitiva forma de comunicação (concepção que a psicanálise deve em grande parte a BION), os analistas começaram a acreditar nas formas que o bebê tinha de se comunicar, como o choro, movimentos, reações físicas, etc., o que passou gradualmente a conferir uma credibilidade a esse método de pesquisa e ensino.

Na atualidade, um grande número de institutos formadores de psicanalistas recomenda o método de ensino da *Observação da relação mãe-bebê,* ORMB, destacando os seguintes aspectos favoráveis:

1. Mais do que observar o bebê isoladamente, o importante é o que se passa no vínculo interacional entre a dupla mãe-bebê nos seus múltiplos níveis.

2. Há uma valorização especial da observação de como se processam as recíprocas identificações projetivas e introjetivas, e a correlata função de continente.

3. Todos analistas se referem constantemente à *parte bebê* ou *infantil* de seu paciente, sem muitos terem tido uma experiência mais forte de como essa de fato é.

4. Há uma vantagem que, ao mesmo tempo pode representar um risco para o candidato inexperiente: o fato de não poder interpretar e se envolver, porquanto tem o dever de conter suas ansiedades em relação ao que está observando.

5. A observação direta de bebês possibilita de alguma forma esclarecer a contratransferência do observador e assim ele cresce como analista, no sentido de enfrentar as transferências difíceis que vão surgir no seu trabalho analítico.

Existem muitas variantes em relação ao método de observação de bebês. Os norte-americanos preferem fazer pesquisas mais diretas, observando-os durante horas seguidas numa situação que não é a do lar, fazendo apontamentos de observações de aspectos particularizados, gravando e filmando, levantando estatísticas, etc., muitas vezes distanciando-se do padrão psicanalítico.

Algumas sociedades impõem para os candidatos do primeiro ano esse método de aprendizagem analítica preconizado por E. BICK, tal como está descrito em "Notas sobre observação de lactantes" (1964), outras utilizam-no como teste de seleção para aceitação de aspirantes a candidatos, enquanto outras ainda estão debatendo o assunto. A tendência atual é de fazer a observação de bebês, se possível, interagindo não só com a mãe, mas com a família, o pai incluído.

Recomendação bibliográfica. Além dos textos que estão explicitados nesse verbete, o leitor pode ter uma visão completa do método no livro organizado pela psicanalista Nara Caron, recentemente lançado, intitulado *Relação pais-bebê.* A observação pode abranger múltiplos enfoques, como, por exemplo, o acompanhamento da relação da mãe com o bebê desde a vida intra-uterina por meio de estudos ecográficos e de outros modernos recursos tecnológicos, com a colaboração de obstetras.

Obsessiva-compulsiva, neurose

No DSM-IV, essa entidade clínica está enquadrada como "transtorno obsessivo-compulsivo" (TOC). Como acontece em outras estruturações da personalidade, também a de natureza obsessiva diz respeito à forma e ao grau de como se organizam os mecanismos defensivos do ego diante das fortes ansiedades subjacentes. Assim, é útil distinguir quando se trata da presença de *traços obsessivos* em uma pessoa normal, ou quando há traços acompanhantes de uma neurose mista, psicose, perversão, etc., de *caráter* marcadamente obsessivo, ou quando se trata de uma *neurose* obsessivo-compulsiva.

No último caso, estará presente um grau de sofrimento que o sujeito inflige a si mesmo e aos demais e também algum prejuízo no seu funcionamento na vida familiar e social. Em certos casos, os sintomas compostos por dúvidas ruminativas, pensamentos cavilatórios, controle onipotente, frugalidade, obstinação, rituais e cerimoniais, atos que compulsiva e repetidamente são feitos e desfeitos num nunca acabar, podem atingir um alto grau de incapacitação total do sujeito para uma vida livre, configurando uma gravíssima neurose, beirando à psicose.

Vale lembrar que o termo *obsessão* refere-se aos pensamentos que, como corpos estranhos, infiltram-se na mente e atormentam o sujeito. Por sua vez, o termo *compulsão* designa os atos motores que esse tipo de neurótico executa como forma de contra-arrestar a pressão dos referidos pensamentos.

Também é útil esclarecer que o diagnóstico de *obsessivo* não define uma forma única de caractereologia, porquanto ela pode manifestar-se de formas opostas. Tanto são obsessivos aqueles nos quais predomina uma tendência à passividade e que tomam inúmeros cuidados antes de qualquer iniciativa e deixam-se subjugar, como também são obsessivos aqueles nos quais prevalece uma atividade agressiva, que se tornam líderes com um perfil de mandonismo, intolerância a erros, falhas ou limitações dos outros, assim adotando uma postura despótica e tirânica, ainda que sejam pessoas sérias, bem sucedidas e bem intencionadas.

FREUD fez as primeiras descrições psicanalíticas sobre essas neuroses numa seqüência, com sucessivas modificações, de vários trabalhos, como: "As psiconeuroses de defesa" (1894); "Obsessões e fobias" (1895); "Novos comentários sobre as psiconeuroses de defesa" (1896); "Atos obsessivos e práticas religiosas" (1907) (no qual ele formula a famosa sentença de que "a religião é uma neurose obsessiva universal, enquanto a neurose obsessiva é uma religião particular"); "Caráter e erotismo anal" (1908); "Notas sobre um caso de neurose obsessiva", mais conhecido como o caso do *Homem dos ratos* (1909); "Totem e Tabu" (1912); "A disposição à neurose obsessiva" (1913); "O sentido dos sintomas", que constitui o capítulo 17 de "Conferências introdutórias à psicanálise" (1916); "Da história de uma neurose infantil", mais conhecido como o famoso caso do *Homem dos lobos* (1918); "Inibições, sintomas e angústia" (1926).

Muitos outros autores, contemporâneos e posteriores a FREUD, partindo de vértices distintos, fizeram aprofundados estudos acerca das neuroses obsessivo-compulsivas. O termo *obsessivo* deriva dos étimos latinos *ob*, contra, a despeito de + *stinere*, uma posição própria, tal como aparece em *destino*. Basta isso para definir o quanto existe de ambigüidade e de ambivalência no sujeito obsessivo, resultante do fato de que, por um lado, ele sente seu ego submetido a um superego tirânico (é obrigado a fazer, a pensar, ou omitir, sob a pena de...), ao mesmo tempo em que quer tomar uma posição contra esse superego e dar vazão ao id. Os mecanismos defensivos mais utilizados pelo ego para poder sobreviver à carga das ameaças punitivas são as de anulação, isolamento, formações reativas, racionalização e intelectualização. As duas últimas são especialmente utilizadas pelo paciente na situação analítica a serviço de suas resistências.

Comentário. Na prática analítica, o maior cuidado que o analista deve ter consiste na possibilidade de se equivocar pela colaboração manifestamente irretocável desse paciente, que costuma ser obsessivamente correto, assíduo, pontual, além de associar livremente, ser bom pagador, ter boa apresentação e uma vida profissional geralmente bem resolvida. Porém, existe a possibilidade de que este analisando mais esteja "cumprindo a tarefa de ser um bom paciente" do que propriamente alguém disposto a fazer mudanças verdadeiras.

Nesse caso, não basta que as interpretações do analista estejam corretas, é necessário observar o destino que elas tomam na mente do obsessivo, se elas lá germinam ou se ficam desvitalizadas. Um bom recurso técnico é o de, por vezes, fazer um confronto para o paciente entre o que ele diz, pensa, sente e de fato faz.

Oceânico, sentimento [FREUD]

Seguidamente FREUD empregava a expressão *sentimento oceânico* (ou *estado de nirvana* ou *sentimento de universalidade*) para designar o que preferentemente definia como *ego do prazer puro*. (Ver o verbete: *Ego, tipos de formação do*). FREUD correlaciona esse sentimento com o restabelecimento do narcisismo primário – a fantasia originária, ou mito, de retorno ao ventre materno – como forma de abolir toda separação.

O êxtase religioso, o exagerado patriotismo, o fanatismo em geral, a paixão desmedida e outros sentimentos similares se caracterizam pela participação do ego em expectativas inalcançavelmente elevadas. A nostalgia do sentimento oceânico do narcisismo primário pode ser denominada *necessidade narcisística*, que também se caracteriza pelo desaparecimento das fronteiras do próprio ego.

Essa situação é facilmente perceptível em muitos vínculos amorosos, cuja característica mais marcante é que, pelo menos um dos dois do casal desloca o centro de gravidade do seu próprio ego e o desloca para o outro. Segundo FREUD, nesses casos, as coisas se passam assim, na mente de pelo menos um deles: "Eu não sou ninguém, o meu *partenaire* é o tudo", e ainda mais: "Eu volto a ser tudo, ao me ser permitido participar da grandeza do *partenaire*".

Em "Psicologia de grupo e a análise do ego" (1921), FREUD alerta que "o estado de enamoramento exagerado representa um grupo de dois (...), porém existe uma transição gradual entre o estado de apaixonamento e a perversão de submissão extrema". Pode-se acrescentar que nesse último caso, além de uma extrema idealização do outro, sob o alto preço de um intenso esvaziamento do si mesmo, também é regra o tipo de relacionamneto vincular do casal adquirir uma configuração sádico-masoquista.

Ocnofilia [M. BALINT]

Cunhado por BALINT, esse termo designa a tendência do ser humano de se ligar e se unir aos objetos primários (mãe) num tipo de ligação tão forte, de natureza fusional, que posteriormente vai gerar os estados fóbicos por medo do enclausuramento dentro do outro. Ver o verbete *Balint*.

Ódio [BION E WINNICOTT]

Termo bastante freqüente nos textos psicanalíticos. De modo geral, é descrito como derivado da pulsão de morte e como sinônimo dela. Dois autores estudam especificamente o sentimento de ódio: BION e WINNICOTT.

BION descreve o ódio (H) como um dos vínculos, juntamente com os outros dois, o do amor (L) e o do conhecimento (K). Ele estuda mais particularmente o *ódio* como forma de emoção intimamente ligada, em algum grau, com as outras duas, e centraliza seu interesse no jogo dialético das *emoções* versus as *antiemoções*. Assim, o ódio é bastante enfocado sob o vértice de um "ódio à tomada de conhecimento de verdades inaceitáveis" pelo sujeito. Ao mesmo tempo, BION esclarece que o estado de menos ódio (- H) não deve ser entendido como a mesma coisa que *amor*. Para um melhor esclarecimento, consultar o verbete *Vínculos*.

WINNICOTT dedicou um estudo aprofundado aos conceitos psicanalíticos que devem ser entendidos na palavra *ódio* que, na sua obra, estão particularmente descritos em "O ódio na contratransferência" (1944). Os seguintes aspectos constituem a essência de suas concepções acerca do ódio:

1. Ele jamais reconheceu a teoria de M.KLEIN segundo a qual o ódio do bebê é entendido como inato e como manifestação da inveja primária, logo, da pulsão de morte.
2. Juntamente com o desenvolvimento da capacidade para amar, o bebê também deve desenvolver uma *capacidade para odiar*, tendo em vista que essa ambivalência é inevitável, e que o bebê pode vir a fazer um bom uso da agressividade armazenada.
3. WINNICOTT compara o direito da mãe sentir momentos de ódio – como resposta à *crueldade* do bebê – com o mesmo direito de um analista de ter sentimentos contratransferenciais de ódio, notadamente os despertados por pacientes psicóticos, que utilizam maciças identificações projetivas de aspectos muito difíceis de serem contidos, juntamente com muitos *actings*, alguns de graves riscos. Por essa razão, WINNICOTT enfatiza a necessidade de o analista que tratar pacientes de estrutura psicótica estar muito bem analisado para conseguir "conter" esses difíceis sentimentos, ao mesmo tempo em que deve conhecer muito bem os seus limites e limitações.

Comentário. É especialmente importante que os pais e educadores em geral tenham a capacidade de não temer promover as frustrações inevitáveis e necessárias que levam às manifestações de ódio da criança contra eles. Os pais excessivamente disponíveis, que tentam encobrir toda sensação de falta que o filho manifeste, e que além disso sufocam o ódio necessário e a ambivalência que acompanham o processo de desligamento dos objetos através de um subministro exagerado de provisão e proteção, abolem os limites espaciais entre o si mesmo da criança e o objeto amado, assim gerando relações objetais *aditivas*.

Olhar

O olhar, desde a Antigüidade, tem sido cantado em prosa e verso, das mais distintas formas e abordagens, por poetas, filósofos, cientistas, etc. A mitologia e a Bíblia mostram a freqüência com que o ato de olhar foi significado de forma persecutória, como aparece nos exemplos que seguem:

As filhas e a mulher de Lot foram transformadas em estátuas de sal por terem desobedecido à proibição de Deus de não mirar os pecados de Sodoma e Gomorra.

Narciso perdeu-se no olhar especular, deslumbrado de si próprio.

Édipo cegou-se como castigo pelo crime edípico.

Orfeu voltou a cabeça para olhar a sombra da formosa Eurídice e perdeu-a para sempre. O herói Perseu defendeu-se da Medusa (uma das três Górgonas, cuja cabeça, mesmo arrancada conservava o poder de petrificar a quem a olhasse) forçando-a a mirar-se.

Outros mitos, além de folclóricas crendices populares poderiam constar aqui de forma abundante.

Do ponto de vista psicanalítico, FREUD escreveu "Perturbações psicogênicas da visão" (1910) e ABRAHAM complementou esse trabalho com outro que intitulou "Modificações e perturbação da pulsão visual nos neuróticos" (1913), ambos muito ricos, mas não cabe, aqui, comentá-los.

WINNICOTT provavelmente é o autor que mais ênfase dedicou à importância do *olhar* desde a incipiente relação mãe-bebê, enfocando a natureza da recíproca troca de olhares entre os dois. Aliás, esse aspecto é confirmado por GREEN, um estudioso de WINNICOTT, que afirma: "Sabemos que o bebê que se alimenta no seio, enquanto mama, olha não para o peito ou mamadeira, mas para o rosto da mãe" (1976).

Voltando a WINNICOTT, vale mencionar que ele também considerou o olhar funcionando como espelho, tal como descreve em "O papel de espelho da mãe e da família no desenvolvimento infantil" (1971). Nesse artigo, aparece esta bela **frase**: "o primeiro espelho da criatura humana é a face da mãe, o seu sorriso, o seu tom de voz, o seu *olhar*...". A essa, seguiu-se essa outra frase, como se a criança estivesse refletindo: "olho e sou visto, logo existo!" WINNICOTT também destaca que, para a criança, "ocultar-se é um prazer, mas não ser encontrado é uma tragédia", e que não há experiência mais penosa e terrível do que a de *ver e não ser visto*, de não ser refletido no espelho do olhar da mãe porque este é embaçado, distorcionador, opaco ou, pior que tudo, simplesmente nada responde ao filho. Em síntese, para WINNICOTT, a criança olha a maneira de como a mãe a olha.

Outros autores também valorizaram sobremodo esse *olhar reconhecedor* da mãe e o vínculo que, vice-versa, se estabelece concomitantemente com o olhar da criança para ela.

BION compara essa troca recíproca de olhares com o vínculo que sucede na relação boca-seio, ambas as situações encerrando fantasias e ansiedades análogas.

Comentário. Tendo em vista o consenso analítico em torno da importância do olhar da mãe, podendo ser estruturante ou desestruturante no psiquismo da criança, creio ser cabível, parafraseando M.KLEIN acerca de sua concepção de *seio bom e seio mau*, propor uma terminologia equivalente de *olhar bom* e *olhar mau* da mãe.

Onipotência e onisciência [FERENCZI, M. KLEIN, BION]

M.KLEIN foi a autora que mais consistentemente usava o termo *onipotência* para descrever as primitivas defesas do ego arcaico do bebê, num período evolutivo em que ele imagina ter *um controle onipotente* sobre o seio da mãe. Sem usar diretamente, de forma seguida, a palavra *onipotência*, FREUD deixou clara essa noção quando se refere ao princípio do ego do prazer puro, ao princípio da constância (também conhecido como princípio de nirvana) ou ainda quando, por exemplo, em "Sobre o narcisismo: uma introdução" (1914), usa a expressão: "Sua Majestade, o Bebê".

Também FERENCZI, no seu clássico "Estádios no desenvolvimento do sentido da realidade" assinala as fases em que a criança usa um pensamento *mágico e onipotente*. Igualmente a maioria dos autores que trabalharam com psicóticos ou estudaram o desenvolvimento emocional primitivo, de uma forma ou outra, também enfocam a onipotência.

BION, no entanto, deu um enfoque original ao conceito de onipotência, ligando-o diretamente a outros fenômenos, como o da identificação projetiva excessiva (tanto na quantidade como também excessiva na qualidade onipotente), assinalando o quanto a onipotência é característica típica da parte psicótica da personalidade e ele a ligou diretamente com a formação e utilização da capacidade para pensar.

Assim, diz BION, o paciente com caraterísticas psicóticas troca a utilização da capacidade para pensar os problemas (o que seria penoso) por uma forma mágica (o que lhe dá uma ilusória sensação de bem-estar) de resolvê-los através da onipotência. Aliás, isso está de acordo com a etimologia dessa palavra. Oni deriva do étimo latino *omni*, tudo. *Onipotência*, portanto, significa poder tudo, ou seja, se o sujeito imagina ter a potência, o poder, sobre tudo, para que pensar?

BION igualmente enfatizou que a *parte psicótica da personalidade* substitui uma necessária capacidade para *aprender com as experiências* por uma ilusão mágica que sabe (ciência) tudo (*omni*); Logo, não tem o que aprender, e está convicto de que, sendo onisciente, os outros é que devem aprender com ele.

Oral, fase [FREUD; ABRAHAM]

A primeira etapa da organização da libido foi denominada *fase oral*. Oral procede do latim *os* que significa boca, a qual constitui-se como *zona erógena* por excelência, como é no ato da amamentação. A finalidade da libido oral, além da gratificação pulsional, também visa à *incorporação*, que, por sua vez, está a serviço do fenômeno da *identificação*.

Deve ficar claro, no entanto, que a boca não é o único órgão importante dessa fase evolutiva, mas é um *modelo* de incorporação e de expulsão, ou seja, como um protótipo que intermedeia o mundo interno com o externo. Também devem ser consideradas, nessa fase oral, outras zonas corporais que cumprem a mesma função, como o complexo sistema respiratório-digestivo, sobretudo o trato gastrintestinal, os órgãos da fonação e da linguagem, as sensações *cinestésicas* (relativas ao equilíbrio corporal), as *enteroceptivas* (que provêm de órgãos internos) e as *proprioceptivas* (derivam das camadas profundas da pele). A *pele* tem um importante papel na fase oral porque, além das sensações profundas, também propicia a sensação de tato e a essencial aproximação *pele-pele* com a mãe. Além disso todos os demais órgãos sensoriais, como olfato, paladar, audição e visão, ocupam uma função relevante na fase oral.

A fase oral do desenvolvimento, de um modo geral, alude ao primeiro ano de vida. ABRAHAM (1924) trouxe uma importante contribuição à compreensão dessa forma evolutiva, ao distinguir duas subetapas dentro da fase oral: a fase oral *passivo-receptiva* e a fase oral *ativo-incorporativa*. Precedendo a M.KLEIN, destacou a importância da última pela possibilidade de vir carregada de pulsões agressivas dirigidas contra a mãe.

É útil acrescentar que ao longo da obra de FREUD aparecem postulações fundamentais, hoje clássicas, que acontecem no curso da fase oral, com são: uma especial valorização do corpo ("o ego, antes de tudo, é corporal"); a identificação primária com a mãe; a concepção da bissexualidade como qualidade primordial da herança biológica; a vigência do princípio prazer-desprazer; o predomínio do processo primário do pensamento; a primitiva formação de representação-coisa; as incipientes formas de linguagem e comunicação, dentre outros conceitos.

Organização da libido [FREUD]

Com essa denominação, FREUD conceituou as formas de como se definem as fases da evolução psicossexual infantil, levando em conta as zonas erógenas e o modo específico de como as pulsões se relacionam com os objetos. Assim, FREUD transitou desde o auto-erotismo até a heterossexualidade, passando pelo narcisismo e pela escolha de objeto homossexual .

Na sucessão das fases e zonas erógenas, inicialmente descreveu a organização anal em "À disposição à neurose obsessiva" (1913). A organização oral foi descrita somente dois anos após, na edição de 1915 de "Três ensaios sobre a teoria da sexualidade". A fase fálica somente apareceu em "A organização genital infantil" (1923). FREUD afirmou posteriormente que "a plena organização só será atingida na puberdade, numa quarta fase, a fase genital.

Organização patológica [JOHN STEINER]

A denominação *organização patológica* é de J.STEINER (1981), que, em diversos trabalhos, destacou a existência de uma organização perversa entre as instâncias psíquicas agindo dentro do sujeito, como, por exemplo, o superego, conluiado com o ego ou o superego, faz um perverso *acerto de acomodação*.
Embora a essência dessa *organização patológica* já tenha sido descrita por ROSENFELD (1971) com o nome de *gangue narcisista* (ver esse verbete), a contribuição de STEINER, entre outros aspectos, ganha especial importância na prática clínica porque o analisando, no lugar de colocar-se como vítima *passiva* de uma organização mafiosa, terá de reconhecer sua participação *ativa* no processo de boicote a seu crescimento na vida. Em resumo, esse tipo de organização patológica – que aparece mais nitidamente nos pacientes difíceis – foi considerado por ROSENFELD, diretamente ligado ao que chamava de narcisismo negativo, com a respectiva idealização das partes "más" do self, enquanto STEINER tirou essa organização da clássica clivagem entre objetos bons e maus e enfatizou um interiorizado conluio perverso entre ambos.

Organizadores [SPITZ]

R. SPITZ, ao estudar os fatores constitucionais da maturação e do desenvolvimento da criança, tomou esse termo emprestado da embriologia, na qual a palavra *organizador* designa o fato de que determinado grupo de células diferencia-se de outras por serem portadoras de uma informação genética que induzirá um desenvolvimento específico. Isso ocorre a partir de certo momento da evolução (o modelo clássico consiste no transplante, no olho, de células epidérmicas que, a partir de certa idade, darão origem às células diferenciadas para a função de olhar).
Utilizando esse modelo, SPITZ postulou a teoria de que o desenvolvimento da criança passa por três organizadores – que funcionam como pontos nodais das transformações – que são: o *sorriso espontâneo* (por volta do terceiro mês), a *angústia do oitavo mês*, e a capacidade de *dizer não*, em torno do segundo ano.

Orgasmo do ego [WINNICOTT]

Ao descrever a aquisição, por parte da criança, da *capacidade de estar só*, WINNICOTT afirma que "É somente quando só que a criança pode descobrir a sua vida própria (...), é capaz de fazer o equivalente ao que no adulto chamamos de relaxar (...), adquirir a capacidade de se tornar 'não integrada', de devanear, de ter uma experiência que é sentida como real".
Baseado nisso, WINNICOTT utiliza a expressão *orgasmo do ego* ao afirmar que "na pessoa normal uma experiência altamente satisfatória como essa pode ser conseguida em um concerto ou num teatro ou em uma amizade, ou no brincar, o que pode merecer um termo tal como o orgasmo do ego".

Orgonoterapia [W. REICH]

Em 1936, REICH afastou-se definitivamente da análise – à qual emprestara o então inovador e importantíssimo conceito de couraça caractereológica – e dedicou-se a um novo método que inventou: a *orgonoterapia*, pela qual ligava o tratamento pela palavra à intervenção do corpo, através de substâncias consideradas como partículas de energia vital, que ele chamava de *orgones* ou *bions*.
REICH considerava que a neurose seria conseqüência de uma rigidez ou retração do

organismo, a qual era necessário tratar por exercícios de descontração muscular a fim de fazer surgir o *reflexo orgástico.*

À medida que REICH mais ia ficando fascinado e se aprofundando nas suas teorias físico-biológicas, mais a comunidade psicanalítica foi rotulando-o de psicótico. Seu método de orgonoterapia não encontrou ressonância no meio psicanalítico e hoje está totalmente esquecido.

Originário, processo [PIERA AULAGNIER]

P. AULAGNIER postulou a existência de uma categoria ainda anterior ao do processo primário, que ela chama de *processo originário.* Para a autora, a atividade psíquica é regida por três modos de funcionamento, ou processo de *metabolização:* o processo *originário,* o processo *primário* e o processo *secundário.*

Cada um desses processos tem uma forma específica de inscrever suas representações: o processo originário inscreverá as representações sob a forma de pictogramas; o processo primário utilizará as fantasias para essa inscrição, enquanto o processo secundário possibilita as representações sob a forma de idéias.

O processo originário tem como ponto de partida o encontro entre a boca e o seio, que AULAGNIER considera o momento inaugural da atividade psíquica. A boca e o seio constituiriam uma unidade indissociada que forma uma zona sensorial que ela chama de *imagem do objeto-soma complementária.* Essa imagem organiza o *pictograma.*

Uma das características do processo originário é o que ela chama de auto-engendramento, o qual designa o fato de o psiquismo do bebê não registrar que o estímulo que gerou a representação tenha provindo do mundo externo, mas, sim, que foi ele que as engendrou.

AULAGNIER destaca que o processo originário, o primário e o secundário não estão todos presentes desde o início, mas, sim, que eles se sucedem temporalmente, a seguir se superpõem e coexistem durante toda a vida.

Todos esses conceitos adquirem importância para o entendimento e manejo dos processos psicóticos.

Outro e outro [LACAN]

LACAN cunhou uma terminologia específica, grafada de duas maneiras (Outro\outro), cada uma com um significado específico, sempre ligado ao lugar e à função daqueles em relação aos quais é formulado o desejo da criança. Assim, ele emprega a palavra *outro* (vem do francês *autre,* com a minúsculo) a qual chama de *pequeno outro,* que alude mais diretamente à *alteridade,* ou seja, a relação do sujeito com seu meio, com seu desejo e com os objetos (mãe, pai, irmãos), através dos mecanismos de identificação imaginária com esses outros.

Dessa forma, uma mãe, definida por LACAN como *pequeno outro,* inalcançável em razão do tipo de desejo da criança, que implica um risco de incesto, fica assim representada no registro do imaginário. Um pai, por exemplo, pode ser representado no registro imaginário de diversas formas, como pai complacente, ameaçador ou feito à imagem e semelhança dele, filho.

Em oposição a isso, Lacan descreve o *grande Outro* para designar um lugar simbólico que, tanto pode ser um significante, a lei, o nome, a linguagem, o inconsciente, ou, ainda, Deus, que determina o *sujeito,* tanto *inter* como *intra*-subjetivamente, em sua relação com o desejo.

O *grande Outro,* quando evocado pela criança, impede que se perpetue a ligação diádica com a mãe e estabelecendo os limites e as diferenças entre as gerações do filho e a dos pais.

P

Paciência [BION]

A psicanálise contemporânea valoriza sobremodo o que BION denomina *condições necessárias mínimas* do analista. Ter *paciência* com seu paciente, consigo mesmo e com a evolução da análise ganha uma alta relevância. Deve ficar esclarecido, no entanto, que a conceituação do termo *paciência*, do ponto de vista psicanalítico, não deve ser confundida com um estado de resignação e, muito menos, de uma espera *passiva* e conformada.

Pelo contrário, a paciência consiste numa *atitude psicanalítica interna* do analista pertinente à sua função de capacidade negativa (ver esse verbete) – a ser desenvolvida no analisando – no sentido de poder conter dúvidas, angústias e, sobretudo, respeitar o ritmo do paciente.

Em síntese, o termo *paciência* sugere significados de sofrimento e de tolerância à frustração, especialmente em relação à dimensão do tempo, condições inerentes à capacidade de pensar.

FREUD, ao descrever o *caso Dora* (1905, p.14), menciona a seguinte expressão do poeta Goethe: "Nem só a Arte e a Ciência servem; no trabalho deve ser mostrada a Paciência". Essa frase é plenamente válida para a situação analítica, especialmente se for levada em conta a composição etimológica dessa palavra. *Paciência* deriva do étimo grego *pathos,* sofrimento, o que mostra o quanto exige do analista suportar o sofrimento. O vocábulo paixão, também derivado de *pathos,* permite igualar metaforicamente a paciência do analista com a Paixão de Cristo. Na prática analítica, BION insiste que, antes de formular uma interpretação, o psicanalista deve ter *paciência* diante de um estado psíquico próprio de uma posição esquizoparanóide até atingir um estado de *segurança,* o qual equivale à passagem para um estado de posição depressiva.

Paciente de difícil acesso [BETTY JOSEPH]

Expressão introduzida por B. JOSEPH, em seu trabalho "O paciente de difícil acesso" (1975), vem sendo bastante empregada pelos psicanalistas, designando mais particularmente os pacientes que dificilmente concedem a si mesmos e ao analista, acesso a seu inconsciente, de modo a dificultar extremamente o objetivo maior de qualquer análise: a obtenção de mudanças verdadeiras no psiquismo.

Costumeiramente, são pacientes portadores de: organização *borderline* da personalidade; organização perversa; personalidade exageradamente narcisista; sérias dificuldades na representação de si mesmos; conduta anti-social; drogadição; depressão crônica. Além desses, incluem-se nessa situação os pacientes definidos por MacDougall como antianalisandos e os analisandos portadores de uma organização patológica que sabota o crescimento mental do sujeito.

Comentário. Pode-se dizer que hoje muitos pacientes rotulados como de difícil acesso por um determinado analista, possam não o ser para outro, e vice-versa. Da mesma forma, muitos outros analisandos que parecem ser de fácil acesso, na verdade, podem estar conluiados com seu analista em uma análise inócua. Em razão disso, talvez o melhor critério seja não prejulgar o paciente, mas experimentar tratá-lo dentro de requisitos analíticos mínimos, levando em conta que a acessibilidade só poderá ser estabelecida com a própria marcha da análise e a definição de quem será o analista.

Pai, funções do

A figura do pai tem um relevo extraordinário na obra de FREUD (*falocentrismo*), enquanto na teoria kleiniana, ficou muito ofuscada pela hegemonia que M.KLEIN atribuiu à mãe (*seiocentrismo*). Na atualidade, principalmente a partir de LACAN, a psicanálise está resgatando a importância do lugar, papéis e funções pertinentes ao pai. Dentre as funções fundamentais que devem ser exercidas pelo pai, as seguintes merecem ser destacadas:

1. A segurança e a estabilidade que ele dá, ou não dá, à mãe na tarefa, por vezes árdua e estafante, de bem educar e promover o crescimento dos filhos.
2. Dentro da concepção de transgeracionalidade, é útil saber como foi seu vínculo com seu pai e até que ponto ele o está repetindo com seu filho. Também importa conhecer a representação interna que ele tem da esposa (mãe da criança), que influirá bastante na que o filho terá da mãe, e também qual o *lugar* que o pai ocupa no desejo e na representação que a esposa tem dele.
3. A ênfase que merece ser dada ao papel do pai decorre do fato de que sua presença física e afetiva é de fundamental importância no processo de separação-individuação referente à díade mãe-filho (MAHLER, 1986).
4. Sua essencial participação na resolução, exitosa ou patológica, do complexo de Édipo, tal como descrito por FREUD.
5. As funções englobadas no que LACAN denomina Lei-do-Pai ou Nome-do-Pai.

Pai, lei-do ou **nome-do-** [LACAN]

Expressão introduzida em 1953 por LACAN, enfatiza a função que, através da linguagem, o pai – tanto o concreto como o simbólico – transmite ao filho os valores socioculturais nos quais eles estão inscritos. De forma simplificada, as seguintes funções podem ser acrescidas às que estão descritas no verbete anterior:

1. O pai, no papel de *terceiro,* interpondo-se como uma cunha normatizadora e delimitadora entre a mãe e a criança, irá propiciar a necessária passagem de Narciso a Édipo.
2. As adequadas frustrações impostas pela função paterna, pela colocação de *limites,* reconhecimento das *limitações* e aceitação das *diferenças, normas e leis,* promovem a necessária, embora dolorosa, passagem do princípio do prazer-desprazer para o princípio da realidade, se usarmos a terminologia de FREUD, ou a passagem dos níveis real e imaginário para o registro simbólico, segundo o dizer de LACAN. (Ver os verbetes: *Nome-do-Pai e Outro*).

Pais combinados, fantasia da figura de [M. KLEIN]

M.KLEIN sempre enfatizou a fantasia que o bebê tem de penetrar no corpo da mãe para se apossar dos *tesouros* que, sob a forma de pênis e de bebês, ele fantasia que a mãe abriga dentro dela. A frustração a esse desejo leva a criança a desenvolver fantasias sádico-agressivas contra mãe e contra a relação sexual dos pais.

Por um jogo de identificações projetivas e introjetivas, a criança vai misturando a imagem dela com a dos pais, unidos num coito que, segundo suas fantasias, pode ser terrorífico. A figura combinada e perseguidora dos pais unidos pode adquirir formas horrendas. A figura dos pais combinados constitui um dos perseguidores mais terríveis nos dramas infantis e manifestam-se não só nos sonhos e pesadelos, como também surgem simbolicamente descritas em diversas narrativas folclóricas e da mitologia.

Paixão [BION]

BION afirmava que os elementos do processo psicanalítico se estendem em três dimensões: no domínio dos *sentidos*, no do *mito* e no da *paixão*. A presença desta última não é revelada pelos sentidos sensoriais; somente se revela quando duas mentes estão em ligação através da emoção.

A dimensão da *paixão*, segundo BION, abarca tudo o que é derivado e está compreendido entre os vínculos do amor, do ódio e do conhecimento. Ele afirma que a noção psicanalítica do termo *paixão* representa uma emoção experimentada com intensidade e calidez, ainda que sem nenhuma sugestão de violência. O sentido de violência não deve ser expressado pelo termo *paixão*, a menos que esteja associada com o sentimento de voracidade.

A evidência da presença da paixão que pode ser proporcionada pelos sentidos não deve ser tomada como sua dimensão psicanalítica, porquanto esta pertence ao domínio da extra-sensorialidade e, mais ainda, a paixão do analista deve ser claramente distinguida da contratransferência.

Na verdade, o significado da palavra *paixão*, como é concebida por BION, adquire uma significação de ordem mais mística e está mais próximo do que está contido na sua etimologia: paixão (como também compaixão) deriva de *pathos*. Portanto, alude a um estado de sofrimento profundo e que transcende a sensorialidade (como é no significado atribuído à Paixão de Cristo).

BION, em "Cogitações", p.136, define compaixão (*com* + *paixão*) como um sentimento que, tal como a verdade, a pessoa necessita possuir e expressar; é um impulso que precisa experimentar em seus sentimentos pelos outros.

MELTZER (1994, p.214), ao se referir ao *estado de paixão* tal como descrito por BION, faz a interessante ressalva de que "as paixões representam estados de turbulência que surgem do impacto paradoxal de uma emoção intensa sobre a outra, e que produzem uma turbulência em razão do conflito com as idéias previamente estabelecidas acerca do significado de ditas emoções".

Pânico, doença do

Ver o verbete *Doença do pânico*.

Papéis [conceito de dinâmica grupal]

A psicanálise contemporânea está conferindo expressiva importância aos *papéis* que, na maioria das vezes inconscientemente, o sujeito desempenha nas diversas áreas de sua vida, com freqüência de forma repetitiva e estereotipada, e que podem acompanhá-lo ao longo de toda vida.

O importante é que esses *papéis* costumam ser designados pelo discurso dos pais e da cultura através de enunciados categóricos. Modelam, assim, um ideal de ego que, agindo sob a forma de mandamentos internos, obriga o sujeito a cumprir expectativas de si e dos outros e para tanto cumpre compulsoriamente os papéis que lhe foram implantados.

A dinâmica do campo das grupoterapias possibilita observar com mais clareza o processo de como os indivíduos desempenham um determinado tipo de papel, que pode variar de um para o outro, e que comumente aparecem sob a forma de: *líder*; *bode expiatório*; *porta-voz*; *agressivo*; *masoquista*; *bonzinho*; *atuador*; *apaziguador*, etc.

Na prática analítica, o cumprimento de papéis inscritos no inconsciente ganha relevância, a ponto de poder explicar algumas das ocorrências de reação terapêutica negativa. É o que acontece quando o paciente está fazendo substanciais mudanças na sua personalidade que podem colidir com um papel, para o qual foi programado desde sempre. Por exemplo, ser o filhinho querido da mamãe e nunca se afastar muito dela e nem se diferenciar muito dos irmãos....

Par analítico [conceito de técnica]

Na psicanálise contemporânea é consensual que no processo analítico não existe *um paciente* fazendo as suas narrativas e *um* analista descodificando e interpretando-as, mas, sim, existe *um par* que está permanentemente interagindo e se influenciando reciprocamente.

Isso está consubstanciado nessa **frase** de BION: "Em análise, a coisa mais importante não é aquilo que o analista e o paciente podem fazer, mas o que a dupla pode fazer, onde a unidade biológica é dois e não um...o ser humano é um animal que depende de um par" (1992, p.46).

A polêmica que persiste decorre do fato de que muitos autores respeitáveis consideram que a pessoa real do analista, por si só, em nada vai modificar substancialmente o curso da análise. O que importa é que o analista esteja suficientemente capacitado para interpretar a neurose de transferência nas suas múltiplas facetas, que certamente se repetiriam com qualquer outro analista.

Por outro lado, muitos outros autores, igualmente respeitáveis, opinam de forma categórica que a pessoa real do analista exerce uma decisiva influência no destino da análise (ver o verbete *Pessoa real do analista*).

Paradigma

O termo *paradigma* deriva do grego e significa *padrão*. Ganhou importância a partir do trabalho de THOMAS KUHN sobre "A estrutura das revoluções científicas", no qual ele mostra que a ciência normal desenvolve-se em um contexto que inclui uma constelação de crenças, valores e técnicas compartilhadas pelos membros de uma determinada comunidade científica.

Uma característica de um paradigma é que ele se mantém por longo tempo, de modo que os cientistas, em suas investigações tendem a manter os cânones estabelecidos. Qualquer proposição mais revolucionária costuma provocar uma forte oposição por parte dos fiéis seguidores do paradigma vigente, de sorte que as transformações acabam acontecendo, porém de forma lenta, em meio a muitas lutas e radicalizações.

Um exemplo mais extremo disso é o da teoria ptolomaica, que durou séculos, de que a terra seria o centro de universo. Quando Copérnico, e mais tarde Giordano Bruno, tentaram contestar essa teoria com provas de que a Terra não passava de um pequeno planeta girando em torno do Sol, uma das bilhões de estrelas entre outras da galáxia Via Láctea, foram cruelmente perseguidos e condenados à morte pelos representantes do clero e da ciência da época pelo crime de ousarem contestar um paradigma que satisfazia ao narcisimo humano.

Aliás, FREUD sofreu toda sorte de ataques, quando teve a ousadia de proclamar a existência da sexualidade nas *inocentes criancinhas*, da mesma forma que M.KLEIN foi duramente criticada quando abriu linhas de concepções psicanalíticas distintas das de FREUD.

Paradigmas da psicanálise, tipos de*

Nesse pouco mais de um século de existência, a psicanálise tem sofrido transformações muito importantes, que sempre estacionam durante algum tempo em certos paradigmas. De forma genérica, e com inevitáveis mutilações, acredito que podemos sintetizar em quatro períodos, com uma terminologia específica para cada um deles:
1. *Pulsional-Recalcamento*. Durante longas décadas predominou, de forma praticamente exclusiva, o paradigma criado por FREUD, com absoluta ênfase no embate entre os desejos pulsionais e as respectivas defesas do ego – notadamente o recalcamento. Assim, nesse período pioneiro e ortodoxo da psicanálise freudiana vigia, de forma predominante, uma convicção *positivista* e absolutista, que considerava o analista um observador neutro e objetivo, para não dizer o senhor absoluto, perfeitamente sadio do ponto de vista emocional e dono das verdades acerca do paciente. Por conseguinte, ao paciente caberia o papel único de trazer seu *material* e ao psicanalista a função de fazer um levantamento *arqueológico* das ruínas do passado do paciente, resultantes das pulsões inaceitáveis recalcadas e soterradas no inconsciente.
2. *Objetal-Fantasmático*. Essa denominação alude ao fato de que os teóricos das relações objetais, notadamente M.KLEIN, fizeram o pêndulo da psicanálise inclinar-se para a importância das relações objetais internalizadas resultantes das pulsões, especialmente as sádico-destrutivas ligadas aos objetos parciais, acompanhadas de fantasias inconscientes, ansiedade de aniquilamento e o emprego de arcaicas defesas do ego. O paradigma kleiniano, embora tenha alavancado a psicanálise e aberto a porta para pacientes psicóticos, continuou persistindo na visão do analista como um privilegiado observador objetivo, que conseguiria manter plena neutralidade e que, qual um juiz supremo, sabia perfeitamente o que era o correto e o mais apropriado para o paciente.
3. *Vincular-Dialético*. Especialmente a partir de BION, começou a predominar entre os analistas a crença de que o analisando e o analista são duas pessoas reais e adultas, com as suas inevitáveis limitações e angústias. Desse modo, tornou-se consensual que é impossível continuar concebendo o modelo unipessoal do processo analítico e tampouco que esse seja linear e seqüencial, mas, sim, que a análise consiste numa íntima relação vincular entre eles, cada um influenciando e sendo influenciado pelo outro, seguindo um modelo *dialético*. Ou seja, as *teses* (a narrativa das fantasias...) apresentadas pelo analisando são confrontadas com as *antíteses* (atividade interpretativa) do analista. Dessa maneira, resultam *sínteses* (os *insights*), que funcionam como novas teses, num sucessivo movimento helicoidal espiralar ascendente, em planos gradualmente mais amadurecidos na mente do analisando nos casos exitosos.
4. *Déficit-Vazios*. Um aspecto da psicanálise que vem adquirindo estatuto de *paradigma* é a psicanálise voltada para crianças portadoras de um autismo psicogênico, resultante da formação de uma rígida *carapaça protetora* (ou *concha autista*).Esses pacientes necessitam de outra abordagem técnica para serem *encontrados e despertados* pelo analista, visto estarem realmente perdidos, como mostram F. TUSTIN (1986) e A. ALVAREZ (1992), e que estão à espera de que seus buracos negros existenciais venham a ser percebidos e preenchidos pelo terapeuta. Esses últimos aspectos, quero crer, estão presentes e exigem as mesmas mudanças técnicas nos pacientes adultos que estão num estado de desistência. Nesse caso, estão defendidos e desesperançados, de modo que o "seu único desejo con-

siste em nada desejar", tal como está descrito no verbete *Vazio, patologia do*.

Esse vértice de entendimento psicanalítico para determinados pacientes, cada vez mais numerosos, enfocados prioritariamente não tanto nos conflitos, mais nos vazios resultantes das primitivas carências e déficits, justificam o nome proposto para esse paradigma.

Deve ficar claro que o surgimento de novos paradigmas de modo algum deve significar a caducidade dos anteriores, mas, sim, que cada um deles continua válido para determinadas situações, e que a psicanálise ficaria muito enriquecida se houvesse uma conjugação e complementação dos distintos paradigmas.

Igualmente, lenta e de forma gradativa, os autores estão superando a convicção dogmática de que a verdade só pode ser encontrada numa leitura ou releitura de Freud, ou que, de alguma forma, a verdade em psicanálise deva necessariamente estar ligada a Freud, embora ninguém discorde que ele lançou as sementes essenciais que continuam vigentes. Houve época em que qualquer discordância de Freud ou, mais tarde, de M.Klein, era considerada uma heresia, uma posição antianalítica. O desprendimento gradual desse radicalismo está possibilitando maior liberdade e criatividade, com reflexos imediatos na técnica e na prática.

Parâmetro [conceito de técnica]
[Kurt Eissler]

Palavra usada por K. Eissler (1953) para reafirmar sua posição de que tudo aquilo que transgrida o enquadre deve ser considerado um *parâmetro*. Ao mesmo tempo, aventou a possibilidade de o psicanalista poder se afastar parcialmente das recomendações técnicas preconizadas pela psicanálise clássica e, assim, introduzir alguns outros aspectos, desde que nada disso interfira na evolução normal da análise. Aliás, o termo *parâmetro* aparece nos dicionários com a significação de que é "todo elemento cuja variação de valor altera a solução de um problema sem alterar-lhe a *natureza essencial*".

Assim, na atualidade cabem alguns questionamentos.

É permissível que, de forma transitória ou até definitiva, uma análise comum se processe com menos de quatro sessões semanais ou com uma periodicidade que inclui a realização de duas sessões num mesmo dia? É válida a análise que se efetua por longos períodos sem que o analisando use o divã? Perguntas equivalentes poderiam ser formuladas, como, por exemplo, quanto a: a) adequação de o analista interpretar na extra-transferência; b) conveniência de responder a algumas perguntas pessoais ou a de atender a solicitações, como a de fornecer indicações de profissionais; c) adequação de concordar com o uso simultâneo de quimioterápicos, etc.

As opiniões não são uniformes, mas mesmo os que advogam uma maior flexibilidade na utilização dos *parâmetros* não abrem mão de um requisito essencial: é a de que o par analítico tenha condições de retornar, se for necessário e possível, às condições prévias.

Paranóia

Quadro clínico existente desde a Antigüidade, que consiste num conjunto de produções delirantes, geralmente persecutórias, que distorcem a realidade objetiva.

Isso, aliás, está de acordo com a provável etimologia, tanto do termo *delírio*, como de *paranóia*, como a seguir vai exposto.

O verbo *delirar* pode ser decomposto em *de* (indica um movimento para fora) + *lirare* (*lira* significa o sulco retilíneo do arado), de modo que *delírio* designa o sentido do que saiu do previsto.

Paranóia, por sua vez, deriva dos étimos gregos, *para*, ao lado de + *gnose*, conhecimento, ou seja, a paranóia alude a uma percepção distorcida dos fatos.

Durante muito tempo a psiquiatria clássica enquadrou a paranóia como uma das formas de esquizofrenia. No entanto, posteriormente fez-se uma distinção entre ambas, porquanto a paranóia não altera fundamentalmente a personalidade do sujeito, não evolui obrigatoriamente para uma deterioração psíquica. FREUD, acompanhando o psiquiatra KRAEPELIN, grande sistematizador da patologia mental, considerou a paranóia um conjunto de delírios sistematizados, não somente o de perseguição, como também a erotomania, o delírio de ciúme e o delírio de grandeza. FREUD sempre correlacionou os delírios a um estado de homossexualidade subjacente, tal como descreveu no famoso *Caso Schreber* (1911).

Dentre inúmeros trabalhos, de distintos autores, versando sobre múltiplos enfoques relativos à paranóia e estados paranóides em geral, é necessário destacar o primeiro trabalho rigorosamente psicanalítico de LACAN, "Da psicose paranóica em sua relação com a personalidade" (1933) com o qual ele obteve a condição de membro efetivo. O trabalho foi inspirado no *Caso Aimée* e serviu de ponto de partida para suas originalíssimas concepções. Ver o verbete *Historiais clínicos*.

Parasitária, relação continente-conteúdo [Bion]

Na sua descrição relativa às três modalidades de relação *continente-conteúdo* – a simbiótica, a comensal e a parasitária – BION conceituou essa última inspirado no modelo da biologia. Trata-se de um tipo de vínculo em que somente um dos dois se beneficia, enquanto o outro pode ser tão sugado, sem nada receber, que corre o risco de vir a ser destruído.

BION exemplifica com a situação de uma mãe invejosa que priva a criança de todas suas qualidades positivas, sendo que a recíproca é verdadeira. Esse tipo de vínculo pode se reproduzir durante toda a vida em circunstâncias e com personagens diferentes, como a de um casal, ou até mesmo na situação analítica, etc.

Parte psicótica da personalidade [BION]

Expressão introduzida por BION em seus trabalhos da década de 50, onde ela aparece virtualmente como sinônimo de *personalidade psicótica*. Fundamentalmente, *parte psicótica da personalidade* refere o fato de que toda pessoa neurótica tem enquistada dentro de si essa *parte psicótica* (não confundir com a psicose clínica, como essa é conhecida em psiquiatria) e de que toda personalidade psicótica, mesmo no grau de franca psicose clínica, abriga uma *parte não psicótica* (ou *parte neurótica*).

Segundo BION, os seguintes elementos compõem essa *parte psicótica da personalidade*:

1. Fortes pulsões agressivo-destrutivas, com predomínio da inveja e da voracidade.
2. Baixíssimo limiar de tolerância às frustrações.
3. As relações mais íntimas com pessoas próximas são predominantemente de natureza sadomasoquista.
4. Uso excessivo de *splittings* e de identificações projetivas.
5. Grande ódio às verdades, tanto as internas quanto as da realidade externa, havendo, conseqüentemente, preferência pelo *mundo das ilusões*.
6. Ataque contra os vínculos de percepção e aos do juízo crítico como resultado do ódio às verdades.
7. Sensível prejuízo da capacidade das funções do pensamento verbal, do conhecimento e do uso da linguagem como forma de comunicação.
8. Substituição das capacidades de pensar e a de aprender com as experiências, respectivamente, pela onipotência e pela onis-

ciência, enquanto a arrogância ocupa o lugar do orgulho sadio e um estado de confusão fica a serviço de impedir uma discriminação entre o verdadeiro e o falso.
9. Um supersuperego. (Ver esse verbete).

Parte não psicótica da personalidade
[BION]

No livro "Cogitações" (1992), quando afirma que a capacidade de impor causalidade e temporalidade a certos eventos referidos num discurso verbal depende da existência de uma *personalidade não-psicótica*, BION diz literalmente que a última precisa ser capaz de tolerar:
1. Frustração e, portanto, consciência da temporalidade, da espera.
2. Culpa e depressão e, portanto, capacidade de considerar a possibilidade de haver causalidade. Nessa hipótese, o indivíduo tem que considerar a própria responsabilidade por certos eventos na cadeia das causas. "A capacidade para a verbalização é, como já mostrei, uma função da posição depressiva".

Passe [Lacan]

Termo empregado em 1967 por LACAN para designar um processo de passagem de um candidato em formação analítica para a condição de *analista da escola* (AE), que o autorizava a praticar a clínica psicanalítica, de forma autônoma.
Como é sabido, a IPA, desde 1918, recomendava a análise didática, instituída oficial e obrigatoriamente em 1925, sob a presidência de MAX EITIGON. LACAN nunca se conformou com os critérios da IPA, segundo os quais a análise de um candidato só poderia ser feita por um *analista didata*, escolhido por ele dentre os membros de um restrito e privilegiado grupo, seguindo um prolongado ritual, bastante conhecido por todos. LACAN reprovava esse sistema porque aceitá-lo seria conceder a uma ou poucas pessoas, uma condição análoga à de Deus (a que ele se referia com a sigla SSS, ou seja, Sujeito Suposto Saber).
Assim, ele propôs um sistema de ritual de passagem denominado *passe*, no qual o *passante* (o candidato ao passe) tinha de fazer um depoimento sobre o que fora sua análise pessoal perante os assim intitulados *passadores*, que são analisandos que estão, em sua própria análise pessoal, em um momento em que são capazes de ouvir alguma coisa. Após, os *passadores* transmitem a um júri composto por dois analistas o que ouviram do candidato, cabendo a esse júri fornecer o credenciamentro da condição de AE.
LACAN criou o sistema do passe para sair do *impasse* com a IPA, mas em 1978 ele próprio reconheceu que o *passe caiu num impasse*. Embora LACAN tenha admitido o fracasso do método, esse continua sendo aplicado por muitos dos ramos que se originaram da Escola Freudiana de Paris, criada por ele.

Pavor ou terror sem nome [BION]

Expressão que designa uma importante contribuição de BION na *prática* da psicanálise. Trata-se de um tipo de angústia de aniquilamento que o paciente não consegue descrever com palavras, Muitas vezes, de forma equivocada, o terapeuta fica insistindo para que o analisando o faça, quando este está à espera que alguém descodifique e esclareça o que não sabe o que é e de onde veio.
Quando falha a função *rêverie* da mãe, vai acontecer que as pulsões e angústias que a criancinha projeta dentro dela não serão devidamente contidas e elaboradas. Por essa razão, as angústias do filho serão reintrojetadas por ele, sob a forma de um terror que o ego ainda não tem condições de significar e nomeá-lo, daí *pavor (ou terror) sem nome*.

Comentário. Embora BION não mencione FREUD no que tange aos conceitos de representação-coisa e de representação-palavra, creio que essa relação se impõe pelo fato de essa angústia ainda não ter nome, porque ela deve ter ficado inscrita numa época primitiva em que o bebê ainda não tinha condições de representar os sentimentos com o pensamento verbal.

Um segundo comentário: acredito que, assim como existe um terror ou pavor sem nome, também deve existir um *prazer sem nome*, tal como está descrito nesse último verbete grifado.

Pele, segunda [ESTHER BICK]

Durante sua observação de bebês, segundo método que instituiu como parte da formação de estudantes de psicoterapia e psicanálise com crianças, E.BICK percebeu que o contato da mãe com a pele corporal da criança, e vice-versa, adquiria uma importância fundamental na estruturação da criança. Uma razão relevante é que o contato epidérmico serve para a criança sentir uma delimitação com o espaço exterior, Desse modo vai formando sua imagem corporal e criando uma fronteira que a possibilite diferenciar-se do mundo de fora. Em caso contrário, a criança é invadida por um sentimento de dissolução, descoordenação, aniquilamento.

Assim, afirma BICK, o bebê, ao receber o mamilo na boca, tem a experiência de um contato epidérmico que lhe garante a conquista do conceito de que existe um espaço exterior, um objeto de fora que pode cobrir suas necessidades, um objeto que pode conter aspectos de sua pessoa, tanto quanto o mamilo na sua boquinha o faz.

Isso pode ser sintetizado na sua bonita **frase:** "Quando o bebê nasce, ele se vê na posição de um astronauta que foi lançado para o espaço exterior sem um traje espacial (...) O terror predominante do bebê é despedaçar-se ou liquefazer-se. Pode-se perceber isso no tremor do bebê quando o mamilo lhe é tirado da boca, mas também quando suas roupas são tiradas".

Quando essa *primeira pele* da mãe falha, a criança procura substitutos do mamilo (uma busca frenética por um objeto-luz, som, voz, cheiro...). Como isso não é suficiente, a criança cria uma *segunda pele*, ou seja, através de fantasias onipotentes, ela cria uma *pseudo-independência*. Esse contexto lembra bastante as concepções de WINNICOTT em relação ao estado do bebê que está num estado "de absoluta dependência, mas imagina estar na posse de uma independência absoluta", o que pode contribuir para a construção de um falso self.

Essas noções de BICK forneceram a MELTZER e colaboradores, no seu trabalho com crianças autistas, subsídios para desenvolver uma teoria relativa à *ausência de um* espaço mental e os levou à descoberta do fenômeno da identificação adesiva (ver esses dois últimos verbetes).

Pele fina e de pele grossa, narcisismo de [HERBERT ROSENFELD]

ROSENFELD, o autor kleiniano que mais se dedicou ao estudo do narcisismo, propôs (1987) uma classificação em dois tipos de pacientes narcisistas: os que ele denomina de *pele fina* – pessoas supersensíveis que exigem um tato especial do analista – e os de *pele grossa*. Os últimos, pelo contrário, são arrogantes, procuram trocar de lugar com o analista e demonstram um espesso escudo protetor contra sua atividade interpretativa. Por isso mesmo, o analista precisa manter-se firme, com intervenções diretas e objetivas, sem medo, embora com respeito, de que o paciente se melindre e abandone a análise.

Comentário. A prática analítica ensina-nos que a *pele grossa* sempre encobre e protege uma subjacente *pele fina*. Desse modo, a recomendação acima destacada, de que o analista deve manter uma atitude de muita firmeza com os *pele grossa*, de forma alguma deve impedir que ele aceite as demonstrações do exibicionismo grandioso de seu paciente, desde que isso seja temporário.

Pênis, inveja do [FREUD]

A primeira referência de FREUD à *inveja do pênis* surgiu no artigo "Sobre as teorias sexuais das crianças", publicado em 1908, embora ele já manifestasse essa concepção anteriormente. Posteriormente, em "Sobre o narcisismo: uma introdução" (1914), ele alude ao complexo de castração da menina.

A inveja do pênis nasce da descoberta da diferença anatômica entre os sexos: a menina sente-se lesada em relação ao menino (FREUD não acreditava que a menina pudesse ter um conhecimento precoce da existência da vagina, fato que hoje poucos contestam) e deseja possuir um pênis como ele. Posteriormente, no decurso do *complexo de Édipo*, diz FREUD, a menina abriga dois desejos relativos a essa inveja:

1. De adquirir um pênis dentro de si, principalmente sob a forma de desejo de ter um filho.
2. De participar dos prazeres que o pênis do pai propicia à mãe.

A *inveja do pênis* durante muito tempo ocupou um lugar central na concepção freudiana da sexualidade feminina, acarretando, no mínimo, cinco mudanças importantes:

1. Da zona erógena (do clitóris para a vagina).
2. De objeto (o apego pré-edipiano à mãe cede lugar ao amor edipiano pelo pai).
3. Renúncia à atividade fálica que se manifestava pela masturbação clitoriana e que dá lugar ao predomínio de uma passividade.
4. De atitude em relação à mãe, a quem a menina começa a votar um ressentimento por não lhe ter brindado com um pênis e faz com que a deprecie fortemente, vendo-a como uma pessoa castrada.
5. De equivalência simbólica entre pênis, criança e fezes.

Comentário. Essa concepção *falocêntrica* de FREUD, que poderia ser formulada assim: "a mulher é um homem que não deu certo", vem sofrendo pesadas críticas. Hoje não encontra respaldo científico, sendo considerada como um dos poucos pontos frágeis de sua obra, embora se possa relevá-la em razão da influência da cultura machista da época. No entanto, essa postulação de FREUD relativa à *inveja do pênis* merece uma reavaliação do ponto de vista semântico: sendo o pênis um designativo de falo, é, como este, um claro símbolo de poder. Dessa forma, o conceito de inveja do pênis, como falo, continua sendo muito importante, desde que essa inveja também seja extensiva aos homens, e que se leve em conta a importante participação do fator cultural.

Pênis como objeto parcial [M. KLEIN]

M. KLEIN deu grande relevância à forma como o pênis é percebido, fantasiado e representado no psiquismo da criancinha. Assim, da mesma maneira como postulou a existência de uma clivagem *seio bom* e *seio mau*, também a criança estabelece uma dissociação *pênis bom* e *pênis mau*.

Inicialmente, para KLEIN, o pênis é um objeto parcial, concebido na fantasia inconsciente, como parte da figura combinada dos pais; assim, o bebê acredita que o pênis faz parte do corpo, situado no abdome ou no seio da mãe.

Pelas identificações projetivas primitivas, mais centralizadas nas fantasias inconscientes ligada ao coito dos pais, o pênis pode adquirir para o bebê um caráter bastante persecutório (*pênis mau*). Seu ingresso exitoso na posição depressiva vai possibilitar que o menino sinta uma grande tranqüilização com seu pênis e se orgulhe dele. Vai identificá-lo como um pênis criador e restaurador do pai, enquanto a menina desenvolverá, numa evolução sadia, a passagem, que será bem-vinda do pênis parcial para um pênis total.

Pensamentos [FREUD]

FREUD foi o primeiro cientista a estudar e descrever os fenômenos inerentes à formação e à evolução dos pensamentos com uma abordagem eminentemente psicanalítica, a partir dos primitivos dinamismos psíquicos do bebê. Cabe destacar os seguintes aspectos que ele concebeu e que mais notavelmente aparecem em seu clássico "Formulações sobre os dois princípios do funcionamento mental" (1911):
1. O lactante, desde recém-nascido, sente suas necessidades (fome, etc.) como *um incremento de tensão psíquica*.
2. Ele reage a esse aumento de tensão com o choro, ríctus de dor e esperneio muscular, que são as manifestações motoras de sua necessidade de fazer uma descarga da referida tensão.
3. FREUD deixa entrever que, em condições normais, a mãe compreende essa descarga do lactante como uma forma de *linguagem primitiva*, como um sinal de alguma necessidade, que ela satisfaz, por exemplo, amamentando, trocando as fraldas, etc. O bebê, por sua vez, logo perceberá que cada vez que chora e esperneia faz aparecer a mãe.
4. Assim, juntamente com a *tensão da necessidade*, surge a *percepção do objeto que promove a satisfação*.
5. Nos primeiros tempos, na hipótese de a mãe não estar presente para satisfazer sua necessidade, o bebê substitui o mamilo do seio alimentador pelo sugar do seu próprio polegar, num movimento psíquico onipotente que FREUD denominou *satisfação (ou gratificação) alucinatória do desejo*.
6. Como esse recurso mágico do bebê fracassa porque a realidade comprova que ele continua com fome e necessita do seio real externo para sobreviver, é obrigado a dar os primeiros passos para fazer a *transição do princípio do prazer para o da realidade*.
7. Como o princípio do prazer-desprazer não é suficiente para enfrentar as tensões provindas da realidade exterior, o bebê é levado a utilizar seus *órgãos sensoriais*, que estão em crescente maturação e desenvolvimento. Desse modo, ele desenvolve capacidades pertencentes à área do consciente, como memória, percepção, atenção e outras equivalentes.
8. Para conseguir passar do princípio do prazer para o da realidade, o ego incipiente do lactante deve atender a três condições: a) *conter* a tensão psíquica sem a necessidade de descarregá-la imediatamente de forma motora; b) postergar sua satisfação; c) *antecipar* a previsão de que o objeto saciador (mãe) aparecerá.
9. As primitivas *representações-coisa* vão se ligando mais fixamente a restos verbais, assim constituindo as *representações-palavra*, portanto, o início do *pensamento verbal*.
10. Juntando todas essas concepções, FREUD descreveu as características diferentes que o pensamento adquire no processo primário ou no secundário.
Seguindo-se a FREUD, inúmeros importantes autores dedicaram-se ao estudo dos pensamentos, como:
FERENCZI, através do seu notável trabalho de 1913, "Estádios no desenvolvimento do sentido da realidade".
M.KLEIN, com seus estudos relativos às fantasias inconscientes e aos mecanismos primitivos defensivos, sobretudo a identificação projetiva.
PIAGET, autor suíço que, embora não fosse psicanalista mas epistemólogo, aborda esse assunto de acordo com um entendimento neurobiológico, descreve períodos normais de evolução, previamente determinados pela natureza orgânica.
MATTE-BLANCO, a partir de suas concepções originais do que ele chama de *bi-lógica*,

pois, segundo ele, existe uma lógica *simétrica primitiva* que nivela tudo e uma lógica *assimétrica,* desenvolvida porque mantém as diferenças.

SIFNEOS e NEMIAH, pesquisadores americanos que introduziram o conceito de alexitimia.

PIERRE MARTY, juntamente com outros colaboradores da Escola Psicossomática de Paris, que criaram o importante conceito de pensamento operatório.

BION, que trouxe concepções originais e importantes, as quais aparecem detalhadas no verbete específico sobre a *Capacidade de pensar.*

Pensamento operatório [Escola Psicossomática de Paris]

Expressão cunhada pelos psicanalistas pertencentes à Escola Psicossomática de Paris para designar o estado mental de certos pacientes, como os somatizadores. Neles, a exemplo do que FREUD postulou acerca do que se passa nas neuroses de angústia, o ego não consegue conter e processar uma carga excessiva ou penosa de sentimentos e pensamentos, o que os leva a agir no lugar de pensar.

Para esses pesquisadores, o que acima de tudo caracteriza esses pacientes é o fato de o inconsciente deles não ter condições de expressar-se pelas representações. Desse modo, no lugar de reprimir as pulsões do id, como acontece nas neuroses, ou de denegar e forcluir, como acontece respectivamente nas perversões e nas psicoses, os pacientes somatizadores utilizam o *pensamento operatório,* isto é, superinvestem libidinalmente tudo que existe de concreto, como, e principalmente, seus sintomas corporais, como que fazendo um *curto-circuito* direto entre a angústia e o sintoma corporal sem passar pelo pensamento.

Pensamento do psicótico [BION]

BION foi o autor que mais profunda e originalmente descreveu a influência das pulsões, fantasias inconscientes, ansiedades primitivas e funções do ego, na *gênese,* na *evolução,* no *conteúdo* e nas *formas dos pensamentos* e da formação de um *aparelho psíquico capaz de pensá-los.*

Bion faz questão de reconhecer que partiu das concepções originais de FREUD e de M. KLEIN, as quais ele conservou na íntegra. Inspirado nelas e em conceitos provindos de filósofos e matemáticos, através de ampliações e transformações, trouxe contribuições inestimáveis e originalíssimas. Não obstante terem adquirido uma dimensão bastante abstrata, sempre foram prioritariamente voltadas para aplicação na prática clínica.

Na década de 50, BION dedicava-se à análise de pacientes em estado de regressão psicótica, nos quais observava, à luz dos postulados kleinianos, sérios problemas relativos à linguagem, à percepção, à comunicação, ao conhecimento e, sobretudo, à função de pensar os pensamentos.

Em seu livro *Estudos psicanalíticos revisados (Second thoughts* no original), publicado em 1967, BION reúne nove importantes artigos produzidos nessa década em que ele trabalhava com psicóticos. Aí encontramos o início de suas formulações a respeito da *patologia do pensamento piscótico.* Ele destacou aspectos importantes como:

1. A linguagem (na qual as palavras podem ser vivenciadas pelos psicóticos como se fossem objetos concretos a serem colocados dentro do outro) é empregada pelo esquizofrênico de três maneiras: como um modo de *atuar;* como um método de *comunicação primitiva* e como um *modo de pensamento.*

2. A ligação direta entre as pulsões sádico-destrutivas e a conseqüente intolerância à posição depressiva, com prejuízo da capacidade de formação de símbolos e portanto do *pensamento verbal.*

3. Como decorrência do último aspecto, BION concebeu que o psicótico não reúne condições para fazer sínteses e, no lugar

delas, pode *comprimir* os pensamentos, mas não juntá-los, assim como pode fundi-los, mas não articulá-los.

Pensar, capacidade para [BION]

No livro *Elementos de psicanálise* (1963), BION apresentou pela primeira vez sua *Grade*, elaborada mediante a utilização de um modelo cartesiano, com o cruzamento de um eixo vertical, o da *gênese evolutiva* dos pensamentos, e de um eixo horizontal, o da *utilização* dos pensamentos. Com a *Grade*, BION demonstrou que, em condições normais, o psiquismo da criança, através de sucessivas transformações, evolui desde os elementos β (fileira A) até a construção de um *cálculo algébrico* (fileira H), de alta abstração.
Antes de atingir esse alto grau de complexidade, os elementos β precisam ser transformados em elementos α (fileira B), os quais, sofrendo uma provável influência atávica do inconsciente coletivo, possibilitam a formação de pensamentos oníricos. Estes ocupam a fileira C da *Grade* sob a forma de sonhos, devaneios, mitos, daí se transformando em pré-concepções (fileira D). Estas pré-concepções, por sua vez, sofrendo adequadas *realizações* (negativas e positivas) se transformarão em concepções (fileira E) que, correlacionadas entre si evoluem para a condição de conceitos (fileira F). Adquirindo crescente complexidade, os conceitos evoluirão para um *sistema dedutivo científico* (fileira G) o qual, de sua parte, possibilita a referida condição ultra-sofisticada, de realizar *cálculos algébricos* (fileira H).
Para BION, os pensamentos são indissociados das funções do conhecimento (se o sujeito deseja, ou não, conhecer as verdades), e da formação de símbolos (exige a passagem para a posição depressiva). Assim, a função de *pensar* não é o mesmo que saber, ou seja, possuir pensamentos ou conhecimentos, mas, sim, ela resulta de uma disposição do sujeito para *saber o seu não saber*. BION completa com esta **frase**: "pensar consiste em ter problemas a solucionar e não em ter soluções para os problemas".
Comentário. Fundamentado no que está acima resenhado, é necessário enfatizar que a função de pensar de qualquer pessoa abrange sua capacidade para fazer *juízos críticos*, sendo útil acrescentar que, etimologicamente, a palavra *crítica* deriva de *krinê* que em grego significa *separação, diferença*. Portanto, a função de *pensar* exige a condição de o sujeito estabelecer uma diferenciação com o *outro* e admitir as inevitáveis diferenças em relação a ele.

Percepção [FREUD, BION]

FREUD, segundo sua teoria metapsicológica, afirma que a *consciência* seria função de um *sistema percepção-consciência* (PC-Cs).
Na atualidade, a normalidade e a patologia da função perceptiva do ego adquirem uma extraordinária importância na prática analítica, especialmente por se referir, não só como o indivíduo percebe o mundo exterior e a possível intenção dos outros em relação a ele, mas também abarca uma visualização de como o paciente percebe a si próprio, a sua imagem corporal, as suas representações e o seu sentimento de identidade. Não resta dúvida de que a patologia da percepção decorre de raízes inconscientes, notadamente as que dizem respeito às inadequadas e excessivas identificações projetivas e introjetivas, responsáveis, por exemplo, pelos fenômenos alucinatórios. Porém, a participação do ego consciente é igualmente importante, como é o caso do vértice (termo de BION), a partir do qual o observador (no campo analítico esse papel cabe concomitantemente ao paciente e ao analista) percebe e interpreta um determinado fato clínico. (Ver o verbete *Vértice*).
Assim, a função de percepção não pode ser entendida unicamente como um registro sensorial, como uma cópia, uma fotografia

de objetos externos reais. Antes disso, a percepção diz respeito ao registro das significações atribuídas aos objetos e fatos externos. Os distúrbios de percepção implicam distúrbios do pensamento e da linguagem, porquanto estes três elementos compõem uma estrutura, de modo que sempre estão vinculados entre si.

Para ilustrar essa importante noção de que, na prática analítica, um mesmo acontecimento pode ser percebido de múltiplos vértices, às vezes completamente diferentes, BION utiliza um desenho – o conhecido Vaso de Rubin – que, conforme for a perspectiva do observador, tanto pode expressar um vaso branco num fundo negro, como pode ser visto como dois perfis pretos num fundo branco (ver figura 4).

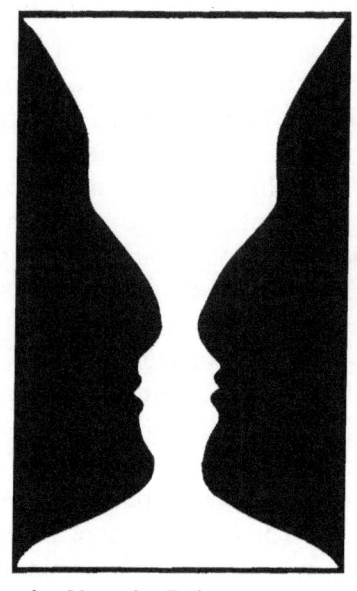

Figura 4 – *Vaso de Rubin*

Perlaboração

Ver o verbete *Elaboração*.

Personalidade

Em psicanálise, esse termo tem um sentido genérico, aludindo mais especificamente à construção de um *modo de ser*, de como o sujeito será percebido pelos outros, o que está de acordo com a etimologia dessa palavra, pois *personalidade* deriva de *persona* que, refere à máscara usada pelos atores do antigo teatro grego.

Assim, nos textos psicanalíticos aparecem com regularidade expressões como "*personalidade madura, personalidade imatura, personalidade infantil, personalidade passivo-dependente*, além, é claro, de *personalidade obsessiva, histérica*, etc., as quais designam determinadas formas de ser do indivíduo em razão dos tipos de defesas predominantemente empregadas pelo seu ego. A construção da personalidade resulta da combinação da influência de fatores que FREUD descreveu na sua equação etiológica (ou série complementar), na qual ele destaca os *heredoconstitucionais*, as *antigas experiências emocionais* com os pais e as *experiências traumáticas da realidade* da vida adulta. Na atualidade, os autores costumam reduzir essa equação a um simples assinalamento de uma permanente interação entre *nature* (fatores biológicos) e *nurture* (fatores ambientais).

Personalidade múltipla

Expressão que designa uma das formas da histeria dissociativa, que consiste no fato de o sujeito assumir diversas personalidades, à semelhança da história do conhecido filme *As três faces de Eva*. Isso se deve à coexistência de diversas representações distintas dentro do ego, dissociadas entre si, e que emergem separadamente na consciência, de acordo com determinadas necessidades e circunstâncias.

Personalização [WINNICOTT]

Segundo WINNICOTT, nos primeiros tempos, a corporalidade do bebê consiste num estado de não-integração entre as diferentes partes de seu corpo e entre seu corpo e sua mente. Gradualmente, a criança vai saindo desse estado mercê de três conquistas: uma integração (dessas partes dispersas), uma realização (entra definitivamente no mundo da realidade) e uma personalização.

O último termo refere-se à aquisição da capacidade de a criança poder *habitar seu próprio corpo*, o que implica renunciar à ilusão de que seu corpo está fundido com o da mãe.

Perversão [Freud]

Antes de Freud, alguns autores, como Kraft-Ebbing e H.Ellis haviam estudado e divulgado quadros clínicos referentes às perversões, entre as quais incluíam o narcisismo. Porém o fizeram enfocando tão somente a descrição das manifestações clínicas, sempre sob o prisma de uma concepção moralística e denegridora.

A partir do clássico "Três ensaios sobre uma teoria sexual", Freud dedica um estudo mais sistemático e consistente sobre a existência da normalidade e dos desvios da sexualidade infantil, assim definindo o que se conhece como a sua *primeira* teoria sobre as perversões sexuais. Em "Leonardo da Vinci e uma lembrança de sua infância" (1910), ele faz algumas especulações psicanalíticas sobre a origem da forma particular da homossexualidade de Leonardo, situando-a na primitiva relação com a mãe, desde a amamentação, o que vem a determinar uma identificação do menino com a mãe, tudo isso marcando o início de sua *segunda* teoria sobre as perversões.

Após uma série de trabalhos abordando narcisismo, homossexualidade e masoquismo, no artigo "O fetichismo" (1927) Freud estabelece a sua *terceira* teoria sobre a gênese dos mecanismos psíquicos da perversão, com o aporte de novas concepções. referidas sobretudo às defesas de denegação da angústia de castração, com a conseqüente criação compensatória de fetiches, caracterizando uma forma de perversão.

Duas formulações de Freud acerca do conceito de *perversão* se tornaram clássicas.

A primeira é a de que "a neurose é o negativo da perversão", ou seja, o que uma pessoa neurótica reprime e pode gratificar somente simbolicamente através de sintomas, o paciente com perversão a expressa diretamente por meio de sua conduta sexual. Esse conceito não é mais aceito pela psicanálise moderna, pois, acreditam os autores, a perversão tem uma estrutura própria.

Em uma segunda afirmativa, Freud diz que a perversão sexual resulta de uma decomposição da totalidade da pulsão sexual em seus "primitivos componentes parciais", quer por fixações na detenção da evolução da sexualidade, quer por regressão da pulsão a etapas prévias à organização genital da sexualidade. Freud também concebeu que é necessário levar em conta dois elementos que influem decisivamente na gênese, forma e fins das perversões: a *qualidade* das pulsões sexuais (como acontece nos casos de sadismo, masoquismo, exibicionismo, escopofilia e travestismo) e o *objeto* para o qual aquelas pulsões são dirigidas (como nos casos de homossexualidade, pedofilia, zoofilia, necrofilia), nos quais, segundo ele, o objeto normal seria substituído por outro antinatural.

Etimologicamente, a palavra *perversão* resulta de *per* + *vertere* (ou seja, pôr às avessas, desviar) designando o ato de o sujeito perturbar a ordem ou o estado natural das coisas. Logo, de acordo com esse significado, o conceito de perversão foi estendido, por alguns autores, dentro e fora da psicanálise, para uma abrangência que inclui outros desvios que não unicamente os sexuais, como seriam os caso de perversões *morais* (por exemplo, os proxenetas), as *sociais* (caso em que o conceito de perversão fica muito confundido com a de psicopatia), as perversões *alimentares* (anorexia, bulimia), as *institucionais* (algum desvio da finalidade para a qual a instituição foi criada), as do *setting psicanalítico*, etc.

No entanto, em sentido mais estrito, a maioria dos autores, mesmo na atualidade, mantém fidelidade a FREUD e defende a posição de que, em psicanálise, o termo *perversão* deve designar unicamente os desvios ou aberrações das pulsões sexuais, mesmo reconhecendo a existência de outros impulsos, como os ligados à pulsão de morte, tão exaltada pela escola kleiniana.

Outro ponto que deve ser bem enfatizado é o que se refere à necessidade de estabelecer uma distinção entre *perversão* e *perversidade*. A esse respeito, LAPLANCHE e PONTALIS (1967) assinalam que existe uma ambigüidade no adjetivo *perverso*, que corresponde àqueles dois substantivos. No entanto, enquanto "*perversão*" alude a uma estrutura que se organiza como defesa contra angústias, *perversidade* refere-se a um caráter de crueldade e malignidade. Assim, o perverso (no sentido de *perversão*) não busca primariamente a sensualidade; antes, essa comporta-se como uma triunfante *válvula de escape maníaca* contra as ansiedades paranóides, especialmente as depressivas.

Comentário. Em relação à *prática da clínica analítica*, dois aspectos merecem atenção especial.

O primeiro é o fato de que um sujeito com perversão idealiza a sexualidade pré-genital, as zonas erógenas e os objetos parciais, especialmente os anais, de sorte que tem uma *compulsão a idealizar*, pretendendo impor essas ilusões aos outros e procurando manter a sua denegação a todo custo. Isso pode-se constituir numa difícil forma de resistência, embora os avanços da psicanálise contemporânea permitam uma perspectiva de análise bem mais otimista do que já foi.

O segundo aspecto a assinalar consiste na possibilidade de o analista deixar-se desviar num sutil envolvimento com as proposições do paciente para que não aconteçam mudanças verdadeiras na análise, ou seja,

existe o risco do que MELTZER chama de *perversão da transferência*.

Perverso-polimorfa fase [FREUD]

FREUD postulou a existência de uma fase evolutiva normal que denominou *disposição perverso-polimorfa da sexualidade infantil*, composta por pulsões sexuais parciais, conceito esse que por um lado provocou mais confusão, mas, por outro, veio a esclarecer bastante a sexualidade incipiente na criança.

Assim, essa fase consiste no fato de que partes do corpo do lactante vão adquirindo um lugar privilegiado como fontes de prazer sexual, primeiro a boca, depois o ânus, com suas funções excretoras, numa etapa que precede ao controle esfincteriano e de todo sistema muscular que acompanha a locomoção motora. Por volta dos 3 a 4 anos começa o estabelecimento da primazia das zonas genitais.

Cabe acrescentar que essa fase normal na constituição do ego da criança, quando se manifesta no adulto, pode aparecer como um necessário elo que conduza o sujeito de sua neurose à normalidade genital. Esse aspecto é importante, porquanto alarga o espectro da genitalidade normal no que concerne à prática de recursos aparentemente pré-genitais, sob a forma de polimorfas carícias orais e anais como meios sadios de gozo antecipado de um pleno coito genital.

Isso é muito diferente de o sujeito empregar os meios pré-genitais exclusivamente com uma predominância de perversão quando predominam as pulsões destrutivas, a falta de consideração pelo(a) outro(a), e a pré-genitalidade passa a ser, não um meio, mas um fim em si mesma.

Pessoa real do analista

Há entre os psicanalistas uma antiga e persistente controvérsia relativa à importância que deve ser creditada, ou não, à *pessoa real do analista* na construção do vínculo transferencial-contratransferencial e, por conseguinte, no destino da análise. Embora as opiniões estejam muito divididas, parece que, aos poucos, o pêndulo está se inclinando para a crença de que a percepção que o analisando capta, das características reais da personalidade e da ideologia da pessoa de seu psicanalista, mais do que unicamente uma pantalha transferencial, de fato ele é inclusive um modelo de identificação para o paciente e tem uma significativa influência no campo analítico, até mesmo na determinação do tipo de transferência manifesta pelo analisando.

BION, entre outros tantos autores, é dos que mais destacam o fato de que a simples presença do psicanalista promove alterações no campo analítico. Isso está de acordo com o princípio da incerteza, uma concepção de HEISENBERG que BION freqüentemente mencionava, e que consiste no fato de que o observador muda a *realidade do fenômeno observado* de acordo com seu estado mental durante a observação.

Da mesma forma, vem sendo bastante enfatizada a necessidade de desmistificar a grandiosidade e infalibilidade que durante muito tempo foram atribuídas à figura do psicanalista, não só pela idealização por parte dos analisandos, mas também por uma falsa crença alimentada pelos próprios analistas.

Pelo contrário, está ficando consensual que, para bem exercer sua tarefa, o analista necessita conhecer suas inevitáveis limitações, e ser possuidor do que BION denomina condições necessárias mínimas, entre as quais são destacados atributos como: continente, empatia, intuição, paciência, capacidade negativa, humildade, visão binocular, estado de fé, ser verdadeiro.

Uma leitura complementar aparece nos verbetes *Match, Incerteza, princípio da, Par analítico* e *Sujeito Suposto Saber*.

Piaget, Jean

Embora não tenha sido psicanalista, mas um importante epistemólogo suíço, J.PIAGET merece um verbete especial por suas relevantes contribuições ao campo do desenvolvimento das funções de conhecimento e de pensamento.

A partir de um enfoque de maturação neurobiológica orgânica, PIAGET classifica a normal evolução cognitiva em quatro estágios, que sempre seguem uma ordem linear e seqüencial: a) sensório-motor; b) pensamento pré-operatório; c) pensamento pré-conceitual concreto; d) pensamento abstrato hipotético-dedutivo.

O entendimento neurobiológico, especialmente das duas primeiras etapas, é fundamental para compreender a estruturação do pensamento do psicótico. Basta isso para justificar uma explanação mais detalhada dos quatro estágios mencionados.

1. *Estágio sensório-motor*. Caracteriza-se por: a) uma absoluta indiferenciação entre o *eu* e o *outro*; b) uma incapacidade para fazer quaisquer discriminações; c) uma não-integração corporal; d) uma falta de delimitação com o meio ambiente exterior (a mão do bebê, por exemplo, é por ele confundida com a de qualquer outro corpo em movimento). Só ao final desse estágio é que começam a formar-se as noções de oposições de *eu* e *não-eu; dentro* e *fora*, etc.

2. *Estágio do pensamento pré-operacional*. Estende-se dos 16 meses aos 6 a 7 anos, e algumas de suas características são: a) a criança começa a ter algumas alternativas; b) o pensamento ainda é pré-conceitual, ou seja, tudo deve ter uma realidade física (os pensamentos estão na boca, os sonhos no quarto, etc.); c) tudo deve ter uma causa identificável e um propósito definido (é a fase dos *por quês*, que dá origem às teorias fantásticas da criança, como, por exemplo, as relativas ao mistério do nascimento e da morte, e às diferenças dos sexos, etc.).

Outra característica dessa etapa é o egocentrismo. Pelo fato de ainda não ter condições neurológicas para a capacidade de indução e nem para a de dedução, a criança não consegue colocar-se no lugar do outro. Isso ajuda a explicar os aspectos da patologia da linguagem e da comunicação, em que o sujeito parte do princípio de que os outros adivinham seu pensamento e entendem-no sempre devido à sua crença de que todos vivem unicamente em função dele.

Pela mesma falta de maturação neuronal, a importante função de julgamento, nesse estágio, não é de ordem moral ou legal, mas, sim, está baseada em seus valores unicamente egocêntricos. É importante diferenciar esse egocentrismo de origem neurobiológica do que é típico da organização defensiva narcisística.

3. *Estágio do pensamento operatório concreto.* Só ao final do segundo estágio e começo do terceiro se constitui o *pensamento operatório concreto*, pelo qual a criança começa a fazer relações causais, temporais e lógicas, configuradas pelos vocábulos: porque; antes; depois; então; logo; etc., organizadores da importante função de sintaxe do ego.

4. *Estágio do pensamento abstrato hipotético-dedutivo*: Essa quarta etapa de um desenvolvimento normal, que possibilita a capacidade de fazer abstrações e generalizações, somente evoluirá satisfatoriamente se as etapas anteriores forem suficientemente bem resolvidas.

Comentário. Embora partindo de concepções profundamente distintas, podemos encontrar muitos pontos de encontro entre os estudos de PIAGET e os de BION, tal como aparece na *Grade* deste último.

Pictograma

Ver o verbete *Ideograma*.

Poder, desejo de

Embora não tenha sido introduzido na psicanálise formalmente por um determinado autor, e não tenha uma significação conceitual específica, o termo *poder* é bastante empregado nos textos de psicanálise, tanto como um traço inerente à condição humana, quanto como uma forma psicopatológica, na qual o desejo de *poder* torna-se excessivo.

A palavra *poder* deriva do étimo latino *pos-potis*, sendo que *potis* designa *aquele que exerce o poder*. Daí deriva o verbo *possidere*, formado dos étimos *potis* + *sedere*, que significa *sentar*. Portanto, *possidere* alude ao exercício do poder, sentado. Isso lembra o período anal, no qual o sujeito sentado no vaso sanitário, popularmente conhecido como *trono*, sente-se um rei devaneando grandezas e poder sobre os súditos.

São distintas as raízes e as configurações da ambição exagerada pelo poder, como pode ser exemplificado com essas possibilidades bastante freqüentes:

1. Uma inveja, com uma ânsia voraz de se apossar daquilo que os outros possuem.
2. Uma forma narcisista de camuflar e se proteger da fragilidade subjacente.
3. Um controle sobre os outros, tal como a criança que exerce um poder tirânico sobre os pais, numa espécie de seguro contra a angústia de separação.
4. Esse último caso pode evoluir para um vínculo de apoderamento, pelo qual um sujeito escraviza e se apodera literalmente do outro.
5. Uma espécie de fetiche, isto é, o poder, juntamente com a obsessão por riqueza, beleza, prestígio, podem constituir fetiches substitutos de pobreza e vazios interiores.

Existe uma evidência de que os grandes tiranos da história foram pessoas carentes de afeto e, por conseguinte, com traços marcadamente paranóides.

Posição [M. KLEIN]

O conceito de *posição* – termo introduzido na psicanálise por M. KLEIN – não é o mesmo que o de fase, etapa ou estágio, que designam uma transitória linearidade evolutiva. Na psicanálise, o conceito de *posição* indica uma estrutura definitiva, em evolução constante e permanentemente ativa na organização da personalidade. Portanto, indo além de um estágio (*stage*), o conceito de posição refere-se a um estado (*state*) mental.

Definindo de forma mais completa o conceito de *posição* na obra de M. KLEIN, remete a uma *constelação* de fenômenos inter-relacionados, como: a) o tipo de angústia predominante; b) os mecanismos de defesa utilizados para dominá-la; c) as pulsões em jogo; d) as características dos objetos que estão involucrados nessa constelação; e) as *fantasias inconscientes*; f) as instâncias psíquicas; g) os pensamentos e os sentimentos do sujeito. Todos esses fenômenos configuram uma *totalidade em movimento*, na qual nenhum fator pode ser considerado de forma independente dos demais.

M.KLEIN inicialmente descreveu três tipos de posições: a esquizoparanóide, a depressiva e entre elas situou a *posição maníaca*. Porém, ao longo de sua obra, desconsiderou a última e adotou sua concepção definitiva das duas primeiras posições.

Ver os verbetes *Esquizoparanóide, posição* e *Depressiva, posição*.

Posição narcisista*

O termo *posição* designa um ponto de vista, uma perspectiva, uma forma de o sujeito visualizar a si mesmo, aos outros e ao mundo que o cerca. Esse vértice de visualização – que varia com as diferentes posições que a pessoa adota diante do que está sendo observado, pensado e sentido – determina a maneira de o sujeito **ser** e de comportar-se na vida.

A posição narcisista não é apenas uma importante etapa no desenvolvimento de todo ser humano; antes, comporta-se como uma estrutura, um modelo de relacionamento e de vínculo que opera ao longo de toda a vida e, por isso, é de especial importância seu reconhecimento na prática clínica.

De acordo com o vértice conceitual que aqui estou propondo, pode-se dizer que a posição narcisista (PN), em sua forma original, caracteriza-se por uma total indiferenciação, tanto entre o *eu* e o *outro*, como também entre os diferentes estímulos procedentes de distintas partes do seu próprio self. Sobretudo, é fundamental destacar, a PN precede a posição esquizoparanóide (PEP), na qual já existe alguma diferenciação, não obstante o uso maciço de identificações projetivas, portanto, um relacionamento objetal. Um importante fator diferenciador entre PEP e PN é o fato de que, na primeira, segundo M.KLEIN, já existe um rudimento de ego a defender-se ativamente contra a vigência das pulsões destrutivas e do pavor de aniquilamento, decorrentes da inveja primária (ou pulsão de morte), enquanto que a PN *não se constitui originalmente a partir da agressão*, mas, sim, como uma forma de assegurar e perpetuar a unidade simbiótica, indiscriminada e fusionada com a mãe.

Na sua evolução, gradativamente o indivíduo vai adquirindo uma relativa diferenciação e autonomia, embora nunca exista uma independência absoluta em relação aos demais. Assim, pode-se imaginar um eixo relacional, no qual, em uma extremidade há uma relação diádica de natureza fusional e indiferenciada, enquanto a outra extremidade é constituída por uma triangularidade, na qual os indivíduos estão discriminados entre si. Quanto mais próximo estiver o sujeito do primeiro pólo, mais enrijecida estará sendo a sua PN e, nesses casos, na situação analítica, sobressaem as seguintes características:

1. Uma condição de indiferenciação.
2. Um permanente estado de ilusão, em busca de uma completude imaginária.

3. Uma negação das diferenças.
4. A presença da assim chamada parte psicótica da personalidade.
5. A persistência de núcleos de simbiose e ambigüidade.
6. Uma lógica do tipo *binário*, ou seja, é o melhor ou o pior; etc.
7. Uma escala de valores centrada no ego ideal e no ideal do ego.
8. A existência de identificações defeituosas.
9. Uma afanosa busca por fetiches e objetos reasseguradores.
10. Um permanente jogo de *comparações* com os outros.
11. A freqüente presença de uma organização patológica (do tipo gangue narcisista).

Prazer e da realidade, princípio do [FREUD]

Ver os verbetes *Prazer, princípio de* e *Realidade, princípio de*.

Prazer, princípio de [FREUD]

Originalmente, o *princípio do prazer* era denominado por FREUD *princípio do prazer-desprazer*, por significar que o incipiente aparelho psíquico tendia a livrar-se, descarregando a todo e qualquer estímulo que viesse a provocar desprazer, visando a reduzir ao mínimo a tensão energética (este aspecto alude ao princípio da constância). Posteriormente, FREUD esclareceu que os aumentos da tensão psíquica poderiam ser prazerosos, como seria o caso de acúmulo e retenção temporária da excitação sexual. O princípio do prazer refere-se essencialmente ao significado que a catéxis pulsional demanda gratificação imediata, sem minimamente levar em conta a realidade exterior. O melhor exemplo disso é a formulação de FREUD sobre a gratificação ou satisfação alucinatória do desejo, pelo qual o bebê substitui o seio faltante pela sucção do próprio polegar. Outros exemplos equivalentes nos estados adultos podem ser os devaneios e fantasias inconscientes de completude, as crenças ilusórias de onipotência e onisciência, produções delirantes, etc.
No entanto, essa satisfação mágica e ilusória sempre acabará frustrante e decepcionante, porque não suporta as exigências e as necessidades da realidade. É o caso, por exemplo, de uma fome real que fatalmente não se satisfará com a substituta sucção do polegar, o que vem a determinar a instauração do princípio da realidade.
Ver o verbete *Realidade, princípio da.*

Prazer sem nome*

Como foi conceituado por BION, existe um *terror (ou pavor) sem nome* que provavelmente resulta de primitivas experiências emocionais muito angustiantes que ficaram inscritas no ego da criança sob a forma de representações de coisa, portanto numa etapa anterior à formação de palavras, Da mesma forma, acredito que também exista uma inscrição de experiências prazerosas, que estão representadas em alguma parte do ego, ainda sem o nome com as palavras que possam defini-las.
Assim, as experiências sensoriais, como, por exemplo, um som, uma visão ou uma luz agradável, não são captados pelo cérebro unicamente como sensação biológica, mas também ficam impressos no psiquismo inconsciente. O mesmo acontece com os sentimentos prazerosos que acompanham o prazer dos órgãos dos sentidos.
Um bom exemplo é a percepção do bebê relativa à música da voz da mãe, ao brilho de seu olhar, à dança de seus gestos, tudo sendo englobado no ato da mamada. Não estará aí uma explicação para o fato de as crianças felizes, quase intuitivamente, costumarem desenhar um sol emitindo raios luminosos? Ou que nos extasiamos diante de determinados estímulos estéticos?

Pré-concepção [BION]

Termo introduzido na psicanálise por BION, que na sua *Grade*, o situa na fileira D, designando uma etapa evolutiva na formação da capacidade de pensar os pensamentos. Como o nome sugere, BION afirma que todo ser humano nasce com uma prévia concepção, atávica, de que há *algo* que vai preencher determinada necessidade, como, por exemplo, o seio que vai saciar sua fome, ou uma, também universal, pré-concepção edípica.

Partindo daí, BION afirma que a *pré-concepção* está à espera de uma realização, a qual pode ser positiva ou negativa. No primeiro caso, uma pré-concepção do seio materno alimentador, a real presença amamentadora da mãe concretiza a realização. O segundo ocorre quando a mãe naquele momento não está presente. É necessário esclarecer, porém, que essa *realização negativa*, quando efetivada adequadamente, é indispensável para a passagem à etapa seguinte do pensamento, o da concepção, que ocupa a fileira E.

Ver o verbete *Realização*.

Pré-consciente [FREUD]

Termo empregado por FREUD como parte de sua teoria topográfica (ou *primeira tópica*), mas cujo conceito já aparece esboçado em seu "Projeto para uma psicologia científica" (1895), no qual *esse sistema pré-consciente* – a clássica sigla utilizada por FREUD é Pcs – está descrito de forma análoga com o nome de *barreira de contato*, funcionando como uma espécie de peneira que seleciona aquilo que pode, ou não, passar para o consciente (Cs).

Segundo FREUD, o que distingue o sistema Pcs do sistema Inconsciente (Ics) *são esses três aspectos*:

1. A *energia psíquica* já está mais *ligada* aos objetos.

2. O processo predominante de utilização do psiquismo é o secundário.

3. A representação pré-consciente está mais ligada à linguagem verbal, ou seja, às representações de palavras.

Visto por um outro vértice, pode-se dizer que o pré-consciente é o que possibilita, no neurótico, certo processamento da fantasia, de acordo com a instauração do sujeito dentro do marco da realidade da cultura na qual está inserido. Isso se estabelece, segundo LACAN, através da aquisição da ordem simbólica. Esta última possibilita estabelecer uma distância ótima entre o desejo (inconsciente) e os objetos primitivos, deslocando dito desejo para outros objetos mais admissíveis para sua gratificação e aceitação dos valores culturais.

Pré-edipiano [FREUD, M. KLEIN]

Termo que aparece muito tardiamente na obra de FREUD, designando o período do desenvolvimento psicossexual anterior à instauração do complexo de Édipo. Nesse período, o que predomina é o apego à mãe. FREUD refere que essa fase é mais prolongada na menina do que no menino, e posteriormente dá a entender que então, embora presente no campo psicológico, o pai ainda não é visto como rival. Assim, FREUD procura descrever mais enfaticamente, nessa fase pré-edipiana, a predominância da oposição *atividade- passividade*.

Nesse particular, a posição de FREUD foi concebida de forma fundamentalmente distinta por M. KLEIN, que partindo da análise das fantasias inconscientes mais arcaicas da criança, chegou à concepção de que o pai intervém precocemente na relação do bebê com a mãe. Isso pode ser demonstrado, segundo ela, pela fantasia do pênis paterno conservado no corpo da mãe e por outras configurações fantásticas que aparecem na figura dos pais combinados.

Pré-genital [FREUD; LACAN]

Expressão introduzida por FREUD em «A disposição à neurose obsessiva» (1913) para designar a noção de uma organização libidinal anterior à organização feita sob o primado dos órgãos genitais. Aliás, bem antes disso, sem empregar o termo *pré-genitalidade*, em «Três ensaios sobre uma teoria da sexualidade» (1905), FREUD já descrevia o funcionamento originariamente anárquico das pulsões parciais não genitais, que constituíam a fase perverso-polimorfa.

Os termos *pré-edipiano* e *pré-genital* aparecem freqüentemente confundidos pelos analistas. Por isso, convém estabelecer uma distinção entre ambos: o primeiro refere-se à situação interpessoal, na qual ainda há uma ausência do triângulo edipiano, tal como foi concebido por FREUD; o segundo designa que o tipo de atividade sexual está aquém da genitalidade, mas o triângulo edípico já está claramente definido.

LACAN, como que integrando os dois conceitos acima mencionados, refere um *triângulo pré-edipiano* para designar a relação *mãe-criança-falo*, intervindo o último termo como objeto fantástico do desejo da mãe.

Preocupação, ou devoção, materna primária [WINNICOTT]

WINNICOTT usava freqüentemente essa expressão para aludir a um estado especial do psiquismo da mãe no início da vida do bebê, quando este ainda está numa fase de dependência absoluta.

O próprio WIINNICOTT esclarece melhor com estas palavras que aparecem no artigo "Preocupação materna primária" (1956): "Minha tese é que na fase mais precoce nos deparamos com um estado bastante especial da mãe, uma condição psicológica que merece um nome, tal como *preocupação materna primária*. Entendo que o tributo devido não foi pago satisfatoriamente por nossa literatura, nem em qualquer outra parte, a uma tão especial condição psiquiátrica da mãe, da qual direi o seguinte: seu desenvolvimento é gradual, transformando-se em um estado de intensa sensibilidade no decorrer e, em especial, quando se aproxima o término da gestação. Prolonga-se por algumas semanas após o nascimento do bebê. Não é facilmente lembrada pela mãe, uma vez que tenha se recuperado; irei adiante dizendo que as lembranças desse estado tidas pela mãe tendem a tornar-se reprimidas. (...) Não creio ser possível uma compreensão do funcionamento da mãe nos primórdios da vida do bebê, sem o entendimento de que ela deve ser capaz de atingir esse estado de intensa sensibilidade, *quase uma doença*, e recuperar-se dele. Refiro-me à palavra *doença* porque a mulher deve ser saudável a fim de que possa desenvolver esse estado e recuperar-se dele quando o bebê permitir-lhe".

Preservação da espécie, pulsão de [FREUD]

Desde o início de sua obra, FREUD ligou *pulsão* à *sexualidade* e isso, fora de qualquer dúvida, constituiu-se como o centro das descobertas da psicanálise. Da mesma forma, ele sempre considerou a existência de uma *dualidade pulsional,* Assim, em sua primeira formulação de um conceito dualista das pulsões essenciais, FREUD distinguiu entre pulsões do ego (ou pulsões de autopreservação) e pulsões sexuais (ou pulsões de preservação da espécie).

Todo o prazer corporal não devido à satisfação direta das *pulsões do ego*, tais como a satisfação da fome, da sede e das necessidades excretoras, ele considerou sexual (com vistas futuras à preservação da espécie humana). As zonas corporais suscetíveis à estimulação erótica foram denominadas zonas erógenas.

Princípios [FREUD]

Termo bastante utilizado nas ciências em geral, designando um *ponto de partida* para a construção de um sistema ideativo-cognitivo que mantenha uma certa lógica. Pode-se depreender a existência de vários e distintos princípios que estejam agindo simultaneamente e interagindo entre si, embora cada um mantenha uma autonomia conceitual, com regras e leis específicas.
No campo da psicologia e da psicopatologia, rastreando as então revolucionárias concepções de FREUD, podemos enumerar os seguintes princípios do psiquismo:
1. Existência das pulsões.
2. Princípios de prazer e de realidade.
3. Princípio da constância (ou de Nirvana).
4. Princípio da inércia.
5. Princípio da compulsão à repetição.
6. Princípio do determinismo psíquico.
7. Princípio das séries complementares (ou equação etiológica).
Além desses princípios formulados por FREUD, está merecendo atenção dos psicanalistas contemporâneos o princípio da incerteza, tal como foi formulado pelo cientista EISENBERG, e passou a ser bastante empregado por BION.
Os princípios mencionados estão explicitados separadamente no respectivo verbete.

Problema econômico do masoquismo, O [FREUD, 1924]

Nesse trabalho, publicado em 1924, FREUD aborda o masoquismo sob três formas: como uma condição imposta à excitação sexual; como uma expressão da natureza feminina; e como uma norma de comportamento. Por conseguinte, distinguem-se três tipos de masoquismo: o erógeno, o feminino e o moral.
Ao descrever os três tipos de masoquismo, FREUD enfoca aspectos como o da organização oral primitiva (o temor de ser devorado pelo animal-totem, o pai); a fase anal-sádica (o desejo de ser espancado pelo pai); a organização fálica (fantasia de castração); a organização genital final (as situações de ser copulado ou dar à luz uma criança); o sentimento inconsciente de culpa.
Conclui o artigo dizendo que "o sadismo do superego e o masoquismo do ego se complementam e se unem para produzir os mesmos efeitos.
Este texto está no volume XIX, p.199, da Standard Edition Brasileira.
Ver o verbete *Masoquismo*.

Processos, primário e secundário [FREUD]

FREUD postulava que o inconsciente é constituído por uma energia psíquica proveniente das pulsões, as quais, operando conjuntamente com as representações que se formam no ego, caracterizam especificamente esses dois tipos de processamento psíquico.
O *processo primário* caracteriza-se por um fácil deslocamento e descarga da libido. As várias cadeias de representações com os respectivos significados inconscientes produzem aquilo que se chama condensação (ver esse verbete). Assim, já no "Projeto para uma psicologia científica" (1895) FREUD descrevia um funcionamento primário do aparelho neurônico, no qual a energia psíquica circula de forma livre, de modo que ela tende a descarregar-se imediata e totalmente, tal como acontece no princípio do prazer.
A partir da "Interpretação dos sonhos" (1900), ele começa a elaborar com maior consistência a noção de processo primário, com uma energia livre, deslocável e condensada, com a inscrição de significações (as quais, alguns anos mais tarde, ele veio a conceituar como representação de coisa). Tais significações seguem as leis do inconsciente, ou seja, onde não há lógica referente à noção de tempo, espaço, contradições, relações causa-efeito, etc.

No *processo secundário*, a energia psíquica está presa, *ligada*, e circula de forma mais compacta, sempre ligada à uma representação psíquica, mais precisamente às situadas no sistema pré-consciente-consciente, logo, com o que FREUD denomina representação de palavra.

Comentário. Ambos os processos foram descritos por FREUD numa seqüência de surgimento linear e temporal, o secundário sucedendo o primário. Na atualidade, a partir de BION, é possível considerar que os dois processos estão sempre presentes na mente de qualquer sujeito, de forma concomitante e numa conjunção constante entre si. A predominância do funcionamento mental do processo primário, de alguma forma, corresponde no adulto ao que BION denomina parte psicótica da personalidade (que se manifesta clara e prevalentemente nos psicóticos francos), enquanto a predominância do processo secundário é pertinente à parte não-psicótica (ou neurótica) da personalidade.

Processo originário [P.AULAGNIER]

Ver o verbete *Originário, processo*.

Projetiva, identificação

Ver o verbete *Identificação projetiva*.

Projeto para uma psicologia científica [FREUD, 1895]

Em 1895, FREUD redigiu seu importantíssimo e cada vez mais vigente "Projeto de uma psicologia científica para neurólogos", o qual somente veio a ser descoberto muitos anos mais tarde, entre escritos abandonados por ele, de modo que esse notável trabalho só veio a ser publicado em 1950. Na verdade, FREUD começou a rascunhar esse trabalho no trem que o levava de Berlim a Viena, por ocasião de uma visita que fazia a FLI-ESS, seu amigo e confidente. Após remeter os esboços a FLIESS, FREUD ficou em dúvida quanto ao valor das idéias que expunha nesse trabalho original e decidiu não publicá-lo. Após a morte de FLIESS, sua viúva o vendeu a um livreiro, que o repassou para Marie Bonaparte, ex-paciente de FREUD e princesa da Grécia e da Dinamarca. FREUD tentou destruir os manuscritos mas M.Bonaparte, contrariando o mestre, conseguiu conservá-los para a posteridade.

É interessante assinalar que, no mesmo ano de 1895, o cientista WAELDER descobriu o neurônio, cuja existência se ajustava exatamente ao que FREUD estava cogitando sobre as catéxis ativadas por estímulos endógenos. Essas catéxis são conduzidas por células diferenciadas dos neurônios, como seriam as *perceptivo-sensoriais*, as *perceptivas do consciente* e as encarregadas do *registro da memória*.

Esse trabalho de FREUD representa a tentativa mais radical de entendimento dos fatos psicológicos em termos de neurologia (circuitos neuronais) e de física (quantidades energéticas que se regem pelas leis do movimento; neurônios carregados ou descarregados de energia; barreiras que se opõem ou não à circulação energética, etc.).

Muitas das idéias expostas no "Projeto" reaparecem ulteriormente em muitos outros trabalhos, como o capítulo VII da *Interpretação dos sonhos* (1900) e *Além do princípio do prazer* (1920).

"Projeto..." está publicado no volume I, da página 381 (onde consta a introdução do editor inglês, seguido da "Explicação das Abreviaturas Usadas no Projeto", na página 394), e segue com o trabalho propriamente dito até a página 533.

Essa magnífica obra de FREUD está dividida em três partes, denominadas respectivamente: I. "Esquema Geral", o qual abrange 21 títulos; II. "Psicopatologia", que consta de seis textos; e parte III, denominada "Tentativa de representar os processos normais", onde aparece um trecho da Carta 39, escrita por FREUD a FLIESS em 1896.

Protofantasias [FREUD]

Em 1915, FREUD introduziu o termo alemão *Urphantasien,* que costuma ser traduzido tanto por *protofantasias* quanto por *fantasias originárias.*
Ver este último verbete.

Protopensamentos [BION]

A etimologia dessa expressão (*proto* em grego significa o primeiro, o original, o mais primitivo), por si só, define a concepção de BION, segundo a qual ela designa as primitivas impressões sensoriais e as experiências emocionais. Como elementos β (esse último termo pode ser tomado como sinônimo de *protopensamento*), essas impressões e experiências não se prestam ainda para serem utilizadas como pensamentos propriamente ditos (ou seja, a partir de conceitos). Servem para serem evacuadas, tanto para fora (como nos actings), como para dentro do organismo (como nas psicossomatizações).
Os protopensamentos, que às vezes BION chama de estado *protomental,* ocupam na *Grade* a fileira A. Caso houver uma adequada função a da mãe, os protopensamentos evoluirão para a condição de elementos α, matéria-prima para a formação dos pensamentos.

Psi (Ψ) [BION]

Na *Grade,* BION emprega essa letra grega na coluna 2, para designar os *enunciados mentirosos ou falsos* separadamente por parte do paciente como do psicanalista ou, como é muito freqüente, pode referir-se a um conluio de falsidade existente entre ambos na situação analítica. As falsidades são utilizadas para fugir das verdades penosas e do risco de uma mudança catastrófica. Portanto, essa coluna 2 também significa o uso de resistências.

Psicanálise

FREUD criou esse termo e fundou essa disciplina que já ultrapassou um século de existência e se mantém com bastante vitalidade, fiel a seus princípios básicos, porém sofrendo profundas transformações em seus fundamentos metapsicológicos, teóricos, técnicos e clínicos. A primeira vez que Freud empregou *psico-análise* foi em 1896, num artigo redigido em francês, intitulado "A hereditariedade e a etiologia das neuroses". Essa expressão veio substituir definitivamente as denominações, até então vigentes, de *método catártico,* e de *ab-reação,* procedimentos que eram realizados sob hipnose e pela sugestão, centralizando a atividade psicanalítica na livre associação de idéias.
Na criação desse termo, FREUD certamente, inspirou-se na química, como comprova esse trecho: "apontamos ao doente, nos seus sintomas, os motivos pulsionais, até então ignorados, como o químico separa a substância fundamental, o elemento químico do sal que, em composição com outros elementos, se tornara irreconhecível".
Aliás, isso está bem de acordo com a etimologia da palavra *análise,* que deriva dos étimos gregos *aná* (partes) + *lysis* (decomposição, dissolução). Posteriormente, o próprio FREUD fez questão de estabelecer uma diferença entre análise química e psíquica: "A comparação com a análise química encontra o seu limite no fato de que na vida psíquica lidamos com tendências submetidas a uma compulsão à unificação e à combinação. Mal conseguimos decompor um sintoma, liberar uma moção pulsional de um conjunto de relações, e logo esta não se conserva isolada, mas entra imediatamente num novo conjunto".

Em 1922, em "Dois verbetes de enciclopédia", FREUD deu sua definição mais precisa do contexto da análise, sublinhando que seus pilares teóricos eram o inconsciente, o complexo de Édipo, a resistência, a repressão e a sexualidade. Completa afirmando que: "Quem não os aceita não deve incluir-se entre os psicanalistas". Entre muitas outras que até então ensaiara, nesse artigo FREUD dá a sua definição mais clara de psicanálise, afirmando que é o nome de:
1. Um procedimento para a in*vestigação* de processos mentais que de outra forma são praticamente inacessíveis.
2. Um método baseado nessa investigação para o *tratamento* de transtornos neuróticos.
3. Uma série de concepções psicológicas adquiridas por esse meio e que se somam umas às outras para formar progressivamente uma nova *disciplina científica*.

Psicanálise aplicada

De início, foi na Sociedade Psicológica das Quartas-Feiras que os seguidores de FREUD, notadamente O. RANK, traziam temas para discussões, quase sempre apaixonadas, que versavam sobre a aplicação da psicanálise aos campos literário, artístico, mitológico, religioso e histórico.
FREUD sempre revelou certa ambigüidade quanto à *análise aplicada*. Por um lado acompanhava o temor de alguns psicanalistas de seu círculo mais íntimo que alertavam quanto ao risco de a psicanálise perder a sua essência e ser mal interpretada pelo público em geral. Por outro, afirmava que "os ensinamentos da psicanálise não podem restringir-se ao campo médico, mas são suscetíveis de se aplicar a outras ciências do espírito". Além disso, FREUD incentivou e colaborou ativamente para a criação da revista *Imago,* fundada em 1912 por RANK e SAACHS. Nessa revista, FREUD publicou as primeiras versões sobre "Totem e Tabu", bem como seu estudo sobre "O Moisés de Michelangelo". Na verdade, FREUD enfocou seguidamente temas das áreas humanísticas em geral, porém os usava mais como fonte de inspiração e comprovação de seu edifício teórico, como, por exemplo, o *Caso Schreber*.

Psicanálise com crianças
Ver o verbete *Crianças, psicanálise com.*

Psicanálise selvagem [FREUD]

FREUD empregou essa terminologia com dois sentidos, que ele expõe em "Psicanálise selvagem" (1910):
1. "Podemos dizer assim que todos aqueles que têm alguma noção das descobertas da psicanálise mas não receberam a formação teórica e técnica necessária, fazem análise selvagem".
2. Num sentido mais de ordem técnica, FREUD considerou análise selvagem (às vezes o termo original *wilde* aparece equivocadamente traduzido como *silvestre*) todo procedimento no qual o analista, embora possa estar correto no seu entendimento a respeito do paciente, faz interpretações diretas sem levar em conta outros fatores, como a sensibilidade específica de cada paciente e de como se apresentam os fenômenos resistenciais e transferenciais.

Psicologia analítica [CARL G.JUNG]

Em 1913, JUNG consumou sua definitiva dissidência do movimento freudiano, a qual já vinha se desenhando há muitos anos. A partir de então, deu o nome de *Psicologia Analítica* à sua concepção da prática psicoterápica, que não levaria maiormente em conta o substrato orgânico pulsional do psiquismo.
No lugar disso, JUNG privilegiou a noção de arquétipos, que definiam uma forma preexistente de um inconsciente coletivo que determina o psiquismo e provoca uma re-

presentação nos sonhos, nas manifestações artísticas ou nas religiões.
Ver o verbete *Jung*.

***Psicologia de grupo e a análise do ego*, A** [FREUD, 1921]

Nesse trabalho, considerado um dos mais importantes de sua obra, as linhas de pensamento adotadas por FREUD derivam-se mais especificamente do quarto ensaio sobre *totem e tabu*, bem como de seus trabalhos sobre *narcisismo* e o de *luto e melancolia*. O texto é importante sob dois aspectos:
1. Por um lado, explica a psicologia de grupos na base de alterações na psicologia da mente individual.
2. Por outro, leva a um estágio mais adiantado a pesquisa de FREUD sobre a estrutura da mente.
O livro consta de doze partes, assim distribuídas:
A parte I consiste em uma *Introdução*, onde ele afirma que "o contraste entre os atos mentais sociais e narcísicos enquadra-se totalmente no campo da psicologia individual e não está suficientemente bem calculado para diferenciá-la de uma psicologia social ou de grupo".
A parte II trata da *Descrição feita por Le Bon da mente coletiva (de grupo)*, onde enfatiza que "num grupo, o indivíduo é levado a condições que lhe permitam descartar-se dos recalcamentos de seus impulsos pulsionais inconscientes".
A parte III é intitulada *Outras descrições da vida mental coletiva* e enumera cinco condições principais para elevar o nível da vida mental coletiva.
A parte IV aborda *Sugestão e libido*.
A parte V, denominada *Dois grupos artificiais: o exército e a igreja*. é uma das contribuições mais férteis de FREUD, porquanto aí, ao estudar os tipos de lideranças, lança as sementes dos modelos projetivo (exército) e introjetivo (igreja) das identificações.

A parte VI, *Outros problemas e linhas de trabalho* está baseada no fato de que "uma simples coleção de pessoas não constitui um grupo".
A parte VII, intitulada *Identificação*, trata mais especificamente desse importantíssimo fenômeno psíquico.
A parte VIII tem por título *Amar e a hipnose*, que enfatiza o aspecto da idealização.
A parte IX trata de *A pulsão gregária*, na qual FREUD conclui que "o homem não é um animal de rebanho, mas de horda: uma criatura individual numa horda comandada por um chefe".
A parte XI aborda *Uma gradação diferenciadora no ego*, onde destaca que "cada indivíduo é parte integrante de numerosos grupos; é ligado por laços de identificação em muitas direções e constrói seu ideal do ego com base nos mais variados modelos".
A parte XII consiste num *Pós-escrito*.
Esse trabalho está publicado no volume XVIII da Standard Edition, ocupando cerca de 70 páginas.

Psicologia do Ego, Escola da

Como muitos outros psicanalistas europeus perseguidos pelo nazismo, também o austríaco HEINZ HARTMANN (ver o verbete *Hartmann*) emigrou para os Estados Unidos, onde, juntamente com KRIS, LOEWENSTEIN, RAPPAPORT e ERIKSON, fundou a corrente psicanalítica denominada *Psicologia do Ego*. Esses autores fundamentaram-se nos últimos trabalhos de FREUD, particularmente a partir da formulação da estrutura tripartite da mente–id, ego e superego–e também se alicerçaram nos trabalhos de ANNA FREUD referentes às funções do ego.
Em boa parte devido ao espírito pragmático dos norte-americanos, os postulados dessa escola germinaram com muito vigor e frutificaram com os estudos de gerações posteriores. Entre os seguidores dessa corrente, pontificou o nome de EDITH JACOBSON (ver

esse verbete) com os trabalhos (1954) que descrevem a existência de um *self psico-fisiológico*. Nesses trabalhos, ela se aprofunda numa abordagem das primitivas relações objetais, estabelecendo uma significativa aproximação com os *teóricos das relações objetais*.

Baseados nas idéias de JACOBSON, e a partir das pesquisas mais recentes de MARGARETH MAHLER (ver esse verbete) e colaboradores, os Psicólogos do Ego deram um passo decisivo na estruturação da ideologia dessa escola. Essa autora estabeleceu os sucessivos passos na evolução neurofisiológica da criança, acompanhando as respectivas etapas do crescimento mental e emocional.

Assim, ela descreveu as fases de autismo normal, seguida da simbiose normal, passando pela progressiva saída de uma indiferenciação com a mãe através da etapa da individuação e da separação (com as respectivas subetapas) até chegar à quarta etapa, que consiste na obtenção de uma constância objetal, com uma consolidação do *self* e da individuação.

Também é necessário destacar na psicanálise norte-americana o nome de OTTO KERNBERG, cujo pensamento psicanalítico representa uma verdadeira ponte entre os Psicólogos do Ego e os teóricos das relações objetais. Esse autor vem-se notabilizando por importantes trabalhos, notadamente os que concernem às organizações narcisistas da personalidade, mais particularmente, os estados borderline.

De forma esquemática, cabe assinalar as seguintes contribuições provindas da Escola da Psicologia do Ego, principalmente dos trabalhos de HARTMANN (1937) e de seus seguidores imediatos:

1. Uma valorização das funções do ego, incluídas as do ego consciente.
2. Uma aproximação com outras disciplinas, como medicina, biologia, educação, antropologia e psicologia em geral.
3. Uma ênfase nos processos defensivos do ego, em particular os que se referem à *neutralização* das energias pulsionais sexuais e agressivas, assim valorizando um enfoque econômico da psicanálise.
4. Até HARTMANN, as noções de ego e de self estavam muito confusas. Devemos a esse autor uma clara distinção entre ego como instância psíquica, enquanto self é definido como um conjunto de representações que determinam o sentimento de *si mesmo*.
5. O conceito de adaptação; os conceitos de autonomia primária e secundária do ego.
6. O ego sendo concebido como uma estrutura que contém subestruturas.
7. O conceito de regressão a serviço do ego.
8. As contribuições já mencionadas de JACOBSON, MAHLER e KERNBERG.
9. Mais especificamente em relação à técnica e à prática da psicanálise, devem ser mencionadas mais algumas contribuições por parte de diversos representantes dessa escola. Estão neste caso: a noção de R.STERBA (1934) a respeito de uma *dissociação útil do ego;* as reconhecidas postulações de E.ZETZEL (1956) acerca dos critérios de analisibilidade, bem como os seus escritos sobre aliança terapêutica; os trabalhos de importantes autores como WALLERSTEIN, H. BLUM, L. RANGEL, R. SCHAEFER, M. GILL entre muitos outros.
10. Os americanos Psicólogos do Ego levam muito a sério a sua forte dedicação a trabalhos de pesquisa experimental, como foram os trabalhos de SPITZ, MAHLER, J. KANTROWITZ, somente para citar alguns que constam em verbetes específicos do presente vocabulário.

Psicologia do *Self*, Escola da [KOHUT]

A Escola da Psicologia do Self foi criada, desenvolvida e divulgada por HEINZ KOHUT (ver o verbete), psicanalista austríaco que, fugindo do nazismo instalou-se em Chicago. Inicialmente filiado à Psicologia do Ego,

aos poucos foi criando suas próprias concepções e fundou a sua própria escola, fortemente vigente na atualidade e que, numa forma muito sintetizada, apresenta os seguintes pontos marcantes:
1. KOHUT, contrariando a ortodoxia psicanalítica, não situa a livre associação de idéias como o principal instrumento da psicanálise, lugar que ele cede à introspecção por parte do paciente e o da empatia por parte do analista.
2. Da mesma forma, ele retira a hegemonia do complexo de Édipo e coloca no seu lugar as falhas dos primitivos self-objetos. Em outras palavras, substitui o homem culpado (de FREUD e M.KLEIN) pelo que considera ser o homem trágico.
3. Enaltece a importância de na prática analítica se processar uma internalização transmutadora.
4. Favorece o entendimento e o manejo técnico bastante regredidos por terem, muito precocemente, sofrido sérias *falhas empáticas*.
5. Os dois conceitos medulares na obra de KOHUT são os seus estudos sobre o self e o narcisismo.
6. Em relação ao narcisismo, ele descreveu a *normalidade-estruturante* do narcisismo, bem como seus transtornos.
7. Descreveu importantes conceitos sobre o que denomina self grandioso e imago parental idealizada.
8. Na prática analítica, contribuiu com a descrição das diversas formas de *transferência narcisista*.
9. A necessidade de o analista encontrar, com os pacientes que apresentam transtornos narcisistas, uma *frustração ótima*, tendo em vista o fato de que, quando frustrados, com facilidade entram num estado de *fúria narcisista*.

Psicodrama [JACOB MORENO]

Refere um método de psicoterapia inventado por JACOB LEVY MORENO (ver o verbete *Moreno, J.*), que consiste em o sujeito encenar, com objetivo terapêutico, determinada situação conflitiva, ou seja, representá-la num palco de teatro improvisado, com *atores coadjuvantes*, denominados como *egos auxiliares*, sob a coordenação do terapeuta psicodramatista.

Moreno criou o psicodrama depois de sua emigração para os Estados Unidos, em 1925, com o propósito de reviver e revelar teatralmente a verdade do conflito do paciente em suas relações com outrem.

A sessão psicodramática divide-se em três partes: o *encaminhamento*, no qual o paciente é solicitado a explicar como vai vivenciar seu papel; a *ação*, durante a qual ele representa seu conflito sob a forma de um enredo dramático, e o *retorno*, no qual deve relatar como se *encontrou* na dramatização. A sessão utiliza uma série de recursos de técnicas teatrais, mas o psicodrama ainda conserva o mesmo eixo fundamental, constituído pelos seguintes elementos: *cenário; protagonista; diretor, ego auxiliar; público e cena a ser apresentada*.

A dramatização pode possibilitar a reconstituição dos primitivos estágios evolutivos do sujeito. Assim, uma *primeira etapa* (chamada: *técnica da dupla*) visa ao reconhecimento da indiferenciação *eu* x *outro*). Numa *segunda etapa* (*técnica do espelho*), o protagonista sai do palco e da platéia assiste à representação que outra pessoa, no papel de ego auxiliar faz dele. Dessa maneira, o sujeito pode reconhecer a si próprio, assim como na infância reconheceu sua imagem no espelho. A *terceira etapa* (*técnica da inversão de papéis*) vai permitir que o sujeito se coloque no lugar do outro, desenvolvendo assim o sentimento de consideração pelos demais. No curso do tratamento, essas etapas não são estanques.

Moreno inventou também o *sociodrama*, o qual consiste numa representação de *grupo para grupo* e põe em cena conflitos coletivos, como o drama das minorias raciais, dos prisioneiros, dos marginais, etc.

Existe uma corrente, intitulada *psicodrama psicanalítico*, que às técnicas psicodramáticas alia alguns dos conceitos freudianos fundamentais, como a transferência, projeção, fantasias, o que é diferente do emprego de recursos psicodramáticos por parte de alguns psicanalistas como técnica de eleição no tratamento das psicoses e dos transtornos narcisistas infantis.

Psicopatia

Muitos autores consideram que a psicopatia pode ser vista como um *defeito moral*, porquanto esse termo designa um transtorno psíquico que se manifesta no plano de uma conduta *anti-social*. Os exemplos mais comuns são os de sujeitos que roubam e assaltam, mentem, enganam e são impostores, seduzem e corrompem, usam drogas e cometem delitos, transgridem as leis sociais e envolvem os outros, etc.

A estruturação psicopática se manifesta por meio de três características básicas:
1. A *impulsividade*.
2. A *repetitividade* compulsiva.
3. O uso predominante de *actings* de natureza maligna, acompanhados por uma total falta de responsabilidade e uma aparente ausência de culpas pelo que fazem.

Algum traço de psicopatia latente e oculta é inerente à natureza humana. No entanto, o que define a doença psicopática é o fato de que as três características apontadas vão além de um uso eventual, mas, sim, se tornam *um fim em si mesmas*. Além disso, são egossintônicas, muitas vezes idealizadas pelo sujeito, sendo acompanhas por uma total falta de consideração pelas pessoas que se tornam alvo e cúmplices do seu jogo psicopático.

É bem provável que as manifestações psicopáticas não estejam dirigidas primariamente contra a culpa e a ansiedade, mas parecem ter o propósito de manter a idealização e a crença no superior poder do narcisismo destrutivo. Assim, é possível dizer que a atuação psicopática se caracteriza mais pela *perversidade* manifesta do que a que aparece no caso da perversão.

Na prática psicanalítica, são pacientes que dificilmente entram espontaneamente em análise. Quando o fazem, mostram uma forte propensão para atuações e para o abandono do tratamento se este é levado a sério pelo analista. Tal ocorre não só em razão de uma enorme dificuldade de ingressarem numa posição depressiva, como também por causa de uma arraigada predominância da pulsão de morte e seus derivados, que os obrigam a uma conduta hetero e autodestrutiva.

Psicopatologia da vida cotidiana, A
[FREUD, 1901]

A Introdução do Editor deste trabalho refere que dentre todas as obras de FREUD, apenas uma, "Conferências introdutórias" (1916-1917) compete com "A psicopatologia da vida cotidiana" em termos de quantidade de edições alemãs e de traduções estrangeiras. O livro detém-se sobretudo nas múltiplas modalidades de atos falhos que cometemos cotidianamente. FREUD mencionou o entendimento inconsciente dos atos falhos pela primeira vez numa carta a FLIESS, de agosto de 1898. A atenção especial que FREUD dedicava aos atos falhos deve-se, fora de qualquer dúvida, ao fato de que estes, juntamente com os sonhos, lhe permitiram estender a vida mental normal às descobertas em relação às neuroses.

Esse trabalho estende-se por 12 capítulos, ocupando cerca de 300 páginas, e se encerra com um "Índice de atos falhos". Nele, à guisa de resumo, são agrupados da seguinte maneira: atos descuidados, erros, esquecimento das impressões e intenções, esquecimento de nomes e de palavras; objetos perdidos e extraviados, lapsos de leitura, lapsos de escrita e erros

de imprensa, lapsos de língua e atos casuais e sintomáticos.
Essa obra está publicada no volume VI da Standard Edition.

Psicose

O termo *psicose* foi criado em meados do século XIX como uma forma de substituir o depreciativo vocábulo *loucura*, então muito em voga, e tentar definir essa doença numa perspectiva psiquiátrica em lugar das hipóteses *demoníacas* e outras equivalentes, vigentes na Antiguidade. Em 1911, o grande psiquiatra suíço BLEULER lançou sua clássica obra sobre a *Demência precoce* (era um tratado sobre as esquizofrenias). No mesmo ano, FREUD publicou suas "Notas psicanalíticas sobre um relato autobiográfico de um caso de paranóia" (é o famoso *Caso Schreber*), obra que lhe serviu para definir a psicose como um transtorno entre o *eu* e o mundo exterior. Seguiu-se uma série de outros trabalhos com sucessivas abordagens sobre a produção do fenômeno da psicose.

Genericamente, o termo *psicose* designa um processo deteriorante das funções do ego, a ponto de haver, em graus variáveis, algum sério prejuízo do contato com a *realidade*. É o caso, por exemplo, das diversas formas de esquizofrenias crônicas, se ficarmos num pólo extremo de psicoses propriamente ditas. No entanto, a complexidade semântica do vocábulo *psicose* pode levar a confusões na comunicação científica entre os psicanalistas. O fato acontece sempre que estiverem em discussão os critérios quanto à analisabilidade, ao prognóstico clínico e à apreciação casuística de trabalhos publicados acerca da análise de psicóticos. Assim, na literatura psicanalítica pode-se perceber que a avaliação da eficácia analítica dos pacientes psicóticos varia em função do *critério diagnóstico* adotado pelos investigadores. Nos Estados Unidos, a distinção entre esquizofrenias processuais e psicoses esquizofrenóides costuma ser algo frouxo, resultando em estatísticas mais otimistas, o contrário ocorrendo nos trabalhos europeus.

Clinicamente, talvez seja útil estabelecer uma diferença entre *estados psicóticos* e *psicoses propriamente ditas*. Os estados psicóticos abarcam um largo espectro de quadros clínicos, mas sempre pressupõem a preservação de áreas do ego, assim atendendo a duas condições. Uma é a de que eles permitem uma relativa adaptação ao mundo exterior, como é o caso de pacientes borderline, personalidades excessivamente paranóides ou narcisistas, algumas formas de perversão, psicopatias e neuroses graves. A segunda condição consiste no fato de que esses quadros clínicos possibilitam uma recuperação sem seqüelas após a irrupção de surtos francamente psicóticos (reações esquizofrênicas agudas, ou episódios de psicose maníaco-depressiva, por exemplo).

Em relação às *psicoses propriamente ditas,* tal como são descritas na psiquiatria, é consensual que há uma evidente lacuna entre os profundos avanços da metapsicologia e a teoria e os limitados alcances da prática clínica psicanalítica. Os poucos relatos de tratamentos realizados exclusivamente pelo método analítico clássico em pacientes com esquizofrenias processuais por parte de renomados psicanalistas, como ROSENFELD, SEGAL, MELTZER e BION, são de brilhantes resultados de investigação teórica, mas de duvidosa eficácia clínica.

Na atualidade, a grande maioria dos psicanalistas está aceitando, para tais pacientes, a utilização de métodos alternativos, em um arranjo combinatório de múltiplos recursos. Cabe levar em conta os seguintes aspectos que cercam a psicanálise contemporânea em relação com os pacientes psicóticos:

1. *Recentes avanços teóricos.* Os que vêm merecendo maior relevância são os referen-

tes: à indiferenciação entre o *eu* e o *não eu*; ao fenômeno da especularidade; ao registro somático, com a enorme importância que tem a representação do corpo; ao alargamento das atribuições das identificações projetivas nos processos perceptivo-cognitivos, tanto do ponto de vista de autores psicanalistas como da neurobiologia contemporânea.

2. *Valorização da realidade externa.* Diferentemente do que a técnica kleiniana classicamente recomendava, de priorizar quase exclusivamente a interpretação dos conflitos do mundo interno referentes às primitivas fantasias inconscientes e aos objetos parciais, os analistas contemporâneos hierarquizam a importância dos objetos externos, reais.

3. *Relações familiares.* No mínimo, dois aspectos merecem registro. Um, é o discurso dos pais como um dos modeladores do inconsciente do sujeito. O segundo é a designação de papéis fixos a serem cumpridos no contexto da dinâmica familiar. Esses papéis são variáveis, mas cabe consignar a possibilidade de que o papel designado para um paciente psicótico tenha sido justamente o de ele funcionar como psicótico, isto é, como portador das partes psicóticas de cada um e de todos do seu grupo familiar.

4. *Colaboração multidisciplinar:* Cada vez mais os psicanalistas estão permeáveis às contribuições dos epistemólogos, neurólogos, lingüistas, educadores, geneticistas e, em especial, à moderna psicofarmacoterapia.

5. *Tratamento múltiplo.* Como decorrência dos itens anteriores, a tendência dos psicanalistas contemporâneos que tratam pacientes psicóticos pelo método analítico é combiná-lo com métodos alternativos, como as diversas formas de psicoterapia, os grupos de auto-ajuda, a medicação psicotrópica, instituição que proporcione os benefícios da *ambientoterapia*, o concurso dos assim chamados *auxiliares terapêuticos* ou *amigos qualificados*, atendimento do grupo familiar, etc.

6. *Particularidades da técnica psicanalítica.* Sabe-se que os objetivos básicos da análise com pacientes psicóticos são: a) promover a constância objetal interna e a constância da percepção da realidade externa; b) a integração das dissociações; c) o desenvolvimento das capacidade de domínio sobre os estímulos resultantes das frustrações, tendo em vista que esses pacientes desorganizam-se diante de situações novas, não estruturantes; d) a transição do imaginário para o simbólico; e) o desenvolvimento da capacidade de pensar; f) a formação de um definido sentimento de identidade.

Muitos aspectos técnicos mereceriam ser destacados, mas cabe registrar que, com o paciente psicótico, acima de tudo, é a *atmosfera analítica* que, acredita a maioria dos psicanalistas contemporâneos, constitui o mais importante fator terapêutico. Cabe ao analista ter uma série de atributos básicos, dos quais é necessário ressaltar aqueles que correspondem aos que, certamente faltaram na maternagem original do paciente, Apesar da ressalva de que o vínculo analista-paciente psicótico não reproduz de forma rigorosamente igual a relação mãe-bebê, é evidente que existem profundas similitudes entre ambos.

Psicose de transferência (conceito de técnica) [HERBERT ROSENFELD]

Denominação proposta por ROSENFELD no trabalho "A psicose de transferência no paciente fronteiriço" (1978), com a qual ele descreve uma importantíssima e nada infreqüente ocorrência na situação psicanalítica. Consiste no fato de que eventualmente analisandos *não-psicóticos* ingressam em um estado transferencial de tamanho negativismo e distorção dos fatos reais, em relação ao analista, que chega a dar a impressão de uma situação realmente psicótica. No entanto, a grande característica dessa *psicose* transferencial reside no fato de que fica restrita à situação da sessão analítica, finda a qual o analisando retoma a sua vida de forma completamente normal.

Vamos passar a palavra ao próprio autor para melhor esclarecer: "o analista costuma ser percebido de uma forma distorcida, como um superego onipotente, sádico, mas a forma erótica da transferência psicótica na qual o paciente acredita que o analista está apaixonado por ele ou ela, pode também dominar a situação analítica por algum tempo (...) Tais pacientes freqüentemente formam alguma aliança terapêutica com o analista, mesmo tendo presente uma "parte psicótica da sua personalidade", enquanto simultaneamente mantém a aliança terapêutica com a "parte não-psicótica" de si mesmos, diminuindo assim o perigo de aparecerem delírios transitórios".

Essa *psicose de transferência*, que ROSENFELD também chama de *psicose transitória*, pode perdurar dias, semanas ou meses. Se permanecer por um período demasiadamente longo e ininterrupto, sem dar mostras de reversibilidade, constitui-se um sério indicador de um impasse irreversível. Em tais situações de psicose transferencial, as reações contratransferenciais são extremamente difíceis para o analista. Por tudo isso, esse quadro transferencial merece particular atenção, de modo a ser bem conhecida por todo analista praticante.

Comentário. Reações dessa natureza surgem com relativa freqüência no campo analítico, nem sempre sendo fácil discriminar se corresponde a uma reação contra uma possível inadequação por parte da atitude e do manejo do analista, ou se traduz um impasse prenunciador de uma ruptura com a análise ou, ainda, se está representando um difícil, porém necessário momento analítico, como uma *forma de progresso* e construção da confiança básica. Isso se dá caso o analista *sobreviva* aos ataques e, para tanto, uma das condições é que não fique polemizando com o paciente, forçando as interpretações. Pelo contrário, deve demonstrar boa condição de continência e, sobretudo, de paciência.

Psicossomática

O termo *psico-somático* (exatamente com essa grafia, com um hífen separando *psique* de *soma*) apareceu na literatura médica em 1818, em um texto de HEINROTH, clínico e psiquiatra alemão. Embora, na época, com discordância de muitos, outras vozes, como a de WILLIAM MOTSLOY, apontaram para a mesma direção. Esse autor, com uma notável intuição, escreveu: há mais de cem anos, em "Fisiologia da mente": "*Quando o sofrimento não pode expressar-se pelo pranto, ele faz chorarem outros órgãos*".

Desde o final da década de 1940, o termo *psicossomático* adquiriu essa grafia unificadora e passou a ser empregado como substantivo para designar, no campo analítico, a decisiva influência dos fatores psicológicos na determinação das doenças orgânicas, embora já admitindo uma inseparabilidade entre elas.

FREUD também estudou os fenômenos psicossomáticos. Em 1891, em um trabalho sobre *afasias* e em 1905, no famoso *Caso Dora*, empregou a expressão complacência somática para referir que podem existir algumas áreas orgânicas de extrema sensibilidade, que condicionam, facilitam, descarregam e cenarizam determinados estados emocionais. Em 1910, aparece seu artigo "Uma alteração psicogênica da visão", onde transparece o modelo da conversão histérica. Além disso, FREUD descreveu as manifestações somáticas presentes na neurose atual, postulou a concepção de que "o ego, antes de tudo, é corporal", além de outras contribuições indiretas.

Seguindo-se a FREUD, e tendo à frente a figura do psicanalista F. ALEXANDER, criou-se a Escola de Chicago, que estudou e descreveu as *sete doenças psicossomáticas*: asma brônquica, úlcera gástrica, artrite reumatóide, retocolite ulcerativa, tireotoxicose e hipertensão essencial, atribuindo a cada uma delas uma especificidade psicogênica.

Outros importantes autores dedicaram-se ao estudo dos fenômenos psicossomáticos através de distintas abordagens, cada vez mais correlacionado-as com as primeiras etapas do desenvolvimento emocional primitivo (inclusive do psiquismo fetal, como se depreende de BION).

No entanto, é necessário ressaltar as pesquisas contemporâneas que psicanalistas pertencentes ao Instituto de Psicossomática de Paris estão procedendo com enfoques originais, como por exemplo, o conceito de pensamento operatório.

Psicoterapia psicanalítica

As semelhanças e diferenças entre o que se costuma denominar *psicanálise e psicoterapia psicanalítica*, assim como suas convergências, divergências, tangências e superposições, têm sido muito estudadas e discutidas, principalmente a partir da década de 40. Na atualidade, tais questionamentos entre os psicanalistas continuam plenamente vigentes, controvertidos e polêmicos, mas certamente sofrendo algumas transformações. *Psicoterapia* é um termo genérico que costuma ser empregado para designar qualquer tratamento realizado com métodos e propósitos psicológicos. Inicialmente, FREUD não fazia distinção entre os termos *psicoterapia e psicanálise* e empregava-os indistintamente para caracterizar o método de tratamento psicológico que criara. Freqüentemente empregava a expressão *terapia psicanalítica*, como que estabelecendo uma conexão entre ambos. Posteriormente, no entanto, no congresso realizado em Budapeste, em 1918, fez sua famosa afirmação referente à necessidade de "separar o ouro puro da psicanálise do cobre da sugestão direta".

É evidente que existem muitas formas de psicoterapia, porém as de fundamentação psicanalítica não tem mais nada a ver com a aludida *sugestão direta*. Pelo contrário, ela vem adquirindo uma gradativa e crescente respeitabilidade como uma modalidade terapêutica capaz de proporcionar resultados verdadeiramente psicanalíticos, de sorte que a distância que separa a psicanálise da psicoterapia, que já foi enorme, aos poucos vai ficando reduzida.

Cabe citar algumas afirmativas de importantes autores a respeito dessa temática: Assim, é interessante a seguinte postulação de L.RANGELL (segundo uma citação de R. WALLERSTEIN, 1989, p.310): "A psicanálise propriamente dita" e a "psicoterapia psicanalítica", ao final de um espectro, são qualitativamente diferentes uma da outra, se bem que existe um terreno fronteiriço de casos entre elas. Uma comparação análoga pode realizar-se entre o fato de que a consciência é distinta do inconsciente mesmo quando existe um pré-consciente e diferentes graus de consciência. O dia é diferente da noite, mesmo quando existe o crepúsculo; e o preto é diferente do branco, não obstante exista o cinza".

WALLERSTEIN e colaboradores, após uma pesquisa iniciada por volta de 1950, de cinco anos de duração, com todo rigor científico, e sob os auspícios da Associação Psicanalítica Americana, conclui com a significativa observação de que: "Os resultados alcançáveis (e alcançados) pelas psicoterapias de orientação analítica e pela psicanálise são muito mais próximos do que o originalmente imaginado (...) e que são bem menores as distinções claras entre os métodos técnicos e os mecanismos operativos, na natureza e na permanência, entre a psicanálise e as psicoterapias psicanalíticas do que habitualmente se pensava" (1989, p.324).

JOYCE MCDOUGALL (1991, p.73) por sua vez afirma: "O grande diferenciador entre psicoterapia e psicanálise consistia no fato de que somente o aprofundamento possibilitado pelas peculiaridades dessa última é que permitiria uma reconstrução do passado como uma explicação para o comportamento do presente do analisando. No entanto, esse aspecto, na atualidade, embora conserve a sua importância, já não é mais considerado um instrumento terapêutico tão mágico e exclusivo como se considerava até há algumas décadas. Muitos outros fatores concorrem, e que estão igualmente presentes na prática das terapias analíticas".

Essa temática adquiriu tal relevância que está sendo seriamente enfrentada pelos atuais dirigentes da IPA, tal como está explicitado neste último verbete.

Psiquismo fetal [BION]

BION, durante o período em que produziu sua obra com uma visão algo mística, na década de 70, inspirou-se numa frase que consta no trabalho "Inibições, sintomas e angústia" (1926), onde FREUD afirma que: "A vida extra-uterina e a primeira infância apresentam uma continuidade bem maior do que a impressionante cesura do ato do nascimento nos permite supor". Lamentando que FREUD não tenha investigado mais profundamente o contido nessa sua frase, BION partiu da perspectiva de que *impressionante* seria o fato de que deveria haver alguma coisa espiritual, ou uma vida psíquica intra-uterina.

BION sustentava essa especulação imaginativa a partir dos estudos científicos dos embriologistas, que encontraram no corpo adulto vestígios daquilo que primordialmente eram os órgãos sensoriais e fisiológicos do feto. Da mesma forma, afirma não ter a menor dúvida de que o feto pode ouvir e responder a sons musicais, tanto os provindos de dentro (como os borborigmos intestinais da mãe), como os de fora ("será que o feto a termo registra uma discussão irada entre os pais?"). Assim como, dizia BION, é certo que o feto move-se no útero em resposta a determinados ritmos e responde à pressão dos dedos no ventre da mãe.

Transportando para a prática psicanalítica, BION assevera que existem situações nas quais um paciente mostra grandes sinais de medo inexplicável, embora possa ter aprendido a não demonstrá-lo e a tentar ignorá-lo. Ele achava conveniente pensar esse fato em termos de *medo talâmico*. Assim, na prática clínica, em alguns pacientes ocorrem, às vezes, certas manifestações somatiformes que despertam sentimentos intensos e aparentemente sem uma explicação lógica, e que a intuição clínica do psicanalista percebe que elas têm uma origem muito rudimentar. BION exemplificava a existência de sentimentos *subtalâmicos* ou *parassimpáticos* estabelecendo uma analogia com o fato de o sujeito "ver estrelas" e ter a impressão de luz, caso o globo ocular for pressionado de modo brusco ou violento. Essa é uma resposta anômala, que clinicamente pode aparecer sob uma forma de escotomas ou de enxaqueca, mas que pode ser um remanescente das respostas embrionárias da cavidade óptica ante as pressões do meio aquoso intra-uterino.

Aliás, esse aprofundamento que BION fez em relação às impressões sensoriais e neurofisiológicas decorrentes de um proto-psiquismo embrionário e fetal, está começando a ter reconhecimento psicanalítico. O eminente autor MELTZER (1986) afirma que os estudos de BION acerca do psiquismo fetal abrem uma importante porta para a compreensão dos fenômenos psicossomáticos. Por outro lado, também impõe-se registrar que essas *conjecturas imaginativas* (a expressão é dele) de BION, feitas numa época em que não existia a atual tecnologia médica, têm sido amplamente comprovadas por recentes trabalhos de pesquisa, como os de ALESSANDRA PIONTELLI, tal como aparece em seus livros e no artigo "Observações de crianças desde antes do nascimento" (1996).

Ver o verbete *Fetal, psiquismo*.

Publicação [BION]

Na obra de BION, o termo *publicação* refere-se à capacidade de o indivíduo tornar os dados sensoriais e emocionais acessíveis à sua consciência, de sorte que isso pode adquirir um cunho privativo, ou estar em condições de ser tornado público. Nesse último caso, BION dá o nome mais específico de *comunicação*, porque alude ao fato de que determinado enunciado adquiriu um grau de abstração que possibilita vir a ser concebido como uma forma de publicação (*public action*), ou seja, tornar público um texto ou uma idéia que favoreça estabelecer uma correlação com o *senso comum* (ver esse verbete).

Pulsões [FREUD]

Inicialmente convém lembrar que há uma equivalência na literatura psicanalítica entre os termos *instintos, impulsos, impulsos instintivos e pulsões*. Isto se deve ao fato de que as primeiras traduções dos textos de FREUD – notadamente a da Standard Edition realizada por Strachey – não levaram em conta que FREUD utilizou as palavras *Instinkt* e *Trieb* no original alemão, com significados bem distintos entre si e não como sinônimos. Ver o verbete *Instintos*.

Em muitos dos seus textos, como em "Três teorias sobre a sexualidade" (1905), FREUD afirmou que *a pulsão representa o conceito de algo que é limite entre o somático e o psíquico*. Ele também definiu que toda pulsão implica a existência de quatro fatores que lhe são inerentes: uma *fonte*, uma *força*, uma *finalidade* e um *objeto*. A discriminação conceitual de cada um desses quatro termos segue abaixo.

1. A *fonte* (*Quelle* no original alemão) das pulsões provém das excitações corporais ditadas pela necessidade de sobrevivência.
2. A *força* (*Drang*) determina o aspecto quantitativo da energia pulsional, ou seja, representa o importante aspecto *econômico* do psiquismo. Pode ser comparado ao conceito de um *quantum* de excitação que tende à descarga.
3. A *finalidade* (*Ziel*) primariamente é a descarga da excitação para conseguir o retorno a um estado de equilíbrio psíquico, segundo o princípio da constância (também conhecido como princípio da homeostasia). Ambos os termos são equivalentes à busca do princípio de Nirvana, o qual alude ao fato de o organismo tentar reproduzir o idílico estado intra-uterino.
4. O *objeto* (*Objekt*) – bastante variável e mutável – é o capaz de satisfazer e apaziguar o estado de tensão interna oriundo das excitações do corpo, ou que, no mínimo, sirva-lhe como um mero depósito de descarga.

Além destes fatores, pode-se depreender dos trabalhos de FREUD mais estas características que acompanham as pulsões: o *deslocamento* da pulsão de uma zona corporal para outra; o *intercâmbio* entre as pulsões, a *compulsão à repetição* e as *transformações* das pulsões.

A cada finalidade pulsional corresponde um determinado objeto. Um exemplo simples é a fome, cuja finalidade é sua satisfação, e cujo objeto é o alimento.. No caso em que o objeto do investimento pulsional seja o próprio sujeito, já estamos falando de narcisismo.

Inicialmente, FREUD postulou a existência de duas pulsões:
1. As *pulsões do ego* (também chamadas de *autopreservação* ou de *interesses do ego*). 2. As *pulsões sexuais* (também conhecidas como de *preservação da espécie*", às quais ele denominou libido (em latim, designa *desejo*) que, em termos genéricos, designa "todas as pulsões responsáveis por tudo aquilo que compreendemos sob o nome de amor" (FREUD, 1921).

A partir de *Além do princípio do prazer* (1920), a dualidade inicial que diferenciava as *pulsões do ego* e as *pulsões sexuais*, cedeu lugar a uma nova dualidade:
1. As *pulsões de vida* (Eros).
2. As *pulsões de morte* (Tânatos), concepção pulsional que ele conservou definitivamente em sua obra.
Igualmente, FREUD concluiu que o ego tinha uma energia própria, independente da sexualidade provinda do id.
As pulsões de vida passaram, então, a abranger as *pulsões sexuais* e as de *autoconservação*, de modo que a libido passou a a ser conceituada como energia, não mais da pulsão sexual unicamente, mas, sim, provinda da pulsão de vida, assim unificando ambas.
Ver os verbetes *Autoconservação, Interesses do ego, Instintos* e *Morte, pulsão de*.

Pulsões e suas vicissitudes, As
[FREUD, 1915]

Entre 15 de março e 4 de maio de 1915, FREUD escreveu os "Cinco trabalhos sobre metapsicologia", sendo um deles "As pulsões e suas vicissitudes". Nessa obra, ele define pulsão como um conceito na fronteira entre o mental e o somático, ou seja, o representante psíquico dos estímulos que se originam no interior do organismo e chegam à mente.
Para FREUD, em qualquer situação a meta de uma pulsão é a satisfação, que só pode ser obtida através da eliminação do estado de estimulação na fonte da pulsão. Ademais, ele afirma que a característica essencial das vicissitudes sofridas pelas pulsões reside na sujeição delas à influência das três grandes polaridades que dominam a vida mental:
1. A de *atividade-passividade* (como biológica).
2. A do *ego-mundo exterior* (como real).
3. A de *prazer-desprazer* (como econômica).
"As pulsões e suas vicissitudes" aparece no volume XIV, p.137, da Standard Edition Brasileira.

Q

Q [Freud]
Em seu trabalho "Projeto para uma psicologia científica para neurólogos" (1895), Freud emprega a letra Q para designar a quantidade, ou seja, a energia que circula pelos neurônios, capaz de deslocamento e descarga. No entanto, essa noção de *quantum* apresenta alguma dificuldade nos textos de Freud pelo fato de ele representá-la, de forma algo ambígua, tanto por Q quanto por Qn.
Garcia-Roza, um profundo estudioso de Freud, em seu livro *Introdução à Metapsicologia Freudiana I*, sugere a conveniência de se considerar Q como designando a quantidade de excitação ligada à estimulação sensorial externa e Qn como designando a quantidade de excitação interna, de ordem intercelular. Ou ainda, Qn como sendo de ordem psíquica e Q indicando uma quantidade externa.

Quantidade de investimento libidinal [Freud]

Essa terminologia corresponde ao ponto de vista econômico de Freud. Assim, a pulsão é postulada por ele como um elemento *quantitativo* da economia psíquica, segundo sua hipótese, que explicaria o funcionamento do aparelho psíquico a partir dos modelos científicos da física mecanicista de sua época.
Desse modo, os processos mentais consistiriam na circulação e repetição de uma energia pulsional (catéxis) de grandeza variável e que sofre a ação de uma contracatéxis, ou seja, de um contra-investimento. Esse último conceito de *contracarga* aparece no trabalho *O inconsciente*(1915) e nele Freud mostra que essas energias contra-investidas (pela ação mecanismos de defesa) são permanentes e criam resistências.
A maior crítica que se faz a esse ponto de vista econômico decorre justamente do fato de ter sido elaborado por Freud a partir das concepções fisicalistas que surgiram no final do século XIX, quando, além dos princípios e leis da hidráulica, também ocorreram as descobertas da eletricidade e do neurônio.
Desse modo, Freud estabeleceu a concepção de que uma energia física percorria as vias nervosas neuronais, tal como a energia elétrica percorre os fios. Em algum momento de sua obra, ele chegou a evidenciar a esperança de que no futuro a energia psíquica poderia vir a ser quantificada.
O modelo mecânico quantitativo empregado por Freud, embora esteja ressurgindo

para explicar situações como o das neuroses atuais, está amplamente superado na atualidade por outros modelos, como o da *cibernética*, pelo qual uma energia mínima e não específica pode desencadear desproporcionais reações em cadeia e de efeitos retroativos ou o da moderna *física quântica*, que desvenda os segredos subatômicos, num campo onde uma mesma matéria, conforme as condições do observador, tanto pode manifestar-se como *onda* ou como *partícula*.

Comentário. Cabe acrescentar, creio, mais dois aspectos:
1. O conceito de *intensidade* (ver esse verbete) o qual é diferente de *quantidade*.
2. O que talvez possa ser chamado *potencialidade* para uma transformacilidade da energia psíquica, tal como acontece, por exemplo, com a metáfora de uma queda d'água que tanto pode arrasar uma lavoura próxima, como pode dar-lhe vida e crescimento se a água for adequadamente drenada. Al[em disso, a queda pode-se transformar em energia elétrica, etc.

Quantum de afeto [FREUD]

Expressão que exprime a hipótese econômica de FREUD. Também aparece sob os nomes de *energia de investimento, força pulsional, pressão da pulsão* ou *libido*, quando a pulsão sexual é a única que está em causa.

Na maioria das vezes, FREUD emprega *quantum de afeto* quando trata do destino do afeto e da sua independência em relação à representação, tal como aparece nessa afirmativa de 1984: "Nas funções psíquicas há razão para distinguir alguma coisa (quantum de afeto, soma de excitação) que possui todas as propriedades de uma quantidade – ainda que não estejamos habilitados a medi-la – alguma coisa que pode ser aumentada, diminuída, deslocada, descarregada e se espalha sobre os traços mnésicos das representações, mais ou menos como uma carga elétrica sobre a superfície dos corpos".

O conceito de quantum de afeto não é descritivo, mas metapsicológico. Assim, em seu artigo sobre metapsicologia, "Recalcamento" (1915), FREUD afirma que "O quantum de afeto corresponde à pulsão na medida em que esta se destacou da representação e encontra expressão adequada à sua quantidade nos processos que se tornam sensíveis para nós como afetos".

Questão da análise leiga, A [FREUD, 1926]

Título de um livro de FREUD publicado em 1926, com o subtítulo "Conversas com um interlocutor parcial". Nesse livro, ele aborda os problemas pertinentes ao direito, ou não, de a psicanálise poder ser exercida por não-médicos. Também faz um aprofundamento sobre o próprio movimento piscanalítico internacional e a ideologia que deveria reger a formação de novos psicanalistas.

A motivação para escrever esse livro começou com uma denúncia que uma ex-paciente apresentou contra OTTO RANK, com uma séria ameaça de um processo com base em antiga lei austríaca que proibia o *charlatanismo*. FREUD saiu em defesa do amigo e discípulo, tentando demover as autoridades com o argumento de que, o *leigo* ou *profano* não era o analista não-médico, mas qualquer um que *não* tinha adquirido uma formação. tanto teórica quanto técnica, em psicanálise, possuísse ou não um diploma de medicina.

A firme posição tomada por FREUD em defesa da análise *leiga* dividiu os analistas de todo mundo filiados à IPA. O bloco estadounidense moveu uma feroz reação, a ponto de ABRAHAM BRILL – então presidente da Sociedade de Psicanálise de Nova York – ter ameaçado romper com FREUD. Além disso e coincidindo com a publicação do aludido livro de FREUD, o Estado de Nova York declarou ilegal a prática da análise por não-médicos.

Enquanto isso, os psicanalistas europeus ficaram divididos em duas facções: alguns (FERENCZI, GLOVER) propondo que a psicanálise se tornasse totalmente autônoma em relação à medicina, ao mesmo tempo que outros (EITIGON, JONES) pugnavam para que ela continuasse sendo uma profissão médica.

Por fim, RANK se beneficiou com o veredicto de improcedência da acusação, mas a questão prolongou-se por muito tempo, notadamente com os americanos, que só muito recentemente aderiram à aceitação de psicanalistas não-médicos. O fato serviu para demonstrar que FREUD mantinha uma total coerência com as suas posições, que não se deixava intimidar por pressões.

Prova disso é que, sabedor, em 1938, de que corria um boato nos Estados Unidos que teria mudado sua opinião em relação à análise leiga, FREUD reafirmou energicamente: "Não consigo imaginar de onde possa ter vindo esse boato estúpido com respeito à minha mudança de opinião sobre a questão da análise praticada por não-médicos. A verdade é que nunca repudiei minhas colocações e que as defendo com vigor ainda maior do que antes, diante da evidente tendência dos norte-americanos de transformarem a psicanálise numa criada da psiquiatria". O trabalho "A questão da análise leiga", composto de sete partes e um pós-escrito, está publicado na Standard Edition, no volume XX, p.209, ocupando cerca de 75 páginas.

R

R [BION]

Dentre os seis elementos de psicanálise propostos por BION, consta o da relação I – R, ou seja, da Idéia (ver esse verbete) com a Razão.
No capítulo oitavo de *Elementos em Psicanálise*" (1963), BION afirma que a *razão* tem a função de administrar as pulsões de vida e de morte que, em sua forma rudimentar, servem de escravas da paixão. As pulsões são forçadas a submeter-se à razão que, assim, se torna "senhora das paixões e genitora da lógica".
Desse modo, conclui BION, "a busca de satisfação de desejos incompatíveis conduz à frustração (...) e o predomínio do princípio da realidade estimula o desenvolvimento do pensamento e do pensar, da *razão* e a da percepção da realidade psíquica e ambiental".

Rabisco, jogo do [WINNICOTT]

Ver o verbete *Jogo do rabisco*.

Racionalização

Termo freqüentemente empregado dentro e fora da psicanálise, foi introduzido por E. JONES, em 1908, no artigo "A racionalização na vida cotidiana". Como o nome sugere, está ligado ao uso da *razão*, por parte do sujeito, para apresentar uma explicação coerente, do ponto de vista da lógica, ou para encontrar uma justificativa do ponto de vista moral para uma atitude, uma conduta, uma idéia, um sentimento, etc., cujos motivos verdadeiros, de alguma forma, ele nega.
Um bom exemplo metafórico está na conhecida fábula da raposa que, não conseguindo ter acesso às apetitosas uvas que cobiçava, racionalizou que elas não interessavam porque "estavam verdes".
De forma análoga, a racionalização encontra sólidos apoios nas ideologias constituídas, na moral comum, na doutrina religiosa, nas convicções políticas, nos fundamentos científicos, etc.
Diferentemente de sua conceituação por muitos analistas, a *racionalização* não deve ser classificada como uma modalidade de mecanismo de defesa apesar de sua manifesta função defensiva, porque não é dirigida diretamente contra a satisfação pulsional; antes, ela disfarça os diversos elementos do conflito defensivo. Assim, é possível que certas defesas, sintomas, resistências, e outras situações equivalentes, que se pas-

sam no campo analítico, sejam racionalizadas pelo paciente, às vezes com argumentação frágil que deve ser trabalhada na análise. Porém, às vezes, a argumentação racionalizada está fortemente ancorada em fatos reais e torna o trabalho analítico mais difícil.

Embora a intelectualização possa estar a serviço da racionalização e sejam aproximados, são, no entanto, conceitos diferentes e devem ser bem distinguidos.

Racker, Henrique

Nascido na Polônia em 1910, Racker estudou em Viena, onde também exerceu a arte da música. Formado em medicina, fez análise com LAMPL-DE GROT. Em 1939, emigrou para a Argentina e instalou-se em Buenos Aires, onde retomou sua formação didática com A.GARMA e depois com M.LANGER. Em 1947, tornou-se membro da Associação Psicoanalítica Argentina (APA), da qual veio a ser um dos mais proeminentes membros. Além da psicanálise, RACKER interessou-se por antropologia, filosofia, estética e história das religiões. No campo da psicanálise, RACKER, de formação fundamentalmente kleiniana, celebrizou-se pelos mesmos estudos que simultaneamente P. HEIMANN fazia em Londres, sem um saber do outro, sobre contratransferência, sob o vértice de que ela poderia servir como um excelente instrumento técnico para o analista. Esses estudos aparecem no livro *Estudos sobre a técnica psicanalítica* (1968).

Depois de sua morte prematura, ocorrida em 1961, seu nome foi dado a um Centro de Pesquisas e de Formação para Análise Didática.

Rank, Otto

Nascido em 1908 nos arredores de Viena, filho de uma família judia de classe média, O. RANK (cujo verdadeiro sobrenome era Rosenfeld) teve uma infância e adolescência tristes, como descreve em seu *Diário de um adolescente*: "Foi assim que eu cresci, entregue a mim mesmo, sem educação, sem amigos e sem livros". Na verdade, ele sofria muito por um reumatismo articular agudo, por uma feiúra física e pelas constantes brigas violentas com o pai alcoolista inveterado e dado a graves crises de cólera.

Além disso, dizem seus biógrafos, apresentava sintomas obsessivos e fóbicos, temeroso de contágio por micróbios e evitando relações sexuais. Mais ainda, RANK sofria de crises de depressão, intercaladas com estados de exaltação, o que lhe valeu por parte de alguns analistas do círculo freudiano, como o seu desafeto E.JONES, o rótulo de *psicótico-maníaco-depressivo*.

Em 1905, depois de ter lido *A interpretação dos sonhos*, aproximou-se de FREUD e foi admitido no estreito círculo da Sociedade Psicológica das Quartas-Feiras. Demonstrou um apaixonado interesse pela psicanálise, o que sensibilizou FREUD, que logo o considerou como seu filho adotivo.

Em 1909, RANK publica seu grande livro *O mito do nascimento do herói*. Com a idade de 28 anos, já tinha publicado quatro livros versando sobre literatura, mitos e incesto.

Em 1924, começa a se afastar da doutrina freudiana clássica e publica seu célebre livro *O trauma do nascimento*. Nele, longe de se ater à concepção clássica do complexo de Édipo, considera que essa primeira separação do bebê da mãe constitui o protótipo da angústia psíquica. Nesse mesmo ano, juntamente com FERENCZI, publica *Perspectivas da psicanálise,* onde é criticada a rigidez das regras psicanalíticas. Dois anos depois, em 1926, ele propôs a chamada *terapia ativa*, preconizando tratamentos curtos e limitados previamente no tempo.

Como RANK não era médico e não tinha sido analisado, foi alvo do ataque de muitos colegas, europeus e, sobretudo, americanos. Tornou-se pivô da crise da *Questão da aná-*

lise leiga (ver esse verbete) sendo posteriormente, em 1930, quando começava uma fulgurante carreira nos Estados Unidos, excluído da IPA e seus analisandos americanos foram intimados a fazer nova análise. RANK, instalado definitivamente nos Estados Unidos, vivendo ao lado de sua segunda esposa, veio a falecer em 1939, algumas semanas após a morte de FREUD, vitimado por uma agranulocitose causada pelos efeitos secundários das sulfamidas, com as quais se tratava.

Reação terapêutica negativa [FREUD, M. KLEIN, J. RIVIÈRE]

A expressão *reação terapêutica negativa* aparece pela primeira vez no capítulo V ("As servidões do ego") do trabalho *O ego e o id* (1923), onde Freud afirma textualmente: "Há pessoas que se conduzem muito singularmente no tratamento psicanalítico. Quando lhes damos esperanças e mostramo-nos satisfeitos com a marcha do tratamento, mostram-se descontentes e pioram acentuadamente. Descobrimos, com efeito, que tais pessoas reagem num sentido inverso aos progressos da cura. Cada uma das soluções parciais que haveria de trazer consigo um alívio ou um desaparecimento temporário dos sintomas, provoca, ao contrário, uma intensidade momentânea da doença e, durante o tratamento, pioram no lugar de melhorar. Mostram-nos, pois, a chamada reação terapêutica negativa. É indubitável que, nestes doentes, há algo que se opõe à cura, a qual é considerada por eles como um perigo e que neles predomina a necessidade de doença e não a vontade de cura".

Não raramente, *impasse e reação terapêutica negativa* aparecem como sinônimos, mas prevalece a idéia de que não o são. Assim, convém registrar a esclarecedora posição assumida pela psicanalista argentina M. BARANGER que, em uma participação na "Mesa-Redonda sobre Resistências" (1979), afirmou que o impasse refere-se a uma forma de resistência que ocorre como estagnação de um processo que vinha em progresso; às vezes é possível superá-lo e outras vezes termina com uma interrupção da análise, em que o paciente *leva os benefícios conseguidos*. Isso o diferencia da RTN, em que tudo volta à estaca zero e o epílogo da análise pode adquirir características trágicas.

Quanto às causas geradoras da RTN, cabe assinalar, de forma altamente resumida, as três clássicas:

1. FREUD destacou o masoquismo moral e os sentimentos de culpa ligados a uma necessidade de castigo, diretamente devidos à obtenção de um *triunfo edípico*, tal como é representado na mente do paciente diante do êxito analítico. Posteriormente, em 1937, FREUD incluiu na etiologia da RTN a pulsão de morte e a compulsão à repetição.

2. JOAN RIVIÈRE, no trabalho *Contribuición al análisis de la reacción terapéutica negativa* (1936), estabeleceu uma relação entre a RTN e um sistema fortemente organizado de defesas maníacas contra um subjacente estado depressivo do analisando que, ele teme, o levaria à loucura ou ao suicídio. RIVIÈRE, acima de tudo, destaca a necessidade de a análise propiciar reparações verdadeiras a suas vítimas, reais ou imaginárias, que jazem no seu cemitério interior.

3. M. KLEIN enfocou a importância da inveja na determinação da RTN, como está evidenciado nesta frase de seu trabalho *Inveja e Gratidão* (1957): "Além dos fatores assinalados por Freud e desenvolvidos por J. Rivière, a inveja e as defesas contra ela desempenham um papel importante na RTN".

Comentário. A esses três clássicos fatores na determinação da RTN – o triunfo edípico, a depressão subjacente e a inveja – na atualidade cabe acrescentar mais dois outros, igualmente freqüentes e relevantes:

1. A presença de uma organização patológica, sob a forma de uma gangue narcisista, agindo contra, dentro do próprio ego.

2. A presença de um conflito entre o ideal do ego do analisando (por exemplo, ele pode ter sido *programado* para nunca superar os irmãos) e o êxito analítico.

Real, registro do [LACAN]

O termo *real* foi cunhado por LACAN inspirado em conceitos da filosofia e por ele introduzido na psicanálise em 1953. Não tem a acepção habitual, pelo contrário, LACAN o define como aquilo que é impossível de ser completamente simbolizado na palavra ou na escrita, de modo que o *real* só pode ser definido em relação ao simbólico e ao imaginário, com os quais forma uma estrutura. Para LACAN, "aquilo que não veio à luz no simbólico reaparece no real". Assim, liga o fenômeno das *alucinações* e o das *idéias delirantes* dos psicóticos a sua concepção do *real*, na medida em que *esse* está presente desde o início da vida, nem que seja através de percepções primordiais, e é composto pelos significantes que foram foracluídos (recusados) pelo registro simbólico.

Realidade, princípio de [FREUD]

Em "Formulações sobre os dois princípios do funcionamento mental" (1911), FREUD mostrou que o bebê, na vigência do princípio de prazer, diante da ausência da mãe, utiliza o recurso de uma "satisfação alucinatória do desejo". Porém à medida que a alucinação do seio não satisfaz sua fome, ele vai sendo obrigado a aceitar o princípio de realidade, de modo a desenvolver as capacidades de espera, postergação da satisfação, antecipação da mãe que aparecerá mais tarde, bem como ele utilizará com mais maturidade seus órgãos sensoriais para fazer uma aproximação com a realidade, no lugar do imaginário.

Assim, o *princípio de realidade* pode ser encarado psicanaliticamente a partir de três enfoques:

1. Do ponto de vista econômico, corresponde a uma transformação de *energia livre* em *energia ligada*.
2. Do ponto de vista topográfico, o princípio de realidade vai conectando-se primordialmente com o sistema consciente-pré-consciente (Cs-Pcs).
3. Do ponto de vista dinâmico, estrutural, esse princípio confere ao ego um papel fundamental quanto ao destino das pulsões.

O princípio do prazer e o princípio de realidade foram valorizados tanto por FREUD como por BION pelo vértice da satisfação ou da frustração, das necessidades e dos desejos. A frustração leva à necessidade de mudar a realidade, o que dá início ao processo do pensamento.

Realidade psíquica [FREUD]

Bastante empregado na psicanálise desde os primórdios até a atualidade, o termo *realidade psíquica* foi introduzido por FREUD. Ao abandonar sua *teoria da sedução*, pela qual tentava explicar as neuroses pelas *reminiscências* de traumas infantis realmente acontecidos, ele passou a considerar que as fantasias têm o mesmo valor patogênico que as reminiscências e, ao mesmo tempo, atribuiu ao inconsciente o primado do aparelho psíquico. Assim, ele afirma que "As fantasias possuem uma realidade psíquica oposta à realidade material (...); no mundo das neuroses é a realidade psíquica que desempenha o papel dominante".

Ao longo da história da psicanálise, a noção de *realidade psíquica* sofreu várias reinterpretações, especialmente por parte de M. KLEIN e de todos autores que se dedicaram ao estudo do desenvolvimento emocional primitivo e ao tratamento com psicóticos. Essa temática continua em plena vigência, sendo motivo de debates, como tema oficial, em congressos de psicanálise da IPA, o que tem permitido uma rica visualização a partir de distintas abordagens, teóricas e clínicas.

Realização [BION]

Na terminologia empregada por BION, o conceito de *realização*, tal como a palavra mostra, se refere ao fato de que uma pré-concepção (por exemplo, o conhecimento inato do seio) necessita de um seio real (logo, *realização*) para satisfazer a necessidade do bebê. A realização pode ser *positiva* caso o seio tornar-se, de fato, real e presente, ou negativa, caso o seio necessitado está ausente e será introjetado como um *presente, seio ausente* (ou um *não-seio*).

É possível depreender das descrições de BION que não devemos confundir *realização* com *concretização*. A primeira abre as portas para o caminho de uma simbolização, enquanto a segunda implica uma mera satisfação concreta das demandas

A pré-concepção, quando fecundada por uma realização positiva, produz uma concepção, enquanto a pré-concepção submetida a uma realização negativa, abre o caminho para a produção da capacidade para pensar os pensamentos.

É útil frisar que a *realização* está diretamente ligada ao problema das frustrações, ou seja, tanto é necessário que aconteçam realizações positivas quanto negativas, desde que as duas existam concomitantemente e que nenhuma delas seja excessiva.

Ver verbetes *Frustração, Pré-concepção, Pensar.*

Realização [WINNICOTT]

Em seu livro *Desenvolvimento emocional primitivo* (1944), WINNICOTT especifica três processos que constituem os primórdios da realidade interna e que começa muito cedo: integração, personalização e, depois destes, a apreciação das noções de tempo e do espaço e de outras propriedades que põem o bebê em contacto com a realidade, em suma, uma *realização* (ou uma adaptação à realidade) estruturante.

Reativa, formação

Ver o verbete *Formação reativa*.

Recalcamento, O [FREUD, 1915]

Recalcamento (no original alemão *Die Verdrängung*) constitui um dos cinco livros dos *Trabalhos sobre metapsicologia* escritos em 1915. Nele, FREUD considera que uma das vicissitudes que uma pulsão pode sofrer é encontrar resistências que procurem torná-la inoperante. Sob certas condições, a pulsão passa, então, para o estado de recalque. Tornou-se uma condição para o recalcamento que a força do desprazer adquira uma força superior ao do prazer obtido com a satisfação.

FREUD também afirma que há motivos para supor que exista um recalcamento primitivo (corresponde ao conceito de *repressão primária*), uma primeira fase do recalque, que consiste no fato de o representante psíquico da pulsão ter barrada sua entrada no consciente, desde o início.

Esse artigo aparece no volume XIV, p.169, da Standard Edition Brasileira.

Recalque ou recalcamento [FREUD]

O termo original alemão empregado por FREUD, *Verdrängung*, habitualmente aparece traduzido como *recalque* ou *recalcamento* ou, ainda, como *repressão*, embora a adequação da última tradução seja discutível. Fundamentalmente, o conceito de *recalque* está ligado a um processo pelo qual o sujeito procura repelir ou manter oculto no inconsciente as representações de pensamentos, imagens, fantasias e recordações que estejam ligadas a algum desejo pulsional proibido de surgir no consciente.

Portanto, o *recalcamento* não se dá diretamente contra as pulsões porque essas são biologicamente determinadas, nem diretamente contra os afetos, mas, sim, contra suas representações e seus derivados.

O mecanismo de recalque foi especialmente estudado e descrito por FREUD ao tratar suas pacientes <u>histéricas</u>, porém aos poucos foi dando uma relevância nuclear a sua presença em todas as situações neuróticas e, inclusive na psicologia normal, conforme a sua afirmativa de 1914: "A teoria do recalque é a pedra angular em que assenta todo o edifício da psicanálise".

Em "O recalcamento" (1915), FREUD distingue três modalidades do movimento do *recalque*:

1. O que denomina *recalque originário*, ou *primário*, que consiste num primeiro momento em que os representantes pulsionais nunca chegam a ter acesso ao <u>sistema consciente-pré-consciente (Cs-Pcs)</u>, e se mantém fixados no inconsciente, funcionando como um modelo e um pólo de atração para os demais recalques.

2. O *recalque propriamente dito*, ou *secundário* como é conhecido, o qual já implica a ação de uma repulsa por parte de uma instância superior, tanto do superego inconsciente como da pressão da moral consciente.

3. O terceiro momento se refere ao *retorno do recalcado*, sob a forma de sintomas, sonhos, lapsos, atos falhos, etc.

Recomendações aos médicos que exercem a psicanálise [FREUD-1912]

Título de um dos mais importantes artigos sobre técnica, no qual FREUD faz algumas recomendações ao analista, tais como:

1. Não fazer confusão quanto a nomes, datas, lembranças, material de outros pacientes.
2. Dar atenção a *tudo* que lhe é comunicado.
3. Não tomar notas durante a sessão porque cerceiam a atividade mental do analista e causam uma impressão desfavorável para o paciente.
4. Nunca trazer à baila seus próprios sentimentos, ou seja: "o médico deve ser opaco para os seus pacientes, e não deve mostrar-lhes nada além do que for mostrado, como um *espelho*".
5. A capacidade intelectual do paciente não deve ser computada como fator favorável para a análise.
6. Não é bom trabalhar cientificamente sobre um caso enquanto a análise estiver em andamento.
7. "O sentimento mais perigoso para um psicanalista é a sua *ambição terapêutica* de alcançar, por intermédio desse método novo e muito discutido, algo que produza um efeito convincente sobre outra pessoa".

O trabalho está publicado no volume XII, p. 149, da Standard Edition Brasileira.

Reconhecimento, vínculo do*

Embora essa expressão não conste da terminologia psicanalítica, creio que cabe propor incluí-la como acréscimo aos outros três <u>vínculos</u> clássicos: o do <u>amor</u>, o do <u>ódio</u> e o do <u>conhecimento</u>, em razão de que, durante a vida inteira, todo e qualquer indivíduo vive permanentemente em interação com os demais, necessitando vitalmente de obter alguma forma de reconhecimento.

O vínculo do reconhecimento se dá em quatro dimensões:

1. Fazer um *re*-conhecimento (voltar a conhecer aquilo que já preexiste dentro dele).
2. O reconhecimento *do* outro (como pessoa autônoma e diferente dele).
3. Ser reconhecido *aos* outros (gratidão).
4. Ser reconhecido *pelos* outros (a começar pelo bebê recém-nascido que já necessita do <u>olhar reconhecedor</u> da mãe e essa necessidade prossegue com diversas

variantes pela vida toda de qualquer pessoa).
Ver o verbete *Vínculos*.

Recordação encobridora [FREUD]

Ver o verbete *Lembrança encobridora*.

Recordar, repetir e elaborar [FREUD, 1914]

Um dos três artigos sobre técnica, (os outros são: "Sobre o início do tratamento" e "Observações sobre o amor transferencial") que constituem as *Novas recomendações sobre a técnica da psicanálise*.
Nesse texto, FREUD faz importantes observações sobre o fenômeno do acting. Assinalou que o paciente não se lembra de coisa alguma que ele esqueceu e recalcou, mas age (*acting out*). Ele reproduz a experiência, não como lembrança e, sim, como ação; repete-a sem saber que está repetindo. A própria transferência é apenas um fragmento de repetição; a repetição é uma transferência do passado esquecido.
FREUD destaca a importância de o analista lidar com a transferência e a resistência dos pacientes nessa situação e diz que, na prática, o primeiro passo do analista é o de revelar a resistência para o paciente. A elaboração das resistências pode constituir uma tarefa árdua para o paciente e um teste de paciência para o analista.
O artigo está no volume XII, p.193, da Standard Edition Brasileira.

Recusa da realidade [FREUD, LACAN]

Ver o verbete *Denegação*.

Regra fundamental (técnica) [FREUD]

Técnica psicanalítica legada por FREUD, também conhecida como regra da livre associação de idéias. Embora a *regra fundamental*, justamente com essa denominação, apareça clara e explicitamente formulada por FREUD em *Novas recomendações sobre a técnica da psicanálise* (1913), ela já aparece bem delineada no seu trabalho "Sobre a psicoterapia" (1905).
Essa regra consistia fundamentalmente no compromisso assumido pelo analisando de associar livremente as idéias que lhe surgissem espontaneamente na mente e de verbalizá-las ao analista, independentemente de suas inibições ou do fato de ele julgá-las importantes ou não. O termo *fundamental* era apropriado, pois seria impossível conceber uma análise sem que o paciente trouxesse um aporte contínuo de verbalizações que permitissem ao psicanalista proceder a um levantamento de natureza *arqueológica* dos recalques acumulados no inconsciente, de acordo com o paradigma vigente à época. Nos primeiros tempos, na busca do "ouro puro da psicanálise"(1915), contido na lembrança dos traumas psíquicos, FREUD instruía seus pacientes para contar "tudo que lhes viesse à cabeça". Para tanto, ele forçava a *livre associação de idéias* por meio de uma pressão manual na fronte do analisando. Posteriormente, deixou de pressionar fisicamente, porém continuava impondo essa regra através de uma condição obrigatória estabelecida na combinação inicial do contrato analítico, bem como por um constante incentivo às associações de idéias no curso das sessões.
Foi no trabalho "Dois artigos para enciclopédia" (1923) que FREUD definiu com precisão as três recomendações fundamentais que, no início de qualquer análise, o paciente deve necessariamente cumprir:
1. Colocar-se numa posição de uma "atenta e desapaixonada auto-observação".
2. Comprometer-se a agir com a mais "absoluta honestidade".
3. Não reter qualquer idéia a ser comunicada, mesmo quando sente que "ela é desagradável, quando julga que é ridícula ou não tão importante ou irrelevante para o que se procura".

A regra fundamental, nesses primeiros tempos, não se restringia apenas à imperiosa obrigação de o analisando cumprir a exigência da livre associação dos pensamentos e das idéias. Antes, ela se comportava como caudatária de uma série de outras tantas *recomendações* complementares que os analistas impunham desde a formalização do contrato analítico, como a de que o paciente usasse o divã, se comprometesse com seis ou no mínimo cinco sessões semanais, não assumisse nenhum compromisso importante sem antes examiná-lo exaustivamente, o rígido emprego de definidas fórmulas quanto ao modo de pagamento, de faltas, etc.
De lá para cá, muita coisa mudou, acompanhando as mudanças ocorridas no próprio perfil do paciente, do analista e do processo psicanalítico em si. Porém, em sua essência, a regra fundamental continua vigente.

Regras técnicas [FREUD]

Por meio de seus trabalhos sobre técnica psicanalítica, mais consistentemente estudados e publicados no período de 1912 a 1915, FREUD deixou um importante e fundamental legado a todos os psicanalistas das gerações vindouras: as regras mínimas que devem reger a técnica de qualquer processo psicanalítico e que se referem mais diretamente ora ao analisando, ora ao analista. Muito embora FREUD as tenha formulado como *recomendações*, são habitualmente conhecidas como *regras*, talvez pelo tom pedagógico e algo superegóico com que ele as incluiu nos seus textos.
Classicamente são quatro essas regras, que não estão descritas num único bloco, mas que facilmente podem ser garimpadas nesses escritos técnicos: a regra fundamental, a da abstinência, a da neutralidade e a da atenção flutuante. Cada uma dessas aparece explicitada nos respectivos verbetes.

Comentário. Creio que é legítimo acrescentar uma quinta regra, a do amor à verdade, em razão da ênfase que FREUD, em diversos textos, deu à verdade e à honestidade – tanto para o paciente quanto para o analista – como condição *sine qua non* para a prática da psicanálise.

Regressão como mecanismo de defesa [FREUD]

Na edição de 1914 de *A interpretação dos sonhos* (1900), FREUD mais claramente define seu conceito de *regressão* com estas palavras textuais: "Distinguimos três espécies de regressões: 1) *Tópica*, no sentido do esquema do aparelho psíquico; 2) *Temporal*, em que são retomadas formações psíquicas mais antigas; 3) *Formal*, quando os métodos de expressão e de figuração habituais são substituídos por modos primitivos. Essas três formas de regressão, na sua base, são apenas uma, e na maioria dos casos coincidem, porque o que é mais antigo no tempo é igualmente primitivo na forma e, na tópica psíquica, situa-se mais perto da extremidade perceptiva".
Assim, cabe dizer que a *regressão tópica* (alude mais diretamente à noção de uma regressão da libido a um modo anterior de organização psíquica) aparece mais manifestamente nos sonhos e nos fenômenos alucinatórios ou mesmo em processos normais em que usamos a memória e a imaginação. A regressão *formal* refere-se ao retorno do funcionamento psíquico do processo secundário para o do processo primário, levando em conta a hierarquia das funções e das estruturas. Em relação à regressão *temporal*, FREUD distingue uma regressão quanto ao *objeto*, quanto à *fase libidinal* e quanto a uma regressão que se dá na *evolução do ego*.
FREUD acreditava que o passado infantil – do indivíduo e mesmo da humanidade – permanece sempre em nós, como aparece

nessa afirmativa de 1915: "Os estados primitivos podem sempre ser reinstaurados. O psíquico primitivo é, no seu pleno sentido, imperecível".

Comentário. Mais três aspectos devem ser mencionados. Um é que a etimologia do verbo *regredir*, composta dos étimos latinos *re*, uma volta para trás, mais uma vez + *gradior*, movimento para, alude claramente a um "movimento que se processa numa direção para trás", na organização do psiquismo. O segundo aspecto é que *esse recuo para trás busca pontos de fixação*, os quais podem ser compreendidos como *trincheiras* que foram seguras e protetoras, e também como *inscrições* no ego, de modo que a regressão pode ser interpretada como uma forma de expressão daquilo que foi *inscrito*, nem sempre sob a forma de palavras, e que pode assumir a modalidade de uma *compulsão à repetição*.

Por último, cabe destacar que a regressão se manifesta em distintas dimensões além daquela que ocorre na prática analítica, como transparece na manifestação de quadros da psicopatologia, sintomas, sonhos, história das civilizações, somatizações, etc.

Regressão a serviço do ego [Psicólogos do Ego]

O conceito de *regressão a serviço do ego* foi apresentado pelo psicanalista ERNEST KRIS (1952), pertencente à Escola da Psicologia do Ego. Com ele, enfatiza que a *regressão* não é necessariamente permanente, e que a maioria das regressões, particularmente as das funções do ego, são provisórias e reversíveis.

Existem, por outro lado, inúmeros fenômenos regressivos que são particularmente impressionantes, em especial pela forma de atuar *a serviço do ego*, como são os casos, por exemplo, do analisando na situação analítica, de um pai que regride ao nível da idade do seu filhinho quando brinca parelho com ele e da criação artística, etc.

Reich, Wilhelm

Nascido na Galícia em 1897, de uma família judia assimilada, REICH fez seus estudos de medicina em Viena, orientando-se para a psiquiatria e a psicanálise. Aos 14 anos, sofreu um sério traumatismo emocional por sentir-se responsável pelo suicídio de sua mãe, ao revelar ao pai a ligação amorosa dela com um de seus preceptores.

A partir de 1924, REICH se interessou pelas obras de Marx e Engels para tentar mostrar a origem social das doenças mentais e nervosas. Em 1928, aderiu ao Partido Comunista e, um ano após, publicou numa revista moscovita o manifesto "Materialismo dialético e psicanálise" que se constituiu o fundador do *freudo-marxismo*.

De Viena, passando por uma temporada em Moscou, foi a Berlim, onde fez análise com SANDOR RADO e integrou-se à Sociedade Psicanalítica. Devido a suas características de permanente crítico revoltado e iconoclasta, REICH conseguiu se indispor tanto com os comunistas quanto com os psicanalistas e foi expulso de ambas entidades representativas. Assim, foi realmente em razão de sua adesão ao comunismo, e não por uma discordância técnica e doutrinária, que REICH foi perseguido pelo movimento freudiano, hostilizado pelo próprio FREUD e por JONES, que no início tinham lhe demonstrado simpatia. Também foi expulso do Partido alemão, em 1933, no exato momento da tomada do poder por Hitler, e exilou-se na Dinamarca.

No mesmo ano de seu exílio, REICH decidiu criticar a psicanálise clássica publicando A *análise do caráter* – hoje considerado um importante clássico – no qual adotava posições idênticas às de FERENCZI a respeito da *técnica ativa*. Após a sua dupla exclusão, da IPA e do movimento comunista, REICH se sentiu terrivelmente perseguido, separou-se da sua mulher ANNIE REICH – uma importante psicanalista – e começou a dedicar-se ao estudo da orgonoterapia (ver esse verbete) que foi repudiado tanto pelos psiquiatras como pelos psicanalistas.

Por volta de 1942, começou a dar sérios sinais de descompensação psicótica com idéias delirantes de perseguição. Em 1957, acusado de estelionato por ter comercializado seus "acumuladores de orgônio atmosférico" que curariam os pacientes de sua impotência orgástica, REICH foi recolhido preso à penitenciária da Pensilvânia, onde morreu vítima de um ataque cardíaco.

Nos anos de 1965 a 1975, as teses de REICH reapareceram como bandeira da contestação libertária na maioria dos grandes países.

Reik, Theodor

Nascido em 1888, proveniente de uma modesta família judia de origem húngara, REICK sofreu com a depressão da mãe e com a morte prematura do pai, que ocorreu quando tinha 18 anos. REICK era um erudito em música (apaixonado pelas melodias de G.MAHLER), literatura e antropologia. Tornou-se um eminente praticante da psicanálise aplicada. Tinha tal veneração por FREUD que passou a usar uma mesma barba e a fumar os mesmos charutos do seu mestre, a ponto de ter recebido no círculo vienense o apelido de *símile-Freud*.

Da mesma forma, FREUD gostava muito dele, tendo-o adotado como um filho espiritual. Não sendo médico e não tendo recursos econômicos, foi auxiliado financeiramente por FREUD para fazer sua análise com ABRAHAM.

Foi em 1925 que, denunciado por uma ex-paciente, estourou o caso do processo por exercício ilegal da medicina que provocou uma verdadeira tempestade no seio do movimento psicanalítico internacional, tendo FREUD se posicionado firmemente a seu favor, o que deu origem à acirrada questão da análise leiga.

Perseguido pelo nazismo, REICK emigrou para os Estados Unidos, instalando-se, em 1938, em Nova York. Apesar de sua notoriedade pelo fato de não ter a titulação de médico, não foi admitido na Sociedade Psicanalítica e veio a sofrer forte hostilidade.

Além de autor de trabalhos brilhantes, como o "Como chegar a ser psicólogo", REICK, unido a outros psicanalistas emigrados, como W. STECKEL e F.ALEXANDER, contestou os princípios ortodoxos do tratamento e pregou a humanização da técnica, desenvolvendo a tese de escutar com um *terceiro ouvido*, segundo a qual o analista deveria usar sua *intuição* na relação contratransferencial com o paciente.

Vítima de uma crise cardíaca, REICK morreu em 1969, aos 81 anos.

Relação objetal [M. KLEIN]

Expressão bastante freqüente em toda literatura psicanalítica. Tanto designa as formas de como se configuram as inter-relações do sujeito com o seu mundo exterior, quanto de como os objetos se organizam e se relacionam no mundo interno.

Embora FREUD tenha deixado implícita a noção de relações objetais, tendo inclusive expressado que "a sombra do objeto recai sobre o ego" (1917), ele nunca deu ênfase especial à abordagem das relações objetais como são entendidas na atualidade e, muito menos, fazia parte do seu corpo doutrinário.

Quando FREUD se referia a objetos, era mais para acentuá-los como sendo o alvo da pulsão. Ao mesmo tempo, sempre referia a noção de objeto como sendo uma totalidade.

M. BALINT foi, na década de 30, um dos autores que mais destaque deram às *relações objetais*. Porém, não cabem dúvidas de que M. KLEIN foi quem mais aprofundou os estudos relativos às relações objetais, sobretudo em relação aos seguintes aspectos:

1. Não considerar mais o sujeito num estado isolado, fazendo *investimentos nos objetos e escolhas de* objetos como uma forma de obedecer às pulsões. Antes, qualquer ser humano está, desde o nascimento, numa permanente interação com o meio.

2. Os objetos inicialmente são parciais, sofrem uma forte influência das fantasias inconscientes e, através de um constante jogo de identificações projetivas e introjetivas, constituem objetos bons ou maus, determinando uma ação tranqüilizadora ou persecutória sobre o sujeito, em todas as suas relações com o mundo. Sempre deve-se levar em conta que a percepção do mundo exterior está diretamente ligada e tingida pela realidade interior. Em razão disso, cabe dizer que, muitas vezes, o tipo e a escolha dos objetos exteriores não são mais do que um prolongamento da configuração objetal interiorizada.

LACAN, por sua vez, mais do que as fantasias inconscientes, valorizou, nas relações objetais, a importância da linguagem a que a criança foi submetida.

Portanto, de FREUD para cá, o termo fase, que sugere uma forma mais fixa e predeterminada da relação objetal, cedeu lugar à expressão *relação objetal*, a qual permite uma maior plasticidade para conceber que, em determinado sujeito, se combinam ou alternam diversos tipos de relação de objetos.

Reparação [M. KLEIN]

Termo introduzido na psicanálise por M. KLEIN para designar um de seus conceitos mais fundamentais, qual seja, o de o sujeito, desde a condição de criança, poder *reparar* (no sentido de *consertar*) os danos que teria causado – tanto na realidade, como no seu mundo de fantasias – por meio de um sadismo destrutivo contra os objetos necessitados e ambivalentemente amados.

É no artigo "O luto e suas relações com os estados maníaco-depressivos" (1940) que M.KLEIN distingue as *falsas reparações* das *reparações verdadeiras*.

Em relação às primeiras, diz que as reparações maníacas trazem em si uma nota de triunfo, na qual o sujeito sente-se poderoso, invertendo a relação de submissão que tinha em relação aos pais, a ponto de, muitas vezes, desenvolver uma ideação delirante de encontrar fórmulas mágicas para males como a cura do câncer, etc. Refere também a falsa reparação obsessiva, que consiste de uma repetição compulsiva de atos de tipo anulatório e de formações reativas, destinada a aplacar sua vítima, agora perseguidor, sem que haja nos seus intentos reparatórios um elemento criativo realmente objetivo.

As *reparações verdadeiras*, por sua vez, representam ser para a criança (igualmente para o adulto, como fica bem evidenciado no processo analítico) altamente estruturantes porque possibilitam a transformação dos objetos *maus* em *bons*. Além disso, acentua M.KLEIN, representam a vitória das pulsões de vida no seu embate contra as pulsões de morte, assim possibilitando uma reparação baseada no amor e de respeito pelo objeto e que resulta em realizações verdadeiramente criativas.

Acima de tudo, M.KLEIN considera a capacidade de fazer reparações como condição intimamente ligada à posição depressiva, o que implica uma capacidade de reconhecer uma gratidão por quem o ajudou, de modo a desenvolver uma preocupação sadia pelo outro e a capacidade de integrar os aspectos ambivalentemente dissociados do objeto.

Repetição, compulsão à [FREUD]

Ver o verbete *Compulsão à repetição.*

Representação [FREUD]

O termo *Vorstellung,* empregado no original por FREUD, e traduzido por *representação* faz parte do vocabulário clássico da filosofia alemã, onde designa "aquilo que se representa como sendo o conteúdo concreto de um ato de pensamento". FREUD, porém, concebeu-o psicanaliticamente, de forma distinta. De fato, desde a redescoberta dos trabalhos referentes ao "Projeto..." (1895) e a "Afasias" (1896), a expressão *representação* ocupa lugar de alta relevância na literatura psicanalítica.

Assim, nos primeiros tempos, FREUD explicava as neuroses com um enfoque na distinção que deveria ser feita entre a *quantidade de afeto* (teoria econômica) despendida e a representação patogênica. Para ilustrar: na neurose obsessiva, a quantidade de afeto mobilizada é deslocada da representação diretamente ligada ao acontecimento traumatizante (por exemplo, a proibição superegóica da prática, ou fantasia, de masturbação) para outra representação, que parece ser insignificante para o sujeito (no caso, uma lavagem compulsiva das mãos). De forma análoga, na histeria conversiva, a quantidade de afeto é convertida em energia somática e a representação recalcada é simbolizada por alguma zona ou atividade corporal (por exemplo, o sintoma de uma cegueira histérica como simbolização de uma, recalcada, *cena primária* traumatizante).

De fato, nessa oposição entre afeto e representação, o que é recalcado é a representação originária, a qual se inscreve no inconsciente sob a forma de traços mnésicos, sendo que FREUD distingue entre a representação de coisa e a representação de palavra. Nos textos metapsicológicos, FREUD faz uma distinção entre a representação que deriva da *coisa,* a qual é essencialmente visual e que ainda não atingiu a condição de ser simbolizada por palavras, e aquela outra representação que deriva da palavra, essencialmente acústica.

À primeira ele denominou *representação de coisa (Dingvorstellung* no original alemão), cuja inscrição está basicamente no inconsciente. A segunda foi denominada *representação de palavra (Wortvorstellung)* e está mais ligada ao sistema pré-consciente-consciente. A ligação entre esses dois tipos de representação é fundamental para o entendimento da passagem do processo primário para o processo secundário.

Nos primeiros escritos, tal como aparece no trabalho "Para uma concepção das afasias: um estudo crítico" (1896), FREUD utiliza a expressão *representação-objeto (Objektvorstellung),* com o mesmo significado que nos trabalhos metapsicológicos de 1915 aparece com o nome de *representação-coisa.* A rigor, no artigo "O inconsciente" (1915), o conceito de *representação-objeto* é mais abrangente, porque não designa unicamente a *coisa,* mas sua relação com a *palavra,* dessa forma designando um significado.

FREUD também mostrou que pode haver uma interposição entre a *representação-coisa* (também costuma ser grafada como *representação de coisa)* e a *representação-palavra* (ou *representação de palavra).* Isso acontece na esquizofrenia, em que as representações de palavra são tratadas como se fossem coisas concretas, segundo as leis do processo primário ou, como acontece nos sonhos, em que as representações de palavras pertencentes aos restos diurnos, são tratadas como representações de coisas, devido ao fato de que as frases pronunciadas na vigília da véspera do sonho, mercê dos processos de deslocamento e de condensação próprios da formação dos sonhos, são tratadas como *representação de coisa*.

O que FREUD denominou *representação-palavra* e *representação-objeto* corresponde ao que posteriormente o lingüista SAUSSURE (o grande inspirador de LACAN) veio a conceituar com as respectivas denominações de significante e de significado.

Representação-coisa [FREUD]

Para explicar o que entende por *representação-coisa* (no original alemão, aparece como *Sachevorstellung*, ou como *Dingvorstellung*) FREUD se refere ao funcionamento psicótico, no qual a palavra, em vez de *representar* a coisa, é tomada como uma *coisa em si-mesma*. O esquizofrênico trata as palavras como uma coisa e, regendo-se pelas leis do processo primário, joga com ela prescindindo completamente do significado.

As *representações-coisa*, próprias do inconsciente, não podem equiparar-se a alguma modalidade de cópia de um objeto ou a uma imagem dele. FREUD dizia que a representação-coisa consiste num investimento, se não da imagem mnêmica direta da coisa, pelo menos de *restos mnêmicos* mais distanciados, derivados dela. Em resumo, a representação-coisa não é a representação de um objeto que seria o representado. Antes disso, designa a matéria, a qualidade do texto da representação.

Representação-palavra [FREUD]

Numa importante passagem do capítulo VI de *Afasias* (1896), FREUD afirma que "Para a psicologia, a *palavra* é a unidade de base da função de linguagem, que evidencia ser uma representação complexa, composta de elementos acústicos, visuais e cinestésicos (...) Geralmente são mencionados quatro componentes da representação-palavra: a *imagem acústica*, a *imagem visual da letra*, a *imagem motora da linguagem* e a *imagem motora da escritura*".

Assim, diferentemente das representações-coisa – sediadas no inconsciente – as representações-palavra têm por sede o pré-consciente e estão vinculadas à verbalização e a uma possível tomada de consciência. Segundo FREUD (1915) "A representação consciente engloba a representação-coisa mais a representação-palavra correspondente, enquanto a representação inconsciente é a representação-coisa só".

FREUD cunhou o termo *parafasia* para referir uma "perturbação da linguagem na qual uma determinada palavra adequada é substituída por uma outra que é menos apropriada mas que mantém uma certa relação com a palavra exata" (FREUD exemplificava: dizer lápis no lugar de caneta, etc.). Esse fenômeno não está necessariamente ligado a lesão cerebral, tanto que pode acontecer com qualquer pessoa em estado de perturbação emocional mais forte ou em situações de cansaço.

Repressão

Em psicanálise, o termo *repressão* (*Ver drängung*) abriga certa confusão semântica. Grande número de autores e tradutores consideram-no como sinônimo de recalque (ou recalcamento), enquanto muitos outros, especialmente da escola francesa, como J.LAPLANCHE e PONTALIS mostram no seu *Vocabulário de psicanálise* (1982), preferem fazer distinção entre ambos os termos.

Assim, os autores acima mencionados consideram que o *recalque* é um processo que consiste essencialmente na participação do

inconsciente, enquanto a *repressão* estaria mais ligada a um mecanismo de exclusão para fora do campo da *consciência,* atuando no nível da *segunda censura.* FREUD situa essa censura entre o consciente e o pré-consciente e não, como acontece no recalcamento, na passagem de um sistema (o pré-consciente-consciente) para outro sistema (o inconsciente). Do ponto de vista dinâmico, as motivações morais desempenham na repressão um papel importante. A confusão semântica aumenta porque alguns autores denominam *supressão* o mecanismo defensivo que LAPLANCHE e PONTALIS descrevem como *repressão.*
Ver o verbete *Recalque* ou *recalcamento.*

Resistência [Abordagem de FREUD]

FREUD empregou o termo *resistência* pela primeira vez ao se referir à paciente Elisabeth von R. (1893), usando a palavra original *Widerstand.* Em alemão, *wider* significa contra, como uma oposição ativa. Até então a resistência era considerada exclusivamente um obstáculo à análise, com uma força correspondente à da quantidade de energia com que as idéias e os sentimentos tinham sido recalcados e expulsos de suas associações.
Assim, por longo tempo, o conceito de *resistência,* em psicanálise, foi empregado com um significado depreciativo, tal como FREUD afirmou em A *interpretação dos sonhos* (1900), após dizer que as conceituações de resistência e de censura estavam intimamente relacionadas: "Uma das regras da psicanálise é que tudo o que interrompe o progresso do trabalho psicanalítico é uma resistência".
Aos poucos, FREUD foi concluindo que aquilo que está recalcado, mais do que um indesejável corpo estranho, comportava-se como um *infiltrado,* de modo que o fenômeno resistencial não era algo que surgia de tempos em tempos, mas sim que, de alguma forma, está permanentemente presente.
FREUD aprofundou bastante o estudo sobre as resistências em "Inibições, sintomas e angústia" (1926), quando, utilizando a hipótese estrutural, ele descreveu cinco tipos e três fontes delas. Os tipos derivados da fonte eram:
1. Resistência de *repressão,* que consiste na repressão que o ego faz de toda percepção que cause algum sofrimento.
2. Resistência de *transferência,* em que o paciente manifesta, em relação a seu analista, resistência contra a emergência de uma transferência *negativa* ou *sexual.*
3. Resistência de *ganho secundário,* que ocorre em razão do fato de a própria doença conceder um benefício a certos pacientes, como os histéricos, os de personalidades imaturas e as que estão pleiteando alguma forma de aposentadoria por motivo de doença. Essas resistências são muito difíceis de abordar, eis que são "egossintônicas".
4. As resistências *provindas do id,* que FREUD considerava ligadas à compulsão à repetição e que, juntamente com uma *adesividade da libido,* promovem uma resistência contra mudanças.
5. Resistência *oriunda do superego,* a mais difícil de ser trabalhada, segundo FREUD, por causa dos sentimentos de culpa que exigem punição.

Comentário. No clássico "Análise terminável e interminável" (1937), FREUD introduz alguns novos postulados teórico-técnicos. Creio que neles ele formula um sexto tipo de resistência: a que é provinda do *ego contra o próprio ego.* "(...) em certos casos, o ego considera a própria cura como um novo perigo". A meu juízo, FREUD está aqui intuindo e renunciando aquilo que ROSENFELD (1965) veio a chamar de gangue narcisista e STEINER (1981), de organização patológica.
No referido trabalho de 1937, FREUD aporta outras importantes contribuições sobre as

resistências, como são as seguintes: o conceito de *reação terapêutica negativa,* como sendo aderido à pulsão de morte; a valorização do papel da contratransferência, sendo que ele aponta que a resistência do analisando pode ser causada pelos *erros do analista;* a observação de que supunha que a resistência no homem se deveria ao medo dos desejos passivo-femininos em relação a outros homens, e nas mulheres seria devido em grande parte à inveja do pênis. FREUD também aludiu ao surgimento de uma *resistência contra a revelação das resistências.*

Resistência, tipos de [Abordagem clínica]

A evolução do conceito de resistência na prática analítica sofreu uma profunda transformação. Nos tempos pioneiros, era considerada unicamente como um obstáculo de surgimento inconveniente, Nos dias de hoje, embora se reconheça a existência de resistências que obstruem totalmente o curso exitoso de uma análise, na grande maioria das vezes o aparecimento das resistências no processo analítico é muito bem-vindo, porquanto representam, com fidelidade, a forma como o indivíduo defende-se e resiste no cotidiano da vida. Assim, cabe fazer a seguinte paráfrase: "Dize-me como resistes e dir-te-ei quem és".

Não é possível uma clara classificação ou sistematização das resistências, devido às diferenças semânticas entre os autores, os múltiplos vértices de abordagem, sua multideterminação e, na situação analítica, o fato de que cada sujeito tem uma pletora de recursos resistenciais, os quais variam com os distintos momentos do processo analítico. No entanto, de forma genérica, é cabível traçar o esquema que segue:

1. A partir da teoria *estrutural,* continua válido o que FREUD postulou em 1926 a respeito dos cinco tipos e três fontes das resistências. No entanto, na atualidade, é importante estabelecer as inter-relações *dentro* das respectivas instâncias psíquicas de onde se originam as resistências inconscientes (não só do id, do ego e do superego, mas também do ego ideal, do ideal do ego e das organizações patológicas que sabotam o ego). Também devem ser estabelecidas as inter-relações entre essas instâncias e as delas com a realidade exterior.

2. A classificação pode ser:

2.1 Pelo critério das *manifestações clínicas,* tais como: faltas, atrasos, intelectualizações, silêncio exagerado ou prolixidade, segredos, sonolência, ataque às funções do ego (perceber, sentir, pensar, discriminar), em si próprio ou no analista, fuga para a extra-transferência, etc.

2.2 Pelo critério das *finalidades* das resistências, de sorte que, além das descritas por FREUD, vale acrescentar resistência contra: a *regressão* (medo da psicose); a *progressão* (cujo grau extremo é o surgimento de uma reação terapêutica negativa); a *renúncia às ilusões narcisísticas;* as *mudanças verdadeiras* (medo de uma catástrofe psíquica); a *vergonha, culpa e humilhação* de não corresponder às expectativas do ego ideal e do ideal do ego; a dor da *elaboração da posição depressiva.* Também deve ser incluída a resistência que se manifesta como um sadio movimento do paciente contra as possíveis *inadequações do seu analista.*

2.3 Pelo critério de relacionar as modalidades de resistências ao *tipo, grau e função das defesas mobilizadas* (sintomas, traços caractereológicos, *actings* excessivos, falso self, etc.).

2.4 Pela relação com os *pontos de fixação patológicos* que correspondem às etapas evolutivas do desenvolvimento emocional que deram origem às resistências (as de natureza narcisista são particularmente importantes pelo fato de constituírem o crisol da formação da personalidade e da identidade). Assim, a maioria das pessoas que hoje procura análise apresenta importantes problemas caractereológicos, de baixa auto-estima e de prejuízo do sentimento de identidade, derivados da permanência de um estado depressivo subjacente, muitas vezes resultante das primitivas feridas narcisísticas.

2.5 Dentro da concepção da contemporânea psicanálise vincular, não é possível dissociar completamente a resistência do paciente e a contra-resistência. No campo analítico resistencial-contra-resistencial, ambas, embora algo encobertas, podem estar presentes pela contração de *conluios resistenciais-contra-resistenciais*.

2.6 Na situação analítica as resistências podem se manifestar contra o setting instituído, o qual, na sua essência, deve ser preservado ao máximo. Em relação às interpretações (por exemplo, o fenômeno que BION descreveu como reversão da perspectiva) e em relação à elaboração (exemplo dos pseudocolaboradores que, bem no fundo, não querem fazer mudanças verdadeiras).

É freqüente que muitos pacientes bastante regressivos oponham sérias resistências às mudanças e desejem manter as coisas como estão, não porque não desejem curar-se, mas não acreditam nas melhoras, ou acham que não as merecem, ou que correm o sério risco de voltar a sentir as dolorosas experiências passadas de traição e humilhação. Assim, o seu objetivo de vida é sobreviver e não viver!

Resistência-Existência-Desistência*

A etimologia respalda a última afirmativa do verbete anterior: a palavra *resistência* é composta de *re* + *sistere*. O prefixo *re* significa "mais uma vez; um retorno, para começar de novo" (como em regredir, revogar, reformar) enquanto o verbo latino *sistere* tem o significado de "continuar a existir". Aliás, o prefixo *ex* (ou *ec*) indica um movimento para fora, de modo que, no processo analítico, pode ser entendido como expressando uma volta à utilização de recursos defensivos e ofensivos contra o que, ou quem, lhes representa alguma ameaça. Revela a luta que o paciente está fazendo para reexperimentar seu direito de voltar-se para fora, voltar a existir. O contrário de resistir, ou seja, de-sistir (o prefixo *de* significa privação) é que seria funesto.

Comentário. Penso que a forma resistencial mais grave é justamente a de um estado mental do analisando de desistência. Nesse caso, ele procede de uma forma unicamente formal e mecânica, sendo que o seu único "desejo pode ficar reduzido a um nada desejar", assim esterilizando a eficácia analítica. Isso se deve ao fato de que, nos pacientes seriamente regredidos, antes de desejos, existe um estado de profundas necessidades que, se não forem satisfeitas pelo analista, reforçarão um estado anterior de suas vidas. Por esse estado, muito mais do que ódio, eles geram um sentimento de *decepção* pelo novo fracasso do meio ambiente. Isso interrompe o crescimento do self e prejudica a capacidade de desejar, o que conduz a uma sensação de *futilidade* e a uma desistência de *desejar e de ser*.

Assim, a desistência vem acompanhada de um estado afetivo de *indiferença*, provavelmente nos mesmos moldes da indiferença que o sujeito acredita ter sofrido por parte de todas as pessoas mais significativas de sua vida. Em resumo, na situação psicanalítica, enquanto houver *resistências que pugnam pela existência*, ainda persiste a chama da esperança. A pior forma de resistência é a de um estado mental de desistência, a qual cronifica a des-esperança, ou seja, o paciente nada mais espera da análise e da vida.

Restauração do si-mesmo, A [KOHUT, 1977]

Em 1977, KOHUT publicou seu segundo livro, *The restoration*, cuja edição brasileira

tem o título de *A restauração do si-mesmo*. Nessa obra, ele manifesta claramente sua ruptura com os postulados freudianos.
Segundo KOHUT, os transtornos não podem ser tratados com a análise clássica, que enfatiza sobretudo a interpretação do conflito neurótico, porquanto para esse tipo de paciente o método é insuficiente e estéril quanto aos resultados terapêuticos. Afirma que, nesses casos, como conseqüência das respostas empáticas perturbadas dos self objetos, o *si-mesmo* está debilitado e sujeito à fragmentação.
Assim, como tentativa de "bombear" cargas narcisistas para *restaurar* esse self que está se esvaindo de libido, o *si-mesmo* lança mão de um destes dois recursos:
1. Através da satisfação de demandas insaciáveis do pólo exibicionista do self grandioso.
2. Uma tentativa de restabelecer a auto-estima avariada – o equilíbrio narcisista ferido – é um meio de satisfazer as demandas do pólo dos ideais.
Ambas as tentativas podem coexistir ou se alternar. No entanto, há o risco de haver uma *overdose narcisista*, que diante dos inevitáveis fracassos, exige uma renovada dose de narcisismo, o que pode levar o sujeito a ingressar num círculo vicioso maligno.

Restos diurnos [FREUD]

Um dos elementos que participa na formação dos sonhos é o que FREUD chamou *restos diurnos* para designar que acontecimentos ocorridos na véspera do sonho incidem em áreas latentes no inconsciente do psiquismo e, através dos mecanismos de deslocamento, condensação e simbolização, participam da configuração dos sonhos manifestos.
Isso fica melhor esclarecido com a célebre metáfora, na qual FREUD diz que os restos diurnos se comportam como sendo o *empresário* do sonho, funcionando como incitamento. As sensações corporais ocorridas durante o sonho podem executar um papel análogo a esse.
Na prática analítica, o fenômeno do incitamento produzido pelos restos diurnos da vigília ganha importância à medida que o analista puder ligar o conteúdo de determinado sonho com o *resto* que ficou da sessão anterior na mente do paciente.

Retorno do recalcado (ou do reprimido) [FREUD]

Expressão bastante freqüente que designa o fato de os elementos recalcados no inconsciente não desaparecerem, nem tampouco ficarem aniquilados. Pelo contrário, eles tendem a reaparecer e isso é conseguido através de diferentes maneiras de formação de compromissos, feitas entre as representações que estão recalcadas, proibidas de aparecer, e os agentes encarregados de fazer o recalcamento, tanto o recalcado quanto o recalcante seguindo os mesmos caminhos associativos.
FREUD esclarece isso com uma convincente metáfora: a do asceta que, na vida marcada pela prática da devoção e da penitência, tentando expulsar a proibida tentação por meio da imagem do crucifixo, vê aparecer em seu lugar a imagem de uma mulher nua. Diz FREUD que justamente "é no recalcante (crucifixo) e por detrás dele, que o recalcado (mulher nua) obtém finalmente a vitória".

Rêverie [BION]

Denominação cunhada por BION (1962) e, tal como a sua raiz francesa mostra (*rêve* = sonho), designa uma condição pela qual a mãe (ou o analista) estão em um estado de *sonho*, isto é, está captando o que se passa com o seu filho, não tanto através da atenção provinda dos órgãos dos sentidos, mas muito mais pela intuição, de modo que uma menor concentração no plano sensorial possibilita um maior afloramento da sensibilidade.

Em suma, diz BION, "a *rêverie* é um componente da função α, capaz de colher as identificações projetivas da criança independentemente de serem percebidas por esta, como sendo boas ou más"; ou seja, é a capacidade de fazer uma identificação introjetiva das identificações projetivas da criança (ou paciente) de modo a permitir uma ressonância com o que é projetado dentro dela. De forma análoga, na situação psicanalítica, o estado de *sonho,* próprio da função *rêverie* do analista, lhe possibilita dar livre curso a suas fantasias, devaneios e emoções, em um estado mental equivalente ao da atenção flutuante preconizada por FREUD, e que serviu de inspiração ao que BION veio a postular como uma condição de o analista se vincular com o analisando, sem memória, desejo ou compreensão.

Pode-se dizer que o conceito de *rêverie* na prática clínica é uma complementação da atenção flutuante, de modo que, para BION, o que precipuamente caracteriza o *rêverie* é a retomada de uma unidade funcional com a mãe, unidade essa que vai além de um plano simplesmente físico e fisiológico. Ou seja: não basta o leite materno concreto, mas sim, a forma de como ele é dado, tendo em vista que o leite concreto não impede uma sensação da presença de um *seio mau,* ausente ou perdido.

Fazendo jus ao nome, este conceito também guarda uma semelhança com o da formação dos sonhos, tal como é a passagem do processo primário para o da formação das imagens oníricas e dessas para a formação dos símbolos do sonho. Em outras palavras: a função *rêverie* designa a capacidade de *sonhar,* isto é, para pensar noutro registro, assim como também alude à importância de uma liberdade para sonhar, devanear, imaginar e para simbolizar abstratamente aquilo que é concreto.

Como há certa superposição conceitual entre rêverie e continente, função a (ambos também de BION) e *holding* (de WINNICOTT), é útil consultar esses três verbetes.

Reversão da função α [BION]

Em certos sujeitos já se formou a função simbólica resultante da transformação dos elementos β em elementos α e daí podendo evoluir para a formação de conceitos, conforme os degraus da *Grade* de BION. No entanto, é possível que essa função simbólica sofra tamanha dor psíquica, que ela recua e produz elementos β, agora misturados com traços de ego e de superego que já tinham se formado.

Como resultante disso, a *reversão da função* α produz alucinações, delírios, fenômenos psicossomáticos e a mentalidade característica dos supostos básicos dos grupos.

Reversão da perspectiva [BION]

Expressão introduzida por BION para designar o fenômeno presente no campo analítico, pelo qual o paciente que o utiliza mantém com o analista "um acordo manifesto e um desacordo latente", tendo em vista o fato de que, formalmente, pode tratar-se de um paciente assíduo, colaborador, gentil, que assente com a cabeça confirmando que está aceitando as interpretações, porém, no fundo, ele as desvitaliza, *revertendo* o significado delas para suas próprias premissas, que lhe são familiares e lhe servem como defesas, logo, como resistências.

Na prática analítica, esse tipo de resistência – mais presente na parte psicótica da personalidade dos analisandos, especialmente os portadores de algum transtorno narcisista – tem grande importância, porquanto pode determinar uma inconsciente esterilização quanto ao destino da interpretação na mente do paciente, embora possa ter sido formulada corretamente.

Convém alertar que muitos confundem a expressão *reversão da perspectiva* com a *perspectiva reversível*, ambas cunhadas por BION. A primeira é a descrita acima, enquanto a segunda, de forma totalmente distinta, designa a capacidade de o analista (a ser desenvolvida no analisando) vir a abrir novos vértices de observação e reflexão sobre um determinado acontecimento psíquico, de modo a possibilitar uma, às vezes necessária, *reversão* do significado inicial que o paciente estava atribuindo (desconfiança por parte de um paranóide, grandiosidade de um narcisista, desvalia de um depressivo, etc.).

Revisão da dinâmica de grupo, Uma (BION, 1952)

Neste trabalho, os estudos sobre grupos são baseados em experiências vividas por BION em distintos locais e épocas e com diferentes propósitos. Assim, no Hospital Militar, durante a II Guerra Mundial, descreveu as "tensões intragrupais" com grupos de militares formados com a finalidade de reabilitá-los. Também descreve um método original, criação sua, de proceder a uma seleção de candidatos a oficial da armada através da proposição de atividades em "grupo sem líder". A experiência grupal de BION ficou muito enriquecida por seus posteriores experimentos de finalidade psicoterapêutica na Tavistock Clinic.

Esse trabalho consta do livro *Experiências em grupos* publicado em 1961, o qual reúne todos os artigos que escrevera sobre grupos. Muitos dos originais conceitos acerca dos fenômenos grupais que BION observou, criou e descreveu aparecem resenhados no verbete *Grupo (contribuições de Bion)*.

Romance (ou novela) familiar [FREUD, OTTO RANK]

Expressão criada por FREUD e RANK para designar a maneira como um sujeito modifica seus laços com os pais, imaginando para si, através de um relato ou uma fantasia, uma outra família que não sua verdadeira.

Num artigo escrito especialmente para o livro de OTTO RANK, *O nascimento do herói* (1909), FREUD utilizou a expressão *romance familiar* para expressar uma construção inconsciente na qual a família inventada pelo sujeito é modificada de acordo com suas fantasias, tanto adornando-a com todos os elementos pertencentes aos pais idealizados da infância, quanto também desqualificando-a e criando um romance de que foi abandonado pelos pais.

Apoiando-se nessa idéia, RANK estudou as lendas típicas das grandes mitologias sobre o nascimento de heróis (Rômulo, Moisés, Jesus, Paris) como pode ser lido no verbete *Mitos*. FREUD, por sua vez, mostrou que os relatos míticos podem ser lidos como fantasias em que as situações entre os personagens se invertem.

FREUD utilizou a noção de *romance familiar* nas suas principais obras referentes à psicanálise aplicada, como em "Leonardo da Vinci e uma lembrança de sua infância" (1910), "Totem e tabu" (1912) e "Moisés e o monoteísmo"(1939). Ademais, à medida que evidenciou uma analogia entre os mitos, os romances da literatura, os sistemas delirantes ou religiosos e os *romances familiares*, FREUD facilitou um amplo debate da psicanálise com a antropologia, a literatura e a religião.

Rosenfeld, Herbert

HERBERT ALEXANDER ROSENFELD nasceu em 1910, em Munique, Alemanha, originário de uma família judia. Havia ingressado na escola de medicina, porém, com a chegada de Hitler ao poder, foi decretada a proibição de que estudantes judeus pudessem ter contato direto com os pacientes. Por isso, ROSENFELD, em 1935, emigrou para a Inglaterra onde concluiu seus estudos de medicina, dedicando-se à psiquiatria. Foi aceito na Tavistock Clinic, onde destacou-se pela eficiência e pelo amor com que tratava os pacientes esquizofrênicos.

Fez análise didática com M.KLEIN e veio a tornar-se um dos mais proeminentes psicanalistas da escola kleiniana, tendo produzido muitas obras, com algumas importantes concepções psicanalíticas originais, notadamente no que se refere às psicoses.

Assim, utilizando as noções de M.KLEIN referentes ao uso das identificações projetivas e ao das dissociações, ROSENFELD descreveu situações como: estados de despersonalização, estados confusionais, transtornos na linguagem, comunicação e pensamento dos esquizofrênicos; os conflitos com o superego; a inter-relação analista-analisando; a psicose de transferência. Sobretudo, fez importantes contribuições acerca dos problemas ligados ao narcisismo.

Em 1964, ROSENFELD descreveu o narcisismo como resultante de um sistema defensivo contra a inveja e o sentimento de separação. Posteriormente, em um trabalho de 1971, conceituou o que chamou de narcisismo negativo, que resulta de uma idealização dos aspectos onipotentes e destrutivos do *self* do sujeito, aspectos esses que podem organizar-se como uma *gangue narcisista*.

No ano de 1978, aparece o importante trabalho "A psicose de transferência no paciente fronteiriço" (publicado na *Revista Brasileira de Psicanálise*, v.23, 1989), no qual ROSENFELD aborda de maneira magistral as causas e o manejo técnico recomendável para as situações, nada incomuns na clínica cotidiana de todos psicanalistas, do desenvolvimento de uma, transitória *psicose de transferência* (não confundir com transferência psicótica).

Igualmente, coube a ROSENFELD ser um dos primeiros (senão o primeiro) analistas kleinianos a propor um manejo diferente do sentimento de inveja existente nos pacientes, no sentido de não interpretá-la diretamente, mas, sim, que a interpretação, durante algum tempo, deveria ser dirigida unicamente aos *derivados* da inveja.

ROSENFELD tinha uma enorme capacidade de trabalho, tanto que, com a idade de 76 anos, ainda atendia uma média de 10 pacientes por dia, mantinha inúmeras supervisões, coordenava grupos de pós-graduação em Londres, em Paris e na Alemanha, ministrava um seminário clínico no Instituto Britânico. Em pleno decurso de um seminário clínico, em novembro de 1986, teve um derrame cerebral fatal.

S

Sádico-anal, fase [Freud, Abraham]

Termo referente à segunda fase da evolução libidinal, que Freud situou aproximada-mente entre os dois e os quatro anos. Inicialmente, destacou as seguintes características principais:
1. A zona erógena é, por excelência, a anal.
2. As relações de objeto estão impregnadas de significações ligadas tanto ao ato da evacuação – retenção ou expulsão – quanto às fantasias e ao valor simbólico que a criança atribui às fezes.
3. Em trabalhos posteriores, ele incluiu o desenvolvimento da musculatura como fonte do sadismo da fase anal.
No artigo "Caráter e erotismo anal" (1908), Freud relaciona os traços caractereológicos obsessivos – assentados na tríade ordem, parcimônia e teimosia – com o erotismo anal da criança, ligado às fezes e à evacuação. No trabalho "A disposição à neurose obsessiva" (1913), ele já destaca a predominância dos aspectos sádicos da analidade, constituindo o que veio a chamar, pela primeira vez, *uma organização pré-genital*. Nas sucessivas reformulações, em 1915 e 1924, que Freud fez do trabalho "Três ensaios sobre a teoria da sexualidade" ele considerou a fase anal como uma das organizações pré-genitais, e a situou entre as organizações *oral* e a *fálica*.
Da mesma forma, Freud situou na fase anal uma dualidade atividade-passividade. A primeira corresponde ao sadismo, cuja fonte predominante é a musculatura, enquanto a passividade está ligada ao erotismo anal, cuja fonte libidinal é a mucosa do ânus. Em "As transformações do instinto exemplificadas no erotismo anal" (1917), Freud estabeleceu a célebre equivalência simbólica de fezes, dinheiro e presentes, destacando a relevância que isso adquire no processo de o sujeito *dar e receber*.
K. Abraham, em "Um breve estudo da evolução da libido considerada à luz dos transtornos mentais" (1924), considerou dois estágios dentro da fase sádico-anal. No primeiro – a fase anal *expulsiva* – o erotismo anal está ligado à evacuação, enquanto a pulsão sádica está ligada à destruição do objeto. No segundo estágio – a fase anal *retentiva* – o erotismo anal está ligado à retenção das fezes, enquanto a pulsão sádica refere-se ao controle possessivo e ao domínio.

Sádico-oral, fase [Abraham, M.Klein]

K. Abraham, em 1924, estabeleceu, dentro da fase oral, a existência de duas subfases:

a oral *passivo-incorporativa* (às vezes chamada *oral-canibalística),* que alude a uma fase precoce de sucção, de natureza pré-ambivalente, e a *ativo-incorporativa,* a qual coincide com o aparecimento dos dentes. A atividade de morder e de devorar implica destruição do objeto e faz surgir a ambivalência pulsional, de libido e agressão voltadas para um mesmo objeto.

M.KLEIN, partindo dessas noções de seu analista ABRAHAM, deu uma profundidade e importância ao sadismo oral, que atingiria nessa fase a culminância do sadismo infantil, o que a levou a cunhar a expressão *fase do sadismo máximo.* Textualmente, KLEIN afirma que "a agressividade faz parte da relação mais precoce da criança com o seio, embora nessa fase ela se exprima habitualmente pela mordedura". Prosseguindo, ela expressava a idéia de que "o desejo libidinal de sugar ou chupar é acompanhado do objetivo destrutivo de aspirar, de se apossar, de esvaziar, de esgotar sugando".

Sadismo [FREUD]

Termo criado pelo sexólogo RICHARD VON KRAFT-EBING, em 1886, inspirado no escritor francês Donatien A.François, mais conhecido como marquês de Sade, para designar formas de perversão sexual, tal como aparecem nos personagens dos escritos de Sade. Neles apareciam predominantemente agressões físicas, um domínio sufocante, flagelações e humilhações físicas e morais, constituindo um modo de obter satisfação da pulsão sexual ligado ao sofrimento infligido ao outro. A ligação do prazer à dor, tanto de forma ativa como passiva, é conhecida como *algolagnia.*

Para diferenciar o que descreveu com o nome de fase perverso-polimorfa, na qual está incluído o sadismo, do sadismo propriamente dito, FREUD afirma em "Os instintos e suas vicissitudes" (1915) que esse último objetiva acima de tudo submeter o parceiro a seu domínio total, o que na atualidade é conhecido como *vínculo de apoderamento.* Assim, ele ampliou a noção do sadismo, não restringindo-o unicamente às práticas sexuais intimamente ligadas à agressão, mas considerando-o, sobretudo, uma pulsão de dominação.

A ligação entre dor e excitação sexual surge com mais evidência no masoquismo que, por ser considerado uma inversão do sadismo voltado à própria pessoa, levou FREUD a associá-los, de modo a criar um novo termo psicanalítico: o sadomasoquismo.

Sadomasoquismo [FREUD]

Termo forjado por FREUD a partir de sadismo e masoquismo para designar a existência concomitante das duas vertentes de uma mesma perversão, havendo entre ambas uma complementaridade simétrica e recíproca entre um sofrimento vivido passivamente e um sofrimento infligido ativamente ao outro.

Assim, em "Três ensaios sobre uma teoria da sexualidade" (1905), FREUD afirma que "um sádico é sempre ao mesmo tempo um masoquista, o que não impede que o lado ativo ou o lado passivo da perversão possa predominar e caracterizar a atividade sexual que prevalece". No prosseguimento dessas idéias, FREUD ressalta dois aspectos:

1. Sadismo e masoquismo não podem ser estudados separadamente.

2. As características fundamentais de atividade e de passividade – que são as manifestações do sadismo e do masoquismo – não se limitam às perversões sexuais, mas, sim, são, em algum grau, constituintes da vida sexual em geral.

Em "As pulsões e suas vicissitudes" (1915), FREUD faz os seguintes assinalamentos: o sadismo é anterior ao masoquismo, de modo que "o masoquismo é um sadismo voltado contra a própria pessoa"; o sadismo é o exercício da pulsão de dominação;

o sadismo, no sentido estrito da perversão sexual, é decorrente de um novo retorno à condição masoquista porque na fantasia o sádico identifica-se com o sofrimento do outro, o masoquista.

No entanto, a partir de "Além do princípio do prazer" (1920), FREUD retifica a postulação anterior e passa a considerar o masoquismo anterior ao sadismo e conclui afirmando que "uma parte dessa pulsão de morte é posta diretamente a serviço da pulsão sexual, onde o seu papel é importante: é isso o sadismo propriamente dito. Outra parte não acompanha esse desvio para o exterior, permanece no organismo, onde é ligada libidinalmente com o auxílio da excitação sexual que a acompanha (...); reconhecemos aqui o masoquismo originário, exógeno (...), e o sadismo pode, por sua vez, voltar-se contra o sujeito num masoquismo secundário que vem acrescentar-se ao masoquismo originário". Em outros trabalhos, FREUD ligou o sadismo com as diferentes fases libidinais, como a sádico-oral, a sádico-anal, a fusão e a desfusão pulsional.

Comentário. Na contemporânea psicanálise vincular, com base na prática clínica, pode-se afirmar que o sadismo e o masoquismo coexistem não só nos vínculos inter-pessoais, como também nos intrapessoais. Nesse último caso, tanto pode ser um conflito sadomasoquista entre as instâncias psíquicas (superego contra o ego, por exemplo), como pode aludir ao tipo doentio de arranjo relacional dos objetos dentro do sujeito. Assim, são freqüentíssimas as inter-relações que se configuram de maneira nitidamente sadomasoquista, às vezes de forma acintosa, outras vezes de modo muito dissimulado.

Como exemplo ilustrativo, suponhamos um casal que estabelece entre si um convívio sadomasoquista, no qual tanto pode acontecer que a cada um deles caiba de forma fixa e estereotipada um desses dois papéis, como também pode suceder que eles alternem-se em momentos diferentes, qual uma gangorra, nos papéis de quem será o sádico e a quem caberá a função de masoquista, com alta possibilidade de nunca saírem desse círculo vicioso interminável.

Schreber, caso [FREUD]

A expressão *O caso Schreber* é como ficou conhecido o trabalho de FREUD intitulado "Notas psicanalíticas sobre um relato autobiográfico de um caso de paranóia" (1911), no qual faz uma análise pormenorizada dos mecanismos psíquicos próprios das paranóias.

FREUD nunca conheceu Schreber pessoalmente. Seu trabalho foi baseado unicamente na leitura que fez das *Memórias de um doente dos nervos,* publicado em 1903, pelo próprio Daniel Paul Schreber, um renomado jurista e presidente da corte de apelação da Saxônia, que descompensou psicoticamente depois de derrotado numa eleição para um cargo. Veio a morrer em 1910, internado num manicômio de Leipzig.

As idéias delirantes de Schreber tomaram a forma de sentir-se um homem perseguido por Deus; que o fim do mundo estava próximo e que ele seria o único sobrevivente e que Deus lhe confiara a missão de transmudar-se em mulher para gerar uma nova raça. Enquanto esperava ser metamorfoseado em mulher e engravidado por Deus, Schreber enfrentava o sol, vociferava contra ele, ao mesmo tempo em que acusava seu psiquiatra, FLESCHING, de ser um "assassino de alma", que teria abusado sexualmente dele, para após abandoná-lo à putrefação e armar complôs contra ele.

FREUD enfocou os delírios de Schreber à luz das teorias que professava na época, isto é, uma revolta contra o pai associada a uma homossexualidade latente.

Posteriormente, a partir de 1955, no transcurso de seus seminários sobre as psicoses, LACAN retomou os estudos sobre o "caso

Schreber" enfocando os aspectos originais que viriam a constituir a essência de sua obra.

Sedução, teoria da [FREUD]

Impressionado com a freqüência dos relatos clínicos de suas pacientes histéricas que responsabilizavam adultos por abusos sexuais cometidos na infância, FREUD formulou sua *teoria da sedução*, principalmente em trabalhos elaborados entre os anos 1895 e 1897, atribuindo a essa situação traumática, se de fato teria acontecido, um valor de extraordinária importância na determinação das neuroses.

Com o interesse voltado para explicar o mecanismo do recalque com base na teoria da sedução, FREUD estabeleceu que "nas neuroses obsessivas teria havido experiências sexuais precoces vividas, pela criança, ativamente e com prazer, enquanto nas neuroses histéricas, o abuso sexual teria sido praticado com a sua passividade".

Posteriormente, FREUD percebeu que os relatos das cenas de sedução não encontravam apoio na realidade objetiva, daí abrindo caminho para novas postulações teóricas, priorizando as fantasias, dessa forma inaugurando a psicanálise propriamente dita. Ao mesmo tempo, sem nunca abandonar totalmente a teoria da sedução, FREUD aportou dois elementos novos:

1. A participação da mãe, que, através da manipulação do corpo do bebê, poderia estar fazendo uma sedução real, através de carícias dissimuladas.
2. As fantasias de sedução seriam conseqüência da persistência na criança de atávicos restos mnésicos transmitidos pela hereditariedade de experiências vividas na história da espécie humana.

Sedução (como conceito clínico)

A sedução sempre ocupou uma importância significativa na psicanálise, muito especialmente a que tange àquela exercida pelos pais em relação à criança. No entanto, a contemporânea psicanálise vincular dedica especial atenção à forma de como se estruturam determinadas ligações de casais, que se manifestam tanto na relação transferencial quanto na vida exterior do sujeito.

De fato, é impressionante o número de pacientes que ficam prisioneiros de um tipo de ligação amorosa que "não ata e nem desata", podendo prolongar-se virtualmente de forma eterna, sempre com alguns requintes de sadomasoquismo, por meio de um sutil jogo que envolve reciprocamente o sedutor e o seduzido.

Sedutor-seduzido, vínculo do tipo*

Do ponto de vista psicanalítico, as principais características desse patogênico vínculo sedutor-seduzido são:

1. Um sujeito exerce um vínculo de apoderamento sobre o outro (às vezes os papéis são alternantes ou recíprocos), isto é, exerce um poder tirânico, impingindo toda sorte de humilhações, quase sempre bem dissimuladas.
2. A maior arma é a sedução, exercida por meio de sortilégios que alimentam no outro um permanente estado de ilusão, no qual este ficará perdido, alternando momentos de total desilusão e derrocada vital com outros em que renascem as esperanças, jamais completadas.
3. A relação adquire uma configuração perversa, na qual vítima e verdugo se complementam numa relação dual, especular.
4. A origem desse vínculo escravizante remonta a uma precoce, intensa e sistemática *apropriação-dominação* que caracterizou a existência de uma unidade primitiva com a mãe, numa fase em que, por falta de recursos do *ego*, a criança foi obrigada a mimetizar e a ficar numa constante espera de que, finalmente, mamãe e/ou papai venham a amá-la de fato,ou de virem a cumprir a ve-

lada promessa de restaurar um estado de completude idílica.

Comentário. A natureza do sadomasoquista, vínculo do apoderamento, tal como foi descrito, está de acordo com a etimologia da palavra *sedução*, que deriva de *sed* (em latim, caminho errado) + *ductor* " (em latim, aquele que dirige). Além disso, creio que podemos afirmar que a grande característica perversa do sedutor reside numa forma *tantalizadora* de se apossar e dominar o seduzido, possivelmente reproduzindo alguma figura parental tantalizadora.

A palavra tantalizadora procede do mito do suplício de Tântalo, que teria sido condenado por Júpiter a ser atormentado nos Infernos por uma fome e sede eternas. Ficava no meio de um lago de águas frescas e cristalinas, morrendo de sede, pois a água lhe escapa sempre que seus lábios a tocam e sob árvores carregadas de apetitosos frutos, que dele se afastam sempre que Tântalo, louco de fome, estende as mãos para apanhá-los. Isso também está de acordo com o outro significado etimológico do étimo *sed* que em latim também significa *sede*, que é justamente o estado a que, de forma eterna, fica reduzido o seduzido.

Segal, Hanna

Considerada uma das figuras exponenciais do grupo kleiniano, HANNA SEGAL nasceu na Polônia e fez formação médica e psicanalítica na Grã Bretanha. Juntamente com BION e ROSENFELD teve relevante participação no pioneirismo do tratamento psicanalítico com pacientes esquizofrênicos nas décadas de 40 e 50. Credita-se-lhe a primeira análise de um esquizofrênico com uma técnica essencialmente psicanalítica, sem modificações. Sua experiência com esquizofrênicos permitiu-lhe aprofundar-se particularmente no problema da formação de símbolos, o que a levou a descrever o importantíssimo conceito a que ela denominou equação simbólica (ver esse verbete), que é bastante distinto do de símbolo. Seguiram-se trabalhos sobre a investigação da estética, sobre criatividade artística, além da elaboração de resumos definitivos da obra de M.KLEIN, de aspectos da relação analítica. De forma corajosa e enérgica, pronunciou-se contra os armamentos nucleares.

Assídua participante dos congressos internacionais de psicanálise, H.SEGAL é autora de inúmeros artigos, cuja maioria está reunida no livro *A obra de Hanna Segal* (1982).

Seio [M. KLEIN]

Vocábulo introduzido na psicanálise por M. KLEIN para designar o fato de o seio ser a parte da mãe com a qual o bebê tem o primeiro contacto. No início, em razão de sua imaturidade neurobiológica, o bebê somente tem percepções parciais da mãe e dos demais objetos do seu mundo exterior. Por esse motivo, KLEIN descreveu o objeto parcial primordial do qual o bebê depende vitalmente, como sendo *o seio*, termo esse que também delimita a mãe como objeto materno específico, contrastando-o com outros objetos parciais, como o pênis paterno e com bebês rivais.

Na condição de objeto parcial, o seio nutridor da mãe é concebido como *bom* quando gratifica suas necessidades, enquanto as experiências sentidas como más levam-no à concepção de *seio mau*. Convém esclarecer que na doutrina kleiniana o seio parcial não significa necessariamente um seio concreto fisicamente presente e separado do resto da mãe.

Seio bom pensante [BION]

Com alguma freqüência, BION utiliza essa expressão para designar o importante fato de que, no desenvolvimento da capacidade de pensar, a criança (ou o paciente) introjetou a figura da mãe (ou do psicanalista), possuidora de uma boa capacidade para pensar os pensamentos.

Seio-latrina [MELTZER]

Partindo do modelo de BION referente à inter-relação continente-conteúdo, MELTZER destacou o fato de que o analista é utilizado pelo paciente para nele depositar, por meio de identificações projetivas, as angústias e emoções intoleráveis. Cunhou, então, a expressão *seio-latrina*, como metáfora de um processo evacuatório que durante esse período rege o destino das fantasias inconscientes.

Comentário. Esse modelo de MELTZER impõe a necessidade de estabelecer a importante diferença que deve haver entre *continente* (da mãe, ou do analista) e *recipiente*. O primeiro é um processo ativo, de acolhimento, recepção, transformação e uma sadia devolução desintoxicada, significada e nomeada. Por sua vez, a noção de *recipiente* alude mais especificamente à possibilidade de o paciente usar o analista apenas como depositário passivo de seus dejetos mentais. O uso da palavra *latrina* implica o risco de sugerir este último aspecto, inclusive na situação analítica, embora MELTZER tenha enfatizado a necessidade de a mãe funcionar transitoriamente como "latrina", sem mostrar repugnância pelo manejo das fraldas sujas, etc).

Self [HARTMANN]

Até algum tempo, as palavras *ego* e *self* eram utilizadas de forma indistinta. Se bem que ainda exista alguma superposição e indiscriminação conceitual entre ambas, agravadas por eventuais falhas de tradução dos textos originais, foi a partir de HARTMANN (1947) que se tornou possível estabelecer uma distinção.

Com esse renomado psicanalista criador da *Escola da Psicologia do Ego*, o vocábulo *ego* passa a designar uma das instâncias psíquicas, sendo portanto apenas uma importante subestrutura da personalidade, tal como foi descrita por FREUD. O termo *self*, de sua parte, foi conceituado como "a imagem de si-mesmo", sendo composto de estruturas, entre as quais consta não somente o *ego*, mas também o *id*, o *superego* e, inclusive, a imagem do corpo, ou seja, a personalidade total.

Com outras palavras, pode-se dizer que HARTMANN postulou uma diferenciação entre *ego-função* (um conjunto de funções, tanto as conscientes como as provindas do inconsciente) e *ego-representação*, que alude à imagem de *si mesmo*, ou seja, do *self*. Ambos os aspectos são indissociados e criam um paradoxo intelectual: embora seja mais abrangente e amplo do que o ego, é o self que está representado (como que contido e fotografado) dentro do primeiro.

Na obra de HARTMANN, a ênfase predominante recai no *ego-função*, enquanto na de LACAN a prioridade cabe ao *ego-representação*.

Self (falso e verdadeiro) [WINNICOTT]

Apesar de WINNICOT afirmar que existe uma diferença entre *ego* e *self*, essa distinção não fica clara ao longo de sua obra e seguidamente os termos aparecem superpostos. No entanto, ele sempre valorizou a formação de um *self total* – o qual implica uma diferenciação entre *eu* e o *não-eu* numa crescente integração, até permitir uma imagem unificada de si mesmo e do mundo exterior.

Isso acontece a partir de um "ambiente suficientemente bom" que possibilite o desenvolvimento das potencialidades de um *self* rudimentar que já existe desde o nascimento, embora de forma extremamente frágil.

Nos casos em que falha a função materna de integrar as sensações corporais do bebê, os estímulos ambientais e o despertar de suas capacidades motoras, a criança sente sua continuidade existencial (*ser*) ameaçada e procura substituir a proteção que lhe falta por outra, "fabricada" por ela. Esse fenômeno WINNICOTT expressa com as seguintes palavras, ao comparar a formação do *self* com uma casca de árvore, às custas da qual cresce e se desenvolve o *self* do sujeito: "Então, o indivíduo se desenvolve mais como uma extensão da casca do que do núcleo (...) O *self* verdadeiro permanece escondido, e o que temos que enfrentar clinicamente é o self falso, cuja missão se estriba em ocultar o *self* verdadeiro".

Foi no célebre trabalho "A deformação do ego, em termos de um *self* verdadeiro ou falso" (1960) que WINNICOTT deu uma conceituação mais completa e definitiva do *verdadeiro* e do *faso self*. Nessa obra, ele considera que o verdadeiro *self* seria o que resulta de a mãe ter aceitado os *gestos espontâneos* da criança. Reciprocamente, nos casos em que a mãe que não tenha capacidade para entender e satisfazer as necessidades do filho, coloca seu próprio gesto, assim submetendo a criança a ela, o que começa a gerar um falso *self*.

A princípio, WINNICOTT considerou o falso *self* como uma formação presente apenas nos pacientes graves, provocada por uma falta de cuidados maternos. Tempos depois, porém, ele propôs uma gradação de matizes, na qual o falso *self* estaria sempre presente, em qualquer pessoa, embora com diferentes níveis de implicação patológica. Nos casos mais próximos da saúde, o *self* falso agiria como uma forma de defender e *proteger* o verdadeiro que se mantém oculto, enquanto nos caso mais graves, o falso *self* *substitui* o verdadeiro. Desse modo, a visão que o sujeito tem de si e a que as pessoas que o rodeiam têm dele na verdade é da *casca* espessa que ele criou.

WINNICOTT assevera que o falso *self*, especialmente quando se encontra no extremo mais patológico da escala, é acompanhado geralmente por uma sensação subjetiva de vazio, de futilidade e de irrealidade. Como se constitui às expensas do núcleo autêntico do *self*, obriga este a renunciar a suas pulsões (que constituem sua essência) em favor de uma adaptação "bem-sucedida". Talvez o grau mais extremado de um falso *self* seja o da figura do *impostor* que impõe aos outros uma personalidade totalmente falsa, como é o caso bastante comum de alguém sem formação fazer-se passar como médico.

Comentário. Partindo do ponto de vista de que o falso self resulta de um continuado esforço da criança para assegurar o amor dos pais, nem que seja às custas de renunciar à espontaneidade e sujeitar-se às expectativas daqueles, dois aspectos devem ser destacados:

1. Os portadores de um falso *self* não devem necessariamente ser considerados como pessoas falsas. É freqüentemente possível que os êxitos conseguidos pelo sujeito sejam devidos a suas reais capacidades, embora persista nele uma sensação de falsidade devido à dificuldade que se estabeleceu nele de distinguir o que é falso daquilo que é verdadeiro.

2. O falso *self* nem sempre é construído como forma de aparentar aspectos considerados como positivos: muitas vezes, no afã de ser reconhecido pelo grupo social – extensão do seu grupo familiar internalizado como estando em oposição ao seu sucesso – o sujeito pode funcionar com um *falso self negativo*, aparentando mazelas e desvalia encobridoras de reais valores positivos.

Self grandioso [KOHUT]

KOHUT concebeu um arco de tensão na criança. Um dos pólos, constituído pelas ambições, ele denominou *self grandioso*; o outro pólo, onde residem os ideais, está a *imago parental idealizada*; no meio dos dois, estão as capacidades e talentos do ego.

O *self grandioso*, como fase evolutiva, refere-se à imagem onipotente e perfeita que a criança tem de si mesma, o que, durante certo tempo, é necessário como um importante fator estruturante do *self*. Nos casos de evolução normal, contando com a solidariedade temporária dos pais, o *self* grandioso gradativamente vai se transformando em auto-estima, autoconfiança e ambições próprias. Nos casos em que houver a persistência do *self grandioso*, o sujeito vai apresentar algum grau de transtorno narcisista da personalidade.

Selfobjeto [KOHUT]

KOHUT não aceitou a primazia do conflito edípico na determinação das neuroses, de modo que dirigiu todas suas concepções psicanalíticas referentes à evolução das crianças para o fato de que são as primitivas falhas empáticas da mãe com o seu bebê as causadoras dos vazios existenciais, responsáveis pelos futuros quadros da psicopatologia clínica.

Assim, privilegiando o foco ambientalista mais do que o foco pulsional, KOHUT (1971) utilizou a expressão original *self-objects* (traduzida tanto por *selfobjetos* quanto por *objetos do self*) para designar as pessoas do meio ambiente – a mãe, principalmente – responsáveis pela estruturação do self da criança. A propósito, a grafia inicial desse termo era com um hífen separador, ou seja, *self-objeto*. Porém, em 1978, o próprio KOHUT afirma que "pronunciando a palavra sem um hífen sentimos que exprimimos o aspecto sólido deste conceito, que encontrará um lugar duradouro no pensamento psicanalítico".

Nas traduções dos textos de KOHUT para o idioma português, o termo self aparece freqüentemente como "si mesmo".

Self, Escola da Psicologia do

No começo de sua atividade, KOHUT – criador dessa escola – foi muito influenciado pela teoria de HARTMANN, porém, aos poucos, afastou-se dos postulados dessa escola, inclusive de muitos princípios básicos de FREUD, e construiu o seu próprio corpo teórico-técnico, com uma ênfase quase que exclusiva no que veio a denominar de *psicologia do self*. De forma sintética, os seguintes aspectos devem ser mencionados:

• Ele situa como principal instrumento da psicanálise não a livre associação de idéias do analisando, mas, sim, a introspecção e a recíproca empatia.

• da mesma forma, KOHUT retira o lugar hegemônico do complexo de Édipo de FREUD e coloca no seu lugar as falhas dos selfobjetos primitivos (em outras palavras, ele substitui o *homem culpado* de FREUD e de M.KLEIN pelo que ele considera ser o *homem trágico*).

• A maior conseqüência das precoces falhas empáticas é uma forma de prejuízo na formação da estruturação do *self*, e, portanto, do sentimento de identidade.

• Assim, os dois conceitos medulares da obra de KOHUT são seus estudos sobre o self e sobre o narcisismo, tanto o normal quanto o patológico.

• Em relação ao narcisismo, antes de se pensar em um desenvolvimento patológico, sua concepção é a de considerar que o narcisismo, durante o desenvolvimento do ser humano, segue uma *evolução paralela e independente da libidinal*. Dessa forma, esse narcisismo adquire uma função estruturante e pode vir posteriormente a sofrer transformações úteis, como empatia, sabedoria, criatividade, humor e aceitação da finitude.

• Em relação ao *self*, KOHUT postulou duas novas estruturas, ambas de formação primitiva: o *self grandioso* e a *imago parental idealizada* (ver esses verbetes).

• Na prática analítica, é de grande utilidade seu conceito de transferências narcisistas, nas quais, em algum grau, o analista é sentido pelo paciente como fazendo parte

do sujeito, como uma extensão dele. KOHUT descreveu três tipos de transferência narcisista: a fusional ou idealizadora, a gemelar ou de alter ego e a especular propriamente dita.
• KOHUT e seguidores enfatizam o fato de que, na situação analítica, embora os pacientes portadores de transtornos narcisistas sejam extremamente vulneráveis às frustrações e entrem com facilidade num estado de fúria narcisista, as frustrações impostas pelo analista são inevitáveis e necessárias. Porém, é necessário encontrar uma frustração ótima.
• Outro enfoque enaltecido pela Escola da Psicologia do Self é a importância, na prática analítica, que se processe no analisando, através de uma boa introjeção do seu analista, aquilo que seus seguidores denominam internalização transmutadora.
As maiores críticas que costumam ser feitas contra as postulações dessa escola residem no fato de KOHUT não ter restringido sua teoria e técnica à compreensão e manejo dos transtornos narcisistas, mas tentou explicar toda a psicanálise sob sua ótica, o que representa uma evidente mutilação conceitual.

Self psicofisiológico primário
[EDITH JACOBSON]

Fundamentada nos princípios de FREUD, de narcisismo primário e de narcisismo secundário, E. JACOBSON, importante representante da norte-americana Psicologia do Ego. Em seu livro *El Self y el Mundo Objetal* (1969) e no decurso de seus estudos sobre *depressões psicóticas*, desenvolveu conceitos que "se referem parcialmente somente à presença simultânea de forças libidinais e agressivas na indiferenciada matriz "psicossomática" que chamarei de *self psicofisiológico primário*".
Nesse mesmo livro (p.25), ela afirma que "Com efeito, durante os primeiros estágios infantis, a expressão predominante da vida emocional e das fantasias da criança é ainda psicofisiológica, a assim chamada *linguagem organoafetiva*, que abarca, não obstante, não só os processos silenciosos, senão também fenômenos vasomotores e secretórios visíveis no terreno das funções bucal e excretória. Eu gostaria de ressaltar que essa linguagem organoafetiva está presente, em certa proporção, também na vida emocional dos adultos normais em estado de ansiedade e em outras manifestações de *ressomatização de afetos*".
A partir dessas concepções, JACOBSON dedicou-se aos estudos de pacientes com depressões graves, psicóticos, *borderline* e os portadores de transtornos narcisísticos em geral.

Segurança [BION]

BION descreve dois tipos de estado da mente do analista durante a sessão psicanalítica: o de paciência que tanto o paciente como o terapeuta devem ter, no processo, às vezes muito demorado, da passagem da posição esquizoparanóide para a posição depressiva), e o de segurança. Esse último termo caracteriza mais precisamente o estado mental do psicanalista depois da descoberta do fato selecionado (em meio ao aparente caos das comunicações do paciente).
Esse estado mental, que equivale à passagem para a posição depressiva, passa a ser o de uma menor ansiedade, livre dos perigos da incerteza e prepara o analista para o ato da interpretação.

Sem memória e sem desejo [BION]

Essa terminologia é, seguramente, das mais polêmicas e controvertidas de todas as de BION. O que realmente ele pretendeu caracterizar é que o psicanalista deve evitar ao máximo que sua mente esteja saturada pela memória de situações anteriores, pelos seus

desejos pessoais e por uma ânsia compulsória de compreender de imediato, e em sua totalidade, aquilo que está se passando durante a sessão.
Esse conceito equivale ao da regra da atenção flutuante, de Freud.

Seminário clínico

Termo cada vez mais usado no lugar do que todos psicanalistas conhecem como *supervisão coletiva*. Na verdade, a última expressão alude mais diretamente a uma supervisão nos moldes em que é realizada em caráter individual. Isso implicaria alguma interferência dos aspectos contratransferenciais (coletivo, nessa situação) além do livre curso das impressões que o caso clínico em foco desperta de forma diferente nos diversos participantes. Em situações exageradas, o processo pode descambar para um exercício intelectualizado de múltiplos enfoques de entendimento e de interpretação, o que poderia induzir o supervisor a, realmente, funcionar como tendo uma *super-visão*.
O termo *seminário*, de acordo com sua etimologia, provém do latim *semen*, ou seja alude à capacidade de se colocar *sementes* na mentalidade do outro, com possibilidades de germinarem e frutificarem. Seminário clínico, portanto, designa a abertura de portas para correlacionar a narrativa clínica com o manejo técnico e com as concepções teóricas que o embasam e, sobretudo, *inseminar*, instigar a novas reflexões e vértices de observação.
Comentário. Creio que o verdadeiro espírito de um seminário clínico está sintetizado nessa **frase** de BION: "Não importa muito se o analista participante de um painel foi brilhante ou não, se concordaram ou não com os seus pensamentos; o que importa é se ele conseguiu produzir *novos brotos de pensamento*" (que podem germinar e se transformar em árvores, ou até mesmo em bosques). Segundo BION, essas idéias podem ser suprimidas antes de terem tido oportunidade de se desenvolver.

Seminários clínicos e quatro artigos [BION]

O título original deste livro, publicado em 1987 pela editora Fleetqwood, de Oxford, é *Clinical Seminars and Four Papers*. Nele, além da transcrição de 24 supervisões coletivas (que BION preferia chamar de *seminários clínicos*) realizadas em Brasília (1957) e de 28 em São Paulo (1978), também constam quatro importantes artigos: "Turbulência emocional", "Sobre uma citação de Freud", "Evidência" e "Tirando proveito de um mau negócio". Cada um desses artigos aparece neste Vocabulário em verbete específico.

Senso (sentido) comum [BION]

Enquanto FREUD restringiu o universo da compreensão do discurso do paciente às inter-relações do consciente com o inconsciente, BION alargou esse universo para as inter-relações do *infinito* com o *finito*.
Portanto, sem perder de vista a necessidade de o analista não ficar restringido ao que é percebido pelos órgãos sensoriais, ao mesmo tempo em que há necessidade de estabelecer conexões com o finito e sensorial, BION postulava que os enunciados analíticos só se tornam válidos quando forem confirmados por *diversos sentidos de uma mesma pessoa*, ou por *um (ou mais) sentido(s) de pessoas diferentes*, para chegar a um sentimento de verdade.
Ademais, no seu livro póstumo *Cogitações* (1992, p.42), BION afirma que "o senso comum é uma função da relação do paciente com o seu grupo; e, em sua relação com o grupo, o bem-estar do indivíduo é secundário à sobrevivência do grupo. A teoria de Darwin da sobrevivência dos mais aptos necessita ser substituída por uma teoria da so-

brevivência dos mais aptos a *sobreviver no grupo* até onde a sobrevivência do indivíduo possa interessar. Isto é, ele precisa ser dotado de um alto grau de *senso comum*: a habilidade de ver que o que todos outros vêem quando submetidos ao mesmo estímulo.

Sentimento de culpa

Ver o verbete *Culpa*.

Sentimento de identidade

Ver o verbete *Identidade*.

Sentimento de inferioridade

Ver o verbete *Inferioridade (complexo de)*.

Separação [M. MAHLER]

M. MAHLER, juntamente com colaboradores, trouxe importantes concepções relativas às etapas do desenvolvimento infantil. Começam com um *autismo normal*, seguem por uma fase de *simbiose*, à qual sucede uma de *diferenciação*, resultante de duas subetapas: a de *separação* e a de *individuação*. Essas fases são seguidas de um período de *treinamento* até atingir um estado psíquico de constância objetal nos casos bem-sucedidos. Por volta dos cinco meses de idade, a criança começa a perceber, não só o mundo que a rodeia, mas seus próprios limites corporais. O elemento organizador desse processo é a *pressão maturacional,* que é inata, orgânica, e que possui grande força como fator possibilitador da necessária separação gradativa da mãe, com a individuação, que coincide com o início da marcha.

Separação, angústia de

Tipo de angústia mais referida nos relatos de situações clínicas. Do ponto de vista teórico, está ligada a muitos fatores e descrita a partir de diferentes abordagens. Praticamente todos convergem para o elemento comum que consiste no medo de o sujeito perder o controle da pessoa necessitada, reeditando o seu antigo temor de vir a perder o amor da mãe, acompanhado do pânico de cair num estado de *desamparo* (ver esse verbete).

Na situação da clínica psicanalítica, sobretudo nos casos em que não estiver suficientemente desenvolvido o *núcleo básico de confiança* – ou a *capacidade para ficar só,* se utilizarmos a terminologia de WINNICOTT. A perda do olhar materno reproduz-se quando o paciente projeta maciçamente no analista essa mãe sem um "olhar reconhecedor", ou quando o analista mal olha para o paciente, ou "olha, mas não o vê". Nesses casos, as manifestações clínicas mais comuns aparecem como fobia ao divã, um freqüente e recorrente sentimento de solidão, uma absoluta intolerância aos silêncios do analista, o medo de separação e abandono.

Comentário. Na prática analítica, a angústia de separação do paciente em relação ao analista é freqüente, especialmente em pacientes muito regredidos, sendo importantíssima sua análise. No entanto, creio haver certo abuso nas interpretações que, de forma sistemática e reducionista, batem demais nessa tecla, à vezes de forma forçada e até contraproducente. Há casos em que qualquer sinal de angústia do paciente é automaticamente considerada decorrente da separação que vai haver ou houve no fim de semana ou da aproximação das férias. Assim, há o risco de o terapeuta confundir a separação física real com o fato de que a angústia se deve à significação (pode ser de abandono, descaso, troca por outros interesses e pessoas, doença e morte) que o analisando confere a determinadas separações. Além disso, se houver insistência na interpretação de que o paciente não pode viver longe do analista, poderá ocorrer um reforço da infantilização e da dependência do paciente e um acréscimo de idealização do analista. É muito comum que um paciente suporte tranqüilamente uma longa separação de um mês de férias (porque está sob seu controle, já que havia uma combinação prévia) e desmorone se ocorrer uma separação curtíssima, porém imprevista.

Ser, a continuidade de [WINNICOTT]

WINNICOTT seguidamente afirmava que o bebê que é sadio estabelece um sentimento de self e de *continuidade de ser*, o que pode se dar unicamente em um ambiente apropriado: aquele em que a mãe, que ingressou no estado de preocupação (ou devoção) primária, é capaz de prover, durante o período de algumas semanas após o nascimento do bebê, quando ele e a mãe ainda constituem uma entidade única.

A aquisição do *ser* tem origem na experiência de um ambiente de *holding* propiciado por uma mãe *suficientemente boa* e está relacionado com a passagem de um estado de não-integração para o de integração e com o desenvolvimento das capacidades de *viver criativamente*, de *brincar* e de ter um *self verdadeiro*.

Série complementar [FREUD]

Ver o verbete *Equação etiológica*.

Setting

Comumente traduzido como enquadre, o *setting* pode ser conceituado como a soma de todos os procedimentos que organizam, normatizam e possibilitam o processo psicanalítico. Assim, ele resulta de uma conjunção de regras, atitudes e combinações, tanto as contidas no contrato analítico, como também as que vão se definindo durante a evolução da análise, como os dias e horários das sessões, os honorários com a respectiva modalidade de pagamento, o plano de férias...

O setting analítico costuma sofrer uma carga de pressão por parte de certos pacientes no sentido de se fazer sucessivas modificações. Na prática analítica, a instituição do setting, e a preservação ao máximo daquilo que foi combinado, com as correspondentes frustrações, visa as seguintes funções:
1. Estabelecer o aporte da *realidade exterior*, com as suas inevitáveis frustrações e privações.
2. Ajudar a definir a predominância do princípio da realidade sobre o do prazer.
3. Prover a delimitação entre o *eu* e os *outros* por meio da função de desfazer a especularidade e a gemelaridade típica dos pacientes que desenvolvem algum tipo de transferência narcisista.
4. Auxiliar, a partir daí, no caso de pacientes bastante regredidos, a obtenção das capacidades de diferenciação, separação e individuação.
5. Definir as noções dos limites, das limitações e desfazer as fantasias de uma ilusória simetria funcional que o paciente imagina ter com o analista.

Comentário. Pode-se dizer que o setting, por si mesmo, funciona como um importante fator terapêutico psicanalítico, pela *criação de um espaço* que possibilita ao analisando trazer seus aspectos infantis no vínculo transferencial e, ao mesmo tempo, poder usar a sua parte adulta para ajudar o crescimento daquelas partes infantis.

Igualmente o enquadre também age pelo modelo de um provável novo funcionamento parental que consiste na criação, por parte do terapeuta, de uma atmosfera de trabalho ao mesmo tempo de muita firmeza (diferente de rigidez) no indispensável cumprimento e preservação das combinações feitas, juntamente com uma atitude de acolhimento, respeito e empatia. É importante ressaltar a *capacidade de "sobrevivência"* que deve ter o analista em face dos mais diferentes tipos de ataques do analisando. Assim, é perfeitamente aceitável que, diante de certas circunstâncias, o analista aceite a inclusão de certos parâmetros (ver esse verbete) desde que tenha a segurança de que a análise pode retornar à situação do setting anterior, se assim for necessário.

Sexuação, fórmulas da [LACAN]

Entendendo que houve muita indefinição e limitação por parte de FREUD relativamente à *sexualidade*, LACAN considerou necessário criar outros nomes e conceitos que alargassem o espectro dos fenômenos ligados à sexualidade. Assim, introduziu o conceito de *sexuação* para designar que, além da sexualidade biológica, esse termo procura enfocar a forma como são reconhecidos e diferenciados os dois sexos pelo inconsciente, especialmente no que diz respeito ao complexo de castração, à sexualidade da mulher, à diferença entre os sexos, e a importância da noção de falo.

Na perspectiva lacaniana, tentando superar o falicismo freudiano, o símbolo fálico não representa o pênis; antes, seria o pênis que, por suas propriedades de intumescer e enrijecer é que poderia representar a forma pela qual é ordenado o desejo a partir da castração. Como uma tentativa de dar um entendimento lógico a suas idéias, LACAN enunciou o que denominou *fórmulas da sexuação*. São quatro proposições lógicas, que vão transcritas a seguir, que serviriam para mostrar o equívoco da posição freudiana da libido masculina única:
1. Todos os homens têm falo.
2. Nenhuma mulher tem falo.
3. Todos os homens, menos um, estão submetidos à castração.
4. Não existe ninguém que constitua uma exceção à função fálica.

A exceção *menos um* da terceira fórmula é uma alusão ao *pai da horda primitiva*.
A quarta fórmula leva a concluir que todas as mulheres têm um acesso ilimitado à função fálica, ficando estabelecida uma assimetria entre os dois sexos.

A partir das duas últimas fórmulas, LACAN definiu as formas masculina e feminina do seu conceito de gozo.

Sexual, gênero [ROBERT STOLLER]

Atualmente, graças principalmente aos trabalhos de R. STOLLER (1968), psicanalista americano (1924-1991), atribui-se uma expressiva importância não somente ao *sexo biológico* com que a criança nasce, mas também à formação do seu *gênero sexual*, o qual vai depender fundamentalmente dos desejos inconscientes que os pais alimentam quanto a suas expectativas e demandas em relação à conduta e ao comportamento do filho ou da filha.

Essa indução, por parte dos pais, na determinação do *gênero sexual* das crianças costuma ser feita a partir de uma combinação de fatores influenciadores, como pode ser o uso de roupas que provocam confusões e indefinições, o tipo de brinquedos e brincadeiras que eles incentivaram, a idealização ou denegrimento de certos atributos masculinos ou femininos, etc.

Assim, costuma ser comum a formação de um conluio inconsciente, na base de um faz-de-conta que ninguém está vendo nada, de sorte a negar uma evidente cumplicidade entre duas ou mais pessoas de uma mesma família. Muitas vezes os pais não só determinam decisivamente o gênero sexual dos filhos, como também pode acontecer que atuem uma possível homossexualidade latente por meio de seu filho ou filha.

Comentário. A estruturação de um gênero sexual diferente do sexo biológico está longe de necessariamente significar uma homossexualidade atuante, porém pode ser um fator propiciador. Assim, creio que se pode dizer que, em alguns casos, um casal com sexos biológicos diferentes, mas com um certo arranjo dos respectivos gêneros sexuais, pode estar configurando uma relação de natureza homossexual.

Sexualidade feminina, A [Freud, 1931]

A *sexualidade feminina* consiste numa reafirmação das constatações anunciadas por Freud pela primeira vez seis anos antes, em seu trabalho "Algumas conseqüências psíquicas da distinção anatômica entre os sexos", com a diferença de que, no presente trabalho, ele dá maior ênfase à intensidade e à longa duração do apego pré-edipiano da menina à mãe.

Esse ensaio está dividido em quatro partes: a parte I é intitulada "O complexo de Édipo feminino difere do masculino"; a parte II estuda "Os motivos pré-edipianos da menina para afastar-se da mãe"; a parte III tem o título "As metas sexuais pré-edipianas da menina dirigidas à mãe"; e na parte IV, Freud faz uma "Crítica da literatura analítica sobre a sexualidade feminina".

A *sexualidade feminina* está no volume XXI, p.259, da edição brasileira da Standard Edition.

Sexualidade infantil [Freud]

Introduzida por Freud, a expressão *sexualidade infantil* desde o início gerou grandes polêmicas e uma confusão conceitual, tanto dentro como fora da comunidade psicanalítica internacional. O próprio Freud foi ambíguo quanto ao significado do termo *sexual*, inicialmente definindo-o como uma pulsão – portanto inato – que visava à preservação da espécie, diferentemente da pulsão de autoconservação, tendo posteriormente unificado as duas sob o nome de pulsões de vida. Assim, Freud dava certa superposição conceitual entre sexualidade e genitalidade.

Ao longo da evolução de sua obra, Freud foi utilizando o termo *libido* (em latim designa desejo) para referir que, em termos genéricos, ele alude a "todas as pulsões responsáveis por tudo o que compreendemos sob o nome de amor".

Assim, na atualidade, prevalece o entendimento de que sexualidade não designa apenas as atividades e o prazer que dependem do funcionamento do aparelho genital, mas também toda uma série de excitações e de atividades presentes desde a remota infância que proporcionam uma satisfação de alguma necessidade fisiológica fundamental. Pode ser o ato da alimentação, da excreção, etc., de modo que o sexual não fica reduzido ao genital, da mesma forma que o psiquismo não é redutível unicamente ao consciente.

Ainda segundo Freud, a pulsão sexual estaria fragmentada em *pulsões parciais*, de satisfação localizada em certas *zonas erógenas* e que só progressivamente é que tenderão a unificar-se em uma mesma organização libidinal, sob o primado da genitalidade. Freud também ligou a sexualidade infantil pré-genital com uma dimensão *perversa*, tanto no que se refere à fase evolutiva normal *perverso-polimorfa*, quanto no caso em que as pulsões parciais não se integrassem em um genitalidade adulta, mas, sim, persistissem como pontos de *fixação* e de *regressão*. As pulsões estariam propiciando, dessa maneira, a formação de quadros clínicos de *perversões*, como escopofilia, exibicionismo, certas formas de sadomasoquismo, etc.

É interessante assinalar que, segundo A. Green (1990), a palavra sexo deriva do latim *sexion* que significa cisão, corte. Isso está de acordo com o *mito* que aparece no *Banquete* de Platão, no qual um personagem afirma que no início existiam três gêneros humanos: um masculino, um feminino e um outro composto por ambos os sexos. Segundo o mito, Zeus ordenou que a figura que juntava os dois sexos fosse *seccionada* ao meio, de sorte que as duas metades separadas passaram a ansiar ardorosamente uma pela outra, tal como acontece numa relação sexual.

Significante-significado [Lacan]

O termo *significante* foi introduzido pelo lingüista Ferdinand de Saussure (1857-1913) que, em seu *Curso de Lingüística Geral* divide o signo lingüístico em duas partes: denomina de *significante* a imagem acústica de um conceito e chama de *significado* o conceito em si.

Inspirado nisso, LACAN construiu a noção de *estruturalismo da linguagem*, expressão que se refere às relações estabelecidas entre a estrutura lingüística e a social, vistas como sistemas em comunicação recíproca, e deu uma extraordinária importância ao aspecto da linguagem como uma estrutura, a ponto de declarar que "o ser humano está inserido em um universo de linguagem".

Assim, para LACAN, a linguagem determina o sentido e gera as estruturas da mente, de forma que, afirma ele, o inconsciente não é uma coisa, nem um lugar e, "ao mesmo tempo em que a linguagem é estruturante do inconsciente, este também é estruturado como uma linguagem". Dessa maneira, de forma igual à estrutura gramatical do sonho, também a linguagem, primordialmente, não está constituída por palavras, mas, sim, por imagens, como se fossem hieróglifos a serem decifrados.

O exemplo clássico que costuma ser utilizado é o da palavra *árvore*, a qual não remete, do ponto de vista lingüístico, à árvore real, mas à *idéia* de árvore (o significado) e a um som (o significante), que é pronunciado por intermédio de seis fonemas elementares: a.r.v.o.r.e. O signo lingüístico, portanto, une um conceito a uma imagem acústica e não uma coisa a um nome.

O importante na estrutura lingüística é o *lugar* que cada signo ocupa nela, bem como a relação de cada um dos signos com os demais. Assim, o que sobremodo importa para LACAN, fundamentado em FREUD, é que o psiquismo inconsciente funciona como uma *cadeia de significantes,* de tal sorte que, por meio de *deslizamentos* (através dos mecanismos de deslocamento, condensação e simbolização, de forma análoga ao que ocorre com os sonhos), um significante é remetido a outro, de modo a permitir comparar esse processo com o de decifração de uma carta enigmática ou o de uma consulta de um termo num dicionário, que vai remeter a outro termo, que remete a um terceiro, e assim por diante, até ser *conceitualizado* com algum significado A ilustração que LACAN emprega, em 1955, é extraída do conto "A carta roubada", de Edgar Allan Poe.

Um exemplo clínico do que acima está referido: em FREUD, o "Homem dos ratos" foi tomado por um impulso de querer emagrecer, mas não conseguia executar esse intento, porquanto o impulso se manteria incompreensível enquanto não fosse revelado que a palavra *gordo*, no idioma alemão que falava, é *dick*, sendo também Dick o nome de um rival de quem gostaria de se desfazer. Pelo mecanismo de *deslizamento* de um significante para outro, emagrecer teria o significado de matar o rival Dick.

Comentário. Por meio desse viés, para exemplificar numa outra dimensão, podemos entender a articulação do narcisismo com o complexo de castração edípica, porquanto a ameaça de castração e tudo que a simboliza, como doença, cirurgia, separação, etc., remete o sujeito, por *deslizamento*, a uma primitiva sensação de desamparo e coloca em perigo sua auto-estima, seu sentimento de identidade e, portanto, a sobrevivência de seu próprio ego. Por exemplo, uma situação cirúrgica qualquer pode remeter, através da cadeia de significantes, a uma significação de mutilação, que, por sua vez, remete a uma castração, própria do período edípico, o qual pode remeter a prévias fantasias com primitivos significantes de perdas e abandonos, etc.

Em suma, é tamanha a importância que LACAN atribui à linguagem, com as significações provindas do discurso dos pais e dos valores culturais, que ele chega a afirmar a sua famosa **frase** de que "o inconsciente é o discurso dos outros".

Silêncio (na situação analítica)

Situação bastante freqüente no processo analítico, refere tanto o *paciente exageradamente silencioso* quanto estilo do analista, também excessivamente silencioso no curso das sessões. Inicialmente é útil estabelecer uma diferença entre *silêncio e mutismo*. O primeiro pode acontecer sob distintas modalidades, graus e circunstâncias, enquanto *mutismo* alude a uma forma mais prolongada e a uma determinação mais definida de o paciente de manter-se silencioso na análise, às vezes de forma absoluta ou com esporádicos e lacônicos comunicados verbais.

A partir da experiência clínica, em relação às causas mais comuns que determinam os silêncios do analisando na situação analítica, as seguintes se evidenciam com mais freqüência:

1. *Simbiótica,* que ocorre no caso de pacientes que se julgam no pleno direito de esperar que o analista adivinhe magicamente suas *demandas* não satisfeitas.
2. *Bloqueio* da capacidade de pensar.
3. *Inibição fóbica* (medo de decepcionar).
4. *Protesto*, que geralmente acontece quando os anseios narcisistas do analisando não estão sendo gratificados.
5. *Controle*, que é uma das formas de testar o continente do analista, ou de manter as rédeas da situação.
6. *Desafio narcisista*, quando o paciente fantasia que, permanecendo silencioso, ele triunfa e derrota o seu analista, e inverte os papéis.
7. *Negativismo*, que pode estar expressando um revide ou uma identificação com os objetos frustradores que não lhe respondiam, ou pode estar representando aquele necessário e estruturante uso do *não*, tal como foi descrito por Spitz.
8. *Comunicação primitiva,* despertando efeitos *contratransferenciais*. Cabe ao analista descodificar, uma vez que um *nada* pode dizer muito acerca de um *tudo* não manifestado.
9. *Regressivo*, que ocorre quando o paciente chega a adormecer no divã, como se estivesse vivenciando a experiência de dormir sendo velado pela mamãe...
10. *Elaborativo*, situação em que o silêncio se constitui como um espaço e um tempo necessários para o paciente fazer reflexões e a integração dos *insights* parciais para um *insight* total.

Em relação ao silêncio continuado do analista, tanto pode decorrer de suas idiossincrasias, como também do cumprimento de uma orientação da corrente psicanalítica da qual é seguidor. Em certa época, vingava a recomendação de T.Reick (1945), que aparece no seu livro *La significación psicológica del silencio*, no sentido de o psicanalista manter-se nas sessões o máximo possível silencioso, com a finalidade de despertar um contínuo estado de ansiedade no paciente e, dessa forma, impeli-lo a procurar quebrar o mutismo do analista e a verbalizar de forma mais sentida e verdadeira suas experiências emocionais presentes e passadas. Dificilmente, nos dias atuais, algum analista siga essa recomendação ao pé da letra.

Num outro extremo, pode acontecer que o analista seja por demais loquaz, a ponto de nunca se formar algum silêncio no campo analítico, o que representa desvantagens. É importante a metáfora de Bion de que "a música está formada por elementos de notas-intervalos-notas, sendo que a ausência de som, isto é, a presença do intervalo, pode representar mais vigor e expressividade que a nota musical por si só".

Simbiose [M. Mahler, Bion]

Termo muito freqüente na literatura psicanalítica, na grande maioria das vezes para designar uma fase evolutiva normal ou uma detenção patogênica em um adulto portador de transtorno narcisista, na qual a criança ainda sente-se fundida com a mãe. Assim, por exemplo, na descrição de M.Mahler, *simbiose* designa uma fase evolutiva que antecede à da *diferenciação*, ou seja, a criança (ou, no caso de patologia, um sujeito adulto) ainda não atingiu a capacidade de fazer discriminações entre o *eu* e o *outro* e tampouco adquiriu as capacidades de uma exitosa *separação e individuação*.

Entretanto, o termo *simbiose* na obra de Bion, adquire um significado diferente; mais precisamente refere-se ao vínculo continente-conteúdo, que ele descreveu com três modalidades: a *parasitária*, a *comensal* e a *simbiótica*. Essa última provém do vocábulo *simbiose* que se origina dos étimos gregos *sym* (junto de) + *bios* (vida) e designa, da mesma forma como na biologia, um convívio harmônico e produtivo entre os dois seres que estão em convívio.

Simbólica, equação [H. Segal]

A palavra plena de significado é uma formação simbólica resultante da sinergia de dois fatores: o neurobiológico e o emocional. Nos casos em que este último tenha falhado (no referencial kleiniano, a falha alude ao fato de não ter sido atingida a posição depressiva), as palavras não adquirem a dimensão da conceituação e da abstração. Esse fato, em seu grau máximo, é observado nitidamente em esquizofrênicos que utilizam as palavras e frases não como símbolos, mas como equações simbólicas, tal como é descrito por H. Segal (1954).

Nesses casos, resulta uma confusão entre o símbolo e o que está sendo simbolizado, tal como Segal exemplifica com um paciente dela, psicótico, que, convidado para tocar violino, deu ao convite o significado de que estaria sendo convidado a masturbar-se publicamente.

Simbólico, registro [Lacan]

Lacan introduziu na psicanálise três registros essenciais, sempre entrelaçados: o *real*, o *imaginário* e o simbólico. Esse último designa a ordem dos fenômenos de que trata a psicanálise, na medida em que são estruturados como uma linguagem. Enquanto Freud conceitua o símbolo como o que de fato representa, Lacan considera primordial a "estrutura do sistema simbólico", que forma um modelo lingüístico baseado na cadeia de significantes, que procedem de fora e estão em oposição.

Assim, para designar a instituição da lei paterna, que coloca limites para o filho, Lacan emprega a terminologia de Lei-do-Pai, ou *pai simbólico* ou Nome-do-Pai (ver esses verbetes).Em resumo, para Lacan, o simbólico tem dois registros: um é como organização, uma designação de lugares e funções; o outro é como uma lei, daquilo que deve ser!

Símbolo

O conceito de símbolo é comum a muitas disciplinas – psicologia, lingüística, epistemologia, religião... e, naturalmente a psicanálise – de maneira que é difícil delimitar um conceito puramente psicanalítico.

A palavra *símbolo* (cujo radical grego *sym* significa junto), segundo Laplanche e Pontalis (1967) "era para os gregos um sinal de reconhecimento (entre membros de uma mesma seita, por exemplo), formado pelas duas metades de um objeto partido, que se aproximavam".

Símbolo é, pois, a unidade perdida e refeita, podendo essa junção de duas metades ser entendida, se usarmos um referencial lacaniano, como equivalente ao jubiloso encontro da criança com a totalidade de sua imagem refletida no espelho. No referencial kleiniano, é fundamental a passagem exitosa pela posição depressiva para a aquisição da capacidade de simbolizar.

É importante destacar que, na conceituação de *símbolo*, a reunião das duas partes perdidas não visa a uma exata reconstituição da primitiva perda, como poderia ser a da antiga unidade simbiótica filho-mãe. Pelo contrário, ela supõe uma junção sintética dos elementos que promovam um significado distinto do primitivo. A progressiva aceitação das perdas é matéria-prima para a formação de símbolos, cuja função maior é a de substituir os objetos perdidos ou afastados.

É o progressivo processo da capacidade simbólica que vai possibilitar a formação da linguagem verbal (a palavra é um símbolo, talvez o mais nobre de todos), dos jogos e brinquedos criativos, assim como a formação de sonhos, em uma escalada crescente, até atingir a capacidade do pensamento abstrato.

Sinal de angústia ou **angústia-sinal** [FREUD]

Expressão introduzida por FREUD no trabalho "Inibições, sintomas e angústia" (1926), com o propósito de diferenciá-la do que até então ele descrevia com o nome de angústia automática, a qual surgiria como resultante da pressão de um excesso de recalcamentos que o ego não teria condições de processar. Pelo contrário, a *angústia-sinal* surge como preventiva dos perigos e promove os recalques.

Assim, enquanto a *angústia automática* tem uma concepção essencialmente *econômica*, a *angústia-sinal* – também chamada *segunda teoria da angústia* – alude mais diretamente a uma forma defensiva do ego diante de certas situações que acionam as angustiantes experiências traumáticas primitivas que foram vividas pela criança e que estão inscritas e representadas como perigosas no seu ego adulto.

Comentário. Pode-se dizer que o *sinal de angústia* representa vantagens para o sujeito, porque o deixa mais preparado diante de perigos reais e que, ao mesmo tempo, pode trazer sérias desvantagens quando o ego fica hiperalerta, hiper-reativo, tal como acontece nas reações fóbicas. A metáfora que me ocorre é a do sistema imunológico do organismo humano: é ele quem sadiamente protege contra o perigo de uma invasão de corpos estranhos, porém pode ter uma reação tão exagerada e desproporcional ao agente estressante, a ponto de provocar sérias reações alérgicas ou até um choque anafilático.

Sintoma [FREUD]

Até FREUD, os manifestos sintomas histéricos, conversivos e dissociativos – os mais ruidosos de todos na época – eram considerados como simulação. A partir do enfoque psicanalítico, o sintoma neurótico passou a ser entendido como a expressão de um conflito inconsciente, geralmente a de um desejo proibido sofrendo um recalcamento de uma instância repressora, que só permite a manifestação indireta do desejo, camuflado e disfarçado sob a forma do sintoma, de forma análoga ao que se passa no fenômeno do *sonho*.

Assim, embora o entendimento do sintoma psíquico tenha sofrido progressivo desenvolvimento, sua formação depende essencialmente do que FREUD denominou formação de compromisso entre pulsões e defesas, adquirindo o sintoma uma configuração decorrente da natureza das defesas predominantemente utilizadas pelo ego.

Si mesmo ou **si próprio** [KOHUT]

Tradução em português do termo *self*, tal como conceituado por KOHUT.
Ver o verbete *Self*.

Simetria, princípio da [I.MATTE BLANCO]

Ver o verbete *Matte Blanco*.

Sincrético, pensamento

Forma de pensamento de natureza psicótica, porquanto o sujeito faz uma amálgama e não uma síntese de concepções heterogêneas. Da mesma forma, o sincretismo é próprio de povos primitivos que fazem a fusão de dois ou mais elementos culturais ou religiosos antagônicos num só elemento, continuando porém perceptíveis alguns sinais de suas origens diversas.

Síntese

A capacidade de fazer *sínteses* é considerada como uma das funções mais nobres do ego de uma pessoa. O termo *síntese* não deve ser confundido com *resumo*; pelo contrário, *síntese* alude a uma capacidade de *juntar* aspectos dissociados, às vezes contraditórios, de modo a extrair uma abstração, com novos significados.
Bion concebeu que o psicótico não reúne condições de fazer *sínteses* (isso exige uma entrada exitosa na posição depressiva). No lugar das sínteses, pode *comprimir* os pensamentos, mas não juntá-los, assim como pode *fundir,* mas não articulá-los.

Sistema dedutivo científico [Bion]

No eixo vertical da *Grade* – cuja função consiste em dar uma idéia da evolução genética da capacidade de pensar – o *sistema dedutivo científico* ocupa a fileira G. Bion, em *Cogitações* (1992, p.165), afirma que "Por essa expressão, sistema dedutivo científico, entendo qualquer sistema de hipóteses, no qual certas hipóteses ocupem um nível superior em um sistema particular e sejam usadas como premissas, das quais se deduzem as hipóteses de nível inferior. As hipóteses de nível inferior são de generalização decrescente até a mais inferior, possuidora de um grau de particularização que a torna adequada para verificar por experiência empírica ou, no caso da psicanálise, pela experiência clínica.

Sistêmica, teoria
[Terapeutas de Família].

Base predominante da *terapia de família,* a *teoria sistêmica,* como o nome sugere, concebe a família como um sistema em que seus diversos componentes ficam dispostos numa combinação e hierarquização dos papéis que visa, sobretudo, a manter o equilíbrio do grupo familiar.
Dentro do próprio corpo da terapia de família de orientação sistêmica, existem múltiplas tendências divergentes, mas todas destacam a importância da distribuição de *papéis* entre os familiares, especialmente o do *paciente identificado* (o depositário dos conflitos dos demais). Todas concordam também que o sistema familiar se comporta como um conjunto integrado numa estrutura, ou seja, qualquer modificação em um elemento do sistema necessariamente vai afetar o sistema como um todo.
É comum que haja nas famílias uma *compulsão à repetição,* de geração a geração, de um mesmo código de valores estratificados e que constituem nos chamados *mitos familiares,* muito difíceis de desfazer. Os terapeutas da linha sistêmica também enfatizam o fato de que, no atendimento conjunto de um paciente com a família, deve-se procurar o desmascaramento da farsa de que há um único paciente e uma família vítima e desesperançada.
A tendência atual na terapia de família é a de uma *corrente integradora* entre as concepções psicanalíticas, sistêmicas e da teoria *comunicacional,* assim como a eventual utilização de técnicas psicodramáticas.

Só, capacidade de estar [WINNICOTT]

No artigo intitulado "A capacidade para estar só" (aparece publicado em *O ambiente e os processos de maturação*, 1982), WINNICOTT conceitua essa capacidade como um paradoxo, visto que designa a capacidade para ficar só na presença de alguém.

O autor descreve como exemplo a situação em que, após um coito satisfatório, cada parceiro se sente só, porém satisfeito por estar só, de modo que "ser capaz de apreciar estar só, estando junto com outra pessoa que também esta só, é uma experiência normal". Seguindo esse raciocínio, WINNICOTT afirma que se trata de uma *solidão compartilhada*, ou seja, uma solidão que não é acompanhada de um retraimento e da sensação de abandono e desamparo, porque predomina a certeza que o outro está junto e disponível, tal como acontece numa relação sadia entre a mãe e seu filhinho.

WINNICOTT também menciona M.KLEIN, que postulou que "a capacidade para ficar só depende da existência de um *objeto bom* na realidade psíquica do indivíduo".

Ver o verbete *Capacidades*.

Sobre alucinação [BION, 1958]

Este trabalho, cujo título original é *On Hallunation*, é um dos que compõem o livro *Estudos psicanalíticos revisados* (*Second thoughts*). Nele, partindo da análise de um paciente esquizóide, BION aborda uma série de aspectos importantes, como:

1. A necessária distinção a ser feita entre o fenômeno da dissociação (mais benigna, com objetos totais, presente nas histerias...) e o da clivagem (mais primitiva, com objetos parciais, mais própria das psicoses...). O autor estende-se em considerações acerca das diferenças entre histeria e psicose.
2. O paciente fazia uso evacuatório de seus sentidos e as alucinações eram empregadas a serviço do desejo de curar e, portanto, podem ser consideradas atividades criativas.
3. É particularmente interessante a descrição de como o uso excessivo de identificações projetivas provoca confusão e indiscriminação entre os órgãos sensoriais da visão e o da audição, de sorte que esse uso era feito como se fossem órgãos digestivos, pra satisfazer o apetite.
4. É igualmente interessante constatar como o paciente associava fortes sentimentos persecutórios a qualquer aparelho elétrico, como um gramofone que BION tinha no consultório, O próprio BION era tratado pelo paciente, não como uma pessoa independente, mas com uma alucinação, de tal modo que "cada sílaba proferida por mim era experimentada como uma punhalada".
5. BION também mostra que "para o psicótico, o sonho é a evacuação de um material que foi ingerido durante as horas de vigília".
6. O artigo conclui com a afirmação de que é necessário que o psicanalista saiba que alucinações durante sessões analíticas são mais freqüentes do que se pensa.

Sobre arrogância [BION, 1958]

Trabalho cujo título original é *On arrogance*, consta do livro *Estudos psicanalíticos revisados*. É baseado na experiência clínica de BION com um paciente que evidenciava todas as manifestações descritas de personalidade psicótica, inclusive episódios de confusão e despersonalização, embora não fosse um psicótico propriamente dito. No curso da análise, formou-se uma reação terapêutica negativa, manifestada sob a forma do tripé: atitude de arrogância, de estupidez e de curiosidade intrusiva. BION se estende em considerasções sobre a RTN do paciente, afirmando que quando interpretava a inveja edípica, o quadro não melhorava; pelo contrário, piorava. A situação de impasse somente reverteu quando BION percebeu que o paciente estava se expressan-

do através de uma forma muito primitiva de comunicação e que necessitava de um continente para a projeção de seus aspectos bons e de seus ataques mutiladores.
Também é nesse artigo que BION estuda o mito edípico sob um vértice ampliado e diferente do que conhecemos em FREUD, ou seja, ele destaca a presença do mito na tríade arrogância-estupidez-curiosidade nos personagens que participam da tragédia.

Sobre a psicoterapia [FREUD, 1905]

Esse trabalho, publicado no volume VII da Standard Edition, reúne três conferências pronunciados por FREUD na Sociedade Médica de Viena em 1904. Após afirmar que a maioria dos métodos da antiga medicina e da medicina primitiva pode ser classificada sob o título de psicoterapia e que as neuroses "não são curadas pelo medicamento, porém pelo médico, isto é, pela personalidade do médico", FREUD apresenta várias idéias relativas a psicoterapias:
1. Este método é freqüentemente confundido com o tratamento hipnótico pela sugestão. Na realidade existe a maior antítese possível entre essas duas técnicas. A sugestão, contrariamente à psicoterapia, não se interessa pela origem, pela força e pelo significado dos transtornos emocionais.
2. A técnica de procurar as origens de uma doença não é fácil e não pode ser praticada sem o devido treinamento.
3. A investigação e a exploração psicanalíticas não indicam resultados rápidos e a resistência pode provocar muitas decepções.
4. O método, que lida com o inconsciente, tem indicações e contra-indicações.
5. O tratamento psicanalítico pode ser concebido, de maneira geral, como uma reeducação na superação das resistências internas.
6. Nesse trabalho, mencionando o "grande Leonardo da Vinci", FREUD estabelece uma distinção entre o modelo per via di porre e o per via di levare.

Ver o verbete *Via di porre e via di levare*.

Sobre uma citação de Freud [BION, 1976]

Artigo cujo original é intitulado *On a quotation from Freud* e integra os quatro trabalhos incluídos no livro *Seminários clínicos e quatro artigos*. Nele, partindo da afirmativa de FREUD de 1926, de que "existe muito mais continuidade com a vida intra-uterina do que a importante cesura do ato de nascer poderia nos fazer crer", BION aporta uma série de concepções, muitas delas relativas ao psiquismo fetal, que são importantes para a prática analítica contemporânea, como as **frases** a seguir transcritas:
1. "Picasso pintou um quadro em um pedaço de vidro, de maneira que pudesse ser visto de ambos lados. Sugiro que o mesmo pode dizer-se da cesura: depende de que lado se a olhe, para que lado se está indo".
2. "O mito de Palinuro (...) mostra que pode haver a crença de que se pode abandonar o curso da viajada enquanto se conduz as naves sobre a calma e formosa superfície do Mediterrâneo. Isto é algo que não deveríamos esquecer: não deveríamos deixar que nos desorientemos pela formosa e superficial calma que atravessa nossos distintos consultórios e instituições".
3. "Creio que seria muito útil considerar que certos estados de medo, de intenso medo, são mais fáceis de visualizar e de imaginar se pensarmos neles como um medo de origem talâmica ou como alguma espécie de manifestação glandular do tipo de algo relacionado com o renal ou daquilo que mais tarde se converte nos órgãos genitais".
4. "Certamente não vejo porque não poderia ter ficado um resto de uma muito primitiva sensibilidade; o feto poderia ser um objeto são e normal e ainda assim ser submetido a pressões comunicadas muito antes da etapa em que nós pensamos que já existe algo assim como uma personalidade e muito depois".

Sobredeterminação [Freud]

Termo da filosofia, foi introduzido por Freud na psicanálise para designar a pluralidade de determinados fatores que geram um dado efeito final, como ele considerou particularmente no fenômeno que se passa na formação dos sonhos.

A sobredeterminação é o efeito do trabalho de dois mecanismos: o da condensação (que agrupa os diversos fatores como se fossem um só) e o do deslocamento (que pode dar um aparente relevo maior a um fator insignificante, devido a que o fator mais relevante ficou deslocado naquele).

Na literatura psicanalítica, a sobredeterminação também costuma *aparecer*, nas traduções como *superdeterminação,, multideterminação e determinação múltipla.*

Sobreinvestimento ou superinvestimento [Freud]

Termo utilizado por Freud especialmente com um significado relativo a sua teoria econômica. Enfocou a existência de um superinvestimento libidinal em situações como a que é exigida no processo da função egóica da atenção e na preparação para o enfrentamento de situações de perigo. Freud assinalou que: "para a solução de grande número de traumatismos, o fator decisivo seria a diferença entre sistemas não preparados e sistemas preparados por *sobreinvestimentos.*

Sobrenatural, O [Freud, 1919]

Esse trabalho está no volume XVII da Standard Edition. Ver o verbete *Estranho, O.*

Sobrevivência do objeto [Winnicott]

Winnicott deu especial importância à capacidade da mãe de poder *sobreviver* aos ataques destrutivos e às demandas vorazes do filho, constituindo o que denominou a crueldade da criança (não é o mesmo que ter ódio), sem retaliar, sem sucumbir a um estado de depressão, que viria a exacerbar as fantasias do filho a respeito de sua maldade e destrutividade.

Esse aspecto ganha relevância na situação psicanalítica, especialmente com pacientes bastante regredidos, que submetem o terapeuta a toda sorte de ataques similares, No fundo, ficam à espera que o analista sobreviva a eles, sem revidar, sem se deprimir, sem ficar apático e desinteressado, sem enchê-los de medicamentos, sem apelar para uma internação hospitalar e sem encaminhar para outros colegas.

Somática, complacência [Freud]

Ver o verbete *Complacência somática.*

Sonho [Freud]

Até antes das descobertas de Freud, a busca de entendimento dos sonhos, que desde sempre acompanham os seres humanos, estava entregue aos demiurgos e charlatões em geral, que procuravam extrair deles anúncios proféticos, premonitórios, mensagens de espíritos ou interpretações fantásticas. Posteriormente, quando a ciência começava a dar passos mais firmes, filósofos e alguns médicos neuropsiquiatras esboçaram algumas especulações, mas insistiam em emprestar a cada fragmento simbólico, de qualquer sonho, determinado significado específico, o qual valeria para todas as pessoas.

A partir de Freud, mais exatamente em 1900, com a elaboração e publicação do seu mais famoso livro – *A interpretação dos sonhos* – os sonhos não só ganharam nova dimensão científica, como também o aprofundamento do seu estudo abriu as portas para a consolidação da teoria da psicanálise, pelas seguintes razões:

1. Representa a primeira análise levada a efeito (no caso, uma auto-análise motivada

pela necessidade que FREUD sentiu de elaborar a morte recente de seu pai).
2. Possibilitou a FREUD construir um modelo do aparelho psíquico, tal como aparece no célebre capítulo VII desse livro.
3. Nesse mesmo capítulo, ele formula o modelo de um *aparelho óptico*.
4. Esse modelo permitiu que ele estabelecesse uma teoria puramente psicológica, que veio a denominar topográfica, palavra que deriva dos étimos gregos *topos,* lugar + *graphein,* descrever.
5. O fenômeno do sonho permitiu conceber que não existia uma plena delimitação entre o normal e o patológico.
6. Igualmente, permitiu estabelecer uma integração entre experiências recentes (restos diurnos) e as antigas (que constituem o conteúdo latente do sonho).
7. Propiciou a FREUD fazer as primeiras descrições de *Édipo* e da *sexualidade infantil* e estabelecer uma equivalência entre a estrutura dos sonhos e a das neuroses.
8. A *interpretação* dos sonhos serviu a FREUD como modelo para colocar a atividade interpretativa do analista como eixo de gravitação da técnica da psicanálise.
Em relação à formação dos sonhos, FREUD assinalou que são três os fatores indispensáveis:
1. *Estímulos sensoriais* (internos ou externos, como ruídos, odores, luz, vontade de urinar, etc.).
2. *Restos diurnos.*
3, A existência prévia de sentimentos, pensamentos e desejos *recalcados* no inconsciente.
Partindo desses fatores genéricos, FREUD descreveu os seguintes fenômenos psíquicos que estão presentes na formação de qualquer sonho:
1. *Conteúdo manifesto* (designa aquilo que aparece no consciente daquele que sonhou, quase sempre sob a forma de imagens visuais, que ele pode ou não recordar depois de despertar).

2. *Elaboração onírica secundária*, também conhecida como *atividade do sonho,* e que consiste numa atividade durante o sono do ego, que se encarrega de disfarçar e dissimular o que está recalcado no inconsciente e proibido de aparecer no consciente em estado bruto.
3. *Conteúdo latente* (aquilo que, de fato, está recalcado no aludido estado bruto.
4. *Censor onírico* (FREUD comparou essa parte onírica do ego inconsciente ao de um "censor de notícias com amplos poderes para suprimir qualquer trecho que ele julgue inconveniente").
5. *Mecanismos defensivos do ego*, principalmente os de deslocamento, condensação e simbolização, cuja tarefa maior é a de disfarçar o conteúdo latente em manifesto.
6. *Formação de compromisso*. Da mesma forma como ocorre na formação de um sintoma neurótico, FREUD (1933) concebeu que também o sonho resulta de uma *formação de compromisso* entre as pulsões do id e as defesas do ego que permitem somente uma gratificação parcial e tolerável daquelas pulsões.
FREUD fez algumas modificações conceituais, porém nunca abriu mão do seu princípio básico de que os sonhos são, sempre, uma forma de satisfação de desejos recalcados. As seguintes clássicas **frases** de Freud, podem dar uma noção panorâmica de como encarava o entendimento e a importância do surgimento do sonho na prática analítica: "uma descoberta e uma intuição como estas o destino pode depará-las somente uma vez na vida de um homem"; "o sonho é a via régia do inconsciente"; "o sonho é o guardião do sono"; "o sonho é a realização de algum *desejo*".
Fica implícito que FREUD comungava com o Talmude (livro da sabedoria judaica) que há séculos já sentenciava que "todo sonho que não se interpreta é uma carta que fica sem ser aberta".

Sonhos (pós-Freud)

Após as postulações de FREUD, muitos pesquisadores e psicanalistas têm trazido importantes contribuições e novas formas de conceber a formação, função e aplicação psicanalítica dos sonhos. Cabe mencionar os seguintes aportes:

• *Contribuições da Psicofisiologia*. Nos anos 50, apareceu o livro do pesquisador R. FLIESS sobre a descoberta psicofisiológica dos movimentos oculares durante o sonhar, e da forma como aparecem os traçados eletroencefalográficos no curso de certas fases do sono. Em especial foi verificado que durante certo período o sonho é acompanhado por um movimento rápido dos olhos. Esse período pela sigla REM (em inglês, *Rapid Eyes Movements*). As diversas fases do sono, com as respectivas mudanças no ritmo do REM, permitem estudos mais aprofundados sobre os sonhos.

Tais descobertas causaram um grande entusiasmo entre os pesquisadores da área, instalando-se laboratórios que prosseguem ativamente, nos dias de hoje, no estudo dos fenômenos que acompanham o dormir, o sonhar e a atividade onírica durante toda a noite. Um aspecto interessante a ser consignado é que os fenômenos que ocorrem na fase REM, de modo genérico, estão confirmando as hipóteses de FREUD.

• *Escola Kleiniana*. Para M.KLEIN, o sonho consiste em uma dramatização de algum conflito, com as respectivas fantasias inconscientes e angústias, da qual participariam todos os elementos componentes do self. Entre outros, os autores kleinianos que mais se aprofundaram no estudo dos sonhos foram H.SEGAL e D. MELTZER, tendo este atacado duramente as concepções originais de FREUD.

Assim, em um dos seus últimos livros, *Dream Life*(1984) MELTZER concebe que o sonho traduz, sobretudo, as representações simbólicas dos *estados da mente* daquele que sonha, além de a atividade do inconsciente, geradora de símbolos, estar presente indiretamente no dia-a-dia da vida de vigília. Desse modo, transparece uma atividade permanente que corresponde às fantasias inconscientes. Ademais, discordando radicalmente de FREUD, MELTZER acredita que o sonho é um processo ativo, que tem uma capacidade criativa e é gerador de símbolos. Em resumo, para MELTZER, *Dream Life* significa que o *script* do sonho é o mesmo da vida consciente, de modo que, na verdade, "a pessoa vive nos sonhos".

• *Psicólogos do Ego*. Os autores dessa corrente psicanalítica também se afastaram bastante de FREUD. Alguns deles, jocosamente costumavam dizer que a "via régia" de FREUD já estava gasta e algo inutilizada, de tanto ter sido transitada, e enfocaram os sonhos do ponto de vista da estrutura da mente.

• WINNICOTT. Para ficar em um único aspecto que relaciona a obra de WINNICOTT e seus seguidores com os sonhos, cabe destacar a noção de *espaço-sonho*, que corresponde ao *espaço transicional*, isto é, o espaço que existe no sonho pode representar uma transição entre o mundo imaginário e o da realidade, assim como também representa a possibilidade de pensamentos e atos criativos.

• BION. Juntamente com os *mitos e pensamentos oníricos*, BION situa os *sonhos* na fileira C de sua *Grade*. Partindo do modelo *continente-conteúdo*, ele descreveu três tipos de sonhos: o *elaborativo* (nos moldes descritos por FREUD); o *evacuativo* (são impressões psíquicas que agem como *elementos* β, portanto não conseguem ser pensados e elaborados, tal como acontece com os psicóticos); e o tipo *misto* que reúne os dois anteriores.

Em relação ao manejo técnico do sonho na prática clínica, muita coisa mudou desde os tempos pioneiros de FREUD e seguidores imediatos. Já não se despende um tempo enorme analisando detalhe por detalhe de cada sonho com se fazia, exigindo as correspondentes *livres associações* de cada um deles, até surgir a interpretação final formulada pelo analista de forma brilhante. Na época, faziam uma reconstrução histórica através do simbolismo dos sonhos.

Na atualidade, o relato do sonho continua sendo muito importante porque mostra que a mente do paciente está tentando elaborar algo, provavelmente ligado ao trabalho analítico. Porém, no lugar de simplesmente o paciente relatar o sonho, à espera de uma interpretação, os analistas estimulam o paciente a, conjuntamente com o terapeuta, buscar um significado dentro de um contexto mais geral (como seria o sujeito narrar, desde a sua ótica, um filme, um livro, um acontecimento, juntamente com os sentimentos nele despertados).

Splitting forçado e splitting estático
[BION]

BION descreveu duas modalidades de *splitting* do psiquismo do paciente: o estático e o forçado.
O primeiro consiste em uma forma de proteger-se da dor psíquica decorrente do *insight* de alguma verdade penosa, através de um ativo *ver mal, ouvir mal, entender mal*, como acontece na reversão da perspectiva.
O *splitting forçado*, por sua vez, refere-se ao fato de que o paciente pode relacionar-se bem com o analista enquanto esse fornece segurança e alimento (de forma análoga à como foi, na infância, com sua mãe). Porém, ao mesmo tempo ele bloqueia toda a aproximação afetiva com o analista (como foi com os pais).

Spitz, René

RENÉ A. SPITZ nasceu em Viena, em 1887, originário de uma família húngara, tendo passado grande parte da sua vida em Budapeste, onde se formou em medicina e onde conheceu S.FERENCZI que o encaminhou, em 1911, para uma análise didática com FREUD. Tornou-se membro da Sociedade Psicanalítica Alemã em 1930. Em 1938, emigrou para os Estados Unidos, radicando-se no Colorado, onde exerceu suas atividades clínicas e, mais notoriamente, as pesquisas que o tornaram célebre.

As principais pesquisas e trabalhos de SPITZ dizem respeito ao estudo do *hospitalismo* de crianças, da correlata *depressão anaclítica*, dos distúrbios de linguagem das crianças que tiveram abandonos prematuros. Também realizou observações, através de filmes, sobre as etapas evolutivas de crianças, como a sua noção de organizadores, a reação de medo aos estranhos por volta do sexto mês de vida, bem como a função estruturante do não da criança.

Squiggle [WINNICOTT]

Ver o verbete *Jogo do rabisco*.

Standard Edition
[obras completas de FREUD]

A chamada edição *Standard* das obras psicológicas completas de FREUD, contendo a tradução de todos seus textos originais, foi publicada na Inglaterra entre 1955 e 1974. É reconhecida como um dos mais notáveis empreendimentos intelectuais de todos os tempos. O mais notável é que este trabalho gigantesco foi realizado praticamente por um único homem – JAMES STRACHEY – com a ajuda de dois ou três auxiliares, com escassos recursos materiais, porém com o decisivo apoio de ANNA FREUD. A Standard é considerada a mais influente edição das obras de FREUD para sucessivas gerações de estudiosos da psicanálise, a ponto de ser mais utilizada no mundo inteiro do que a edição original alemã, a *Gesammelte Werke* (*Obras reunidas*). Esta foi publicada em 18 volumes e a *Standard* em 24. Além disso, a edição inglesa serviu de base para traduções em inúmeros idiomas.

Na atualidade, todas as traduções das obras completas de FREUD, escritas originalmente em alemão, têm sido severamente criticadas, mais precisamente a partir do livro *Freud e a alma humana (Freud & Man's Soul)*, de BRUNO BETTELHEIM, publicado em 1982. Mercê do domínio que este psicanalista tinha da língua alemã, lhe foi possível demonstrar que as traduções inglesas não só distorcem o significado de alguns conceitos nucleares de FREUD, como impossibilitam o leitor de reconhecer que sua principal preocupação era a alma humana.

Especificamente em relação às traduções em português, é curioso – e lamentável – constatar que o Brasil é provavelmente o único país em que as obras de FREUD foram traduzidas duas vezes, mas nunca do original: a primeira, nos anos 40, do espanhol e do francês; a segunda, na década de 70, do inglês, por SOUZA (1998). Assim, o português é o único idioma neolatino que ainda usa *ego, id e superego* em vez de *Ich, Es*.... Outros termos psicanalíticos (*cathexis*, por exemplo) também foram traduzidos com o desnecessário auxílio de étimos latinos e gregos. Mas foi sem dúvida a utilização da palavra *instinct* para verter *Trieb* que provocou a maior reação. Hoje *Trieb* é traduzido como *pulsão*.

Além dos mencionados, inúmeros outros termos estão merecendo novas traduções, como é o caso de *Angst, Besetzung, nachträglich, Verdrängung, Vorstellung, Zwang*.

Sublimação [FREUD]

O conceito que aparece com freqüência na literatura psicanalítica de todos os tempos, porém ainda não adquiriu uma definição precisa e uniforme. Assim, nas suas primeiras formulações, FREUD utilizou esse termo para designar alguma atividade humana bem-sucedida, principalmente no campo artístico, no trabalho intelectual e de obtenção de reconhecimento público em geral, que aparentemente não teria nenhuma relação direta com a sexualidade. Essas pessoas, porém, retiram a energia e capacidade criativa de trabalho da pulsão sexual, dessa forma sublimando-a.

Essa definição de FREUD encontra respaldo no duplo significado da palavra sublimação: no mundo artístico, a palavra *sublime* alude a uma produção que sugira grandeza, elevação; no campo da química, o termo refere-se a um processo de transformação, pelo qual um corpo pode passar diretamente do estado sólido para um gasoso.

Posteriormente, FREUD destacou que a energia posta à disposição para a sublimação provinha de uma *dessexualização* e inclusive chegou a referir um conceito equivalente ao de uma *desagressivização*. Do ponto de vista da escola kleiniana, o processo de sublimação consiste numa tendência a restaurar o objeto bom destruído pelas pulsões agressivas.

A imprecisão conceitual que perdura até os dias de hoje reside no fato de que, muitas vezes, não é fácil avaliar a diferença entre sublimação e formações reativas, idealizações e outros sistemas defensivos análogos. É igualmente difícil levar em conta as diferenças culturais que valorizam ou desvalorizam determinado comportamento humano.

Sujeito [LACAN]

Termo usado correntemente em psicologia, filosofia e lógica para definir aquele que é sujeito do conhecimento, do direito ou da consciência nas suas diversas dimensões. Em psicanálise, FREUD o empregou, porém foi somente com LACAN que a palavra *sujeito* foi introduzida de forma mais definida na literatura psicanalítica. LACAN a enunciou segundo a concepção do sujeito no âmbito da sua teoria do significante, ou seja, da relação do sujeito com o significante, como aparece nessa sua afirmativa, de 1960: "Um significante é aquilo que representa o sujeito para outro significante".

Em resumo: o *sujeito* (a pessoa) sujeita-se à cultura e atinge a ordem simbólica se ele vier a a aceitar e reconhecer a castração, conforme LACAN conceituou.

Sujeito ideal [PIERA AULAGNIER]

Expressão usada por AULAGNIER para denominar uma estruturação da personalidade do sujeito mais ligada às demandas expectantes do *ego ideal* e do *ideal do ego*, do que propriamente as advindas do *superego*, de modo que o *sujeito ideal* funciona subordinado aos valores predominantemente procedentes do contexto sociocultural. Assim, numa constante e compulsória busca de *completude narcisista*, o sujeito ideal confunde facilidade com falicidade, ou seja, ele procura o poder (*falo*) em substitutos, em *fetiches*, que promovem um estado ou sensação de poder, riqueza, prestígio, beleza e eterna juventude.

Daí pode-se entender mais claramente porque, cada vez mais, as pessoas, premidas pelas insaciáveis demandas da atual sociedade pós-moderna, bastante reforçadas pela mídia, dedicam-se de forma exagerada a toda a sorte de exercícios, contratam *personal trainers*, ingerem medicamentos que prometem soluções mágicas (viagra, xenical, prozac...), submetem-se a rigorosas dietas de emagrecimento e a múltiplas cirurgias estéticas, etc.

Sujeito suposto saber (s.s.s.) [LACAN]

LACAN criticava a técnica analítica que enfocava primordial e insistentemente as interpretações sistemáticas na transferência, com o argumento de que, em lugar de resolver a neurose transferencial, essa técnica só fazia aprofundá-la, porque o analista estaria se colocando no centro do universo do analisando.

Descontando os exageros dessa afirmativa, é importante levar em conta sua advertência de que não se estabeleça no analisando e no analista, a crença de que este último é um *Sujeito Suposto Saber* (S.S.S.), ou seja, como o nome sugere, que o psicanalista sabe tudo que o paciente ignora.

Caso o analista tenha exagerados núcleos narcisistas não percebidos por ele, pode assumir esse papel, assim se colocando no lugar do imaginário do analisando, oferecendo-se a ele como quem conhece a verdade e abastecendo-o com os seus conhecimentos em lugar de deixá-lo revelar sua verdade pela palavra.

Dizendo com a terminologia lacaniana: "o analista, como o pai do complexo de Édipo, pode crer e fazer seu paciente crer que é o falo, desconhecendo que haja uma Lei, um Outro, ao qual ambos, paciente e analista, devem se remeter".

Superego [FREUD]

Termo introduzido por FREUD (com o nome original, em alemão, de *Uber-Ich*) e aparece pela primeira vez na literatura psicanalítica no seu clássico "O ego e o Id" (1923), integrando a segunda teoria do aparelho psíquico, ou seja, a teoria estrutural (ou a *segunda tópica*).

Nessa publicação, FREUD descreve o superego como uma instância psíquica que se separou do ego – encarregou-se das funções de um juiz representante da moral, legislador de leis e proibidor das transgressões dessas leis – e passou à condição de poder dominar o próprio ego que lhe deu origem, como demonstram os estudos da melancolia, em que o indivíduo é criticado por uma parte sua que emite mandamentos que provêm de dentro de si mesmo.

Antes disso, no mínimo em dois trabalhos, aparecem alusões ao conceito de superego. Em "Atos obsessivos e práticas religiosas" (1907), ao tratar das auto-recriminações dos neuróticos obsessivos, FREUD diz que "O sujeito que sofre de compulsões e interdições comporta-se como se estivesse dominado por um sentimento de culpa inconsciente".

Por outro lado, no seu célebre "Sobre o narcisismo: uma introdução" (1914), FREUD empregou tanto a expressão *Ego ideal* (*Idealich*) quanto *Ideal do ego* (*Ichideal*). Em sua obra, juntamente com *superego*, esses termos aparecem superpostos, virtualmente como sinônimos. Não obstante, a tendência dos psicanalistas contemporâneos é a de estabelecer uma distinção conceitual entre esses três termos, tal como está referido nos verbetes específicos.

FREUD correlacionou a origem do superego à dissolução do complexo de Édipo, o que ficou substanciado na sua famosa **frase:** "o superego é o herdeiro direto do complexo de Édipo". Ele apontou a diferença a esse respeito na evolução masculina e feminina (ver o verbete *Complexo de Édipo*).

Segundo FREUD, isso acontece porque quando a criança supera, com mais ou menos êxito, sua conflitiva edípica, encontra uma solução para as angústias acompanhantes desse conflito pela interiorização dos seus pais. Isto é, a criança *identifica-se* com eles e, assim, internaliza as proibições e interdições deles. No entanto, essa identificação não é completa, porquanto a criança pode identificar-se com certos aspectos dos pais e não com outros. Pode atender ao mandamento interno "deves ser assim... (como teu pai)", mas também pode abarcar a proibição: "não deves ser assim... (não podes fazer tudo que teu pai faz, muitas coisas são prerrogativas exclusivas dele. Ai de ti se desobedeceres...)".

No quinto capitulo de *O ego e o id* (1923), FREUD estuda detidamente a importância dos sentimentos de culpa, na teoria, na psicopatologia e na técnica da psicanálise, como, por exemplo, na relação direta que ele estabelece entre as culpas determinadas pelo superego e o importantíssimo problema do eventual surgimento da temível reação terapêutica negativa.

Uma crítica que costuma ser feita à forma como FREUD concebeu e divulgou a noção de superego é relativa à ênfase que deu ao termo *superego*, atribuindo-lhe quase exclusivamente um caráter persecutório e sádico, sem levar muito em conta a existência de outros aspectos positivos, protetores e estruturantes para o desenvolvimento mental do sujeito.

Aliás, uma das poucas vezes em que FREUD se refere ao superego com características positivas e bondosas aparece em seu trabalho "O humor". O aspecto positivo e estruturante do superego consistiria no fato que ele se alia ao ego – daí o nome de *ego auxiliar* – para ajudar o sujeito a conviver harmonicamente com as necessárias normas, costumes e leis da família e da cultura, através do estabelecimento do senso de realidade crítica.

Conquanto o início da formação do superego seja fundamentalmente devido à renúncia aos desejos edipianos, amorosos e hostis, FREUD também destacou as posteriores influências e exigências sociais, morais, educativas, religiosas e culturais. Da mesma forma, assinalou que "o superego da criança não se forma à imagem dos pais reais, mas sim à imagem do superego deles...". Assim, o superego do sujeito torna-se o veículo da tradição, porém pode ser diferente do superego parental ou até mesmo o contrário e nem sempre corresponde à severidade da educação.

Finalmente, cabe dizer que FREUD, em "O ego e o id" (1923), valorizou o superego como sendo a "voz da consciência", ou seja, enfatizou que o superego está diretamente ligado às origens acústicas, das percepções auditivas, além dos ensinamentos e leituras. Esse aspecto dos significantes acústicos serviu de fundamentação das postulações de LACAN acerca dessa temática.

Superego [Pós-Freud]

Muitos autores aventaram a hipótese de que o começo da existência do superego, devida à internalização das interdições, precede o declínio do complexo de Édipo. Servem como exemplo as postulações de Ferenczi, em "Psicanálise dos hábitos sexuais" (1925), referentes à "moral dos esfíncteres", onde é enfatizado o fato de que os preceitos da educação esfincteriana são adotados desde muito antes da conflitiva edípica, assim diferenciando-se de Freud.

Abraham, por sua vez, estudou a internalização dos primitivos objetos parciais, o que serviu como base principal para os trabalhos de M. Klein sobre a formação precoce do superego. Anna Freud também trouxe uma contribuição importante com sua conceituação do mecanismo defensivo constituinte de uma modalidade introjetivo-identificatória, que ela chamou de *identificação com o agressor*.

Igualmente, R. Spitz, a partir de suas observações diretas com crianças, também descreveu algumas características de um superego anterior à conflitiva edípica.

No entanto, foi M. Klein quem estudou mais profundamente a formação de um superego precoce, a partir da sua prática clínica com crianças de tenra idade que demonstravam intensos sentimentos de remorsos, que ela atribuía à existência e à ação de um superego primitivo, pré-edípico.

As principais concepções de M.Klein, divergentes das de Freud, em relação ao superego, são:

1. A origem do superego é muito anterior à sugerida por Freud: enquanto ele a fazia coincidir com a resolução edípica por volta dos quatro anos, M. Klein, em 1923, apresentava sua observação da presença de um superego rígido na menina Rita, de dois anos e nove meses, que ela analisava na época, o qual também seria o responsável pelo "terror noturno" que a menina apresentara aos 18 meses.

2. Os constituintes do superego não se limitam à introjeção dos pais edípicos; antes, os fatores são múltiplos e variados.

3. Dentre esses fatores, Klein dá uma valorização especial à influência das fantasias inconscientes, decorrentes da pulsão de morte, especialmente na fase do sadismo máximo, o que promove um jogo de identificações projetivas nas figuras dos pais reais, seguidas de identificações introjetivas deles, como objetos parciais, distorcidos pelas fantasias sádico-destrutivas.

"Super"-ego ou super-superego [Bion]

Embora conservando os princípios essenciais de Freud e de M.Klein acerca do superego, Bion (1962) distinguiu-se deles, em parte, ao evoluir para uma abordagem original contida no seu conceito de "super"-ego (às vezes aparece com a grafia de super-superego).

Esse "super"-ego faz parte do que Bion chama de parte psicótica da personalidade, ou seja, indo além das proibições e das advertências do que é certo e o que é errado, do bem e do mal, aprovação ou condenação, etc., que são inerentes ao conceito clássico do superego. Essa concepção de Bion consiste em uma *forma psicótica de pensar*, a qual se opõe a todo desenvolvimento em bases científicas e às leis inevitáveis da natureza humana. Assim, ele gere-se por uma moralidade "sem moral" criada pelo próprio sujeito, que insiste em impor aos outros.

Igualmente, quer reger o mundo com normas e valores unicamente seus, firmados a partir da afirmação de sua superioridade destrutiva.

O "super"-ego, tal como foi concebido por Bion, mostra-se como um objeto superior. Ofusca as funções do seu ego e afirma sua superioridade pelo denegrimento dos outros, achando falhas em tudo que não coincidir com o que ele crê, opondo-se tenazmente a qualquer aprendizado com a experiência e devotando um ódio a toda verdade diferente da dele.

Resumindo: o sujeito com essas características psicóticas do "super"-ego, crente de que tudo sabe, pode, controla e condena, substitui a capacidade de pensar pela onipotência; o aprendizado pela experiência cede lugar à onisciência; o reconhecimento da fragilidade e dependência é substituído pela prepotência; a capacidade de discriminação entre o verdadeiro e falso fica borrada por um radicalismo arrogante, e assim por diante.

Supervisão na formação psicanalítica

A supervisão de casos de análise dos candidatos à formação oficial e curricular dos institutos de psicanálise com vistas à obtenção do título de psicanalista é obrigatória. É um dos pilares fundamentais do tripé essencial de uma adequada formação psicanalítica (os outros dois são: a análise didática e os seminários teóricos). A supervisão obrigatória foi introduzida por MAX EITIGON no Instituto de Berlim, na década de 20, com o nome de *análise de controle*.

Aliás, tanto o termo *controle* (sugere uma intervenção superegóica), quanto *supervisão* (pode sugerir uma super-visão narcisista do super-visor) têm sido bastante criticados. Ambos os termos, porém, em especial o segundo, já estão completamente arraigados na terminologia psicanalítica.

Basicamente a finalidade de uma supervisão sistemática consiste em desenvolver no candidato, no mínimo, os seguintes aspectos:

1. Estabelecer os fundamentos da *natureza* do processo de análise.
2. Conhecer e aplicar as *técnicas* consagradas.
3. Ter flexibilidade, variável de caso para caso, para utilização de recursos *táticos* que permitam um acesso ao inconsciente do paciente e, por conseguinte, a obtenção de mudanças psíquicas.
4. Ter conhecimentos *teóricos*, principalmente visando a uma integração da teoria com a técnica e a prática clínica.
5. Desenvolver as *capacidades do ego* do candidato minimamente essenciais para a sublime função de psicanalisar, como a de empatia, de amor ao conhecimento das verdades, de saber pensar clinicamente, de saber escutar e ter a indispensável habilidade de comunicação, de recepção e transmissão daquilo que é verbal e da comunicação primitiva, pré-verbal. Não restam dúvidas que um paciente só desenvolverá essas capacidades se o seu analista as possuir autenticamente.

Comentário. É claro que também existe a possibilidade de o processo de supervisão, que visa a uma *formação*, sofrer desvios nessa finalidade e tornar-se patogênica. Isso pode ocorrer quando o supervisor:

1. Confundir *formação* com *adaptar o candidato a uma fôrma, pré-fabricada.*
2. Coibir a espontaneidade e criatividade do candidato, assim promovendo uma *deformação*.
3. Aceitar integralmente tudo que vem da maneira e estilo de o candidato trabalhar, o que pode acarretar uma estagnação, um conformismo, isto é, uma *con-formação*.
4. Exercer um fascínio narcisista sobre o candidato a ponto de deslumbrá-lo. Vale lembrar que o verbo *deslumbrar* deriva de *des* (privar de) + *lumbre* (luz), ou seja, qual um carro que vindo, à noite, em direção contrária à nossa, com os faróis altos incidindo diretamente nos olhos nos *des-lumbram*, nos cegam.
4. Além disso, existem os riscos de o supervisor concorrer para a *infantilização* do candidato, caso venha a negar que todos nós, por mais experientes que sejamos, sempre continuaremos sendo *analistas em formação*.

5. Igualmente, existe o risco, não tão raro, de o supervisor entrar inadvertidamente num clima de rivalidade com o candidato, ou, pior, através deste, com seu analista.

Algumas sociedades psicanalíticas, como a da França, emprestam um valor extraordinário às supervisões, a ponto de nivelá-las (ou até superar) à análise pessoal do candidato.

T

T [BION]

A letra T, na obra de BION, é a inicial do termo transformações, um conceito original dele. A letra T pode vir seguida de algum signo para situar onde e como está se processando alguma transformação. Por exemplo Tp designa que a transformação se opera no paciente; Ta, no analista. O T com o signo α indica o mecanismo de ação que está produzindo a transformação, enquanto o signo β que acompanha o T designa o produto final da transformação.

Tânatos [FREUD]

Embora mudando as denominações e a essência da sua concepção, FREUD, sempre manteve a postulação da existência de uma *dualidade pulsional*. Assim, em sua primeira formulação, distinguiu as pulsões do ego (ou de autoconservação ou de interesses do ego) e as pulsões sexuais (ou de preservação da espécie).
A partir de "Além do princípio do prazer" (1920), essa dualidade pulsional cedeu lugar a uma nova dualidade: as pulsões de vida (*Eros*) – que então passaram a abranger as pulsões sexuais e as de autoconservação – e as pulsões de morte (*Tânatos*). Essa concepção pulsional FREUD conservou definitivamente em sua obra.
Na mitologia grega, *Tânatos é a significação da morte*. O termo é às vezes utilizado para designar a pulsão de morte, por simetria com o termo *Eros*, que adquire um significado de vida. Na verdade, nos escritos de FREUD não aparece explicitamente o termo *Tânatos*, porém segundo JONES, ele o utilizava em conversas. No texto "Análise terminável e interminável" (1937), ele cita o filósofo grego Empédocles que opunha o *amor construtivo* à *destrutividade da discórdia*.

Tantalizador, objeto*

Não obstante esse termo não conste da literatura psicanalítica, o conceito de *objeto tantalizador*, como aqui segue exposto, surge com tanta freqüência na clínica psicanalítica que justifica sua inclusão neste Vocabulário.
De acordo com a mitologia grega, *Tântalo* foi submetido ao suplício que consistia em lhe oferecerem alimentos para mitigar sua intensa fome e sede e, quando ele chegava bem perto, os alimentos desapareciam. Quando nos referimos a uma mãe tantalizadora, ou a um namorado tantalizador, estamos designando um vínculo entre duas

pessoas que se caracteriza pelo fato de uma delas – o *sedutor* – por meio de promessas de uma próxima felicidade paradisíaca, submete o outro, o *seduzido*, a um verdadeiro suplício, na base do *dá e tira* que pode prolongar-se pela vida inteira.
Ver o verbete *Sedução*.

Tausk, Vicktor

Nascido na Eslováquia em 1879, originário de uma família judia, TAUSK formou-se em Direito e instalou-se em Berlim, onde tentou fazer carreira na literatura e no jornalismo. Posteriormente, veio a aproximar-se de FREUD, sendo aceito como membro da Sociedade Psicológica das Quartas-Feiras, na qual destacou-se como um dos mais brilhantes freudianos da primeira geração. A partir de 1908 começou a fazer o curso de medicina, parcialmente financiado pelos colegas da aludida sociedade. Com a eclosão da I Guerra Mundial, TAUSK foi convocado para o serviço ativo e logo promovido a oficial superior.
Intelectualmente brilhante, reconhecido como orador impressionante, TAUSK era muito perturbado emocionalmente, o que pode ser evidenciado tanto por episódios de profunda depressão, quanto por repetidas complicações nos seus múltiplos casos amorosos, que costumavam terminar em rupturas violentas. Sua perturbação ficou ainda mais evidente por sua ligação extremamente ambivalente a FREUD, a quem acusava de roubar-lhe as idéias, assim repetindo a relação altamente conflituada que tivera com seu pai tirânico.
Ainda assim, TAUSK pediu insistentemente a FREUD que o analisasse, porém ele recusou e o encaminhou a sua analisanda, H. DEUTSCHE. Essa análise de TAUSK foi um desastre, pois ele ocupava o tempo todo das sessões atacando duramente a FREUD.
Três meses depois de iniciada essa malograda análise, TAUSK se suicidou, em julho de 1919, com 42 anos, tentando estrangular-se com um cordão de cortina e dando um tiro na têmpora. Justamente nessa época ele tinha acabado de redigir o trabalho "Da gênese do aparelho de influenciar no curso da esquizofrenia", onde aborda com muita propriedade o problema da *despersonalização*. Essa obra veio a tornar-se um clássico.
Coube a FREUD redigir o seu necrológio.

Técnica psicanalítica

A palavra *técnica* deriva do grego *tekhne*, que alude à "arte de bem fazer as coisas". A expressão *técnica psicanalítica* designa um conjunto de procedimentos que incluem a instalação de um *setting* apropriado, uma obediência à essência do que está recomendado nas regras técnicas legadas por FREUD, o emprego fundamental da arte de interpretar, principalmente tudo que disser respeito às resistências e às transferências. Todos esses procedimentos devem levar em conta uma relação íntima da técnica com os correlatos desenvolvimentos teóricos, um alimentando e sendo alimentado pelo outro.
Na verdade, a psicanálise nasceu com a técnica, com a afanosa busca de FREUD de so-

luções práticas para seus pacientes, que ele não estava encontrando nos métodos tradicionais da época. Assim, a história da evolução da psicanálise, embora com o respaldo da metapsicologia e da teoria, corresponde à evolução das transformações dos paradigmas da técnica.

Os escritos essenciais de FREUD sobre técnica psicanalítica foram publicados entre 1912 e 1915. Nos seus historiais clínicos, o que mais nitidamente transparece é seu desejo de encontrar uma confirmação das teorias que, a partir também da experiência clínica, começava a formular sobre a sexualidade.

De lá para cá, muita coisa relativa à técnica vem gradativamente sendo modificada em alguns pontos, até mesmo porque a psicanálise abriu as portas para a psicanálise de crianças e de pacientes regredidos em geral, inclusive psicóticos.

Além disso, as diferentes correntes psicanalíticas conservam suas próprias diretrizes técnicas, quanto ao número de sessões semanais, a obediência ou não às regras técnicas clássicas, a forma de interpretar, etc. O melhor exemplo de discrepância do modelo tradicional da técnica psicanalítica é o de LACAN e seguidores, que aboliram o tempo cronometrado da duração da sessão, que habitualmente é de 50 ou 45 minutos, e instituíram o tempo necessário para que se processe a *castração simbólica*, o que pode durar um tempo mais longo que o habitual, ou não durar mais que alguns minutos.

Os próprios contemporâneos de FREUD tentaram abreviar o tempo de duração da análise, como exemplificam os métodos adiante citados:

1. O de STECKEL, chamado de *ativo*, segundo o qual propunha um tempo máximo de 50 e 150 sessões.
2. O da *terapia ativa* de O.RANK, a qual preconizava que as análises não deveriam passar de alguns meses, o que já seria combinado no contrato inicial. Além disso, propunha que a ênfase do trabalho analítico não deveria ser no conflito edípico inconsciente, mas, sim, nos aspectos da vontade consciente de se curar.
3. O da *técnica ativa*, proposto por FERENCZI, que é explicitada no verbete seguinte.

Mais tarde apareceram as inovações de W. REICH, F.ALEXANDER e M.BALINT, inspirados em FERENCZI, além das modificações técnicas assumidas pelos dissidentes de FREUD.

Técnica ativa [FERENCZI]

S. FERENCZI, em 1919, inventou o método da *técnica ativa*, segundo o qual, em vez de o analista limitar sua atividade às interpretações do inconsciente, também deveria intervir durante as sessões através de ordens, proibições e estímulos, como, por exemplo, o de o paciente enfrentar uma situação fobígena. Mais tarde, foi ao extremo de permitir que alguns pacientes o abraçassem ou beijassem a fim de permitir uma identificação com uma figura parental amorosa que tivesse faltado ou falhado na infância do paciente.

Em 1932, FERENCZI foi ainda mais longe, com a idéia de *análise mútua*, segundo a qual o analista poderia inverter os papéis com o paciente, como, por exemplo, fazer a sessão de análise na casa dele, deixar o paciente dirigir o andamento da análise, concordar em deitar-se no divã, tudo isso tendo em vista conseguir devolver uma boa maternagem faltante no paciente.

Esse método encontrou manifesta oposição de FREUD, que denunciou o *furor curandi* de FERENCZI, que o estaria levando a um desviacionismo. Nos últimos tempos, FERENCZI, considerado por muitos o mais brilhante clínico da história da psicanálise, recuou nos exageros *ativistas*, dizendo que o uso dessa técnica seria só para situações especiais, de emprego muito eventual e com limitações bem-definidas.

Término da análise

Desde FREUD (1937) existe uma velha polêmica: a análise é terminável ou é sempre interminável? Muitos pensam que deve ser terminável do ponto de vista formalístico, porém nunca é totalmente terminável levando em conta que a cura analítica é bem diferente da *cura*, ou *alta* em clínica médica.

Comentário. Se tomarmos o prefixo latino *in* no sentido de uma interiorização e não de uma negativa, que é seu outro significado habitual, podemos dizer que *uma análise torna-se terminável quando ela fica interminável*.

Em outras palavras, um tratamento analítico termina formalmente quando o analisando, mercê de uma introjeção (*in*) da função psicanalítica do seu analista, está equipado para prosseguir sua eterna *função auto-analítica e*, dessa forma, continuar fazendo renovadas mudanças psíquicas.

Os critérios que indicam a adequação do término formal da análise são muito variáveis e dependem de uma série de fatores multideterminados.

Em termos ideais, os seguintes resultados deveriam ser obtidos ao final da análise:
1. Modificação da qualidade das relações objetais.
2. Menor uso de mecanismos defensivos primitivos.
3. Renúncia às ilusões de natureza simbiótico-narcisista.
4. Capacidade de fazer *desidentificações* (patogênicas) e, a partir daí, fazer *neo-identificações*.
5. Reintegração de partes que estavam esplitadas e projetadas.
6. Capacidade de suportar frustrações, absorver perdas e fazer um luto pelas mesmas, assumindo o seu quinhão de responsabilidade e de eventuais culpas.
7. Capacidade de consideração pelas outras pessoas e capacidade de fazer reparações.
8. Diminuição das expectativas – exigidas pelo ego ideal e pelo ideal do ego – impossíveis de alcançar.
9. Abrandamento do superego.
10. Libertação das *áreas autônomas do ego*.
11. Aceitação da condição de alguma forma de dependência.
12. Utilização plena da linguagem verbal.
13. Ruptura com os papéis estereotipados, e com um possível falso self.
14. Aquisição de um definido sentimento de identidade.
15. Autenticidade e autonomia.
16. Reconhecimento dos outros como pessoas livres, diferentes e separadas dele, paciente, embora possam amá-lo muito.
17. Aquisição de uma função psicanalítica da personalidade.
18. Um critério de resultado analítico exitoso, segundo BION, não é o de o analisando estar curado e vir a ficar *igualzinho* a seu analista, mas, sim, o de vir a "tornar-se alguém, que está se tornando alguém".
19. O término de uma análise, embora não comporte regra fixa, deve atentar para dois aspectos que podem ser igualmente prejudiciais e que têm muito a ver com sentimentos contratransferenciais: um, é o de uma *prematuridade* (que corresponderia a um desligamento prematuro que a mãe faz em relação ao bebê que ainda não atingiu a condição de separação e individuação, ou a de um adolescente que subitamente deve sair de casa e funcionar como um adulto, sem ainda estar preparado para tanto.

Outro risco é o de uma situação oposta, com um *prolongamento excessivo* (na hipótese de que a análise já não esteja promovendo um significativo crescimento mental), o que pode reforçar e perpetuar um estado de dependência prejudicial.

Terror ou pavor sem nome [BION]

Ver o verbete *Pavor sem nome*.

Textos selecionados da pediatria à psicanálise [WINNICOTT, 1958]

Originalmente publicado com o título de *Collected Papers Through paediatrics to psycho-analysis* esse livro reunia as diversas e variadas contribuições de WINNICOTT destinadas a um público especializado. Posteriormente, foi reeditado com uma extensa e excelente introdução de seu mais notório seguidor, MASUD KAHN, que relaciona os textos do livro original com publicações posteriores de WINNICOTT, o que dá uma dimensão mais ampla e aberta, não apenas a psicanalistas, como também para outros profissionais das áreas humanísticas em geral.

Um aspecto interessante desse livro é que, dentro de uma visão binocular, WINNICOTT, que durante longos anos exerceu a pediatria, possibilita ao leitor constatar o quanto a psicanálise esclarece a pediatria e vice-versa.

Textos Selecionados consta de três partes. A primeira, com apenas dois textos, mostra as atitudes de WINNICOTT como pediatra, antes de sua formação psicanalítica, deixando claro o quanto uma abordagem pediátrica puramente clínica requer a compreensão mais profunda dos problemas emocionais do desenvolvimento infantil.

A segunda parte, com oito textos, demonstra o impacto dos conceitos psicanalíticos sobre a pediatria.

A terceira parte, a mais importante, consta de 16 textos, alguns plenamente vigentes e reconhecidos como muito relevantes, tais como: "Desenvolvimento emocional primitivo" (1945); "O ódio na contratransferência" (1947); "Objetos transicionais e fenômenos transicionais" (1951); "Preocupação materna primária" (1956); "A tendência anti-social" (1956), dentre outros mais.

A primeira edição brasileira foi publicada em 1978, com cerca de 500 páginas.

Thalassa [FERENCZI]

Em 1924, FERENCZI produziu o texto "Thalassa, psicanálise das origens da vida sexual", o qual foi resultante de uma troca de idéias com FREUD durante o ano de 1915, a propósito da *ontogênese* (refere-se ao desenvolvimento do indivíduo) e da *filogênese* (alude ao desenvolvimento da espécie). A discussão entre ambos tinha por finalidade tentar responder às questões que se propuseram sobre o problema da *memória das espécies* e da transmissão das experiências arcaicas da humanidade.

Nessa época, FREUD, em plena especulação darwin-lamarckiana e biogenética – da qual FERENCZI compartilhava entusiasticamente – formulou a hipótese de que a humanidade teria sofrido um *traumatismo generalizado, uma catástrofe*, com a ocorrência da era glacial. Esse período teria sido a origem da latência da sexualidade humana, cuja energia teria sido conservada para ser dirigida à necessidade de sobrevivência. As privações resultantes do degelo glacial, segundo uma carta de FREUD a FERENCZI em julho de 1915, teriam transformado a libido em angústia.

Com a desistência de FREUD da combinação de ambos escreverem um aprofundado estudo relativo à tese de que "a sexualidade da espécie humana conserva o traço mnésico, hereditário e inconsciente de uma série de catástrofes geológicas que levaram o ser humano, a vida animal e vegetal, a adaptarem a vida ao mundo aquático dos oceanos" (a palavra grega *Thalassa* significa *mundo marinho*), FERENCZI desenvolveu e publicou sozinho essas suas especulações. De alguma forma, FREUD retornou à tese central dessa conjectura em seu clássico "Além do princípio do prazer" (1920), onde postula que a pulsão de morte corresponde à natureza conservadora das pulsões que buscam a restauração de um estado anterior, no qual estava abandonado em razão de uma perturbação exterior.

Em seus escritos, FERENCZI chegou à conclusão que, do ponto de vista ontogenético, a sexualidade corresponderia ao desejo de um retorno ao seio maternal, um "retorno simbólico, alucinatório e real ao corpo da mãe". Quanto ao nível *filogenético*, corresponderia à realização do desejo de um feliz retorno a um *originário* thalassal, mundo marinho de onde a espécie humana foi excluída.

Referência bibliográfica. Maiores esclarecimentos podem ser encontrados em dois artigos de FERENCZI: *Thalassa. Ensaio sobre a teoria da genitalidade* (1924), volume III da obra completa de FERENCZI; e *Masculino e Feminino. Considerações psicanalíticas sobre a teoria genital e suas diferenças sexuais secundárias e terciárias* (1929, volume IV).

Tópicas [FREUD]

O termo *tópica* deriva do grego *topos*, lugar. O modelo tópico designa, portanto, uma *teoria de lugares*. Para criar esse modelo, FREUD inspirou-se em aspectos como:
1. Os princípios científicos da neurofisiologia da época privilegiavam sobremaneira a anatomia e a fisiologia das localizações cerebrais.
2. Os fenômenos clínicos observados em pacientes histéricas, como o de *estados crepusculares* e o da *personalidade múltipla* falavam a favor de áreas distintas de funcionamento psíquico.
3. O estudo dos sonhos evidenciava de forma incontestável que existia um plano inconsciente da mente, com um funcionamento segundo suas próprias leis específicas.

FREUD empregou a palavra aparelho para caracterizar uma organização psíquica dividida em sistemas ou instâncias psíquicas, com funções específicas para cada uma, que estão ligadas entre si, ocupando um certo lugar na mente. Embora já tivesse feito alusões à existência de *lugares psíquicos*, como aparece no "Projeto..." (1895), a noção de aparelho psíquico como um conjunto articulado de lugares, virtuais, surge mais claramente na obra *A interpretação dos sonhos* (1900), no qual, no célebre Capítulo 7, ele elabora uma analogia do psiquismo com um aparelho óptico, de como se processa a origem, a transformação e o objetivo final da energia luminosa.

FREUD descreveu dois modelos tópicos: a *primeira tópica*, também chamada *topográfica* e a *segunda tópica*, também conhecida como *estrutural* ou *dinâmica*.

Tópica, primeira [FREUD]

Nesse modelo topográfico, o aparelho psíquico é composto por três sistemas: o inconsciente (Ics), o pré-consciente (Pcs) e o consciente (Cs). Algumas vezes, FREUD denomina este último de *sistema percepção-consciência*.

O sistema consciente tem a função de receber informações provenientes das excitações provindas do exterior e do interior, que ficam registradas qualitativamente de acordo com o prazer ou desprazer que causam. Porém, o consciente não retém esses registros e representações como depósito ou arquivo. Assim, a maior parte das funções perceptivo-cognitivas-motoras do ego, como as de percepção, pensamento, juízo crítico, evocação, antecipação, atividade motora, etc., processam-se no sistema consciente, embora este funcione intimamente conjugado com o sistema inconsciente, com o qual quase sempre está em oposição.

O sistema pré-consciente foi concebido como articulado com o consciente e, tal como surge no "Projeto...", onde ele aparece esboçado com o nome de barreira de contato, funciona como uma espécie de peneira que seleciona aquilo que pode, ou não, passar para o consciente.

Ademais, o pré-consciente também funciona como um pequeno arquivo de registros, cabendo-lhe sediar a fundamental função

de conter as representações de palavra, conforme foi conceituado por FREUD, 1915.
O sistema inconsciente designa a parte mais arcaica do aparelho psíquico. Por herança genética, existem pulsões, acrescidas das respectivas energias e *protofantasias*, como FREUD denominava as possíveis fantasias atávicas que também são conhecidas por "fantasias primitivas, primárias ou originais". As pulsões estão reprimidas sob a forma de repressão primária ou de repressão secundária.
Uma função que opera no sistema inconsciente e que representa uma importante repercussão na prática clínica é que ela contém as representações de coisa. Portanto, numa época em que as representações ficaram impressas na mente quando ainda não havia palavras para nomeá-las. Funcionalmente, o sistema inconsciente opera segundo as leis do processo primário e, além das pulsões do id, tem também muitas funções do ego, bem como do superego.

Tópica, segunda [FREUD]

FREUD estava insatisfeito com o *modelo topográfico*, por duas razões:
1. Essa teoria não conseguia explicar muitos fenômenos psíquicos, em especial os que emergiam na prática clínica.
2. Uma das principais descobertas que tornou necessário ampliar a teoria tópica foi a do papel desempenhado pelas diversas identificações na constituição do sujeito e na determinação dos valores e expectativas de qualquer pessoa.
Assim, gradativamente Freud vinha elaborando uma nova concepção, até que, em 1920, ele estabeleceu de forma definitiva sua clássica concepção do aparelho psíquico conhecida como modelo *estrutural* (ou *dinâmico* ou *segunda tópica*), tendo em vista que a palavra *estrutura* significa um conjunto de elementos que separadamente tem funções específicas. Diferentemente da primeira tópica que sugere certa passividade, a segunda tópica é eminentemente ativa, dinâmica.
Essa concepção estruturalista ficou cristalizada em "O ego e o id" (1923) e consiste em uma divisão tripartite da mente: o *id*, o *ego* e o *superego*, cujas descrições aparecem, separadamente, nos respectivos verbetes.

Totem e tabu [FREUD, 1913]

Título de um célebre livro publicado por FREUD em 1913, considerado – juntamente com "Leonardo da Vinci e uma lembrança de sua infância" (1910) e "Moisés e o monoteísmo"(1939) – como um dos mais polêmicos e criticáveis de toda sua extensa obra. A maior crítica consiste no fato de que FREUD fez um pretensioso ensaio psicanalítico, entrando no campo da antropologia, ciência que ele não conhecia, se fundamentando em concepções antigas, já totalmente superadas pelos modernos antropólogos de sua época.
O eixo conceitual fundamental deste livro é o propósito de FREUD de dar uma significação universal ao *complexo de Édipo*, assim demonstrando que a história individual de cada sujeito se constitui a repetição da própria história da humanidade. O livro é composto de quatro partes: 1. O horror ao incesto. 2. O tabu e a ambivalência dos sentimentos. 3. Animismo, magia e onipotência dos pensamentos. 4. O retorno infantil do totemismo.
Em sua essência, FREUD parte da idéia de que, num tempo primitivo, os homens viviam no seio de pequenas hordas selvagens, cada qual submetida ao poder despótico de um macho que se apropriava das fêmeas, até que, num certo dia, os filhos, num ato de violência coletiva, mataram e comeram o pai. Depois do assassinato, sentiram remorso e instauraram uma nova ordem social pela qual foi ins-

tituída a *exogamia* (proibição da posse das mulheres do clã do totem). A palavra *totem* alude a algum animal para o qual houve um deslocamento da representação do pai morto.

Igualmente foi instaurado o *totemismo*, isto é, a proibição de matar o animal totem.

A palavra *tabu*, que os etnólogos encontraram na Polinésia, designa as proibições referidas à posse das mulheres do chefe do clã (pai) e ao assassinato do totem (pai).

Do ponto de vista mais estritamente psicanalítico, esse livro traz uma importante contribuição no que diz respeito às três fases que FREUD postula na terceira parte:

1. A *animista*, em que predomina a onipotência das idéias, e corresponde, no plano individual, ao estado em que a criança, narcisisticamente, ama apenas a si mesma.
2. A *mítico-religiosa*, na qual a onipotência já não está mais centrada no sujeito, mas nos deuses, de modo análogo à idealização que a criança faz dos pais.
3. A *científica*, na qual já não há mais lugar para a magia onipotente e o sujeito aceita suas limitações em face da ordem universal, o que, com base em conhecimentos posteriores, corresponde à passagem: a) do princípio do prazer para o da realidade; b) do processo primário para o secundário; c) do narcisismo para o enfrentamento do complexo de castração inerente ao conflito edípico.

Esse trabalho está publicado no volume XIII, p.17, da Standard Edition Brasileira.

Transacional, análise [ERIC BERNE]

Método psicoterápico inventado por ERIC BERNE (1910-1970), psicanalista nascido em Montreal que emigrou para os Estados Unidos. Instalou-se em San Francisco, lá aperfeiçoando seu método que ganhou grande expansão no mundo e o tornou célebre.

Essencialmente, a *análise transacional*, como o nome indica, consiste em enfocar as múltiplas maneiras de como se processam as *transações* do sujeito com os demais membros de um mesmo grupo familiar ou social, partindo de como se processam e configuram as relações do seu ego com as figuras parentais internalizadas.

Transexualismo [ROBERT STOLLER]

Termo introduzido pela psiquiatria americana, em 1953, para designar um transtorno da identidade de gênero sexual causado unicamente por razões psíquicas e caracterizado pela arraigada e inabalável convicção do sujeito de que pertence ao sexo oposto ao seu. O desejo de mudar de sexo é bastante antigo, como pode ser comprovado em relatos da mitologia e da literatura antiga.

Assim, nos fins do século XIX, foram coligidos inúmeros casos de transformação de identidade sexual, aos quais se deu o nome de *travestismo* ou *hermafroditismo* ou *interssexualidade*. Aliás, a etimologia do termo *hermafroditismo* esclarece a essência desse transtorno sexual: filho de Hermes e de Afrodite, o formoso adolescente Hermafrodito, foi amado por uma ninfa que, transida pelo desejo de seu corpo, rogou aos deuses que os unissem num só corpo, de modo que o rapaz foi assim dotado de um pênis e dois seios.

Foi somente com o advento dos progressos da cirurgia e da medicina, sobretudo das descobertas da genética que permitiram, em 1953, identificar geneticamente a fórmula cromossômica do homem (XY) e da mulher (XX), para que se estabelecessem distinções claras entre hermafroditismo, travestismo, homossexualismo e transexualismo.

1. O *hermafroditismo* consiste num defeito genético que resulta em que a pessoa apresenta ao mesmo tempo características masculinas e femininas, geralmente um pênis

pequeno, uma uretra com uma fenda e lábios. Esse quadro clínico na medicina é chamado de *hipospadia,* cuja resolução depende de uma cirurgia.

2. O *travestismo* é um transtorno nos quais o sujeito veste-se com roupas do sexo oposto, disfarce que pode conduzir a uma perversão ou a um fetichismo.

3. O *homossexualismo* tem características próprias, conforme consta no verbete específico.

4. O *transexualismo* leva o sujeito, que anatomicamente tem os órgãos genitais normais, a mudar de estado civil e, em muitos casos, a querer submeter-se a uma cirurgia para transformar seu órgão sexual normal num órgão artificial do sexo oposto.

ROBERT STOLLER foi o primeiro psicanalista, em seu livro *Sex and gender* (1968), a propor uma distinção radical entre o transexualismo, o travestismo, a homossexualidade e o hermafroditismo. Considerou o primeiro um transtorno da identidade e não da sexualidade. Assim, ele enfatizou a necessidade de se diferenciar o *gênero (gender)* – como um sentimento social de identidade, masculina ou feminina – de *sexo,* como organização anatômica de genitália masculina ou feminina.

Partindo do estudo de numerosos casos, STOLLER traçou um perfil típico da *mãe do transexual,* geralmente uma mulher depressiva, passiva, sem apego à vida sexual e nem ao pai da criança, que investe exageradamente a afetividade no filho, com quem busca uma simbiose perfeita.

O pai, por sua vez, costuma ser uma figura ausente e que por vezes estimula disfarçadamente atividades do filho contrárias às costumeiras para determinado sexo biológico, levando o menino a se feminizar e a menina a se masculinizar. A experiência clínica mostrou que o transtorno da identidade sexual é, de longe, mais freqüente nos homens, nos quais é mais psicotizante, na medida em que a simbiose original se deu com uma pessoa do sexo oposto, a mãe. Da mesma forma, a experiência mostrou que, antes da cirurgia, os resultados de um tratamento psicanalítico são praticamente nulos (salvo se a análise tiver sido feita na infância) e, depois da cirurgia, o transexual nunca fica satisfeito com a mudança de sexo, não obstante o fato de que lhe seja impossível renunciar a ela.

Transferência, conceito de

Em psicanálise, a clássica expressão *transferência* é consensualmente entendida como substantivo coletivo, isto é, está no singular porém engloba uma pluralidade de significados e de manifestações tão diversificadas que talvez se justifique uma preferência pelo termo *transferências,* no plural.

O vocábulo transferência não é específico do vocabulário psicanalítico, porquanto é utilizado em inúmeros outros campos, mas sempre indica uma idéia de deslocamento, de transporte, de substituição de um lugar por outro, ou de uma pessoa por outra, sem que isso afete a integridade do objeto. A propósito, essa conceituação está de acordo com a etimologia da palavra, a qual se forma dos étimos latinos *trans* (passar através de, como em *transparente* ou passar para outro nível, como em *trânsito*) + *feros* (conduzir).

Embora para a comunidade psicanalítica o termo *transferência* deva ficar restrito ao que se passa no presente da situação analítica, daquilo que o analisando está revivendo e sentindo com o seu analista, é inegável que não há como desconhecer que essa expressão já ganhou grande extensão e uma analogia conceitual com aquilo que se passa na relação médico-paciente, professor-aluno, etc. Aliás, em 1909, FERENCZI já apontava esse aspecto.

Igualmente, o conceito de transferência vem sofrendo sucessivas transformações e renovados questionamentos, como, por exemplo, o de se a figura do analista é uma mera pantalha transferencial para a repetição de antigas relações objetais que estão introjetadas no paciente, ou se ele também se comporta como uma nova *pessoa, real*.

A transferência, juntamente com a resistência e a interpretação, continua sendo um pilar fundamental da psicanálise. No entanto, conforme as escolas, as divergências são múltiplas quanto a seu lugar e função na análise, a seu manejo técnico e a suas origens.

Transferência [em FREUD]

Em "Estudos sobre a histeria" (1895), FREUD empregou pela primeira vez o termo *transferência (Übertragung*, no original) no sentido de uma *forma de resistência*, isto é, como um *obstáculo* à análise por parte do paciente para evitar o acesso ao resíduo da sexualidade infantil que persistia ligada às zonas erógenas. Assim, no capítulo "A psicoterapia das histerias" desse livro, ele afirma textualmente que "a transferência é o pior obstáculo que podemos encontrar" e conclui conceituando-a como uma forma de *falso enlace* (ou *falsas conexões*, como veio a usar posteriormente) do paciente com o terapeuta.

Num pós-escrito acrescentado ao seu clássico historial clínico do *caso Dora*, FREUD conceitua as transferências como "novas edições revistas ou fac-símiles de impulsos e fantasias", passando a encará-las como uma "inevitável necessidade". Chega a admitir que seu fracasso na análise da jovem Dora deveu-se a seu insuficiente trabalho com a transferência dela.

Em 1909, no historial do *Homem dos ratos*, a transferência foi vista como um caminho penoso, porém necessário. Nesse historial, FREUD faz a primeira referência da transferência como um *agente terapêutico*.

A seguir, em seus trabalhos específicos sobre *técnica* da psicanálise, publicados no período de 1910 a 1915, FREUD vai gradativamente valorizando a transferência.

Em 1910 ("Cinco leituras sobre psicanálise"), afirmou que "os sintomas (...) só podem dissolver-se à elevada temperatura da transferência"; no trabalho "A dinâmica da transferência" (1912), afirma que "não é possível vencer o inimigo *in absentia* ou *in effigie*; em 1915 ("Novas recomendações sobre a técnica da psicanálise") introduz o conceito de neurose de transferência.

Em "Observações sobre o amor de transferência" (1915), FREUD classifica as transferências em *positivas* (as amorosas) e *negativas* (as sexuais), as últimas ligadas às resistências. Aliás, nessa época, ele referia-se à íntima inter-relação existente entre transferência e resistência, de modo que tanto descreve uma "resistência ao surgimento da transferência", como também a possibilidade de que "a transferência funcione como uma forma de resistência".

Em "Conferências introdutórias" (1916), FREUD faz uma distinção entre neuroses transferenciais e narcísicas, deixando aí sua clássica afirmativa de que as narcísicas (como então se referia às psicoses) "não poderiam ser tratadas psicanaliticamente por não haver libido disponível para a formação da transferência".

No trabalho "Além do princípio do prazer" (1920), dá-se um importante acréscimo conceitual, porquanto FREUD lança seu postulado da existência de uma pulsão de morte e inclui o fenômeno da transferência como um exemplo da compulsão à repetição, penosa e infantil.

Em "O ego e o id" (1923), com a sua formulação da segunda tópica, FREUD ampliou bastante o conceito de transferência, de forma a abarcar nele, não unicamente a repetição das lembranças e pulsões recalcadas, mas também a participação de figuras superegóicas e dos mecanismos de defesa do ego. Não obstante toda sua evolução conceitual, FREUD sempre se mostrou algo ambíguo a respeito da utilização da transferência. Suas opiniões variaram desde a afirmativa de que "a transferência é o mais poderoso instrumento da psicanálise" até a opinião expressa em "Esquema de psicanálise" (1938), onde ele refere-se à transferência como "ambivalente" (...) e pode ser uma fonte de sérios perigos".

Transferência (pós-FREUD)

Escola Kleiniana

Durante toda sua prática analítica, desde o início da década de 20, com o pioneirismo da análise com crianças por meio da introdução da técnica de jogos e brinquedos, M. KLEIN, sempre trabalhou, de forma sistemática, na transferência, muito especialmente, na *negativa*, decorrente das pulsões sádico-destrutivas. Entendia o fenômeno transferencial com uma reprodução, na figura do analista, de todos os primitivos objetos e relações objetais internalizadas no psiquismo do paciente, acompanhadas das respectivas pulsões, fantasias inconscientes e ansiedades.

Essa noção de M.KLEIN ficou muito robustecida com sua concepção relativa ao fenômeno da identificação projetiva, hoje consensualmente aceita por todos os psicanalistas. Em seu importante trabalho de 1952, "As origens da transferência", o único que escreveu especificamente sobre o tema, ela deixa claro e desenvolve bastante essa sua forma de entender o fenômeno transferencial, que a escola kleiniana veio a chamar de transferência primitiva.

As postulações originais de M.KLEIN acerca da teoria e do manejo técnico do fenômeno transferencial sofreram – e continuam sofrendo – sensíveis modificações por parte de seus seguidores mais eminentes. ROSENFELD fez estudos da transferência, enfocados nos aspectos do narcisismo, onde ressalta a importância da organização patológica que ele denomina gangue (ou máfia) narcisista (1971). Também deve receber um registro especial sua descrição da psicose de transferência (1978).

MELTZER (1979) descreveu a natureza e as formas da perversão na transferência. B. JOSEPH, além de estudar a transferência como uma situação total (1985), também contribuiu para os conhecimentos da transferência que se manifesta nos *pacientes de difícil acesso* (1975).

STEINER (1981) descreveu a organização patológica da personalidade, na qual há uma relação perversa entre partes diferentes da mente que tendem a se reproduzir na transferência. BION se distinguiu tanto que merece um registro à parte.

Bion

Embora não tenha escrito nenhum texto específico sobre o fenômeno transferencial, BION deixou muitas contribuições que podem ser depreendidas ao longo de sua obra, tais como:
1. A noção de transformações – na pessoa do analisando, na do analista e no vínculo entre ambos – que permeiam toda análise.
2. A existência permanente, na transferência, dos três vínculos, o do amor, o do ódio e o do conhecimento.
3. A importância de o analista distinguir a transferência provinda da *parte neurótica* da originada na *parte psicótica da personalidade*.
4. A introdução da noção de que a transferência, no campo analítico, não deve ser vista unicamente com a pessoa do analista, mas também de uma parte do paciente em relação à "pessoa mais importante com quem jamais poderá lidar, que é uma outra parte dele mesmo".
5. Fundamentalmente, BION encara o fenômeno transferencial a partir do modelo de uma relação continente-conteúdo, tomando como paradigma dessa relação a original mãe-filho.

6. Em muitas passagens de seus escritos, transparece que BION também considerou como condição relevante no analista sua pessoa real e não unicamente como um objeto na função de uma mera pantalha transferencial.

Kohut

Fundador da *Escola da Psicologia do Self*, KOHUT dedicou-se à compreensão e ao manejo da normalidade e da patologia do narcisismo.

Assim, estudou as transferências narcisísticas, as descreveu e classificou em três tipos: *idealizadoras, gemelares e especulares*. As últimas, ele subdividiu em duas escalas, de acordo com o grau de como esses pacientes mais regredidos se imaginam ligados ao analista, a fusional e a especular propriamente dita.

1. *Fusional*. Caracteriza-se pelo fato de o paciente crer que seu analista não passa de uma mera extensão sua e que, portanto, adivinhe os seus pensamentos, comungue dos mesmos ideais, valores, etc.

2. *Especular propriamente dita*. A transferência consiste em que esse tipo de analisando necessita que o analista, tal como a mãe no passado, reconheça, confirme e espelhe o *self grandioso* que o paciente lhe exibe (o que, durante algum tempo de análise, o analista deve pautar).

Winnicott

Considera que a transferência deve ser compreendida como uma *nova relação*, um novo espaço que o paciente conquista para poder relacionar-se com seu analista, cuja imagem, inicialmente estará distorcida pelas projeções e prováveis sentimentos de posse que o analisando tenha em relação a ele, para que, aos poucos, o analisando venha a poder "usar o analista", primeiro como um objeto transacional e, após, de forma objetiva, como um objeto real.

A relação analista-analisando passa a ser um processo mútuo, no qual "cada um está descobrindo e criando ao outro, porquanto as descobertas levam às criações".

Entre outros aspectos relativos à transferência que WINNICOTT descreve, merecem menção: a função de *holding* do analista; sua capacidade de sobreviver aos ataques destrutivos do paciente; o risco de que alguma análise aparentemente bem sucedida possa estar construindo não mais do que um *falso self*. Além disso, embora WINNICOTT não descurasse dos aspectos sádico-destrutivos, contrariamente à ênfase de M. KLEIN, ele priorizava, na transferência, os aspectos construtivos e o dos vazios existenciais.

Lacan

Esse eminente e controvertido autor concebe a utilização da transferência na situação analítica de forma frontalmente diversa daquela em que todos os analistas das demais escolas crêem e habitualmente a praticam. Ele parte do princípio de que a fixação oral à mãe expressa o estágio do espelho, no qual o sujeito reconhece o seu ego no outro, ou que a primeira noção do ego provém do outro.

Assim, LACAN acredita que a ênfase do analista na interpretação sistemática da transferência não faz mais do que reforçar um vínculo de natureza diádica especular. Pelo contrário, prossegue LACAN, o analista deve romper essa díade imaginária por meio da castração simbólica como um recurso de propiciar a transição do nível imaginário para o simbólico, próprio da triangularidade edípica. Todos esses aspectos constituem o que LACAN configura como *teoria simbólica da transferência*.

Para LACAN, a psicanálise consiste em um processo dialético, pelo qual o paciente traz sua tese, o analista propõe a antítese e daí surge uma síntese (*insight*), que leva a novas teses. A transferência somente surge quando, por alguma razão, esse processo dialético é inoperante. Ele exemplifica isso reestudando o caso *Dora*, sob o enfoque de uma seqüência de inversões dialéticas, que passaram despercebidas por FREUD.

Igualmente, LACAN introduz a influência do *desejo* do analista no processo transferencial do paciente, recorrendo ao exemplo extraído de "O banquete", de Platão, onde seis personagens expressam uma concepção diferente do amor.

Transferência, tipos de [técnica]

Na prática clínica, a transferência apresenta diversas modalidades, conforme as características próprias de cada analisando ou o momento analítico diferente de um mesmo paciente. De modo sintético, cabe apontar as seguintes formas que seguidamente se manifestam no campo transferencial-contratransferencial:

Transferência positiva

Classicamente, essa denominação costuma referir-se a todas as pulsões e derivados relativos à libido, especialmente os sentimentos carinhosos e amistosos, incluídos os desejos eróticos desde que tenham sido sublimados sob a forma de amor não-sexual e não persistam como um vínculo erotizado. No entanto, é importante destacar que o que muitas vezes parece ser uma transferência *positiva* pode estar sendo *negativa* do ponto de vista de um processo analítico, porquanto pode estar representando não mais que uma extrema e permanente idealização e isso representa um entrave para um verdadeiro crescimento.

Assim, pode acontecer que uma aparência de *positividade* possa estar significando unicamente um inconsciente conluio transferencial-contratransferencial sob a forma de uma recíproca e estéril *fascinação narcisística*.

Igualmente é necessário que o analista distinga a transferência verdadeiramente positiva da que encobre o lado doente dos pacientes pseudocolaboradores.

Transferência negativa

Com esse nome FREUD referia as transferências nas quais predominavam pulsões agressivas com os seus inúmeros derivados, sob a forma de inveja, ciúme, rivalidade, voracidade, ambição desmedida, algumas formas de destrutividade, as eróticas incluídas, etc.

Na atualidade, é importante o analista levar em conta que uma transferência de aparência negativa pode estar sendo altamente positiva, na hipótese de que esteja representando alguns movimentos que o paciente está ensaiando para reviver com seu analista a agressividade que seus pais do passado não souberam conter e, muito menos conseguiram entender que a agressividade poderia ter a finalidade positiva de conquistar espaço próprio e experimentar uma autonomia.

Transferência especular

Muitas vezes o movimento transferencial representa a busca, na pessoa do analista, de um espelho que o reflita, reconheça e devolva sua imagem de auto-idealização, vitalmente necessária para que o paciente, muito inseguro, sinta que de fato existe e é valorizado.

Transferência idealizadora

Essa forma de transferência corresponde, segundo KOHUT (1971), a uma etapa do desenvolvimento emocional primitivo, na qual a criança tem necessidade de estruturar o seu *self* por meio da idealização dos pais, que esse autor denomina imago parental idealizada.

Como nas modalidades anteriores, é necessário que o analista aceite funcionar transitoriamente como um *ego auxiliar* do paciente, ao mesmo tempo em que gradativamente vai construindo o processo de diferenciação, que possibilite ao paciente adquirir uma separação, uma individuação e uma posterior autonomia.

Transferência erótica e erotizada

A transferência de características eróticas adquire um largo espectro de possibilidades, desde os sentimentos afetuosos e carinhosos em relação ao analista, até o outro pólo de uma intensa atração sexual por ele (ou ela), atração essa que se converte em um desejo sexual obcecado, permanente, consciente, egossintônico e resistente à qualquer tentativa de análise.

O primeiro caso alude à transferência *erótica*, na qual existe a predominância da pulsão de vida, ou seja, está vinculada à necessidade que qualquer pessoa tem de ser amada; enquanto a segunda situação refere-se à transferência *erotizada*, mais ligada às pulsões agressivas que visam um controle sobre o analista e uma posse voraz dele.

Transferência perversa

MELTZER (1973) foi o autor que mais consistentemente estudou a *perversão da transferência*, apontando para o risco da formação de um conluio perverso entre o par analítico. Esse conluio consiste no envolvimento de um jogo de distintas formas de sedução do paciente, que encontra ressonância no analista, e que conflui num *desvio* das combinações previamente estabelecidas em relação ao *setting* do trabalho analítico.

Transferência psicótica

Nos primeiros tempos da psicanálise, FREUD e seguidores descartavam a possibilidade de análise com psicóticos, com o argumento que esses pacientes investiam toda libido em si mesmos. Logo, não haveria transferência e daí a impossibilidade de análise. Na atualidade, ninguém mais contesta que os psicóticos desenvolvem, sim, uma nítida transferência, embora ela assuma características específicas.

Para exemplificar, vale mencionar BION que destaca algumas características da transferência psicótica: o fato de instalar-se de forma *precoce*, com muita *dependência*, comumente bastante *tenaz*, porém muito *frágil e instável*. Diz BION que é muito comum uma oscilação transferencial, de muita idealização, alternada com denegrimento. Nesse caso, o paciente acusa o analista como único responsável por todos seus males. Nessas condições, tudo será motivo para acusações: a tranqüilidade do analista será tomada por esse tipo de paciente como uma indiferença hostil e assim por diante.

Psicose de transferência.

Ver esse verbete.

Comentário. Creio útil acrescentar a expressão **transferência de impasse***, embora não exista literalmente na literatura psicanalítica, porquanto são bastante freqüentes, no curso das análises, certos períodos transferenciais típicos de situações de impasses analíticos que podem culminar com a temível reação terapêutica negativa. A *transferência de impasse* adquire diversas configurações, tanto por uma possível *transferência erotizada* quanto por uma intensa oposição à renúncia das ilusões narcisistas, ou por uma excessiva carga de ansiedade paranóide. Nesse caso, todo o discurso do paciente pode ficar concentrado em queixas e acusações a seu analista e ao mesmo tempo fica em um estado de tamanha defensividade que não consegue escutar o que seu analista diz. Em casos mais extremos, a transferência de impasse pode assumir a forma do que ROSENFELD conceituou como *psicose de transferência*.

Transferência na prática clínica

A psicanálise contemporânea, em relação ao fenômeno transferencial na prática cotidiana do analista, leva em conta aspectos, como os que se seguem:
1. A análise *não cria a transferência*.
2. Há transferência em tudo, porém *nem tudo* é transferência a ser analisada e interpretada.
3. Persiste uma polêmica entre os autores a respeito da pessoa do analista. É unicamente um *objeto transferencial* no qual o paciente reedita suas experiências passadas, ou na transferência ele também representa e funciona como um novo *objeto real*?
4. A transferência consiste em uma *necessidade de repetição* (tal como postulava FREUD, que incluía o fenômeno transferencial como um exemplo do seu princípio de *compulsão à repetição*), ou, antes, a transferência representa uma *repetição das necessidades* não satisfeitas no passado e que agora estão à espera de uma nova chance com o analista?
5. Toda transferência implica alguma forma de contratransferência, assim estabelecendo um vínculo transferencial-contratransferencial.
6. A transferência não é unívoca, ou seja, o mesmo paciente apresenta diversas faces transferenciais. Pode ser uma transferência paterna, materna ou fraterna (cada uma delas também comporta diversas facetas). É freqüente que o paciente possa estar fazendo, em relação ao analista, uma transferência concomitantemente materna (a busca de um continente) e paterna (a necessidade da colocação de limites).
7. Importante é que o analista esteja atento para a observação das transformações que as transferências possam estar sofrendo no curso da análise, nas suas formas e significações.
8. Em relação às interpretações, é relevante assinalar o risco de um *transferencialismo* por parte do analista, ou seja, que ele promova um sistemático reducionismo para o *aqui-agora-comigo* para tudo o que o paciente falar, sem levar em conta as particularidades específicas de cada situação analítica e criando uma atmosfera de transferência *artificial*.
9. Inúmeras vezes o *transferencialismo* do *aqui-agora-comigo* redunda em esterilidade, porquanto o paciente "ainda nem está aí". De fato, freqüentemente há ausência de uma transferência manifesta por estar prevalecendo uma *ausência de vínculo*. Isso acontece com pacientes nos quais haja predominância de sentimentos de vazio, incredulidade e desesperança. Nesses casos, gradualmente deve haver um processo de construção da transferência.

Transformações [BION, 1965]

Título de um dos mais importantes livros de BION, publicado em 1965. O termo *transformação(ões)* refere-se ao fenômeno que, consoante com sua etimologia (*trans + formar*, ou seja, *formar para além de*), consiste na aquisição de novas formas, no *paciente*, no *analista*, no *vínculo* entre ambos e no *processo psicanalítico*.
BION descreve três tipos de transformações:
1. A de *movimento rígido*, quando é fácil reconhecer a essência do fato original.
2. A das *transformações projetivas*, na qual há um intenso exagero e deformação das distâncias e das épocas dos fatos originais. O paciente pode estar fazendo o relato de um acontecimento antigo como se fosse atual, a ponto de seguidamente haver uma superposição confusional do passado com o presente.
3. As que se apresentam sob a forma de *alucinoses*. Nesses casos, o fato original fica

tão distorcido (como, por exemplo, o de o paciente entender mal, escutar mal, manifestar ilusões ou até alucinações visuais, auditivas, táteis, etc.) a ponto de, às vezes, ficar dificílimo descodificar (tal como ocorre em muitos sonhos) e chegar à verdadeira origem do que está acontecendo.

Como exemplos de transformações que ocorrem na situação analítica, pode-se mencionar os fenômenos formadores *dos sonhos,* os *sintomas,* a passagem do pensamento para uma verbalização ou para um *acting,* a *transferência, a interpretação.* Da mesma maneira, a *Grade* pode ser encarada, tanto seu vertical eixo *genético,* quanto seu horizontal eixo da *utilização dos pensamentos,* como um grupo de sucessivas transformações de uma categoria à outra. Bion enfatizava que nenhuma transformação pode ocorrer sem a concomitância de uma experiência emocional.

Toda transformação, segundo Bion, implica a existência de um estado inicial, uma verdade original, que ele designa com a letra *O.* Por maiores que tenham sido as transformações do fato original, sempre haverá a presença de um *invariante,* isto é, algum indício, tal como acontece no exemplo que ele dá, de uma mesma paisagem campestre pintada por vários artistas de distintas correntes artísticas. As pinturas podem ser de formas totalmente diferentes e até irreconhecíveis, porém todas terão alguma tonalidade do verde e algum outro detalhe da paisagem original.

Outra metáfora que pode ser usada para clarear o conceito de *invariância* consiste na substância *água* que tanto pode estar no estado líquido, quanto no gasoso (como vapor d'água) ou sólido (com gelo). No entanto, todas as formas, por mais transformadas que estejam, conservam o H_2O original.

Bion também assinala a importância, no trabalho analítico, do caminho a percorrer de O (origem) em direção a K (conhecimento) e, vice-versa, de K em direção a O. Em "Atenção e Interpretação" (1970, p.15), Bion dá um belo e esclarecedor exemplo clínico. Um paciente seu começa manifestando um desejo por *ice cream,* porém à medida que os sorvetes (equivalente à busca de leite, amor e paz), desde sua infância, não apareciam e não satisfaziam suas necessidades, desejos e demandas, foi entrando num estado de desamparo, de sorte que o *ice cream* transformou-se em *I scream,* ou seja: eu grito (de dor...). Esse grito está ligado ao O dos traumas originais.

Transgeracionalidade

Termo bastante empregado na psicanálise contemporânea, designa o fato de que cada um dos genitores da criança mantém a internalização de suas respectivas famílias originais, com os correspondentes valores, estereótipos e conflitos. Há uma forte tendência no sentido de afirmar que os conflitos não resolvidos dos pais da criança com os respectivos pais originais, interiorizados (como, por exemplo, os conflitos edípicos de cada um deles), sejam reeditados nas pessoas dos filhos. Em situações mais extremadas, isso pode se manter inalterado em sucessivas gerações e gerações.

Assim, é relativamente comum que uma mãe fixada edipicamente em seu pai, menospreze seu marido, enquanto repete com o filho o mesmo enredo incestuoso malresolvido. Dessa forma ela delega ao filho o papel de tomar o avô (o pai dela) como um modelo admirado para identificação, com a exclusão da figura do pai real que fica desvalorizado. É claro que existem inúmeros variantes desse fenômeno no seio da família, sendo particularmente relevante a delegação para o filho do papel de assumir uma homossexualidade que estava recalcada em um ou nos dois genitores.

Não são somente os conflitos neuróticos (ou psicóticos, piscopáticos, perversos, somatizadores, etc.) das gerações precedentes da família nuclear que se reeditam nos próprios pais, e dentre eles, e daí para os filhos, em uma combinação que envolve, no mínimo, três gerações, num continuado jogo de mútuas reprojeções. Também há a transmissão de valores e de significados, tanto os de natureza pulsional (por exemplo, o estímulo excessivo ou o bloqueio da sexualidade ou da agressão), como também os egóicos (identificação com certos atributos e capacidades, por exemplo), os provindos do superego (mandamentos e proibições), e do ideal do ego (ambições e expectativas).

Transicionais, fenômenos [WINNICOTT]

Expressão introduzida na psicanálise por WINNICOTT, alude a uma de suas mais brilhantes e originais concepções, que dizem respeito aos fenômenos psíquicos que acompanham a *transição* que o bebê faz do mundo imaginário para o mundo da realidade. Essa transição é enfocada por WINNICOTT no seu tríplice aspecto: o que aborda os fenômenos, o espaço e os objetos transicionais, cujos conceitos aparecem separadamente nos respectivos verbetes.

Transtornos afetivos bipolares

O *transtorno afetivo bipolar* (TAB), antigamente denominado *psicose maníaco-depressiva* (PMD), é uma doença de fundo heredoconstitucional, crônica, comumente de início precoce, de características recorrentes, bastante recidivante. Tanto pode ser bem controlada pela combinação de terapia e psicofármacos, como também é capaz de produzir intensa e extensa incapacitação em algumas áreas da vida. As estatísticas comprovam que o risco de suicídio das pessoas portadoras dessa doença é 30 vezes maior do que na população normal.
Embora nem todos os casos de TAB se beneficiem com.a moderna psicofarmacologia, ora porque são refratários à medicação ou não aderem à disciplina do seu uso, ou porque não suportam os efeitos colaterais, é incontestável que o prognóstico da evolução da doença melhorou significativamente. A própria terapia psicanalítica, quando associada com os medicamentos estabilizadores do humor, como o lítio, ou com anticonvulsionantes, como o ácido valpróico, ou a carbazepina, tem dado mostras claras que evolui de forma mais exitosa.
Ver o verbete *Psicose maníaco-depressiva*.

Trauma [FREUD]

Na obra de FREUD, a palavra *trauma* aparece pela primeira vez em 1895, nos seus estudos com pacientes histéricas, como sendo relacionada com uma primitiva sedução sexual, realmente perpetrada pelo pai contra a menina indefesa. Em sucessivos artigos, FREUD reconheceu outras formas de traumas como: do nascimento (nos termos concebidos por RANK*)*; do impacto da cena primária; da angústia de castração do menino, em face da percepção de que as meninas não tinham pênis.
Em 1926, ele deu um passo importante ao reconhecer o trauma representado pelas perdas precoces, incluídas a da *perda do amor da mãe* ou de outras pessoas significativas. Nesse mesmo trabalho, FREUD ligou a ocorrência desses traumas psicológicos a um estado de desamparo.
O conceito de *trauma* está mais diretamente ligado a acontecimentos externos reais, que sobrepujaram a capacidade do ego de poder processar a angústia e a dor psíquica que eles provocaram. A repercussão dos traumas no psiquismo da criança é proporcional à precocidade de seu estado de inermia. Assim, em seu "Esboço de psicanálise" (1940), FREUD, utilizando uma importante e bela metáfora, compara o efeito de um trauma psicológico ao de uma "agulha no embrião humano. Uma agulhada num organismo desenvolvido é inofensivo; porém,

se for numa massa de células no ato da divisão celular, promoverá uma profunda alteração no desenvolvimento daquele ser humano em formação".

A noção de *trauma* conserva a idéia de que se trata de um conceito essencialmente econômico da energia psíquica: uma frustração em face da qual o ego sofre uma injúria psíquica, não consegue processá-la e recai num estado no qual sente-se desamparado e atordoado. A angústia excedente também pode escoar-se através de sintomas corporais que caracterizam a neurose atual.

São múltiplos os traumas precocemente impingidos às crianças, tanto sob a forma de separações traumáticas, quanto de *impingements* (traumas invasivos), ou de violências traumáticas de várias naturezas. Todos eles, porém, repercutem seriamente no psiquismo da criança, onde ficam impressos sob a forma de vazios, vivência de desamparo e de feridas abertas. Essas últimas estão de acordo com a etimologia da palavra: *trauma* em grego quer dizer *ferida*.

Trauma [segundo Ferenczi]

Ferenczi elaborou a sua teoria sobre o trauma a partir da situação de violência sexual a que uma criança pode ser submetida por um adulto. Na verdade, segundo mostra em seu artigo "A confusão de linguagens entre os adultos e a criança" (1933), Ferenczi mostra que a criança, ao brincar com um adulto, tem um propósito lúdico, com suas fantasias presentes, sendo um movimento prazeroso, no qual a genitalidade está ausente. Esse movimento prazeroso para a criança é estabelecido dentro de uma linguagem própria dela, diferente da dos adultos, à qual Ferenczi denominou como *linguagem da ternura*.

O trauma consiste no fato de o adulto poder responder genitalmente àquilo que na criança é pré-genital, assim estabelecendo uma séria confusão que o ego da criança ainda não tem condições para processar de forma satisfatória.

Trauma do nascimento [O. Rank]

Conceito formulado por O.Rank em seu livro *O trauma do nascimento*, de 1924. Designa um estado de angústia a que fica submetido o bebê por ocasião de seu nascimento, não só pelas pressões de natureza física inerentes ao parto, mas, especialmente, devido às modificações do novo ambiente exterior, que lhe impõe a necessidade de adaptação a uma nova forma de se alimentar, etc. Rank enfatizou sobretudo sua concepção de que a angústia do bebê resultante da separação da mãe constitui o protótipo da angústia psíquica.

Inicialmente, Freud acolheu com muito entusiasmo essa concepção de Rank, chegando a considerá-la como um protótipo de ulteriores estados de angústia, como as que acontecem nas neuroses traumáticas e nas neuroses atuais. No entanto, mais tarde, especialmente em "Inibições, sintomas e angústia" (1926), Freud foi se opondo ao conceito de Rank e desvitalizando sua importância. Em "Novas conferências introdutórias" (1933), Freud volta a revisar sua posição e reconhece que Rank tivera o grande mérito de ressaltar a importância da primeira separação da criatura humana da mãe.

Traumatofilia

Como mostra sua etimologia, essa palavra é derivada das raízes gregas *trauma* (ferida) + *philos* (amigo de) e designa o fenômeno bastante freqüente de pessoas que, de forma compulsivamente repetitiva, acidentam-se (daí também ser empregado o termo *"acidentofilia*). Podem ser incluídos os sujeitos que de forma inconsciente forçam a repetição de cirurgias, algumas mutiladoras, de certas zonas corporais.

A traumatofilia guarda uma relação íntima com sentimentos sadomasoquistas e lembra a situação muito conhecida de crianças que sofrem pequenos acidentes quando os pais se afastam por um tempo mais prolongado.

Três ensaios sobre a teoria da sexualidade [FREUD, 1905]

Este trabalho e *Interpretação dos sonhos* figuram como as mais importantes e originais contribuições de FREUD para a construção do edifício teórico da psicanálise, sendo os mais citados na literatura psicanalítica.
Três ensaios sobre a teoria da sexualidade consta de três capítulos, cada um abrangendo subtítulos, além de, no final, um resumo e um apêndice, perfazendo cerca de 120 páginas.
O capítulo I é intitulado "As aberrações sexuais. Desvios relativos ao objeto sexual" e comporta os seguintes subtítulos: a) "Inversão"; b) "Pessoas sexualmente imaturas e animais como objetos sexuais"; c) "Extensões anatômicas; d) "Fixação dos objetivos sexuais preliminares"; e) "As perversões em geral"; f) "A pulsão sexual dos neuróticos"; g) "Componentes pulsionais e zonas erógenas"; h) "Razões para a aparente preponderância da sexualidade perversa nas psiconeuroses"; i) "Sinal do caráter infantil da sexualidade".
O capítulo II, intitulado "Sexualidade infantil" aborda os temas: "Manifestações da sexualidade infantil"; "O objetivo sexual da sexualidade infantil"; "Manifestações sexuais masturbatórias"; "As pesquisas sexuais da infância"; "As fases de desenvolvimento da organização sexual"; "As fontes da sexualidade infantil".
O capítulo III tem por título "As transformações da puberdade" e engloba os temas: "O primado das zonas genitais e o pré-prazer"; "O problema da excitação sexual"; "A teoria da libido"; "A diferenciação entre homens e mulheres"; "O encontro de um objeto".
O apêndice é muito útil, porquanto, conforme seu título – "Lista das obras de Freud que tratam predominantemente ou em grande parte da sexualidade" – traz uma listagem de 33 textos que tratam mais diretamente da sexualidade, publicados no período de 1898 a 1940.
Este trabalho aparece no volume VII, a partir da página 135, na edição brasileira da Standard Edition.

Turbulência emocional [BION, 1997]

Título de um trabalho de BION, de 1977. A expressão *turbulência* designa o fato de que o progresso psicanalítico requer uma volta ao estado anterior ou um confronto entre partes distintas da personalidade do sujeito, e isso vem acompanhado por um estado de *turbulência* emocional, tanto no analisando, como, possivelmente, no psicanalista. A turbulência é desencadeada na análise pelo encontro de duas personalidades diferentes, ou de duas partes diferentes de uma mesma personalidade. BION contrapõe o estado de turbulência ao da calma do desespero, a qual consiste num estado psíquico de excessiva acalmia, sem um mínimo de angústia na situação analítica, o que pode estar indicando que talvez haja um conluio de acomodação e de estagnação.
Assim, BION propõe que, quando essa situação está de fato refletindo uma estagnação da análise, cabe ao analista promover alguma forma de turbulência, conforme a metáfora que ele utiliza: a de se jogar uma pedrinha num lago de águas tão calmas que elas passam despercebidas até que a pedrinha nelas lançada provoque as marolas.
Na prática clínica, a melhor forma de provocar uma turbulência consiste em o analista transformar em *egodistônico* o que, embora patológico, está arraigadamente *egossintônico* na mente e na conduta do analisando.
Esse artigo, publicado originalmente em *Borderline Personality Disorders*, se refere a uma palestra de BION sobre pacientes *borderline* e aparece na *Revista Brasileira de Psicanálise*, volume 21, 1, 1987, com tradução de P. C. SANDLER.

U

Umbral da posição depressiva
[MELTZER]

No clássico *O processo psicanalítico* (1967), D.MELTZER propõe estudar a evolução da transferência como um processo com história própria. Para tanto, ele subdivide esse processo em cinco etapas: 1. A *coleta da transferência*. 2. *Confusões geográficas*. 3. *Confusões zonais*. 4. *Umbral da posição depressiva*. 5. *O desmame*.
A quarta etapa é atingida quando as anteriores estiverem suficientemente bem resolvidas. O uso do termo *umbral* evidencia a cautela de MELTZER quanto à capacidade de o ser humano alcançar níveis de integração dos aspectos que estão dissociados e projetados (o que constitui a *posição esquizo-paranóide*) e, assim, vir a assumir a responsabilidade e as culpas pelos eventuais danos, reais ou fantasiados, que o sujeito possa ter infligido a outros ou a si próprio.

Unidade psique-soma [WINNICOTT]

Ao estabelecer seu conceito de personalização – que WINNICOTT definiu como "o sentimento de que a pessoa de alguém se encontra no próprio corpo" – parece evidente que surgiu do fenômeno da despersonalização, observada freqüentemente em psicóticos e que corresponde uma regressão a estágios precoces do desenvolvimento.
Partindo dessa idéia, WINNICOTT construiu uma teoria pela qual propõe que o desenvolvimento normal abrange um esquema corporal indissociado do psicológico, chamando-o de *Unidade psique-soma*. Nessa unidade, a integração e a personalização se complementam e requerem, na normalidade, uma exitosa confluência de cuidados maternos e experiências pulsionais satisfatórias.

Universo em expansão [BION]

Com essa expressão, BION asseverava que um processo psicanalítico não deve procurar as verdades acabadas nem conclusões definitivas. Pelo contrário, deve se constituir de novas e progressivas aberturas, numa constante inter-relação entre o sensorial e o abstrato, entre o finito e o infinito, entre K e O. Afirma BION: "o finito não deixa espaço para o desenvolvimento; estamos aqui preocupados com algo que requer espaço para o crescimento".
Dessa forma, o crescimento mental vai muito além do alívio de uma dor de angústia, de remoção de sintomas, ou de uma adap-

tação socioprofissional; pelo contrário, no lugar de um *fechamento* tranqüilizador e estabilizador, BION propõe que a análise propicie novas e progressivas aberturas, em um processo interminável, tal qual um *universo em expansão*, o do paciente e o do analista.

O modelo utilizado por BION para esclarecer a noção de *universo em expansão* na prática clínica, na evolução do analisando, é o de um *movimento helicoidal*, representado por uma *espiral ascendente*. Em outras palavras, em toda análise, o analisando faz "variações em torno dos mesmos temas". Essa volta aos mesmos pontos pode adquirir duas configurações fundamentalmente diferentes, embora possam ser parecidas. Uma, é um movimento em *círculo* na qual o paciente volta ao mesmo assunto, no mesmo plano que das vezes anteriores, portanto nada mudou. Uma segunda possibilidade é que ele volte ao mesmo assunto, ao mesmo ponto de partida, porém num plano ligeiramente superior, de sorte que vai havendo uma *espiral* ascendente e expansiva, ou seja, um crescimento do espaço mental.

A distinção entre um movimento *circular* e um *helicoidal* tem extraordinária importância na atitude psicanalítica do terapeuta diante dos relatos do paciente.

Uso de um objeto [WINNICOTT, 1969]

Em 1969, WINNICOTT publicou o artigo "O uso de um objeto" (in *Revista Brasileira de Psicanálise*, 1971), no qual estabelece uma diferença entre o *relacionamento com* um objeto, e o *uso de* um objeto.

Ele afirma textualmente que: "A relação de objeto é uma experiência do sujeito que pode ser descrita em termos deste, como ser isolado. Quando falo do *uso* de um objeto, entretanto, tomo a relação de objeto como evidente e acrescento novas características que envolvem a natureza e o comportamento do objeto. Por exemplo, o objeto, se é que tem de ser usado, deve ser necessariamente real, no sentido de fazer parte da realidade compartilhada, e não um feixe de projeções (...) Isto faz parte da mudança para o princípio da realidade (...) Constitui outro exemplo do processo de amadurecimento, como algo que depende de um meio ambiente propício".

No mesmo artigo, WINNICOTT destaca a importância dessa conceituação na prática analítica, de sorte que a atuação do analista vai além de unicamente interpretar. Também visa a propiciar que o analisando saiba usá-lo, inclusive para atingir sozinho a obtenção de *insights* e para dirigir ataques agressivos contra o analista, que deve possuir a capacidade de sobrevivência.

V

Vazio (Winnicott)

Em seu trabalho "Fear of Breackdown" ("Medo do Colapso") publicado postumamente por sua esposa Clare, em 1974, Winnicott assim se expressa: "Em alguns pacientes o vazio necessita ser experimentado e esse vazio pertence ao passado, a época antes que o grau de maturidade tivesse feito possível esse vazio ser experimentado. Para compreender isso, é necessário pensar que é mais fácil para um paciente lembrar de um trauma do que se lembrar que *nada* aconteceu quando poderia ter acontecido (...) Na prática, a dificuldade é que o paciente tem horror do vazio e, em defesa, pode organizar um vazio controlado não comendo (uma alusão ao problema da anorexia nervosa) ou não aprendendo, ou então ele pode impiedosamente prenchê-lo por uma voracidade compulsiva e que se sente como louca". Provavelmente corresponda ao estado de bulimia.

Vazio, patologia do [Francis Tustin]

Os recentes e aprofundados conhecimentos teóricos e técnicos relativos ao desenvolvimento emocional primitivo dos bebês permitem afirmar com convicção que nem toda a psicopatologia deriva unicamente dos *conflitos* entre pulsões do id, defesas do ego e ameaças do superego. Pelo contrário, cada vez fica mais evidente que há um crescente contingente de pessoas que, antes de conflitos, sofrem de primitivas *carências* afetivas básicas, pelo fato de suas mais precoces necessidades vitais – leite, calor, amor e paz – não terem sido suficientemente preenchidas, resultando daí a formação de verdadeiros buracos negros.

Assim, cada vez mais, as investigações da psicanálise inclinam-se para as situações clínicas que resultam das fixações ou regressões concernentes às etapas mais primitivas do desenvolvimento emocional. Dentre as referidas situações clínicas, existe uma que há mais de 50 anos vem preocupando os analistas pesquisadores dos transtornos autísticos de certas crianças, não as de natureza genético-neurológica, mas os quadros de *autismo psicogênico* (ou *autismo secundário*), nos quais essas crianças parecem desligadas do mundo exterior e transmitem-nos a impressão de que não olham *para* as pessoas, mas *através* delas.

A esse respeito, a psicanálise contemporânea, principalmente a partir de F.Tustin (1986), fez duas revelações muito importantes: a primeira é a comprovação de que essas crianças sofrem de *vazios*, de uma ausência quase absoluta de emoções, ou seja, elas estão cheias daquilo que TUSTIN chama de *buracos negros* (nome tirado da física cósmica, que designa uma espécie de *autofagia* da luminosidade das estrelas), os quais são resultantes da formação de um rígida carapaça, uma *concha autística*, contra a ameaça de um sofrimento provindo das frustrações impostas pela realidade exterior. A segunda revelação relativa à existência desses vazios na constelação psicológica é a de que esses estados autísticos não são exclusivos das crianças, sendo também encontrados em certos estados neuróticos de adultos e, mais notadamente, em situações piscopatológicas mais regressivas, como picoses, *borderline*, perversões, drogadições, etc.

A importância dessas constatações reside no fato de que tais pacientes requerem uma outra abordagem técnica. que consiste em o terapeuta sair ativamente em *busca* desse paciente, criança ou adulto. Mais do que escondido ou fugindo, ele está realmente *perdido* e necessitado de ser encontrado, e "sacudido" para despertá-lo de um estado de *desistência* de viver a vida, conformado que está em unicamente sobreviver, qual um vegetal nas situações mais extremas. Em outras palavras, o fundamental é que o analista possa propiciar a esse paciente algum tipo de *experiência de ligação*. As interpretações do analista, por mais corretas que sejam, não adiantam, porque esse paciente, escudado em sua cápsula autística, não se liga a elas. Tampouco adianta unicamente uma boa função continente do terapeuta, porquanto o paciente "não está nem aí" e não fica sensibilizado pela continência que lhe é oferecida. Por isso, TUSTIN faz a metáfora de que para esses casos o *setting* analítico seja uma espécie de *útero psicológico*, funcionando como uma incubadora para que o *self* em estado prematuro possa obter as provisões essenciais para seu desenvolvimento, que não se realizaram na sua infância. Assim, a proposta analítica contemporânea é a de, de alguma forma, ir ao encontro e sacudir as emoções escondidas atrás do escudo protetor até obter a resposta que sirva de escada para novas sacudidas, com vistas a transformar um estado mental de *de-sistência* num outro de *ex-istência*.

Verdade [BION]

BION sempre deu especial relevância à verdade, considerando-a essencial para o crescimento mental e que sem ela o aparelho psíquico não se desenvolve, morre de inanição. A busca da verdade impõe a necessidade de o sujeito estabelecer confrontos e correlações entre fatos passados e presentes; realidade e fantasia; verdades e mentiras; o que o sujeito diz, faz, e o que, realmente, ele é, etc.

Juntamente com o vínculo do amor (L) e o do ódio (H), BION descreveu o vínculo do conhecimento (K). Nesse último, ele contribuiu com concepções originais acerca do *não conhecimento*, que ele designa com a sigla -K. O ego processa esse automutilatório ataque ao vínculo do conhecimento quando o sujeito não pode ou não quer tomar conhecimento e ciência da existência de verdades penosas, tanto as externas quanto as internas, assim impedindo o desmascaramento, a percepção e a correlação dessas verdades intoleráveis.

Assim, diz BION, numa bonita **frase** que "o indivíduo pode sentir que lhe falta uma capacidade para verdade, seja para ouvi-la, seja para procurá-la, seja para encontrá-la, seja para comunicá-la, seja para desejá-la".Essa função *egóica* relativa ao *conhecimento* ou ao *não-conhecimento* ganha especial relevância na atual prática analítica pelo fato de que está intimamente ligada aos problemas que dizem respeito às *verdades, falsidades e mentiras*, inconscientes ou conscientes, levando-se em conta que *conhecer* (ou *saber*) as verdades é o caminho para o sujeito *vir a ser*.

A *mentira* é considerada o oposto à verdade, porém não é a mesma coisa que *falsidade*, porque implica certa intencionalidade. Segundo BION, em algum grau todos somos mentirosos.

BION também destacou bastante a forma como o analista deve transmitir a *verdade* através das interpretações, o que ele sintetiza nessa bela e profunda **frase:** "amor sem verdade não é mais do que uma paixão; e verdade sem amor não passa de uma crueldade".

Vértice [BION]

Termo cunhado por BION para designar um *ponto de vista*, um *ângulo* ou uma *perspectiva*, a partir dos quais tanto o analisando quanto o analista observam e comunicam determinada experiência analítica, que por si mesma pode ser sentida e descrita de muitas maneiras. BION preferiu usar o termo *vértice* ao invés dos outros, com o propósito deliberado de criar uma dimensão além da sensorial. Quando muda o vértice, qual um caleidoscópio, também muda a configuração do processo, embora permaneçam os mesmos elementos.

A conceituação de *vértice psicanalítico*, de BION, pode ser ilustrada pelo fato de que, diante de um mesmo desenho (Figura 4), em preto e branco, uma pessoa perceba um vaso (se ele ficar fixado na cor branca), enquanto outra vai perceber dois rostos humanos frente à frente (se o observador estiver concentrado no preto).

Como tentativa de trazer ordem a toda má ou incompleta compreensão, BION tentou gerar uma teoria de pontos de vista diferentes – míticos, científicos, etc. –, o que conduz a vértices religiosos, individuais, sociológicos, etc., os quais ele tinha a esperança de poderem ser mutuamente complementares e reconciliados.

Na prática psicanalítica, o importante é que esses vértices recíprocos entre analista e analisando mantenham uma distância útil e adequada: que não sejam tão distantes a ponto de impedir a correlação entre os respectivos vértices, nem tão próximos entre si de modo a impedir uma diferenciação e discriminação entre paciente e analista, com uma conseqüente estagnação no processo de novas perspectivas e aberturas de conhecimentos da realidade psíquica.

Comentário. A conceituação de *vértice* permite uma melhor compreensão do que pode ser considerado como o maior mal da humanidade, que é o problema dos *mal-entendidos* da *comunicação* entre as pessoas. Em tais casos, cada sujeito adota um vértice particular de percepção e pretende que a mesma seja verdade absoluta. Assim, a relatividade da *verdade* está intimamente conectada com os distintos vértices pelos quais uma mesma verdade é percebida, o que está bem expressado nesse verso do poeta Campoamor: "Nem tudo é verdade; nem tudo é mentira; tudo depende; do cristal com que se mira".

Via "di porre" e via "di levare" (conceito de técnica) [FREUD]

No seu trabalho "Sobre a psicoterapia" (1905), ao estudar a antítese entre a *técnica sugestiva* e a *analítica*, FREUD utiliza as seguintes palavras, transcritas textualmente (p. 270): "(...) a mesma antítese que, com relação às belas artes, o grande Leonardo da Vinci resumiu nas fórmulas *per via di porre e per via di levare!* A pintura, afirma Leonardo, opera *per via di porre*, pois explica uma substância – partículas de cor – onde nada existia antes, na tela incolor; a escultura, contudo, processa-se *per via di levare*, visto que retira do bloco de pedra tudo o que oculta a superfície da estátua nele contida".

De modo semelhante, a técnica da sugestão visa a processar-se *per via di porre*;

não se interessa pela origem, força e significado dos sintomas mórbidos mas, ao revés, supõe algo – uma sugestão – na expectativa de que será bastante vigorosa para impedir que a idéia patogênica venha a expressar-se. A terapia analítica, por outro lado, não procura acrescentar nem introduzir nada de novo, mas a retirar algo, a fazer aflorar alguma coisa, sendo que para esse fim se preocupa com a gênese dos sintomas mórbidos e o contexto psíquico da idéia patogênica que procura remover.

Comentário. A tendência atual dos psicanalistas é dar uma valorização muito superior à *via di levare*, com o que todos concordam. No entanto, deve ficar claro que nem sempre *pôr algo* é o mesmo que sugestionabilidade ativa ou alguma forma de *imposição* na mente do paciente. Assim, em inúmeras situações, especialmente com pacientes muito regressivos, torna-se indispensável que o analista *ponha* (ou re-*ponha*) no psiquismo do paciente algo que preencha seus vazios existenciais, da mesma forma vindo a suplementar funções do ego que não foram suficientemente desenvolvidas na infância do paciente.

A propósito da sugestionabilidade antes referida, não é possível ignorar o fato de que, por mais que o analista cumpra a regra da abstinência, quer queira, quer não, sempre seu discurso veicula algo de sua ideologia particular.

Vida, pulsão de [FREUD]

Em "Além do princípio do prazer" (1920), FREUD, como oposição a *Tânatos*, introduziu a noção de *Eros* como princípio fundamental das pulsões de vida, ou seja, uma tendência dos organismos de manter a coesão da substância viva e para criar novas unidades vivas.
Ver os verbetes *Autoconservação* e *Pulsões*.

Vínculos, conceituação de [BION]

A psicanálise contemporânea inclina-se cada vez mais para o paradigma da vincularidade, isto é, para o fato de que o processo psicanalítico consiste sempre em uma interação entre analisando e analista, a partir dos *vínculos* que se estabelecem entre ambos e que constituem o campo analítico.
Etimologicamente, o termo *vínculo* tem origem no étimo latino *vinculum*, o qual significa uma união, uma atadura de características duradouras. Da mesma forma, *vínculo* provém da mesma raiz que a palavra *vinco* (com o mesmo significado que aparece, por exemplo, em vinco das calças, ou de rugas, etc.), ou seja, ela alude a alguma forma de ligação entre as partes que estão unidas e inseparadas, embora permaneçam claramente delimitadas entre si.
Assim, BION conceituou *vínculo* como "uma estrutura relacional-emocional entre duas ou mais pessoas, ou entre duas ou mais partes separadas de uma mesma pessoa". Ele estendeu essa conceituação a qualquer função ou órgão que, desde a condição de bebê, esteja encarregado de vincular objetos, sentimentos e idéias uns aos outros.
Do ponto de vista psicanalítico, a conceituação de *vínculo* necessariamente requer as seguintes características:
1. São elos de ligação, *interpessoais* ou *intrapessoais*, permanentemente presentes e interativos.
2. Esses elos são sempre de natureza *emocional*.
3. São *imanentes* (isto é, são inatos, existem sempre como essenciais em um dado indivíduo e são inseparáveis dele).
4. Comportam-se como uma *estrutura* (vários elementos em combinações variáveis, onde a mudança de um deles certamente influirá no conjunto todo).
5. São *polissêmicos*, isto é, permitem vários (*poli*) significados (*semos*).
6. São potencialmente *transformáveis*.

7. Conforme BION, devem ser entendidos por meio do modelo da inter-relação continente-conteúdo.

Vínculos, tipos de [BION]

Durante muitas décadas, todos os psicanalistas basearam seus esquemas referenciais virtualmente em torno dos dois vínculos, o do *amor* e o do *ódio*. Coube a BION propor uma terceira natureza de vínculo, a do *conhecimento*, diretamente ligada à aceitação, ou não, das *verdades,* particularmente as penosas, tanto as externas quanto as internas, e que dizem respeito mais diretamente aos problemas da auto-estima dos sujeitos. Assim, ele descreveu três tipos de vínculos: o de *Amor* (L, inicial de *love*), de *Ódio* (H, inicial de *hate*) e o do *Conhecimento* (K, inicial de *knowledge*). Os três podem ser sinalizados de forma positiva, com o signo +, ou negativa, com o signo -. BION deteve-se mais particularmente no vínculo -K. Dessa forma, no lugar do clássico conflito entre o amor e o ódio, propôs ressaltar o *conflito entre as emoções e as antiemoções* presentes em um mesmo vínculo.

BION postulou que *menos amor* (-L) não é o mesmo que sentir ódio e que, tampouco, *menos ódio* (-H) significa amor. O vínculo do *menos amor* alude a uma oposição à emoção do amor. Isso pode ser ilustrado com a situação de puritanismo e a de samaritanismo, ou seja, em nome do amor o sujeito opõe-se à obtenção da emoção do prazer. Nesse caso, a manifestação externa adquire a aparência de amor que, no entanto, é falsa, o que não significa que esteja havendo ódio.

Um possível exemplo de -L seria o caso de uma mãe que pode amar intensamente seu filho, porém o faz de forma simbiótica, possessiva e sufocante. Embora sem ódio, seu amor samaritânico, cheio de sacrifícios pessoais e de renúncia ao prazer próprio, é de resultados negativos, porquanto funciona como culpígeno e infantilizador. Essa mãe, por isso, não reconhece e impede o necessário processo de diferenciação, separação e individuação do seu filho.

O vínculo do menos ódio pode ser ilustrado com a situação de *farisaísmo,* ou seja, com o estado emocional e conduta hipócrita, qual um fariseu. No caso, o sujeito está tendo uma atitude manifestamente amorosa por alguém, ao mesmo tempo que existe um ódio latente (quando o ódio predomina, trata-se de cinismo). Portanto, pode-se dizer que, no *menos ódio* – qual uma imagem negativa que o espelho reflete – está presente uma forma de amar baseada no ódio, embora o sujeito não se dê conta dele. Por outro lado, o simples fato de o vínculo do *conhecimento* (K) estar ligado ao mundo das verdades (ou falsidades e mentiras, no caso de -K) permite depreender a enorme importância que isso representa para a psicopatologia, levando em conta que seus diversos tipos e graus dependem justa e diretamente dos tipos e graus de defesa que o ego utiliza para a *negação* do sofrimento mental. Como exemplo de *menos conhecimento*, pode servir o *ataque às verdades* que comumente é empregado pela *parte psicótica da personalidade*. Nos casos mais exagerados, o sujeito constrói sua própria verdade, que contraria as leis da lógica e da natureza e que a todo custo quer impor aos outros como a verdade definitiva.

Vínculo do reconhecimento*

Acredito que juntamente com os três vínculos – Amor, Ódio e Conhecimento – descritos por BION, cabe acrescentar – devido à importância e freqüência com que se apresenta na prática analítica – um quarto tipo de vínculo: o do Reconhecimento, nas quatro seguintes acepções que esse termo permite:
1. ***Re**-conhecimento*. Designa a importância de o sujeito voltar (re) a conhecer aquilo que preexiste dentro dele, mas cujo co-

nhecimento lhe está oculto, como podem ser fatos recalcados ou negados de alguma forma, ou pré-concepções, tal como Bion as estudou.

2. *Reconhecimento **do** outro*. No início da vida, o bebê não discrimina entre o que é *eu* e o que é *não-eu*, de modo que existe um estado caótico composto unicamente por sensações que são agradáveis ou desagradáveis. Um adulto que esteja fixado nesse estado psíquico de posição narcisista, vê as outras pessoas como sendo uma extensão e posse dele próprio, e que devem estar permanentemente à sua disposição para prover suas necessidades.

É indispensável para o crescimento mental que o sujeito desenvolva com as demais pessoas um tipo de vínculo no qual *reconheça* que o outro não é um mero espelho seu, que é autônomo e tem idéias, valores e condutas diferentes das dele; que há diferença de sexo, geração e capacidades entre eles, sendo que é fundamental para o crescimento psíquico que se desenvolva o reconhecimento das diferenças.

3. *Ser reconhecido **aos** outros*. Este aspecto da vincularidade afetiva do sujeito diz respeito ao desenvolvimento de sua capacidade de consideração e de gratidão em relação ao outro. No referencial kleiniano, a aquisição dessa capacidade está diretamente ligada à passagem da predominância da posição esquizoparanóide para a posição depressiva.

4. *Ser reconhecido **pelos** outros*. Dentre as quatro modalidades de *reconhecimento*, esta é a mais importante e a que mais aparece evidenciada no campo analítico e na vida privada de todo ser humano. Não é possível conceber qualquer relação humana em que não esteja presente a necessidade de algum tipo de um mútuo reconhecimento, o qual é vital para a manutenção da *auto-estima* e a construção de um definido *sentimento de identidade*. Assim, até mesmo qualquer pensamento, conhecimento ou sentimento requer ser reconhecido pelos outros, de forma análoga à que acontece na relação bebê-mãe, e isso se torna fator fundamental para o sujeito adquirir o sentimento de *existência*.

Muitas situações da psicopatologia, como a angústia de separação, a construção de um falso self, a formação de uma caractereologia narcisística, os transtornos de convívio com grupos, etc., podem ser mais bem compreendidos e manejados através do vértice das carências de reconhecimento e dos mecanismos defensivos compensatórios.

Vínculos, ataque aos [BION]

BION conceituou o *ataque aos vínculos* (ou ataque aos *elos de ligação* – outra tradução do termo original *linking*) nos seus estudos sobre os transtornos de pensamento, conhecimento e linguagem dos psicóticos. Assim, o *ataque aos vínculos* consiste em uma tentativa inconsciente, a partir da parte psicótica da personalidade do paciente, muitas vezes movida por uma inveja excessiva, de impedir que o psicanalista (e ele próprio) possa se vincular e ter acesso à intimidade de sua pessoa, de forma a obstruir que se estabeleçam conexões entre as partes diferentes do próprio analisando, ou ainda, a de negar verdades penosas.

Dessa forma, a parte psicótica da personalidade que ataca toda a atividade de ligação da parte não-psicótica da personalidade, impede a formação de símbolos. Logo, bloqueia o desenvolvimento do pensamento verbal.

Na situação analítica, o analista deve fazer um ataque aos vínculos perversos que possam existir entre as partes diferentes e contraditórias do paciente, os quais ele tenta reproduzir com o seu analista.

Violência

O termo *violência* aparece com bastante freqüência na literatura psicanalítica, abordado de vértices distintos e com significados diferentes. Assim, na obra de M. KLEIN, está intimamente conectado com as pulsões sádico-destrutivas.

P. AULAGNIER utiliza a expressão v*iolência da interpretação* para caracterizar o importante fato de que é necessário distinguir quando o paciente sente a atividade interpretativa como uma violência (*primária*, no caso), embora seja necessária e adequada, daquela outra violência, pela qual o analista quer impor seus valores, de qualquer jeito, sem uma sensibilidade e empatia com o analisando.

BION, quando estuda o fenômeno clínico da mudança catastrófica, descreve suas três características: a *invariância* (refere-se ao que fica inalterado no processo de transformação e que permite reconhecer, no produto final, o original que foi transformado); a *subversão do sistema* (toda transformação implica a alteração de toda estrutura previamente existente) e a *violência* (porquanto, na prática clínica, a *mudança catastrófica* do analisando, por mais producente que seja, sempre vem acompanhada de muito sofrimento mental). Além disso, a psicanálise não pode se omitir em relação às diversas formas de violência que cotidianamente assolam o mundo todo. Por isso, está permanentemente procurando estabelecer conexões entre os fatores sociológicos e o entendimento psicanalítico. É útil assinalar que a palavra *violência* deriva do étimo latino *vis*, que significa força. Esse étimo tanto dá origem aos vocábulos *vigor, vida, vitalidade*, como também origina o termo *violência*. Pode-se dizer que a transição de um estado de *vigor* para o de uma *violência* é a mesma que se processa entre o de uma agressividade sadia para o de uma agressão destrutiva.

Violência primária e violência secundária [P. AULAGNIER]

PIERA AULAGNIER define a *violência primária* como a exercida pelo discurso materno na medida em que esse se antecipa a todo possível entendimento por parte da criança. Essa *violência* é necessária para permitir o acesso do *infans* (etimologicamente, de *in*, não, + *fans*, linguagem) ao mundo da realidade, dando um sentido tanto ao prazer quanto ao sofrimento que são vivenciados pelo bebê no seu corpo.

Assim, é a voz materna que promove no filho o encontro da relação do corpo com o psiquismo. É através do seu discurso (a autora usa o termo *porta-voz*) que o psiquismo da mãe age organizando o psiquismo da criança, ao mesmo tempo em que ela se constitui representante de uma ordem exterior, dando conta das suas leis de funcionamento.

A *violência secundária* consiste no fato de que persiste o desejo da mãe em seguir subministrando para a criança seus valores de forma continuada e imodificada, mantendo-se como a única capaz de dispensar amor e sabedoria. O que caracteriza a *violência* é o fato de que essa atitude apostólica da mãe se processa desde a época em que a criança ainda carece de meios de defesa adequados.

Caso a mãe não renuncie a esse *seu* desejo, que não leva muito em conta as reais necessidades e desejos *de seu filho*, às vezes apelando para o uso de mentiras, portanto cometendo um excesso de violências secundárias, estará aberto o caminho para uma série de prejuízos de futuras psicopatologias, principalmente as que se referem ao embotamento da capacidade para pensar, criar e ser autêntico.

Visão binocular [BION]

Expressão introduzida por BION na psicanálise, em seu trabalho apresentado em 1950, "O gêmeo imaginário" (1967). Ao contrário da reversão da perspectiva que só permite uma única visualização (a das premissas do analisando), a *visão binocular* alude à capacidade de estabelecer confrontos e correlações entre distintos vértices e, assim, capacitar o sujeito a passar de um ponto de vista a outro a respeito do que sucede em determinada experiência emocional.

Por exemplo: um psicanalista que somente interpreta o lado infantil ou a parte psicótica do paciente ou, pelo contrário, unicamente o lado adulto, não está tendo a necessária visão binocular (que, outras vezes, BION denomina *visão multifocal*), novos vértices, como outra forma de autovisualização.

Comentário. A técnica de abrir novos vértices tem uma extraordinária importância na psicanálise atual por estar baseada no fato de que, assim como a criança forma a imagem de si mesma nos moldes de como a mãe a vê, também o paciente está em grande parte influenciado pela visão que o analista tem de seus potenciais.

Viscosidade da libido [FREUD]

Em "Três ensaios obre uma teoria da sexualidade" (1905), FREUD introduz a noção de fixação da libido, pressupondo a existência de um "fator psíquico de origem desconhecida que explicaria a intensidade da fixação, uma *adesividade* ou uma *fixabilidade*".
A partir dessa concepção, FREUD dedicou-se a estudar sua importância na teoria do tratamento analítico. Seus estudos o levaram, a formular algumas postulações, como a de que em determinados pacientes "...os processos que o tratamento provoca evoluem muito mais lentamente do que em outros, porque, ao que parece, esses pacientes não são capazes de se decidir a desligar os investimentos libidinais de um objeto e a deslocá-los para um novo objeto". Outra observação de FREUD é a de que uma mobilidade excessiva da libido pode constituir um obstáculo inverso, pois os resultados analíticos permanecem então extremamente frágeis.
Por vezes, FREUD utiliza a expressão *inércia psíquica* para designar o fato de que a viscosidade da libido, nas transformações da energia psíquica, se comportaria como fenômeno da *entropia* num sistema físico.
A etimologia da palavra *entropia* indica uma combinação de *energia* e de *tropos* (transformação ou evolução em grego). Assim, entropia, em física, é uma quantidade de energia que mede o grau de evolução de um sistema físico, tal como aparece nas duas leis da termodinâmica: 1. A energia total se transforma, mas se conserva. 2. Nas trocas, há uma certa dissipação da energia. A comparação com o psiquismo consiste no fato de que nunca haveria a possibilidade de mobilizar toda a quantidade de energia mental que foi fixada num dado momento.

Voracidade [M. KLEIN]

Termo introduzido na psicanálise por M. KLEIN para designar uma forma de introjeção executada com ódio, de modo que a violência da incorporação oral, que implica um mastigar e morder raivoso, conduz, na fantasia, à destruição do objeto. O estado final fica sendo o de que não houve satisfação oral, de vez que o objeto introjetado resultou desvitalizado e sem valor. Isso promove as identificações com objetos depressivos ou, pior, o objeto introjetado transformou-se em um perseguidor retaliatório, como é característico da posição esquizoparanóide.
Quanto mais a criança sentir-se inundada por objetos maus ameaçadores e destruidores, mais fome voraz – às vezes de uma avidez insaciável – ela tem, na busca de uma incorporação de objetos bons, o que pode estabelecer um progressivo círculo vicioso maligno. O resultado final pode ser a inibição dos impulsos ligados à oralidade e uma restrição da introjeção, com o fim de poupar os objetos pelos quais sente fome voraz, fato que pode conduzir a um estado de anorexia, afanisia e a sensação de um mundo interno esvaziado.

Voyeurismo

Ver o verbete *Escopofilia*.

W

Weltanschauung, A questão de uma [FREUD]

Artigo que consta como capítulo XXXV das *Novas conferências introdutórias à psicanálise*. Nele FREUD afirma que a psicanálise não pretende ser uma *Weltanschauung*, isto é, não deve ser uma construção intelectual que resolva todos os problemas de nossa existência de maneira uniforme ou tenha respostas para eles. Essa visão tem base numa hipótese predominante de que a psicanálise não deixa nenhuma pergunta sem resposta, nenhum problema sem solução e na qual tudo que nos interessa encontra um lugar fixo.

FREUD estabelece uma comparação com a *Weltanschauung* religiosa e conclui que a psicanálise é incapaz de criar uma *Weltanschauung* própria, não tem necessidade dela e é muito mais ligada ao pensamento científico, ainda à espera de muitas respostas.

O termo *Weltanschauung* aparece com freqüência nos textos psicanalíticos, quase sempre no original alemão. Nas traduções para o português não foi encontrada a palavra adequada; a mais próxima das ensaiadas é *cosmovisão*, que não vingou.

Winnicott, Donald Woods

Uma das maiores figuras da psicanálise, de todos os tempos, WINNICOTT nasceu em 1896, em Plymouth, Inglaterra, onde viveu num lar bem estruturado, econômica e afetivamente, sendo o filho caçula entre mais duas irmãs. Muito cedo demonstrou inclinação para a música e inegáveis dotes de criatividade artística, a par de ser um destacado atleta universitário e ter construído uma sólida erudição geral.

Formou-se em medicina, iniciando como pediatra bem-sucedido, especialidade que exerceu durante quarenta anos, tendo tratado mais de 60 mil casos. Nesse período, já evidenciava sua preocupação com os aspectos emocionais dos seus pequenos pacientes na interação com as respectivas mães. Prova disso é que foi então que WINNICOTT criou os conhecidos jogos da espátula e do rabisco (*squiggle*), que ele praticava com as crianças. Participou da I Guerra Mundial como oficial médico da marinha.

No mesmo ano de sua formatura em medicina (1923), WINNICOTT iniciou sua análise com J.STRACHEY, a qual se prolongou por 10 anos. No período de 1933 a 1938, fez sua análise didática com JOAN RIVIÈRE, no seio do grupo kleiniano, Sua supervisão psicanalítica foi com M.KLEIN durante alguns anos.

WINNICOTT tinha verdadeira paixão pela infância, como mostra o relatório da *Pequena Piggle*, publicado depois de sua morte. Essa menina tinha dois anos quando foi paciente de WINNICOTT, e ele a viu durante três anos, tendo feito sessões consideradas como memoráveis. Foi o fundador da psicanálise de crianças na Grã-Bretanha, antes da chegada a Londres de M.KLEIN, numa época em que praticamente só terapeutas mulheres dedicavam-se ao tratamento com crianças.

Divorciado da primeira mulher, Alice, uma artista ceramista, WINNICOTT veio a casar-se com Clare, uma assistente social que veio a tornar-se psicanalista, tendo feito a sua análise com M.KLEIN. Por ocasião das *Controvérsias* acontecidas no seio da Sociedade Psicanalítica Britânica no período de 1943 a 1944, WINNICOTT escolheu ficar com o Grupo dos Independentes. Por duas vezes, num total de seis anos, foi presidente da Sociedade Psicanalítica Britânica.

As maiores fontes inspiradoras de WINNICOTT foram FREUD, KLEIN e o biólogo DARWIN, cuja teoria da seleção natural induziu-o à concepção de que um bebê depende fundamentalmente de um ambiente facilitador para sua sobrevivência e estruturação psíquica. Publicou seu primeiro trabalho em 1936, no qual estudou a relação entre os conflitos emocionais e os transtornos da alimentação. Aos poucos, foi revelando uma predileção pelo atendimento de pacientes psicóticos, *borderline* e adolescentes com conduta anti-social.

A obra total de WINNICOTT consta de mais de 200 títulos, contidos em quatro livros, cujos principais conceitos originais estão na resenha que segue.

Em 1945, ainda fortemente influenciado por M.KLEIN, WINNICOTT publica o seu clássico "Desenvolvimento emocional primitivo", no qual propõe que a maturação e o desenvolvimento emocional da criança processam-se em três etapas:

1. *Integração e personalização.* O bebê nasce num estado de *não-integração* (não é o mesmo que desintegração nem dissociação), na qual está numa condição de *dependência absoluta*, apesar da sua crença mágica de possuir uma *absoluta independência*. Os cuidados *suficientemente bons da mãe* promovem uma integração completa da unidade psique-soma. WINNICOTT define a *personalização* como "o sentimento que o sujeito tem de que ele habita o seu próprio corpo".

2. *Adaptação à realidade.* A mãe tem o papel fundamental de ajudar a criança a sair da subjetividade total e provê-la com os elementos da realidade objetiva, de modo que ela comece a evocar "aquilo que realmente está à sua disposição".

3. *Crueldade primitiva.* Nessa época, WINNICOTT afirmava que todo bebê tem uma carga genética com certa cota de agressividade que muitas vezes volta-se contra ela mesma e que também vem acompanhada da fantasia de ter danificado a mãe. No entanto, diferentemente de M.KLEIN, ele não

prioriza a inveja primária com as pulsões sádico-destrutivas; antes, enfatiza os aspectos construtivos da agressividade e a esperança da criança de que a mãe a compreenda, ame e, sobretudo, *sobreviva* aos seus ataques.

Em 1951, surgem os estudos de WINNICOTT relativos aos *fenômenos, espaços e objetos transicionais*, tal como estão descritos nos respectivos verbetes.

Em 1958, WINNICOTT publica o seu artigo "A capacidade para estar só", no qual revela seu gosto pelo emprego de conceituações paradoxais. Essa importante concepção refere-se originalmente à capacidade da criança de ficar só quando mais a mãe está presente, de tal modo que cada uma delas está ocupada nos seus afazeres particulares e privativos, porém uma invisível e recíproca confiança básica mantém-nas unidas.

O ano de 1960 representa um marco bastante significativo na obra de WINNICOTT, que então publicou dois dos seus mais importantes trabalhos: um é "A teoria da relação paterno-filial", onde mais claramente define o papel da mãe no desenvolvimento emocional do filho, descreve o estado psicológico da *preocupação* (ou *devoção*) *materna primária*, desenvolve as funções da mãe *como ego auxiliar*, como uma função *holding*. O segundo é "Deformação do ego em termos de um verdadeiro e um falso self", no qual WINNICOTT refere que, quando as falhas ambientais ameaçam sua continuidade existencial, a criança vê-se obrigada a deformar o seu *verdadeiro self* em prol de uma submissão às exigências ambientais, notadamente dos pais, o que leva à construção de um *falso self*.

Em 1971 aparece o livro *O brincar e a realidade* (que dedica a seus pacientes que "pagaram para me ensinar"), no qual sobressai o importante artigo "O papel de espelho da mãe e da família", no qual WINNICOTT tece interessantíssimas considerações acerca do *olhar* da mãe na estruturação, ou desestruturação, do *self* do filho.

Entre tantos aspectos da técnica e da prática analítica, os seguintes merecem ser destacados:

Quando as falhas ambientais precoces são repetitivas, forma-se no sujeito um *congelamento* da situação do fracasso, de modo que o *setting* analítico possibilita uma regressão útil com vistas a um descongelamento.

A admissão do analista da possibilidade que se desenvolva um *ódio na contratransferência* (título de um artigo de 1947), parece ser um importante instrumento técnico.

A importância de que o analista saiba distinguir a diferença entre o que o paciente manifesta como sendo *necessidades do id* e as *necessidades do ego*.

Como acontece nos primórdios do desenvolvimento emocional de uma criança, também nos analisandos há um período de *hesitação*, que não deve ser confundida com o clássico conceito de *resistência*.

O uso que o analisando pode fazer do analista como *objeto transicional*, tal como está descrito em seu artigo "O uso de um objeto" (1969), empresta outra dimensão à transferência e à interpretação.

A concepção de que, de forma análoga ao que se passa entre a mãe e a criança, também o analista e o analisando, cada um está sendo *criado e descoberto* pelo outro.

O destaque ao valor positivo e estruturante das pulsões agressivas, desde que haja a sobrevivência do objeto, ao mesmo tempo amado e atacado.

A noção de que a não-satisfação de uma necessidade pode provocar, não o ódio, mas uma *decepção*, uma reprodução do fracasso ambiental.

A convicção de que com pacientes bastante regressivos, mais vale o *manejo* do analista do que as suas interpretações.

Toda a pessoa apresenta algum grau de *dependência* e cabe ao analista ajudar o paciente a transitar pelas três fases que caracterizam o processo de dependência: a *absoluta*, a *relativa* e a que vai rumo à *independência*.

A transferência é considerada por Winnicott uma réplica do laço materno, de modo que ele não respeitava muito nem a neutralidade nem a duração das sessões e não hesitava em manter relações de amizade calorosa com seus pacientes.

Sofrendo de problemas cardíacos desde 1948, Winnicott morreu subitamente em 1971, com a idade de 74 anos, sem ter deixado filhos que não os representados pelo legado de uma magnífica obra e de uma legião cada vez maior de seguidores.

Zonas erógenas

Em "Três ensaios sobre uma teoria da sexualidade" (1905), FREUD evidencia que a teoria da libido era originariamente um conceito anatômico, inicialmente descrito por ele como restrito à "qualquer região do revestimento cutâneo-mucoso podendo funcionar como zona erógena". Assim, os órgãos produtores da libido eram denominados zonas erógenas, como os lábios, a boca, a pele, o movimento muscular, a mucosa anal, o pênis e o clitóris, Em cada idade específica predomina determinada zona erógena. Posteriormente, FREUD estendeu a erogeneidade a todos órgãos internos, ao afirmar que "todo corpo é uma zona erógena propriamente dita". Igualmente, considerou que as zonas erógenas são *fontes* de diversas pulsões parciais (como no *auto-erotismo*) e determinam com maior ou menor especificidade certo tipo de *finalidade* libidinal sexual. FREUD também levou em conta o fato de que as zonas erógenas se constituíram na psicossexualidade das crianças, como pontos de eleição das trocas com o meio ambiente e, ao mesmo tempo, serem fatores determinantes de solicitarem o máximo de atenção, de cuidados corporais e, portanto, de excitações provindas do manuseio da mãe.

Zonas (ou áreas) livres de conflito
[PSICÓLOGOS DO EGO]

Ver o verbete *Áreas livres de conflito*.

Referências bibliográficas

ABRAHAM, K (1909). Sonho e Mito. In: ABRAHAM, KARL *Oeuvres complètes* Paris: Payot, 1989.

_____. (1919). Uma forma particular de resistência contra el método psicanalítico. In: ABRAHM, KARL. *Psicoanálisis clínico.* Buenos Aires: Paidós, 1959a.

_____. (1924). Un breve estudio de la evolución de la libido, considerada a la luz de los transtornos mentales. In: ABRAHAM, KARL. *Psicoanálisis clínico.* Buenos Aires: Paidós, 1959b.

_____. (1959). *Psicoanálisis clínico.* Buenos Aires: Paidós, 1959c.

ABRAM, JAN (1996). *A Linguagem de Winnicott. Dicionário das palavras e expressões utilizadas por Donald W. Winnicott.* Rio de Janeiro: Revinter, 2000.

ADLER, ALFRED (1912). *El carácter neurótico.* Buenos Aires: Paidós, 1954.

_____. (1918). *Prática y teoria del indivíduo.* Buenos Aires: Paidós, 1958.

_____. (1937). *Le sens de la vie.* Paris: Payot, 1961.

AICHORN, AUGUST (1925). *Jeunesse à l'abandon.* Toulouse: Privat, 1973.

ALEXANDER, F. (1946). *Psychoanalytic therapy: principles and aplication.* New York: Ronald, 1946.

_____. (1967). *Medicina Psicossomática.* Porto Alegre: Artes Médicas, 1989.

ALVAREZ, A. (1992). *Companhia viva.* Porto Alegre: Artes Médicas, 1994.

AULAGNIER, P. (1975). *A violência da interpretação: do pictograma ao enunciado.* Rio de Janeiro: Imago, 1979.

_____. (1979). *Os destinos do prazer.* Rio de Janeiro: Imago, 1985.

_____. (1986). *Um intérprete em busca de um sentido.* São Paulo: Escuta, 1990.

_____. (1984). *O aprendiz de historiador e o mestre-feiticeiro.* São Paulo: Escuta, 1989.

AZOUBEL NETO, D. (1993). *Mito e psicanálise. Estudos psicanalíticos sobre formas primitivas de pensamento.* Campinas: Papirus, 1993.

BALINT, M. (1957). *O médico, seu paciente e a doença.* Rio de Janeiro: Ateneu, 1957.

_____. (1965). *Amour primaire et technique psychanalytique.* Paris: Payot, 1972.

_____. (1968). *A falha básica.* Porto Alegre: Artes Médicas, 1993.

BALINT, M.; BALINT, E. (1961). *Techniques psychothérapeutiques en médecine.* Paris: Payot, 1966.

BARANGER, W.; BARANGER, M. (1961-62). La situación analítica. In: *Problemas del campo psicanalítico.* Buenos Aires: Kargieman, 1969.

BARANGER, W. (1971) *Posición y objecto en la obra de Melanie Klein.* Buenos Aires: Kargieman, 1977.

BATESON, GREGORY (1955). *Play: its role in developement as evolution.* Hardmondsworth Middix: Penguin, 1968.

BETTELHEIM, B. *Psicanálise dos contos de fadas.* 11ª ed. Rio de Janeiro: Paz e Terra, 1996

_____. (1982) *Freud e a alma humana.* São Paulo: Cultrix 1993.

BICK, E. (1964). Notes on infant observation in psychoanalytic training. *International Journal of Psychoanalysis,* v. 45, n. 4, 1964.
_____. (1968). The experience of the skin in early object relations. In: *Int. J. Psycho-Anal.* , v. 49, p. 484-486, 1968.
BION, W. R. (1962). *Experiências com grupos.* Rio de Janeiro: Imago, 1970.
_____. (1962). *O Aprender com a experiência.* Rio de Janeiro: Imago, 1991.
_____. (1963). *Elementos em psicanálise.* Rio de Janeiro: Imago, 1991.
_____. (1965). *As transformações.* Rio de Janeiro: Imago, 1991.
_____. (1967). *Estudos psicanalíticos revisados.* Rio de Janeiro: Imago, 1988.
_____. (1970). *Atenção e interpretação.* Rio de Janeiro: Imago, 1973.
_____. (1973). *Conferências brasileiras I.* Rio de Janeiro: Imago, 1973.
_____. (1975, 1977, 1979). *Uma memória do futuro.* Rio de Janeiro: Imago.
_____. (1987). *Clinical seminars and four papers.* Abingdon: Fleetwood, 1982.
_____. (1990). *Brazilian Lectures.* London: Katnak, 1990.
_____. (1992). *Conversando com Bion.* Rio de Janeiro: Imago, 1992.
_____. (1994). *Clinical Seminars.* London: Karnak, 1994.
_____. (1992). *Cogitações.* Rio de Janeiro: Imago, 2000.
BLEICHMAR, N. ; BLEICHMAR, C. L. (1989). *A psicanálise depois de Freud: teoria e clínica.* Porto Alegre: Artes Médicas, 1992.
BOLLAS, CHRISTOPHER (1987). *A sombra do objeto.* Rio de Janeiro: Imago, 1992.
_____. (1989). *Forças do destino.* Rio de Janeiro: Imago, 1992.
BOWLBY, J. (1951). *Cuidados maternos e saúde mental.* São Paulo: Martim Fontes, 1995.
_____. (1969). *Apego e perda.* São Paulo: Martim Fontes, 1990.
BRANDÃO, J. S. (1987). O mito de Narciso. In: *Mitologia grega.* v. 2. Petrópolis: Vozes, 1987.
BREUER, J. e FREUD, S. (1895). *Estudos sobre a histeria.* v. II, *Standard Edition.*
BULFINCH, THOMAS (1998). *O livro de ouro da mitologia.* 9. ed. Rio de Janeiro: Ediouro, 1999.

CARON, NARA (org) *A relação pais-bebê. Da observação à clínica.* São Paulo: Casa do Psicólogo, 2000.
CESIO, F. (1960). El letargo: contribuición al estudio de la reacción terapêutica negativa. *Revista de Psicoanálisis,* v. 17, n. 3, p. 289, 1960.
_____. *El letargo.* Uma reacción a la pérdida de objeto. *Revista de Psicoanálisis*, Buenos Aires, v. 21, n. 1, 19-27, 1964.
CHEMAMA, R. (1993). *Dicionário de Psicanálise.* Porto Alegre: Artes Médicas, 1995.
COROMINAS, S. J. (1979). *Dicionário crítico etimológico castellano hispânico.* Madri: Gredos, 1980.
ERIKSON, E. (1950). *Childood and society.* New York: Norton, 1959.
ETCHEGOYEN, H. (1987). *Fundamentos da técnica psicanalítica.* Porto Alegre: Artes Médicas, 1987
FAIRBAIRN, W. R. D. (1941). *Estudio psicanalítico de la personalidad.* Buenos Aires: Hormé, 1962.
_____. Observaciones sobre la naturaleza de los estados histéricos. In: SAURI, J. *Las histerias.* Buenos Aires: Nueva Visión, 1975.
FENICHEL, O. (1954). *Teoria psicanalítica de las neurosis.* Buenos Aires: Nova, 1954.
FERENCZI, S. (1913). O desenvolvimento do sentido da realidade e seus estágios. In: *Obras Completas de Sandor Ferenczi.* v. 2, São Paulo: Martins Fontes, 1991.
_____. (1924). Thalassa, psicanálise das origens da vida sexual. In: *Obras completas,* v. 3. São Paulo: Martins Fontes, 1991.
_____. (1928). Elasticidade na técnica analítica. In:*Obras completas,* v. 4. São Paulo: Martins Fontes, 1991.
_____. (1933). A confusão de linguagens entre os adultos e a criança. In: *Obras completas.* v. 4. São Paulo: Martins Fontes, 1991.
_____. (1992). *Obras completas de Sandor Ferenczi.* São Paulo: Martins Fontes, 1992.
FERRO, ANTONINO (1992). *A técnica na psicanálise infantil.* A criança e o analista: da relação ao campo emocional. Rio de Janeiro: Imago, 1995.
_____. (1996). *Antonino Ferro em São Paulo. Seminários.* São Paulo: Acervo Psicanalítico, 1998.
_____. (1998). *Na sala de análise.* Rio de Janeiro: Imago, 1998.
FREUD, ANNA (1936). *O ego e os mecanismos de defesa.* Rio de Janeiro: Biblioteca Universal Popular, 1968.

FREUD, S. (1893). Sobre o mecanismo psíquico dos fenômenos histéricos: comunicação preliminar. In: *Obras completas*. v. II, Rio de Janeiro: Imago, 1968.

_____. (1895) Estudos sobre a histeria. *Obras completas* v. II. Rio de Janeiro, Imago, 1968.

_____. (1895; 1950). Projeto para uma psicologia científica, v. I.

_____. (1899). Recordações encobridoras, v. III.

_____. (1900). A interpretação dos sonhos, v. IV.

_____. (1901). A psicopatologia da vida cotidiana, v. VI.

_____. (1905). Sobre a psicoterapia, v. VII

_____. (1905). Chistes e sua relação com o inconsciente, v. VIII.

_____. (1905). Três ensaios sobre a teoria da sexualidade, v. VII.

_____. (1905). Fragmentos da análise de um caso de histeria, v. VII

_____. (1908). Sobre as teorias sexuais das crianças, v. IX.

_____. (1908). Caráter e erotismo anal, v. IX

_____. (1909). Análise de uma fobia em um menino de cinco anos, v. X

_____. (1909). Romance familiar, v. IX.

_____. (1910). Cinco lições de psicanálise, v. XI.

_____. (1910). Leonardo da Vinci e uma lembrança de sua infância, v. XI.

_____. (1911). As perspectivas futuras da terapia psicanalítica, v. XI.

_____. (1911). Formulações sobre os dois princípios do funcionamento mental, v. XII.

_____. (1911). Notas psicanalíticas sobre um relato autobiográfico de um caso de paranóia (Dementia paranoides), v. XII.

_____. (1912). . A dinâmica da transferência, v. XII.

_____. (1912). Recomendações aos médicos que exercem a psicanálise, v. XII.

_____. (1912). Totem e Tabu, v. XIII.

_____. (1913). Sobre o início do tratamento (Novas recomendações sobre a técnica da psicanálise).

_____. (1914). Sobre o narcisismo: uma introdução, v. XIV.

_____. (1914). Recordar, repetir e elaborar (Novas recomendações sobre a técnica da psicanálise), v. XII.

_____. (1915). Observações sobre o amor transferencial (Novas recomendações sobre a técnica da psicanálise), v. XII.

_____. (1915). As pulsões e suas vicissitudes, v. XIV.

_____. (1915). Recalcamento, v. XIV.

_____. (1915). O inconsciente, v. XIV.

_____. (1916). Conferências introdutórias à psicanálise, v. XVI.

_____. (1917). As transformações do instinto exemplificadas no erotismo anal, v. XVII.

_____. (1917). Luto e melancolia, v. XIV.

_____. (1919). Linhas de progresso na terapia psicanalítica, v. XVII.

_____. (1919). Uma criança é espancada, v. XVII.

_____. (1919). O sobrenatural, v. XVII.

_____. (1920). Além do princípio do prazer, v. XVIII.

_____. (1921). A psicologia do grupo e a análise do ego, v. XVIII.

_____. (1923). O ego e o id, v. XIX.

_____. (1924). A dissolução do complexo de Édipo, v XIX.

_____. (1924). Neurose e psicose, v. XIX.

_____. (1924). O problema econômico do masoquismo, v. XIX.

_____. (1925). Uma nota sobre o bloco mágico, v. XIX.

_____. (1925). Um estudo autobiográfico, v. XIX.

_____. (1925). A negação, v. XIX.

_____. (1926). Inibições, sintomas e angústia, v. XX.

_____. (1926). A questão da análise leiga, v. XX.

_____. (1926) Uma entrevista rara de Freud concedida ao jornalista americano George Sykvester Viereck. *Revista* IDE, SÃO PAULO, V. 15, 1998.

_____. (1927). O futuro de uma ilusão, v. XXI.

_____. (1927). Fetichismo, v. XXI.

_____. (1930). O mal-estar da civilização, v. XXI.

_____. (1931). A sexualidade feminina, v. XXI.

_____. (1933). Novas conferências introdutórias à psicanálise, v. XXII.

_____. (1937). Análise terminável e interminável, v. XXIII.

_____. (1937). Construções em análise, v. XXIII.

_____. (1939). Moisés e o monoteísmo, v. XXIII.

_____. (1940). Esboço de psicanálise, v. XXIII.

_____. (1940). Clivagem do ego no processo de defesa, v. XXIII.

_____. (1941). Achados, idéias, problemas, v. XXIII.

FROMM, E. (1941). *O medo da liberdade*. Rio de Janeiro: Guanabara, 1986.

_____. (1967). *A arte de amar*. Belo Horizonte: Itatiaia, 1964.

_____. (1975). *A linguagem esquecida*. Rio de Janeiro: Guanabara, 1986

GARCIA-ROZA, L. A. (1991-1996). *Introdução à metapsicologia freudiana*. Rio de Janeiro: Zahar, 1996.

GREEN, A. (1976). A mãe morta. In: *Narcisismo de vida e narcisismo de morte*. Rio de Janeiro: Escuta, 1988.

_____. (1988). *Sobre a loucura pessoal*. Rio de Janeiro, Imago, 1988.

_____. (1986). O trabalho do negativo. In: *Conferências brasileiras de André Green. Metapsicologia dos limites*. Rio de Janeiro: Imago, 1990.

GRINBERG, L. (1956). Sobre alguns problemas de técnica psicoanalítica determinados por la identificación y la contraidentificación proyetiva projetivas. Buenos Aires: *Revista de Psicoanálisis*, v. 13, n. 4, 1956.

_____. (1963). *Culpa y depresión*. Buenos Aires: Paidós, 1975.

_____. (1971) *Identidad y cambio*. Buenos Aires: Kargieman, 1971.

HARTMANN, H. (1939). *Psicologia do ego e o problema da adaptação*. Rio de Janeiro: Zahar, 1989.

HEIMANN, P. (1950). On counter-transference. *Int. J. Psychoanal.*, n. 31, 1960.

HINSHELWOOD, R. D. (1991). *Dicionário do pensamento kleiniano*. Porto Alegre: Artes Médicas, 1992.

ISAACAS, S. (1943). A natureza e a função da fantasia. In: *Os progressos da psicanálise*. Rio de Janeiro: Zahar, 1992.

JACOBSON, E. (1954). *El self y el mundo objectal*. Buenos Aires: Beta, 1969.

JONES, E. (1953). A *vida e a obra de Sigmund Freud*. Rio de Janeiro: Imago, 1989.

JOSEPH, B. (1975). O paciente de difícil acesso. *Revista Brasileira de Psicanálise*. v. 20, n. 3, 1986.

KANTROWITZ, J. (1989). The relationship between the resolution of the transference and the patiente-analyst match. Trabalho apresentado no 36º Congresso da IPA, Roma, 1989.

KERNBERG, O. (1970). Factors in the psychoanalytic treatment of narcisistic personalities. *JAPA*, 1970.

_____. (1975). *Borderline conditions and psychological narcissism*. New York: Jason Aronson, 1975.

_____. (1976). *Object relations theory and clinical psychoanalysis*. New York: Jason Aronson. 1976.

_____. (1980). *Mundo interior e realidade exterior. Teoria aplicada às relações objetais*. Rio de Janeiro: Imago, 1989.

KLEIN, M. (1930). La importancia de la formación de simbolos en el desarrollo del yo. In: *Contribuciones al psicoanálisis*. Buenos Aires: Paidós, 1986.

_____. (1932). *Psicanálise das crianças*. Rio de Janeiro: Imago, 1997.

_____. (1934). Una contribución a la psicogénesis de los estados maniaco-depresivos. In: *Contribuciones al psicoanálisis*. Buenos Aires: Paidós, 1964.

_____. (1946). Notas sobre os mecanismos esquizóides. In: *Os progressos da psicanálise*. Buenos Aires: Paidós, 1962.

_____. (1948). *Contribuciones al psicoanálisis*. Buenos Aires: Paidós, 1964.

_____. (1952). *Os progressos da psicanálise*. Rio de Janeiro: Zahar, 1978.

_____. (1955). Sobre a identificação. In: *Obras completas de Melanie Klein*, v. III. Rio de Janeiro: Imago, 1975.

_____. (1957). Inveja e gratidão. In: *Obras completas de Melanie Klein*, v. III.

_____. (1975). *Obras completas de Melanie Klein*. Rio de Janeiro, 1975.

KOEHLER, H. (1960) *Pequeno dicionário escolar latino-português*. 14. ed. Porto Alegre: Globo, 1960.

KOHUT, H. (1969). Formas y transformaciones del narcisismo. In: *Revista de Psicoanálisis*, n 2, 1969.

_____. (1971). *Análise do self*. Rio de Janeiro: Imago, 1988.

_____. (1977). *A restauração do self*. Rio de Janeiro: Imago, 1988.

_____. (1979). *Les deux analyses de M. Z.* Paris: Navarin, 1985.

_____. (1984). *How does cure the psychoanalysis?* Chicago: University Chicago Press, 1984.

LACAN, J. (1949). El estadio del espejo como formador de la función del yo (je) tal como se nos revela en la experiencia psicoanalítica. In: *Escritos I*. Madrid: Siglo Veinteuno, 1971.

_____. (1949-1960). *Escritos*. Rio de Janeiro: Zahar, 1998.

_____. (1956-1957). A relação de objeto. In: *O Seminário*. Livro 4. Rio de Janeiro: Zahar, 1995.

_____. (1964). Os quatro conceitos fundamentais da psicanálise. In: *O Seminário. Livro 11*. Rio de Janeiro: Zahar, 1985.

_____. (1977). Algunas reflexiones sobre el ego. Montevideo: *Revista Uruguaya de Psicoanálisis*, 1977.

LAPLANCHE, J; PONTALIS, J. B. (1967). Vocabulário da psicanálise. Santos: Martins Fontes, 1970.

LEMLIJ, M. (1989). *Mitos universais, americanos e contemporâneos, Um enfoque multidisciplinar*, 1989.

LIBERMAN, D. (1983). *Linguística, interacción comunicativa y proceso psicoanalítico*. Buenos Aires: Kargieman, 1983.

McDOUGALL, J. (1972). *Em defesa de uma certa anormalidade*. Porto Alegre: Artes Médicas, 1983.

_____. (1994). Um corpo para dois. *Boletim Científico da SBPRJ*, v. 1, 1994.

_____. (1997). *As múltiplas faces de Eros*. São Paulo: Martins Fontes, 1997.

MAHLER, M. (1971). *O nascimento psicológico da criança: simbiose e individuação*. Rio de Janeiro: Zahar, 1982.

MATTE BLANCO (1986). Understanding Matte-Blanco. *Int. J. Psychoanal.* v. 67, 1986.

MELTZER, D. (1967). *El proceso psicoanalítico*. Buenos Aires: Hormé, 1987.

_____. (1973). *Estados sexuais da mente*. Rio de Janeiro: Imago, 1979.

_____. (1975). *Exploraciones sobre el autismo*. Buenos Aires: Paidós, 1979.

_____. (1975). Identificação adesiva. *Jornal de psicanálise*, v. 38, 1975.

_____. (1984). *Dream Life. A re-examination of the psycho-analytical Theory and tecnique*. Perthshire: Clunie Press, 1984.

_____. (1989-1990). *O desenvolvimento kleiniano*. Rio de Janeiro: Escuta, 1990.

_____. (1990). Supervisão clínica. In: *Rev. Brasil. de Psicanal*, v. 24, 4, 1990.

_____. (1992). *Claustrum: una investigación sobre los fenómenos claustrofóbicos*. Buenos Aires: Spatia, 1994.

MONEY-KYRLE, R. (1968) Desarrollo cognitivo. *Revista de Psicoanálisis*, v. 27, p. 4, 1970.

OSÓRIO, L. C. (1989). *Grupoterapia hoje*. Porto Alegre, Artes Médicas, 1989.

_____. (1996) *O futuro da psicanálise e outros ensaios correlatos*. Porto Alegre: Mercado Aberto, 1996.

PIAGET, J. (1954). *La construcción de lo real en el niño*. Buenos Aires: Protec, 1965.

PIONTELLI, A. (1996). Observação de crianças desde antes do nascimento. In: PELLANDA, N; PELLANDA, L. E. *Psicanálise hoje: uma revolução do olhar*. Petrópolis: Vozes, 1996.

PUENTE, MIGUEL DE LA. Sobre a palavra-conceito. *Conhecimento* para uso clínico. *Revista Brasileira de Psicanálise*, São Paulo, v. 16, n. 33, 1992.

RACKER, H. (1960). *Estudios sobre técnica psicoanalítica*. Buenos Aires: Paidós, 1973.

RANK, O. (1909). *Le Mythe de la naissance du héros*. Paris: Payot, 1983.

_____. (1924). *Le traumatisme de la naissance*. Paris: Payot, 1928

_____. (1924). *Don Juan y el le double*. Paris: Payot., 1973.

REICH, W. (1933). *Análise do caráter*. Lisboa: Dom Quixote, 1979.

REIK, TH. (1945). La significación psicológica del silencio. In: *Como se llega a ser psicólogo*. Buenos Aires: Hormé, Paidós, 1975.

_____. (1948). Écouter avec la troisième oreille. L'éxpérience intérieure d'un psychanalyste. Paris: Epi, 1976.

RIVIÈRE, J. (1936). Contribución al análisis de la reacción terapeutica negativa. *Revista de Psicoanálisis*, 1949.

ROUDINESCO, E. ; PLON, M. (1997). *Dicionário de Psicanálise*. Rio de Janeiro: Zahar, 1998.

ROSENFELD, H. (1964). *Os estados psicóticos*. Rio de Janeiro: Zahar, 1968.

_____. (1971). Uma abordagem clínica à teoria psicanalítica das pulsões de vida e de morte: uma investigação dos aspectos agressivos do narcisismo. In: *Melanie Klein: evoluções*. São Paulo: Escuta, 1989.

_____. (1978). A psicose de transferência no paciente fronteiriço. *Revista Brasileira dePpsicanálise*, v. 23, 1989.

_____. (1987). *Impasse e interpretação*. Rio de Janeiro: Imago, 1988.

SEGAL, H. (1954). Notas sobre a formação de símbolos. In: *A obra de Hanna Segal*. Rio de Janeiro: Imago, 1983.

SOUZA, PAULO CESAR DE. (1998). *As palavras de Freud*. São Paulo: Ática, 1998.

SPITZ, R. (1945). *Analytic depression: the psychoanalytic study of the child*, v. 2, 1946.

____. (1957). *No y si*. Buenos Aires: Hormé, 1960.

____. (1965). *O primeiro ano de vida*. São Paulo: Martins Fontes, 1980.

STEINER, J. (1981). Relações perversas entre partes do *self*: um exemplo clínico. In: *Melanie Klein: evoluções*. São Paulo: Escuta, 1989.

STOLLER, R. (1968). *Masculinidade e feminilidade: apresentações de gênero*. Porto Alegre: Artes Médicas, 1993.

STRACHEY, JAMES (1934) The nature of therapeutic action of psychoanalysis. *Int. Journal of Psych*, Londres, v. 15, 127-150. Também está publicado na *Revista de Psianálisis*, Buenos Aires, v. 5, 1947-1948.

TUSTIN, F. (1981). *Estados autistas em crianças*. Rio de Janeiro: Imago, 1984.

____. (1990). *Barreiras autísticas em pacientes neuróticos*. Porto Alegre: Artes Médicas, 1990.

WINNICOTT, D. (1944) *Textos selecionados: da pediatria à psicanálise*. Rio de Janeiro: Francisco Alves, 1988.

____. (1944). O ódio na contratransferência. In: *Textos selecionados: da pediatria à psicanálise*. Rio de Janeiro: Francisco Alves, 1988.

____. (1944). Desenvolvimento emocional primitivo. In: *Textos selecionados: da pediatria à psicanálise*. Rio de Janeiro, Francisco Alves, 1988.

____. (1951). Objetos e fenômenos transicionais. In: *O brincar e a realidade*. Rio de Janeiro: Imago, 1975.

____. (1958). A capacidade para estar só. In: *O ambiente e os processos de maturação*. Porto Alegre: Artes Médicas, 1988.

____. (1960). *O ambiente e os processos de maturação*. Porto Alegre: Artes Médicas, 1988.

____. (1960). Distorção do ego em termos de falso e verdadeiro self. In: *O ambiente e os processos de maturação*. Porto Alegre, Artes Médicas, 1988.

____. (1967). O papel de espelho da mãe e da família no desenvolvimento infantil. In: *O brincar e a realidade*. Rio de Janeiro: Imago, 1975.

____. (1969). O uso de um objeto. In: *Revista Brasileira de Psicanálise,* 1971.

____. (1971). *O brincar e a realidade*. Rio de Janeiro: Imago, 1975.

ZETZEL, E. (1956). The current conceps of transference. *Int. J. Psychoanalysis*, v. 37, p. 369-376.

____. (1968) The so called good hysteric. *Int. J. Psychoanal.*, v. 49. p. 256-260, 1968.

ZIMERMAN, D. (1993), *Fundamentos básicos das grupoterapias*. 2. ed. Porto Alegre: Artes Médicas, 2000.

____. (1995). *Bion: da teoria à prática*. Porto Alegre: Artes Médicas, 1995.

____. (1999) *Fundamentos psicanalíticos: teoria, técnica e clínica*. Porto Alegre: Artes Médicas, 1999.

Índice remissivo

A

A [inicial de Amor] (1ª fileira da *grade* de Bion), 15
A, a [inicial de Autre (Outro) e de autre (outro)] (Lacan), 15
A posteriori (Freud), 15
Abraham, Karl, 16, 71, 88, 104, 117, 134, 145, 185, 195, 214, 223, 236, 241, 275, 289, 304, 306, 348, 360, 371, 399
Ab-reação (Freud, Breuer), 16, 17, 66, 189, 190, 193, 333
Abstinência, regra da (Freud), 17, 20, 358, 428
Abstração (Bion), 17, 77, 165, 271, 298, 321, 344, 387
Ação (Bion), 18, 119, 169, 170, 269, 403, 428
Acessibilidade (conceito de Técnica), 18, 31, 310
Acesso, pacientes de difícil (Betty Joseph), 18
Achados, Idéias, Problemas (Freud), 18, 19
Acting [ou Atuação] (Freud; Lacan), 19
Acting (na prática clínica), 19
Adaptação (Psicólogos do Ego), 19, 20
Adaptação à Realidade [ou: Realização] (Winnicott), 20, 62, 218, 434
Adicção, 20, 21
Adler, Alfred, 21, 71, 75, 107, 160, 188, 195, 196, 276
Adolescência [e Puberdade], 21, 22
Afânise (E. Jones), 22
Afasia (Freud), 22, 23, 125, 247
Afeto, 17, 23, 33, 34, 85, 90, 106, 120, 150, 173, 213, 219, 222, 230, 260, 273, 326, 348, 356, 362, 379

Agressividade e Agressão, 23
Aichorn, August, 24, 91
Além do princípio do prazer (Freud), 24, 80, 251, 291, 345, 373, 403, 407, 412, 428
Alexander, Franz, 24, 25, 136, 243, 341, 405
Alexitimia (Sifneos e Nemiah), 25, 26, 320
Alfa, elementos (Bion), 25, 119
Aliança terapêutica (Elisabeth Zetzel), 26, 262, 336, 341
Alienação (Lacan), 26, 209
Alter ego, 26
Alucinose (Bion), 26, 27
Ambiente e os processos de maturação, O (Winnicott), 27
Ambiente facilitador (Winnicott), 27, 85, 434
Ambigüidade (J. Bleuler), 27, 324
Ambivalência (J. Bleuler), 27, 28
American Psychoanalitic Association (APsaA), 28
Amor, vínculo do amor (Bion), 15
Anaclítica, depressão (R. Spitz), 30, 100, 199
Anáclise [ou Apoio, ou Ancoragem] (Freud), 29, 30, 38
Anaclítica, escolha de objeto (Freud), 30, 44
Anagógica, interpretação (conceito de técnica), 30
Anal, fase (Freud, Abraham), 30, 31, 107, 143, 150, 331, 371
Analisabilidade (conceito de técnica), 31, 147, 339
Análise com crianças, 31, 89, 91, 122, 142, 235, 241, 275, 296, 317, 413
Análise de uma fobia em um menino de cinco anos (Freud), 31
Análise do Self (Kohut), 31, 244

Análise didática, 25, 32, 197, 229, 234, 316, 370, 395, 401, 434
Análise leiga (Freud), 32, 145, 228, 348, 349, 360
Análise terminável e interminável (Freud), 32, 33
Análise Transacional (E. Berne), 33, 410
Analítica, Psicologia (Jung), 33, 236, 334
Angústia (Freud, M. Klein, M. Mahler, Winnicott, Lacan, Bion), 33-35,
Angústia, neurose de (Freud), 35, 110, 285, 286
Aniquilamento, angústia de (M. Klein), 35, 152, 154, 214, 225, 242, 273, 290, 313, 327
Anna O. (Freud), 17, 35, 36, 57, 132, 183, 184, 189
Anorexia nervosa, 36, 58, 323, 426, 433
Ansiedade (ver Angústia), 18, 33-35, 62, 67, 88, 97, 103, 130, 153, 162, 211, 225, 226, 253, 286, 290, 302, 303, 339
Anulação (Freud), 36, 77, 86, 97, 191, 216, 283
Antianalisando, o (J. McDougall), 36, 310
Aparelho psíquico (Freud), 37, 55, 84, 87, 120, 173, 174, 213, 223, 328, 347, 358, 393, 408, 409
Aparelho para pensar os pensamentos (Bion), 37
Apego (J. Bowlby), 37, 43, 56, 57, 102, 141, 145, 199, 210, 215, 226, 243, 319, 329, 383, 411
Apoio [ou, Ancoragem] (Freud), 29, 30, 38, 101, 155, 373
Aprender com a experiência (Bion), 38, 102, 271, 306, 315
Área [ou Zona] livre [ou Sem conflito] do Ego (Psicólogos do Ego), 38, 45
Arquétipos (Jung), 38, 214, 237, 335
Arrogância (Bion), 39, 95, 132, 316, 391
Associação livre de idéias, regra da (Freud), 39
Ataques aos vínculos (Bion), 40, 132
Atenção (Bion), 40, 83, 168, 215, 267, 270, 332, 418
Atenção e Interpretação (Bion), 40, 41, 418
Atenção flutuante, regra da (Freud), 41, 358, 368
Ato de fé (Bion), 40, 41
Ato falho (Freud), 41
At-one-ment (Bion), 41, 42
Atuação, 42, 338, 424
Aulagnier, Piera, 42, 120, 124, 257, 308, 331, 332, 397, 431
Autismo, 43, 265, 313, 336, 381, 425
Autística, barreira ou cápsula (F. Tustin), 43, 73, 104, 426
Auto-análise, 43, 44, 65, 194, 392
Autoconservação, pulsões de (Freud), 29, 44, 250, 345, 403, 428

Auto-erotismo (Freud), 17, 31, 44, 45, 158, 168, 227, 250, 306, 437
Automática, angústia (Freud), 34, 45, 105, 187, 388
Autonomia primária e secundária (Psicólogos do Ego), 45, 336

B

B (2ª fileira da *grade* de Bion), 47
Balint, Michael, 47, 48, 140, 141, 147, 150, 255, 303, 361, 405
Baluarte (Baranger), 48
Baranger, Willy, 48, 49, 62, 148, 353
Barreira de contato (Freud; Bion), 49, 329
Bateson, Gregory, 49, 50, 109, 111
Bebês, 50, 95, 100, 146, 206, 225, 300, 301, 311, 317, 375, 425
Behaviorismo (F. Skinner), 50
Bela indiferença (Freud), 51
Beta, elementos (Bion), 51
Bettelheim, Bruno, 51, 52, 396
Bilógica (Matte-Blanco), 52
Bion, Wilfred Ruprecht, 15, 17, 18, 25, 26, 28, 29, 33, 35, 37-39, 52
Bion W. R. (1985), 54
Bissexualidade, 54, 55, 144, 151, 181, 204, 306
Bleuler, Eugen, 55, 117, 234, 235, 339
Bloco Mágico, uma nota sobre o (Freud), 55, 217
Bollas, Christopher, 55, 56, 86, 298
Borderline (Otto Kernberg), 56, 173, 176, 177, 188, 193, 203, 309, 336, 339, 379, 421, 426, 434
Bowlby John, 37, 56, 57, 91, 101, 104
Breuer, Josef, 16, 35, 57, 66, 132, 151, 157, 183, 184, 189
Brincar [Brinquedos e Brincadeiras] (M. Klein, D. Winnicott), 57, 58, 80, 107, 130, 182, 193, 272, 307, 382, 420, 435
Brincar e a Realidade, O (Winnicott), 58
Bulimia, 58, 323, 425
Buracos negros (F. Tustin), 59, 104, 313, 425, 426

C

C (3ª fileira da *grade* de Bion), 61
Cadeia [ou Rede] de significantes (Lacan), 61
Calma do desespero (Bion), 61, 62, 421

Campo analítico (Baranger), 62
Capacidades (Psicólogos do Ego, Winnicott, Bion), 62
Capacidade negativa (Bion), 63
Caráter (Freud), 63
Caráter e Erotismo Anal (Freud), 63
Caracterológica, couraça (W. Reich), 63, 64, 90, 130
Caractereopatias (O. Kernberg), 64
Caractereopatias (Winnicott), 64
Carretel, jogo do (Freud), 65
Cartas de Freud a Fliess (Freud), 65
Castigo, necessidade de (Freud), 65, 66, 121, 281
Castração, angústia de (Freud), 34, 66, 67, 75, 138, 323, 419
Castração (Lacan), 66
Catarse, método da (Freud), 66
Catástrofe [ou medo do colapso] (Winnicott), 66, 71
Catastrófica, mudança (Bion), 40, 62, 67, 68, 273, 432
Catéxis (Freud), 67, 120, 227, 328, 332, 347
Cena primária (Freud), 15, 67, 75, 95, 143, 193, 362
Censura, 68, 76, 78, 79, 213, 281, 364
Cesura (Bion), 68, 148, 267, 343, 391
Cesura, A (Bion), 68, 148, 267, 343, 391
Cinco lições de Psicanálise (Freud), 68, 69
Cisão, 69
Ciúme, 69, 74, 88, 89, 226, 315, 415
Claustro (D. Meltzer), 69, 152
Clivagem, 63, 69, 70, 97, 109, 110, 130, 150, 158, 215, 216, 242, 296, 308, 318, 390
Clivagem do Ego no Processo de Defesa (Freud), 70, 109
Cogitações (Bion), 39, 70, 143, 311, 316, 380, 389
Cognitivo-Comportamental, Corrente, 81, 176
Coisa em si mesmo (Bion), 70, 294, 295
Colapso, medo do (Winnicott), 66, 70, 71, 425
Comensal (Bion), 71, 175, 273, 315, 387
Comitê secreto (Círculo de seguidores de Freud), 71, 117, 235
Como a análise cura? (Kohut, 1984), 72
Como tornar proveitoso um mau negócio (Bion), 72
Completude narcisista, 73, 397
Complexo (Jung), 73
Complexo de Édipo (Freud), 74, 94, 107, 116, 168, 191, 202, 204, 248, 255, 329, 334, 337, 384, 398, 409
Complexo de Édipo (M. Klein), 74, 87, 329
Complexo de Édipo (Lacan), 74
Complexo de Édipo (Kohut), 72, 75, 244, 378
Complexo de Eletra (Jung), 75
Complexo de inferioridade (Adler), 75
Complexo do semelhante (Freud), 75, 76
Compromisso, formação de (Freud), 63, 76, 153, 393
Compulsão à repetição (Freud), 29, 76, 121, 251, 272, 331, 344, 353, 359, 362, 412, 417
Compulsiva, neurose do tipo obsessivo-, 36, 76, 97, 150, 185, 301, 302, 361
Comunicação, 77
Conceito (Bion), 77, 78
Concepção (Bion), 78
Condensação (Freud), 78, 97, 222, 248, 267, 269, 331, 362, 367, 385, 392, 393
Conferências Brasileiras (Bion), 78, 257, 283
Conferência Introdutória à Psicanálise (Freud), 78
Confiança Básica (Erik Erikson), 78, 79, 203, 341, 435
Conflito psíquico, 79, 80, 103, 286
Confusão de Linguagens entre o Adulto e a Criança (Ferenczi), 80, 420
Confusional, estado, 34, 80, 81, 103, 417,
Confusões geográficas e zonais (Meltzer), 81, 424
Congelamento da situação de fracasso (Winnicott), 81, 82
Conhecimento, vínculo do (Bion), 82, 427
Conjectura (Bion), 82, 104, 268, 300, 343, 407
Conjunção constante (Bion), 82, 143, 273, 332
Conluio inconsciente (conceito de prática clínica), 48, 82, 83, 87, 167, 383
Consciente (Freud), 83
Consideração (Winnicott), 83
Constância, princípio da (Freud), 83, 291, 305, 329, 331, 344
Constância objetal (M. Mahler), 84, 104, 203, 258, 280, 340, 381
Construções em Análise (Freud), 32, 84, 159
Conteúdo manifesto e conteúdo latente (Freud), 84
Continente (Bion), 84, 85
Continente-conteúdo, relação (Bion), 54, 85, 118, 175, 208, 315, 376, 387, 413
Continuidade existencial [ou continuidade do ser] (Winnicott), 85, 377
Contra, 86
Contra-acting [ou contra-atuação] (Técnica), 86
Contra catéxis [ou contra-investimento] (Freud), 86
Contra-ego, 86
Contrafobia, 86

Contra-identificação projetiva (L. Grinberg), 87
Contra-resistência, 87
Contratransferência, 87
Contribuições à Psicanálise (M. Klein-1947), 87, 88
Contribuições à psicologia do amor (Freud), 88
Controle, 89, 106, 111, 130, 141, 154, 217, 223, 229, 259, 297, 302, 305, 324, 326, 371, 381, 382, 386, 400
Controvérsias (na Sociedade Psicanalítica Britânica), 58, 89, 92, 196, 235, 241, 275, 300
Conversando com Bion (Conferências de Bion), 90
Corpo, 90
Correntes psicanalíticas, 90, 124, 133, 161, 206, 246, 295
Couraça caractereológica (W. Reich), 90, 286
Crescimento mental (Bion), 68, 72, 90, 91, 94, 118, 221, 273, 310, 336, 406, 423, 430
Criança é espancada, Uma (Freud), 91, 261
Crianças sábias (Ferenczi), 91
Crianças, psicanálise de, 88, 91, 92, 300
Criatividade primária (Winnicott), 93
Crise, 21, 23, 93, 101, 110, 122, 187, 197, 228, 229, 235, 260, 286, 352, 360
Crueldade primitiva da criança (Winnicott), 93
Culpa, sentimento de (Freud, M. Klein), 83, 93, 94, 116, 281, 381, 398
Culturalismo, corrente do, 94
Cura, 17, 33, 36, 72, 90, 94, 118, 119, 147, 190, 244, 265, 283, 353, 361, 364, 406
Curiosidade, 36, 91, 94-95, 96, 235, 390

D

D (4ª fileira da *grade* de Bion), 97
Defesas, mecanismos de (Freud, M. Klein, Lacan, Bion), 33, 97, 98, 115, 155, 168, 195, 242, 248, 264, 283, 327, 348, 412
Demanda (Lacan), 17, 29, 84, 98, 102, 115, 142, 169, 181, 185, 186, 187, 202, 212, 227, 256, 263, 269, 281, 328, 355, 367, 386, 392, 397, 418
(De)negação [ou renegação, recusa, desmentida] (Freud), 98
Denegrimento (M. Klein), 99, 106, 144, 167, 202, 226, 242, 383, 400, 416
Dependência, 99
Dependência, suposto básico de (Bion), 100, 251
Depressão anaclítica (R. Spitz), 100
Depressão pós-parto, 100, 101

Depressiva, posição (M. Klein), 81, 94, 101-103, 111, 121, 122, 126, 208, 241, 254, 297, 309, 318, 320, 321, 338, 362, 379, 387, 423
Desamparo, estado de (Freud), 102, 381, 419
Desejo (Freud, Lacan), 102
Desenvolvimentos em psicanálise (M. Klein, , Heimann; Isaacs, Rivière), 103
Desenvolvimento emocional primitivo, 103, 129, 163, 196, 305, 342, 354
Desidentificação, 104, 208
Desinvestimento (Freud), 104, 105, 278
Desistência, estado de, 37, 105, 313
Deslizamento (Lacan), 61, 105, 385
Deslocamento (Freud, Lacan), 23, 68, 78, 105, 135, 213, 230, 258, 331, 347, 363, 385, 392, 393, 410, 411
Despersonalização, 105, 106, 187, 390, 404
Desprezo (H. Segal), 52, 89, 106, 259
Dessignificação, 106
Dessimbiotização, 106, 107, 203
Desviacionistas, teorias, 107
Determinismo, princípio do (Freud), 107
Deus e Deidade (Bion), 108
Diferenciação (M. Mahler), 108, 111, 138, 163, 225, 258, 280, 327, 376, 381, 382, 427, 429
Difusão da identidade, síndrome da (O. Kernberg), 56, 108, 203
Dinâmica da Transferência, A (Freud-1912), 108, 159
Dinâmico, ponto de vista (Freud), 108, 109, 354
Discurso dos pais (Lacan, Bateson, Bion), 66, 104, 109, 120, 311, 385
Discurso de Roma (Lacan), 109
Dissociação (ou clivagem, divisão, cisão; *splitting*), 109, 110, 130, 138, 154, 158, 187, 193, 218, 242, 296, 390
Doença (ou síndrome do pânico), 110
Don-juanismo, 110, 215
Dor mental (Bion), 35, 38, 110, 111
Dora, caso (Freud), 72, 111, 158, 184, 190, 309, 412, 415
Duplo (Rank, Freud, Lacan, Kohut, Bion), 26, 50, 68, 109, 111, 112, 115, 127, 131, 166, 181, 225, 230, 277, 280, 396
Duplo vínculo (G. Bateson), 50, 109, 111, 112

E

E (5ª fileira da *grade* de Bion), 113

Econômico, ponto de vista (Freud), 113, 120, 133, 268, 331, 336, 347, 354, 360

Édipo, mito de (Freud; Fairbairn; Bion), 72-75, 87, 94, 95, 107, 113-114, 116, 135, 168, 171, 175, 191, 202, 204, 206, 227, 236, 244, 246, 248, 255, 269, 270, 280, 291, 304, 310, 318, 329, 334, 337, 352, 378, 384, 393, 398, 409

Ego (ou Eu, ou *Ich*), 114

Ego, tipos de formação do (Freud), 114

Ego, alter, 26, 111, 115, 166, 203, 229, 244, 279, 437

Ego auxiliar, 115, 337, 416, 435

Ego, contra-, 86, 115

Ego ideal (Freud), 63, 80, 115, 202, 219, 225, 365, 397, 398, 406

Ego, ideal do (Freud), 63, 86, 115, 116, 202, 205, 219, 250, 251, 276-278, 296, 328, 365, 397, 398, 406, 419

Ego prazer – ego realidade (Freud), 115, 154

Ego e o Id, O (Freud), 37, 63, 116, 158, 201, 268, 288, 353, 397, 398, 409, 412

Egossintonia e egodistonia, 116

Eitigon, Max, 32, 71, 91, 116, 117, 270, 316

Elaboração [ou perlaboração] (Técnica), 15, 79, 94, 103, 117, 154, 193, 203, 217, 219, 222, 248, 254, 257, 263 ,268, 283, 289, 322, 365, 366, 375, 392, 393

Elaboração Secundária (Freud), 15, 117

Elasticidade na Técnica Analítica (Ferenczi), 117, 118

Elementos em Psicanálise (Bion), 40, 118

Elementos α (Bion), 25, 49, 51, 118, 134, 144, 162, 201, 208, 270, 321, 368

Elementos β (Bion), 19, 49, 51, 70, 118-119, 134, 161, 162, 169, 173, 183, 207, 321, 333, 368

Elisabeth von R. (Freud), 119, 132, 157, 184, 189

Enquadre [ou *setting*] (técnica), 92, 119, 314, 382

Entrevista inicial (técnica), 119

Elos de ligação (Bion), 40, 119, 219, 251, 428, 430

Emoção, 29, 119, 303, 311, 429

Empatia (Freud. Kohut), 31, 44, 54, 87, 118, 119, 120, 125, 148, 151, 173, 198, 206, 207, 211, 243, 244, 256, 290, 325, 327, 378, 382, 431

Energia de Catéxis; ou , de Investimento (Freud), 120

Energia livre e energia ligada (Freud), 113, 120, 256, 331, 354

Enunciado identificatório (P. Aulagnier), 120

Equação etiológica (Freud), 104, 121, 180, 322, 336, 382

Equação 8 C, 103, 104, 121, 122, 133, 180, 252, 262, 322, 331, 375, 382, 387

Epistemofilia, 120, 121

Equação simbólica (H. Segal), 103, 122, 252

Erikson, Erik, 78, 79, 122, 335

Esboço (ou Esquema) de Psicanálise (Freud), 23, 123, 155, 158, 249

Escolas (de psicanálise), 90, 123

Espaço mental (Freud, Meltzer, Bion), 126, 127, 254, 424

Espaço transicional (Winnicott), 127, 145, 208, 298, 394

Espátula, jogo da (Winnicott), 127, 128, 182, 233, 434

Espelho (Freud, Lacan, Bion, Kohut), 29, 35, 58, 65, 74, 90, 104, 111, 115, 128, 129, 133, 143, 159

Eros, 24, 28, 122, 123, 250, 257, 259, 270, 403, 428

Erótica e erotizada, transferência (Técnica), 123, 416

Escola Freudiana de Psicanálise [ou Escola Estruturalista] (Lacan), 124-125, 246, 316

Escopofilia [voyeurismo] (Freud), 125, 134, 158, 323, 432

Escritos (Lacan), 16, 27, 32, 49, 55, 87, 88, 125, 132, 136, 144, 150, 157, 185, 192, 195, 213, 220, 222, 225, 241, 246, 289, 296, 299, 300, 332, 355, 358, 362, 372, 403, 405, 408, 414

Escuta analítica (técnica), 125

Esquizóide, personalidade, 129, 130, 390

Esquizofrenia, 129, 130, 253, 264, 292, 315, 362

Esquizo-paranóide, posição) (M. Klein), 118, 130, 154, 253, 273, 278, 297, 379, 430, 432

Estilos de narrativa e de interpretação (D. Liberman; A. Ferro), 130

Estranho. O (Freud), 131

Estrutural, teoria (Freud), 37, 126, 131, 158, 201, 213, 218, 220, 268, 365, 397

Estudo autobiográfico, Um (Freud), 132

Estudos Psicanalíticos Revisados (Bion), 132, 166, 183

Estudos sobre a histeria (Freud, Breuer), 132

Etchegoyen, Horacio, 133

Etologia , 56, 133, 134

Evacuação (Freud, Abraham, Bion), 70, 134, 207, 371, 390

Evidência (Bion), 134

Evolução (Bion), 134

Existência (Bion, Winnicott), 135

Experiência emocional corretiva (Alexander), 136

Experiência emocional (Bion), 25, 39, 101, 119, 135, 136, 208, 418, 432

Experiências em Grupos (Bion), 136, 369
Extratransferência, 136

F

F (6ª fileira da *grade* de Bion), 137
Facho de escuridão (Bion), 137, 224
Faibairn, Ronald, 86, 110, 113, 114, 124, 137, 138, 185
Falhas ambientais (Winnicott), 27, 64, 138, 435
Fálica, fase (Freud), 74, 138, 139, 143, 306
Fálica, mulher (ou mãe), 139, 226
Falo (Lacan), 66, 138, 139, 150, 185, 227, 318, 383, 396, 424
Falsidade (Bion), 139, 140, 165, 273, 333
Falso *self* (Winnicott), 140, 222, 317, 377, 406, 414, 430, 435
Falta (Lacan), 140
Falta básica (M. Balint), 47, 48, 140-141
Família, terapia da, 141, 225, 389
Fantasia (Freud), 36, 48, 50, 52, 66, 74, 81, 83, 93, 95, 106, 119, 127, 139, 141-143, 171, 172, 181, 205, 206, 208, 214, 215, 221, 225, 254, 303, 311, 318, 329, 362, 369, 373, 426, 432, 434
Fantasia inconsciente (M. Klein), 95, 142
Fantasias originárias (Freud), 142-143
Fases, 63, 66, 74, 75, 104, 138, 143, 150, 154, 168, 198, 287, 305, 306, 336, 373, 381, 394, 421, 435
Fato selecionado (Bion), 134, 143-144
Fatores (Bion), 144, 162, 215, 285, 341, 353
Fé, ato de (Bion), 40, 41, 144
Feminilidade (Freud), 42, 144-145, 226
Fenichel, Otto, 145
Fenômenos transicionais (Winnicott), 145, 146, 298
Fepal (Federação Psicanalítica da América Latina), 146
Ferenczi, Sándor, 33, 39, 47, 65, 71, 80, 88, 91, 117, 118, 146-148, 160, 195, 222, 223, 228, 234, 241, 257, 299, 300, 305, 319, 352, 360, 399, 405, 407, 408, 411, 420
Ferro, Antonino, 130, 148, 208, 249
Fetal, psiquismo (Bion), 54, 82, 104, 134, 148, 149, 295, 342, 343, 391
Fetiche, 20, 149, 188, 282, 326
Fetichismo, O (Freud), 149, 150, 269, 298, 411
Filobatismo (Balint), 47, 48, 150

Fixação (Freud), 79, 88, 122, 130, 143, 150, 187, 188, 194, 211, 207, 247, 277
Fliess, Wilhelm, 23, 44, 65, 151, 216, 267, 268, 298, 332, 333
Fobias, 35, 110, 151, 152, 285, 286
For(a)clusão (Lacan), 152, 153, 172, 267
Formação de compromisso (Freud), 63, 153, 393
Formação reativa, 48, 97, 153, 289, 355
Formação de símbolos, 88, 153, 320, 321, 375, 430
Formulações sobre os dois princípios do funcionamento mental (Freud), 154
Fort-Da (Freud), 155
Fragmentação, angústia de (M. Klein), 154, 367
Fragmento da análise de um caso de histeria (Freud), 154, 392
Freud, Anna, 57, 65, 80, 89, 92, 151, 155, 180, 195, 196, 206, 235, 241, 244, 257, 335, 395, 399
Freud, Sigmund, 155-160
Fromm, Erich, 160
Frustração, 161
Fuga e Luta, suposto básico de (Bion), 17, 47, 72, 141, 150, 162, 163, 244, 311, 316, 337, 351, 354, 355, 420
Função (Bion), 25, 40, 44, 45, 50, 51, 54, 61, 71, 74, 76, 82, 83-85, 95, 103, 104, 111, 113, 120, 121, 123, 128, 129, 139, 140, 144, 148, 162, 163, 167, 168, 171, 173, 176, 197, 207, 209, 211, 220, 222, 251, 256, 263, 265, 276
Função α (Bion), 25, 39, 118, 144, 162, 173, 197, 222
Função analítica eficaz (Bion), 162-163
Função psicanalítica da personalidade (Bion), 44, 163, 406
Functores (Bion), 162, 163
Fusão, 27, 80, 81, 123, 130, 162-164, 209, 246, 247, 265, 277, 279, 373, 389
Fusão-Desfusão das pulsões (Freud), 163
Fusional, transferência do tipo (Kohut), 163, 164, 166, 203, 225, 244, 379, 414
Futuro de uma Ilusão (Freud,), 159, 161, 164
Fúria [ou: Injúria] narcisista (Kohut), 163, 164, 244, 337, 379

G

G (7ª fileira da *grade* de Bion), 165
Gangue narcisista (Rosenfeld), 86, 165, 278, 307, 328, 353, 364, 370, 413
Ganho primário e secundário (Freud), 51, 165, 364

Garma, Angel, 165, 166
Gêmeo Imaginário, O (Bion), 111, 116, 132, 166, 279, 431
Gemelar, transferência (Kohut), 111, 129, 166, 203, 244, 279
Gênero sexual (R. Stoller), 55, 150, 166, 167, 181, 204, 271, 383, 410
Gênio (Bion), 88, 156, 167, 175, 273
Gênio – establishment, relação do tipo (Bion), 167, 168
Genital, amor (Freud), 168
Genital, fase (Freud), 143, 168, 307
Gestalt-terapia (F. Perls), 168
Gozo (Lacan), 98, 169, 281, 324, 383
Grade (Bion), 15, 17, 18, 40, 47, 54, 61, 77, 78, 97, 113, 137, 140, 162, 165, 169-171, 179, 201, 227, 265, 270, 292, 295, 321, 326, 329, 333, 368, 389, 394, 418
Gradiva (Freud), 171, 176, 257
Gratidão (M. Klein), 102, 156, 172, 225, 226, 231, 241, 353, 362, 430
Gratificação alucinatória do seio (Freud), 172, 319
Green, André, 106, 160, 161, 172, 173, 185, 206, 256, 277, 283, 304
Grinberg, Leon, 173, 174, 203
Grupo, 21, 33, 42, 55, 56, 58, 90, 101, 103, 136, 140, 141, 156, 160, 174, 175, 177, 180, 195, 204, 206, 230, 233, 242-244, 250, 251, 257, 260, 264, 272, 288, 303, 307, 335, 340, 375, 377, 380, 389, 410, 418, 434
Grupo (contribuições de Bion), 175, 369
Grupos, classificação dos, 175-176
Grupo, psicoterapia analítica de, 174, 176-177, 229, 340

H

H (8ª letra da *grade* de Bion), 179
Handling (Winnicott), 179
Hans, O pequeno (Freud), 179, 190, 191
Hartmann, Heinz, 19, 20, 28, 38, 124, 179, 180, 195, 196, 243, 290, 335, 336, 376, 378
Heimann, Paula, 103, 180, 243, 352
Heredo-constitucionais, fatores (Freud), 180
Hermafroditismo, 181, 410
Hermenêutica, 181-182
Hesitação (Winnicott), 182, 435
Hipérbole, movimento de (Bion), 182
Hipnose, Hipnotismo, 156, 182, 189

Hipocondria, 183, 276
Hipótese definitória (Bion), 183-184
Histerias, 184-187, 281, 285, 286
Histerias, tipos de, 185
Histeria de angústia (Freud), 186, 287, 306-308, 317, 323, 332, 335, 368, 386, 398, 399, 413, 418, 419
Histerias conversivas, 186
Histerias dissociativas, 186-187
Histérica, transtorno de personalidade, 186, 187
Histérica, personalidade infantil, 186, 187, 322
Histérico, caráter fálico-narcisista (Emilce Bleichmar), 187-188
História do movimento psicanalítico, Sobre a (Freud), 188
História de uma neurose infantil, da, 188-189
Historiais clínicos (de Freud, Klein, Lacan, Kohut), 31, 84, 154, 157, 159, 179, 184, 189, 192, 197, 244, 292, 293, 405
Histórico da psicanálise, 195-197
Histriônica, transtorno da personalidade, 186-188
Holding (Winnicott), 27, 50, 104, 179, 197, 256, 368, 382, 414, 435
Homem dos Lobos (Freud), 188, 189, 192, 197
Homem dos Ratos (Freud), 36, 84, 97, 157, 191, 197, 393, 385
Homem Trágico (Kohut), 197-198, 337, 378
Homossexualidade, 88, 111, 167, 198-199, 249, 292, 315, 323, 373, 383, 411, 418
Horda primitiva (Freud), 199, 212, 383
Hospitalismo (Spitz), 30, 199, 395

I

I [letra inicial do termo *idéia*] (Bion), 201
Id ou *das Es* (Freud), 201
Ideal, ego (Freud), 41, 63, 80, 98, 115, 116, 194, 202, 205, 206, 219, 225, 250, 251, 276, 278, 279, 296, 298, 311, 328, 335, 354, 365, 397, 398, 406, 419
Ideal do ego (Freud), 63, 80, 115, 202, 205, 219, 250, 251, 277, 278, 296, 328, 365, 397, 406, 419
Idealização (M. Klein), 98, 167, 194, 202, 242, 277, 296, 303, 307
Idealizada, imago parental (Kohut), 38, 195, 202, 203, 209, 244, 256, 378, 415
Idealizadora, transferência (Kohut), 151, 195, 203, 244, 379, 414, 415
Identidade, sentimento de, 21, 55, 56, 93, 106, 108, 114, 115, 122, 130, 133, 156, 166, 174, 181,

194, 203-205, 243, 270, 321, 340, 378, 381, 385, 406, 410, 411, 430
Identidade sexual (R. Stoller), 166, 204, 410
Identificação, 19, 74, 81, 98, 99, 100, 101, 106, 107, 126, 133, 177, 179, 186, 187, 202, 204-208, 214, 223, 230, 241, 242, 249, 254, 256, 263, 277, 295, 300, 301, 305
Identificação, proto- (E Bick, Meltzer), 205
Identificações, tipos de, 26, 54, 63, 69, 75, 81, 84, 87, 89, 103, 104, 106, 110, 112, 115, 116, 120, 130, 131, 134, 141, 175, 176, 182, 205-208, 220, 225, 253, 296, 297, 301, 305, 311, 318, 320, 327, 328, 335, 340, 361, 368, 370, 376, 399, 409, 432
Identificação adesiva (Meltzer), 126, 206, 300, 307
Identificação com o agressor (Anna Freud), 80, 205, 206, 399
Identificação projetiva (M. Klein), 202, 206, 207, 242, 249, 332, 414
Identificação projetiva (Bion), 207, 332
Identificação introjetiva (Freud, M. Klein), 206, 207
Identificação patógena, 208
Ideograma (Bion, A. Ferro), 148, 162, 208, 326
Ilusão, área de (Winnicott), 127, 208, 209, 258, 279, 282, 298, 306, 325, 328, 374
Ilusão-Desilusão (Winnicott), 209
Imaginário, registro (Lacan), 66, 75, 89, 209, 246, 247
Imago (Jung), 38, 202, 203, 209, 244, 256, 279, 296, 299, 334, 337, 378, 415
Imago parental idealizada (Kohut), 38, 202, 203, 209-210, 244, 256, 378, 415
Impasse (Técnica), 125, 210, 316, 341, 353, 390, 416, 417
Impingement, 210-211
Imprinting, 133, 211
Incerteza, princípio da (Bion), 211, 325, 379
Incesto, 66, 113, 211, 212, 308, 352
Inconsciente, O (Freud), 23, 42, 50, 56, 61, 74, 83, 92, 99, 105, 108, 116, 126, 153, 158, 162, 212, 213, 253, 282, 308, 331, 334, 347, 335, 391
Inconsciente (Freud), 212-214, 237, 321, 334
Inconsciente coletivo (Jung), 212, 214, 237, 321, 334
Incorporação, 204, 214, 223, 306, 432
Indiferenciação, 204, 214-215, 278, 280, 325, 327, 337, 340
Inércia, princípio da (Freud), 215, 264, 273, 291, 331, 432
Infidelidade conjugal (tipo de vínculo), 215

Inibição (Freud), 19, 187, 193, 215-216, 386, 432
Inibições, Sintomas e angústia (Freud), 39, 116, 121, 148, 152, 216, 268, 285, 286, 357
Inscrição de memória, ou traços mnésicos (Freud), 216
Insight (Técnica), 210, 217, 223, 386
Instância [psíquica] (Freud), 201, 217-218, 296, 336, 397
Instintos (Freud), 29, 63, 104, 158, 201, 218, 344, 345, 372
Integração e não-integração (Winnicott), 20, 24, 64, 72, 101, 103 146, 159, 160, 172, 174, 218-219, 229, 256, 277, 323, 325, 356, 376, 382, 386, 393, 400, 423, 434
Intelectualização (Anna Freud), 78, 217, 219, 302, 352
Intensidade (de uma reação psíquica), 58, 99, 108, 152, 219, 227, 252, 348, 352, 384, 432
Inter e Intra-relação, 49, 70, 79, 81, 108, 143, 158, 176, 197, 201, 219, 220, 221, 229
Interesses do ego (Freud), 220
Internalização (ou Interiorização), 38, 220, 243, 263, 269, 337, 379, 399
Internalização transmutadora (Kohut), 220, 379
Interpretação (Técnica), 23, 30, 31, 37, 40, 42, 68, 79, 84, 123, 126, 130, 136, 151, 158, 181, 189, 192, 217, 220-222, 224, 237, 247, 263, 272-274, 309, 340, 352, 358, 364, 367, 368, 370, 379, 380, 381, 392-395, 408, 412, 415, 418, 421, 431, 436
Interpretação dos Sonhos, A (Freud), 37, 151, 158, 221, 222, 364, 392, 393, 408, 421
Intervenção vincular (técnica), 222, 223
Introjeção (Ferenczi, Freud), 103, 147, 158, 163, 223, 205, 208, 220, 223, 243, 249, 256, 271, 283, 295, 297, 379, 399, 406, 432
Introspecção, 31, 223, 244, 337, 378
Introversão (Jung), 223, 224
Introvertido [tipo caractereológico] (Jung), 224, 237
Intuição (Bion), 40, 42, 54, 78, 120, 126, 192, 224, 253, 292, 325, 341, 343, 360, 367, 393
Invariante (Bion), 224, 264, 418
Inveja, 32, 70, 74, 83, 89, 93, 99, 106, 123, 140, 144, 184, 196, 197, 224-227, 230, 241, 242, 246, 259, 273, 305, 315, 318, 326, 353, 365, 370, 390, 415, 430, 435
Inveja do pênis (Freud), 74, 144, 184, 225, 227, 318, 365
Inveja e gratidão (M. Klein), 226
Investigação (Bion), 91, 170, 201, 227, 229, 334, 339, 375, 391

Investimento [catéxis] (Freud), 44, 67, 73, 74, 104, 105, 120, 153, 204, 219, 227, 230, 248, 277, 344, 347, 348, 363
IPA, 28, 31, 32, 42, 93, 117, 124, 133, 144, 146, 148, 160, 180, 195, 197, 228, 229, 234-236, 240, 243, 246, 260, 261, 264, 316, 343, 348, 353, 355, 360
Irmãos, papel dos, 149, 176, 177, 180, 209, 212, 229-230, 308, 312, 354
Isolamento, 97, 130, 151, 195, 229-231, 283, 302

J

Jacobson, Edith, 28, 96, 233, 257, 335, 336, 379
Jogo da espátula (Winnicott), 182, 233
Jogo dos rabiscos (Winnicott), 233
Jones, Ernest, 22, 28, 71, 144, 147, 148, 180, 189, 195, 215, 234, 235, 241, 272, 279, 349, 351, 352, 360, 403
Jung, Carl Gustav, 16, 33, 38, 39, 55, 65, 67, 69, 71, 73, 75, 107, 117, 160, 171, 188, 195, 196, 209, 214, 223, 224, 228, 235, 236-237, 238, 250, 276, 278, 300, 334, 335

K

K [e -K] (Bion), 239
Kernberg, Otto, 56, 64, 108, 196, 203, 229, 233, 239, 240, 336
Klein, Melanie, 16, 23, 24, 27, 28, 33-35, 49, 50, 53, 56, 57, 69, 74, 83, 87-90, 92-95, 97, 99, 101, 103, 104, 106, 108, 110, 119, 120, 122, 124, 129, 130, 137, 142, 144, 145, 147, 148, 150, 152, 154, 155, 166, 167, 172, 175, 180, 185, 187, 192, 193, 196, 198, 202, 206-208, 214, 218, 223, 225, 226, 234, 240-243, 253, 254, 257, 265, 266, 272, 273, 279, 295-297, 299, 300, 304-306, 310, 312-314, 318, 319, 326, 327, 329, 337, 353, 354, 360-362, 370-372, 375, 378, 390, 394, 399, 413, 414, 431, 432, 434
Kleinismo, 242-243
Kohut, Heinz, 29, 31, 38, 72, 75, 104, 107, 111, 119, 120, 124, 128, 129, 135, 147, 163, 166, 194-198, 202, 203, 209, 210, 220, 223, 243, 244, 255, 256, 263, 277-279, 336, 337, 366, 367, 377-379, 388, 414, 415

L

L [e -L] (Bion), 245
Lacan, Jacques, 245-247
Lapso (Freud), 41, 247
Latência, período de (Freud), 143, 168, 248, 272
Latente, conteúdo (Freud), 76, 84, 105, 107, 248, 393
Lembrança encobridora (Freud), 248, 357
Leonardo Da Vinci e uma lembrança de sua infância (Freud), 159, 248, 249, 255
Lesbianismo, 249
Letargia (F. Cesio), 249
Letargização (A. Ferro), 249
Libido (Freud), 24, 35, 78, 116, 120, 129, 144, 150, 163, 188, 216, 250, 255, 258, 261, 278, 279, 285, 286, 288, 306, 331, 335, 344, 345, 348, 358, 364, 367, 371, 372, 383, 384, 407, 412, 415, 432, 437
Lideranças (Freud, Bion), 250-251, 335
Ligação (Freud), 40, 48, 119, 120, 150, 167, 191, 198, 204, 219, 235, 251, 254, 362, 372, 374, 428
Ligação, elos de (Bion), 40, 119, 219, 251, 428, 430
Linguagem (Freud, Bion, Lacan), 22, 27, 30, 39, 41, 51, 52-54, 73, 77, 80, 109, 115, 125, 128, 134, 140, 142, 148, 169, 173, 180, 182, 189, 201, 202, 227, 233, 246, 247, 251-253, 256, 267, 269, 283, 291, 293, 306, 307, 310, 315, 319, 320, 326, 329, 361, 363, 379, 385, 387, 395, 406, 430, 431
Linguagem de êxito (Bion), 41, 252
Linguagem e Esquizofrenia (Bion), 253
Livre associação de idéias, 157, 190, 253, 337, 378
Logoterapia (V. Frankl), 253
Luta e fuga (Bion), 175, 251, 253
Luto (Freud, M. Klein), 16, 88, 100, 158, 207, 216, 227, 249, 253, 254, 264, 268, 335, 361, 406
Luto e Melancolia (Freud), 254, 268

M

Mãe, normalidade e patogenia da, 255
Mãe "morta" (A. Green), 256
McDougall, Joyce, 36, 37, 256, 257, 342
Mahler, Margareth, 33, 84, 76, 108, 214, 257-258, 280, 336, 381, 386

Maiêutica (método de terapia analítica), 258
Mal-estar da civilização, O (Freud), 258, 259
Maníacas, defesas, 89, 106, 259, 353
Maníaco-depressiva, psicose, 259, 260, 339, 419
Mapa da mente humana (Bion), 260
Marcondes, Durval, 260, 261
Masoquismo, 24, 65, 91, 94, 121, 166, 261, 262, 281, 323, 331, 353, 372, 373
Match, 262, 325
Matema (Lacan), 109, 262
Material clínico, 262, 263-264
Maternagem, função de, 263
Matte Blanco, Ignacio, 239, 264, 319, 388
Mecanismos de defesa, 33, 97, 98, 115, 155, 168, 195, 242, 248, 264, 283, 327, 347, 412
Melancolia, 100, 158, 207, 223, 254, 260, 264, 265, 268, 272, 281, 397
Meltzer, Donald, 43, 69, 81, 83, 91, 93, 126, 129, 196, 205-207, 265, 311, 317, 324, 339, 343, 376, 394, 413, 416, 423
Memória (Freud, M. Klein, Bion), 22, 41, 55, 102, 126, 134, 216, 217, 222, 252, 265, 266, 292, 319, 332, 358, 368, 379, 407
Memória do futuro, uma (Bion), 266-267
Menos K [-K] (Bion), 267
Metáfora (Lacan), 63, 68, 77, 81, 90, 123, 126-128, 137, 159, 219, 224, 248, 252, 262, 267, 269, 272, 282, 289, 290, 295, 348, 367, 376, 386, 388, 418, 419, 426
Metapsicologia (Freud), 113, 157, 173, 222, 225, 265, 267-269, 283, 339, 348, 355, 405
Metonímia (Lacan), 105, 252, 262, 267, 269
Místico (Bion), 40, 41, 108, 167, 237, 269, 273
Mitologia, 75, 113, 122, 159, 181, 169, 270, 304, 311, 403, 410
Mitos, 16, 41, 52, 61, 93, 95, 118, 141, 170, 171, 175, 230, 236, 269-271, 280, 304, 321, 352, 369, 389, 394
Modelos (Bion), 118, 148, 171, 176, 203, 227, 268, 271, 285, 335, 347, 348, 408
Moisés e o monoteísmo: três ensaios (Freud), 271, 272
Moreno, Jacobo Levy, 174, 272, 337
Morte, pulsão de (Freud, M. Klein), 24, 28, 34, 42, 65, 76, 80, 94, 104, 138, 225, 242, 250, 261, 268, 272-274, 291, 303, 305, 324, 327, 338, 353, 365, 403, 407, 412
Mudança catastrófica (Bion), 40, 61, 68, 273, 431
Mutativa, interpretação (J. Strachey), 273-274
Mutismo, 274, 283, 386
Mutualidade, a experiência de (Winnicott), 274

N

Não, 275
Não e Sim (Spitz), 275
Não analisabilidade (conceito de técnica), 275
Não integração (Winnicott), 276
Não seio (Bion), 276
Narcisismo: uma introdução, sobre o (Freud), 276
Narcisismo (Freud, Rosenfeld, Lacan, Kohut), 29, 45, 63, 75, 99, 115, 126, 156, 165, 173, 175, 194, 198, 202, 224, 225, 240, 243, 244, 250, 254, 265, 269, 276-279, 289, 292, 303, 306, 307, 317, 318, 323, 335, 337, 367, 370, 378, 379, 385, 410, 414
Narcisismo primário e secundário (Freud), 278
Narcisismo, transtornos do (Kohut), 279
Narciso, mito de, 279
Nascimento, o trauma do (O. Rank), 280, 352, 420
Nascimento psicológico da criança (M. Mahler), 280
Necessidade (Lacan), 280-281
Necessidade de castigo (Freud), 121, 281
Negação (Freud, Lacan), 28, 48, 69, 82, 89, 98, 99, 111, 139, 158, 202, 268, 278, 281-283, 288
Negatividade, princípio da, 282-283
Negativismo (prática analítica), 275, 282, 283, 286
Negativo, trabalho do (André Green), 173, 283
Neo ou re-identificações, 283-284
Neo ou re-significações*, 284
Neotenia, 99, 102, 284-285
Neurastenia (Freud), 35, 284-286
Neurose, 17, 19, 21, 31, 35, 56, 69, 74-76, 94, 97, 110, 111, 113, 116, 117, 129, 150, 152, 158, 164, 185, 186, 188, 189, 191, 192, 224, 230, 269, 275, 285-289, 293, 301, 302, 306, 307, 312, 323, 324, 330, 341, 362, 371, 397, 412, 420
Neurose atual (Freud), 117, 285-288, 420
Neurose de angústia (Freud), 286
Neurose de caráter, 286-287
Neurose de destino (Freud), 287
Neurose de fracasso, 287
Neurose de transferência (Freud), 17, 287, 288, 412
Neurose e Psicose (Freud), 158, 269, 288
Neurose fóbica, 152, 288

Neurose mista, 288, 302
Neurose obsessiva, 31, 94, 164, 185, 230, 288, 302, 330, 362
Neurose narcísica, 288-289
Neurose traumática, 289
Neutralidade, regra da (Freud), 59, 289, 290, 313
Neutralização da energia psíquica (Psicólogos do Ego), 290
Nirvana, princípio de (Freud), 83, 121, 290, 291, 292, 305, 331
Nó borromeu (Lacan), 209, 261, 291
Nome-do-pai ou lei-do-pai (Lacan), 109, 291, 292
Notação (Bion), 170, 267, 292
Notas psicanalíticas sobre um relato autobiográfico de um caso de paranóia (Freud), 292, 293
Notas sobre a memória e o desejo (Bion), 292
Notas sobre a Teoria da Esquizofrenia (Bion), 292-293
Notas sobre um caso de neurose obsessiva (Freud), 293
Novas conferências introdutórias à psicanálise (Freud), 293, 433
Novas recomendações sobre a técnica da psicanálise (Freud), 294, 357
Novela familiar, 294, 369
Númeno (Bion), 201, 204, 212, 228, 240, 242, 246, 261, 267, 294, 300, 301, 364, 374, 392, 405

O

O (Bion), 295
Objetal, relação (M. Klein), 214, 220, 256, 295-296, 360, 361
Objeto (M. Klein), 296
Objeto a [ou pequeno a] (Lacan), 297-298
Objeto bizarro (Bion), 297
Objeto psicanalítico (Bion), 297
Objeto transformacional (C. Bollas), 96, 298
Objeto transicional (Winnicott), 146, 298, 435
Obra completa de Freud, 132, 299, 408
Obras completas de Melanie Klein, 227, 299
Obras completas de Sándor Ferenczi, 299-300
Observação da relação mãe-bebê [ORMB] (E. Bick), 300-301
Obsessiva-compulsiva, neurose, 301
Oceânico, sentimento, 303
Ocnofilia (Balint), 47, 48, 150, 303
Ódio (Bion, Winnicott), 29, 54, 75, 82, 87, 103, 123, 161, 179, 293, 303-305, 315, 407, 413, 426, 429, 435

Olhar, 41, 125, 128, 135, 223-225, 243, 256, 284, 297, 304, 305, 307, 328, 356, 380, 435
Onipotência e onisciência (Ferenczi, M. Klein, Bion), 305-306, 328
Oral, fase (Freud, Abraham), 30, 138, 143, 214, 248, 306, 371
Organização da libido (Freud), 24, 306-307
Organização patológica (J. Steiner), 80, 86, 149, 307, 310, 364, 413
Organizadores (Spitz), 307, 395
Orgasmo do ego (Winnicott), 307
Orgonoterapia (W. Reich), 307, 308, 360
Originário, processo (P. Aulagnier), 42, 308, 332
Outro e outro (Lacan), 109, 308

P

Paciência (Bion), 54, 118, 283, 309, 325, 341, 357
Paciente de difícil acesso (B. Joseph), 309-310
Pai, funções do, 310
Pai, lei-do ou nome-do- (Lacan), 310
Pais combinados, fantasia da figura de (M. Klein), 310, 311, 329
Paixão (Bion), 28, 105, 119, 160, 205, 240, 243, 257, 267, 297, 303, 309, 311, 351, 427, 434
Pânico, doença do, 286, 311
Papéis (conceito de dinâmica grupal), 311, 312, 340
Par analítico (conceito de técnica), 54, 118, 165, 210, 260, 262, 302, 312, 314
Paradigma, 24, 83, 137, 167, 196, 312-314, 357, 405, 413, 428
Paradigma da psicanálise, tipos de, 313-314
Parâmetro (conceito de técnica) (K. Eissler), 225, 314, 383
Paranóia, 129, 142, 152, 191, 192, 194, 206, 245, 277, 292, 297, 300, 314, 315, 339, 373
Parasitária, relação continente-conteúdo de tipo (Bion), 315
Parte psicótica da personalidade (Bion), 49, 54, 70, 73, 80, 95, 110, 116, 127, 220, 267, 305, 315-316, 332, 368, 399, 413, 430
Parte não psicótica da personalidade (Bion), 70, 80, 127, 220, 316, 333, 341, 430
Passe (Lacan), 124, 125, 316
Pavor ou terror sem nome (Bion), 316-317
Pele, segunda (E. Bick), 300, 317
Pele fina e de pele grossa, narcisismo de (H. Rosenfeld), 317-318
Pênis, inveja do (Freud), 54, 144, 318, 365

Pênis como objeto parcial (M. Klein), 318-319
Pensamento (Freud), 17, 20, 22, 36, 37, 40, 47, 70, 76, 145, 208, 219, 230, 231, 237, 248, 252, 276, 281, 317, 319-322, 325, 326, 355, 362, 408, 409
Pensamento operatório (Escola Psicossomática de Paris), 320, 326, 342
Pensamento do psicótico (Bion), 320-321, 325
Pensar, capacidade para (Bion), 17, 77, 118, 158, 172, 179, 297, 305, 321
Percepção (Freud, Bion), 26, 27, 41, 54, 55, 83, 98, 103, 115, 121, 130, 137, 149, 166, 168, 177, 224, 283, 286, 294, 315, 320-322, 325, 328, 340, 351, 361, 364, 408, 419, 426, 427
Perlaboração, 322
Personalidade, 21, 26, 40, 44, 54, 56, 62, 64, 70, 72, 73, 80, 86, 89, 95, 103, 104, 108-110, 116, 127, 129, 143, 152, 153, 156, 176, 185, 186, 187, 194, 202, 204, 205, 210, 224, 234, 240, 244, 245, 248, 267, 277-279, 285, 290, 293, 301, 305, 306, 315, 316, 322, 323, 327, 328, 332, 336, 339, 341, 365, 376-378, 391, 397, 399, 406, 408, 413, 421, 429, 430
Personalidade múltipla, 109, 322, 408
Personalização (Winnicott), 20, 179, 322, 323, 355, 423, 434
Perversão (Freud), 69, 80, 125, 135, 149, 198, 261, 262, 277, 281, 302, 303, 323, 324, 338, 339, 372, 373, 413, 416
Perverso-polimorfa, fase (Freud), 143, 324, 330, 373
Pessoa real do analista, 221, 312, 324
Piaget, Jean, 319, 325, 326
Pictograma, 42, 148, 208, 308, 326
Poder, desejo de, 326
Posição (M. Klein), 49, 94, 101-103, 111, 118, 121, 130, 154, 172-174, 176, 219, 241, 253, 254, 273, 278, 279, 297, 299, 309, 314, 318, 320, 321, 326, 327, 338, 362, 432
Posição narcisista, 73, 81, 89, 278, 327-328, 430
Prazer e da realidade, princípio do (Freud), 154, 319, 328, 354, 410
Prazer, princípio de (Freud), 328
Prazer sem nome, 328
Pré-concepção (Bion), 78, 170, 329, 355
Pré-consciente (Freud), 37, 79, 83, 108, 126, 158, 248, 252, 329, 332, 362, 364, 408
Pré-edipiano (Freud, M Klein), 145, 318, 329, 330, 384
Pré-genital (Freud, Lacan), 80, 168, 287, 330, 371, 384, 420

Preocupação, ou devoção materna primária (Winnicott), 330
Preservação da espécie, pulsão de (Freud), 330
Princípios (Freud), 107, 124, 145, 154, 188, 196, 244, 268, 319, 331, 333, 354, 378, 379, 399, 408
Problema econômico do masoquismo, O (Freud), 331
Processos, primário e secundário (Freud), 222, 331
Processo originário (P. Aulagnier), 42, 308, 332
Projetiva, identificação (M Klein), 202, 206, 207, 242, 249, 301, 332, 403
Projeto para uma psicologia científica (Freud), 65, 291, 329, 332
Protofantasias (Freud), 333, 409
Protopensamentos (Bion), 15, 37, 51, 169, 183, 333
Psi (Bion), 333
Psicanálise, 333
Psicanálise aplicada, 159, 334
Psicanálise com crianças, 79, 155, 257, 334
Psicanálise selvagem (Freud), 334
Psicologia analítica (Jung), 133, 236, 334
Psicologia de grupo e a análise do ego, A (Freud), 206, 250, 272, 303, 335
Psicologia do Ego, Escola da, 19, 34, 38, 45, 62, 79, 122, 124, 155, 179, 196, 233, 239, 245, 268, 335, 336, 376, 379
Psicologia do *Self,* Escola da (Kohut), 124, 196, 243, 336, 379, 414
Psicodrama (J. Moreno), 141, 174, 176, 272, 337, 338
Psicopatia, 79, 338, 339
Psicopatologia da vida cotidiana, A (Freud), 41, 78, 338
Psicose, 54, 56, 103, 117, 129, 132, 135, 152, 158, 166, 184, 185, 194, 209, 210, 224, 245, 247, 257, 259, 260, 264, 269, 277, 278, 286, 288, 292, 297, 302, 315, 320, 338-341, 365, 370, 373, 390, 402, 413, 416, 417, 419
Psicose de transferência (Conceito de técnica) (H. Rosenfeld), 340, 341, 370, 417
Psicossomática, 25, 341
Psicoterapia psicanalítica, 25, 342
Psiquismo fetal (Bion), 82, 149, 342, 343, 391
Publicação (Bion), 344
Pulsões (Freud), 24, 28-30, 33, 44, 45, 67, 76, 80, 81, 107, 110, 116, 117, 119, 122, 123, 132, 137, 138, 142, 150, 154, 155, 158, 163, 168, 173, 201-203, 214, 216, 208, 220, 223, 226, 227,

230, 242, 248, 250, 251, 268, 272, 286, 290, 293, 306, 313, 323, 324, 327, 330, 331, 344, 345, 354, 355, 361, 372, 384, 388, 393, 396, 403, 407, 409, 412, 415, 425, 428, 435
Pulsões e suas vicissitudes, As (Freud), 158, 268, 345, 372

Q

Q (Freud), 347
Quantidade de investimento libidinal (Freud), 347
Quantum de afeto (Freud), 348
Questão da análise leiga, A (Freud), 32, 348, 349

R

R (Bion), 351
Rabisco, jogo do (Winnicott), 351, 395
Racionalização, 97, 219, 351, 352
Racker, Henrique, 87, 133, 180, 207, 352
Rank, Otto, 71, 72, 107, 111, 115, 160, 195, 216, 234, 270, 271, 280, 334, 348, 349, 352, 353, 369, 405, 419, 420
Reação terapêutica negativa (Freud, M Klein, J. Rivière), 94, 210, 312, 353, 365, 416
Real, registro do (Lacan), 354
Realidade, princípio de (Freud), 354
Realidade psíquica (Freud), 81, 143, 211, 242, 351, 354, 390, 427
Realização (Bion), 72, 73, 179, 329, 355
Realização (Winnicott), 20, 323, 355, 393
Reativa, formação, 48, 97, 153, 283, 355
Recalcamento, O (Freud), 69, 84, 97, 105, 116, 171, 202, 217, 281, 287, 288, 292, 335, 355, 356, 363, 364, 367
Recalque ou recalcamento (Freud), 355, 364
Recomendações aos médicos que exercem a psicanálise (Freud), 159, 294, 356
Reconhecimento, vínculo do, 177, 356, 429
Recordação encobridora (Freud), 357
Recordar, repetir e elaborar (Freud), 159, 287, 294, 357
Recusa da realidade (Freud, Lacan), 357
Regra fundamental (técnica) (Freud), 39, 357, 358
Regras técnicas (Freud), 17, 160, 288, 358, 404
Regressão como mecanismo de defesa (Freud), 358
Regressão a serviço do ego (Psicólogos do Ego), 336, 359

Reich, Wilhelm, 63, 64, 90, 160, 185, 234, 286, 307, 308, 359, 360, 405
Reik, Theodor, 166, 180, 360
Relação objetal (M. Klein), 255, 296, 360, 361
Reparação (M. Klein), 83, 172, 299, 361
Repetição, compulsão à (Freud), 29, 76, 121, 251, 272, 331, 351, 353, 359, 362, 412, 417
Representação (Freud), 23, 90, 104, 105, 114, 117, 120, 140, 216, 222, 252, 282, 362, 363
Representação-coisa (Freud), 363
Representação-palavra (Freud), 363
Repressão, 86, 99, 107, 109, 130, 150, 158, 213, 214, 249, 281, 286, 355, 363, 364, 409
Resistência (Abordagem de Freud), 19, 33, 107-109, 119, 157-159, 182, 190, 210, 213, 216, 219, 225, 227, 334, 347, 353, 355, 357, 364-366, 368, 391, 412, 435
Resistência, tipos de (Abordagem clínica), 365
Resistência-Existência-Desistência, 366
Restauração do si-mesmo, A (Kohut), 366, 367
Restos diurnos (Freud), 363, 367
Retorno do recalcado (ou do reprimido) (Freud), 272, 367
Rêverie (Bion), 50, 61, 62, 197, 316, 367, 368
Reversão da função α (Bion), 368
Reversão da perspectiva (Bion), 40, 118, 368, 369, 395, 431
Revisão da dinâmica de grupo, Uma (Bion), 369
Romance [ou novela] familiar (Freud, Rank), 294, 369
Rosenfeld, Herbert, 99, 129, 165, 196, 206, 242, 272, 277, 307, 317, 339, 340, 341, 352, 364, 369, 370, 375, 413, 417

S

Sádico-anal, fase (Freud, Abraham), 143, 371, 373
Sádico-oral, fase (Abraham, M. Klein), 371, 373
Sadismo (Freud), 24, 91, 121, 261, 262, 281, 321, 331, 361, 371, 372, 373
Sadomasoquismo (Freud), 372, 374
Schreber, caso (Freud), 97, 153, 157, 190, 191, 192, 206, 277, 286, 292, 315, 334, 339, 373, 374
Sedução, teoria da (Freud), 142, 354, 374
Sedução (como conceito clínico), 80, 142, 147, 186, 189, 190, 354, 374, 375, 404, 416, 417
Sedutor-seduzido, vínculo do tipo, 374, 375, 404
Segal, Hanna, 92, 103, 106, 122, 129, 196, 242, 252, 299, 339, 375, 387, 394

Seio (M. Klein), 58, 92, 101, 130, 172, 226, 242, 255, 273, 297, 304, 305, 318, 375, 434
Seio bom pensante (Bion), 375
Seio-latrina (Meltzer), 376
Self (Hartmann), 376
Self (falso e verdadeiro) (Winnicott), 27, 56, 63, 82, 85, 94, 138, 140, 376, 377, 435
Self grandioso (Kohut), 38, 194, 195, 203, 209, 244, 256, 264, 337, 367, 377, 378, 414
Selfobjeto (Kohut), 38, 378
Self, Escola da Psicologia do, 366, 378, 414
Self psicofisiológico primário (Edith Jacobson), 379
Segurança (Bion), 22, 100, 223, 259, 310, 379, 383
Sem memória e sem desejo (Bion), 41, 292, 368, 379
Seminário clínico, 53, 61, 72, 109, 134, 135, 371, 380, 391
Seminários clínicos e quatro artigos (Bion), 380
Senso (sentido) comum (Bion), 344, 380, 381
Sentimento de culpa, 83, 94, 116, 281, 381, 398
Sentimento de identidade, 115, 133, 203, 205, 243, 321, 340, 378, 381, 385, 430
Sentimento de inferioridade, 381
Separação (M. Mahler), 84, 154, 163, 280, 310, 381, 382, 387
Separação, angústia de, 34, 65, 326, 381, 430
Ser, a continuidade de (Winnicott), 382
Série complementar (Freud), 180, 322, 382
Setting, 85, 119, 211, 223, 247, 324, 366, 382, 383, 404, 416, 426, 435
Sexuação, fórmulas da (Lacan), 109, 262, 383
Sexual, gênero (Stoller), 55, 150, 166, 167, 181, 204, 271, 383, 410
Sexualidade feminina, A (Freud), 144, 145, 235, 249, 318, 384
Sexualidade infantil (Freud), 69, 91, 168, 236, 248, 293, 323, 324, 384, 393, 412
Significante-significado (Lacan), 105, 384
Silêncio (na situação analítica), 39, 77, 126, 131, 274, 365, 381, 386
Simbiose (Mahler, Bion), 34, 81, 104, 106, 108, 214, 256, 258, 278, 280, 328, 336, 381, 386, 387
Simbólica, equação (H. Segal), 103, 122, 252, 387
Simbólico, registro (Lacan), 209, 212, 310, 354, 387
Símbolo, 17, 30, 69, 88, 102, 115, 122, 153, 154, 172, 173, 185, 193, 208, 209, 222, 227, 236, 237, 241, 247, 252, 293, 318, 320, 321, 368, 375, 387, 388, 430

Sinal de angústia ou angústia-, sinal (Freud), 381, 388
Sintoma (Freud), 23, 78, 105, 107, 186, 216, 222, 287, 291, 362, 388, 393
Si mesmo (Kahut), 114, 128, 134, 277, 281, 382, 388, 397
Simetria, princípio da (Matte Blanco), 52, 388
Sincrético, pensamento, 389
Síntese, 389
Sistema dedutivo científico (Bion), 389
Sistêmica, teoria, 141, 176, 389
Só, capacidade de estar (Winnicott), 307, 390
Sobre alucinação (Bion), 390
Sobre arrogância (Bion), 390
Sobre a psicoterapia (Freud), 391, 427
Sobre uma citação de Freud (Bion), 391
Sobredeterminação (Freud), 392
Sobreinvestimento ou superinvestimento (Freud), 392
Sobrenatural, O (Freud), 392
Sobrevivência do objeto (Winnicott), 392, 435
Somática, complacência (Freud), 72, 73, 392
Sonho (Freud), 37, 39, 44, 76, 84, 105, 107, 117, 131, 173, 174, 189, 213, 222, 248, 363, 367, 368, 385, 388, 392-395
Sonhos (pós-Freud), 394
Splitting forçado e splitting estático (Bion), 395
Spitz, René, 30, 37, 91, 100, 104, 147, 199, 255, 275, 307, 336, 386, 395, 399
Squigge (Winnicott), 395
Standard Edition (Obras completas de Freud), 39, 55, 63, 68, 70, 84, 91, 108, 116, 123, 131, 132, 150, 154, 164, 188, 212, 216, 222, 248, 259, 277, 288, 292-294, 298, 299, 331, 335, 338, 346, 349, 355, 356, 391, 395, 410, 421
Sublimação (Freud), 97, 107, 116, 158, 248, 287, 396
Sujeito (Lacan), 396
Sujeito ideal (P. Aulagnier), 397
Sujeito suposto saber (Lacan), 306, 325, 397
Superego (Freud), 25, 34, 37, 63, 68, 74, 79, 80, 92, 94, 100, 109, 115, 116, 126, 138, 158, 161, 201, 202, 218-220, 242, 259, 276, 281, 296, 302, 331, 335, 341, 358, 364, 365, 396-399, 409
Superego (pós-Freud), 399
"Super"-ego ou super-superego (Bion), 399
Supervisão na formação psicanalítica, 400

T

T (Bion), 403
Tânatos (Freud), 28, 123, 250, 345, 403, 428

Tantalizador, objeto, 375, 403
Tausk, Vicktor, 404
Técnica psicanalítica, 48, 57, 159, 180, 221, 274, 287, 300, 340, 404, 405
Técnica ativa (Ferenczi), 117, 147, 360, 405
Término da análise, 94, 406
Terror ou pavor sem nome (Bion), 54, 317, 406
Textos selecionados da pediatria à psicanálise (Winnicott), 104, 107, 407
Thalassa (Ferenczi), 147, 407, 408
Tópicas (Freud), 219, 408
Tópica, primeira (Freud), 131, 408
Tópica, segunda (Freud), 126, 131, 201, 213, 397, 408, 409
Totem e tabu (Freud), 142, 159, 174, 212, 272, 302, 334, 335, 369, 409, 410
Transacional, análise (E. Berne), 33, 410
Transexualismo (Stoller), 181, 410
Transferência, conceito de, 378, 411, 412
Transferência (em Freud), 17, 19, 26, 29, 31, 44, 57, 69, 76, 83, 108, 111, 123, 145, 164, 210, 223, 242, 272, 274, 279, 285, 287, 288, 296, 299, 300, 370, 411-417, 436
Transferência (pós-Freud), 412-417, 436
Transferência, tipos de (técnica), 379, 415
Transferência na prática clínica, 417
Transformações (Bion), 40, 224, 403, 413, 417, 418
Transgeracionalidade, 418
Transicionais, fenômenos (Winnicott), 58, 145, 146, 298, 407, 419
Transtornos afetivos bipolares, 419
Trauma (Freud), 54, 70, 102, 185, 352, 419
Trauma (segundo Ferenczi), 80, 420
Trauma do nascimento (O. Rank), 280, 352, 420
Traumatofilia, 420
Três ensaios sobre a teoria da sexualidade (Freud), 143, 158, 268, 278, 420, 421
Turbulência emocional (Bion), 35, 421

U

Umbral da posição depressiva (Meltzer), 81, 423
Unidade psique-soma (Winnicott), 423, 434
Universo em expansão (Bion), 90, 423
Uso de um objeto (Winnicott), 424

V

Vazio (Winnicott), 425
Vazio, patologia do (F. Tustin), 20, 425
Verdade (Bion), 137, 162, 163, 183, 294, 295, 311, 314, 380, 395, 426, 427, 429
Vértice (Bion), 94, 114, 221, 278, 304, 314, 321, 327, 329, 352, 354, 391, 427, 430
Via "di porre" e via "di levare" (Freud), 427
Vida, pulsão de (Freud), 19, 23, 80, 220, 250, 345, 428
Vínculos, conceituação de (Bion), 428
Vínculos, tipos de (Bion), 429
Vínculo do reconhecimento, 429
Vínculos, ataques aos (Bion), 177, 356, 430
Violência, 21, 42, 52, 80, 133, 134, 208, 289, 311, 409, 420, 430-432
Violência primária e violência secundária (P. Aulagnier), 431
Visão binocular (Bion), 431
Viscosidade da libido (Freud), 432
Voracidade (M. Klein), 58, 226, 293, 311, 315, 425, 432
Voyeurismo, 120, 134, 432

W

Weltanschauung, A questão de uma (Freud), 433
Winnicott, Donald W., 20, 27, 29, 33-35, 56-58, 62, 64, 66, 67, 70, 81-83, 85, 91, 93, 94, 99, 104, 124, 127, 128, 135, 138, 140, 145-147, 173, 179, 181, 182, 196, 197, 208, 209, 218, 225, 2333, 243, 254-257, 274, 276, 298, 303-307, 317, 322, 330, 351, 355, 368, 376, 377, 381, 382, 390, 392, 394, 395, 407, 414, 419, 423-425, 433-436

Z

Zonas erógenas, 29, 138, 158, 168, 306, 324, 330, 384, 412, 421, 437
Zonas [ou áreas] livres de conflito (Psicólogos do Ego), 437